热烈祝贺《夷陵年鉴》：
获全国地方志系统第二届年鉴评比一等奖、湖北省第二届年鉴评比特等奖

Yiling Nianjian

夷陵年鉴

2011

宜 昌 市 夷 陵 区 人 民 政 府　主办
宜昌市夷陵区地方志编纂委员会办公室　主编

长江出版社

宜昌市夷陵区行政区划图

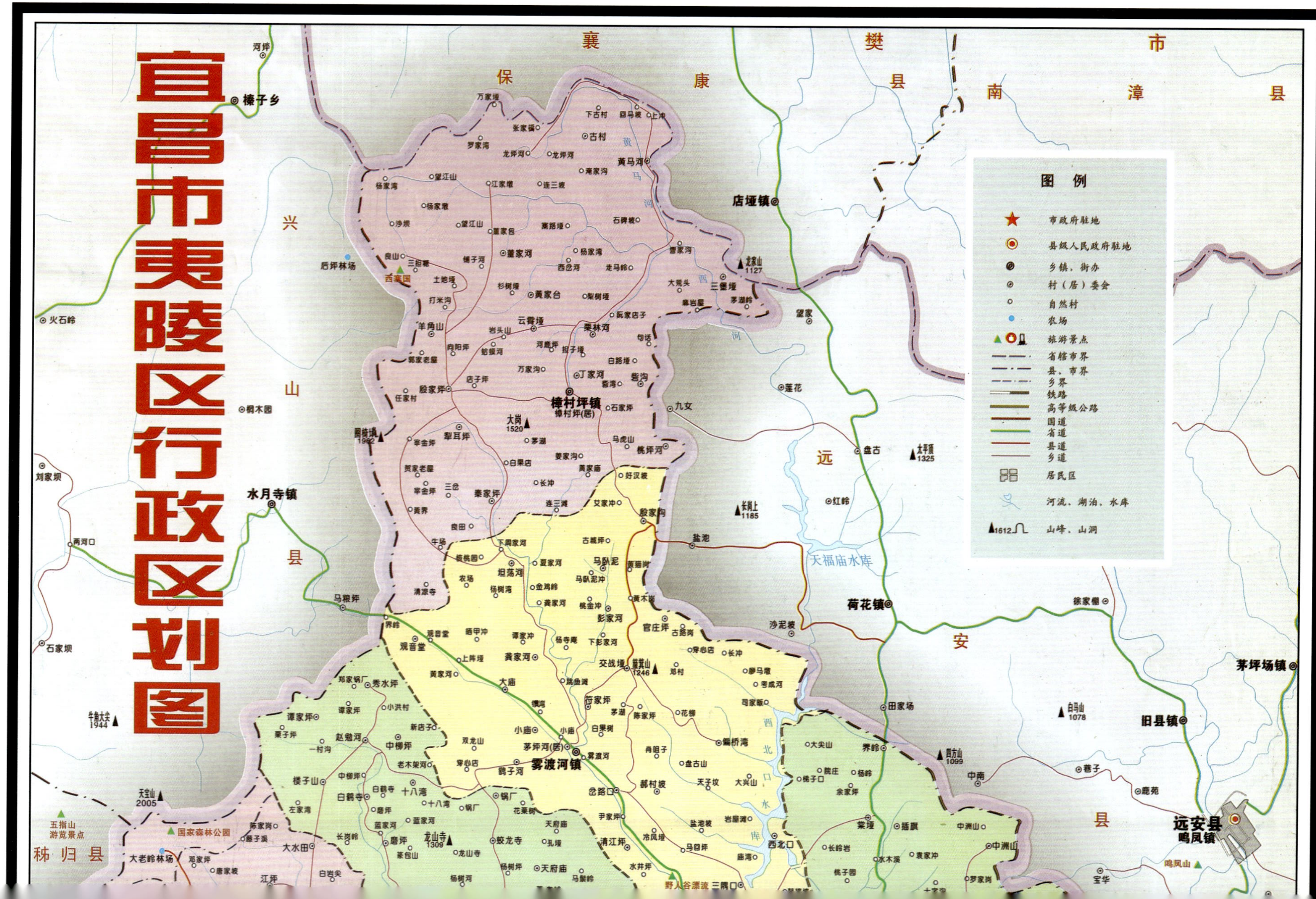

宜昌市
夷陵区
小溪塔街办
西陵区
点军区
伍家岗区
猇亭区
秭归县
三峡水利枢纽
太平溪镇
乐天溪镇
三斗坪镇
分乡镇
黄花乡
龙泉镇
鸦鹊岭镇
安福寺镇
点军乡
窑湾乡
桥边镇
土城乡
联棚乡
艾家镇
红花套镇
玉石洞
西陵峡口区风景名胜
葛洲坝水利枢纽工程
宜昌长江公路大桥
三峡机场
秭归县
长阳土家族自治县
宜都市
枝江市
当阳市
宜昌市夷陵区人民政府提供资料，湖北省地图院编制。
境界未经实地勘测，不作定界依据。

夷陵

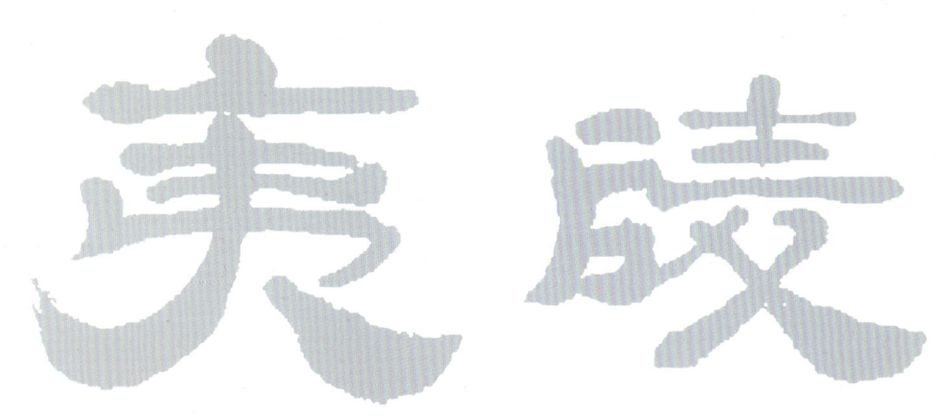

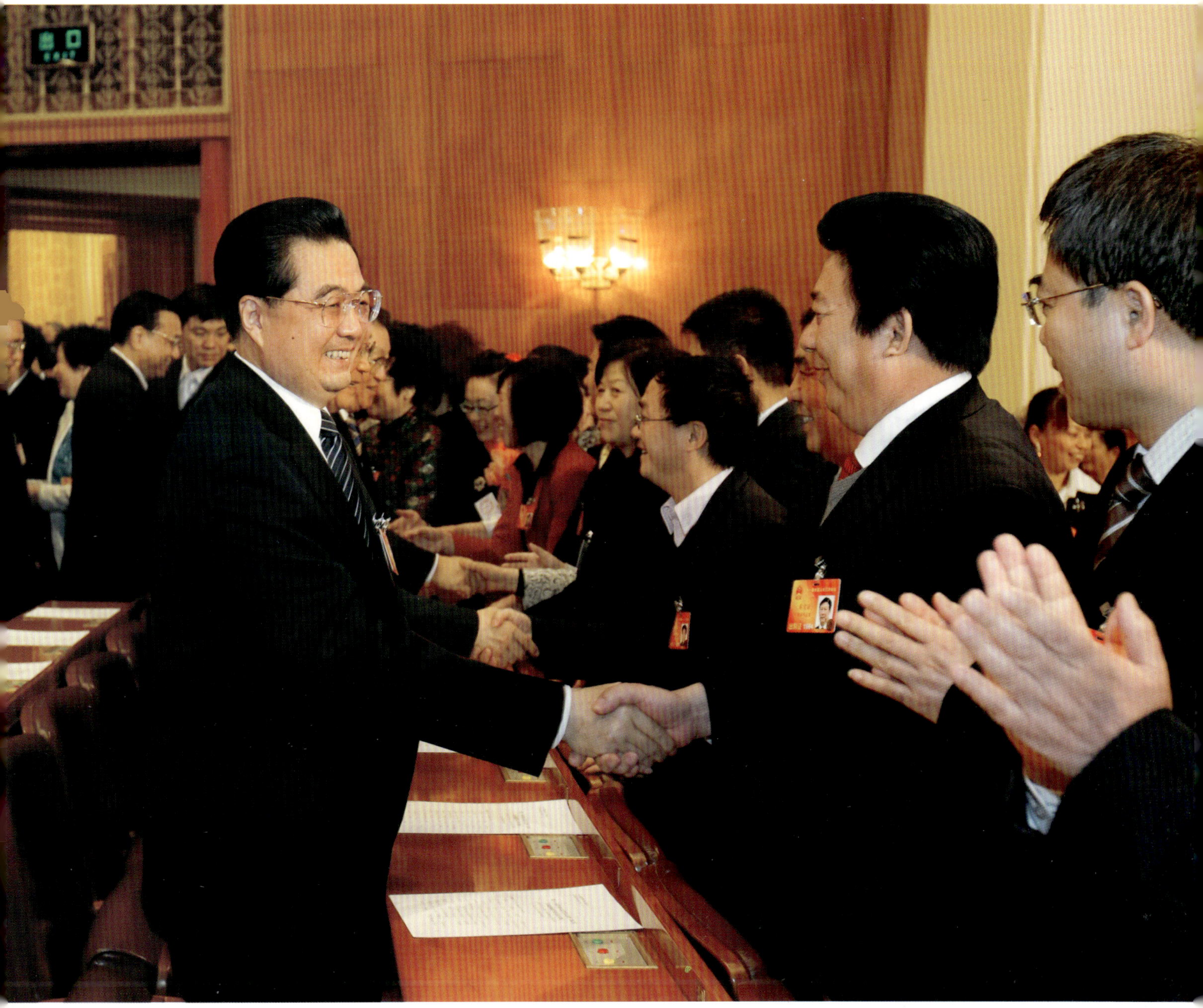

3月4日，胡锦涛总书记（左）看望出席十一届全国人大三次会议代表，与湖北稻花香集团董事长蔡宏柱（右二）亲切握手

6月14日，全国政协副主席何厚铧（前排左一）在省政协常务副主席李佑才（左二）、区政府区长刘洪福（左三）陪同下视察三峡人家

夷陵

11月12日，省委书记罗清泉（前排右一）在市委书记郭有明（前排左一）陪同下视察三峡翻坝高速三峡人家互通线路

5月18日，省委副书记、省长李鸿忠（前排右二）在区委书记熊伟（前排右一）陪同下视察三峡人家

5月23日，国务院三峡工程建设委员会副主任、中国长江三峡集团公司党组书记、董事长曹广晶（中）在乐天溪移民生态工业园调研

7月14日，省委副书记、省综治委主任杨松（前排左一），省人大常委会副主任蒋大国（右二）在夷陵区就交通事故矛盾纠纷三位一体调处机制建设情况进行调研

2月9日，省委常委、统战部部长苏晓云（前排左三）视察朗天新型建材公司

8月4日，省委常委、省总工会主席张昌尔（右二）在太平溪镇走访慰问灾民

3月31日，省委常委、常务副省长李宪生（前排左二）在市长李乐成（前排右）陪同下参观夷陵区环“一江两山”交通沿线生态景观工程建设会议现场

3月31日，省委常委、宣传部长李春明（中）视察宜兴生态工程

3月 25日，省委常委、副省长张岱梨（前排左一）在夷调研国家基本药物制度试点工作

10月 23日，省委常委、组织部长侯长安（前排左二）在区长刘洪福（左一）陪同下在夷调研

8月9日，上海市副市长胡延照（前排左二）参加上海中学竣工典礼

12月8日，副省长田承忠（前排中）在区委常委、常务副区长彭定新（右一）陪同下在樟村坪镇殷家坪磷矿检查站调研

5月16日，市委书记郭有明（前排右）在夷看望张艺谋（前排左）等电影《山楂树之恋》演职人员

12月26日，市委副书记、市长李乐成宣布小鸦公路开工

8月26日，区委书记熊伟（左二）在夷陵经济开发区德凌铜产品深加工项目基地调研

5月7日，区长刘洪福（右一）在鸦鹊岭工业园现场办公

11月2日，区委副书记向洪星（右一）在鸦鹊岭镇洋红打蜡厂调研

11月5日，区人大常委会常务副主任张洪（左二）实地了解企业发展情况

5月6日，区政府拿出367万元（比上年增加77万元）奖励工业经济暨对外开放先进集体和个人，图为湖北稻花香集团获“特别贡献奖”，董事长蔡宏柱（右二）领取考斯特高级进口车一辆

10月26日，区长刘洪福（右）与湖北大学科技处副处长吴才清（左）签订校企合作协议。现场签定区校合作协议2项，校企合作协议16项

2月22日，宜昌弘洋新材料有限公司6000万平方米硅酸钙板生产线项目在黄花建材工业园开工奠基

1月18日，天宇食品入驻夷陵三峡移民生态工业园。至年底，12家企业入驻工业园

夷陵区首条桑蚕深加工生产线——宜昌银罡桑蚕科技有限公司生产的茧丝绸系列产品

三峡时创科技（宜昌）有限公司于5月试生产

青岛工业园路口。该工业园占地334公顷，于4月在鸦鹊岭镇设立，年内完成园区整体规划和产业发展定位，青岛嘉源食品公司、宜昌永固制罐有限公司等5家规模企业建成投产。

9月28日，区政府拿出176.6万元（比上年增加126.6万元）奖励2009年柑橘销售优秀企业、诚信客商和服务组织，图为宜昌市晓曦红柑橘专业合作社获“夷陵区支持柑橘深加工龙头企业奖励110万元”

12月14日，宜昌市晓曦红柑橘专业合作社的晓曦红牌“宜昌蜜桔”获湖北“三大名果”称号

湖北省首个专业柑橘果园信息数据自动化采集系统在夷陵区柑橘示范场安装试用

3月1日，夷陵手机报开通，图为农民正在争相阅读科技短信

邓村乡有机茶园。2010年末，全区有茶园12367公顷，其中优质茶基地5333.3公顷，通过无公害认证3353.3公顷，认证有机茶园281公顷。全年产茶10095吨，实现综合收入3.8亿元

萧氏茶工业园

萧氏雾渡河茶叶科技园厂内一角

6月25日，萧氏集团高山明珠有机乌龙功夫茶新产品（填补省内空白）鉴评发布会在省农业厅举行

5月6日，区政府授予宜昌萧氏茶叶集团有限公司“中国驰名商标”奖，董事长肖勇领取30万元奖金

东方广场

恒大绿洲

清江润城

建设中的发展大道新区十里长街

实施街景立面改造后的平湖大道一角

全国旅游名镇三斗坪集镇一隅

神宜生态景观工程——“峡江风格”民居

夷陵

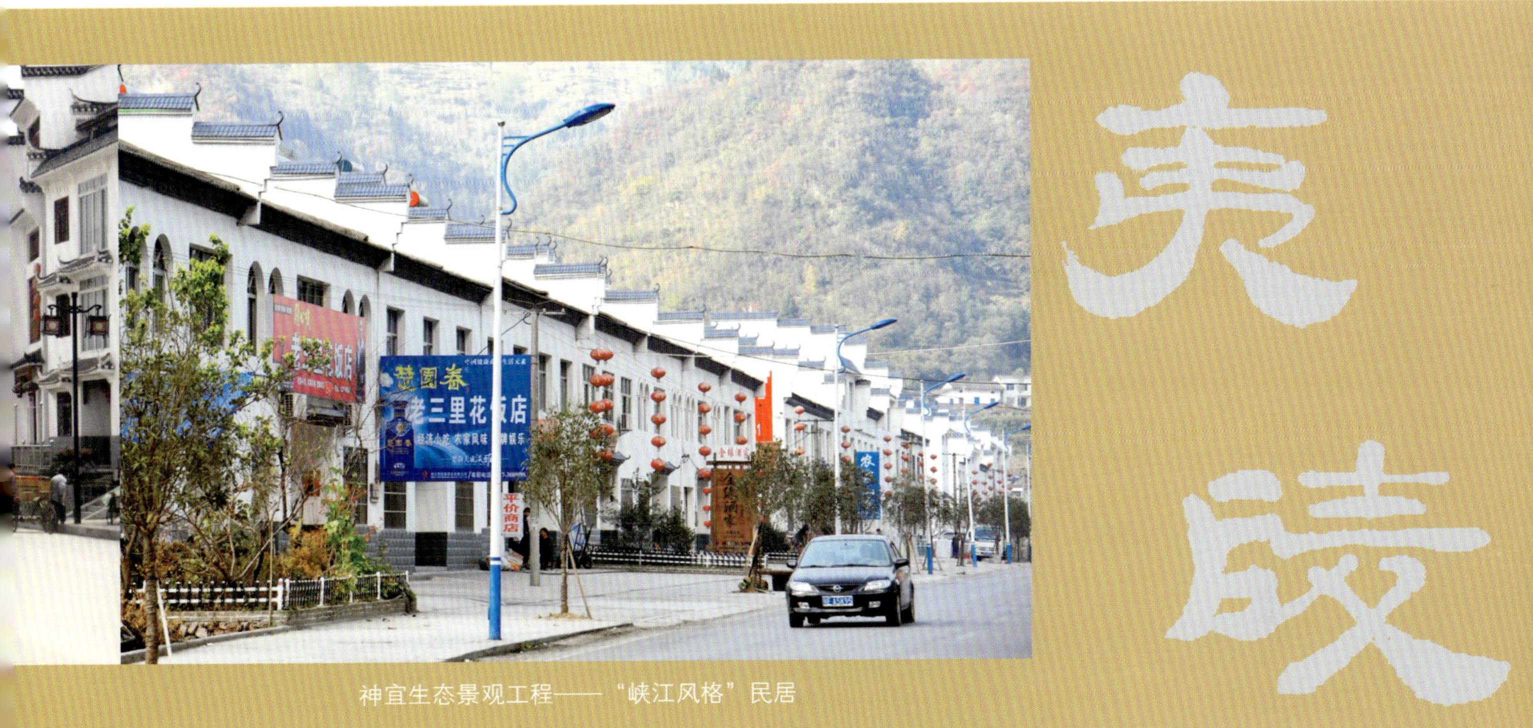

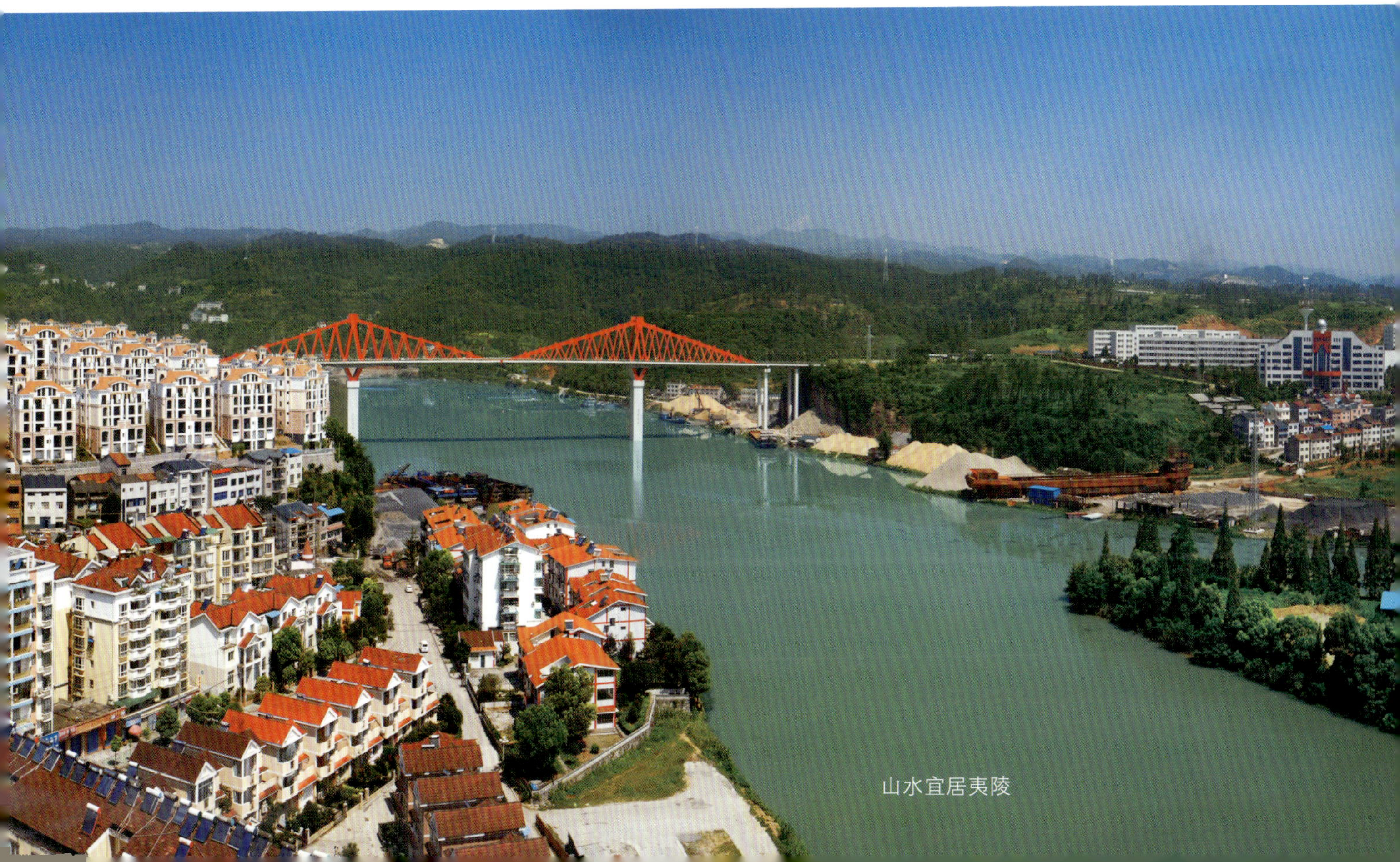
山水宜居夷陵

河心公园 于12月31日建成对市民开放

夷陵楼

小溪塔大桥

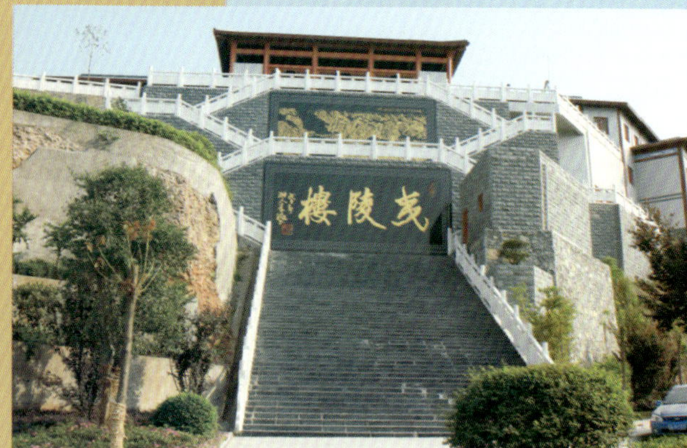

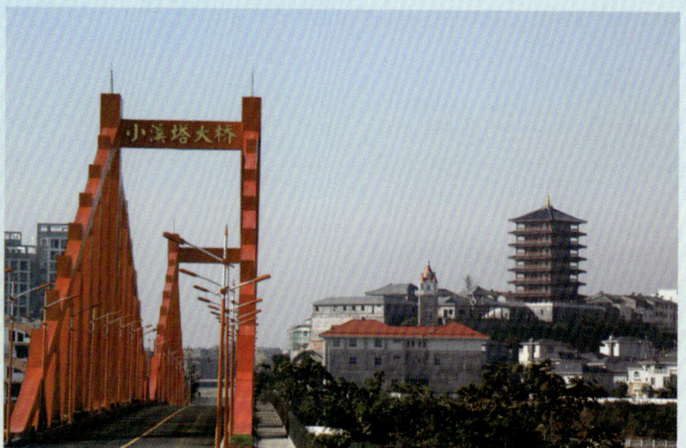

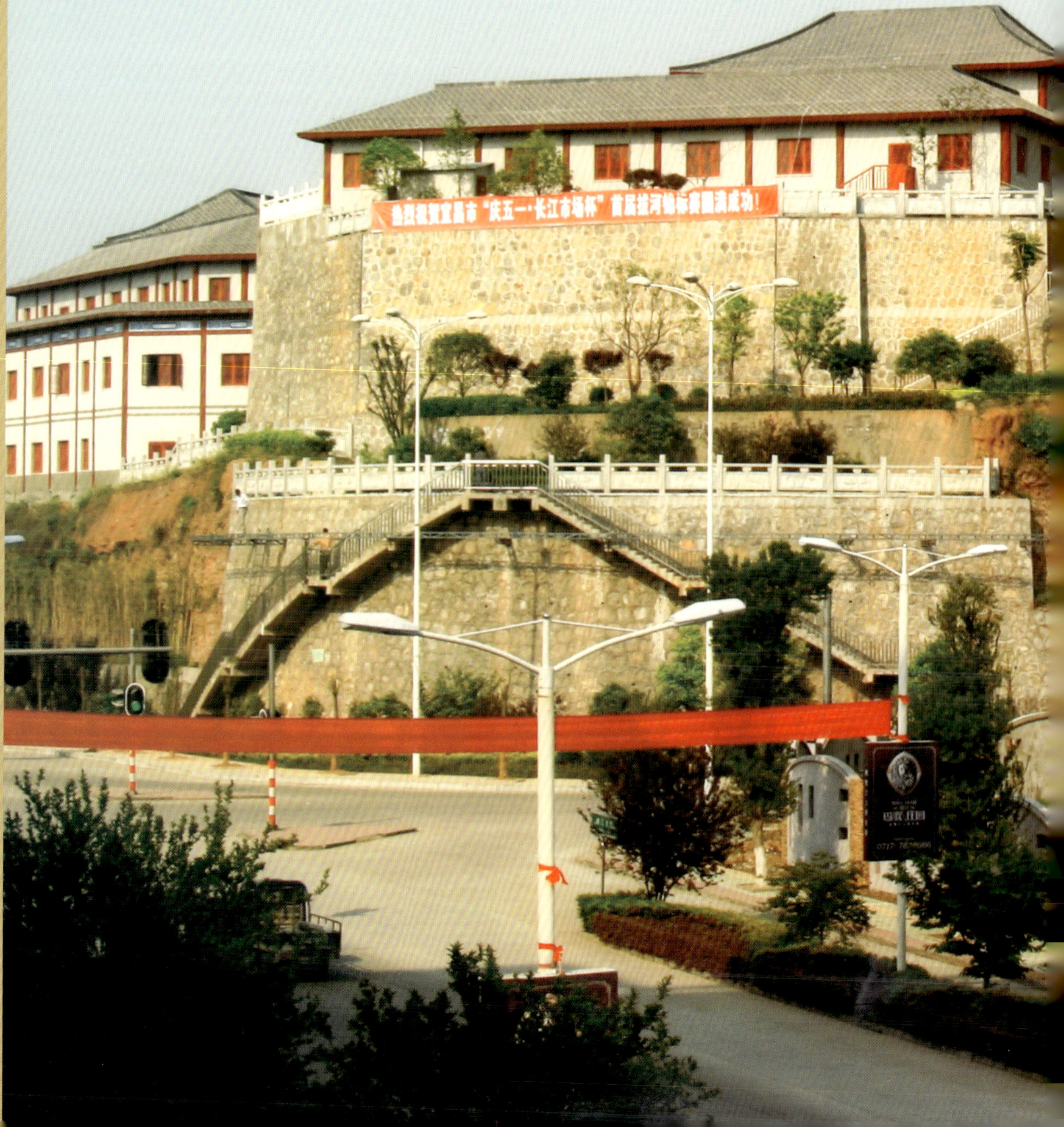
热烈祝贺宜昌市"庆五一·长江市场杯"首届拔河锦标赛圆满成功!

12月26日，预算投资47170万元、长14.8公里的小鸦公路开工建设

于12月建成通车的冯家湾三峡专用公路互通立交匝道

投资10670万元改扩建后于10月10日试通车的雾段路

8月9日，投资5000万元，建有11080平方米的综合主体楼、3000平方米的学生公寓、1000平方米的学生餐厅、4个塑胶球类运动场、一个双色人工草塑胶田径运动场及室内体育馆等设施的宜昌市上海中学建成

夷陵

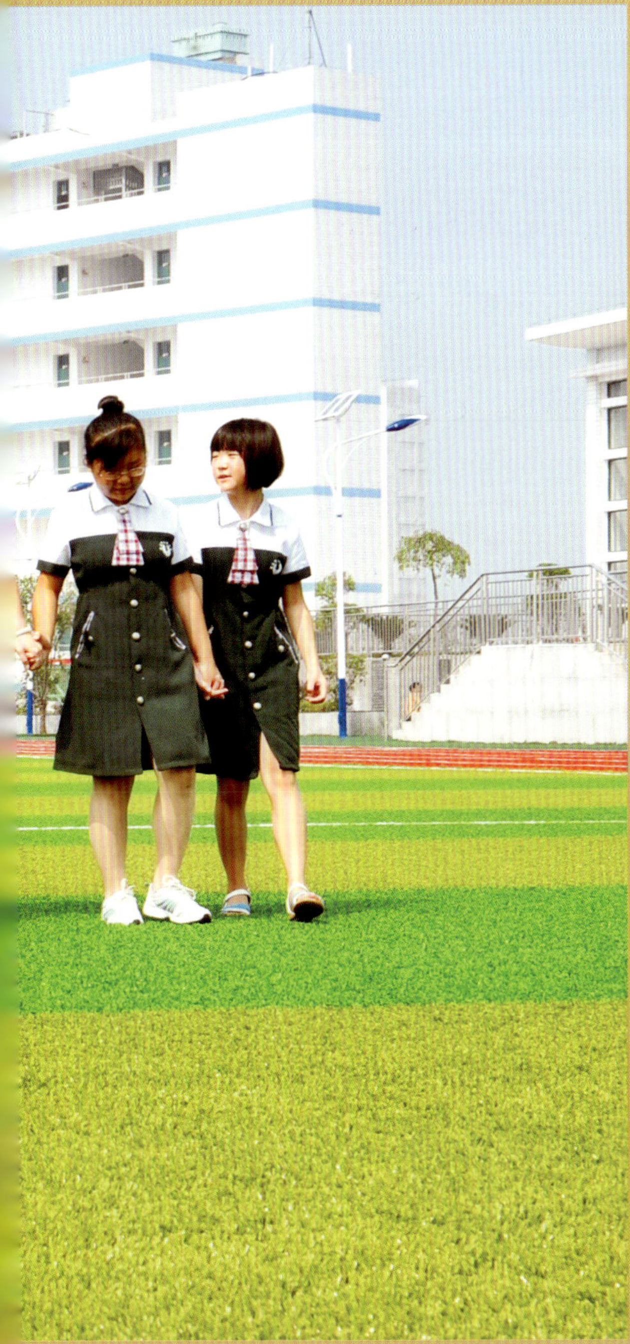

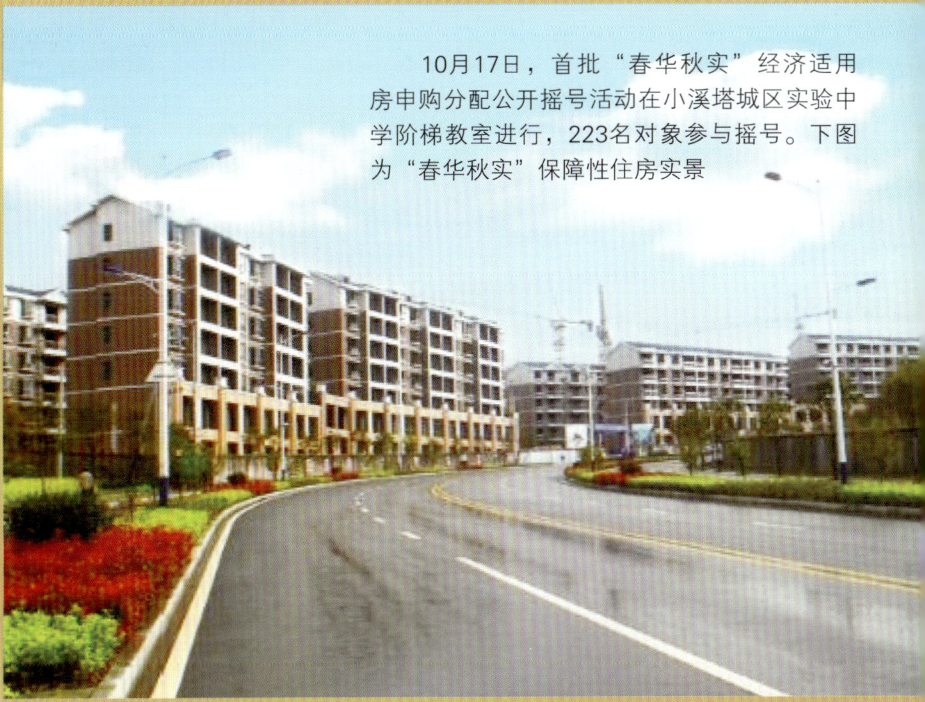

10月17日，首批“春华秋实”经济适用房申购分配公开摇号活动在小溪塔城区实验中学阶梯教室进行，223名对象参与摇号。下图为“春华秋实”保障性住房实景

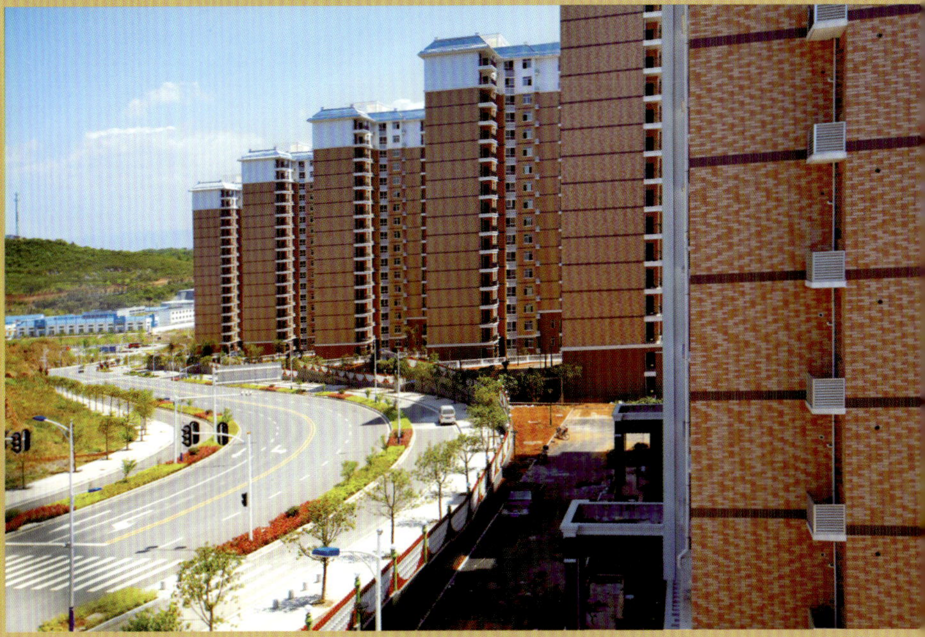

梅岭新村居民还建小区

大老岭的早晨

大老岭晚霞

峡江瑞雪

三峡毛公山夜航

坝上花香

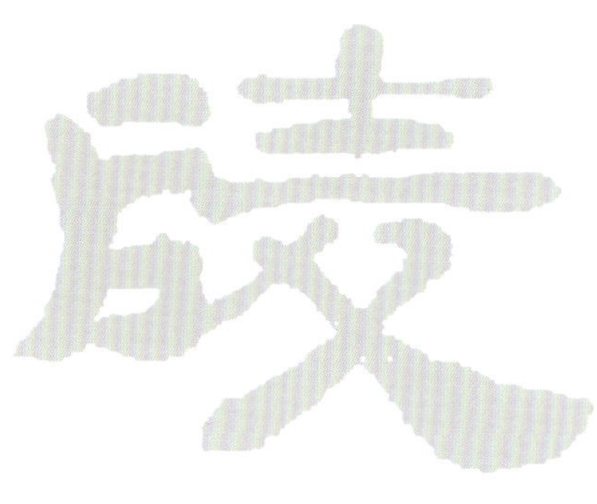

三峡人家风景如画

山水“氧吧”

金狮雄风

在画中行

1月28日，“流动人口计划生育‘暖冬行动’”举办。看望流动人口计生困难户25户，发放慰问金1万元，发放春联230副，接待咨询237人次，义诊义检257人次

4月28日，举办“迎五一、促就业”大型招聘会，2800余人进场求职，839人达成就业意向。

5月28日，妇女健康行动暨“两癌”筛查项目在黄花乡启动。全年完成黄花、三斗坪等7个乡镇妇女病普查暨“两癌”筛查，共筛查43897人

8月，获“中国观赏石之乡——三峡•夷陵”称号。图为乐天溪三峡奇石文化长廊一角

奇石馆里展示的三峡奇石

区文化馆创作编排的舞蹈《爷爷的大山》，9月30日在央视一套《我们有一套》栏目中播出。这是夷陵区文艺界迄今为止所登上的最高舞台。该节目曾获得十一届楚天群艺奖金奖、首届全国农民汇演铜奖等

6月25日，举办庆祝建党89周年《党在我心中》文艺汇演

9月28～29日，“‘美自民间来’夷陵区第四届农村文艺调演暨民间艺术大赛”在平湖剧院举行，演出乡村文艺节目26个，展示民间工艺作品40多件

3月8日，夷陵区举行庆祝“三八”国际妇女节100周年纪念活动，图为区领导杨燕、尚志芬、饶玉梅、郑德娟、简晓玲参加文艺演出

10月11～23日，“发展大道新区杯”区直机关第三届体育运动会举办，区直75个机关1500多名干部职工参加6个项目的比赛。图为区直机关在开幕式上集中展示服务品牌

8月21～22日，第五届乐天溪文化科技体育节举办，14个村的1200多人参加8个趣味竞技项目。同时展示民间故事、“爱我三峡、我爱我家”摄影书画手工艺作品等，举办“革命红歌大家唱”等文艺演出及现场抽奖、商贸交流、献血等活动

年内农家书屋实现全覆盖，图为村民在农家书屋看书

从小做起、细节做起，积极创建国家卫生城市、国家环境保护模范城市和全国文明城市

《夷陵年鉴》编辑部

《夷陵年鉴》编纂委员会

习　琼　区人口和计划生育局局长
颜尔新　区统计局局长
周　勇　区审计局局长
胡顺遇　区环保局局长
易万华　区移民局局长
刘德亮　区农业局局长
邓新礼　区水利局局长
曾庆泉　区林业局局长
李冯燕　区旅游局局长
易正春　区保密局局长
卢正泽　区电子政务办公室主任
杨泽洪　区国土资源局局长
熊　莉　区气象局局长
宋俊雄　区工商联常务副主席
汪宏斌　鸦鹊岭镇党委书记、镇长
罗泽旌　龙泉镇党委书记、镇长
刘玉林　小溪塔街道党工委书记、办事处主任
万梨昌　雾渡河镇党委书记、镇长
柏　松　樟村坪镇党委书记、镇长
田雪峰　下堡坪乡党委书记、乡长
覃春茂　邓村乡党委书记、乡长
彭　华　太平溪镇党委书记、镇长
望　华　三斗坪镇党委书记、镇长
田　红　乐天溪镇党委书记、镇长
郭先友　黄花乡党委书记、乡长
赵　毅　分乡镇党委书记、镇长
王恩军　发展大道新区党委书记、指挥部指挥长

《夷陵年鉴》编纂委员会办公室：

主　任：唐　皓
副主任：王正玲　简玉琼

《夷陵年鉴（2011）》文字供稿人

（按姓氏笔画排序）

万正坤　马乔华　王莉　王覃　王正坤　王玉翠　王进　王忠华　王忠武
王莉娜　邓连生　邓轶敏　邓新舟　付文涛　冯万持　卢凤玲　卢伶俐　田永清
石远　艾玉华　艾微炜　刘天宝　刘世保　刘本荣　刘先富　刘华　刘志斌
刘宗芳　刘宗芳　刘昀　刘春娥　刘莉萍　向志东　向明炎　向铖炜　孙培发
朱建鹏　许兵　邢陵霞　齐振海　严荣华　何英　何俊丽　余娟　余斌
吴开元　吴彩霞　宋程　张金光　张勇　张春蓓　张海珍　张鹏　李虎
李向轶　李劲松　李宏愿　李芃　李胜江　李艳玲　李清平　李德华　杜刚
杜乃铭　杜洪波　杨杰　杨倩　杨正龙　杨永荃　杨学文　杨泽红　杨黎明
汪凌波　苏明媚　邹应庚　闵维清　陈宇　陈卫红　陈飞飞　陈立群　陈名峰
陈勇　陈艳　周元武　周先建　周宝书　周建平　周维平　周惠杰　周静
屈万林　易小红　易飞　易正春　易红　易继红　林英成　欧光甲　罗进
范亮　郑红　郑明亮　郑家林　金涛　姚继斌　洪军　胡斌　胡考
胡理明　胡智　赵志祥　赵德林　钟伟　饶日菊　徐陈　徐双林　徐廷宜
徐远洋　徐勇　袁俊　袁艳　袁世海　袁伟竣　贾志扬　郭云　郭士俊
高玉章　高琦　高嵩　望开春　望运灿　黄正洪　黄玉海　黄成格　黄春明
黄婷婷　黄蒂　龚琼　龚建波　喻祖恒　彭九庭　彭宏志　彭志华　曾宪忠
曾春嫚　温大兰　覃胜　谢合平　韩雷　雷文柱　熊惠　熊艳　熊愿望
谭开金　檀洪亮　魏华玲　魏明和

《夷陵年鉴（2011）》图片供稿人

（按姓氏笔画排序）

刘华　朱吉荣　张国荣　李宗银　周功华　姚维树　祝蕊　胡智　胡传才
胡庆华　唐皓　高然　望超　黄铁　谭明龙

（部分作品由区委办、人大办、政府办、政协办等供稿单位提供）

编辑说明

一、《夷陵年鉴》是由中共夷陵区委领导，区人民政府主办，区地方志编纂委员会办公室承编的大型地情资料工具书，也是夷陵区唯一一部地方年度百科全书。《夷陵年鉴（2011）》比较全面系统、客观真实地记载了2010年度夷陵区经济和社会发展情况。

二、本书采用条目体，按栏目、分目、条目三级结构设计，设大事记、特载、夷陵概貌、政党·政权、军事、政法、工业、农业、交通·信息·邮电、城乡建设与环境保护、贸易、旅游、金融、经济管理与监督、科技·教育、文体·广电、卫生、社会生活、开发区·乡镇（街道办事处、新区）、荣耀夷陵、人物、艺文、统计资料、附录等栏目。书前设目录，书后设索引，以便读者检索。随书附有电子光盘。

三、本卷年鉴采用区内各部门、单位和开发区（乡镇、街道办事处、新区）撰写组稿方式，所有刊登内容均经撰稿单位审核；统计资料由区统计局提供，正文中的数据由各撰稿单位提供。由于统计口径不同等原因，有关部门和单位所用数据与“统计资料”中的数据不尽一致，请读者在查阅和引用时注意。

四、本卷年鉴彩色图片由有关单位和部门、摄影爱好者提供。

五、本卷年鉴编纂过程中得到各级领导、各部门（单位）、各乡镇及有关专家的大力支持，在此谨表诚挚谢意。因水平有限，错误与疏漏在所难免，恳请广大读者批评指正。

目 录

大事记

特载

夷陵概貌

政党 政权

中国共产党夷陵区委员会

夷陵区人民代表大会

夷陵区人民政府

中国人民政治协商会议夷陵区委员会

中国共产党夷陵区纪律检查委员会（含行政监察工作）

民主党派·工商联

群众团体

军事

政法

工业

农业

交通·信息·邮电

城乡建设与环境保护

贸易

旅游

科技·教育

文体·广电

卫生

社会生活

开发区·乡镇（街道、新区）

荣耀夷陵

人物

艺文

统计资料

附录

索引

大事记

责任编辑：唐　皓

夷陵区2010年十件大事

1、2009年县（区）域经济发展综合实力位居全省第四。

2、抗洪救灾和灾后重建取得决定性胜利。

3、以萧氏茶叶高新科技工业园为龙头的夷陵农产品加工园区被省政府纳入全省20个重点农产品加工园区。

4、柑橘产量、均价、收入创历史新高。

5、三峡专用公路夷陵区互通匝道开通使用。

6、完成特色民居改造5000多栋，省政府先后2次召开现场会推介夷陵区经验。

7、雾殷公路改扩建工程竣工并投入使用。

8、在全省率先开展人民调解、行政调解、司法调解三位一体的矛盾纠纷大调解工作，其工作经验在全省得到推广。

9、成功开展新型农民教育试点活动，受到省委、市委好评和新华社等主流媒体推介。

10、圆满完成《山楂树之恋》电影和电视剧在夷陵区拍摄的各项协调服务工作。

一月

1日

三峡大坝旅游区全年接待游客115万人次，较2008年增加22万人次，增幅达24%。

城区环卫公厕全部免费向公众开放。至此，小溪塔城区的免费公厕数达到12个。

4日

区委书记熊伟在乐天溪镇检查旅游环境综合整治工作。区委常委、区委办公室主任董诗国参与检查。

关于实施国家基本药物制度试点工作会议在区政务信息中心大楼2020室召开。区委副书记、区长刘洪福要求：全面实施国家基本药物制度，落实各项医药政策，为群众创造良好的医药市场环境。

5日

省发展改革委员会主任、环“一江两山”交通沿线生态景观工程指挥长许克振在市委副书记李亚隆、区委书记熊伟陪同下在夷巡查生态景观工程建设情况。

区委组织部拍摄制作的《勇立潮头唱大风》、《柑橘科学采收与采后处理技术》等课件分别获得湖北省第九届党员教育电视片暨远程教育课件评比二等奖、优秀奖。

6日

晋州煤业集团湖北三宁化工正式重组田田化工有限公司。市委常委、副市长胡家法，晋煤集团副总经理王毅，区领导熊伟、刘洪福、张洪、李羡军等出席在金狮宾馆举行的签字仪式。

区政协主席王光才带领区教育局、区广电局、区林业局等部门负责人在实验小学开展名校名师联系活动。

8日

8～11日，区领导熊伟、刘洪福、向洪星、郁霆、曹宏伟、李羡军等在市委书记郭有明的带领下，回访对口支援交流合作单位上海市闵行区和静安区。市领导马学军、吴静、邓恢林、王万修参加回访。

全区治理工程建设领域突出问题排查工作推进会召开。区委常委、常务副区长彭定新，区委常委、纪委书记刘新平出席会议。

《夷陵年鉴（2009）》发行暨《夷陵年鉴（2010）》编撰工作会议召开。会议表彰了2009年度年鉴工作先进单位20个、先进个人60名。区领导彭定新、董诗国、杨文金、饶玉梅、简晓玲出席会议。

宜昌经济开发区管委会考察组在黄花乡财政所和小溪塔街道办事处财政所考察学习农村集体“三资”管理工作经验。区政协副主席郑德娟陪同考察。

9日

9～15日，区委副书记向洪星带领区委办、区农办、区农业局、区三峡办、鸦鹊岭镇、龙泉镇、小溪塔街办等单位负责人和4家柑橘产后加工企业负责人在江西省赣州市、广东省清远市、肇庆市、四会市考察柑橘产业发展和产后商品化处理工作。

区扩大内需促进经济增长政策落实检查工作领导小组办公室、区纪委监察局和区档案局联合举办扩大内需新增中央投资项目档案管理培训班。

12日

市爱国主义读书教育活动现场会在金狮宾馆举行。夷陵区作《做好读书活动 培养“五爱”情怀》典型发言。区委常委、宣传部长杨燕出席会议。

国家环保部调研组在夷调研三峡库区及其上游水污染防治工作。区委常委、副区长李世民陪同调研。

13日

区委副书记郁霆、副区长李羡军带领上海市第11批援建三峡干部王尧、丁巍熟悉夷陵情况。

夷陵区商务行政综合执法试点工作通过省商务厅和财政厅验收。

省地税局党组成员、纪检组长许国勇，省局督查内审处处长陈先辉，在市地税局局长陈平陪同下，指导夷陵区地税文化建设工作。

14日

上海市第10批援建三峡干部郁霆、沈俊华圆满完成工作和上海市第11批援建三峡干部王尧、丁巍交接。区委区政府举行欢送和欢迎座谈会。区领导向洪星、董诗国、李羡军参加会议。

区委常委、副区长李世民在雾渡河镇主持召开神宜公路生态景观工程办公会议，安排部署神宜公路生态景观带建设。

副区长易仁和带领区老促会、民政局等相关部门负责人走访慰问莲沱“九四”暴动革命烈士后代。

15日

出席市企业家联谊会的企业家在市委副书记、市长李乐成的带领下参观考察江重机械制造、弘健新材料、长江电缆、萧氏茶产业高新科技园等重点企业和项目。区委书记熊伟，区委副书记、区长刘洪福陪同考察。

区政协召开2009年度政协委员活动组工作总结会议。区政协领导王光才、郑德娟、姚维树、谭永奎、简晓玲、王敬东出席会议。

区委常委、常务副区长彭定新在房管局主持召开房管工作办公会议。

副区长饶玉梅就加快神宜公路（夷陵区段）景区及沿线标示工程建设进行办公。

《国家电网报》“两会”特刊发布国网公司2009年度光荣榜，宜昌市宜昌供电公司荣获国网公司“文明单位”的殊荣。

在全省卫生工作会上，夷陵区被省卫生厅、省委编办、省财政厅、省人社厅联合表彰为首批“湖北省农村居民健康工程先进县（区）”。鸦鹊岭镇中心卫生院被命名为“省级示范乡镇卫生院”，小溪塔仓屋塝等10个村卫生室被命名为“省级示范村卫生室”。

17日

在全省农村工作会议上，区委书记熊伟作“着力转变发展方式，加快推进现代农业”典型发言；夷陵区被表彰为10个农产品加工先进县区之一，稻花香集团被评为10个农产品加工先进企业之一。

中央财政再次为夷陵区奖励国家生猪调出大县资金643万元。这是国家连续三年对夷陵区进行奖励。

18日

区人大常委会召开夷陵区三届人大常委会第二十次会议，通过补选罗志勇、梁华等同志为宜昌市第四届人大代表的议案。

省交通厅副厅长马立军考察宜巴高速公路夷陵区段工程进展情况。区委常委、副区长李世民陪同考察。

夷陵经济开发区开展集中整治违法占地和违法建设工作。区委常委、副区长李世民出席动员大会。

天宇食品有限公司建成投产。该企业是乐天溪镇移民生态工业园标准化厂房一期首批引进、首批建成和首批发挥效益的项目，以速冻面点为主打产品，安置移民300多人就业。

19日

区政协副主席简晓玲带领团区委等单位负责人在黄花乡南边村走访慰问困难户及困难学生团员。

20日

区人大常委会常务副主任张洪带领副主任杨文金、尚志芬、王广明、秦玉龙在区检察院视察工作。

21日

区委副书记、区长刘洪福就加快宜巴公路乐天溪段沿线旅游深度开发及三斗坪旅游名镇建设工作主持专题办公。李世民、饶玉梅参加办公会。

中国工商银行三峡分行与区人民政府银政企合作协议签约仪式举行。中国工商银行三峡分行党委书记、行长曾沫冰，区委副书记、区长刘洪福，区委常委、常务副区长彭定新，区人大常委会副主任秦玉龙，区政协副主席郑德娟出席签约仪式。

区政协主席王光才带领副主席郑德娟、姚维树、谭永奎、简晓玲、王敬东在区检察院视察工作。

22日

区委副书记、区长刘洪福，区委常委、副区长李世民慰问湖北省宜巴高速公路建设指挥部干部职工。

区委副书记向洪星带领区农办在分乡镇围绕“建生态农业大镇，保全市清洁水源”主题开展调研。

夷陵区首批20个党员群众服务中心在龙泉镇挂牌。

24日

24～26日，副市长邓恢林、区委书记熊伟带队回访对口支援单位青岛市和省三峡办。副区长李羡军参加回访。

夷陵区百信农业配送中心开业营运。该中心营业面积700多平方米，以批发配送农副产品为主，并为农副产品提供生产技术指导及销售服务。

25日

区委常委、常务副区长彭定新就加快神宜公路黄花段生态景观工程建设主持专题办公，要求相关部门进一步明确职责任务，加大支持力度，加快夷陵区生态景观工程建设进程。

区委常委、常务副区长彭定新主持召开2010年中央预算内投资计划编报工作会议。

省畜牧局检查组在夷检查2009年畜牧产业发展情况。副区长易仁和陪同检查。夷陵区2009年生猪出栏90万头，同比增长5%；家禽出笼500万羽，同比增长85%；畜牧业总产值16亿元，同比增长12.7%，畜牧业可为农民人均增收近140元。

26日

省统计局乡镇统计规范化建设检查验收组在夷检查验收乡镇统计规范化建设工作。

27日

27～28日，区委副书记、区长刘洪福，区委副书记王尧回访省内部分对口支援单位。

区委常委、组织部长曹宏伟在二斗坪镇石板村和黄陵庙村看望困难老党员。

区委常委、常务副区长彭定新主持召开征求《政府工作报告（征求意见稿）》意见座谈会。

28日

副区长王兆锋陪同省民政厅专员慰问福利院老人。

流动人口计划生育“暖冬行动”暖民心活动在平湖广场举行。现场为300多名流动人口宣传计生法律法规、政策和科普知识，发放计生宣传资料、计生知识农历和避孕药具，免费开展生殖保健检查服务，并为困难户送去慰问品和新春祝福。

29日

全区老干部形势通报会在区政务信息中心大楼召开。区委书记熊伟向老干部通报2009年全区经济社会发展情况和2010年主要工作安排。曹宏伟、尚志芬、李羡军、郑德娟等出席会议。

区人大常委会常务副主任张洪在樟村坪镇走访慰问部分党员和联系户。

2010年全区民兵预备役工作会议召开。区委常委、副区长李世民，区委常委、区人武部政委刘广胜出席会议。

2010年春运工作动员会召开。区委常委、副区长李世民出席会议。

30日

全区践行科学发展、推进创业创新人才队伍建设工作座谈会召开。熊伟、向洪星、曹宏伟、杨燕、刘新平、董诗国出席会议。

小溪塔街道办事处财政收入过亿元座谈会召开。区委书记熊伟出席会议并强调：要进一步加大招商引资力度，加快项目建设，促进财政收入再上新台阶。

上海海洋大学产学研基地在宜昌英武长江渔业开发公司挂牌。副市长王国斌、上海海洋大学副校长黄硕林、副区长易仁和出席挂牌仪式。

31日

夷陵区基本药物制度试点工作正式实施。国家基本药物制度内容包括：实行网上招标采购、统一配送；全部配备使用基本药物并实行零差率销售，医院不得擅自加价；基本药物全部纳入基本医疗保险品报销目录；报销比例明显高于非基本药物等。2009年版国家基本药物目录有中西药307种。

二月

1日

区委书记熊伟在区委常委、政法委书记陈勇陪同下调研乡镇派出所建设情况。

区政府召开第19次常务会议。讨论、研究全区2010年财政预算方案、行政审批“三集中”与再造行政审批服务流程等事项。区长刘洪福主持会议，副区长彭定新、李世民、易仁和、饶玉梅、李羡军、王兆峰等出席会议，区人大常委会副主任秦玉龙、区政协副主席郑德娟等列席会议。

黑龙江省商务厅副厅长邹竹丽在夷陵考察，并就进一步加强合作进行交流。副市长邓恢林，区委副书记、区长刘洪福，副区长李羡军陪同考察。

区领导向洪星、王光才、张洪等走访慰问部分农村困难村“主职”干部和困难党员。

2日

市委常委、纪委书记杨保平，市政协副主席陈士新等在夷陵区慰问驻夷陵部队官兵、困难群众、困难党员和福利院老人。区领导熊伟、刘洪福、向洪星、王光才、刘新平、刘广胜等陪同。

市地方志编纂委员会、区政府召开《宜昌县志（1979–2001）》评审会。省地方志办公室主任文坤斗、省地方志办公室省（县市）志处处长陈章华、省地方志办公室综合处处长罗军及市区领导张永红、陈朝银、曹水兵、刘洪福、彭定新、董诗国、饶玉梅等出席会议。

全省党代会常任制试点乡镇—龙泉镇八届四次党代会在镇政府大会议室召开。

3日

省实施国家基本药物制度督导组在夷陵区督导检查试点单位实施国家基本药物制度工作。副区长饶玉梅陪同检查。

区政协召开三届十二次常委会议。听取常务副区长彭定新关于2009年全区经济运行情况的通报、区纪委书记刘新平关于2009年全区党风廉政建设及反腐倡廉情况的通报，审议区政协常委会工作报告（草案）和提案工作报告（草案），审议区政协三届四次会议议程、日程草案，协商决定了有关人事任免事项。会议由区政协主席王光才主持，副主席郑德娟、姚维树、谭永奎、简晓玲、王敬东等出席会议。

4日

区三届人大常委会召开第21次会议。听取和审议区政府关于《义务教育法》贯彻执行审议意见落实情况的报告和《2009年财政预算执行情况与2010年财政预算草案》的报告，讨论决定了三届四次人代会议的有关事项，任命付诚为区人民政府副区长，王小红为区人民检察院副检察长、检察委员会委员。区人大常委会常务副主任张洪主持会议，副主任杨文金、尚志芬、王广明、屈克义、秦玉龙等出席会议，区委常委、副区长彭定新列席会议。

区领导彭定新、陈勇、尚志芬、王广明等走访慰问部分困难党员、困难职工。

5日

区领导熊伟、刘洪福、向洪星、王尧、王光才、张洪、彭定新、曹宏伟、董诗国、李羡军等走访慰问部分退休老干部、困难党员和困难职工。

夷陵区召开天然气销售价格听证会。全区居民生活用天然气销售价格定为2.20元/立方米。

6日

区委副书记向洪星，区委常委、区人武部政委刘广胜慰问驻夷陵区部队官兵。

三峡新能源设备有限公司被国家商务部和财政部列为2010年度“全国家电下乡企业”，产品“三峡明珠”牌太阳能上榜“全国家电下乡产品名录”。全国有186家家电企业参加竞标，79家入选，宜昌市仅两家企业及其产品榜上有名。

7日

区委副书记、区长刘洪福到宜巴旅游公路乐天溪段检查开心农庄和奇石馆建设情况，并要求相关部门加快宜巴路沿线旅游深度开发，促进地方经济发展。

9日

副市长王宏强到湖北稻花香集团看望慰问夷陵区企业经营首席专家、集团董事长蔡宏柱以及集团其他经营管理拔尖人才。区委书记熊伟，区委常委、常务副区长彭定新，区委常委、组织部长曹宏伟陪同。

区委书记熊伟，区委副书记、区长刘洪福带领相关领导到中国长江三峡集团公司走访慰问。区领导向洪星、王光才、张洪、彭定新、董诗国参加慰问。

区委常委、副区长李世民带领区安监局、区交通局、区公安分局等部门负责人到车站、商场、码头等重点部位督导检查安全工作。

区委常委、人武部政委刘广胜到邓村乡慰问优秀教师和现役军人家属。

10日

省委常委、统战部长苏晓云带领相关人员到黄花乡军田坝村走访慰问村干部、民营企业家、老党员和新农村建设示范户。市区领导郭有明、廖达凤、熊伟、刘洪福、曹宏伟、董诗国、张林冀等陪同。

13日

区委书记、区人大常委会主任熊伟到区建设局环卫处、城区自来水厂和区广播电影电视局看望慰问节日期间仍然坚守在工作一线的干部职工。区委副书记、区长刘洪福，区委常委、区纪委书记、区总工会主席刘新平参加慰问。

17日

中国人民大学校长纪宝成在夷陵区参观考察湖北稻花香集团。副市长王国斌，区委副书记、区长刘洪福陪同考察。

21日

区委召开第65次常委会，听取全区项目和招商引资工作以及其他重点工作情况汇报，就做好2010年项目和招商引资工作提出要求。区委书记熊伟主持会议。区委副书记、区长刘洪福，区委副书记向洪星等在家的区委常委出席会议，区人大常委会常务副主任张洪列席会议。

区委副书记、区长刘洪福带领区国土局、区建设局、区财政局、区电力局等部门负责人到夷陵经济开发区就在建项目进展情况召开现场办公会议，要求相关部门要合理规划经济园区项目建设布局，促进项目建设协调发展。区委常委、常务副区长彭定新，副区长李羡军参加会议。

区三届人大常委会召开第49次主任会议。讨论区人大常委会工作报告、2010年常委会工作要点修改情况及其他事项。会议由区人大常委会常务副主任张洪主持，副主任杨文金、尚志芬、王广明、屈克义、秦玉龙等出席会议。

中国工程院院士、华中农业大学校长邓秀新在夷陵区调研现代农业柑橘产业体系建设情况。副区长易仁和、王兆峰陪同调研。

夷陵区第一个社区城市管理工作站在小溪塔街道办事处兴安社区成立。

22日

宜昌弘洋集团宏洋新材料有限公司6000立方米硅酸钙板生产线项

日在黄花乡建材工业园奠基。项目建成后可实现年产值15亿元，利税2亿元，安置就业1000人。市委常委、副市长胡家法，区领导熊伟、刘洪福、张洪、彭定新、李羡军、姚维树等出席奠基仪式。

区委常委、副区长李世民到萧氏茶业高新科技工业园督办项目建设工作。

23日

省政府召开“加强实有人口、实有房屋管理，推进社会管理创新”电视电话会议。区委常委、政法委书记陈勇，区委常委、常务副区长彭定新在夷陵分会场参加会议。

24日

24~26日，副市长邓恢林、区委书记熊伟、副区长李羡军等到青岛市和湖北省三峡办就对口支援工作进行回访。

全区国税工作会议召开。2009年，全区累计组织各项国税收入75998万元，占年度计划的108.4%，同比增长18.8%，增收12008万元，收入规模居全市县市区之首，全省第三，实现连续三年“一年增长一个亿”目标。区委常委、常务副区长彭定新出席会议。

全区春季动物防疫工作会议召开。副区长易仁和出席会议。

25日

稻花香集团举行“505”总结表彰暨“707”目标万人誓师大会。稻花香集团2010年确保完成“707”目标任务（“707”目标即实现销售收入70亿元，创利税7亿元）。副省长段轮一，市委副书记、市长李乐成，市人大常委会常务副主任张建一，市委常委、副市长胡家法，区委书记熊伟等省、市、区领导出席大会。

举行夷陵区2010年“就业援助月”暨“春风行动”大型招聘洽谈会。区领导向洪星、王广明、简晓玲等出席会议。

26日

乐天溪镇被国家体育总局评为“2009年全民健身活动先进单位”。是全省唯一获此殊荣的乡镇。

省军区检察院检察长王明勇率工作组在夷陵区人武部检查军人预防职务犯罪工作。区委常委、区人武部政治委员刘广胜陪同。

黄花乡军田坝村荣获省委办公厅、省政府办公厅表彰的第二批“湖北省新农村建设示范村”称号。

三月

1日

省农业厅副厅长余胜伟来夷调研春耕备耕工作。副区长易仁和陪同调研。

宜巴高速举行1~8标“双创双优杯”劳动竞赛活动。省建设指挥部宋继宏指挥长，市协调指挥部办公室主任郭天富，区委常委、副区长李世民出席启动仪式。

《夷陵手机报》开通。该报由区委宣传部主办，夷陵广播电视台、夷陵移动分公司、三峡夷陵传媒网承办。以“政府立场、晚报风格、发布资讯、服务大众”为宗旨，设有要闻快报、夷陵新闻、天气预报、社会经纬等10多个版块。

2日

全区三级干部会议召开。会议表彰了2009年度全区红旗单位、文明标兵、文明单位、文明村（社区）、文明个人、文明家庭，优秀村（社区）党组织书记，社会治安综合治理优胜单位、先进单位及先进工作者，新农村建设先进单位、农业产业化“十佳”成长型企业和“十佳”农民专业合作社，计划生育责任目标考核先进单位。区领导熊伟、刘洪福、向洪星、王尧、王光才、张洪、陈勇、彭定新、李世民、杨燕、刘新平、曹宏伟、董诗国、刘广胜、付诚等出席会议。

区级领导干部年度考核暨区委干部选拔任用述职测评会议召开。区委书记熊伟，区委副书记、区长刘洪福分别作述职报告。区委、区人大、区政府、区政协班子领导成员参加会议。

夷陵区获全市2009年度柑橘销售先进单位称号。

3日

全省“一江两山”神宜线夷陵区段生态景观建设工程启动。市区领导李乐成、李亚隆、李泉、张建一、熊伟、刘洪福、向洪星、王光才、张洪等带领市区机关干部和相关部门负责人到“神宜公路”黄花乡、雾渡河镇等路段开展义务植树活动。

4日

政协夷陵区第三届委员会第四次会议召开。会议听取、讨论《区政协第三届委员会常务委员会工作报告》和《政协夷陵区第三届委员会常务委员会关于区政协三届三次会议以来提案工作情况的报告》。区领导熊伟、刘洪福、向洪星、王尧、王光才、张洪等出席会议。

全区2009年农村综合改革考核评估工作会议召开。区委副书记向洪星出席会议。

5日

夷陵区第三届人民代表大会第四次会议召开。会议听取《政府工作报告》、《关于夷陵区2009年国民经济和社会发展计划执行情况与2010年国民经济和社会发展计划草案的报告》、《关于夷陵区2009年财政预算执行情况与2010年财政预算草案的报告》。区领导熊伟、刘洪福、向洪星、王光才、张洪、彭定新、曹宏伟、杨文金、尚志芬、王广明、屈克义、秦玉龙等出席会议。

全国远程办副主任张坚石、省委组织部远程办副主任蔡方胜一行在夷检查农村党员干部现代远程教育工作。

稻花香集团党委书记、董事长、全国十一届人大代表蔡宏柱出席全国人大十一届三次会议。会议期间受到了中共中央总书记、国家主席、中央军委主席胡锦涛的亲切接见。

7日

区纪委三届五次全体（扩大）会议召开。区委书记熊伟出席会议并强调切实加强制度建设，全面推进党风廉政建设和反腐败各项工作，为区域经济发展提供强大的纪律支撑。区领导刘洪福、向洪星、王尧、王光才、张洪等出席会议。

共青团夷陵区委组织的第五届“拥抱朝阳”暨“相约文仙洞、情系樱桃园”大型青年交友活动在小溪塔街办文仙洞村举行。

8日

夷陵区举行庆祝“三八”国际妇女节100周年纪念暨表彰会，并进行以“妇运百年、巾帼风采”为主题的文艺展示。区领导熊伟、刘洪福、向洪星、王尧、王光才、张洪、杨燕、曹宏伟、尚志芬、饶玉梅、郑德娟、简晓玲等出席会议。

区委区政府部署以“落实科学发展观，建设夷陵新农村”为主题的“千名干部万户行”活动。

9日

区政府召开第20次常务会议，讨论《区人民政府三届五次全体（扩大）会议主题报告提纲及筹备方案》、《关于2010年区政府重点工作分解立项的通知》等事项。区领导刘洪福、彭定新、李世民、付诚、饶玉梅、李羡军等参加会议。区人大常委会副主任秦玉龙、区政协副主席姚维树等列席会议。

区委副书记、区长刘洪福到龙泉镇、鸦鹊岭镇及小溪塔街道就柑橘产业发展进行现场办公，要求相关部门加大政策扶持力度，各企业注重自身发展，做大做强夷陵区的柑橘龙头企业。区委副书记向洪星参加现场办公。

区委副书记、区长刘洪福调研萧氏集团雾渡河现代茶园建设项目，并要求以现代农业的标准，将项目打造成新的农业示范点。区委常委、副区长李世民，副区长易仁和参加调研。

区委常委、副区长付诚调研全区经济商务工作，要求经济商务部门要转变职能，变管理为服务，帮助企业解决生产中的难题，支持企业增产增收。副区长李羡军参加调研。

稻花香被评为“中国十大最具增长潜力白酒品牌”。

9~10日，宜昌军分区司令员蔡运华大校、参谋长黄石松上校率工作组在夷陵区黄花乡、邓村乡和大老岭自然保护区管理局武装部和部分村民兵连检查指导民兵组织整顿工作。区人武部部长莫锦志、政治委员刘广胜陪同。

10日

省委统战部副巡视员刘爱党、省工商联副巡视员桂汉良带领第三届省直新农村建设工作队到黄花乡军田坝村接替第二届省直新农村建设工作队工作，深入开展“千名干部万户行，结对帮扶新农村”行动计划。区委常委、统战部长曹宏伟陪同。

夷陵区安全生产工作会议召开。会议总结2009年安全生产工作，对今年的安全生产工作进行全面部署，并签订2010年安全生产目标责任状。区委副书记、区长刘洪福，区委常委、副区长李世民出席会议。

区政协副主席谭永奎带领区建设局、区扶贫办等相关单位负责人到乐天溪镇指导唐家坝村新农村建设工作。

黄花乡新坪村获“湖北旅游名村”称号。

三斗坪镇获住房和城乡建设部、国家旅游局“全国特色旅游名镇”称号；6月10日，再获省政府“湖北旅游名镇”称号。

截止18时，为期40天的春运工作结束。据统计，春运期间夷陵区投入客运车辆19946台次，客（渡）船48艘，安全运输旅客272.78万人次，其中道路旅客261.28万人，水路旅客11.5万人。

11日

区人大常委会常务副主任张洪带领区人大办、区检察院、区地税局、区工商联、区统计局、夷陵石油公司等单位负责人到樟村坪镇安排部署“千名干部万户行”和对口帮扶工作。

夷陵区依法治区工作领导小组全体会议召开。对今年全区普法依法治理工作进行安排部署。区领导彭定新、陈勇、王广明、姚维树等出席会议。

区委常委、区纪委书记刘新平到雾渡河镇小庙村和观音堂村指导新农村建设工作。

市政府召开治理工程建设领域工作视频会议，安排部署工程建设领域突出问题排查和案件查处工作。区委常委、副区长李世民在夷陵分会场参加会议。

副区长饶玉梅到三峡高中专题调研高考备考工作。

12日

区委书记熊伟到小溪塔街办京都农业公司、龙泉镇跑马岗村、雷家畈村开展“千名干部万户行”活动。

区委副书记向洪星到小溪塔街道办事处仓屋塝村就新农村建设进行现场办公。

全区党建信息员队伍启动仪式暨培训工作会议召开。区委常委、组织部长曹宏伟出席会议。

区委常委、区纪委书记刘新平到乐天溪镇指导三峡移民生态工业园建设。

区委常委、副区长李世民在区房管局就房地产工作进行专题办公。

13日

省三峡工程湖北库坝区经济社会发展“十二五”规划调研组在夷陵区专题调研，指导编制“十二五”库区经济社会发展规划。区委常委、常务副区长彭定新陪同。

14日

山西省忻州市市委常委、政法委书记杨绪全带领考察团到区司法局、三斗坪镇司法所、太平溪镇司法所、兴安社区考察司法系统社区矫正帮教工作。区委副书记向洪星，区委常委、政法委书记陈勇陪同考察。

宜昌军分区司令员蔡运华到邓村乡、黄花乡检查人武部工作。区委常委、人武部政委刘广胜陪同检查。

15 日

区委常委、副区长李世民到黄花乡、雾渡河镇就环“一江两山”交通沿线生态景观工程建设工作进行现场办公。

16 日

参加全市组织工作会议的代表到长江高科党建活动中心参观学习。区委书记熊伟，区委副书记向洪星，区委常委、组织部长曹宏伟，区委常委、区委办公室主任董诗国陪同。

上海市对口支援三峡库区移民工作第三次联席会议在重庆市万州区召开。夷陵区与上海市静安区在会上签订了2010年对口支援实施项目协议。区委副书记、区长刘洪福，副区长李羡军出席会议。

区人大常委会常务副主任张洪到樟村坪镇董家河村开展对口帮扶工作。

区委常委、区委办公室主任董诗国到分乡镇插旗村开展“千名干部万户行”活动。

17 日

副市长王国斌在夷陵区专题调研实施国家基本药物制度试点工作。区委书记熊伟、副区长饶玉梅陪同调研。

全区2010年度人口和计划生育工作会议召开。区领导熊伟、刘洪福、杨燕、尚志芬、饶玉梅、简晓玲等出席会议。2009 年，夷陵区获“全国计划生育优质服务先进区”、“全省人口和计划生育工作先进（县市）区”、“全市人口和计划生育工作一等奖”、“全省计划生育依法行政十佳县市区”等荣誉称号，计划生育信息化建设经验在全省推广。

副区长易仁和到下堡坪乡九山村就茶叶产业发展进行专题办公。

18 日

区委中心学习组特邀北京交通大学旅游发展与规划研究中心主任王衍用作“三峡地区旅游转型升级的思考”专题辅导讲座。区领导熊伟、刘洪福、向洪星、王尧、张洪等参加学习。

全区学习实践科学发展观活动进行总结会议。区领导熊伟、刘洪福、向洪星、杨燕、董诗国、曹宏伟等出席会议。

19 日

区委书记熊伟在全区政法工作会议强调：各级各部门要加强领导，以创新精神深入推进社会矛盾化解、社会管理创新、公正廉洁执法等三项重点工作，全力维护社会和谐稳定。

区委副书记、区长刘洪福到雾渡河镇西北口村开展“千名干部万户行”活动。副区长易仁和陪同。

区委常委、区委办公室主任董诗国到宜昌昌伟农贸公司调研。

湖北省农村综合改革考评组在夷陵区考核评估农村综合改革工作。副书记向洪星、副区长易仁和陪同。

夷陵区城镇超龄职工养老保险工作启动。

区人大常委会副主任尚志芬到鸦鹊岭镇云台村开展“千名干部万户行”活动。

鄂电司监[2010]1 号文授予客户服务夷陵分中心“湖北省电力公司2009 年度五星级营业窗口”称号，至此，宜昌供电公司系统建成首个“五星级营业窗口”。

22 日

区长刘洪福主持召开区长办公会，讨论研究《全区工业经济暨对外开放工作表彰大会筹备方案》、《关于表彰2009年度全区科学技术奖获奖项目科技科普工作先进单位及先进个人的通报》等相关事项。副区长彭定新、李世民、易仁和、李羡军、饶玉梅、王兆锋等参加会议。

区长刘洪福就审计工作进行专题办公，要求审计部门突出重点，强化审计监督，使审计工作更好地服务于大局。区委常委、常务副区长彭定新参会。

区三届人大常委会召开主任会议，讨论三届人大常委会第二十二次会议相关事宜。区人大常委会常务副主任张洪主持会议。

区委常委、副区长李世民就加快萧氏茶业工业园建设组织专题办公。

23 日

区委副书记、区长刘洪福在夷陵分会场参加全国第三次廉政工作电视电话会议。

区委常委、副区长李世民就神宜路沿线生态景观工程建设进行专题办公。

副区长易仁和陪同三峡总公司负责人到黄花乡军田坝村就军田坝村黑尔包安全饮水工程进行现场办公。

夷陵区被列入全国第一次水利普查试点县（区）。

24 日

市政府召开全市实有人口实有房屋管理创新电视电话工作会议。区委常委、常务副区长彭定新在夷陵分会场参加会议。

省环保厅党组副书记、副厅长吕文艳在夷陵区检查神宜公路夷陵区段环境综合整治工作。区委常委、副区长李世民陪同检查。

副区长易仁和带领区财政局、区移民局、区国土局、太平溪镇政府等部门负责人及省地质环境总站宜昌站专家到太平溪镇韩家湾村检查地质灾害点情况。

全区卫生工作会议召开。

25 日

副省长张岱梨在夷陵区调研基本药物制度改革试点工作。市、区领导李乐成、熊伟、刘洪福、彭定新、饶玉梅等陪同。

市委副书记李亚隆检查环“一江两山”神宜公路沿线景观工程夷陵区段建设工作情况。区委书记熊伟，区委常委、副区长李世民等陪同检查。

在全区茶叶工作会议上，区政府拿出120万元奖励2009年度茶叶产业发展取得突出成绩的乡镇、企业及茶商。区领导向洪星、尚志芬、易仁和、姚维树为获奖乡镇、企业及茶商颁奖。

共青团夷陵区委三届二次全体（扩大）会议召开。区委副书记向洪星出席会议。

上海市第一社会福利院考察团在夷陵区社会福利院参观考察。区委副书记王尧、副区长易仁和陪同。

区政协主席王光才到湖北三峡坤艳集团调研企业发展情况。区政协副主席郑德娟参加调研。

区总工会三届三次全委（扩大）会议召开。

夷陵区2010年文化、科技、卫生“三下乡”活动暨科普之春启动仪式在龙泉镇法官泉村举行。区委常委、宣传部长杨燕启动仪式。

26日

区委书记、区人大常委会主任熊伟主持会议，传达十一届全国人大三次会议精神。

区委副书记、区长刘洪福就全区城市建设工作召开专题办公会议，要求各级各部门正确认识当前城市建设面临的任务，继续加大力度做好城市建设管理工作，全力打造宜居宜业的夷陵新城。区委常委、副区长李世民参加会议。

全区司法行政工作暨“五五”普法验收动员会召开。全面启动法治夷陵建设，重点安排和部署“五五”普法迎检工作。区领导彭定新、陈勇、王广明、简晓玲等出席会议。

夷陵区成立应急救援大队。

区政协副主席姚维树到太平溪镇长岭村就经济社会发展情况进行现场办公。

省农业厅春季农业生产督导组在夷陵区检查春季农业生产及动物防疫工作。

宜昌市人武干部训练中心、民兵武器装备仓库在夷陵经济开发区陈埫坪村开工建设。市长李乐成，宜昌军分区全体党委常委，区人武部部长莫锦志、政治委员刘广胜出席开工仪式。

27日

三亚凤凰岛投资有限公司董事长曾宪云在夷陵区考察投资环境，区委书记熊伟，区委副书记、区长刘洪福陪同。

中国观赏石协会会长、原国土资源部副部长寿嘉华带领专家组在夷陵区考察乐天溪镇奇石产业发展情况。

省农业厅春季农业生产督导组在夷陵区检查春季农业生产及动物防疫工作。

28日

国家人口计生委在夷陵区调研人口计生工作。副市长张永红、副区长饶玉梅陪同调研。

29日

区政府三届五次全体（扩大）会议召开。区领导刘洪福、彭定新、李世民、董诗国、付诚、杨文金、易仁和、饶玉梅、李羡军、王兆峰、郑凌辉、郑德娟等出席会议。

夷陵区启动政府机构改革工作。改革后的区政府机构将设置工作部门24个、部门管理机构2个、派出机构2个、直属事业单位6个。

区委副书记、区长刘洪福就全区公安工作进行专题办公。区委常委、常务副区长彭定新，区委常委、政法委书记陈勇参加会议。

夷陵区社会工作人才队伍建设试点工作会议召开。区委副书记向洪星出席会议。

夷陵区妇联三届二次执委会召开。区委副书记向洪星出席会议。

区人大常委会常务副主任张洪到樟村坪镇就新农村建设、整村推进、经济和社会发展等工作开展调研。

市委综治维稳信访督导组在夷陵区检查督导综治维稳信访工作。区委常委、政法委书记陈勇陪同。

全市检察院系统推进三项重点工作和“法律监督进社区、进企业、进学校、进农村”四进活动启动仪式在夷陵区龙泉举行。市检察院检察长孙光骏，区委常委、纪委书记刘新平等出席仪式。

30日

区委副书记、区长刘洪福督导检查神宜路夷陵区段生态景观工程建设。区委常委、副区长李世民，副区长饶玉梅参加检查。

夷陵区新型农民教育试点活动在太平溪镇启动。活动以“五讲五评”为主题，坚持以村“两委”为组织主体、以全体村民为活动主体的“两为主”原则，全面提升农民素质。区领导向洪星、曹宏伟、杨燕、秦玉龙、简晓玲等出席启动仪式。

区委常委、组织部长曹宏伟到太平溪镇和三斗坪镇检查指导村级阵地建设工作。

全区土地卫星图片执法检查、土地规划修编暨开发整理项目工作会议召开。副区长易仁和出席会议。

31日

全省推进鄂西生态文化旅游圈建设领导小组第二次会议暨环“一江两山”交通沿线生态景观工程建设现场会议在夷陵区召开。常务副省长李宪生，副省长李春明、田承忠、张岱梨及市、区领导郭有明、李乐成、郑超、熊伟、刘洪福、李世民、饶玉梅等出席会议。

省国税局党组书记、局长刘勇在夷陵区国税局检查工作。

区人大常委会常务副主任张洪带领常委会组成人员视察三峡移民产业发展情况。

夷陵区人力资源服务中心获全省“十佳人力资源服务中心”称号。

朗天建材国内首条年产10万立

方米的页岩陶粒生产线建成投产。

记向洪星、副区长易仁和出席签字仪式。

5日

区人力资源服务中心获"全省优秀人力资源服务中心"称号。

6日

全党深入学习实践科学发展观活动总结电视电话会召开。总结全国各地学习实践科学发展观活动的先进经验和取得的丰硕成果。区领导熊伟、向洪星、王光才、陈勇、李世民、杨燕、曹宏伟、董诗国、刘广胜、易仁和、李羡军等在夷陵分会场参加会议。

区委书记熊伟在全区宣传思想工作会议上强调：要全面加强和改进宣传思想文化工作，为推进特色新区建设，促进全区经济社会更好更快发展提供精神动力和思想保证。区领导向洪星、杨燕、董诗国、杨文金、饶玉梅、姚维树等出席会议。

区人大常委会常务副主任张洪带领调查组到区房管局调查全区房地产业发展情况。

区人大常委会副主任王广明到邓村乡袁家坪村开展"千名干部万户行"活动。

副区长易仁和、副区长郑凌辉分别到分乡镇家家有畜牧有限公司和三峡移民生态工业园检查指导工作。

7日

全省农村党员干部远程教育教材制作选题策划研讨会在夷陵区召开。区委书记熊伟，区委常委、组织部长曹宏伟参加会议。

区委书记熊伟出席全区组织、统战工作会议并提出要求：创新方法，统筹推进，努力提升全区党的建设和组织统战工作科学化水平，为推动全区经济社会新一轮大发展提供坚强有力的组织保证。区领导曹宏伟、董诗国、杨文金、谭永奎等出席会议。

全区组织工作述职评议会议召开。16个基层党（工）委书记就党建工作情况向区委述职。区领导熊伟、向洪星、曹宏伟等出席。

全省召开政法机关落实"三项重点"工作电视电话会议。区委副书记向洪星，区委常委、政法委书记、公安分局局长陈勇在夷陵分会场参加会议。

区委召开民政工作专题办公会议。区委副书记向洪星、副区长易仁和出席。

区政协主席王光才到黄花乡刘家坪村进行专题办公。副主席简晓玲参加。

8日

上海·夷陵旅游企业恳谈会在上海市静安宾馆举行。上海和夷陵两地旅游企业签订旅游合作协议30份。

副区长易仁和在夷陵分会场参加全国纠风工作电视电话会议。

9日

省远程教育办公室副主任蔡方胜在夷陵区检查党员远程教育工作。区委书记熊伟，区委常委、组织部长曹宏伟陪同。

省农业厅科教处在夷陵区调研科教、农技推广体系建设、农民培训及农广校工作。

市人大常委会副主任艾苍松带领调研组在夷陵区专题调研检察机关诉讼监督工作。区领导熊伟、张洪、陈勇、王广明等陪同。

区政协召开三届十三次常委会议。听取全国"两会"主要精神辅导报告；学习胡锦涛总书记在庆祝人民政协成立60周年大会上的重要讲话精神辅导报告和中共十七届四中全会精神辅导报告。区领导王光才、郑德娟、谭永奎等出席。

区政府召开加强实有人口、实有房屋管理推进社会管理创新工作动员会。区委常委、常务副区长彭定新，区委常委、政法委书记陈勇出席。

区人大常委会副主任王广明到下堡坪乡秀水天香茶叶加工厂检查指导工作。

四月

1日

区委副书记向洪星，区委常委、宣传部长杨燕在夷陵分会场参加省政府召开的深入开展"迎世博、讲文明、树新风"活动电视电话会。

省建设厅副厅长张学锋到三斗坪镇检查旅游明星镇建设工作情况。区委常委、副区长李世民陪同。

省环境保护厅副厅长吕文艳在夷陵区检查畜禽养殖基地环保工作。

全区教育工作会议召开。区领导杨文金、饶玉梅、郑德娟等出席。

夷陵区一季度外贸出口210.6万美元，同比增长152.2%。

区广播电视台开办的首档文化旅游娱乐综合节目《玩转夷陵》开播。节目的宗旨是：推介夷陵旅游精品、彰显夷陵文化特色、引导夷陵时尚消费。节目特点：轻松活泼、参与性强等。节目长度15分钟，每两周一期，周日播出。

2日

区人大常委会召开理论宣传暨乡镇人大主席团工作会议。区人大常委会常务副主任张洪出席会议并要求各乡镇、街道、开发区和各相关部门深入分析和把握新形势、新任务，理清思路，扎实工作，推动全区人大理论宣传和乡镇人大工作创新发展。

省新闻出版局副局长曾向阳到分乡镇检查指导"农家书屋"建设情况。

区政协副主席郑德娟到分乡镇天坑村开展"千名干部万户行"活动。

3日

宜昌晓曦红果业有限公司与西班牙佛美萨工业集团签署柑橘产后处理技术合作项目协议。区委副书

10日

最高人民法院民一庭庭长杜万华在省高院民一庭庭长官昌恒、市中院院长裴缜、副院长王春晖和区法院院长宋建平等陪同下，视察黄花人民法庭工作。

省摄影家协会七届六次理事扩大会在三斗坪镇三峡人家风景区举行。市委副书记、市摄影家协会名誉主席李亚隆，区委常委、常务副区长彭定新出席。

省扩大内需促经济增长政策落实检查组在夷陵区检查扩大内需项目建设情况。区委常委、副区长李世民陪同。

11日

中央扩大内需第十二检查组在夷陵区检查督导贯彻落实中央扩大内需促进经济增长政策落实情况和工程建设领域突出问题专项治理工作。区领导熊伟、彭定新、李世民、刘新平等陪同。

12日

省政府召开第六次人口普查工作电视电话会议。部署全省人口普查省级综合试点、普查区地图绘制、户口整顿核实、普查员选调和培训、物资准备、督办检查以及宣传工作。区委常委、副区长李世民在夷陵分会场参加会议。

山东省青岛市委副书记、市长夏耕在宜昌市委常委、常务副市长郑超、夷陵区委常委、常务副区长彭定新、副区长李羡军陪同下考察青岛对口支援建设项目—小溪塔三中塑胶运动场。又到鸦鹊岭镇宜昌嘉源食品有限公司等考察青岛食品工业园建设。

市人大常委会副主任张为民带领调研组在夷陵区调研鄂西生态文化旅游圈建设工作。副市长吴静、区人大常委会常务副主任张洪、副主任杨文金等陪同。

区委常委、组织部长曹宏伟到湖北稻花香集团察看湖北省农村基层干部培训示范基地建设情况。

13日

省纪委副书记吴琦在夷陵区调研经济社会发展和纪检监察工作。区委书记熊伟，区委常委、纪委书记刘新平陪同。

区政府举办灾害信息员培训班。副区长易仁和出席开班仪式。

区法院行政庭庭长肖杰被宜昌市中级人民法院表彰为“十大公正为民好法官”。

14日

市委常委、政法委书记蒋国平在夷陵区检查指导“社会矛盾化解、社会管理创新、公正廉洁执法”三项重点工作及大调解格局构建工作。区领导熊伟、向洪星、陈勇等陪同。

区政府召开固定资产投资暨工业经济运行情况统计分析会。区委常委、副区长李世民出席。

国家农业部发展计划司副司长刘北桦在夷陵区考察循环农业经济发展情况。副区长易仁和陪同。

区政协组织部分常委和委员视察全区计划生育工作。区领导郑德娟、简晓玲、饶玉梅、郑凌辉等参加。

15日

崇阳县党政代表团在夷陵区考察学习义务教育均衡发展工作。

孝昌县考察团在夷陵区考察学习工业经济发展工作。

16日

16~18日，区委书记熊伟带队赴广东、海南考察恒大集团、伟志电子集团、海南三亚凤凰岛发展有限公司、香港明诚国际集团等部分重点招商引资跟踪洽谈企业。区委常委、宣传部部长杨燕参加。

区人大常委会副主任尚志芬、王广明分别到鸦鹊岭镇云台村和邓村乡袁家坪村就村域经济和社会发展进行办公。

17日

黄花乡南边村一山体出现滑坡迹象，滑坡范围在10000平方米左右，滑坡速度每小时3厘米左右。副区长易仁和带领相关部门负责人赶赴现场查看灾情，安排部署防治工作。受滑坡危及的11户62名群众全部安全转移。

三峡高中被武汉科技大学授予“优秀生源基地”称号。

19日

省农业厅在夷陵区调研基层农技推广体系改革与建设工作情况。

市政协副主席段贤斌在夷陵区调研三峡航运中心建设情况。区委常委、副区长李世民，区政协副主席姚维树陪同。

区委常委、副区长付诚到太平溪镇检查指导港口物流建设工作。

副区长易仁和到鸦鹊岭镇、龙泉镇、小溪塔街办检查中央财政现代农业生产发展资金第二期标准果园项目建设情况。

20日

河北省沧州市青县党政考察团在夷陵区参观考察新农村建设工作。区委副书记王尧，区委常委、区委办公室主任董诗国陪同。

全省县级义务教育均衡发展督导评价试点评估工作会在夷陵区召开。区委常委、宣传部长杨燕，副区长饶玉梅出席。

区委常委、副区长李世民出席全区水上交通安全会议。

副区长李羡军到田田化工有限公司调研重组后生产经营和技改项目建设工作。

湖北稻花香集团董事长蔡宏柱被增补为省工商联、总商会副会长。

稻花香集团总经理蔡开云赴京为玉树灾区捐赠500万元。

21日

区委常委、政法委书记陈勇到黄花乡专题调研人民调解工作。

区领导王广明、李羡军、简晓玲等出席全区人力资源和社会保障工作会议。

副区长易仁和到分乡镇督导检查防汛抗旱工作。

省交通厅干线公路建设巡查组在夷陵区检查 “十一五”干线公路建设情况。

22 日

中央办公厅和中央政法委联合督查组在夷陵区督办检查《关于加强和改进党对政法工作领导的意见》（中发〔2005〕15 号）和《关于进一步加强人民法院人民检察院工作的决定》（中发〔2006〕11 号）的落实情况。区领导张洪、陈勇、刘新平等陪同。

国务院办公厅召开全国切实做好当前农业生产工作紧急电视电话会议。副区长易仁和在夷陵分会场参加会议。

民政部法规司和优抚安置局在夷陵区调研光荣院建设发展情况。副区长易仁和陪同。

区政府首届专家委员会第三次全体会议暨二三产业规划评审会议在武汉召开。区领导刘洪福、彭定新、饶玉梅、李羡军等出席。

区委常委、副区长李世民在夷陵分会场参加全市第一季度固定资产投资工作视频会议。

湖北关公坊酒业公司“关公坊”商标被省工商行政管理局、省著名商标评审委员会认定为“湖北省著名商标”。

石家庄市地税局副局长徐国民在夷陵区参观学习夷陵区地税文化建设。

23 日

全省建设领域统计工作会议在夷陵区召开。国家统计局投资司副司长李万茂，省统计局党组书记、局长毛凤藻，区委副书记、区长刘洪福，区委常委、副区长李世民等出席。

区政府召开 “地沟油”和不合格一次性筷子现场清查督办会议。副区长易仁和参加。

24 日

区委副书记、区长刘洪福到乐天溪镇检查宜巴旅游沿线生态景观建设工作，并强调乐天溪镇要乘宜巴路旅游深度开发东风，注重细节改造，加快完善配套设施建设。区委常委、常务副区长彭定新，区政协副主席[illegible]参加。

神农架林区党委副书记、区长朱厚伦带领党政代表团在夷陵区参观考察三峡人家风景区建设情况。市区领导吴静、刘洪福、张洪、彭定新、简晓玲等陪同。

宜昌中孚化工有限公司董事长、总经理陈志孚、区计划生育服务站站长刘长艳、湖北稻花香集团总工程师谢永文、宜昌市晓曦红柑橘专业合作社理事长舒德华、宜昌市夷陵区珍宏粮油经营部总经理阮仕珍等 5 人获“宜昌市劳动模范”荣誉称号。

22~24 日，全省建设领域统计工作现场会在夷陵区召开。国家统计局投资司副司长李万茂，湖北省统计局党组书记、局长毛凤藻和来自全省各市（州、直管市、神农架林区）统计局分管局长和业务人员共 40 人参加会议。

25 日

全市生态走廊建设试点现场会在夷陵区召开。市区领导李亚隆、张为民、王国斌、熊伟、向洪星等出席。

26 日

区委副书记向洪星就区图书馆、档案馆、博物馆建设进行专题调研。

市人大常委会副主任邹正金带领检查组在夷陵区检查《中华人民共和国食品安全法》贯彻落实情况。区领导张洪、李世民、杨文金、易仁和等陪同。

美国中小学校长代表团在夷陵区东湖小学参观考察。

宜昌供电公司召开落实世博会保电工作会议。对世博会保电方案进行层层落实，分解责任，明确要求相关人员在世博会重要时段采取蹲守确保世博供电安全。期间，宜昌供电公司总经理姚太和、副总经理周永君、总工程师邹圣权率总经理工作部、生产技术部、安全监察部一行，深入公司世博会保电现场进行督导。4 月 30 日早上 6 时开始，宜昌供电公司派出 200 余名队员，坚守在从小溪塔到当阳地区山岭、沟壑间，保护辖区铁塔、变电站和线路安全，为确保世博开幕和开园能够顺利进行。

27 日

27~28 日，北京地雅集团总裁张志利带领集团高层在夷陵区考察旅游产业发展情况。区委书记熊伟，区委常委、常务副区长彭定新陪同。北京地雅集团是一家以投资房地产为主，旅游度假、电子技术开发、汽车租赁、汽车修理等行业为辅的综合性企业集团，是全国百强企业之一。

区委常委、宣传部长杨燕到下堡坪乡下堡坪村就“整村推进”工作进行办公。

区人大常委会就全区人大工作召开座谈会征求意见。区人大常委会副主任杨文金主持。

区政协和鹤峰县政协就南明首辅文安之与容美土司的史学进行交流。鹤峰县政协副主席余坤刚、区政协副主席谭永奎出席。

省旅游局副局长潘细汉、蒋星华在三斗坪镇视察旅游名镇创建工作。

28 日

夷陵区举行庆“五一”劳动模范颁奖晚会。 蔡开云、张朝文、邹正明、张学良、王震、王泽艳、牛焕菊、李守华、傅高中、黄玉平等 10 人被评为区劳动模范。

共青团夷陵区委举行以“青春、夷陵”为主题的“纪念五四运动 91 周年暨青年誓师大会”。区领导向洪星、李世民、尚志芬、简晓玲等出席。

宜昌三峡矿业有限公司董事长、总经理王凤军获“湖北青年五四奖章”。

鄂西生态文化旅游圈系列丛书在夷陵区发行。该丛书由中国地质大学出版社出版，目前发行两本：《三峡民俗文化》，主要反映三峡地区的生态文化和自然风貌，书籍中注入了同类书中从未出现过的各类民俗解释;《走进鄂西圈导游宝典》,该书通过图文并茂的形式将导游词与导游图有机结合,为鄂西地区导游讲解提供参考依据。

宜昌夷陵农村合作银行西陵支行在宜昌市西陵一路开业,标志宜昌夷陵农村合作银行由开展农村业务向城区业务的拓展。

29 日

中国人民银行副行长胡晓炼视察宜昌夷陵农村合作银行,了解支持地方经济发展情况。

区委副书记向洪星,区委常委、组织部长曹宏伟出席关工委成员单位办公会议。

区委常委、宣传部长杨燕到太平溪镇许家冲村检查指导新型农民教育试点工作。

区委常委、组织部长曹宏伟到实验中学检查指导工作。

区政府召开“门前三包”推进会。区领导李世民、杨燕、杨文金、简晓玲等出席。

全市法院诉调对接工作现场会在龙泉镇召开。宜昌市中级人民法院副院长王春晖,夷陵区委常委、政法委书记陈勇,区法院院长宋建平,龙泉镇党委书记、镇长罗泽旌,全市各基层法院分管民事审判工作的副院长和民庭庭长等60余人参加了会议。区法院在会上介绍了开展诉调对接工作的经验。

雾渡河镇西北口村举办首届全民健身运动会。吸引西北口村及周边多村380余名农民参与。本次运动会共分2000米中长跑、跳绳、乒乓球、象棋等四大项目,以倡导文化体育活动为载体,促进提高农民健康水平,丰富农民业余文化生活,发扬农民团结协助精神,推进全村和谐社会共建。

30 日

湖北稻花香集团被省农业产业化龙头企业协会授予“全省农业产业化综合排名十强企业”称号。

全市第二届环长江市场长跑比赛在夷陵区长江市场举行。来自全市各个县市区、各个单位、各条战线的近3000名运动员参加比赛,108名运动员获得奖励。

著名导演张艺谋执导的新片《山楂树之恋》在小溪塔街办姜家庙村和百里荒村开拍。夷陵区是《山楂树之恋》故事的源发地。

截至30日,夷陵区各机关、企业及3万多名党员、群众为青海玉树地震灾区捐赠抗震救灾款173万余元。区红十字会募集救灾资金83.2万元。

五月

1 日

夷陵区月最低工资标准由520元/月调整为670元/月。

4 日

大调解工作现场会在黄花乡召开。区委书记、区人大常委会主任熊伟要求在全区着力构建大调解体系,以大调解促大稳定,以大稳定促大发展。区领导向洪星、陈勇、李世民、董诗国、王广明、姚维树等出席会议。

副区长李羡军对城区标准化菜市场建设进展进行督查。

《夷陵区信访督查督办工作实施意见(试行)》实施。

5 日

全省第十一个党风廉政建设宣传教育月活动电视电话会议召开。区领导熊伟、刘洪福、向洪星等在夷陵分会场参加会议。

全区目标管理、争创满意机关暨腐败风险预警防控工作会议召开。区领导熊伟、刘洪福、向洪星、张洪、彭定新、陈勇、刘新平、杨燕、董诗国等出席会议。

夷陵区2010年科学技术奖励大会召开,对全区科技获奖项目、科技科普和知识产权工作先进单位及个人进行了表彰奖励。恒安药业公司、区农业技术推广中心等四个获得科技成果一等奖,宜昌超亿建材有限公司、长江高科电缆公司等22个获科技成果二等奖和三等奖。区领导熊伟、刘洪福、向洪星、彭定新等出席。

区政协副主席简晓玲到太平溪镇检查验收“五五”普法工作。

稻花香集团被省农业产业化龙头企业协会授予农业产业化综合排名十强企业称号。

6 日

全区工业经济暨对外开放表彰大会召开。88家企业分别获得特别贡献奖、规模企业发展台阶奖、十佳贡献奖、十佳成长企业奖、重大技术装备奖、国际市场开拓奖、新进规模企业奖、先进外贸企业奖和外贸企业出口完成任务奖,奖励总额达380万元。市区领导胡家法、熊伟、刘洪福、向洪星、张洪、彭定新、李世民、付诚、李羡军、郑德娟等出席。

中纪委、中组部联合召开贯彻实施“四项监督制度”进一步提高选人用人公信度视频会议。区委书记熊伟,区委常委、纪委书记刘新平,区委常委、组织部长曹宏伟在夷陵分会场参加会议。

全区防汛抗旱工作会议召开。区领导熊伟、刘洪福、尚志芬、易仁和、姚维树等出席。

区三届人大常委会召开第51次主任会议。讨论召开区三届人大常委会第二十三次会议有关事宜。区领导张洪、尚志芬、王广明、屈克义、秦玉龙等参加。

全区移民工作会议召开。区领导彭定新、杨文金、谭永奎等出席。

区人大常委会副主任王广明到分乡镇检查验收“五五”普法、依法治理工作。

7 日

全国政协常委、副秘书长、民革中央副主席修福金在夷陵区调研重点企业发展情况。区领导熊伟、曹宏伟、姚维树等陪同。

当阳市委书记、市人大常委会主任袁卫东带领当阳市党政代表团在夷陵区考察学习交通沿线生态景观建设 。区委书记熊伟，区委常委、区委办公室主任董诗国陪同。

区委副书记、区长刘洪福到鸦鹊岭镇、龙泉镇就特色工业园区项目建设情况现场办公，并要求各相关部门要统一做好园区规划、合理进行产业布局，进一步加快特色工业园区建设步伐。

7~12 日，省委检查组在夷陵区督查校园安全管理工作。区委副书记向洪星，区委常委、政法委书记陈勇陪同。

省委财经办（农办）调研组在夷陵区调研重点项目建设发展情况。区委副书记向洪星陪同。

柳树沟公司等 62 个单位为樟村坪镇土坯房改造捐基金 217.75 万元。

8 日

省教育厅副厅长张金元一行在夷陵区检查学校、幼儿园安全稳定工作。区委常委、宣传部长杨燕，副区长饶玉梅陪同检查。

10 日

区委中心学习组组织学习活动，邀请省人力资源和社会保障厅劳动工资处副处长李建军作《劳动合同法》和区委书记熊伟作《认真学习〈廉政准则〉自觉规范从政行为》的辅导讲座。

襄樊市襄阳区委副书记、区长王军率领党政代表团在夷陵区就县域经济发展作学习考察。区领导向洪星、董诗国、李羡军等陪同。

省教育厅副厅长张金元在夷陵区检查学校安保工作。市、区领导覃照、杨燕、饶玉梅等陪同。

区政协副主席郑德娟、王敬东带领部分政协常委及委员视察全区教师队伍建设情况。

省文物普查验收组在夷陵区检查指导文物普查工作。

全省天保工程 2009 年度复查工作会在夷陵区召开，省天保中心主任罗昌年及省林勘院专家、有关县、市、区天保办主任参加会议。会后，由省林勘院高级工程师刘坤及房县、竹山、巴东等县天保办主任组成检查组，对夷陵区 2009 年度天保工程建设情况进行实地复查，综合评分为 100%，符合国家林业局规定的要求。

11 日

三峡伟志光电宜昌有限公司投产。市区领导张永红、熊伟、刘洪福、秦玉龙、李羡军、姚维树等参加投产仪式。

区委副书记、区长刘洪福督导检查宜巴高速沿线防洪工作。要求相关部门在确保工程正常建设的情况下，进一步加大防洪抗汛工作力度，确保沿线群众生命财产安全。

以 “文明养成，从我做起”为主题的市民文明素质养成教育暨“文明伴我成长”活动启动仪式举行，区领导向洪星、杨燕、饶玉梅、尚志芬、谭永奎等出席。

省政府安全生产暨省安委会 2010 年度第二次全体电视电话会议召开。区委常委、副区长李世民在夷陵分会场参加会议。

省卫生厅调研组在夷陵区调研国家基本药物制度试点工作。副区长饶玉梅陪同。

鸦鹊岭中心完全小学获得全国第五届“飞天杯”青少年儿童书画摄影展览优秀辅导奖、优秀组织奖。

夷陵电视台摄制的社教专题片——《生命的传奇》获得省广播电视节目奖电视类作品一等奖。

12 日

区委副书记、区长刘洪福、副区长饶玉梅到上海中学、小溪塔三中就学校安全维稳及持续发展进行考察。

夷陵区通过消除碘缺乏病目标省级考评评估。

13 日

“夷陵区食品药品安全监管领导小组”升格为“夷陵区食品药品安全委员会”，区长刘洪福任委员会主任。

省质量协会会长赵文源、省质监局局长王泽洪等质量兴省调研组在夷陵区就质量兴区、质量兴企工作开展。市委常委、统战部部长廖达风、市人大副主任谭春玉、市政府副秘书长王大真、市质监局局长刘爱国、副局长郭一彬、区政府区长刘洪福、区人大副主任秦玉龙等陪同检查调研。

14 日

区委书记、区人大常委会主任熊伟、副区长饶玉梅检查区直机关幼儿园、三峡高中、长江市场盼盼幼儿园、小溪塔二小校园安全工作。

省质量协会会长赵文源，省质监局党组书记、局长王泽洪在夷陵区就质量兴区、兴企工作进行调研。区委副书记、区长刘洪福陪同。

副区长李羡军到随州市曾都经济开发区就汽车机械产业园建设进行考察学习。

15 日

15~17 日，省委统战部纪检组长刘平安来夷在黄花乡调研“城乡互联、结对共建”活动实施情况和新农村建设情况。区委常委、区委统战部部长曹宏伟陪同。

16 日

区委副书记向洪星带领区残联、区教育局、区财政局等相关单位负责人到区残疾人康复中心和区特殊教育学校开展助残扶残活动。区领导杨燕、尚志芬、谭永奎等参加。

17 日

区委书记熊伟带队对全区防汛工作进行督查。要求各相关部门密切关注气象动态，充分做好应急准备，确保安全度汛。

区委、区政府在北京举行三峡夷陵（北京）投资环境推介会。商务部外资司副司长骞芳莉，副市长王万修，区领导刘洪福、彭定新、付诚、李羡军等出席。

全省加快推进文化市场综合执法改革工作电视电话会议召开。区委常委、宣传部长杨燕在夷陵分会场参加会议。

18日

省长李鸿忠在省政府秘书长尹汉宁，市委书记郭有明、市长李乐成、区委书记熊伟的陪同下，考察三峡人家风景区。

省纪委党风室副主任甘国栋在夷陵区调研农村集体“三资”管理工作。区委常委、纪委书记刘新平陪同。

区民主党派活动基地授牌仪式暨民主党派负责人座谈会召开。区委常委、统战部长曹宏伟参加。

夷陵区首张地税网络发票诞生。从6月1日起，全区范围内的建筑业、文化体育业、销售不动产和保险业等行业启动应用网络发票。

19日

省农业厅和省科技厅联合组成的农业产业化工作调研组在夷陵区调研。

秭归县委副书记肖高沛带队在夷陵区考察农业产业化基地建设、龙头企业发展和农业招商引资工作。区委副书记向洪星陪同。

宜昌市综艺包装有限公司、宜昌奥美包装有限责任公司、宜昌宏裕塑业有限责任公司、宜昌康得利包装有限责任公司等4家企业被湖北省新闻出版局、省印刷协会表彰为“第二届湖北印刷企业50强”。

20日

区委副书记向洪星带领区农办、区农业局、区畜牧局部门负责人到鸦鹊岭镇检查指导农业工作。

神农架林区副区长汪鸿波带领党政代表团在夷陵区参观考察人口与计划生育工作。副区长饶玉梅陪同。

21日

省新农村建设试点乡镇工作推进检查督办组来夷到龙泉镇检查新农村建设工作。区委副书记向洪星陪同。

全国“小金库”治理工作经验交流电视电话会议召开。区委常委、区纪委书记刘新平，区委常委、副区长李世民在夷陵分会场参加。

全国健康教育与健康促进规划纲要督导评估组在夷陵区督导检查《健康教育与健康促进规划纲要》落实情况。副区长饶玉梅、郑凌辉陪同。

《三斗坪镇志》通过评审。

23日

国务院三峡工程建设委员会副主任、中国长江三峡集团公司董事长曹广晶在区委书记熊伟陪同下到三峡移民生态园视察。

24日

区委副书记、区长刘洪福到三斗坪镇召开旅游明星镇建设现场办公会。

25日

国家旅游局纪检监察局局长胥立平在夷陵区检查三峡人家风景区扩建项目资金使用情况。

26日

区委副书记、区长刘洪福带领区发改局、区财政局、区建设局、区国土局、区环保局等单位负责人到三斗坪镇检查督导污水处理暨垃圾填埋项目建设进展情况。

27日

副省长赵斌在夷陵区调研中华鲟全人工繁殖技术。市区领导郭有明、李亚隆、熊伟、刘洪福等陪同。

区委副书记王尧到稻花香集团参观生产工艺流程。

国家农业部、国家发展和改革委员会、财政部等八部委联合下发（农经发[2010]2号）文件认定：萧氏茶叶集团获评农业产业化国家重点龙头企业，为此次湖北省唯一获评企业。

28日

省委常委、常务副省长李宪生在夷陵区就旅游业发展进行调研时指出:要充分把握三峡地区得天独厚的旅游资源优势和省委省政府着力打造“鄂西生态文化旅游圈”的战略机遇，大力发展生态文化旅游产业，努力把夷陵建设成全国旅游强区和旅游名区。市区领导郭有明、李乐成、熊伟、刘洪福等陪同。

区长刘洪福主持召开区政府第21次常务会议。讨论研究小型水库管理办法、新建区综合档案馆和全区第十次土地卫片执法检查等工作。区领导李世民、付诚、李羡军、郑凌辉、尚志芬、姚维树等参加。

区政府2010年十件实事之一的妇女健康行动暨“两癌”（乳腺癌和宫颈癌）筛查项目在黄花乡启动。项目计划用两年时间完成17万名25~70岁农村已婚妇女免费妇科病检查和“两癌”筛查工作任务。截止12月31日，共完成7个乡镇、43897人筛查工作任务，覆盖适龄妇女11万人。

29日

区委常委、纪委书记刘新平到乡镇、街道、夷陵经济开发区和发展大道新区督导检查落实党风廉政建设“十个全覆盖”工作。

区人大常委会副主任杨文金、尚志芬、王光明、屈克义带领常委会组成人员到区法院视察执行工作。

30日

省政府参事室党组副书记、副主任褚玲在夷陵区就基本药物制度长效补偿机制建设进行调研。区委副书记、区长刘洪福，副区长饶玉梅陪同。

全区妇女健康行动暨“两癌”（乳腺癌和宫颈癌）筛查活动启动。

31日

国家商务部组织香港李锦记、康师傅、可口可乐、日立、通用电气等近二十家外商投资企业在夷陵区考察投资环境。考察团参观了区发展大道总部经济园、湖北江重机械制造公司、娃哈哈集团宜昌有限公司、长江高科电缆公司等企业，了解企业发展情况，并召开座谈会。市区领导廖达凤、刘洪福、李羡军等出席。

六月

2日

省委常委、宣传部长李春明在夷陵区百里荒景区看望电影《山楂树之恋》(由导演张艺谋执导)剧组人员。市委书记郭有明，区委书记熊伟同往 。

区委书记熊伟到鸦鹊岭镇梅店村就进一步做好新型农民教育试点工作进行专题办公。要求各级各部门要落实工作措施，形成齐抓共管合力，把试点村新型农民教育活动不断引向深入，努力实现提高农民综合素质、推进农村经济社会科学发展目标。区领导杨燕、曹宏伟参加。

长阳县常务副县长王平昌带领考察团在夷陵区考察神宜公路生态景观工程。副区长李世民陪同。

区政府咨询委员会到乐天溪镇检查指导旅游奇石产业发展工作。

2~3日,副区长饶玉梅带领区教育局、区卫生局、区文化局、区工商局等部门到樟村坪镇、下堡坪乡督查校园安全工作。

2~8日,区人武部官兵职工参加宜昌军分区培育当代革命军人核心价值观主题教育活动集中授课辅导。政治委员刘广胜在军分区主会场作了《强化战斗队思想，有效履行使命任务》辅导授课。

3日

区委召开书记办公会，听取夷陵经济开发区发展情况和“十二五”规划设想，谋划加快开发区新一轮大发展。区领导熊伟、刘洪福、向洪星、王尧、张洪、董诗国、郑德娟等参加。

4日

区委书记熊伟检查全区高考备考工作。要求各部门紧密配合，共同营造安全、和谐的考试环境，确保高考顺利进行。区领导陈勇、饶玉梅参加。全区报名参加高考总人数3274人。

省招投标管理办公室主任丁贵桥在夷陵区检查指导招投标监管工作。区领导刘洪福、李世民、刘新平陪同。

区委常委、宣传部长杨燕到区高考试卷保密室检查高考试卷保密工作。

区直机关党建工作暨争创满意机关活动督办会召开。区委常委、区委办公室主任、区直机关工委书记董诗国出席。

6日

省旅游局规划处评定组到三斗坪镇检查评定旅游明星镇建设规划。区政协副主席姚维树陪同。

7日

省农业厅经作处处长、省茶叶学会理事长李传友在夷陵区就西北山区和矿区茶产业发展进行调研。区委副书记向洪星陪同。

鸦鹊岭镇被省计划生育委员会评为全省生育文明建设先进乡镇。

区工商局查处一起冒用网络营销公司从事化妆品、保健品、数码产品等经营活动的案件。这起案件是全区首例网络案件。

7~10日，区委副书记、区长刘洪福带领区发改局、区环保局、区国土局、区科技局及部分乡镇和企业负责人赴深圳考察新能源与新能源材料项目。副区长李羡军同往。

8日

由闵行区人力资源和社会保障局、共青团闵行区委组织的青年公务员代表团在夷陵区就经济社会发展参观考察。区委副书记王尧陪同。

中纪委研究室调研组在夷陵区就公共资源交易统一集中监管工作进行调研。区委常委、纪委书记刘新平陪同。

9日

区委书记熊伟在三斗坪镇检查指导工作时要求：要紧紧围绕建设全国旅游明星镇目标，多培育、发展生态环保型企业，推动经济社会健康可持续发展。

区委副书记王尧到乐天溪镇石洞坪村指导新农村建设工作。

荆门市东宝区区委常委、副区长蔡传德来夷参观考察义务教育均衡发展工作。副区长饶玉梅陪同。

区委常委、纪委书记刘新平到小溪塔街办检查贯彻落实反腐倡廉建设“十个全覆盖”工作。

省交通运输厅副厅长马立军来夷检查督导全市迎国检工作。区委常委、副区长李世民陪同。

交通运输部水运科学研究院与来自荷兰的Mr.henricus de leiner等专家在夷陵区就中荷合作“长江内河船舶垃圾和废弃物处理研究”科研项目进行调研。

省财政厅验收组在夷陵区对中央财政现代农业生产发展资金标准果园项目进行现场验收。全区标准果园项目于2009年8月正式启动，2010年4月全部结束。项目完成建设规模20000亩，其中鸦鹊岭镇6000亩，龙泉镇4000亩，小溪塔街道6600亩，夷陵经济开发区1000亩，宜昌长江上中游农业开发公司2400亩。

9~10日,国家商务部党组成员、部长助理房爱卿带领检查组在夷陵区检查中央内贸专项资金项目实施情况及商务工作。区委书记熊伟，副区长付诚陪同。

市人大常委会副主任艾苍松带领检查验收组在夷陵区检查“五五”普法依法治理工作。夷陵区“五五”普法依法治理工作通过验收。区领导熊伟、李世民、杨燕、曹宏伟、尚志芬等陪同。

市政协副主席李盈奕带领国家森林城市创建专题调研组来夷调研。区领导郑凌辉、郑德娟、简晓玲等陪同。

区政协副主席谭永奎带领区建设局、区交通局等单位负责人到乐天溪镇唐家坝村检查指导基础设施建设工作。

11日

区委书记熊伟检查指导全区基层党组织工作。并要求：要紧紧围绕省委提出的基层党组织“五个基本”和“七个体系”建设目标，狠抓各项工作落实，着力推进全区党组织和党员创先争优活动，全面提升全区基层党组织工作水平，促进经济社会科学发展。区委常委、组织部长曹宏伟参加。

全省交通安全宣传工作现场会在夷召开。省公安厅交警总队总队长马国宪出席会议并要求在全省推广夷陵经验。区领导刘洪福、陈勇参加。

副市长邓恢林来夷调研服务“三荆线”建设情况。区委副书记、区长刘洪福，副区长李羡军等陪同。

市委常委、市政府副市长胡家法带领市、区发改委、林业局、国土局等部门负责人到鸦鹊岭镇就宜昌北500千伏输变电工程暨全通220千伏输变电工程召开协调会。副区长李羡军参加。

夷陵区三届人大常委会召开主任会议。讨论召开夷陵区三届人大常委会第二十三次会议有关事宜。区领导张洪、杨文金、尚志芬、王广明、屈克义等出席。

夷陵区第一次全国水利普查试点工作会议召开。区委常委、副区长郑凌辉出席。夷陵区是全国56个水利普查试点区县之一。

省纪委党风室在夷陵区调研农村集体“三资”管理机制及“三资”监管全覆盖工作。

12日

中国民间故事家刘德方学术研讨会在区政务信息中心举行。来自全国各地文学界的近20名专家学者共同解读了民间故事家刘德方的生平事迹与创作历程。区委常委、宣传部长杨燕出席。

13日

全市推进大调解工作现场会暨市综治委第二次全体会议在夷召开。市区领导李亚隆、蒋国平、王宏强、熊从银、熊伟、刘洪福、向洪星、陈勇及其他县市区相关领导出席会议。

辽宁省昌图县县委副书记王永利带领党政代表团来夷考察农业产业化情况。区领导向洪星、尚志芬、王胜等陪同。

区委常委、组织部长曹宏伟到雾渡河镇清江坪村检查指导集体经济发展和党员群众服务中心、村级活动场所发挥作用情况。

区工商联三届三次执委会议召开。区领导曹宏伟、李羡军、姚维树等出席。

14日

全国政协副主席、前澳门行政区特首何厚铧携澳门工商界人士考察三峡人家风景区。

区委副书记、区长刘洪福就三峡人家风景区旅游环境综合整治工作召开专题办公会。要求各相关部门要建立长效监管机制，进一步加强旅游环境综合整治工作，为全区旅游产业发展创造良好环境。

市委常委、政法委书记蒋国平来夷视察江重机械制造项目。区领导刘洪福、向洪星、陈勇等陪同。

区委常委、纪委书记刘新平到区财政局检查反腐倡廉建设“十个全覆盖”工作落实情况。

15日

区委书记熊伟到小溪塔街办仓屋塝村看望慰问大学生村官。区委常委、组织部长曹宏伟参加。

17日

副市长王国斌来夷检查柑橘大实蝇联防工作。

区委书记、区人大常委会主任熊伟到太平溪镇就进一步做好新型农民教育试点工作进行专题办公。区委常委、宣传部长杨燕参加。

区委副书记、区长刘洪福就开发区项目建设工作召开现场办公会，并要求各项目建设单位要合理规划，科学建设，确保项目建设按时按质完成。

夷陵区第三期事业单位领导班子成员培训班和第七期中层干部轮训班在区委党校开班。区领导向洪星、曹宏伟出席。

区委常委、组织部长曹宏伟到八峰药化宜昌有限责任公司检查指导企业生产经营和党建工作。

宜都市委副书记、纪委书记黄传喜带领考察团来夷参观、考察市场建设情况。区委常委、纪委书记刘新平陪同。

区委常委、副区长李世民主持召开三峡人家风景区创建国家5A级旅游景区综合治理现场办公会。

区政协副主席谭永奎带领科教文卫体委员活动组视察全区房地产业发展工作。区政协副主席王敬东参加。

17~18日，国家柑橘产业技术体系机械研究室在金银岗柑橘示范场开展“百日科技服务行动”活动。

17～18日，宜昌市委常委、宜昌军分区政治委员闵捷大校在区人武部指导召开党委民主生活会。并到邓村乡、湖北三峡大老岭自然保护区管理局武装部调研基层武装部建设和森林资源防火保护。区人武部部长莫锦志、政治委员刘广胜陪同。

18日

省党建学会会长武清海来夷调研基层党建工作。市委常委、组织部长王厚军，区委书记熊伟，区委常委、组织部长曹宏伟陪同。

夷陵区在武汉召开的第五届华中旅游博览会上举办三峡·夷陵旅游产品推介会，现场签订旅游战略合作协议12份，其中，与北京地雅投资集团签订的《北京地雅投资集团百里荒旅游区开发项目框架协议书》，拟定投资5亿元将百里荒景区打造成集休闲、度假、康体运动为一体的高端旅游区。

《分乡镇志》通过评审。

18~19日，省政协原副主席、省党建学会会长武清海，省林业厅纪检组长王启平一行在夷陵区调研基层党建工作。

19日

省统计局组织检查组在夷陵区督导检查节能减排工作。

20日

杭州娃哈哈集团公司董事长宗庆后在夷陵区娃哈哈宜昌公司检查指导工作。区领导熊伟、刘洪福、李世民前去看望。

21日

省委常委、常务副省长李宪生在区委书记熊伟、区长刘洪福的陪同下到雾渡河镇视察神宜生态景观工程。

北京市新发地农产品股份有限公司董事长张玉玺来夷考察柑橘产业。区委副书记向洪星陪同。

区医疗保险管理局被省人力资源和社会保障厅授予2009年度全省医疗、工伤、生育保险工作先进单位荣誉称号。

由深圳市龙岗区政法委副书记陈志新带队的深圳市龙岗区综治工作考察团一行31人在市委政法委委员、市综治办副主任黄海的陪同下在夷陵区考察学习大调解工作。

22日

省委常委、常务副省长李宪生、省委常委、宣传部部长李春明带领全省鄂西生态圈旅游工作现场会与会人员来夷参观、考察神（农架）宜（昌）公路沿线生态景观建设工程。市区领导李乐成、熊伟、刘洪福、李世民、杨燕陪同。

省食品药品监督管理局党组书记、局长邹贤启等一行在夷陵区就食品药品安全村（学校）创建工作进行调研，对夷陵区的食品药品创建工作给予肯定。宜昌市副市长邓恢林陪同调研。

市委统战部组织调研组来夷专题就民营企业加快转变发展方式进行调研。区委常委、组织部长曹宏伟陪同。

23日

区委副书记、区长刘洪福带领部分乡镇及区直单位负责人到宜都市考察、学习招商引资、城市建设与管理等工作。区委常委、副区长李世民，副区长李burned军同任。

市人大常委会副主任吴开保带领调研组来夷调研建筑市场监管工作。区人大常务副主任张洪陪同。

区政协副主席谭永奎到乐天溪镇检查指导水土保持工作。

中电联常务副理事长孙玉才，在湖北省电力公司总经理、党委副书记余卫国的陪同下到宜昌供电公司110千伏黄金卡变电站检查工作。

24日

国务院召开防汛抗洪救灾电视电话会议。区长刘洪福、副区长王兆锋在夷陵分会场参会。

区政府召开第六次人口普查工作会议。区委副书记、区长刘洪福出席会议并要求：全区上下要提高思想认识，明确工作要求，强化组织领导，圆满完成全区人口普查工作。区领导李世民、杨文金、谭永奎等参加会议。

夷陵区被表彰为第二次全国经济普查先进工作单位。

25日

区政府召开区长办公会议，研究部署全区土地利用总体规划修编等工作。区领导刘洪福、李世民、付诚、李羡军、饶玉梅、王胜、郑凌辉等出席会议。

全省生猪良种补贴项目工作会议在夷召开。区委副书记向洪星参会。

区三届人大常委会召开第23次会议。会议听取和审议《水污染防治法》贯彻执行情况等三个工作报告。区领导张洪、杨文金、尚志芬、王广明、屈克义、秦玉龙、王兆锋等出席会议。

区委常委、宣传部长杨燕到三峡高中检查指导中考阅卷工作。

市委组织部任命谢光华、王胜为夷陵区人民政府副区长。

全省生猪良种补贴项目现场会在夷陵区召开，来自全省19个县市区的畜牧兽医局局长、分管负责人出席会议，与会人员参观了夷陵区人工授精站点建设现场。区畜牧兽医局党组书记、局长鲁秉格代表夷陵区在会上作交流发言。

28日

市委副书记李亚隆来夷督导、检查综治维稳信访工作。区委副书记向洪星，区委常委、政法委书记陈勇陪同。

区人大常务副主任张洪到樟村坪镇走访慰问老党员。

稻花香第7次入选“中国500最具价值品牌”，品牌价值达83.65亿元，排名比2009年上升了41位。

29日

区委常委、政法委书记、公安局局长陈勇到雾渡河镇检查指导留守儿童教育管护及校园安全工作。

省物价局调研组在夷陵区就价格诚信和涉企收费检查工作进行调研。

30日

区委召开纪念建党89周年暨党组织和党员创先争优活动大会。区领导熊伟、刘洪福、向洪星、王尧、张洪、陈勇、李世民、杨燕、刘新平、曹宏伟、刘广胜、付诚等出席会议。

26~30日，夷陵区组团参加宜昌市三运会。青少年、成年、残疾人3个代表队夺得金牌39枚，团体总分819分，金牌总数和团体总分进入全市四强，其中，残疾人团体总分排名全市第二。

七月

1日

市人大常委会副主任艾苍松带领市农业局、市卫生局、市公路局、市扶贫办等市直相关部门负责人到雾渡河镇龚家河村就新农村建设工作进行办公。区人大常委会常务副主任张洪陪同。

2日

国家发改委地区司副司长刘苏

社在夷检查、督导水污染防治项目建设工作。区委常委、副区长李世民陪同。

区委书记熊伟，区长刘洪福，区委常委、区委办公室主任董诗国到龙泉镇就新农村建设召开专题办公会，要求龙泉镇加快新农村建设步伐。

3日

区委书记熊伟到三斗坪镇检查指导旅游基础设施建设工作。并要求夯实交通设施建设基础，加快旅游明星镇建设速度，促进三斗坪镇旅游经济快速健康发展。区委常委、区委办公室主任董诗国参加。

3~7日，区委副书记、区委处理信访问题领导小组组长向洪星和区委常委、区委政法委书记、区公安分局局长陈勇带领区委政法委、区法院、区公安分局、区信访办公室等单位负责人，赴沈阳市、武汉市汉阳区学习信访工作经验。

5日

市委书记、市人大常委会主任郭有明在夷就三斗坪镇旅游明星镇建设和三峡翻坝高速公路建设工作进行专题调研。市区领导胡家法、马学军、熊伟、刘洪福、李世民、董诗国等陪同。

宜都市副市长王世斌率考察团在夷就宜（昌）巴（东）公路沿线旅游生态景观工程建设学习、考察。副区长郑凌辉陪同。

副区长李羡军检查、督导娃哈哈启力饮料、华润红旗三期、江重机械二期和弘洋集团纸业等新开工项目建设。

区政协副主席姚维树到联系村太平溪镇韩家湾村指导新农村建设工作。

6日

武汉大学与夷陵区联合建立的“社会学教学研究基地”在夷陵区挂牌。武汉大学党委副书记王传中出席挂牌仪式并看望基地实习学生，市区领导王万修、熊伟、曹宏伟等陪同。

区人大常委会常务副主任张洪到樟村坪镇桃坪河村指导高山明珠乌龙功夫茶生产。

武汉大学社会学系宜昌教学科研基地在金狮宾馆揭牌。武汉大学党委副书记王传中，民政厅党组成员、纪检组长张晨，区委书记熊伟出席揭牌仪式。

7日

市委书记郭有明在夷就交通事故矛盾纠纷调解中心运行情况进行调研。市委副书记李亚隆，区委书记熊伟，区委常委、区委办公室主任董诗国陪同。

市政协副主席陈士新率调研组在夷就社会审计组织发展进行调研。区政协副主席姚维树陪同。

区委书记熊伟到樟村坪镇检查指导矿业经济和社会发展工作。区委常委、宣传部长杨燕同往。

8日

区委书记熊伟到下堡坪乡就磨坪村整村推进和下堡坪乡新农村建设工作进行办公。区委常委、宣传部长杨燕，区委常委、区委办公室主任董诗国参加。

16时50分至9日凌晨3时，区内大部分地区出现暴雨、大暴雨，坝区三镇尤为严重，乐天溪镇4个多小时降雨量达200毫米。据初步统计，暴雨导致全区3.2万户9.7万人受灾，5000公顷农作物受灾，其绝收550公顷，倒塌房屋37户119间，损坏房屋3570间，紧急转移安置517人，全区因灾直接经济损失4000万元。根据《夷陵区自然灾害应急救助预案》，于7月9日8时启动夷陵区自然灾害应急救助预案四级响应，区政府组织民政、水利、财政、交通等有关部门赶赴重灾区核查灾情，组织抗灾救灾。

9日

省人大常委会副主任蒋大国带领省验收组在夷检查验收“五五”普法和依法治理工作。市区领导李亚隆、蒋国平、艾苍松、张洪、陈勇、李羡军、姚维树等陪同。

10日

中宣部副部长、国家广电总局党组书记、局长王太华带领部分省市广电部门负责人到黄陵庙考察。市区领导郭有明、李亚隆、熊伟、杨燕等陪同。

副区长饶玉梅到乐天溪镇检查三峡小学受灾情况。

6月9日~7月10日，通过省市“五五”普法检查验收组检查验收。夷陵区被全国普法办表彰为“首批全国法治县（市、区）创建活动先进单位”。

11日

下堡坪乡青年读书组挂牌成立，组员包括全乡机关年轻工作人员、年轻村干部、青年创业致富能手。活动内容主要包括开展理论知识学习，加强对社会主义理论体系、社会主义核心价值体系的学习，同时结合工作要求，开展公文写作、法律、文明礼仪知识学习等；举办经验交流讲座。请乡党委领导及企业从业人员开展公文写作知识讲座，创业培训等，定期开展专题讨论和组织演讲比赛；组织农村实践活动。

12日

区委书记熊伟检查全国文明城市创建工作，并要求全区上下要把创建全国文明城市作为全区的重点工作，广泛开展群众参与的文明创建活动，抓重点，攻难点，全面推进。区委常委、区委宣传部长杨燕，区委常委、区委办公室主任董诗国参加。

区政府启动实有人口实有房屋管理信息采集工作并进行业务培训。区委常委、政法委书记陈勇参加。

省水利厅党组成员、副厅长金正鉴带领省防汛救灾检查组，在宜昌市副市长王国斌，夷陵区委副书记、区长刘洪福，副区长易仁和及市、区水利等相关部门负责人的陪同下，在乐天溪、太平溪、三斗坪了解受灾情况，指导研究救灾措施。

13 日

市委常委、市委统战部长廖达凤在夷就湖北三峡坤艳集团中药产业项目建设进行调研。区委书记熊伟，区委常委、区委统战部长曹宏伟陪同。

省政府召开进一步推进实有人口实有房屋管理工作电视电话会。副区长郑凌辉在夷陵分会场参加会议。

区政协副主席郑德娟、简晓玲带领区政协一活动组检就全区食品质量和安全管理工作进行视察。

14 日

全省综治工作会议在宜昌召开。省委副书记、省综治委主任杨松、省委常委、省委政法委书记吴永文、省人大常委会副主任蒋大国等带领全体与会人员考察了夷陵区交警大队交通事故矛盾纠纷三位一体调处机制，并带领全省社会治安综合治理工作会议与会人员视察区法院交通事故巡回法庭。市、区领导郭有明、李乐成、李亚隆、蒋国平、熊伟、刘洪福、向洪星、陈勇、董诗国陪同考察。7 日上午，市委书记郭友明、市委常委、政法委书记蒋国平、市委副秘书长李中林、市委政法委常务副书记张德才、副书记张树君一行来区检查全省综治工作会参观点筹备工作落实情况。之后，市委书记郭有明，市委副书记李亚隆，市委常委、政法委书记蒋国平一行在夷陵区委书记熊伟，区委常委、区委办公室主任董诗国等陪同下检查了会议现场区法院交通事故巡回法庭。

15 日

省政府召开电视电话会议，安排部署强农惠农资金专项清理和检查督办工作。副区长易仁和在夷陵分会场参加会议。

19 时 20 分至次日凌晨 4 时 30 分左右，全区普降大到暴雨，局部地区降雨量达 205 毫米。全区 12 个乡镇（街道）及夷陵经济开发区、发展大道新区共 101 个村（居）3.7 万户 12.5 万人受灾。其中雾渡河、黄花、分乡受灾严重。据不完全统计，此次灾害造成全区直接经济损失 9300 万元，其中农业经济损失 6500 万元，家庭财产损失 900 万元，因灾死亡 11 人。同日，区救灾应急指挥部启动区自然灾害应急救助预案二级响应。

市委组织部“乡镇与街道工作任务比较”专题调研座谈会在夷陵区召开。

16 日

省人口与计划生育委员会副主任刘望清带领省检查组在夷检查、验收人口与计划生育依法行政示范单位创建工作。副区长饶玉梅陪同。

第六次全国人口普查电视电话会议召开。副区长王胜在夷陵分会场参加会议。

3~16 日，龙泉镇委、政府组织各村党支部书记、镇直单位负责人和机关干部 70 余人分两批赴浙江省宁波市学习考察新农村建设。

17 日

首届宜昌社区节走进夷陵启动仪式在平湖广场举行。区委副书记向洪星，区委常委、区委宣传部长杨燕等参加。

18 日

区委副书记、区长刘洪福到雾渡河镇检查指导抗灾救灾工作。区委副书记向洪星、副区长易仁和参加。

19 日

区委中心学习组邀请上海交通大学马克思主义学院施索华教授作《现代礼仪变化与公共道德修养》专题辅导讲座。

20 日

区委副书记、区长刘洪福到三斗坪镇检查防汛工作，并要求各级各部门要以对人民群众生命财产高度负责的态度，时刻紧绷防汛抗洪安全弦，严防死守，确保平安度汛。区委副书记向洪星参加检查。

区政协召开三届十四次常委会议。听取区政府关于上半年经济和社会发展情况的报告；审议区政协关于全区人口和计划生育工作情况的视察报告；协商有关人事任免事项；听取并专题视察发展大道新区建设情况。

区政协副主席姚维树到太平溪镇长岭村检查指导抗灾救灾工作。

21 日

省人大常委会常务副主任周坚卫在夷就 “十二五”规划及产业结构调整进行调研。市区领导郭有明、张建一、郑超、谭春玉、熊伟、刘洪福、张洪等陪同。

上海市政府对口合作交流办副主任周振球在夷考察上海中学建设情况。区委副书记王尧、副区长李羡军等陪同。

区委常委、纪委书记刘新平到雾渡河镇检查督导抗灾救灾工作。

全国召开组织系统深入开展创先争优活动视频会议。区委常委、组织部长曹宏伟在夷陵分会场参加会议。

区委常委、组织部长曹宏伟到望江社区督导检查文明创建工作。

22 日

区委召开第 71 次常委办公会议。研究部署抗灾救灾、迎接全国公共文明指数测评等工作。

区委副书记向洪星到龙泉镇和分乡镇检查指导抗灾防汛及农业产业化工作。

上海市政府合作交流办对口支援处副处长黄忠良到乐天溪镇三峡小学、三峡移民生态工业园等地察看灾情。区委副书记王尧陪同。

区委常委、副区长李世民在鸦鹊岭镇主持召开支援铁路建设工作办公会议。

全省地震重点监视防御区和地震烈度 7 度以上地区中的部分县市校舍安全工程规划座谈会在夷召开。副区长饶玉梅参加。

23 日

市委书记郭有明带领市直相关部门负责人到太平溪镇指导抗灾救灾工作。市区领导李乐成、王国斌、朱大学、熊伟、刘洪福、向洪星、刘广胜、易仁和等参加。

全区强农惠农资金专项清理检查工作会议召开。副区长易仁和出席。

副区长易仁和到黄花乡检查指导灾后生产自救工作。

18时至23时30分左右，太平溪、邓村、乐天溪、雾渡河等乡镇遭受百年未遇特大暴风雨袭击，降雨量达到218.4毫米以上，并伴有大风，导致山洪暴发。经初步核实，截止25日12时，4个乡镇29个村1万多户3万多人受灾，372户民房倒塌，农作物受灾面积达712公顷，宜（昌）大（老岭）路多处塌方和滑坡，主干公路交通中断，造成直接经济损失1.27亿元。因灾死亡7人，失踪6人。

省教育厅副厅长张金元一行检查坝区三镇的部分学校，了解夷陵区学校建设发展情况。

24日

省委常委、副省长张岱梨到太平溪镇、乐天溪镇看望受灾群众，指导抗灾救灾工作。市区领导李亚隆、王国斌、熊伟、向洪星等陪同。

区委副书记向洪星到邓村乡实地查看受灾情况，指挥救灾抢险工作。

区委书记熊伟到区防汛抗旱指挥部检查，并指出：当前气候变化异常，极端灾害天气明显增多，局部地区频繁遭遇特大暴雨袭击，指挥部全体人员要时刻心系群众安危，全力打好防汛抗洪这场硬仗。

区直机关工委和区慈善协会联合提出捐赠倡议。在之后的20多天里，全区共接收捐款捐物700多万元，其中捐款544万元。

25日

区委副书记、区长刘洪福带领区直相关部门负责人及武警官兵到太平溪镇小溪口村开展救灾工作。区委常委、组织部长曹宏伟到太平溪镇古村坪村指导灾后重建工作。

26日

区委副书记、区长刘洪福到鸦鹊岭镇指导救灾工作。要求相关部门牢固树立防大汛、抗大灾的思想认识，进一步提高防洪设施抗灾能力，加大防洪工作管理力度，打好当前防汛抗灾持久战。区委副书记向洪星，区委常委、副区长李世民到太平溪镇林家溪、美人沱村检查指导救灾工作。区人大常委会常务副主任张洪到樟村坪镇检查指导救灾工作。

27日

区委书记熊伟在邓村乡就救灾防灾工作进行办公。要求：各级各部门要用真心、动真情，妥善安排好灾区群众生活，全力抢修基础设施，积极组织生产自救，有序推进灾后重建。区委常委、区委办公室主任董诗国参加。区委副书记向洪星、区委常委、纪委书记刘新平分别到鸦鹊岭镇、太平溪镇检查指导抢险救灾工作。

区委副书记、区长刘洪福主持召开全区光电产业发展工作专题办公会。要求以战略的眼光看待光电产业发展工作，引导全区光电产业持续、规模化发展。

区委副书记、区长刘洪福检查督导文明城市创建工作。区委常委、宣传部长杨燕参加。

邓村绿茶被宜昌市旅游局评为全市十大旅游商品。

28日

副市长邓恢林到太平溪镇检查地质灾害防治工作。区委书记熊伟、副区长易仁和等陪同。

全区召开党政干部会议，部署抗洪救灾工作。区委书记熊伟出席会议并要求：全区各级党政干部要树立团结协作防大汛、凝心聚力抗大洪的思想，与人民群众患难与共，共同夺取抗洪救灾工作的全面胜利。区领导向洪星、张洪等出席会议。

区人大常委会副主任王广明检查交警大队窗口行业文明创建工作。

29日

区委召开常委议军会议。听取区人武部工作和民兵预备役工作情况汇报，研究解决存在的问题。区领导熊伟、刘洪福、向洪星、张洪、陈勇、李世民、刘新平、曹宏伟、董诗国、刘广胜、姚维树等参加。

30日

省民政厅救灾储备中心在夷检查救灾物资发放情况。副区长易仁和参加。

在宜昌“茶业盛典”大型评选活动中，下堡坪乡被宜昌市农业局、宜昌市茶叶产业协会、宜昌市消费者协会、三峡晚报等单位评选为“宜昌茶业十佳乡镇”。湖北秀水天香茶业有限公司出品的秀水天香茶荣获“最受宜昌消费者喜爱的品牌茶”。

八月

1日

区委副书记向洪星慰问部分家境困难军队转业干部。

2日

全省推进学习型党组织建设暨党委（党组）中心组学习经验交流电视电话会议召开。区委书记熊伟、区委副书记向洪星在夷陵分会场参会。

全省农业抗灾夺丰收电视电话会议召开。会议主要分析当前全省农业灾后恢复生产形势，安排部署农业抗灾夺丰收工作。区长刘洪福、副区长易仁和在夷陵分会场参加会议。

区长刘洪福到夷陵经济开发区检查道路改造、江重机械等项目工作，要求开发区尽快启动石材城至小溪塔中学段改造工程，切实解决老百姓出行难问题。

区长刘洪福到新落成的上海中学检查学校开学前准备工作。副区长饶玉梅参加。

区委常委、纪委书记刘新平到

樟村坪镇检查纪检工作。

市政协副主席、民建宜昌市委会主委王应华在夷就区域经济和社会发展工作进行调研。区政协副主席姚维树陪同。

3日

区委书记熊伟到冯家湾社区、东湖社区走访住户，了解社区文明创建工作开展情况。区委常委、宣传部长杨燕参加。

国务院三峡办经济合作司司长刘卡带领调研组在夷调研坝库区移民产业发展工作。区委副书记向洪星，区委常委、副区长付诚陪同。

区人大常委会常务副主任张洪带领城市环境工作委员会委员视察城区公共绿地建设和保护工作。

区委常委、副区长李世民到黄金卡社区就文明创建工作进行办公。

区委常委、区人武部政委刘广胜到邓村乡庙垭村指导灾后重建工作。

全省救灾和灾后倒房重建工作电视电话会议召开。副区长易仁和在夷陵分会场参加会议。

3~4日，省委常委、省总工会主席张昌尔在夷陵区到萧氏集团、三峡科技包装工业园进行调研，并深入到太平溪镇太平溪村、韩家湾村检查指导灾后重建工作。市、区领导郭有明、李亚隆、熊伟、刘洪福、向洪星、刘新平、董诗国等陪同。

区人大常委会常务副主任张洪带领常委会成员视察分乡初中改扩建项目。

副区长易仁和到邓村乡就灾后重建工作进行办公。

5日

区长刘洪福在太平溪镇指导灾后重建工作。要求镇村干部在安置好受灾群众生活的同时，要发动和引导村民积极开展生产自救和房屋重建工作，确保受灾群众早日恢复正常生产生活。

全区工业商务和信息化工作总结现场会召开。副区长付诚出席会议。上半年，全区完成规模工业产值133.06亿元，同比增长41.17%；实现规模工业增加值43.5亿元，同比增长31.1%；完成工业固定资产投资 32.1亿元，同比增长132.05%；实现社会消费品零售总额 25.4 亿元，同比增长 16%；实现外贸出口621.4万美元，同比增长229.1%；实际利用外资 930 万美元，同比增长3.3%。

6日

市政协副主席、民建宜昌市委会主委王应华带领民建宜昌企业家协会部分会员到太平溪镇和邓村乡为受灾群众捐款20万元。区委常委、统战部长曹宏伟，区政协副主席姚维树陪同。

7日

市委、市政府召开农业抗灾保增收工作电视电话会议。区委副书记向洪星、副区长易仁和在夷陵分会场参加。

8日

省国土资源厅在夷召开矿政管理信息化系统建设试点工作会。夷陵区矿政管理信息化建设经验在大会作发言。副区长易仁和参会。

9日

由上海市援建的宜昌市上海中学在夷陵区竣工落成。国务院三建委副主任、三峡办主任聂卫国，上海市副市长胡延照，湖北省副省长田承忠，市委书记郭有明，市委副书记、市长李乐成出席竣工剪彩仪式。宜昌市上海中学的前身为夷陵区小溪塔街道第二中学。学校动态投资5000万元，建有11080平方米，集办公、实验、多功能厅一体的综合主体楼，可容纳36个班1800名学生上课。还建有3000平方米的学生公寓、1000平方米的学生餐厅、4个塑胶球类运动场、一个双色人工草塑胶田径运动场及室内体育馆等设施。

副省长田承忠在夷调研旅游产业现状。省旅游局局长张达华、市区领导吴静、熊伟、刘洪福、饶玉梅等陪同。

上海市副市长胡延照带领代表团在夷考察对口支援项目工作。市三峡工委书记王万修、区委书记熊伟、副书记王尧等陪同。

区人大常委会常务副主任张洪到乐天溪镇检查指导灾后重建工作。

区委常委、组织部长曹宏伟召集区林业局、区水利局等5个单位负责人就太平溪镇林家溪村灾后重建工作进行办公。

夷陵区获“中国观赏石之乡”称号。

10日

十六省市对口支援三峡库区经贸洽谈会在宜召开。区委书记熊伟、区长刘洪福参加。

11日

区委副书记向洪星走访慰问文明城市创建工作一线人员。区委常委、宣传部长杨燕参加。

由省委政研室、省旅游局、省文化厅、鄂西圈投资公司组成的调研组在夷就“打造景区精品文艺节目”工作进行调研。区委常委、区委办公室主任董诗国陪同。

省水利厅防汛工作组到太平溪镇检查抗灾救灾工作。副区长易仁和陪同。

夷陵区被纳入首批全国创建国家和省级国土资源节约集约模范试点县市区。

国家文物局第七批全国重点文物保护单位核查组在夷考察聂家河古兵寨群。副区长饶玉梅陪同。

共青团中央城市青年工作部在夷就基层团建工作进行调研。

鸦鹊岭镇成立乡镇级区域性工会联合会。

12日

黑龙江省人民政府副秘书长杨爱武到三斗坪镇视察对口支援项目——三斗坪福利院建设情况。副区长李羡军陪同。

上海市闵行区食药分局副局长杨锡仁在夷考察食品药品安全创建工作。区委副书记王尧陪同。

13日

市委副书记李亚隆在夷检查指导文明创建工作。要求全区高起点、高标准制定目标，不断深化和延伸文明创建的内容和范围，努力将各项创建工作走在全市前列。区领导熊伟、刘洪福、杨燕等陪同。

全区救灾和灾后重建工作会议召开。区领导熊伟、刘洪福、向洪星、王尧、杨燕、刘新平、曹宏伟、董诗国、刘广胜等出席会议。

市人大常委会副主任吴开保在夷督导《中华人民共和国水污染防治法》实施情况和文明创建工作。区领导张洪、李世民、郑凌辉陪同。

14日

省水利厅厅长王忠法在夷检查指导灾后重建工作。市区领导王国斌、熊伟、向洪星等陪同。

16日

区委反腐倡廉“十个全覆盖”推进会召开。区委书记熊伟要求各级各部门要将全面落实“十个全覆盖”作为深入推进反腐倡廉建设、促进经济社会又好又快发展的重大举措，以更加坚决的态度、更加有力的措施、更加扎实的工作，坚定不移地推动“十个全覆盖”目标的全面实现。区领导刘洪福、向洪星、王尧、张洪等出席。

区委书记熊伟主持召开“十二五”规划编制研讨会，要求各相关部门要密切配合，科学编制区“十二五”规划。区领导刘洪福、向洪星、李世民、董诗国等参加。

区委中心学习组特邀全国基因技术专家、联合基因集团宜昌分公司总经理陈德龙作“基因与健康”专题辅导讲座。区领导熊伟、刘洪福、向洪星、王尧、张洪等参加。

蕲春县副县长王振远带领考察团在夷学习医药卫生体制改革工作。副区长饶玉梅陪同。

17日

区长刘洪福主持召开办公会议，研究稻花香集团部分项目建设工作，要求企业科学规划发展目标，不断稳固和壮大白酒主导产业，积极探索和创新适应企业发展规律、符合企业自身条件及外部环境的发展方式，全力打造百亿元产业集群。区委常委、副区长李世民参加。

区长刘洪福到鸦鹊岭镇就工业园区建设工作进行办公，要求全镇上下积极响应区委、区政府“一区五园”战略部署，以项目建设为抓手，全面加快工业园区建设步伐。副区长李羡军参加。

区政协副主席姚维树带领区直驻太平溪镇灾后重建工作组到该镇督导灾后重建工作。

18日

副市长王国斌到太平溪镇检查倒房户恢复重建工作。区长刘洪福陪同。

夷陵区环保协会成立。区人大常委会常务副主任张洪，区委常委、副区长李世民出席。

19日

区长刘洪福参观考察安琪集团宜昌总部，并就项目合作等事宜进行沟通。副区长李羡军参加。

区长刘洪福带领区财政局、区交通局、区环保局、区移民局、区水电公司等单位负责人到乐天溪镇三峡移民生态工业园，就园区基础设施建设、规划等问题进行办公。

区人大常委会常务副主任张洪率常委会部分成员视察全区林业工作。

市委统战部副部长郑龙带领调研组在夷就社区统战工作进行调研。区委书记熊伟，区委常委、统战部长曹宏伟陪同。

副区长饶玉梅到三斗坪镇石牌村就旅游经济发展工作进行办公。

20日

省总工会党组书记、常务副主席黄国庆在夷调研工会工作。市区领导廖达凤、熊伟、刘新平等陪同。

夷陵区科学技术协会召开第三次代表大会。区领导熊伟、刘洪福、向洪星、张洪、杨燕、曹宏伟、易仁和、简晓玲等出席。

“人民网”以《湖北夷陵—共产党员在一线闪光》刊登区行政服务中心工商局窗口热情为民服务的图片和介绍。

湖北好智多生物科技开发有限公司研发的“好智多植物精华饮品”和“神龙植物精华酒”在上海世博会“让世界了解中国制造到中国创造”首届高峰论坛会上，获上海世博会联合国发展目标“千年金奖”。

23日

区委召开科学编制稻花香集团“十二五”发展规划研讨会。区委书记熊伟要求各级各部门站在全区经济社会发展的高度，紧密协作，各负其责，和稻花香集团一起共同描绘好集团未来五年的宏伟蓝图。区领导刘洪福、向洪星、李世民、董诗国等参加。

国家林业局退耕还林办公室主任带领国家发改委、财政部、林业局等十部委组成的检查组，在省林业局副局长董祚华、市林业局局长熊长权、夷陵区副区长易仁和陪同下，对夷陵区退耕还林后续产业工程建设情况进行检查，对夷陵区的工作给予充分肯定。

24日

区长刘洪福陪同中国建设银行三峡分行行长林帆就夷陵区经济社会发展进行考察。

区委副书记向洪星到太平溪镇太平溪村、小溪口村检查灾后重建工作。

25日

国务院三峡办党组成员张宝欣在夷就库区移民工作进行调研。市、区领导王万修、刘洪福陪同。

北京市人大常委会副秘书长兼研究室主任刘维林带领中央党校、北京联合大学的部分教授在夷考察乡镇人大工作。区人大常委会常务副主任张洪、副主任杨文金陪同。

中国农业发展银行湖北省分行行长丁伟到稻花香集团考察申贷项目。区委常委、副区长李世民陪同。

夷陵区2010年度“慈善助学”

资金发放仪式举行，164名贫困大、中学生获得总额24.5万元的资助。区领导王广明、易仁和、简晓玲等出席。

26日

区人民检察院樟村坪镇检察服务站挂牌。区领导向洪星、刘新平、易仁和等出席挂牌仪式。

27日

全国依法行政工作电视电话会议召开。区领导刘洪福、李世民、付诚等在夷陵分会场参加。

29日

在全国工商联组织评选的2010“中国民营企业500家”活动中，湖北稻花香集团榜上有名，在同类企业中排名第12位。

30日

三峡游轮中心项目拆迁动员会召开。区委书记熊伟主持，区领导刘洪福、向洪星、张洪、陈勇、李世民、刘新平、董诗国、郑德娟等出席。

市政府召开创建全国残疾人工作示范城市电视电话会。副区长易仁和在夷陵分会场参加。

市人大常委会副主任艾苍松到雾渡河镇检查指导灾后重建工作。

31日

省农业厅产业化处调研组在夷就龙头企业农业产业化发展和建立企地联营机制进行调研。区委副书记王尧陪同。

鸦鹊岭镇严克红在华中科技大学同济附属医院完成造血干细胞配对。是夷陵区捐献造血干细胞第一人。

九月

1日

省委统战部副部长刘爱党到新农村建设联系点军田坝村调研。区委常委、统战部长曹宏伟陪同。

3日

市委副书记李亚隆在夷陵区就民俗文化村项目建设进行调研。区领导熊伟、向洪星、杨燕等陪同。

区政府召开因灾倒房恢复重建工作推进会。副区长易仁和出席。

4日

省民政厅厅长谢松保到黄花乡南边村就国军抗日将士遗骸保护工作开展调研。市区领导李亚隆、王国斌、熊伟、刘洪福、向洪星、杨燕、易仁和等陪同。

区委书记熊伟在黄花乡就黄花乡南边村国军抗日将士遗骸保护工作进行现场办公。要求各级各部门要站在尊重历史事实、弘扬民族精神的高度，采取积极措施，妥善保护和安放抗日将士遗骸。区委常委、宣传部长杨燕，副区长易仁和等参加。

秭归县政府考察团到宜昌弘洋集团考察并就合作项目进行沟通。区长刘洪福陪同。

6日

区委区政府开会庆祝第26个教师节。拨款150万元奖励优秀教师和校长。区领导熊伟、刘洪福、向洪星、王尧、张洪、陈勇、李世民、杨燕、曹宏伟、董诗国、饶玉梅、郑德娟等出席会议。区委副书记、区长刘洪福、副区长饶玉梅到东湖高中看望、慰问教师。

夷陵区人力资源和社会保障局挂牌。

区委常委、纪委书记刘新平到雾渡河镇督导灾后重建和对口帮扶工作。

《地理标志产品 邓村绿茶》在武汉通过省质监局组织的评审。

7日

省委组织部召开全省公开选拔领导干部工作电视电话会议。区委常委、组织部长曹宏伟在夷陵分会场参加。

区政协副主席姚维树到太平溪镇检查灾后重建工作。

6~8日，区委书记熊伟带领考察团到青岛市考察。区人大常委会常务副主任张洪、区政协副主席郑德娟参加。

全市召开非公经济组织创先争优活动推进会。区委常委、组织部长、统战部长曹宏伟在夷陵分会场参会。

区召开中央扩内需项目检查督办工作会议。区委常委、纪委书记刘新平出席。

9日

区人大常委会邀请市食品药品监督管理局副局长张方兴举行《食品安全法》法制讲座。区人大常委会领导张洪、杨文金、尚志芬、王广明、屈克义、秦玉龙等参加。

区委常委、纪委书记刘新平到雾渡河镇中心小学检查工作。

10日

市政协副主席李盈奕在夷陵区视察残疾人工作。区领导尚志芬、王胜、简晓玲、王敬东等陪同。

“山楂树之恋”和“山楂恋”饮品类商标获国家工商总局审核批准。该商标是由湖北好智多生物科技开发有限公司申请注册的。

11日

省直新农村建设工作队宜昌片区工作会议在夷陵区召开。省直机关工委常务副书记郭玉吉，区领导熊伟、王尧、曹宏伟、董诗国等出席。

竹山县委副书记欧阳立带领考察团在夷陵区参观学习邓村茶产业发展经验。区委副书记王尧陪同。

12日

省委召开深入开展创先争优活动经验交流电视电话会。区领导熊伟、杨燕、曹宏伟、董诗国等在夷陵分会场参会。

湖北稻花香集团获第二届中国电子商务文化节暨2010中国电子商务百强峰会“传统企业电子商务应用奖”。

国家电网公司供电所标准化建设检查组一行，在湖北省电力公司农电部领导和宜昌供电公司副总经理周永君等陪同下，检查夷陵区标准化供电所创建工作进行。

12~14日，区委副书记、区长刘洪福带领区政府办、区政府驻深圳联络组、区招商局等单位负责人到广东省深圳市考察。

13日

夷陵区在福建厦门举办三峡·夷陵（厦门）投资环境推介会。国家商务部巡视员陈星、外资司副司长骞方前，市区领导吴静、刘洪福、付诚、李羡军等出席。

省高级人民法院院长郑少三在夷陵区就交通事故矛盾纠纷调解中心运行情况进行调研。市区领导李亚隆、蒋国平、熊伟、陈勇等陪同。

副区长饶玉梅带领区卫生系统相关负责人到潜江市考察、学习乡村卫生服务一体化、农村卫生信息化、农村卫生机构规范化建设经验。

区人大常委会视察全区科技发展“十二五”规划编制工作。区人大常委会领导张洪、杨文金、尚志芬、王广明、屈克义、秦玉龙等参与视察。

省政府召开全省家电以旧换新工作电视电话会。副区长李羡军在夷陵分会场参会。

“宜昌天麻”商标成功注册，成为全区首件地理标志集体商标。

郭家湾村股份合作社挂牌成立，区委副书记向洪星出席挂牌仪式。

15日

区长刘洪福主持召开办公会议，研究罗河路菜市场建设、2010年度夷陵区政府投资项目计划方案、区广电网络与省网整合等事项。

电影《山楂树之恋》在夷陵区首映。《山楂树之恋》由张艺谋导演；夷陵区是故事原发地、影片拍摄地。

全国机关品牌研究会副秘书长郝利受邀在夷陵区作机关服务品牌知识专题讲座。区委副书记向洪星，区委常委、区委区直机关工委书记董诗国参加。

区人大常委会常务副主任张洪到乐天溪镇唐家坝村检查、指导茶叶产业发展工作。

16日

夷陵区“民主党派活动中心”揭牌。市委统战部调研员苏文忠及区领导熊伟、刘洪福、曹宏伟、屈克义、饶玉梅、简晓玲、谢光华等出席揭牌仪式。

区委统战部组织各民主党派负责人、部分党派成员开展“富国强军、共筑长城”爱国主义教育活动，向区人武部捐款1万元。

全区公共卫生与基层医疗卫生事业单位实施绩效工资工作会议召开。副区长饶玉梅出席。

国家教育部督导团在夷陵区检查中小学体育卫生工作。区领导郑凌辉、王敬东等陪同。

区人武部、区统战部、区工商联联合组织80名各民主党派负责人、部分党派成员开展“富国强军、共筑长城”爱国主义教育活动。区统战部、区工商联向人武部赠送慰问金1万元。

16~17日，区委常委、组织部长曹宏伟到樟村坪镇检查指导“五个基本、七个体系”建设和农村党员干部现代远程教育“学用”工作。

17日

区委书记熊伟到龙泉镇检查、督导新农村建设工作。他要求充分把握龙泉镇被确定为全省首批社会主义新农村建设试点乡镇的大好机遇，突出重点，强化措施，加速推进新农村建设。

区委书记熊伟到市机电工程学校检查、指导工作。他希望学校充分把握国家政策机遇，进一步加强硬软件建设，为社会培养出更多的专业型、实用型人才。

区委副书记、区长刘洪福就政法、综治、维稳工作组织办公。他要求各级各部门牢固树立发展是第一要务、维稳是第一责任的思想，进一步提高综治维稳工作的能力和水平，为全区经济社会发展提供良好的环境保障。区领导向洪星、陈勇、简晓玲等参加。

全区召开非公企业团建工作现场推进会。区委副书记向洪星出席。

18日

省干部教育培训调研组在夷陵区就中组部制定的《2010—2020年干部教育培训改革纲要》（草案）征求意见和建议。区委副书记向洪星，区委常委、组织部长曹宏伟等陪同。

全区第三次文代会召开。选举产生新一届文联执委，曾庆泉当选为新一届区文联主席。

19日

区委副书记、区长刘洪福检查督导锦江大道人行天桥、平云一路、平云二路改造工程、河心公园等重点市政建设工程。区委常委、副区长李世民，副区长李泽刚等参加。

省农业厅副厅长余胜伟在夷陵区就农村集体“三资”管理、土地流转工作开展调研。区委副书记向洪星陪同。

省三峡办调研组在夷陵区就制定《三峡工程湖北库坝区经济社会发展“十二五”规划纲要》征求意见。副区长李羡军参与。

19~20日，全省乌龙功夫茶开发现场培训会在夷陵区举行。省农业厅副厅长余胜伟、区委书记熊伟、副区长易仁和等出席。

20日

夷陵区举行各界代表人士中秋茶话会。区领导熊伟、曹宏伟、杨文金、饶玉梅、谢光华、郑德娟、姚维树等出席。

区政协副主席简晓玲到樟村坪镇视察、指导人民调解工作。

20~21日，区人大常委会常务副主任张洪、副主任尚志芬分别到龙泉镇、太平溪镇检查食品药品安全工作情况。

夷陵区召开安委会第四次全体（推进）会议。区委常委、副区长李世民出席。

远安县委常委、宣传部长张骏带领远安党政代表团在夷陵区参观学习义务教育均衡发展工作。区委常委、宣传部长杨燕，副区长饶玉梅陪同。

全区“两实”（实有人口实有房屋）管理信息采集工作督办会议在鸦鹊岭镇召开。区委常委、政法委书记陈勇出席。

25 日

区委副书记、区长刘洪福就区人民法院、区人民检察院保障工作进行办公。并要求两院进一步增强维护社会稳定、服务经济发展的责任感、使命感和紧迫感，紧紧围绕中心，服务大局，积极践行“公正司法、一心为民”的理念，推动各项工作再上新台阶。区领导陈勇、李世民等参会。

市政协副主席熊从银在夷陵区视察民族宗教工作。

26 日

区委书记熊伟到洋红农贸公司调研。

27 日

国家农业部副部长陈晓华带领“全国农民专业合作社工作经验交流会”与会人员在夷陵区参观考察。副省长赵斌及市、区领导李亚隆、王国斌、熊伟、向洪星等陪同。

中央办公厅值班室副主任王中华一行到三峡人家风景区参观。

区委书记熊伟检查柑橘销售工作，指出：要高度重视，强化措施，全力做好柑橘销售工作，确保柑农丰产增收。区委副书记向洪星参加。

国务院扶贫办国际救助与社会扶贫处处长曹洪民、省扶贫办主任杨朝中到三峡移民生态工业园区就社会化扶贫与企地共建工作进行调研。区长刘洪福，副区长郑凌辉等陪同。

省监察厅监察专员刘亚波带领省政府工作组到太平溪镇、雾渡河镇督查因灾倒房重建工作。副市长王国斌、区长刘洪福等陪同。

28 日

夷陵区召开柑橘销售联谊会。表彰奖励2009年度柑橘销售先进典型，安排部署2010年度柑橘销售工作。区领导刘洪福、向洪星、易仁和、姚维树等出席。

区人大常委会召开2010年工作评议暨总结大会。区领导熊伟、刘洪福、张洪、曹宏伟、杨文金、尚志芬、王广明、屈克义、秦玉龙等出席。区发展和改革局、区民政局、区广播电影电视局、夷陵农村合作银行等被评为区人大2010年工作评议满意单位。

省委统战部、省工商联召开全省非公有制经济人士回报社会感恩行动推进电视电话会。区委常委、统战部长曹宏伟在夷陵分会场参会。

区总工会、区人力资源和社会保障局联合举办以“服务就业，成就人才”为主题的2010高校毕业生服务月公益招聘洽谈会。区委常委、区总工会主席刘新平出席。

夷陵区召开创建全国国土资源节约集约模范区动员大会。副区长易仁和、区政协副主席简晓玲等出席。

28~29 日，夷陵区举行第四届农村文艺调演暨民间艺术大赛。第四届农村文艺调演暨民间艺术大赛的主题是“美自民间来”。区领导刘洪福、向洪星、曹宏伟、杨文金、尚志芬、饶玉梅、郑凌辉等莅临。

29 日

区长刘洪福主持召开区政府第22 次常务会议。讨论审议全区规范性文件清理、落实 2010 年度住房保障等事项。区领导李世民、易仁和、饶玉梅、李羡军、李泽刚、郑凌辉、王胜、尚志芬、姚维树等参加。

区召开公众安全感测评工作会议。区领导向洪星、李世民、陈勇、王广明、简晓玲等出席。公众安全感测评工作从 9 月 28 日开始至 10 月 27 日结束。

30 日

区地方志编纂委员会召开《宜昌市夷陵区财政志》评审会。《宜昌市夷陵区财政志》通过评审。区领导刘洪福、彭定新、秦玉龙、饶玉梅、谭永奎等出席。

夷陵区男子老年群舞《爷爷的大山》在中央一台《我们有一套》栏目播出。

稻花香集团总经理蔡开云当选“湖北省十大优秀青年企业家”和第十一届全国青联委员。

十月

1 日

夷陵区城镇居民在一、二级医院住院的报销比例分别提高 5%和3%。一、二级医院住院报销比例甲类（药品、诊疗、设施项目）分别达到 80%和 68%；乙类（药品、诊疗、设施项目）分别达到 75%和65%。

8 日

副市长吴静带领全市旅游发展大会与会代表在夷陵区三峡人家风景区考察。区长刘洪福、副区长饶玉梅陪同。

省委统战部副部长汪梦军在夷陵区指导新农村建设和对口帮扶工作。区委副书记向洪星、副区长谢光华陪同。

9 日

全区召开新型农民教育试点活动总结大会。会前，区委书记熊伟、副书记向洪星、区委宣传部长杨燕带领区宣传部、文化局等相关单位负责人考察梅店村新型农民教育活动。

10 日

市政协主席李泉在夷陵区就“一江两山”项目建设和旅游产业发展开展调研。区领导熊伟、郑德娟、简晓玲等陪同。

在天津召开的第二届中国观赏石之乡联谊会开幕式上，中国观赏石协会授予夷陵区“中国观赏石之乡”称号，区委常委、常务副区长彭定新代表夷陵区接受奖牌。

雾殷矿山专用公路改扩建工程完成主体工程并试通车。

11日

区委书记熊伟检查、指导民营医院发展工作。副区长饶玉梅参加。

11~23日，“发展大道新区杯”夷陵区直机关第三届运动会举行。

12日

区委副书记向洪星到太平溪镇检查因灾倒房恢复重建工作。

13日

区委副书记、区长刘洪福就黄花新型建材工业园区建设规划进行办公。要求相关管理部门不断提高园区建设和管理水平，以产业结构调整、产品提档升级促进园区规模水平的不断提升。

区人大常委会常务副主任张洪到鸦鹊岭镇检查、指导新农村建设工作。

14日

黑龙江牡丹江市东安区委组织部部长王毅率考察团在夷陵区考察学习基层党建和村级集体经济发展工作。区委常委、组织部长曹宏伟陪同。

区地税局、区人力资源和社会保障局、区人行、区建行、区工行召开联席会议，协商全区灵活就业人员实现TIPS系统扣缴社保费工作，明确社保卡电子缴费账户、自动扣缴、缴费数据公布、扣缴确认信息和纳税档案等问题。

15日

中国现代艺术“教父”——著名艺术家栗宪庭，著名影评人、策展人鲍坤在夷陵区考察文化创意项目。市区领导李亚隆、熊伟、刘洪福、向洪星、杨燕等陪同。

市县（市）区人大常委会主任座谈会在夷陵区召开。市区领导张建一、张为民、周厚贵、艾苍松、吴开保、谭春玉、邹正金、熊伟等出席。

区长刘洪福在夷陵经济开发区检查指导项目工作。要求相关部门制定政策，推动夷陵区科技性项目和企业发展，提高该区工业项目的发展质量。副区长李羡军参加。

16日

省三峡办主任盛国玉在夷陵区就对口支援工作进行调研。市、区领导王松华、熊伟、李羡军等陪同。

18日

区委处理信访问题领导小组在平湖广场启动“有序信访，依法治访”法制宣传教育月活动。

副区长李泽刚到夷陵经济开发区检查指导项目建设工作。

18~25日，夷陵区组队参加湖北省十三运会，夺得金牌9枚，奖牌11枚，团体总分253分。

19日

省纪委纪检监察员荣肇隆在夷陵区检查、督导政务公开工作。区委常委、区纪委书记刘新平陪同。

区长刘洪福、副区长李泽刚到太平溪镇美人沱村检查灾后重建工作。

20日

省林业厅副厅长刘晓洪在夷陵区检查林业工作。副区长易仁和陪同。

副市长邓恢林到太平溪镇检查农业产业发展工作。副区长李泽刚陪同。

省林业厅副厅长刘晓洪一行在副区长易仁和陪同下，检查林业行风评议、森林防火、绿色科技产业园建设，林业“十二五”规划编制、重点项目实施、2011年工作规划等工作。

21日

中共中央原政治局常委，中纪委书记吴官正视察三峡人家风景区。

全省创建无执行积案先进法院座谈会在夷陵区召开。区委书记熊伟出席。

夷陵区召开专题会议，传达贯彻、学习党的十七届五中全会精神。动员全区上下深入学习贯彻全会精神，加快转变经济发展方式，推动夷陵转型发展，更好地保障和改善民生。区领导熊伟、刘洪福、王尧、张洪、陈勇、李世民、刘新平、曹宏伟、董诗国等出席。

国家发改委稽查办检查组在夷陵医院住院医疗大楼国债项目建设现场检查。省、市、区政府及发改部门相关负责人陪同。

22日

国家开发银行评审三局局长孟亚平在夷陵区就政府融资平台建设开展调研。区领导刘洪福、彭定新、王胜、李泽刚等陪同。

23日

省委常委、组织部长侯长安在夷调研。

国家旅游局局长邵琪伟率中央党校省部班48期的学员在三峡人家风景区调研。省市区领导侯长安、李佑才、郭有明、王厚军、马学军、吴静、刘洪福等陪同。

24日

区疾控中心“县级甲等实验室项目”通过省评审专家组评审，评定为县级甲等实验室。

25日

区委副书记、区长刘洪福看望、慰问环卫工人。区领导董诗国、尚志芬、李泽刚、姚维树等参加。

夷陵区第六期青年干部培训班在上海市闵行区委党校开班。

夷陵区旅游管理人才培训班在青岛开班。

25~26日，国家水利部水电局副局长陈大勇在夷陵区检查“十一五”农村电气化建设及水电管理工作。副区长易仁和、郑凌辉陪同。

26日

9时，三峡工程试验性蓄水成功蓄至175米。

夷陵区举办产学研合作暨科技成果发布会。省内外的15所高校、科研单位的负责人和专家教授发布科技成果164项。现场签订区校合作协议2项，校企合作协议16项，企业与高校现场洽谈达成研发协议4项。区委副书记、区长刘洪福出席会议，并要求各企业积极主动与大专院校对接洽谈，力争取得一批产学研合作成果。区领导向洪星、张洪、郑德娟等参加。

27日

晓曦红牌“宜昌蜜橘”获省农业厅评选的“湖北名牌”称号。

28 日

宜昌银罡桑蚕科技有限公司桑蚕丝深加工基地在三斗坪镇中堡村建成投产。

当阳市副市长魏雪莲率考察团在夷陵区参观学习义务教育均衡发展工作。副区长李泽刚陪同。

省林木种苗管理站副站长欧阳绍湘、屠和平及华农园林教授涂炳坤、博导黄发新组成的林木品种审定委员会专家组，到下堡坪乡秀水坪村实地察看 1992 年和 2002 年引种的清香核桃（该品种由日本清水直江 1948 年选育，1983 年河北农大郗荣庭教授引入我国，2003 年河北省定为优良品种，2004 年列为国家星火项目）的生长情况并作品种审定，认为符合省级优良林木引入品种审定要求，填补了夷陵区优良林木引入品种省级审定空白。

在由贵州省人民政府、中国茶叶流通协会联合主办的第六届茶业经济年会上，公布表彰 2009 中国茶叶行业百强，对名列前十强的企业予以授牌表彰。宜昌萧氏茶叶集团有限公司名列全国茶叶行业第五位，居全国茶叶生产加工企业第一位。

29 日

夷陵区举行“十一五”交通事业发展成果 “魅力交通书法摄影展”。

小溪塔城区 X 牌出租车运价调整听证会召开。小溪塔城区 X 牌出租车运价标准由起步价 3.5 元/2 公里、每公里租价 1.2 元/公里调整为起步租价 5 元/2 公里、0.7 公里租价 1 元。12 月 6 日，全区 130 台 X 牌出租车计价器调整工作完成。

30 日，宜昌恒大绿洲商住楼项目开盘——宜昌恒大（希尔顿）酒店奠基。恒大集团董事局副主席李刚、恒大集团武汉有限公司董事长杨松涛、前世界跳水冠军田亮、国际巨星吴佩慈等嘉宾出席奠基仪式，宜昌市政府副市长吴静和刘洪福、向洪星、杨燕、张洪、郑德娟等区领导参加奠基仪式。该酒店投资概算近 5 亿元，总建筑面积 5.1 万平方米，拥有各类套房 400 间，建成后将由著名的希尔顿酒店集团公司管理。

湖北邓村绿茶集团有限公司被湖北省农业产业化经营领导小组再次认定为湖北省农业产业化省级重点龙头企业。

十一月

1 日

市委副书记李亚隆在夷视察萧氏茶产业高科技工业园项目。副书记向洪星陪同。

市人口计生委党组书记李卫平率枝江市、宜都市、伍家岗区监督员到区人口与计划生育局督查民主评议政风行风工作。副区长饶玉梅陪同。

3 日

3~9 日，省林业厅核查组对夷陵区 33553.3 公顷生态公益林的面积、区划界定、项目管理、管护体系与制度建设、资金使用、档案等 6 个大项 85 个小项进行全面考核，综合评分 97.06 分，为优秀水平。

4 日

区委书记熊伟检查萧氏茶产业高科技工业园项目建设工作，要求进一步搞好协调服务，加快建设进度，确保项目早日投产达效。

全区产权制度创新试点动员会在龙泉镇车站村召开。区委副书记向洪星出席。

出席全国畜禽标准化养殖示范创建现场会来自全国各地的 180 多名代表参观位于夷陵区的湖北京都奶牛场标准化创建现场。

5 日

中纪委党风室副主任董继理在夷陵区就党风廉政建设工作进行调研。区委副书记、区长刘洪福，副区长易仁和陪同。

区政协常委会召开三届十五次会议。听取区人民政府提案办理情况和全区食品安全工作情况的报告。区领导王光才、郑德娟、姚维树、简晓玲、谭永奎、王敬东、李泽刚等出席。

区人大常委会常务副主任张洪到湖北德凌铜业有限公司检查指导工作。

全区召开医疗纠纷防范工作会。区委常委、政法委书记陈勇出席。

国家发改委国家投资项目评审中心、三峡库区城镇污水垃圾处理项目回访工作组在夷陵区检查 “十一五”期间部分国家投资项目。区委常委、副区长李世民陪同。

7 日

省委组织部副部长胡志强在夷陵区检查“五个基本、七个体系”建设工作。市委常委、组织部长王厚军，区委书记熊伟陪同。

夷陵区应急救援中心奠基。该项目位于发展大道新区罗家小河河畔，建筑面积 8900 多平方米，投资约 900 万元。区领导刘洪福、彭定新、刘新平等出席奠基仪式。

8 日

夷陵区组织 200 多名离退休老干部参观工农业发展成果。区领导熊伟、刘洪福、张洪、董诗国、郑德娟等陪同。

区政府召开第 23 次常务会议。讨论审议《夷陵区森林城市创建实施方案》、《夷陵区化工行业安全发展规划》等事项。

区委副书记、区长刘洪福、副区长李泽刚到夷陵经济开发区检查、督导项目建设工作，要求加快在建项目进度，确保早日投产达效。

区政府召开小鸦路改扩建工程动员会。小鸦路全长 31.32 公里，设计公路等级为一级，路基宽度 24.5 米，设计车速 80 公里/小时，概算投资 4.9 亿元。区委常委、常务副区长李世民出席。

省安监局副局长刘向东在夷陵区检查矿山安全生产工作，副区长李泽刚陪同。

9日

省委统战部副部长、省工商联党组副书记杨万贵在夷陵区就非公经济创先争优活动开展调研。市委常委、统战部长廖达凤，区长刘洪福等陪同。

三斗坪镇举办“建设快乐学习党组织，打造创新争优新品牌”首届音乐诵读节。区委副书记向洪星，区委常委、宣传部部长杨燕等出席。

市委副书记李亚隆检查晓曦红柑橘交易中心建设工程。副区长易仁和陪同。

省委常委、省军区司令员汪金玉少将到稻花香集团宜昌陆军预备役高射炮兵旅教导队检查工作。

10日

宜昌军分区司令员蔡运华在夷陵区检查征兵体检工作。区委副书记、区长刘洪福，区委常委、区人武部政委刘广胜等陪同。

11日

十堰市茅箭区区委书记张慧莉带领考察团在夷陵区考察学习城市居民拆迁安置工作。区领导向洪星、董诗国、王广明、李泽刚等陪同。

郧县人大常委会常务副主任张建生率团在夷陵区学习发展文化旅游产业经验。区人大常委会常务副主任张洪，区委常委、副区长付诚等陪同。

夷陵区交通物流局挂牌。

长城（天津）质量保证中心审核小组宣布稻花香酒业通过质量环境食品安全认证。

11~12日，国务院扶贫办副主任郑文凯带领全国企业参与扶贫开发现场经验交流会与会人员在夷陵区参观考察。市区领导李亚隆、王国斌、刘洪福、向洪星、易仁和等陪同。

12日

省委书记罗清泉在夷陵区检查三峡翻坝高速公路建设工作。对三峡翻坝高速公路在鸡公岭开设三峡人家互通现场办公。要求各级党委政府进一步做好协调服务，建设单位进一步强化质量和安全管理，加快工程进度，确保三峡翻坝高速公路在今年12月底顺利竣工通车。市区领导郭有明、李乐成、刘洪福、董诗国等陪同。

全区召开2010年度重点党报党刊发行工作会议。区委常委、宣传部长杨燕出席。

市人大常委会在夷陵区召开评议宜昌供电公司工作征求意见座谈会。市人大常委会副主任邹正金，区领导刘洪福、张洪、李羡军等参加。

区政协副主席郑德娟、王敬东带领区政协科教文卫体委员会委员到分乡镇视察农村广播工作。

《樟村坪镇志（1840-2005）》通过评审。

13日

省委书记罗清泉到宜昌三峡物流园项目施工现场调研。市区领导郭有明、李乐成、蔡建国、熊伟等陪同。

国家商务部外资司司长刘亚军带领部分知名跨国企业代表在夷陵区考察投资环境。区领导刘洪福、付诚、李羡军、郑德娟等陪同。

区人大常委会常务副主任张洪到下堡坪乡检查、指导经济社会发展和人大工作。

14日

区委副书记、区长刘洪福检查三峡人家风景区至三峡翻坝高速艾家河互通连接线项目建设工作，并要求精心准备，积极谋划，力争项目早日动工，促进景区深度开发，推动旅游经济繁荣发展。区委常委、区委办公室主任董诗国参加。

国务院三峡办原主任郭树言、省人大常委会党组书记、常务副主任周坚卫在夷陵区考察移民工作。市区领导张建一、张为民、张洪、彭定新、李泽刚等陪同考察。

18日

以“有序信访、依法治防”为主题的全区信访法制宣传教育月活动启动。区领导向洪星、陈勇、杨燕、董诗国等出席启动仪式。

夷陵区召开2010年民主评议政风行风集中测评大会。区领导彭定新、刘新平、杨文金、郑德娟等出席。

区委、区政府召开全区人口和计划生育工作部门联席会议。区委常委、宣传部长杨燕出席。

全区首张税控机发票在皇廷酒店开出。以网络发票和税控机发票为主的发票信息化管理平台建成。

19日

区交安办、区公安分局交警大队、区教育局、区安监局、区交通运输局等部门在交警大队联合举行校车标识发放仪式，为全区首批29台达标幼儿园校车配发全省统一校车标识。

21日

区委召开“十二五”规划征求意见座谈会。区领导熊伟、刘洪福、向洪星、王尧、张洪、陈勇、彭定新、李世民、杨燕、刘新平、曹宏伟、董诗国、刘广胜、郑德娟等出席。

22日

中央综治维稳工作检查组在夷陵区督导检查综治维稳工作。市、区领导李亚隆、邓恢林、刘洪福、向洪星、陈勇、王广明、简晓玲等陪同。

区政府召开全区经济运行形势分析会。分析当前经济形势，安排部署后两个月的经济工作。区领导刘洪福、彭定新、李世民、董诗国、李羡军等出席。

区召开“五个基本”“七个体系”检查考评工作部署会。区委常委、组织部长曹宏伟出席。

全区新型农村合作医疗工作会议召开。副区长饶玉梅出席。

23日

省委政研室副主任、巡视员孙

西克在夷陵区就寄宿制小学运转情况进行调研。区委常委、区委办公室主任董诗国陪同。

随州市曾都区区长刘宏业在夷陵区考察学习生态景观工程建设经验。区委副书记向洪星、副区长王胜等陪同。

区委常委、区人武部政委刘广胜到邓村乡检查指导征兵工作。

区人大常委会副主任杨文金到区住房和城乡建设局专项检查人大建议办理情况。

24 日

区委副书记向洪星到邓村乡检查工作。

全省召开冬季防火工作电视电话会议。副区长易仁和在夷陵分会场参会。

25 日

25~26 日，市人口和计划生育领导小组对夷陵区人口计生目标管理责任制落实情况进行考核。区领导向洪星、杨燕、尚志芬、郑凌辉、简晓玲等陪同。

26 日

武钢集团党委书记王振有到三峡人家风景区参观。市区领导李亚隆、吴静、李世民等陪同。

区委中心学习组邀请武汉大学社会学教授、博士生导师周运清作“社会建设与社会管理创新”知识专题辅导讲座。

副区长易仁和到太平溪镇检查灾后重建工作。

28 日

夷陵区涉密计算机维修中心在宜昌思佰得信息技术有限公司挂牌。对全区各级党政机关和事业单位的涉密计算机及网络设备实行定点维护。

29 日

省科学技术协会副主席徐菊明在夷陵区检查创建全省科普示范区工作。区领导刘洪福、向洪星、杨燕、易仁和、王敬东等陪同。

区委常委、副区长李世民主持召开小鸦路征地拆迁工作现场办公会。

省直新农村建设工作队考核组在夷陵区对黄花乡军田坝村工作队进行考核。副区长易仁和陪同。

新农合门诊统筹信息网络建设全面启动。区卫生局在雾渡河镇中心卫生院对雾渡河、樟村坪、下堡坪片区运用新农合门诊统筹信息系统进行培训。

30 日

区委副书记、区长刘洪福带领区电力局、财政局、国土局、建设局、环保局、发改局等单位负责人就鸦鹊岭镇工业项目建设进行专题办公。

区召开争创满意机关工作推进会。区委副书记向洪星，区委常委、区直机关工委书记董诗国等出席会议。

十二月

1 日

区政府举办党风廉政建设专题辅导讲座。

区委副书记、区长刘洪福到龙泉镇检查宜昌生物产业园龙泉片规划和建设工作，要求相关单位和部门要科学规划，分步实施，滚动发展，确保项目早日建成，发挥效益。

市政府调研组检查夷陵区菜市场改造建设工作。副区长李羡军陪同。

2 日

中央信访工作督查组在夷陵区检查信访工作。对夷陵区强化信访基层基础工作，领导包案处理信访问题，化解信访积案，创新信访督查工作机制，开展信访法制宣传月活动等多项工作给予肯定。区委副书记向洪星，区委常委、区委办公室主任董诗国陪同检查。

3 日

区委召开常委会议，专题讨论《区委关于开展新型农民教育培育新型农民的意见（草案）》。

市综治委检查组对夷陵区 2010 年度社会治安综合治理工作进行考核。区领导向洪星、陈勇、王广明、简晓玲等陪同。

省国土资源厅副厅长郑国华在副区长易仁和陪同下就磷矿资源开发利用和管理工作进行调研。

5 日

区委、区政府召开全区防汛救灾和灾后重建工作表彰大会，总结防汛救灾及灾后重建工作经验成果，表彰太平溪镇政府等 43 个先进单位和张军等 60 名先进个人。区领导熊伟、刘洪福、向洪星、王尧、张洪、陈勇、彭定新、李世民、杨燕、刘新平、曹宏伟、董诗国、付诚、刘广胜等出席。

6 日

区委副书记、区长刘洪福检查河心公园、黄柏河流域综合整治工程等重点市政建设工程，要求相关部门要科学规划、抓紧建设，确保工程早日服务于民。区委常委、副区长李世民参加。

《夷陵区解决特殊疑难信访问题专项资金管理暂行办法》出台，批准设立用于解决突出疑难信访问题的本级信访解难基金 50 万元。

区政府在龙泉召开宜昌生物产业园暨职教园项目征地拆迁动员会。区委副书记、区长刘洪福，区委常委、常务副区长彭定新，区委常委、区纪委书记刘新平，副区长李泽刚出席会议。

7 日

区长刘洪福、常务副区长彭定新、宜昌供电公司总经理姚太和、副总经理万勇、张国富等领导，到宜昌供电公司就区供电公司工作以及全区电力发展等问题开展联合办公。

区委常委、组织部长曹宏伟到分乡镇检查“五个基本”、“七个体系”建设工作。

副区长李世民在樟村坪镇董家河村主持召开“文明交通行动计划”

现场会。

8日

副省长田承忠带领省直相关部门负责人在夷陵区柳树沟公司和华西矿业公司就重点矿区、重点矿山磷矿资源开发利用进行专题调研。市区领导李乐成、刘洪福、彭定新等陪同。

省军分区政治部主任刘共希检查夷陵区人武部工作。宜昌军分区司令员蔡运华，区委副书记向洪星，区委常委、区人武部政委刘广胜等陪同。

9日

宜昌华润红旗三期地铁电缆项目奠基。该项目位于夷陵经济开发区，占地面积200亩，拟兴建厂房8万平方米，新上电缆生产线36条，产品包含80多个规格的高低压电缆和超高压电缆，项目建成投产后将实现年销售收入50亿元，税收2亿元，安置就业2000人。市区领导李乐成、廖达凤、艾苍松、陈士新、刘洪福、向洪星、王尧、张洪、彭定新等出席奠基仪式。

区委副书记向洪星到宜昌市昌伟农贸有限公司检查工作。

武汉市东西湖区考察团来夷陵区学习考察综治维稳工作。区领导向洪星、陈勇接待。

10日

全区党政主要领导干部述职述廉大会召开。区领导熊伟、刘洪福、向洪星、王尧、张洪等出席。

11日

省林业厅厅长王海涛率调研组在夷陵区开展林业工作调研。区领导熊伟、刘洪福、易仁和等陪同。

12日

第十九届中国食品博览会暨交易会在武汉国际会展中心举行。稻花香集团、萧氏茶叶、邓村绿茶、晓曦红柑橘、天宇食品、好智多生物科技等8家龙头食品企业参展。

13日

区委中心学习组特邀省经济学会会长、省行政管理学会首席顾问周大仁教授作十七届五中全会精神专题辅导讲座。

全区关心下一代工作会议召开。

14日

区人大常委会副主任王广明到邓村乡、太平溪镇、三斗坪镇检查消防安全工作。

16日

上海市闵行区建设和交通委员会主任吴仲权在夷陵区考察对口支援工作。区领导向洪星、王尧、董诗国、杨文金、李羡军等陪同。

区人大常委会常务副主任张洪带队视察全区贫困村整村推进工作。副主任尚志芬、王广明、屈克义、秦玉龙等参加。

17日

省高级人民法院党组副书记、副院长张传读在夷陵区调研诉调对接工作。区委副书记向洪星陪同。

省社会工作人才队伍建设检查组在夷陵区检查指导社会工作人才队伍建设试点工作。副区长易仁和陪同。

副区长李羡军到夷陵经济开发区就新建项目进展进行专项检查。

樟村坪镇机关档案室经省档案验收团考核验收被授予“省一级档案室”称号。

18日

市委书记郭有明到夷陵区看望电视剧《山楂树之恋》剧组人员。市委常委、宣传部长赵举海，区委书记熊伟，区委副书记、区长刘洪福，区委常委、宣传部长杨燕等参加。

21日

副区长李泽刚主持召开露天矿山企业落实安全生产责任会议。

23日

副市长王宏强带领参加全市城市建设工作会议的与会人员在夷陵区参观考察。区长刘洪福、副区长李世民陪同。

“做忠诚卫士 创满意机关”主题演讲举行决赛，区委宣传部获一等奖。“做忠诚卫士 创满意机关”主题演讲比赛由区纪委主办。

24日

区城建管理监察大队建队20周年。

27日

全省民政系统社会工作人才队伍建设培训班暨试点经验交流会在夷陵区召开。区长刘洪福、区委副书记向洪星出席。

28日

湖北好智多生物科技开发有限公司在北京人民大会堂举办新品上市发布会。区领导向洪星、彭定新、曹宏伟、郑德娟等出席。

夷陵区启动“廉政文化进社区”暨“第七届社区文化周”活动。区领导杨燕、刘新平、杨文金、郑凌辉、王敬东等出席启动仪式。

29日

29~30日，上海市合作交流办公室在夷陵区考察对口支援项目。区领导王尧、李羡军等陪同。

区人大组织部分驻夷省、市人大代表听取、讨论区《国民经济和社会发展第十二个五年规划纲要征求意见稿》。区领导张洪、杨文金、李泽刚等出席。

省农村居民健康工程先进县区评审组在夷陵区检查。副区长郑凌辉陪同。

30日

区政府批复黄花乡村级规模调整：登岭村与牛坪村合并，新村名为牛坪村，驻地牛坪；南边村与张家口村合并，新村名为张家口村，驻地张家口；聂家河村与东垭村合并，新村名为中岭村，驻地聂家河；柏果树村与二户坪村合并，新村名为香龙山村，驻地二户坪；刘家坪村与白洋坪村合并，新村名为上洋村，驻地白洋坪。其他9个村保留原建制不变（夷政文[2010]183号）。黄花乡由19个行政村调整为14个行政村。

分乡镇举办第四届全民健身运动会。

31 日

夷陵区首个大型开放式主题公园河心公园开园。河心公园位于黄柏河河心小岛，是黄柏河水域景观带中心部分。面积为 9.2 万平方米。该项目总投资近 1 亿元。河心公园建有市民公共休闲绿地、青少年活动中心、老年活动中心、高档接待中心四大功能区。公园绿化面积达 5.6 万平方米。市区领导王宏强、刘洪福、向洪星、张洪、李世民、董靖国、姚伴树等出席开园庆典仪式。

全区住房公积金归集额首次突破亿元大关，达到 1.086 亿元。

区委副书记、区长刘洪福到三斗坪镇检查指导创建湖北旅游名镇工作。要求三斗坪镇加强规划、科学管理，推动旅游名镇提档升级。区委常委、副区长李世民参加。

三峡翻坝高速公路建成并通车。三峡翻坝高速公路建设历时 2 年多，途经秋千坪和苜阳两个村，境内全长 12.482 公里（其中公路建设 888 米，其余全部为隧道）。

龙泉镇获 2010 年度宜昌市首届“魅力乡镇”称号。

樟村坪镇实现村村收入过 10 万元目标。

特　载

责任编辑：王正玲

加快经济社会转型升级 推进现代化特色城区在新起点上实现新跨越

——2011年2月11日在全区三级干部会议上的讲话（摘要）

区委书记　熊　伟

会议主题是深入贯彻党的十七届五中全会和中央、省、市经济工作会议精神，全面总结2010年和“十一五”时期工作，安排部署“十二五”时期和2011年工作。

一、总结成绩，坚定信心

2010年，全区积极应对后危机时代影响，努力战胜频发暴雨洪涝灾害，经受住了多重严峻考验，经济社会建设取得新的重大进展。全年实现地区生产总值182.2亿元、比上年增长16.9%，规模工业产值302.8亿元、增长47.7%，规模工业增加值103.9亿元、增长38.1%；全地域财政收入、地方财政总收入、地方一般预算收入分别达到26.8亿元、18.8亿元、8.7亿元，分别增长23.3%、23.5%、31.2%；完成全社会固定资产投资132亿元，增长48.7%；社会消费品零售总额57.5亿元、增长22.9%，城镇居民人均可支配收入、农民人均纯收入分别达到14325元、7185元，增长12.9%、18.8%；金融机构存贷款余额达到128.5亿元、85.8亿元。

一是产业优势更加凸现。现代农业加快发展，全年改造橘园5万亩、建设高效茶园1.5万亩，柑橘产量、均价创历史新高，“晓曦红”牌宜昌蜜橘荣获“湖北名果”称号；生猪出栏95.7万头；夷陵农产品加工园被评为“全国农产品加工示范基地”，萧氏集团成为本土第三家农业产业化国家级重点龙头企业，全区农产品加工产值达到135.6亿元。工业主导地位不断巩固，新增规模工业企业44家、总数达到213家，过亿元企业达到41家，食品、机电两大板块产值均突破百亿元大关。旅游业带动力不断增强，荣获“中国观赏石之乡”，三斗坪镇被命名为“全国特色景观旅游名镇”。商贸流通业持续活跃，房地产经济健康发展。

二是发展后劲不断增强。全年争取中央新增投资项目42个、到位资金2.52亿元；兴上投资500万元以上项目46个、完成投资36亿元，娃哈哈启力饮料、江重机械二期、稻花香三峡科技包装工业园、萧氏茶产业高新科技工业园等一批重点项目顺利推进。园区基础设施建设步伐加快，承载力明显提升，开发区规模工业产值达到180亿元。自主创新能力不断增强，建成省级工程技术中心1家、市级工程技术中心5家，全区高新技术产值达到31亿元。外贸外资形势好转，实现外贸出口总额3302.5万美元、实际利用外资1960万美元。服务国家重点工程建设有力。对口支援工作不断深化，落实无偿援建项目36个、到位资金5320万元。

三是城乡面貌日新月异。村庄规划编制全面完成，实现了城乡规划全覆盖。城镇功能不断完善，河心公园建成开放，冯家湾三峡专用公路互通立交匝道投入使用，双虹大道、平云一路、平云二路等综合改造工程全面完工，夷陵楼公园主体工程基本建成，松湖路森林公园段、锦江大道丁家坝段、黄柏河航道综合整治、标准化菜市场建设等工程全面启动。“百镇千村”示范工程稳步推进，中心集镇基础设施加快改善。交通投资创历史最高水平，启动小鸦一级路改造工程，雾殷路改扩建工程竣工通车，行政村通客车率达到100%。建成宜巴、宜兴、两金路三条生态景观走廊，改造民居 4794 户，解决农村饮水安全6.2万人，城乡人居环境大为改善。

四是和谐建设卓有成效。第三个年度“惠民计划”全面完成，“六难”问题得到有效破解。全力抗灾救灾，被评为“全省抗洪救灾先进单位”。城乡社会保障体系不断健全，社保“一卡通”、超龄职工养老保险全面推开，“创业带动就业”工程扎实有效。医疗卫生体制改革深入推进，被评为首批“全省农村居民健康工程先进县市区”。城乡教育均衡发展。首批经济适用房分配到户。三峡库区 175 米试验性蓄水安置、大中型水库移民后扶工作稳步实施。乡镇综合文化站改造、文化信息资源共享、农家书屋三项文化惠民工程全面完成。文明创建成效明显，顺利通过全国第二次城市公共文明指数测评。积极协助完成了电影版、电视剧版《山楂树之恋》拍摄工作。民主法制建设扎实推进。构建了人民调解、行政调解、司法调解“三位一体”机制，经验在全省推广。安全生产、社会治安和稳定形势持续巩固。

五是执政基础更加牢固。加强学习实践活动整改落实，破解了一批制约科学发展的难题。政府机构改革全面完成。充分凝聚各方力量，人大、政协发挥了积极作用。成功开展了新型农民教育试点，被新华社等主流媒体推介。“六个一批”人才工程稳步实施。以创先争优活动为载体，扎实开展“五个基本、七个体系”建设，基层党组织战斗力得到增强。着力建设学习型党组织，积极创建机关服务品牌，干部队伍素质明显提高，工作作风不断转变。“十个全覆盖”工作扎实推进，预防腐败体系不断健全。

这些成绩的取得极为不易。经过5年不懈努力，我区综合实力、人民生活水平迈上了新台阶。对比 2005 年，地区生产总值增长 1.05 倍、年均增长 15.4%，规模工业产值、规模工业增加值均增长 5.9 倍、年均增长 47.3%，全地域财政收入增长 2.5 倍、年均增长 28.5%，地方财政总收入增长 2.1 倍、年均增长 25.4%，地方一般预算收入增长 3 倍、年均增长 32%，全社会固定资产投资增长 4.7 倍、年均增长 41.6%，社会消费品零售总额增长 1.4 倍、年均增长 18.8%，城镇居民人均可支配收入、农民人均纯收入年均分别增长 11.7%、14.2%，连续四年被评为“全省县域经济发展先进县市区”。有五条经验弥足珍贵：第一，培育产业，做强支柱，发展才有比较优势；第二，外引内联，项目带动，发展才有不竭动力；第三，完善机制，破除瓶颈，发展才有坚强保障；第四，统筹协调，构建和谐，发展才能又好又快；第五，凝聚合力，优化环境，发展才有稳固支撑。

“十二五”时期，是夷陵加快转型发展、提升综合实力、着力改善民生、主动在宜昌加快省域副中心城市建设进程中实现新跨越的关键期和攻坚期。站在新的历史起点，区委三届五次全会提出，今后五年，总体目标要围绕打造“宜昌省域副中心城市的现代化特色城区”，加快建设沿江新型工业强区、湖北现代农业新区、三峡文化旅游名区、宜昌生态宜居城区，确保主要经济指标比“十一五”末翻一番，规模工业产值突破千亿元大关，现代服务业加快发展，成为全国重要的柑橘、茶叶、优质畜牧生产加工基地，城镇化率达到57%以上，人民群众幸福感普遍增强，综合实力走在长江中上游同等县市区前列，城乡一体化水平走在全省前列，在全市率先实现全面小康。

二、把握形势，明确任务

从外部环境来看，经济长期向好的趋势不会改变。当前，金融危机的不利影响逐渐缓解，经济全球化和区域一体化深入发展，科学技术突飞猛进，经济结构转型加快。特别是今年中央将实行积极的财政政策和稳健的货币政策，加大“三农”、改善民生、调整结构等方面的投入，有利于推进产业升级和新农村建设。同时，随着扩大内需、促进中部地区崛起、三峡工程后续工作规划、“两圈一带”等重大战略的深入实施，加上沿海资本和产业加速向内地转移，宜昌建设省域副中心城市将全面提速，区域交通格局也将发生重大转变，为我们壮大区域综合实力提供了新的契机。今年又是中国共产党成立 90 周年，也是区乡村三级换届之年，党的建设科学化水平必将随着新形势新要求提升到新的高度，为我们进一步提高执政能力、巩固执政基础、推进科学发展提供了组织保证。

从发展阶段看，2011 年是“十二五”开局之年。开局影响全局。如何在“十二五”期间落下浓墨重彩的第一笔，保持又好又快的强劲发展态势是关键。必须在三个方面发力：

——推进产业升级。发展不够仍是夷陵当前最大的实际，其原因又在于三次产业结构不优，产业优势没有从根本上转变为经济优势。要跟上新一轮发展节奏，优化产业结构至关重要。必须把产业提档升级作为壮大实力、提高质量效益的主抓手，做强新型工业、做好现代农业、做大现代服务业，增强核心竞争力，从而带动高增长，提升经济总量，在全市、全省占据更重要的地位。

——推进项目建设。当前，要抓紧解决好园区产业布局不集中、骨架拓展缓慢、基础设施不配套、土地集约化利用水平不高、企业融资渠道单一、环境容量不足等突出问题。结合“十二五”规划，积极谋划一批重大产业项目和基础设施项目，举全区之力拉伸园区骨架，高标准、大手笔配套园区设施，加快提升招商引资、服务大项目的本领，促进项目早落地、快建设，促进投资持续快速增长。

——推进绿色发展。更加注重发展的可持续性，加快改造传统产业，大力发展装备制造、电子信息、新材料、新能源等战略性新兴产业，推动绿色经济、循环经济、低碳经济发展；强力推进科技创新，吸引科技资源向经济一线聚集，抓好重点行业技术革新和工艺改进；切实把水系林业生态保护提升到“生命线”的高度，加强资源合理开发利用。

从区情实际看，2011年是夷陵撤县建区十周年。10年来，夷陵城乡巨变，逐步由小县城向中心城区转型，但目前城镇化总体上还处于较低水平，城乡发展还很不平衡。今后五年，宜昌将建设现代化特大城市，作为中心城区之一，我们必须面对现实，在认真总结前10年的成功经验基础上，主动担当，以崭新姿态投身省域副中心城市建设，加快城乡一体化步伐。今后要突出三大重点：

——推进城乡基础设施同步改善。科学修编城镇建设总体规划，优化功能布局，加快改造老城区，加快建设夷陵经济开发区、发展大道新区，加快龙泉组团、坝区组团规划建设，放大城郊乡镇优势，带动中心集镇、中心村多极发展，构筑新型城镇一体发展格局。以新农村建设为抓手，加大农村水利、交通、能源、环保等设施投入，加快城区基础设施向农村延伸，大力改善农村生产生活条件。

——推进城乡经济发展融合互动。坚持以现代服务业为引擎，大力繁荣商贸物流、金融保险、文化旅游、社区服务业，促进第三产业快速崛起，推动城市三产下乡、农产品进城，加快城乡市场对接。坚持以新型工业化、农业现代化支撑城镇化，鼓励发展“飞地经济”，引导企业集中，推进农村富余劳力向城镇转移，加快城乡就业对接。坚持规模化生产、产业化经营，大力发展特色农业和农产品加工，积极培育产业工人，加快城乡产业对接。

——推进城乡公共服务均衡发展。逐步改变“小城区、大农村”格局，破除重城区轻农村、重经济轻社会、重管理轻服务的观念，逐步完善符合区情、比较完整、覆盖城乡的基本公共服务体系，切实提高城乡社会事业均衡发展水平，增进人民福祉，增强城镇综合服务功能。

2011年的总体思路是：认真贯彻落实中央、省、市经济工作会议精神，按照区委三届五次全会总体部署，把转变发展方式贯穿全领域，突出产业升级、园区突破、创业就业、城乡统筹四大重点，大力推进新型工业化、农业现代化、新型城镇化，加快建设实力夷陵、开放夷陵、宜居夷陵、创新夷陵、人文夷陵，着力提高区域经济社会发展的全面性、协调性、可持续性，推进现代化特色城区在新的起点上实现新跨越。

预期目标是：力争地区生产总值增长13%以上，规模工业产值增长40%以上，规模工业增加值增长28%以上，地方财政总收入和一般预算收入增长17%以上，全社会固定资产投资增长35%以上，社会消费品零售总额增长18%以上，农民人均纯收入、城镇居民人均可支配收入增长10%以上，居民消费价格指数控制在104以内，城镇登记失业率控制在4.2%以内，万元生产总值综合能耗下降3%。

做好2011年工作，必须坚持把加快发展作为首要任务，把结构调整作为战略取向，把项目建设作为关键举措，把改革创新作为根本动力，把改善民生作为最终目的，切实增强政治责任感、历史使命感、能力危机感、工作责任感。

三、突出重点，推动转型

（一）大力调整产业结构，建设实力夷陵。

1、促进三次产业协调发展。一是推进农业标准化生产。继续实施精品橘园、高效茶园工程，放大“橘都茶乡”特色，以小鸦路沿线为重点，全面普及柑橘种植14项集成技术，改造老橘园2万亩、新建精品橘园1万亩；以宜昌承办第七届中国茶叶经济年会为契机，加快优化茶叶产品结构，改造老茶园2万亩，建成宜兴线千亩标准示范茶园、樟村坪万亩高山乌龙茶基地、1个工厂化育苗基地。大力推进畜禽规模化养殖，生猪出栏突破100万头、家禽出笼突破800万只。完善动植物疫病统防统治机制，建立柑橘、茶叶等农产品标识和质量可追溯制度，健全农产品质量安全检验检测体系。二是壮大工业经济总量。坚持产业集聚、企业集群、布局集中、发展集约，突出发展先进制造业和高新技术产业，大力培育新兴产业，确保规模工业产值、增加值分别达到400亿元、120亿元以上。三是提升现代服务业水平。加强对促进旅游业发展的政策引导，启动“中国最佳旅游目的地”创建工作，加快推进旅游产品、旅游业态、旅游服务、旅游市场主体、旅游营销转型升级，力争接待国内外游客突破300万人次，旅游综合收入达到16亿元。完善商贸流通业配套设施，启动夷陵货运物流中心建设，加快建设太平溪新港、乐天溪磷矿专用码头，有序推进发展大道新区会展物流中心、鸦鹊岭农产品物流中心、下堡坪天麻交易市场建设。稳步发展房地产经济，积极探索中心集镇房地产开发模式，理性引导房地产投资和消费。

2、聚焦发展优势集群。一是加快壮大食品工业基地。以稻花香、娃哈哈、均瑶等企业为龙头，大力研发运动型、营养型、功能型新产品，不断扩大市场份额；

以萧氏集团、邓村绿茶、龙峡茶叶、晓曦红、昌伟农贸等企业为龙头，着力推进柑橘、茶叶、畜禽等农产品深加工，加快打造全省一流的农产品加工园区，确保食品饮料产业产值达到180亿元。二是加快建设新型机电制造业基地。加大高端装备、特种电缆、大型水泵及铜产品深加工产品开发力度，着力促进伟志光电、时创科技、硅谷科技等光电企业达产达效，继续壮大船舶制造业，力争机械电子产业产值达到130亿元。三是加快建设新型建材产业基地。支持弘洋集团、中科恒达石墨、弘健新材料、朗天建材等企业壮大规模，提高产品市场竞争力，确保新型建材产业产值达到35亿元。四是加快发展化工医药产业。抢抓宜昌生物产业园建设机遇，积极培育市场主体，建设长江市场中药材交易中心，推进坤艳中药饮片项目深度开发；改善鸦鹊岭精细化工集中生产区环境容量，保障精细磷化工项目顺利推进，增强产业配套能力。五是加快提升生态旅游服务业。继续推进三峡人家景区、三峡晓峰景区提档升级，加大南津关大峡谷、百里荒、大老岭等景区深度开发力度，推进景区精品化、服务规范化、配套人性化、环境生态化；以完善长江市场、三峡国际旅游茶城功能为重点，推进重点市场、专业市场、农贸市场提档升级，完成罗河路标准化菜市场改造任务；以发展大道新区建设和旧城改造为抓手，大力发展城市商业综合体、新型休闲娱乐、特色品牌餐饮、电子商务等现代服务业，促进消费升级。

3、加快壮大市场主体。实施亿元龙头企业扶优工程。支持稻花香、娃哈哈、均瑶、长江高科、德凌铜业、江重机械、华润红旗、柳树沟矿业、中孚化工、弘洋集团等龙头企业做大做强，全力支持稻花香向百亿企业目标冲刺。实施中小企业成长工程。力争新增2家过10亿元企业、10家以上规模工业企业。实施"百亿强区、百亿园区、百亿龙头"工程。探索建立农业产业化贷款贴息基金和贷款担保平台，支持农业产业化龙头企业技术改造和产品研发，力争新增省级农业产业化重点龙头企业2—3家、市级重点龙头企业5家以上、亿元级龙头企业15家以上，农产品加工产值达到180亿元。鼓励农业专业合作组织、行业协会充分发展，力争全年新增20家以上。实施"三产龙头拓展延伸"工程。提高三峡环坝旅游集团、三峡晓峰旅游集团、三峡国际旅游茶城等企业核心竞争力。加强供应链整合和服务延伸，大力培育商贸物流专业市场，进一步巩固"万村千乡市场工程"成果，力争亿元以上市场达到4家，新增限额以上商贸企业40家。出台鼓励企业上市办法，支持企业直接融资。

4、积极培育精品名牌。一是建立品牌梯队。逐步形成"争创一批、培育一批、储备一批"的品牌发展格局，力争全年新增1件中国驰名商标、5件湖北省著名商标、2件湖北省名牌产品。二是健全标准化体系。推进稻花香、萧氏茗茶、晓曦红、邓村绿茶、农夫乡情、杏水丰香、昌伟等品牌扩张，大力发展绿色食品，加强地理标志产品保护，形成一批优质、高效、安全、生态的农产品品牌。引导企业采用国际标准和国外先进标准组织生产，积极参与国家标准和行业标准制修订，加大工程技术中心与企业技术中心认定、公共检测平台建设力度。重点抓好邓村绿茶标准化示范区项目建设、三峡人家景区服务标准化建设。三是壮大品牌经济。力争知名品牌企业产值达到150亿元以上。

（二）积极拓展发展平台，建设开放夷陵。

1、加快园区深度开发。按照"一区六园"布局，完善运行机制和管理体制，加大园区工业用地收储和征地拆迁力度，加强配套设施建设，大力拓展发展空间。一是加快提升园区承载力。积极争取国家政策投入，大力开展BT等模式融资，加快商住用地开发，适度增加银行贷款，进一步拓宽融资渠道，力争开发区全年融资达到10亿元以上。加快推进小溪塔综合产业园、龙泉食品工业园、黄花新型建材工业园、鸦鹊岭精细化工及青岛工业园、乐天溪三峡移民生态工业园、土门生物产业园基础设施建设，全面完成发展大道延伸段、小鸦路延伸段及各园区内路网建设任务，拉伸园区骨架；完成宜昌北鸦鹊岭500千伏、鸦鹊岭110千伏、仓屋塝35千伏输变电工程，开工建设姜家湾220千伏输变电工程；高标准完成标准化厂房三期建设，确保全区标准化厂房面积达到10万平方米；启动陈埫坪、金水湾、南村坪片区开发；加快推进龙泉日供水5万吨水厂项目建设。出台扶持政策，鼓励合作办园。二是加快建设发展大道新区。启动东湖大道延伸段、东方大道建设，全面完成锦江大道丁家坝段、中兴路、和谐路东段征地拆迁工作，规划建设夷陵高新科技工业园、宜昌生态观光农业园，构筑城市经济新的增长极。三是加快推进小鸦路沿线开发。加大小鸦路提等改造力度，全面完成小溪塔至龙泉段路基工程，同步推进供排水、电力、天然气等配套建设；加强公路沿线规划控制，优化产业布局，重点发展食品、机电、物流等产业；坚持政府投资与市场运作相结合，全面启动小溪塔中小企业创业经济园建设，加快拓展新的园区平台。

2、主攻招商引资和项目建设。实施"项目建设年"活动，确保全年引进项目到位资金达到40亿元以上，其中过10亿元项目2个、过5亿元项目3个。促进华润红旗三期、柳树沟精细化工、康师傅矿物质水、华通机电销售中心等项目尽快建成投产。加快推进江重三期、杨氏果业、阳光融科、中科恒达石墨、均瑶乳业、翔陵纸业、昌耀电杆等一批项目早开工、快建设。密切跟踪三峡雪茄、李锦记食品、石头纸等项目，力促早日签约落户。加大服务国家、省、市重点工程建设的力度。加强与上海、青岛等地和长江三峡集团公司等单位的交流合作，全年争取对口支援资金6000万元以上。

3、扩大外贸外资。优化出口商品结构，着力扩大电缆、电器、水泵等高附加值、高新技术产品出口，积极推动柑橘、茶叶等农特产品出口。大力培育外向型企业，壮大外贸出口队伍，积极鼓励和扩大自营出口规模。加快培养外贸出口企业经营管理人才，提升自营出口业务水平。大力度引进利用外资，力争在引进世界500强企业上实现突破。

（三）深入推进新型城镇化，建设宜居夷陵。

1、做强小溪塔城区龙头。一是推进城乡全域规划。高质量编制全区城乡统筹全域规划，完善小溪塔城区控规体系，加快中心镇、特色镇规划编制。二是推进城区扩容提质。实施城市骨架拓展工程，统筹推进旧城改造和新区建设，完成松湖路森林公园段、罗河路二期、晨光路、锦江大道丁家坝段等城市道路建设任务，完善城市路网，推进城市北拓东进。实施城市精品建设工程，加快推进恒大五星级酒店、三峡国际会展中心、小溪塔中心商业街、夷陵楼公园文化装饰项目建设，开展黄柏河城区段综合治理，启动森林游乐园建设工程，做好平湖半岛开发、三峡游轮中心建设的相关服务协调工作，着力打造精品街道、精品景观、精品小区、精品市场，提升城市形象。实施城市综合改造工程，启动冯家湾片区、东湖路等道路综合改造，完成夷兴大道房屋街景立面改造，启动金凤朝阳爽心园、家旺国际、平湖国际等片区综合开发，有序推进杂居小区、小街小巷综合改造。实施城市民生改善工程，完善市场、供水、供气、供电、通讯、停车场、公厕等公共设施。三是推进城市管理精细化。完善城市管理长效机制，构建大城管格局，促进城市管理人本化、网格化、数字化。科学合理设置社区，加强社区规范化建设。

2、建设农民幸福家园。一是加快培育中心镇、特色镇。支持龙泉、鸦鹊岭、黄花、乐天溪、太平溪等集镇依托工业园区，创建省、市重点乡镇。支持三斗坪、邓村、樟村坪、雾渡河、下堡坪、分乡等乡镇围绕产业、资源优势，形成区域特色。二是积极推进农村新型社区、中心村建设。启动建设东西泉村、砦沟村、石牌村、仓屋塝村、上洋村、兆吉坪村等“宜居村庄”项目。引导农民集中居住，合理布局和有序建设社区服务中心，打造宜居新型农村社区。三是放大试点示范效应。纵深推进新农村建设，新争创1－2个省级新农村建设示范村。扎实推进龙泉镇整镇推进新农村建设试点工作，打造“一城两园”示范亮点。以小鸦线、小黄线、宜秭线、宜大线、普百线为重点，继续实施特色民居改造和环境综合整治。四是加快改善农村生产生活条件。大力加强农田水利建设，争取投入资金1.5亿元以上，建设水利工程4000处，硬化末级渠道50千米，治理水土流失30平方公里。推进黄柏河流域集雨工程示范区和简当河生态流域试验区建设，构建万亩石灰岩地区集雨排灌系统，新建集雨抗旱水池500口。推进土地开发整理，新建、改造高标准农田2万亩。大力加强人居环境建设。继续开展“三清工程”，改造农房1000栋，完成“一建三改”3000户。继续实施饮水安全工程，解决农村2万人安全饮水问题。加强农村路网建设，启动张莲路、普百路改造工程，加快推进黄柏河航道整治、百岁溪大桥工程建设，完成土三路还建、两花路续建等工程，硬化农村公路200公里。推进农村电网体制改革，争取水电公司代管变直管，加快农村电网升级改造。

3、构筑新型城镇化产业支撑。壮大小溪塔城区经济龙头，引导城市资金、技术、信息等要素向农村流动，鼓励中心集镇发展劳动密集型和资源深加工型企业。推进黄柏河流域生态走廊建设，因地制宜发展核桃、桑蚕、中药材等特色产业，破解石灰岩页岩地区产业发展难题。以粮油优质高产示范区创建为重点，实施高产试点示范，稳定粮油面积，确保粮食大县地位。立足城郊优势，大力实施“菜篮子”工程，在黄花、鸦鹊岭、分乡等地规划布局3万亩专业蔬菜基地，今年建成1000亩标准化菜地。

4、加快改善人居环境。严格落实节能减排。完成黄柏河综合治理二期工程，加快推进柏临河、玛瑙河流域综合治理。切实加强工业园区、矿山、饮用水源、建设工程领域环境问题专项整治。建成乐天溪、分乡集镇垃圾填埋场。巩固国家环保模范城市创建成果，提高生态文明水平。统筹推进林业生态建设和林业产业发展。加大城镇生态绿化带保护和建设力度，优化城镇人居环境。

5、千方百计增加城乡居民收入。把扩大就业作为促进增收的关键举措，多渠道开发就业岗位，完善城乡公共就业服务体系，加强职业技能培训，全年新增城镇就业人员7800人。把引导创业作为促进增收的重要增长点，完善小额贷款、信息咨询、中介服务等工作，建立创业“绿色通道”，鼓励个体经营，引导农民工返乡创业和失业人员自主创业。把稳步发展劳务经济作为促进增收的重要渠道，加强农村劳动力技能培训、就业指导和权益维护，促进农民就近转移，确保农村劳动力转移就业保持在6万人以上。把扶贫开发作为促进增收的民心工程，出台加强扶贫工作的意见，推广产业扶贫、企业扶贫和帮扶扶贫模式，加快整村推进步伐。

（四）全面提升软实力，建设创新夷陵。

1、提升科技创新能力。建立健全以企业为主体、市场为导向、产学研相结合的科技创新体系。加大江重机械、三峡泵业、华润红旗、中科恒达石墨等重点企业培育力度，确保新认定高新技术企业2家、市级以上工程技术中心2家。开展重大科技攻关，加强成果转化，力争在拥有自主知识产权核心技术上实现新突破。着力实施数字化矿区项目。保障财政科技投入，鼓励金融机构、风险投资机构开展科技投融资。认真落实各项自主创新优惠政策。

2、培育壮大人才队伍。制定中长期人才发展规划，推进人才强区。依托主导产业和重点项目，实施创新创业领军人才开发工程，建设人才创新创业基地和人才公寓，不断优化人才创新创业环境。以紧缺急需专门人才引进计划、企业经营管理人才素质提升计划、农业特色人才培养计划、名师名家培养计划等重点人才工程为抓手，统筹推进农村实用人才、企业经营管理人才、高技能人才、社会工作人才、专业技术人才等队伍建设。加强人才政策研究和制定力度。继续推进招本引硕、三支一扶、大学生村官、科技特派员、一村一名大学生计划等活动，稳步推进行政事业单位公开招录工作，加强人才储备。

3、加强思想文化建设。抓好纪念建党90周年、辛亥革命100周年、建区10周年系列庆祝活动，推进社会主义核心价值体系建设。深化群众性精神文明创建活动，做好全国城市公共文明指数测评迎检工作。扩大试点，抓好新型农民教育。加快推出一批精品文艺剧目，开展第四届“欧阳修文艺奖”评选活动，打造夷陵文化品牌。继续实施“三下乡”、“四进社区”文化惠民工程，巩固基层文化网络建设成果。围绕《山楂树之恋》电影、电视剧拍摄线路，大力开发文化旅游产品，促进文化与旅游融合互动，做大文化产业经济规模。

4、深入推进各项改革。一是深化农村改革。继续开展农村集体资产产权制度改革试点，完善农村土地承包关系。积极探索土地流转体制机制，推进适度规模经营。巩固完善农村公益性服务“以钱养事”机制，进一步推行“一事一议”财政奖补试点。创新水利发展体制机制，大力发展民生水利。二是加快行政经济体制改革。继续推进政府机构改革。深化行政审批改革，全面推进服务流程再造，加快推进电子政务建设，实行网上审批和电子监察。加大行政事业单位经营性国有资产管理改革力度，防止资产流失。开展龙泉镇城镇化行政管理体制改革试点。探索供地供矿前置服务新办法。深化财税、金融、物价、投融资等领域改革，调整乡镇财政管理体制。三是统筹推进各领域改革。加强事业单位人事制度改革，完善事业单位全员聘用制度。完善工资收入分配机制，稳步推行公务员津补贴和事业单位绩效工资改革，推行企业工资集体协商制度。认真执行征地拆迁、房屋拆迁新办法。深化医药卫生体制五项改革。稳妥推进非公企业建立公积金制度，加强公积金管理。

（五）高度重视民生和社会管理，建设人文夷陵。

1、增强社会保障能力。总结推广新农保试点经验，积极争取新型农村养老保险纳入全国试点范围。继续加强“金保工程”建设，完善“一卡式”服务。抓好社会保险扩面征缴工作，确保全年新增扩面6800人以上。提高城镇居民医保政府补助标准和待遇水平，扎实做好医保门诊统筹工作。巩固发展新农合成果，逐步建立医疗保险待遇调整机制，切实减轻患者医疗负担。健全城乡低保动态进出机制。加大贫困学生资助力度，实现全覆盖。进一步提高困难群体大病救助的能力和水平。启动公共租赁住房建设，加快核工业二二公司、昌达化工、三峡矿业等企业棚户区改造步伐，全面完成保障性住房项目“春华秋实”小区建设，完善住房保障进退机制，解决低收入家庭住房难题。加大农村危房改造、因灾倒房户扶持力度。开展劳动关系和谐企业创建活动，加强劳动监察，落实最低工资和最低小时工资制度。

2、推进各项社会事业发展。科学配置教育资源，加快校舍安全工程建设进度，扎实推进城乡教师交流，建立科学合理的教师业绩综合评价体系和教育质量评价体系，加强教师队伍建设，着力提高教育教学质量，推动教育高位均衡优质发展。支持宜昌职教园建设。继续组织实施妇女健康行动“两癌”筛查项目，巩固完善新农合制度和国家基本药物制度，加强基层卫生机构规范化、标准化和信息化建设，进一步提高医疗卫生服务水平。巩固生育文明建设成果，稳定低生育水平，建立健全统筹解决人口问题机制。继续做好大中型水库移民后扶工作，扎实实施三峡工程后续工作规划编制和2011年项目启动工作，全面完成三峡工程175米试验性蓄水太平溪集镇受影响居民房屋重建、伍相庙居民点扩建工程。稳妥推进广电有线网络与省网整合，加快有线电视数字化整体转换，建设数字影院，实施20户以下自然村“村村通”工程，启动广播影视传媒中心建设。建立健全救灾应急预案体系，加大综合减灾示范社区创建力度。鼓励社会力量兴办福利机构和托老机构，加大殡葬改革力度，制定高龄老人生活补助政策和政府购买养老公共服务政策。进一步做好残疾人等工作。坚持党管武装，加强民兵预备役工作。

3、全力维护社会稳定。进一步深化“三项重点工作”。大力推进基层综治、维稳、公安工作规范化建设，完善“三位一体”矛盾纠纷大调解工作机制。巩固“两实管理全覆盖”成果，着力构建网格化、动态性跟踪管理体系和长效管理机制。深入开展“四访促和谐”活动，进一步规范信访秩序，扎实做好积案化解工作。健全舆情汇集和分析机制，加强重大决策、重大改革、重大项目、重大工程、重大活动、重要文件等预先社会稳定风险评估。加强社会治安综合治理和治安防控体系建设，加强虚拟社会管理，创新社会管理服务，严厉打击违法犯罪活动，确保社会秩序稳定。抓好邪教组织防范和治理工作。严格落实安全生产目标责任制。建立健全应急管理机制。

4、不断加强民主法制建设。依法做好区乡两级人大代表换届选举工作，支持人大及其常委会依法开展监督。充分发挥政协政治协商、民主监督和参政议政作用。加快推进商会大厦、古慈寺、基督教堂建设。加强对工会、共青团和妇联等群团组织的领导。进一步扩大基层民主。维护司法公正，保障公民和法人的合法权益。

四、加强党的建设，改进干部作风

1、切实加强基层组织建设。以选优配强基层党组织带头人为重点，完善村干部助理制，全面推行“X+1”村干部配备模式。以创建服务型党组织为载体，开展党员先锋岗（队、组）示范，推进创先争优活动向纵深发展。以建好用好党员群众服务中心为基础，继续支持村级组织阵地建设，深入推进基层党组织“五个基本、七个体系”建设。以发展壮大村级集体经济为突破口，确保90%以上的村集体经济收入达到5万元以上，夯实基层党组织凝聚群众的物质基础。成立党代表联络服务机构。以实施素质提升工程为抓手，切实加强基层党员队伍建设。以“两个走在前头”为目标，创新机关党建工作方式。

2、切实加强领导班子和干部队伍建设。以学史明鉴、咨政育人活动为载体，充分发挥区委中心学习组“龙头”作用，强化理论武装，着力提高领导班子推动科学发展、促进社会和谐的能力，推进学习型党组织建设。坚持德才兼备、以德为先用人标准，按照中央、省、市统一安排部署，认真抓好区乡村三级换届工作，优化各级领导班子结构，增强整体功能。要树立正确的换届工作导向，严明换届纪律。继续开展干部谈心谈话活动，加大优秀年轻干部、女干部、党外干部、后备干部的培养选拔力度。扎实推进干部人事制度改革，进一步探索竞争性干部选拔任用程序，加大选拔力度。加强干部教育培训，丰富培训内容，创新培训方式，深化网络培训，完善赴外培训、挂职培训、主体培训、在职学习机制，提高培训实效。严格执行《干部选拔任用四项监督制度》。

3、切实加强党风廉政建设。认真贯彻新修订的《关于实行党风廉政建设责任制的规定》，进一步健全相关配套制度，完善党风廉政建设和反腐败工作领导体制和机制，坚决落实“一岗双责”。加强党的方针政策、重大决策部署贯彻落实情况的监督检查，确保政令畅通。围绕全面覆盖、系统推进，切实抓好反腐倡廉“十个全覆盖”工作，大力推行阳光政务，深入推进行政服务“三集中”，加大对重点领域、重点部门、重点岗位、重点资金的腐败风险防控和审计监督。切实抓好腐败案件查处工作，着力解决人民群众反映强烈的突出问题，以党风廉政建设和反腐败工作成效取信于民。

4、切实加强干部作风建设。要有“敢为人先”的气魄。全区广大党员干部要积极应对社会转型的新矛盾和改革发展稳定的新问题，敢于冲破思想藩篱，敢闯敢试，敢想敢干，勇于“跳起来摘桃子”。要有“只争朝夕”的精神。对部署的工作、明确决定的事项，要雷厉风行，立说立行。特别是事关全区发展的重大项目、重点工程，必须加快推进，确保早建成、早见效。各级各单位主要负责人要认清肩负的发展重任，强化锐意进取、争创一流的先锋意识，以高昂的斗志、时不我待的激情，积极投身到夷陵建设现代化特色城区的实践中。要有“勤政务实”的作风。各级党员干部要以建服务品牌、创服务名牌为抓手，强化为民服务的意识，树立“服务就是生产力、服务就是竞争力、服务就是发展力”的理念，优化服务质量。要重点解决干部纪律上“松”、工作上“浮”、服务上“冷”、办事上“拖”等问题，促进工作落实。要坚决防止和克服形式主义、官僚主义和弄虚作假、铺张浪费等行为，腾出更多的时间和精力、调配更多的人力财力集中抓发展、促改革、保稳定。

夷陵区人大常委会工作报告

——2011年2月15日在夷陵区第三届人民代表大会第五次会议上

区人大常委会常务副主任　张　洪

各位代表：

我受区人大常委会委托，向大会报告工作，请予审议。

过去一年的主要工作

2010年是全区上下克难奋进，全面完成“十一五”规划的一年；是科学发展深入人心，区域经济社会实现快速协调发展的一年。一年来，区人大常委会在区委的正确领导下，全面落实科学发展观，深入贯彻党的十七届四中、五中全会精神，紧扣中心抓重点，顺应民意抓热点，锲而不舍抓难点，为建设富强民主文明和谐的特色新区作出了新贡献。一年来，常委会听取和审议工作报告28个，决定重大事项8件，开展执法检查、调查和视察 21 次，交办审议意见 6 件，备案审查规范性文件 6 件，交办人代会议案 1 件、代表建议 194 件，受处来信来访 55 件次，对 4 个单位进行了工作评议，任免国家机关工作人员 44 人次，补选市人大代表 3 名、区人大代表 2 名，承办了全市县市区人大常委会主任座谈会。

一、围绕提质增效，推动区域经济科学发展

助推产业集群发展。将工业经济龙头和优势板块建设作为监督切入点，听取和审议规模企业发展和产业集群建设情况的报告，提出了健全产业集群发展规划，完善相关政策，指导产业集群稳步发展；加快工业园区建设，把工业园区打造成集研发、制造、创新于一体的产业集群；培育壮大骨干企业，推动关联企业联合、兼并和重组，带动产业集群发展等建议。区政府切实加大工作力度，完成了夷陵经济开发区发展战略规划、三峡移民生态工业园发展规划的编制工作；加快了鸦鹊岭磷化工、稻花香包装、萧氏茶等工业园区的建设。全区规模工业企业新增 44 家，实现规模工业产值 302.8 亿元，增长 47.7%；产值过亿元的企业达到 41 家，稻花香、长江高科和江重机械产值占规模工业经济总量的 42.2%，食品、机电板块产值双双突破百亿大关，装备制造业产值比重占到 1/3 强。白酒、机电产业纳入全省重点产业集群。常委会还就三峡移民产业园区发展情况进行了集中视察，提出了抢抓后三峡发展机遇，完善移民产业发展规划，加快推进乐天溪移民生态工业园建设等建议，促进了坝库区移民产业加快发展。

助推农业农村工作。对 2009 年提出的“抓好农业标准化生产”审议意见进行了跟踪督办。区政府认真落实，组织实施了标准果园建设和高效标准茶园建设项目，全年综合改造橘园 5 万亩、建设高效茶园 1.5 万亩，在金银岗柑橘示范场推广了山地橘园电动喷雾机遥控装置，建成了全省首个气象信息采集系统；围绕水稻、玉米、马铃薯和油菜等农作物开展了 5 个万亩优质高产基地创建示范，全面提升了种植业标准化生产水平。同时，大力推动畜牧生产标准化建设，全区现有“150”和“500”猪场 201 栋，省级标准化万头生猪养殖小区 3 个，家家有、京都养殖、兴和农牧、昌伟农贸等荣获国家标准化示范场称号。对全区扶贫整村推进工作进行视察，提出了要加快编制“十二五”时期扶贫规划，研究出台加强扶贫开发工作的决定，积极发挥部门及企业的帮扶作用，整合捆绑利用各种项目资金，统筹推进产业扶贫和智力扶贫等建议。区政府认真落实，明确了进一步加强扶贫开发工作的思路、重点和措施，全年争取扶贫资金 686 万元，实施扶贫项目 100 多个，在全区 12 个整村推进村发展各类产业基地 6310 亩，完成扶贫搬迁及危房改造 116 户。

助推三产健康发展。听取和审议区政府关于旅游产业发展情况的报告，提出了突出争创“中国旅游强区”重点，健全旅游产业发展长效机制、加大旅游文化内涵挖掘力度和完善旅游配套服务功能的建议。区政府研究后，制定了创建全国旅游强区工作方案，并于 9 月份启动了创建工作；编制了“十二五”旅游专项规划、三峡奇石文化长廊概念性规划等旅游规划 4 个；投资 150 多万元，完成了宜巴路等旅游交通沿线标识标牌建设和星级农家乐标准化建设；开展了神宜路夷陵区段沿线综合整治和生态景观工程建设，顺利通过“省圈办”检查验收；组织制定了旅游与文化结合发展的实施方案，加大了旅游与农业、工业融合发展的力度。听取和审议房地产业发展情况的报告，提出了尽快编制完善房地产业规划、加强对房地产市场的引导和监管等意见和建议。区政府组织编制了“十二五”房地产业发展规划，建立了由住建、发改、规划、国土等部门会签房地产开发项目的制度，全面完成了经济适用房二期、廉租房三期工程建设，解决了首批 236 户低收入家庭“住房难”问题。

加强规划计划监督。未来五年，是我区加快转型发展、提升综合实力、着力改善民生的关键期和攻坚期。去年以来，常委会围绕全区“十二五”规划编制工作，就“十二五”规划中涉及的科技、产业集群发展、房地产、旅游等子规划广泛开展了调研和座谈，为本次会议审查批准“十二五”规划纲要做了前期准备。常委会高度重视我区经济的平稳健康发展，听取和审议了夷陵区 2010 年国民经济和社会发展计划上半年执行情况的报告，提出了突破性抓好重大项目建设，增强区域经济发展后劲；着力培育龙头骨干企业，促进产业优化升级，加快转变经济发展方式；切实抓好农业抗灾减灾、农产品销售和劳务输出，努力增加农民收入等建议，促进了全年经济社会发展目标的顺利完成。近两年，我区争取中央新增投资项目较多、资金数额较大，为保证计划项目的有效实施，常委会先后视察了分乡中学校舍改造项目、夷陵医院新建医疗大楼项目和公安分局看守所建设项目等中央新增投资项目，提出了中央投资项目要向社会公共事业和民生领域倾斜，发挥投资拉动作用，要坚持立足当前、着眼长远，加强投资监管，真正把钱用在刀刃上等建议。

监督财政稳健运行。先后听取和审议了 2009 年区直部门预算执行及 2010 年区直部门预算草案的报告、2009 年财政决算报告和审计工作报告、2010 年财政预算调整方案草案的报告，审查批准了 2009 年区级财政决算、2010 年部门预算、2010 年财政预算调整方案。针对 2010 年上半年的预算执行情况，提出了加强财源建设和税收征管，稳固收入来源，提高财政资金使用效

益，确保重点项目和重点支出；严格执行法律法规和财经纪律，强化预算约束等审议意见。根据中央关于发行2010年地方政府债券的有关规定，常委会及时作出决定，将上级安排我区的9644万元债券转贷资金纳入当年财政预算管理，并根据财政增收和当年收支情况，依法决定对总预算和部门预算进行了调整；为有效防范财政风险，对全区政府性负债及偿债情况进行跟踪监督，区政府及相关部门进一步完善了政府性债务管理办法，规范了举债程序，严格了举债权限，明确了举债责任，从严控制了负债范围和规模。2010年末，全区政府性债务总体处于安全可控范围。

二、围绕民生和谐，推动社会建设全面进步

关注食品安全，努力让人民吃得放心。开展了为期两个月的食品安全法执法检查，听取和审议了执法检查报告，提出了进一步理顺监督体制、整合监管资源和加大监管投入的审议意见。区政府正在认真落实，已成立由区长任主任的区食品药品安全委员会，在195个村（社区）建立了食品药品安全办公室，组织8个职能部门和13个乡镇（街道、开发区）开展了食品药品安全村（学校）创建。常委会还对2009年开展的农产品质量安全法执法检查审议意见落实情况进行了跟踪督办。一年来，区政府及其有关部门开展消费维权宣传、送农资下乡和专项整治、市场抽检等活动200多场次，检查农资经营户416家次，抽检蔬菜样品800多个；区政府解决资金，在全省率先建立了晓曦红柑橘、萧氏茶等名牌产品溯源体系；拟投资300万元，兴建夷陵区农产品质量安全监督检验站项目，该项目已通过省发改委批复。目前，全区农业生产资料供给全面推行溯源制度，无公害食品认证达51个，绿色食品和无公害基地认证达20多万亩。

关注劳动生产，努力让人民劳有保障。对劳动合同法贯彻执行情况审议意见进行跟踪监督。区政府重点在规范企业用工和劳动合同管理上加大力度，约束用工企业建立职工名册制度、健全集体合同和工资集体协商制度、劳动争议“三方协商”机制。劳动保障部门全年受处各类劳动纠纷100多件，涉及金额近千万元，维护了广大劳动者的合法权益。听取和审议区政府关于安全生产监督管理情况的报告，提出了进一步加强安全生产监管队伍建设、大力开展专项整治和完善安全生产预警机制等建议。区政府建立了安全生产监管专家库和专家定期到企业排查安全隐患制度，解决资金配备了安全生产监测设备。2010年，我区生产安全事故发生数和死亡率分别降低5%和10%。

关注城乡环境，努力让人民生活舒心。围绕生态环境建设，听取和审议了水污染防治法贯彻执行情况的报告，针对饮用水安全存在隐患、水环境污染治理任务艰巨等问题交办审议意见。区政府切实加强水污染防治法宣传，推行重大项目和重要表彰环保“一票否决”制，出台城区污水处理排放管理、畜禽养殖环境管理、突发性污染事故应急预案等办法，开展坝库区水环境综合治理和饮用水源保护区专项治理，在12个乡镇设置饮用水源警示标志牌23个，对24家影响水体质量的企业进行了限期整改，对7家违规企业进行了立案查处。听取和审议小溪塔城区公共绿地建设及保护工作情况的报告，提出了要进一步加强城区公共绿地建管法制建设、提高公共绿地建设档次和水平、理顺森林游乐园管理体制等建议，作出了关于保护城区公共绿地的决定。常委会还对林业工作进行了专题视察，有针对性地提出了加大森林执法和病虫害防治力度，严厉打击乱砍滥伐、加强林业资源管护等建议。

关注公共服务，努力让人民共享成果。着力督办落实义务教育法贯彻执行审议意见，促进全区义务教育均衡发展。2010年，全区已建立教育经费逐年增长机制，教育拨款、教育事业费、公用经费均有明显增长，义务教育阶段教师绩效工资全面落实；大力实施“五改”工程，在校学生饮水、进餐、用电、就寝、如厕等难题得到初步解决；学校安全制度、安全教育和安全管理得到加强。我区推进义务教育均衡发展的做法和经验，受到省教育厅高度肯定并在全省推广。对全区医疗卫生服务体系建设情况进行了跟踪监督。区政府加大医疗卫生基础设施建设投入力度，提前完成了夷陵医院医疗大楼主体工程，全面完成了区妇幼保健院和鸦鹊岭卫生院改扩建工程，顺利推进了乐天溪等4个乡镇卫生院改扩建项目，投资近200万元用于村级卫生室达标和提高乡村医生补助，全面完成了社区卫生服务机构的规范化创建任务。

关注政风建设，努力让人民更加满意。常委会根据湖北省实施监督法办法和区委关于开展满意机关创建的工作要求，启动工作评议监督方式，对区发改局、民政局、广电局和农村合作银行等四个单位，开展了历时四个多月的工作评议。经过评议调查、督查整改、会议评议等环节，督促被评议单位落实整改意见20多条，办成了一批实事：民政局将城乡低收入困难家庭纳入医疗救助范围，扩充农村低保人数4000人，动态调整低保对象2991户5875人，清退不符合低保条件的对象410户1050人，维护了政策的严肃性和公平性。发改局争取2010年第一批农村饮水安全工程、黄柏河流域部分河段综合整治示范工程、集镇污水处理管网工程资金6566万元，推进了民生事业和基础设施建设。广电局在鸦鹊岭、下堡坪、分乡、黄花建成编码调频广播村11个，让近2万人能收听到夷陵台的广播节目。农村合作银行在乡镇和城区设立了信贷超市，全面完成了当年计划的8个网点改造任务，全年累计投放贷款23.56亿元，

占全区累投贷款的29.4%，有力地支持和推进了全区经济社会事业的持续快速发展。

三、围绕法治夷陵，推动依法治区健康发展

大力推动政府依法行政。听取和审议区政府关于全面推进依法行政实施纲要贯彻执行情况的报告，提出了进一步增强国家工作人员依法行政意识，加强规范性文件的制定、清理和报备，完善行政决策程序，健全约束机制，推进行政问责等建议。区政府认真落实，共清理规范性文件297个，废止51个，修改26个，宣布失效63个；完成了对全区行政审批事项的清理工作，减少审批事项111项，精减审批环节180个；制定了夷陵区规范行政处罚自由裁量权工作实施方案，启动了规范全区行政处罚自由裁量权工作。

积极支持两院公正司法。围绕加强对司法工作的监督主题，坚持一手抓制度建设，一手抓常态监督。在深入调研的基础上，起草了监督司法工作的若干规定。开展法院执行工作视察，提出了创新执行工作机制、提高执行结案率等意见。区法院认真落实，强化财产保全措施的运用，建立审执对接机制，坚持当庭执行、和解执行、强制执行等多种方式适案运用，提高了执行工作水平。区法院全年执结案件598件，执结率96.5%，执结标的额2858.6万元。2010年，全省创建无执行积案工作座谈会在我区召开。听取和审议区检察院开展法律监督和反渎职侵权工作的报告，要求区检察院进一步强化法律监督，创新监督机制，提高反渎职侵权办案质量，强化法律和社会效果。区检察院认真落实，在全市率先成立乡镇社区矫正工作联络站，在樟村坪镇、龙泉镇设立检察服务站，做到服务基层、关口前移，着力提升了监督能力。该院推行的“六个注重”抓立案监督作法在全省推广，探索的查办民生领域渎职案件工作经验在全市推介。

切实强化备案审查职能。对“一府两院”及乡镇人大规范性文件进行备案审查，是有效维护法制统一，促进依法行政和公正司法的重要手段。常委会成立专门机构，选配专业人员，认真修订完善了规范性文件备案审查规定，将区法院、区检察院和区政府办公室制定的规范性文件增列为备案审查对象，同时建立了职权审查制度和横向沟通机制。全年备案审查了夷陵区小型水库管理办法、征地拆迁补偿办法等规范性文件6件，要求尽快修改2件，交换审查意见3件次。

关注法律援助工作。对法律援助条例贯彻执行情况进行视察，实地查看区法律援助中心和小溪塔街道法律援助工作站，提出了适当拓展援助范围、有效整合各种资源、切实加大援助力度等建议。区政府认真落实，开辟“绿色通道”，整合司法资源，对农民工维权案件实行重点援助，全年办理农民工法律援助案件51件，为农民工提供法律咨询246人次，基本实现应援尽援。

四、围绕督办服务，推动代表工作不断深入

扎实督办人大代表建议。2010年，代表提出建议194件。为逐一抓落实，常委会将代表建议办理督办工作作为重要工作内容，开展了建议督办月活动，安排常委会领导牵头、各工委对口督办，对办理结果代表不满意的建议实行重点督办，有力地推进了代表建议办理。一年来，经过各方面的共同努力，代表建议办理满意和基本满意率99.5%、见面率96%、落实率43.4%。区政府通过出台扶持西北山区茶产业发展、扶持畜牧产业龙头企业发展政策，大力改善城乡基础设施，积极发展社会公益事业等方式，落实了一批让广大群众普遍受益的建议。为落实增加村级转移支付、保障村级运转等4件建议，区政府及财政部门广泛调研，与部分人大代表充分沟通，提出了建立和完善村级组织运转经费最低保障机制的方案，明确了村级组织运转经费最低保障标准。

跟踪办理人代会议案。区三届人大三次会议提出的关于着力解决西北口库区群众民生问题的议案，续办扎实，进展顺利，成效显著。区政府编制了西北口村经济社会发展规划，区财政2010年又捆绑投入资金200多万元，实施危房改造、安全饮水、道路改造、产业培植等项目，切实改善了当地群众的生产生活条件。为扎实办好区三届人大四次会议提出的关于加强社区规范化建设的议案，区政府高度重视，区长刘洪福带领民政、财政等10多个部门到丁家坝、冯家湾等8个社区专题调研后，出台了夷陵区社区建设规范，提出用3年时间完成议案办理任务。2010年，区政府筹资300多万元，完成了平湖、谭家榜、兴安等社区阵地建设，解决了社区居民关注的大街小巷道路硬化、亮化和美化问题。

努力优化代表履职环境。为有效保障代表的知情权、参与权和监督权，全年向代表寄送4000多份资料，适时通报全区经济社会发展和民主法制建设情况；坚持邀请各级人大代表参加常委会会议、执法检查、视察调查和专项审议等工作，扩大代表对常委会工作的参与面；及时下拨代表活动经费，为代表执行职务提供保障。加强与代表的联系和沟通，走访慰问了部分人大代表。继续开展了“好建议”评选活动，常委会对10件“好建议”进行了通报表彰。

认真组织闭会期间活动。组织区内省、市人大代表集中视察重点项目建设情况，深入讨论全区“十二五”规划纲要编制工作，开展三峡库区和宜昌市饮用水源保护区产业发展与生态保护补偿专题调研。继续在全体代表小组和广大代表中深入开展“五个一、创五好”争先创优活动，组织代表小组围绕全区经济建设、民生事业、

社会稳定，开展形式多样、内容丰富、效果实在的调查、视察和考察活动，充分发挥代表在经济、政治、文化、社会及生态文明建设中的桥梁纽带和先锋模范作用。常委会还对在履职活动中表现突出的23名优秀区人大代表和14个先进代表小组进行了表彰，对11个乡镇人大主席团和2个人大联络处开展区代表工作情况进行了考核。

五、围绕求实创新，推动自身建设不断加强

优化人大工作环境。为进一步创造有利于人大及其常委会充分履行职责的环境，省委、市委人大工作会议后，常委会认真贯彻会议精神，广泛开展调研和座谈，提请区委出台了关于加强和改进人大工作的决定。决定的出台，对区人大及其常委会自觉接受区委领导、更好地发挥职能作用，全面提升我区人大工作水平，产生了深远影响和积极作用。常委会报请区委编制委员会批准，在全市率先设立常委会研究室，加强理论研究、规范性文件备案审查和信息调研等工作，常委会工作机构进一步健全，职能更加完善。

完善人大工作机制。着眼于全区经济社会发展大局，对本行政区域内带有根本性、全局性、长远性的问题和人民群众普遍关注的问题，坚持先调查、再审议、后决策，使深入了解民情、充分反映民意、广泛集中民智、切实珍惜民力的决策机制进一步完善，全年共作出重要决议和决定8项，为促进我区经济社会发展发挥了重要作用。坚持党管干部和人大依法任免有机统一，进一步完善选举和人事任免机制，做到既贯彻党委的决策意图，又维护常委会依法任免干部的严肃性和权威性。一年来，任免和决定任免地方国家机关工作人员44人次，其中任命30人，免职14人，为我区科学发展提供了组织保障。严肃执行代表辞职和补选制度，依法接受2名市、区人大代表的辞职，及时补选3名市人大代表和2名区人大代表。

提升干部综合素质。坚持常委会会前学法和中心组学习制度，组织常委会组成人员和机关干部学习了党的十七届五中全会、全国省市人代会和中央省经济工作会议精神，举办了水污染防治法、食品安全法、代表法等法律辅导讲座和集中学习活动。组织部分常委会组成人员和业务骨干参加了全国人大法律培训和全国“三沿”地区人大工作研讨班学习。广泛开展学习调研活动，组织撰写人大理论文章50篇、调研报告20篇。以学习贯彻廉政准则、推进腐败风险预警防控“十个全覆盖”和党风廉政宣教月活动为抓手，深入开展专题辅导、警示教育、查险明责和建章立制等活动，增强了常委会组成人员及机关干部拒腐防变能力和勤政廉政意识。

积极参与中心工作。紧紧围绕区委工作大局，积极参加抗击暴雨大风自然灾害和美人沱村灾后重建等重要工作，为受灾乡镇、玉树及上海灾区直接捐款3万多元、协调落实对口帮扶救灾资金60多万元。常委会领导深入到稻花香集团、三峡烟厂、德凌铜业、华西矿业、翔陵纸业、江森船务、柳树沟磷矿、长江市场等企业进行多次办公，指导企业解决生产经营中的矛盾和困难。协调争取帮扶资金700多万元，为磨坪、董家河、桃坪河、官庄、云台、袁家坪、双泉、水府庙等贫困村、老区村和新农村建设示范村解决发展难题，推进脱贫致富。常委会领导和工委负责人还参加了全区校园安全、防洪安全、消防安全检查和“五五”普法验收、计划生育目标考核等阶段性工作。

做好信访接处工作。坚持把信访作为常委会联系群众最直接的形式和民意机关通达民意的重要渠道，进一步完善了信访工作责任制、重大案件集体讨论研究机制、信访联系会议机制和信访办理工作流程，加强与各部门的沟通协调，增强了信访督办的整体合力。全年受处来信来访55件次，接处率、办复率均达100%，为人民群众解决了一批实际问题。

创建机关服务品牌。在全区争创满意机关活动中，常委会结合人大机关工作实际，扎实开展“人民为大”服务品牌创建，研究制定了“三步走”创建规划，立体构建了三级品牌体系。品牌建设经验在区内外引起广泛好评，并被《人民代表报》、《中国人大》、人民网等多家媒体推介。

各位代表!

一年来，常委会工作取得的成绩，是区委正确领导、全体代表共同努力、“一府两院”积极配合的结果，是各级各部门和全区人大工作者辛勤工作的结果，也与广大老干部的关心和支持密不可分。在此，我代表区人大常委会，向大家表示衷心的感谢!

回顾过去，区人大常委会工作中也还存在一些问题和不足。主要是:在深化监督工作，提高监督实效上还有待进一步增强；在提高代表素质，增强履职能力，充分发挥作用上还需进一步努力；在常委会自身建设和人大工作创新上还有待进一步加强。我们要正视不足，认真从薄弱环节抓起，切实加以解决。

今年的工作思路和重点

2011年是中国共产党建党90周年、夷陵区建制10周年，是本届人大及其常委会任期的最后一年，也是实施“十二五”规划的开局之年。面对新形势、新任务，我们深感责任重大。区人大常委会将在区委的正确领导下，全面贯彻党的十七大、十七届四中、五中全会和中央经济工作会议精神，深入贯彻落实科学发展观，围绕“突出发展主题，强化人大职能，推进民主法治，构建和谐社会”工作思路，紧贴中心，服务大局，突出重点，

注重实效，依法履职，努力把区人大工作提高到一个新水平，为推进全区民主法制建设和促进经济社会又好又快发展作出新贡献。

一、切实增强监督工作实效

深入贯彻执行监督法和湖北省实施监督法办法，围绕中心工作，突出监督重点，综合运用多种法定监督方式，监督和支持"一府两院"依法行政、公正司法。

加强对法律法规实施情况的监督。对森林法、统计法、城乡规划法贯彻执行情况进行专题调研或视察，对房地产业发展和食品安全法贯彻执行审议意见进行跟踪督办，保障人民群众合法权益，保障法律的正确实施。

加强对"一府两院"工作的监督。围绕现代商贸流通业发展、土地利用规划修编、粮食工作、交通重点项目建设、城区公共绿地保护、学前教育、乡镇福利院建设、物价管理开展监督，听取和审议相关报告，组织集中视察和跟踪监督，推动全区经济社会又好又快发展。围绕民事审判工作和法律监督工作开展监督，推进司法公正和司法为民。

加强对计划预算执行情况的监督。坚持财政预算编制初审制度，严格预算约束，强化财经法纪，推动财政体制改革和公共财政体系建设。强化宏观调控监督，促进经济结构优化转型和增长方式转变，促进三次产业协调、可持续发展，保持经济平稳健康运行。

二、积极推进人大工作创新

深入开展工作评议。继续完善工作评议机制，增强评议实效。按照广泛征求意见、主任会议讨论、区委审查确认等程序，对4个部门（单位）开展工作评议，促使其更加有效地改进和推动工作。

适时启动专题询问。按照监督法和上级人大有关精神，启用专题询问监督方式，适时组织开展专题询问，选择代表普遍关心的问题，听取有关专题汇报，请"一府两院"及有关部门主要负责同志到会听取意见、回答询问、答复问题。

切实优化工作机制。出台监督司法工作的若干规定，研究制定审议意见交办督办办法，切实增强监督工作刚性。认真开展规范性文件备案审查工作，健全联系沟通机制，注重依法处理，有效维护法制统一。加大涉法涉诉和重复上访信访案件的督办力度，完善机制，创新方法，努力化解社会矛盾，维护群众合法权益，促进社会稳定和谐。

三、不断提高代表工作水平

深入贯彻省委、市委人大工作会议精神，充分发挥代表作用。扩大代表对常委会工作的参与，增加邀请代表列席常委会会议的名额和参加调研、视察活动的人数，更加注重基层代表的意见和建议。加大对代表建议、批评和意见办理的督办力度，提高办结率、满意率，切实把代表依法履职的积极性保护好、发挥好。大力宣传履职好代表的先进事迹。强化评先和考核激励机制，推动代表活动深入开展。

四、精心组织换届选举工作

今年下半年，区乡两级人大将进行换届选举。这是选举法修改后开展的第一次换届选举，也是今年的一项重点工作。区乡两级人大要按照中央和省、市、区委的部署，认真组织学习、宣传、贯彻选举法和湖北省县乡两级人大代表选举实施细则，扎实开展选举工作业务知识培训，科学制定人大换届选举工作方案，合理划分选区，依法搞好选民登记和代表选举工作，为开好区乡两级新一届人民代表大会奠定基础。

五、加强人大自身建设

进一步加强党对人大工作的领导，充分发挥人大党组的领导核心作用。进一步健全审议之前重调研、审议过程讲民主、审议意见求实效的工作机制，促进决策的民主化、科学化。进一步加大人大工作开放力度。精心筹办全国"三沿"会。深入推进公民旁听常委会会议制度。按照科学化、规范化、标准化、人性化的要求，理顺委、办、室内部职能，推行岗位责任制，确保常委会机关运转协调、办事高效。对区委关于进一步加强和改进人大工作的决定贯彻落实情况进行督查，指导乡镇人大完善工作机制，健全议事和工作制度，提高会议质量，全面提升全区人大工作水平。

各位代表，责任和使命激励着我们，困难和挑战考验着我们。让我们在区委的正确领导下，认真履行宪法和法律赋予的职责，为"十二五"规划旗开得胜而努力奋斗！

政府工作报告

——2011年2月14日在夷陵区第三届人民代表大会第五次会议上

区人民政府区长　刘洪福

各位代表：

现在，我代表区人民政府向大会作政府工作报告，请同《宜昌市夷陵区国民经济和社会发展第十二个五年规划纲要（草案）》一并审议，并请各位政协委员和其他列席人员提出意见。

2010年工作回顾

2010年，是我区发展史上极不平凡的一年。一年来，在区委的坚强领导下，在区人大、区政协的监督和支持下，区政府团结和带领全区人民，深入贯彻落实科学发展观，抢抓国家扩内需政策和全省“两圈一带”战略实施机遇，努力克服特大暴雨山洪灾害的严重影响，坚持调结构促转型、抓项目促发展、重民生促和谐，进一步解放思想，开拓创新，砥砺奋进，全区经济社会继续保持了平稳快速发展。

一、积极应对形势变化，经济发展量质并举

经济总量快速增长。主要经济指标增幅高于全省、全市平均水平。全年实现地区生产总值182.2亿元，增长16.9%；规模工业产值突破300亿元，工业增加值突破百亿元，分别达到302.8亿元和103.9亿元，分别增长47.7%和38.1%；全地域财政收入26.8亿元，增长23.3%，地方财政总收入18.8亿元，增长23.5%，地方一般预算收入8.7亿元，增长31.2%；全社会固定资产投资突破百亿元，达到132亿元，增长48.7%；社会消费品零售总额57.5亿元，增长22.9%；农民人均纯收入7185元，增长18.8%；城镇居民人均可支配收入14325元，增长12.9%。

工业经济提质增效。工业主导地位更加凸显，经济结构进一步优化，工业增加值占GDP的比重达到57%。新增规模工业企业44家，达到213家。新增产值过亿元的企业5家，达到41家。食品饮料和机械电子产业产值均突破百亿元大关，分别达到113.4亿元和103.2亿元。白酒、机电产业被纳入全省重点产业集群。新增湖北名牌产品3个，达到13个。知名品牌销售收入突破百亿元，达到110.4亿元。磷矿资源开发利用水平不断提高，磷矿精深加工取得重大突破。萧氏茶产业高新科技工业园、德凌铜产品深加工、江重机械二期、娃哈哈二期、弘洋硅酸钙板等项目即将全面建成投产。华润红旗三期、康师傅矿物质饮用水、中科恒达石墨等项目顺利开工。

农村经济转型加快。优势农业板块基地建设水平大幅提升，其经验在全国推广。全年改造标准果园5万亩，“晓曦红”牌宜昌蜜橘荣获“湖北三大名果”称号。新发展和改造高效茶园1.5万亩，茶叶总产量突破1万吨。畜牧产业规模化、标准化水平稳步提高，创建国家级畜禽标准化规模养殖示范场4个。优质稻、优质果、名优茶率分别达到80%、70%和42%，自主研发的高山有机乌龙茶填补省内空白。全年新增市级以上农业产业化龙头企业5家，其中国家级1家，农产品加工产值达到135.6亿元，夷陵农产品加工园区被评为“全国农产品加工示范基地”。萧氏茶叶集团跻身全国茶叶行业五强。无公害食品认证达到51个。新发展农民专业合作社29个，达到176个。农村集体经济较快发展。农业科技的支撑作用明显增强。

第三产业提档升级。旅游深度开发效果明显，重点景区提档升级，全年接待旅客256万人次，实现旅游综合收入13.3亿元。神宜公路生态景观工程建设成效显著，宜巴路、两金路等旅游线路环境进一步改善。上海、武汉大型旅游推介会成功举办。我区被评为“中国观赏石之乡”，三斗坪镇被评为“全国特色景观旅游名镇”、“湖北旅游名镇”。房地产市场持续活跃，开发档次、住宅品质大幅提升。罗河路市场、绿环市场标准化改造工程全面启动。新增限额以上商贸企业65家，达到80家。汽车、摩托车、家电下乡工程深入推进。财政收支结构进一步优化，公共财政改善民生投入达53%。金融生态环境持续改善，我区被评为全省金融信用创建活动先进单位。

二、不断深化改革开放，发展活力明显增强

各项改革深入推进。新一轮政府机构改革全面完成，机构设置更加科学，行政效率明显提高。农村集体“三资”管理逐步规范，盘活农村集体资产5000万元。

农村小型水利管理体制改革启动实施，水利工程效益进一步提高。以钱养事新机制逐步完善，农村公益事业服务功能进一步增强。集体林权制度改革基本完成。义务教育阶段教师绩效工资改革整体到位。医药卫生体制改革顺利推进。国家基本药物制度改革试点工作全面实施，试点单位全部实行零差率销售，减轻城乡居民医疗负担近500万元。

对外开放成效斐然。围绕优势产业、高新技术产业和现代服务业定向招商，全年签约项目18个。新开工500万元以上的项目46个，完成投资36亿元。杨氏果业、康师傅矿物质饮用水等项目顺利落户。恒大五星级酒店正式开工建设，弗洛伊德商务中心、华通机电销售中心等项目成功落户。抢抓国家扩内需政策机遇，争取中央新增投资项目42个、到位资金2.52亿元。对口支援工作成效显著，争取无偿资金5320万元。外贸外资实现逆势反弹，全年实现外贸出口3302.5万美元，实际利用外资1960万美元。

平台建设支撑有力。小鸦公路延伸段主体工程完工。开发区及园区供水、供电、供气和排污管网等配套设施逐步完善，110KV雾渡河输变电工程全面完成，220KV姜家湾、110KV鸦鹊岭、35KV仓屋塝输变电工程和六一二片区供水项目建设加快推进。丁家坝开闭所建成并投入使用。标准化厂房三期工程顺利完成。宜昌生物产业园建设全面启动，稻花香包装工业园、鸦鹊岭精细化工园、乐天溪移民生态工业园、黄花建材工业园入驻企业和项目31个。

三、大力推进城乡建设，城乡面貌焕然一新

城市建设水平大幅提升。小溪塔城区、鄢家河片区控制性详细规划编制完成。河心公园高标准建成并对市民开放。三峡专用公路冯家湾立交匝道投入使用。夷陵楼公园基本建成。双虹大道、平云一路、平云二路和仁寿桥路等综合改造工程全面完成。东湖大道延伸段、锦江大道丁家坝段、中兴路、和谐路东段、双虹大道人行天桥等建设工程加快推进。松湖路森林游乐园段建设和黄柏河综合整治工程正式启动。夷陵国际大厦主体工程、东方广场西侧景观工程竣工。三峡国际会展中心开工建设。文明城市创建扎实推进。城市管理和绿化、亮化、美化水平大幅提升。

农村基础建设扎实推进。雾殷矿山专用公路改扩建工程竣工通车。小鸦一级公路改建、两花路改造等工程全面启动。硬化农村公路211公里，建设农村公路安保设施158公里。通客车村实现全覆盖。新建、改扩建村级阵地20个，改造农村特色民居和景区居民户型4794栋。修复水毁设施420处，硬化末级渠155公里。解决了6.2万人的安全饮水问题。治理水土流失面积30平方公里。国家重点交通工程协调服务力度加大，三峡翻坝高速公路建成通车，宜巴高速、汉宜城际铁路等重点工程建设顺利推进。三峡库区175米试验性蓄水后的地质灾害防治工作成效明显。

人居生态环境逐步改善。主要污染物减排目标全面完成，减排二氧化硫20.5吨、化学需氧量22吨。三斗坪垃圾填埋场和污水处理厂投入试运行。城区大型燃煤锅炉全面实现煤改气，全年城市空气环境质量优良天数达到300天以上。污水处理厂和垃圾填埋场污染物处理达标率100%。万元GDP能耗下降4.6%。农村生态文明创建深入开展，农村人居环境逐步改善，樟村坪、太平溪镇被评为全市生态乡镇，雷家畈村被评为省级生态村。完成低丘岗地改造8661亩，新增耕地2605亩。人工造林1.5万亩，改造低效林7700亩。

四、全面实施民生工程，发展成果全民共享

创业促进就业力度加大。开展个性化创业培训活动，加强咨询与跟踪服务，创业成功率明显提高。全年新增小额担保贷款2874万元，贷款总额达到6627万元，成功创业1120人，带动就业2448人。继续下调失业保险等费率，直接为企业减负380万元。全年开展各类技能培训9614人。开发公益性岗位1023个。城镇新增就业1.06万人，下岗失业再就业3928人，转移农村富余劳动力1.05万人。城镇登记失业率下降0.8个百分点，达到3.4%。

社会保障水平明显提升。五项社会保险参保人数突破30万人次。社保“一卡通”全面开通。超龄职工养老保险实现全覆盖。城镇基本医疗保险参保率达100%，居民医保个人支付比例下降7%。城乡低保扩面提标、应保尽保。203名0至6岁残疾儿童抢救性康复和251名白内障患者复明手术救助工作全面完成。保障性住房建设加快推进，经济适用房二期和廉租房三期工程全面完工。实施扶贫搬迁116户，完成危房改造1162户。三峡工程库区移民资金结算和大中型水库后期扶持工作稳步开展。西北口水库库区基础设施条件进一步改善。十件实事全面完成。

抗灾救灾工作全面胜利。去年，太平溪、雾渡河、邓村等乡镇遭受了特大暴雨山洪灾害，伤亡人员之多、经济损失之重、重建难度之大历史罕见。面对特大暴雨山洪灾害，全区上下万众一心，众志成城，夺取了抗灾救灾和恢复重建的全面胜利。大力发扬“一方有难、八方支援”的光荣传统，踊跃为灾区群众捐款捐物。积极向上争取和整合救灾资金，及时足额发放到灾民手中，确保了灾民基本生活。创新倒房重建选址部门联审和实行结对帮扶制度，及时下拨救灾和重建专项资金，899户倒房户全部搬进新居，引导受灾群众抢栽补种农作物

近4万亩，卫生防疫和交通、供电、通信等水毁设施抢修工作扎实有效。我区被评为全省抗洪救灾先进单位。

五、坚持统筹协调发展，社会事业全面进步

科技教育事业持续发展。产学研合作成果丰硕。全年建成市级以上技术中心6个，其中省级企业技术中心1个，完成高新技术产值31亿元、高新技术增加值10.6亿元。义务教育均衡发展成果进一步巩固，义务教育阶段学生入学率、巩固率均达100%。上海中学建成开学。学校安全工程建设全面加强。大力实施“蓝天助学”工程，资助贫困学生1.2万人次。保育式寄宿制办学经验在全省推广。高中教育、成人教育、职业技术教育和特殊教育加快发展。

文体卫生事业蓬勃发展。农村文化阵地实现全覆盖，专业文艺和群众文体活动互促互进、共同繁荣。协助在我区拍摄的电影《山楂树之恋》全国公映、电视剧《山楂树之恋》成功封镜。黄陵庙维修工程完工。黄花南边村抗日将士遗骨得到妥善处理。第四届农村文艺调演成功举办。青少年宫和科技馆全面建成。鸦鹊岭镇被授予“湖北丝竹乐之乡”。新型农村合作医疗参合率、政策补偿率分别达到97.2%和62%。区妇幼保健院建设和鸦鹊岭等乡镇卫生院改扩建工程竣工，下堡坪卫生院整体搬迁，村级卫生室全面提档升级。完成妇女“两癌”免费筛查4.3万人。我区被评为全省首批农村居民健康工程先进县市区。

其他社会事业全面进步。人口和计划生育利益导向机制逐步完善，服务水平不断提升，符合政策出生率达到99%，出生人口性别比保持在正常值范围。我区第六次全国人口普查工作圆满完成。城乡有线电视网络建设和资源整合工作加快推进，新增有线电视用户2000户。20个广播电视“村村通”和11个编码调频广播村建设全面完成。全年送电影下乡2719场，送戏下乡109场。价格公共服务和民生价格监管工作进一步强化。

六、大力提升行政效能，政府建设全面加强

政府效能建设得到加强。行政审批“三集中”工作深入推进，审批事项精减34.8%，审批时限压缩73%，审批环节减少21%。三级便民服务网络建设成果进一步巩固，政务公开覆盖面达100%。189件人大代表建议和194件政协委员提案全部办结，人大代表建议、政协委员会提案满意率分别达到99.4%和100%。财政预算执行、专项资金、经济责任和政府投资等审计监督进一步加强。工程建设领域专项治理成效显著。行政处罚自由裁量权进一步规范。反腐倡廉“十个全覆盖”工作全面推进。电子政务平台建设加快推进，政府管理和服务水平进一步提高。

公共管理水平逐步提升。高度重视区三届人大四次会议提出的《关于加强社区规范化建设的议案》，调研出台了《夷陵区社区建设规范》。不断拓宽社区服务领域，社区服务居民的能力进一步提高。文明素质培训活动深入开展，市民素质逐步提升。应急管理与服务机制不断健全。安全生产水平明显提高，亿元GDP安全事故发生数、死亡率分别下降5%和10%。道路交通社会化管理工作继续推进，食品药品安全村、安全学校创建工作成效明显，我区被评为“全国平安畅通县市区”、“全国农村药品两网建设示范区”。

维护社会稳定力度加大。深入推进社会矛盾化解、社会管理创新、公正廉洁执法，“三级中心五级网络”维稳机制不断完善，大调解工作体系建立健全，工作经验在全省推广。综治维稳工作全面加强，社会治安防控能力明显提升。精心组织各类严打整治行动，各类违法犯罪活动有效遏制，社会治安环境不断优化，人民群众安全感普遍增强。深入开展“四访促和谐”、“信访积案化解”活动，集中排查化解信访积案41件，群众合理诉求得到妥善解决。“五五”普法和依法治区工作扎实推进，城乡居民法制意识明显增强。

一年来，工商、质监、粮食、供销、邮政、气象、防震、民兵、预备役、人防、老龄、外事、侨务、档案、保密、地方志、工商联、民族、宗教等工作都取得了新成绩。工会、共青团、妇联在促进全区经济社会发展中发挥了积极作用。

各位代表，过去的一年，在经济形势复杂多变和特大暴雨山洪自然灾害严重影响的情况下，全区经济社会仍然保持了发展提速、质量提升、民生改善、和谐安定的良好态势。这些成绩的取得，是上级党委政府、区委科学决策和正确领导的结果，是区人大、区政协和社会各界监督支持的结果，是各级各部门、驻夷单位齐心协力、克难奋进的结果，是全区人民团结奋斗、拼搏奉献的结果。在此，我谨代表区人民政府，向全体人大代表、政协委员，并通过你们向全区广大干部群众，向各民主党派、无党派人士、人民团体和驻夷部队、驻夷单位的干部职工，向离退休老同志，向所有关心、支持我区经济社会发展的各界朋友，表示衷心的感谢并致以崇高的敬意！

在充分肯定成绩的同时，我们必须清醒地看到当前面临的困难和问题：一是农民组织化程度不高，农业基础设施相对滞后，农业抵御自然灾害和市场风险的能力仍然不强。二是工业自主创新能力不足，核心竞争力不强，结构调整、转变发展方式的任务艰巨，保持高速增长的压力加大。三是第三产业发展与人民群众日益增长的消费需求不相适应，生产性服务业与工农业发展不配

套，第三产业增加值占 GDP 的比重偏低。四是城乡居民收入差距扩大，收入的低水平增长与消费支出的刚性增长矛盾日益显现。五是社会不稳定因素依然存在，化解矛盾、促进和谐的压力加大。六是政府管理创新有待进一步加强，行政管理流程还需进一步优化，执行力和公共服务水平有待进一步提升。这些问题，我们将在今后工作中采取得力措施认真加以解决。

2011年政府工作目标和“十二五”时期总体部署

2011年，是“十二五”时期的开局之年，也是转变发展方式、调整经济结构的关键之年。国家继续扩大内需，促进中部地区崛起，推进长江经济带开放开发，加大三峡库区后续发展扶持力度；国家推进重点产业调整振兴和战略性新兴产业发展，沿海产业加速向内地转移；省委、省政府大力推进“两圈一带”战略实施；市委、市政府加快推进三峡游轮中心、三峡物流中心、宜昌生物产业园和职教园等重大项目建设；国家、省、市一大批“十二五”规划项目先期启动等等，这些战略机遇、政策机遇必将推动我区新一轮大发展。近年来，我区经济发展的内生动力、抗风险能力、可持续发展能力不断增强，经济加速发展的基础更加坚实，多年积累的经济张力更加强劲，区位、交通、资源、环境等比较优势更加凸显，广大干部群众干事创业的氛围更加浓厚。新时期新起点，新机遇新期待。只要我们始终保持昂扬向上的精神状态，善于抢抓历史机遇，主动适应形势变化，有效化解各种矛盾，积极增创新的优势，就一定能够把我区建成经济要素富集、充满创新活力、人民生活殷实、社会和谐稳定的省域副中心城市的现代化特色城区！

政府工作的总体要求是：深入贯彻党的路线、方针、政策，坚持以科学发展为主题，以加快转变发展方式为主线，按照“现代产业集聚，城乡统筹并进，生态文明示范，社会和谐安定”的要求，推进以结构调整为核心的经济发展转型，推进以统筹城乡为核心的社会建设转型，推进以公共服务为核心的政府职能转型，顺应人民美好生活新期待，加快建设沿江新型工业强区、湖北现代农业新区、三峡文化旅游名区、宜昌生态宜居城区。

今年的奋斗目标是：地区生产总值增长13%以上，规模工业产值增长 35%以上，规模工业增加值增长28%以上，地方财政总收入和一般预算收入均增长17%以上，社会固定资产投资增长30%以上，社会消费品零售总额增长18%以上，农民人均纯收入和城镇居民人均可支配收入均增长 10%以上。万元 GDP 综合能耗下降3%，主要污染物排放总量减少 2%，居民消费价格涨幅控制在4%以内,城镇登记失业率控制在4.2%以内。社会事业蓬勃发展，社会更加和谐稳定。

今年及“十二五”时期，是我区调整优化结构的关键期，也是经济社会加速跨越发展的黄金期，我们必须坚定不移地实施五大战略：

实施转型升级战略，加快转变发展方式。按照“三次产业协调推进和经济发展、环境保护并重”的思路，推进经济增长速度与结构质量效益相统一，推进经济发展与人口资源环境相协调。坚持做优第一产业。用现代物质条件装备农业，用现代科学技术改造农业，用现代产业体系提升农业，用现代经营形式推进农业，逐步实现全区农业由规模扩张向提升品质转变，由分散经营向龙头带动转向，由传统农业向现代农业转型，努力建设全国知名的橘都茶乡和全省现代农业新区。坚持做强第二产业。大力促进工业化与信息化“两化”融合、先进制造业与生产性服务业“两轮”驱动、资源节约与环境友好“两型”发展，加快构建以食品工业为基础、先进制造业为支撑、高新技术产业为引领、新兴产业增后劲的新型工业体系。下大力提升工业经济总量占全省、全市的比重，为调整打基础，为转变争空间。坚持做大第三产业。加快资源整合，优化三产结构，促进旅游、商贸、房地产等传统产业提档升级，推动金融保险、物流配送、信息咨询、会展商务等现代服务业加快发展，不断增强第三产业的聚集功能和辐射效应，努力实现生产服务业集聚化、生活服务业便捷化、基础服务业网络化和公共服务业均等化。

实施城乡一体战略，推进城区向城市跨越。坚持新型城镇化和新型工业化、农业现代化协调推进战略，逐步实现“城乡产业协调、投入机制配套、基础设施一体、公共服务共享、社会管理有序”的目标。大力推进城市规模扩张和功能提升，加快建设省域副中心城市的现代化特色城区，逐步实现由城区向城市跨越。认真研究和破解制约城乡一体发展的体制机制障碍，加快推进中心城镇提质扩容，促进城镇经济社会资源向农村拓展、农村劳动力向城镇转移，使城乡居民更广泛地参与新型城镇化建设并从中受益，逐步缩小城乡差距。鼓励、引导农民居住逐步向城镇和中心村集中、农业用地向规模经营集中、农村工业用地向园区集中，积极探索农村集体资产所有权置换股份合作社股权、土地承包经营权置换股份或租金、拆迁区域宅基地置换社区或小区住房模式，加快推进小溪塔城区与宜昌城区无缝链接、城市组团之间成片链接、中心城镇之间沿主干公路逐步链接。

实施富民强区战略，努力扩大消费需求。坚持富民与强区并重，全面挖掘富民内涵，充分发挥内需特别是消费需求对经济增长的拉动作用。通过创业促进就业、拓宽增收渠道、大力发展非农产业等多种途径，使更多的城乡居民拥有薪金、股金和租金，推进居民收入与经济发展、劳动报酬、生产率同步提升，促进城乡居民收入普遍较快增长，切实增强居民消费能力，让居民能消费；坚持广覆盖、保基本、多层次、可持续方针，扩大覆盖范围，提升保障水平，提高统筹层次，逐步建立覆盖城乡居民的社会保障体系，积极探索中低收入群体的社会保障新途径，有效解决城乡居民的后顾之忧，让居民敢消费；以大市场、大贸易、大流通为发展方向，加快市场流通体系建设，构建使消费者放心的和谐消费环境，让居民愿消费；大力发展新型消费业态，培养新的消费热点，拓展新兴服务消费，促进消费结构升级，让居民多消费。进一步优化投资结构，积极寻求投资与消费的结合点，实现增投资、促发展与扩消费、惠民生一举多得。

实施精品名牌战略，增强综合竞争能力。坚持把打造精品名牌作为推进产业升级的战略要点，走由数量经济到质量经济再到品牌经济的扩张提升之路。围绕精品特色打造夷陵原产。继续实施精品橘园、高效茶园、标准养殖园“三园”示范工程，健全无公害、绿色农产品标准化生产体系。鼓励龙头企业进行科技创新和技术改造，大力推进农产品精深加工园区和企业建设，努力打造一批在全国、全省有影响的夷陵原产知名品牌。围绕高新高端打造夷陵制造。引导企业加强产学研合作，大力发展新技术、新产品、新工艺，加快推进产品创新、技改扩能，促进企业产品由低端向高端拓展、传统向高科技转型、初加工向深加工转向，努力提高企业核心竞争力，提升“夷陵制造”的影响力。围绕著名驰名叫响夷陵品牌。进一步完善奖励政策，引导企业积极争创省级名牌产品、著名商标和国家级名牌产品、驰名商标，努力提高产品品牌的市场竞争力。高标准打造城市品牌，提高城市知名度和美誉度，通过城市品牌提升夷陵企业的影响力、产品的竞争力和产业的吸引力。

实施统筹协调战略，促进社会和谐稳定。坚持把财力向公共服务、民生领域倾斜，着力抓好以就业、教育、医疗和住房保障等为主的民生工程建设，推进经济与社会协调发展。鼓励东部乡镇与小溪塔中心城区互融、互通、互补，大力支持中西部乡镇培育主导产业和特色产业，促进坝区乡镇生态产业加快发展，支持山区乡镇借位发展飞地经济，推进东部与西部协调发展。坚持把资源优势、环境优势转化为经济优势，走科技含量高、经济效益好、资源消耗低、环境污染少的新型发展道路，大力发展低碳经济，倡导节能生产和绿色消费，推进经济与环境协调发展。全面加强和创新社会管理，为人民群众创造更加舒适、便捷、安全的生活环境，努力提高城乡居民的幸福指数，提升城乡居民对城市、城镇的归属感、认同感和自豪感，最大限度激发社会创造活力，推进改革与稳定协调并进。

2011年政府重点工作

实现全年目标任务，必须进一步增强机遇意识、忧患意识、大局意识和责任意识，积极应对形势变化，牢牢把握科学发展主动权，努力做好以下八个方面的工作：

一、大力发展循环经济，扎实推进农业提质增效

坚持以发展循环农业为主线，进一步培育壮大龙头企业，大力推进标准化生产，加强基础设施建设，健全农村服务体系，努力打造全省农产品加工大区和全省现代农业新区。

培育壮大龙头企业，增强辐射带动能力。大力支持稻花香集团、萧氏茶叶、绿秀粮油等龙头企业做大做强，确保新增3家省级、5家市级农业产业化重点龙头企业。加快农产品加工园区建设，促进农产品加工向园区集中、向产业对接，努力打造全省农产品加工大区，确保过亿元的农产品加工企业达到15家、农产品加工产值达到180亿元。完善“银企对接”、“农超对接”机制，引导中小型农产品加工企业不断发展壮大。加大农业品牌整合和培育力度，完善品牌创建奖励办法，力争省级以上精品名牌达到15个，知名品牌企业产值达到150亿元以上。

大力推进标准化生产，促进产业提档升级。以小鸦路沿线为核心、以海拔500米以下的低丘岗地为重点，改造老橘园2万亩，建设标准果园1万亩，加快建设小鸦路精品柑橘走廊。以西北山区标准茶园建设为重点，改造老茶园2万亩，重点扶持1家高标准的工厂化茶叶育苗基地，大力支持高山乌龙茶基地发展，加快建设宜大路高效茶叶走廊。以黄柏河流域为重点，大力发展蔬菜供应、休闲娱乐等城郊型农业，加快建设黄柏河生态林业走廊。对无主导产业村因地制宜发展桑蚕、中药材、核桃、小水果和山羊等特色农业。以标准化规模养殖为重点，大力推广先进养殖技术，启动优质畜牧种源工程建设。稳定粮油种植面积，巩固粮食种植大县地位。精心筹备和迎接中国第七届茶叶经济年会的召开。加强农产品质量安全检验检测体系建设，推进农产品质量全程监管。加强动植物病虫害预测预报和防治工作。鼓励企业申报质量体系认证。

加强基础设施建设，提升综合生产能力。以黄柏河流域集雨工程示范区和筒垱河生态流域试验区建设为重点，全面加强农田水利设施建设。除险加固水库5座，修复河堤水渠20公里，硬化末级渠道50公里，新建抗旱水池500口、沼气池3000口。继续实施农村安全饮水工程，解决2万人的饮水安全问题。全面开展国家森

林城市创建。以 20 个新农村建设试点村为重点，继续[illegible]工程，积极争创 1 个国家环境优美乡镇和 2 个生态示范村。大力实施污染减排工程，加强农业面源和点源污染治理，加大黄柏河、柏临河、玛瑙河流域的水污染综合治理力度，启动鄢家河和罗家小河河道综合整治，完成乐天溪和分乡垃圾处理场建设。

健全农村服务体系，提高农民组织化程度。坚持公益服务与市场经营相结合，加快构建多元化、多层次的新型科技服务体系。深化农村综合改革，进一步完善“以钱养事”新机制，继续推进农村集体资产产权制度创新。全面推进农村集体林权制度配套改革。认真落实一事一议筹资筹劳奖补政策。积极探索多元化的土地流转机制，适度发展规模经营。继续开展以农村专业技术、农民创业、法律法规、生活观念及生态保护等方面为主要内容的新型农民培训，着力提升农民素质。发展壮大村级集体经济，确保 90%以上的村集体经济收入达到 5 万元以上。认真贯彻落实《农民专业合作社法》，支持专业合作组织加快发展，让农民更多地分享规模农业效益。健全农村金融服务体系，加大农村基础设施、产业发展、生态环境等建设的信贷支持力度。

二、突出项目建设重点，加快推进工业转型增量

始终坚持工业主导发展，加大招商引资和项目建设力度，推动全区工业向园区集中、向重点产业集聚，倾力打造沿江新型工业强区。

加快推进园区建设，增强经济承载能力。加快构建以开发区为龙头，以小溪塔综合产业园、龙泉酒类饮品工业园、宜昌生物产业园、青岛工业园及鸦鹊岭精细化工园、黄花建材工业园、乐天溪移民生态工业园为支撑的新型工业产业空间布局。积极探索“连片征地、整体搬迁、先征后用、先建后拆”新方式，新收储土地 5000 亩以上，完成征地拆迁 5000 亩以上，大力推进开发区及园区基础设施建设。加大电力设施建设力度，启动 500KV 宜昌北、220KV 姜家湾输变电工程建设，完成 110KV 鸦鹊岭和 35KV 仓屋塝输变电工程建设。鼓励乡镇异地办园，发展飞地经济。全力服务宜昌生物产业园建设，确保年内基本完成征地拆迁任务。

提高招商引资效率，加大项目建设力度。立足产业、资源和区位优势，采取以商招商、专班招商、展会招商、园区小分队招商等多种方式，大员上阵，专班推动，努力提高招商引资成功率，确保全年完成招商引资到位资金 40 亿元，力争引进过 10 亿元的项目 2 个，过 5 亿元的项目 3 个，过亿元的项目一批。创新对口支援工作方式，确保争取对口支援无偿援助资金 5000 万元以上。精心筹备上海对口支援三峡库区第四次联席会议和十六省市对口支援三峡库区工作座谈会。扎实抓好与省市[illegible]利进入国家和省市规划。进一步完善和落实招商引资项目分段服务制，重点抓好德凌铜、华润红旗三期、康师傅矿物质饮用水、柳树沟精细化工、恒大五星级酒店、华通机电销售中心等项目的协调服务，促进开工项目早日建成投产和经营；加快推进江重机械三期、杨氏果业、阳光融科、中科恒达石墨、均瑶乳业等项目建设，促进项目早日开工；加大在谈项目的跟踪联系力度，力争林安物流、三峡雪茄、镭射防伪烟标、李锦记食品等项目早日签约。

培育壮大市场主体，推进工业转型增量。聚焦食品饮料、机械电子、精细化工三大百亿产业集群，引导食品饮料产业向绿色食品领域延伸，机械电子产业向高端装备制造和信息电子领域拓展，磷矿资源利用向精细化工领域发展。培育壮大一批适应市场需求、拥有核心技术的优势企业，确保稻花香集团产值过百亿元、长江高科电缆产值过 50 亿元，新增 2 家过 10 亿元的企业，新增规模工业企业 10 家以上，完成规模工业产值 400 亿元、工业增加值 120 亿元以上。加大以石墨为主的新材料和新能源研发力度，积极培育战略性新兴产业，加快建设全国知名的石墨生产基地。出台优惠政策，大力支持中科恒达石墨、三峡环坝、稻花香绿色食品等企业积极上市融资，确保 1 家企业进入上市辅导期。大力培育高新技术产业和企业，引进开发新产品、新技术、新工艺 20 项，培育认定高新技术企业 2 家，确保高新技术产值达到 35 亿元。大力发展外向型经济，培育壮大外贸出口企业，力争外贸出口 2300 万美元，引进外资 2100 万美元。

三、狠抓旅游深度开发，带动服务业提档增速

继续坚持以旅游业为龙头，按照“完善规划、培育精品、突出特色、提档增速”的要求，加快发展第三产业，努力打造中国长江三峡旅游目的地和省域副中心城市的最佳宜居城区。

强力推进旅游提档升级。以创建“中国最佳旅游目的地”为目标，抢抓鄂西生态文化旅游圈建设机遇，进一步整合旅游资源，加快建设旅游精品，全力培植三峡人家、三峡晓峰两大旅游精品景区。深入推进以雾渡河等乡镇为重点的生态景观工程建设，在旅游公路沿线和景区周边大力发展城郊、休闲和农业观光旅游。继续开展大型旅游宣传促销活动。进一步丰富旅游内涵，完善旅游配套服务，突出地方特色文化，推进旅游与文化对接。积极开发三峡土特产品、文化艺术品、民间工艺品、奇石根雕等旅游商品，着力培育三峡国际旅游茶城旅游商品市场。加快晓峰神农驿站和石牌、新坪旅游名村建

设，继续推进峡江风格房屋改造。全面完成三斗坪旅游名镇建设，努力将三斗坪镇打造成全国旅游名镇。

大力发展商贸物流产业。大力发展连锁经营、物流配送，着力构建布局合理、功能齐全、特色鲜明、覆盖城乡的商贸物流体系。科学编制和实施城镇商业网点规划，促进城乡市场一体化。大力培育以老城区、冯家湾片区、发展大道新区为重点的城市商圈，重点抓好晓曦红柑橘水果物流园、弘洋林产品专业市场、长江市场提档升级、三峡农资物流配送、万富工贸商品配送等项目建设，力争全区亿元以上的市场达到4家。进一步巩固“万村千乡市场工程”建设成果，推进鸦鹊岭、龙泉、雾渡河、樟村坪、黄花等城镇商贸中心和村级便民商业网点建设。扎实抓好商贸企业“小进限”成长工程，新增限额以上商贸企业40家。

加快建设生态宜居城区。认真落实国家关于促进房地产市场健康发展的相关政策。加快推进老城区改造和发展大道新区房地产开发，着力建设生态宜居城区。大力推进公共租赁房、廉租房、经济适用房等保障性住房建设，调整住房供应结构，形成商品房、经济适用房、公租房、廉租房、租赁补贴等多层次的住房供应体系。出台城市特困家庭住房补贴政策，逐步解决城市无房户和低收入家庭住房困难问题。加快城市棚户区改造步伐。大力发展物业管理，提升物业管理水平。出台优惠政策，鼓励有实力、有水平的开发商到龙泉、鸦鹊岭、三斗坪、太平溪、雾渡河等城镇开发房地产，切实改善城镇居住条件。

积极发展现代服务业。坚持市场化、产业化、社会化发展方向，加快构建与经济社会发展相吻合、与工农业发展相配套、与城市化进程相协调的现代服务业体系。巩固信用乡镇、信用村和A级信用企业创建成果，引导和支持金融机构增加信贷投入，服务地方经济发展。进一步完善融资担保体系，缓解中小企业融资难问题。积极培育小额贷款公司和村镇银行，大力引进风险投资公司等金融企业。大力发展保险服务业。扶持发展信息咨询、科技服务、研发设计、会展商务等生产性服务业。积极发展养老服务、教育培训、体育健身、家政服务等生活型服务业。支持法律、中介、评估等服务业加快发展。

四、全力打造城市精品，加快建设新型城镇

以城乡一体化发展为目标，以城乡统筹全域规划为龙头，高标准打造城市精品，促进基础设施建设向乡镇延伸、社会管理向基层拓展，加快推进新型城镇化进程。

加快编制城乡全域规划。按照“一主两翼多极”的城镇空间布局，构建以小溪塔城区为主、坝区组团和龙泉组团为“两翼”、中心集镇为纽带、中心村为基础的新型城镇化发展体系。坚持规划先行，全面启动夷陵区城乡统筹全域规划编制工作。编制完成小溪塔综合产业园、冯家湾片区和分乡、邓村、下堡坪等城镇控制性详细规划。扎实抓好110KV梅子垭和中心城区、丁家坝、东方大道、龙泉、乐天溪等片区电网规划，抓紧编制农村电网改造规划。加强城市重点地段、基础设施和公共设施专项规划编制，强化规划管理、审批和实施等动态监管，禁止城市和城镇规划区内个人住宅建设，严肃查处违法建设行为。

全力建设现代化特色城区。以发展大道为主轴，全力推进城市新区建设。全面启动东湖大道和东方大道建设，进一步拓展城市骨架。启动小溪塔综合产业园和宜昌生态农业观光园建设。全面完成小鸦路延伸段、发展大道延伸段、松湖路森林游乐园段、罗河路二期、梅子垭路东段、和谐路东段、马兰路东城段、锦江大道丁家坝段和梅子垭二期居民点、郭家湾居民点建设。加快实施冯家湾片区和东湖路综合改造工程。完成黄柏河城区段综合治理和夷兴大道房屋立面改造工程。启动黄柏河老城区两岸景观改造和美化亮化工程、小溪塔森林游乐园建设工程。大力推进小街小巷硬化、绿化、亮化、美化工程。整合土地资源，加快修建停车场、活动广场等公益设施。稳步推进老城区改造，抓紧启动金凤朝阳爽心园、家旺国际、平湖国际等片区的综合开发。

大力推进城乡互动融合。加快建设区域性中心城镇，努力把龙泉建成全国知名的现代酒城和全省重点镇、鸦鹊岭建成全省新型工业重镇、樟村坪建成中国磷矿之都、雾渡河建成西北物流中心镇、三斗坪建成中国旅游名镇和省域特色镇、太平溪建成长江中上游重要的港口物流镇、乐天溪建成坝库区生态工业大镇、黄花建成全省新型建材大乡、下堡坪建成全省茶麻大乡、邓村建成全国名茶之乡、分乡建成生态农业大镇。引导和鼓励农民到城镇就业落户，全年新增城镇人口1万人。启动乐天溪磷矿码头及张莲路改造、百岁溪大桥工程建设，完成小鸦一级路小溪塔至龙泉段路基、土三路还建和两花路续建工程。启动数字化矿区建设，切实提高矿区综合管理水平。加大通村路网建设力度，硬化和改建农村公路200公里，完成道路安保工程100公里。扎实抓好宜巴高速、汉宜城际铁路、三峡游轮中心等重点工程的协调服务。

切实加强城乡一体管理。推进城市管理由被动管理向主动预防转变，由突击管理向长效管理转变，由传统管理向网格化、精细化、人性化管理转变。加快信息化建设，确保城市管理全区域覆盖、全时段运行、全过程监管。加强市容市貌、环境卫生、街景立面和城市绿化、亮化管理，突出抓好重点路段、城乡结合部、小街小巷等重点区域管理。建立健全主街道清洗保洁制度。创新城镇规划建设管理体制机制，加快建设新型城镇。实施

《社区建设规范》，加强社区建设管理，健全社区服务网格，增强社区服务功能。

五、加快发展社会事业，促进公共服务均等化

稳步推进义务教育均衡发展。进一步健全与经济发展相适应的义务教育管理机制、运行机制和保障机制，逐步实现办学条件标准化、师资配备均衡化、质量评价科学化、学校管理规范化。坚持以创建全省教育强区为目标，以均衡优质和内涵发展为主题，全面提高义务教育水平，确保适龄儿童入学率、巩固率和九年义务教育完成率达到 100%。高度重视教师队伍建设，扎实抓好高中教育、职业教育和特殊教育，加快发展学前教育，鼓励发展民办教育，全面提高教育质量。积极服务宜昌职教园建设。

推动文化建设大发展大繁荣。加快建设一批文化精品和特色文化品牌，打造一台精品剧目，推出一组地方歌，出版一批地方文献。举办庆祝建区十周年等重大活动，切实丰富群众文化生活。加强非物质文化遗产保护和继承工作。充分发挥电影、电视剧《山楂树之恋》播放形成的品牌效应，深入研究和做足文化产业发展文章。加强城镇及社区文化活动中心建设，新建 20 个村级文体活动中心。启动体育场和体育馆维修工程。加强夷陵数字影院建设，完成数字电视整体转换工程。全面实施新一轮农村广播电视“村村通”工程，完成 10 个编码调频广播村建设。

全面提高医疗卫生服务水平。按照“医疗保障制度化、卫生服务规范化、乡村管理一体化、公共服务均等化、装备设施现代化”的要求，全面提高医疗卫生服务水平。进一步巩固国家基本药物制度试点工作成果，稳步推进医药卫生体制改革。继续开展妇女“两癌”筛查、白内障复明、0 至 6 岁儿童抢救性康复等工作。进一步巩固和完善新农合制度。全面完成夷陵医院医疗大楼建设，加快推进樟村坪、下堡坪、黄花等乡镇卫生院和小溪塔社区卫生服务中心建设工程。深入开展省级示范卫生院和村卫生室创建工作。切实加强医疗卫生队伍和医德医风建设。

扎实抓好其他社会事业发展。继续稳定低生育水平，加强计划生育优质服务。加大统筹解决人口问题力度，健全计划生育利益导向机制，加强重点人群和流动人口管理，加大计划生育信息化建设。继续做好大中型水库移民后期扶持工作，启动实施三峡工程后续规划，加快推进坝库区产业发展，促进移民安稳致富。加大三峡工程和国家、省、市重点工程的协调服务力度。切实加强科技创新体系建设。大力支持社会组织发展，逐步规范社会组织行为。依法管理民族宗教事务，支持古慈寺和基督教三峡堂建设。全面加强统计、外事、侨务、地方志、档案、地震、老龄、气象、保密等工作。

六、大力实施民生工程，努力增进人民福祉

千方百计推进创业就业。坚持把就业作为第一民生，全面落实就业再就业优惠政策，多渠道开发就业岗位，推行灵活多样的就业形式，鼓励劳动者自主就业，扩大劳务输出，整合培训资源，建立健全就业服务体系。重点做好高校毕业生、农村转移劳动力、城镇就业困难人员和退役军人就业工作，确保全年新增就业人员 7800 人，帮助失业人员再就业 2000 人。深入开展职业技能培训，实行特困群体免费培训，确保全年组织劳动力培训 4000 人、转移农村劳动力 8000 人。加大创业担保扶持力度，确保全年发放担保贷款 2600 万元以上。逐步提高和严格执行最低工资标准，切实保障劳动者权益，着力构建和谐劳资关系。

竭尽所能完善保障体系。扩大社会保险覆盖面，完善基本养老保险制度，新增企业养老保险 3000 人。积极争取政策，启动新型农村养老保险试点工作，将未参加社会保险的城镇困难群体全部纳入社保范围。进一步完善、规范低保政策和操作办法，逐步提高保障标准。继续做好农村救灾救济和优抚工作，将符合条件的对象纳入农村特困救助范围。认真研究和落实离退休干部福利待遇。高度重视孤寡老人、孤儿和残疾人生活，切实提高保障水平。加强新一轮整村推进和扶贫搬迁工作，大力支持贫困地区、边远山区、老区基础设施建设和产业发展，全面提高农民收入水平和生活质量。

全力以赴办好民生工程。今年，我们将根据广大人民群众所急、所需、所盼，切实办好与城乡居民生活息息相关的十项民生工程。一是筹措资金 1000 万元，为 1000 名特殊困难群众提供就业援助。二是大力实施爱心工程，切实改善农村福利院条件和五保老人生活。三是建立 200 万元大病救助基金，切实解决困难群体大病救助问题。四是大力实施“菜篮子”工程，全面启动 1000 亩专业蔬菜基地建设，完成罗河路市场标准化改造任务。五是完成 3 个城市杂居小区的综合改造和环境整治。六是实施“放心早餐”工程，启动城区“放心早餐”示范街和示范店建设。七是多渠道筹资 300 万元，加大贫困学生资助力度，实现贫困学生资助范围全覆盖。开展农村住宿学生生活补贴政策试点工作。八是启动 200 套公共租赁房建设，解决 100 户城市低收入家庭住房困难问题。九是积极争取对口支援资金，完成老年活动中心建设。十是进一步延伸城市公交线路，切实方便市民出行。

七、全面加强社会管理，确保社会和谐稳定

深入开展文明创建活动。突出抓好群众性精神文明创建活动，弘扬社会新风尚，着力培育新市民，努力提高公民思想道德文化素质。深入开展文明乡镇、星级文明户、文明小康村和文明社区、文明市场、文明个人等创建活动，着力提升社会文明程度。切实加强未成年人思想道德建设。继续开展市容市貌、农贸市场、交通秩序、七小门店、文化环境专项整治活动，深入推进文明城市创建工作。

扎实抓好公共安全管理。认真落实安全生产责任制，全力维护广大人民群众的生命财产安全。全面落实企业主体责任，加大安全生产综合监管和执法力度，重点加强对矿山、危化物品、民爆物品、建筑施工、旅游、学校等安全监管和专项整治，深入推进道路交通安全社会化管理，确保安全事故核心控制指标稳中有降，坚决防止重特大事故发生，促进安全生产形势稳步好转。加快推进应急救援中心建设，努力提高应急救援能力。继续开展食品药品安全创建，扎实推进食品药品专项整治，确保人民群众饮食用药安全。进一步完善实有房屋、实有人口“两实”管理长效机制。

全力维护社会和谐稳定。继续深入推进社会矛盾化解、社会管理创新、公正廉洁执法，进一步健全人民调解、行政调解、司法调解“三位一体”的大调解体系，深入推进“平安创建”，完善社会稳定风险评估、矛盾排查化解、重大社会安全事件应急处置和信访工作责任机制，着力从源头上预防和减少社会矛盾。创新网络虚拟社会管理，不断提高网上舆论引导能力。完善社会治安防控体系，强力推进技防工程建设，构建网格化治安防范网络。高度重视人民来信来访处理，不断巩固“四访促和谐”活动成果，加大信访积案化解力度，依法维护信访秩序。坚持“打防结合，预防为主”的方针，加强反恐斗争和人防建设，加大对黑恶势力、侵财性犯罪以及涉及民生领域违法犯罪的打击力度。

八、加强政府自身建设，打造人民满意政府

切实加强政府自身建设，全面推进依法行政，努力提高行政效能，认真履行政府职责，切实规范权力运行，确保政府工作公正透明、廉洁高效、人民满意。

一是加强法治政府建设，全面推进依法行政。坚持把公众参与、专家论证、法制审查、风险评估和集体讨论作为重大决策的必经程序，推进行政决策科学化、民主化。深入推进执法规范化建设，全面提升政府公信力。依照执法权限，明确执法责任，推进综合执法。改进和创新执法方式，坚持管理与服务并重、处置与疏导结合，努力实现法律效果与社会效果的统一。加强执法程序制度建设，细化执法流程，明确执法环节和步骤，保障执法程序合法公正。细化和量化行政裁量权，严格执法人员持证上岗和资格管理制度。切实抓好“六五”普法，坚定不移地推进依法治区工作，加大公民法律知识宣传教育力度，切实提高公民法律意识。

二是加强效能政府建设，推进行政提速增效。始终坚持依法依规、打破常规、特事特办、优质服务，让每个部门、每个岗位、每个环节都能体现政府优质服务。继续深化行政审批制度改革，大力推进行政审批“三集中”，切实提高行政效率。全面加强区行政服务中心规范化建设，强力推进三级便民服务网络规范高效运行。加强政府机关作风建设，推进决策在一线落实，问题在一线解决，能力在一线检验，政绩在一线创造，切实增强政府及部门执行力。大力推进电子政务建设，提高网上办事和信息公开水平，确保政府工作高效运转。认真落实限时督办、效能监察和绩效评估机制，推动各项工作落实。

三是加强责任政府建设，认真履行政府职责。加强市场监管，完善市场公平竞争机制，对市场主体经营活动少干预、多服务，少限制、多支持，重点加强对涉及人民生命财产安全领域的监管。进一步创新社会管理机制，扎实开展国家社会服务管理创新试点工作，强化政府保障发展、改善民生、促进和谐的职能。着力提高公共服务水平，重点解决人民群众最关心的利益问题，建立健全公平公正、全民共享、水平适度的公共服务体系，推进基本公共服务均等化。巩固政府机构改革成果，强化部门责任，确保权责一致。理顺部门职责分工，健全部门之间的协调配合机制。依法抓好村级换届工作，切实加强基层政权建设。

四是加强廉洁政府建设，切实规范权力运行。自觉接受人大法律监督和政协民主监督，依法保障人民群众的监督权利。认真贯彻实施政府信息公开条例，加大社会普遍关注事项的政务公开力度。认真落实廉政建设责任制，提升规范反腐倡廉“十个全覆盖”工作，全面加强全地域、全行业的惩治和预防腐败体系建设。加强廉洁自律专项治理，规范公务用车和公务卡消费管理。大力支持监察、审计、财政等部门依法行使监督权。加强财政专项资金及预算执行、社会保障基金、住房公积金和重大投资项目审计工作。进一步完善行政问责机制，做到有诉必应、有责必问、有错必纠、有案必查。

各位代表，我区经济社会发展正处在转型升级的关键时期，在新的历史起点上推进新一轮大发展，让全区人民共享更多的改革发展成果，是时代赋予我们的光荣使命，是全区人民的美好期待。让我们在区委的坚强领导下，凝心聚力，锐意进取，扎实工作，为加快建设省域副中心城市的现代化特色城区而努力奋斗！

中国人民政治协商会议
宜昌市夷陵区第三届委员会常务委员会工作报告

——2011 年 2 月 13 日在区政协三届五次会议上

姚 维 树

各位委员、同志们：

我受政协宜昌市夷陵区第三届委员会常务委员会的委托，向大会作工作报告，请各位委员审议，并请特邀莅临会议的领导和列席会议的同志提出宝贵意见。

2010 年工作回顾

2010 年是“十一五”时期的最后一年，也是谋划“十二五”发展的重要一年，更是应对国际金融危机、进一步巩固经济回稳势头的关键一年。一年来，在中共夷陵区委的正确领导和上级政协的悉心指导下，在区人大、区政府及社会各界的大力支持与配合下，区政协常委会牢牢把握团结和民主两大主题，坚持用科学发展观统领全局，广泛动员和积极组织政协各组成单位及全体政协委员，围绕发展履行职能，关注民生促进和谐，发挥优势汇集力量，全面加强自身建设，为推动全区经济平稳快速发展、促进社会和谐稳定作出了新的贡献。

一、紧扣发展要务，履行政协职能

围绕中心，政治协商议大事。区政协不断总结、完善政治协商的载体和方法，针对不同内容，采用大范围协商讨论、小范围专题座谈和公开协商、内部沟通等灵活多样的形式，使政治协商更加规范、更加有序、更有成效。一是以政协全委会为载体，对政府工作报告及有关我区经济社会发展全局的重大问题进行总体协商。在区政协三届四次全会期间，全体政协委员与区委、区政府主要领导面对面交流，有 300 多人次发表意见建议，提出有价值的意见和建议 60 多条。二是以主席会议、常委会议为载体，先后就全区经济运行和社会发展、“十二五”规划、反腐倡廉、发展大道新区建设、食品药品安全、部门预算编制等进行专题协商，所提 40 多条意见和建议大部分被区委、区政府采纳。三是以专委会为载体，对农村广播、住房保障、社会福利、城市管理、质量技术监督等推进地方经济社会又好又快发展的事项与政府有关部门进行对口协商。四是以主席、副主席列席区委常委会、政府常务会等会议和区委、区政府主要领导到政协召开联席会议为载体，就全区重大决策、重要人事安排进行重点协商。

关注热点，民主监督重实效。在坚持通过有关会议、建议案、提案、委员视察实施民主监督的同时，区政协还利用专项督查、民主评议等方式，不断拓宽渠道，加大民主监督力度。一是开展专项督查实施民主监督。按照区委的部署，区政协组织政协委员对校园安全、“五五”普法、文明创建、防汛等全区阶段性重点工作，进行了专项督导检查。二是利用特约监督员实施民主监督。全区共有 108 名委员担任区委党风监督员、区委督察专员、区政府特邀监察员等区、乡镇（街道）两级特约监督员，这些委员积极参加有关监督检查和行风评议，及时反映群众意见和呼声，认真履行民主监督职能，受到群众和有关部门好评。三是参与民主评议实施民主监督。全年组织政协委员 150 多人次对全区 54 个单位和部门的工作落实情况与政风行风进行了评议。四是通过“上门”视察实施民主监督。全年先后共有 19 个部门和乡镇（街道）主动邀请政协领导和部分委员“上门”视察工作、征求意见。

深入调研，参政议政抓重点。常委会上半年视察了全区人口和计划生育工作，下半年围绕磷矿深度开发与加工开展了调研。提交的两份报告，区委、区政府主要领导作出重要批示。在《关于全区人口和计划生育工作情况的视察报告》中，委员们从统筹解决人口计生问题、流动人口服务与管理、人口计生经费等方面，提出了 10 条加强全区人口与计划生育工作的建议，区委书记熊伟批示“请高度关注，尤其要注意破解难题”。针对《关于磷矿深度开发与加工的调查报告》中提出的关于坚持集群化发展战略、推进磷矿资源综合利用、延伸产业链条、打造“园中园”等建议意见，区长刘洪福批示“调研深入细致，分析客观准确，所提建议具有很强的针对性和可操作性”、区委副书记向洪星批示 “数据翔实，分析透彻，建议有理，可发参阅件供各级领导决策参考”，并要求政府相关部门和樟村坪、鸦鹊岭镇政府认真阅研。专委会围绕全区教师队伍思想状况、基层人民调解等专题开展了调研，委员活动组分别对新农村建设、新型农民教育、医患纠纷调解、校园安全、土地流转与规模经营、水土保持、港口物流经济、九年一贯制教学体制改革、茶叶产业发展等方面进行了调研视察，所提50多条意见和建议大部分被采纳和落实。

二、践行为民理念，助推社会和谐

关注民生，充分发挥提案作用。区政协三届四次会议以来，各民主党派、专委会及广大政协委员共提出提案208件，经审查立案194件。到2010年9月底，提案全部办理完毕，办复率100%，委员满意率100%，提案所提问题已经解决和基本解决的占51%。通过提案的办理和落实，解决了一批事关全区经济社会发展中的重大问题和人民群众最关心、最直接、最现实的利益问题。如出台了促进茶产业发展的奖励政策，总投资300万元的农产品检验检测项目已争取国家立项，总投资达4000万元的“宜昌市晓曦红柑橘交易中心”即将投入运行；完成农村道路硬化211.9公里，新增通客车村9个，城区道路黑化工程顺利实施，冯家湾三峡专用公路互通立交匝道、河心公园建设按期竣工，全年交通建设投资高达5.089亿元；全区教育项目支出预算资金达到7463万元，对乡镇卫生院职工住房货币化分配补贴424万元，对城区范围内的37家豆制品加工作坊进行了集中整治；城镇居民的住院年最高报销限额由3万元提高到8万元，转移农村富余劳动力5000余人等等。

广集民智，及时反映社情民意。区政协从抓征集、质量、考核、激励等四个方面加大收集和反映社情民意信息工作力度，信息工作取得了明显成效。全年收集社情民意信息60多条，编辑上报《社情民意》专刊23期，先后17位市、区领导对上报的社情民意做出批示，其中《积极稳妥发展村级集体经济》等3篇被省政协采用，《农村垃圾处理亟须规范管理》等8篇被市政协采用。太平溪委员活动组反映的《要对农村房屋“墙壁文化”进行监管》的社情民意，市委书记郭有明亲笔批示，市文明办作了书面答复。区直一活动组反映的《基层建议采取五项措施加快三峡工程生态移民》的社情民意引起市委、市政府重视，市委副书记李亚隆、副市长邓恢林分别作出批示。区环保局在收到科教文卫体活动组反映的《三峡高中一带空气污染亟待整治》的社情民意后，迅速会同有关部门拿出整改方案，投入5万多元进行了一个月的专项整治，三峡高中一带的空气质量明显提高。

体察民情，积极参与惠民行动。“7·23”特大暴风雨灾害发生后，区政协领导第一时间赶往受灾现场，会同其他区领导一起靠前指挥、持续作战；区政协机关抗洪救灾小组连续一个月深入抗洪救灾第一线，全力帮助受灾群众重建家园、恢复生产；广大政协委员、民主党派成员、区政协机关干部职工及退休老干部踊跃奉献爱心，积极主动向灾区捐款180多万元。区政协发挥政协人才荟萃、联系广泛的优势，为联系乡镇、村、企业、学校办实事30余件，引进资金200多万元。帮扶联系村刘家坪协调落实资金46万元，举办生猪养殖、种桑养蚕、核桃栽培技术培训3场次，进一步扶持该村发展桑蚕主导产业和基础设施建设；帮助牛坪、天坑、长岭、唐家坝等村协调落实资金80万元，用于产业发展、村庄整治、道路硬化、危房改造、安全饮水等项目建设，有力促进了当地经济发展和农民生活质量改善。各委员活动组也积极开展了扶贫帮困活动。龙泉活动组倡导并建立“龙泉镇助学成长基金”，首次获得社会各界捐款28万元，目前已资助学生18人；鸦鹊岭活动组组织委员积极参加鸦鹊岭镇困难群众关爱基金捐赠活动，共捐赠现金3万元；晓溪塔活动组为4名特困大学生捐款8000元；经贸活动组组织委员为小溪塔街办文仙洞村贫困村民募捐爱心款3100元。

三、发挥政协优势，汇聚各方力量

团结各方，加强联系各界人士。坚持政协领导定期走访民主党派、工商联、港澳台侨（眷）属（胞）制度，全年共走访慰问60多人次。各专委会和委员活动组利用走访慰问、集中座谈、组织考察等形式，加强与各民主党派及无党派人士、港澳台侨与民族宗教界人士、新的社会阶层代表人士的联系。召开区内各民主党派、工商联、无党派人士以及招商引资企业代表征求意见座谈会，围绕我区“十二五”规划编制建言献策。动员和组织全区广大宗教人士和信教人士开展“和谐寺观创建”活动。积极协调夷陵区基督教三峡堂建设，解决晓溪塔城区基督教信徒活动场所问题。发挥文史资料团结资政作用，完成市《宜昌民俗大观》在我区征稿任务，配合相关部门举办纪念抗日战争胜利65周年专题图片展，为黄花乡南边村抗日壮士遗骨妥善处理做了有益协调。注重发挥联系各界别的桥梁和纽带作用，主动协助区委、区政府做好协调关系、理顺情绪、化解矛盾、凝聚人心的工作，为维护稳定、构建和谐服务。

联谊交友，拓宽对外联谊渠道。区政协充分发挥统一战线组织的独特优势，以联谊交友为纽带，加强对外联系，以大团结和大联合宣传推介夷陵。在春节、中秋两个传统节日里，与区委办、区政府办、区委统战部密切配合，召开各界人士迎新春座谈会、中秋茶话会，加强同各族各界人士的联谊与合作，增强共识，凝聚人心。参加湖北省城区政协联谊会第22次会议，与全省28个城区政协共同探讨“新形势下政协工作的新思路、新理念、新作法”。赴长阳、点军参加了长江三峡周边区县市政协联谊会。组织政协工作者赴台湾考察学习。组织委员活动组组长到西藏考察民族宗教工作。与恩施州鹤峰县政协联合举行了“南明督辅文安之与容美土司”文史交流座谈会。先后接待四川省泸州市、湖北省潜江市等省内外兄弟县（市、区）政协来夷考察学习团组 10 余批次。此外，区政协还积极配合省市政协在我区开展政协提案、民族宗教、民营经济、国家森林城市创建、养老服务社会化、“一江两山”项目建设、三峡航运中心建设等调研活动。

夯实基础，强化整体合力。各专委会作为组织委员开展经常性活动的工作机构，充分发挥基础性作用，显现出工作机制规范、活动经常有序的特征。提案委员会创新提案交办和办理方式，提案落实效果更加突出；经济委员会加强联系区直对口协商单位，对口协商机制更加健全；人口资源环境与社会法制委员会调研基层人民调解，为民代言更加到位；科教文卫体委员会积极开展调研视察，调研成果转化机制更加规范；文史资料委员会聚集文化精英共商文史资料编研工作，智力优势体现得更加充分；港澳台侨和民族宗教委员会走访慰问社会各界人士，凝心聚力更加有效。各委员活动组紧密联系委员，认真履行职能，建言献策富有实效。科教文卫体、政法、三斗坪、太平溪、樟村坪活动组认真开展专题调研，为经济社会发展出谋献策；雾渡河、邓村、分乡活动组积极争取乡（镇）党委政府的重视与支持，实现协商于决策之前；农业、经贸、小溪塔活动组大力加强自身建设，促进政协工作规范化运行；区直一组、龙泉、鸦鹊岭活动组积极提交提案、收集社情民意，及时反映群众诉求；区直二组、乐天溪、下堡坪、黄花活动组开展形式多样的委员活动，委员主体作用充分体现。

四、加强自身建设，提高履职水平

强化学习，提高履职能力。一是着力提升政协委员素质。区政协通过举办培训班、开展专题讲座、开辟网上专栏、设立学习园地等多种形式组织委员学习，全面提升委员履职能力和水平。通过学习，广大政协委员立足岗位履行职责，一批委员在其专业领域受到省、市、区表彰，如区政协常委、民进夷陵支部主任王宏到北京参会并捧回了“民进全国先进基层组织”的奖牌，李正源委员荣获“全国安全生产监管监察先进个人”，易瑛委员荣获“全国土壤肥料检测工作先进个人”，王凤军委员荣获“湖北省‘五四青年’奖章，徐政富委员被评为“全省国土资源系统先进个人”，周爱民委员被评为“全省文明创建先进个人”，杨万军委员被评为“全省文化市场执法先进个人”。二是着力提升政协机关干部素质。继续坚持机关学习制度，做到年初有计划，每季有专题，每月有安排。大力倡导“在工作中学习，在学习中工作”的终身学习理念，以主席（党组）会议、常委会议、专委会议、委员活动组会议、机关例会等形式举办中共十七届四中全会精神，省委政协工作会议精神等专题讲座 12 次，取得良好效果。部分机关干部在党建、抗洪救灾、三城联创、档案工作等方面受到区级表彰，《紧紧围绕发展第一要务 不断提升政协履职水平》在市委政协工作会议上作大会典型交流发言，《要像重视提案一样重视社情民意》在全省第 22 次城区政协联谊会上作经验介绍。

强化服务，拓展履职平台。一是精心打造“人民政协 民主团结”服务品牌，进一步搭建委员横向互动、上下联动平台，大力加强与政协委员的联系，为委员提供高效优质服务。全年政协机关与各委员活动组通过走访联谊、组织委员调研视察等形式开展活动 40 余次，为委员解决各种实际问题 50 多个，委员见面率达到 96%。二是下发《关于深入开展创先争优活动的实施方案》。在区政协委员中广泛开展“提一件提案、反映一条社情民意、参加一次调查或视察、为社会办一件实事”的“四个一”活动，人人争做优秀政协委员、争提优秀提案、争写优秀社情民意；在委员活动组中开展“组织两次学习议事、开展两次调研视察、组织或参与两次公益活动、开好一次年终述职总结会”的“2221”活动，争创先进委员活动组；在广大政协工作者中树立“以委员为本”理念，个个争做优秀政协工作者。三是加强政协宣传工作，搭建委员风采展示平台。通过办好夷陵政协网站和《夷陵政协》简报，修订完善《政协宣传信息工作奖励办法》，建立政协宣传网络，进一步加强政协宣传力度，扩大委员风采展示平台。全年各级新闻媒体和刊物采用政协宣传稿件近 300 篇，其中人民网刊登 37 篇。

强化管理，提升团队形象。区政协机关以“争创满意机关”、“建设学习型党组织”活动为载体，从抓管理、抓活动入手，着力打造学习型、服务型、效能型、创新型、和谐型的“五型”机关团队形象。一是抓管理促落实。把制度落到实处，坚持每月一次的集中学习和集体议事制度，每半年对机关制度执行情况进行自我检查和督查。把责任落到实处，将任务逐项分解落实到人，使每个岗位、每位同志都有工作任务、有考核指标。把考核落到实处，实行领导小组考核与群众评议相结合的双向考核机制。通过力促“三个落实”，政协机关工作效率有了新的改善，服务质量有了新的提高。机关档案顺利通过省一级（复查）验收，保密工作被评为全市先进集体。二是抓活动促作风建设。通过组织开展“千名干部万户行”、捐资赈灾献爱心、党风廉政警示教育、创先争优、文明创建等活动，机关作风有了进一步改进，机关干部职工团结协作、求真务实、创先争优意识有了进一步增强。

各位委员、同志们，区政协一年来取得的成绩，是中共夷陵区委坚强领导的结果，是区人大、区政府及社会各界大力支持的结果，是广大政协委员、政协各组成单位以及全体政协工作者共同奋斗的结果。在此，我代表区政协第三届常委会，向所有热忱关心和支持政协工作的同志们、朋友们，向为政协事业付出辛勤劳动的全体委员们，表示崇高的敬意和衷心的感谢！

回顾过去的一年，我们清醒地看到工作中还存在一些差距和不足：一是政协履行职能的制度化、规范化、程序化建设力度还需要进一步加大；二是建言献策的质量还需要进一步提高；三是委员活动组基础性作用、界别桥梁作用和委员主体作用的发挥还需要进一步加强。在新的一年里，我们将针对这些问题，认真研究并切实加以改进。同时，我们也真诚地希望全体政协委员，以及在座的各位同志、各位朋友，对常委会的工作提出批评和建议，帮助我们把工作做得更好。

2011年工作意见

各位委员、同志们，2011 年是中国共产党成立 90 周年，是“十二五”时期开局之年，也是三届区政协届满之年。做好今年的工作，对于稳步实施“十二五”规划，保持全区经济社会平稳健康发展具有十分重要的意义。面对新的形势和任务，区政协工作的指导思想是：高举中国特色社会主义伟大旗帜，以邓小平理论和“三个代表”重要思想为指导，深入贯彻落实科学发展观，牢牢把握团结和民主两大主题，紧紧围绕全区工作大局，在中共夷陵区委的领导下，扎实有效地履行好政治协商、民主监督、参政议政职能，切实发挥好协调关系、汇聚力量、建言献策、服务大局的重要作用，为促进全区经济社会全面协调可持续发展作出新的贡献。

一、适应形势，加强学习，更加自觉地用科学发展观统揽政协工作

人民政协要承担起人民和历史赋予的重任，就必须适应形势，加强学习。只有加强学习，我们才能努力造就高素质的政协委员和政协组织，才能提出真知灼见的意见和建议，推进经济社会发展。要通过多种形式，推动委员进行经常性的学习。要深入学习邓小平理论、“三个代表”重要思想、科学发展观和党的基本理论、基本路线、基本纲领和基本经验，学习中共十七大和十七届五中全会精神，学习区委、区政府的重要决策和部署，尤其要重点学习贯彻省、市委政协工作会议精神，切实把思想统一到党和国家的重大决策上来，统一到区委、区政府的总体部署上来，共同致力于加快夷陵的建设与发展。要加强对党的政协统战理论和政协基础知识的学习，特别是要学习新的《政协章程》，深刻领会党对人民政协工作的基本要求，充分认识新时期人民政协的重要地位和作用，准确把握人民政协开展工作的特点和方法，以与时俱进、开拓进取的精神，不断拓展政协工作新领域，开创政协工作新局面。要根据时代发展要求，深入学习市场经济知识、现代科技知识、法律知识和历史知识，开阔视野，增长才干，努力提高履行政协职能的能力和水平，使政协工作在推进夷陵经济和社会各项事业发展中发挥更为重要的作用。

二、围绕中心，服务大局，更加主动地为夷陵科学发展献计出力

发展是永恒的主题，也是人民政协履行职能必须遵循的重要原则。人民政协要有所作为，必须从围绕中心的实践中去检验；要不辱使命，必须从服务大局的实效中来评判。要始终把发展作为政协工作的第一要务，紧紧扭住经济建设这个中心，围绕发展谋划工作，服务发展履行职能。要丰富协商手段，提高协商质量，就事关全区发展大局的重要问题提出建设性意见和建议。积极运用各种形式开展民主监督，促进党政机关改进工作，转变作风，提高效率。切实搞好参政议政，把献计与出力有机统一起来，既建言立论，又通过实际参与为经济建设和社会发展贡献力量。进一步发挥政协联系广泛、智力雄厚优势，在全区政协系统形成上下齐努力、合力促招商的氛围。围绕发展方式转变和经济结构调整、经济增长质量和效益、统筹城乡区域协调发展、促进学习型社会建设及外来企业对发展环境的意见和要求等方面，深入实际，认真开展调研视察，发现问题，提出建议，改进工作。今年常委会的重点选题是：围绕加快资本市场建设，促进地方经济发展，就我区重点企业和优势板块上市筹备情况进行专题调研；如何有效解决“因病致贫、因病返贫”问题，对全区大病救助工作进行专题视察。总结提案办理的先进典型和经验，切实加强提案办理质量，提高提案的社会影响力，进一步调动社会各方面办理提案的积极性和主动性，发挥政协提案在经济社会发展中的重要作用。

三、团结各界，汇集力量，更加积极地为构建和谐社会发挥作用

巩固和发展爱国统一战线，促进和谐社会建设，形成共谋发展的强大合力，人民政协责无旁贷。要从发展社会主义民主政治、建设社会主义政治文明的高度，坚持把团结和民主两大主题贯穿于政协一切工作的始终。通过发扬民主，有效地增进共同政治基础上的大团结、大联合。通过维护团结，有效地创造更加宽松和谐的民主氛围。要更好地发挥政协组织广泛代表性和政治上最大包容性的优势，切实加强同各民主党派、工商联、人民团体的联系，优化参政议政场所，拓展参政议政舞台，努力营造民主协商、平等议事的浓厚氛围。进一步广泛团结港澳台侨胞及其眷属，认真做好在外人士回乡探亲

访友、观光考察、经贸洽谈等服务接待工作。加强与民族宗教界人士的交流合作，加强与学术界人士、民营经济界人士、专业技术人员交朋友，把不同阶层、不同群体代表人物的作用更好地发挥出来。充分发挥文史资料存史资政团结育人作用，编辑出版夷陵区文史资料第九集。进一步做好反映社情民意工作，及时了解和反映不同利益群体和各个社会阶层的愿望和要求，帮助党委政府做好协调关系、化解矛盾的工作，把各界群众的意志和力量凝聚到全面建设小康社会和构建社会主义和谐社会的伟大实践上来。

四、精心组织，搞好服务，更加充分地发挥委员主体作用

政协委员是政协工作的主体，人民政协能否在全局工作中发挥重要作用，很大程度上取决于委员作用的发挥。要努力为政协委员履行职能、发挥作用创造良好条件。要充分发扬民主，畅通委员建言渠道，对委员提出的意见和建议予以高度重视，努力做到件件有反馈、事事有回音，保护委员参政议政的积极性。要通过各种活动和形式，为委员提供知情出力的条件和机会。继续在委员中广泛开展“提一件提案、反映一条社情民意、参加一次调查或视察，为社会办一件实事”的“四个一”活动。继续在委员活动组中开展“组织两次学习议事、开展两次调研视察、组织或参与两次公益活动、开好一次年终述职总结会”的“2221”活动。继续推行委员履职情况考核考评制度，激发委员立足岗位履行职能的热情。适时邀请党政有关部门通报政协委员关注、各界群众关心的重要情况。尽可能多的吸收委员围绕经济社会发展中的突出问题，开展调研视察，了解实际情况。组织具有界别特色的活动，不定期组织常委、委员赴外地参观学习，帮助委员开阔视野，了解全局，增强参政议政的针对性，切实发挥委员整体功能。政协机关要积极为委员搞好服务，提供帮助，尽一切可能为委员搭建优良的履职平台。

各位委员、同志们，事业凝聚人心，使命催人奋进。夷陵正处在一个充满希望、充满朝气、充满活力的新起点上，让我们在中共夷陵区委的坚强领导下，高举中国特色社会主义伟大旗帜，以邓小平理论和“三个代表”重要思想为指导，同心同德，群策群力，求真务实，开拓创新，为推进夷陵科学发展共谱新篇章！

三峡夷陵的“绿色旋风”

——宜昌市夷陵区加快转变发展方式的调查

“水至此而夷，山至此而陵”，故名夷陵。三峡夷陵是长江三峡坝库区生态保护的重点区域，又是宜昌市主城区水源保护地，转变发展方式尤为重要。近年来，该区围绕打造“生态夷陵、绿色新区”的目标，大力发展生态、循环、低碳、高效的绿色经济，走出了一条资源节约型、环境友好型、生态宜居型的新路子，掀起了一股波澜壮阔的“绿色旋风”。2009 年实现 GDP 145.5 亿元，全地域财政收入 21.7 亿元，在全省县域经济综合考核中名列第 4，比上年前移 7 位。今年上半年实现 GDP 78.7 亿元，增长 17.6%；全地域财政收入 16.5 亿元，增长 37.2%。我们调查了解到，该区发展绿色经济的做法可以概括为“加减乘除”四个字，值得总结推广。

绿色产业做加法

转变发展方式，调整产业结构，首要是发展绿色经济。该区以提升传统产业、发展新兴产业为突破口，在绿色产业上做加法，培育新的增长点，推动三次产业协调发展、互动融合。在作法上：

1、发展生态产业。该区立足“小城区、大农村”区情，一手抓生态保护，一手抓生态富民，大力发展生态产业和绿色产业，促进大地增绿、林业增效、环境增色、农民增收。以打造全国知名橘都茶乡为抓手，壮大提升柑橘、茶叶产业。整合项目资金，实施柑橘、茶叶“整村推进”，“十一五”期间新发展柑橘面积 14.1 万亩、茶叶 8 万亩，现有规模分别达到 34.6 万亩、17.6 万亩，综合实力分别居全省县域第 1 位和第 2 位，均被纳入国家和全省优势农产品产业带，成为全区 40 万农民增收致富的“绿色银行”，农民 50%以上的现金收入来自柑橘和茶叶。在不适宜发展柑橘、茶叶的石灰岩和页岩区域，则大力发展生物能源、中药材、桑蚕、蔬菜等产业。目前，该区已形成小鸦路百里柑橘走廊、宜大路百里茶叶走廊和黄柏河流域百里生态林业走廊。同时以实施“德援项目”、“长江中上游防护林”、“退耕还林”等项目为契机，年均增加林地面积 2 万亩以上，在三峡大坝周边形成了 231 万亩天然林组成的绿色屏障，森林覆盖率每年以 0.6%的速度递增，目前已达到 47.5%。城区人

均公共绿地面积达到10平方米，建成区绿化覆盖率38.5%。

2、提升旅游产业。该区立足得天独厚的资源禀赋，抢抓鄂西生态文化旅游圈建设机遇，加快旅游业转型升级，建成开放景区景点17处，其中国家5A级景区1个、4A级景区4个、3A级景区2个，A级景区居全省各县市区之首。2009年接待中外游客212万人次，实现门票收入1.3亿元，实现综合收入10亿元以上，荣获“湖北省旅游强区”。2009年以来，通过高标准规划、典型示范和政策激励等措施，沿四条旅游主干线大力实施民居改造、生态家园、生态修复、旅游配套、景区升级等5项工程，建成了“清洁家园、清洁水源、清洁能源、清洁田园”和道路硬化、环境净化、街道亮化、村庄绿化、整体美化的生态文明景观带，共改造民居2800多栋，其中小溪塔城区到神农架沿线1800多栋，到三峡大坝沿线600多栋，黄花乡两河口到金狮洞400多栋，经验在全省推广。

3、壮大物流产业。该区依托3600多公里的公路和7000多辆货运车辆，构筑现代物流网络，2009年水陆货运量近1000万吨。在三峡坝区建设太平溪物流园，现已建成滚装车中转中心，成为四川、重庆商品车的翻坝物流主渠道，2009年转运车辆19万多台次。同时大力推动物流项目建设，将太平溪物流园、龙泉综合物流中心、小溪塔食品物流中心、长江市场争取纳入全市整体规划。占地100亩的晓曦红柑橘交易中心正在加速建设，预计今年9月可正式投入营运，将改写宜昌无大型专业柑橘交易市场的历史。由稻花香集团投资15亿元、占地1100多亩的三峡物流园已开工建设。

4、搞活文化产业。该区坚持继承与发展、硬件与软件、普及与精品、事业与产业相结合，全面推进文化产业建设。巩固“全国文化先进县”、“全国体育先进县”地位，实施“五个一文化工程”，即振兴夷陵歌舞团、唱响一首地方歌、打造一台精品戏、拍摄一部电视剧、推出一批艺术乡。去年来，推出了一批舞台文艺精品和公共文化产品，启动了宜昌三峡国际会展中心、三斗坪旅游名镇、石牌新坪2个旅游名村、明诚国际体育休闲中心等一批文化产业建设项目。先后有宜昌丝竹、下堡坪民间故事、长江峡江号子入选国家级非物质文化遗产保护名录，《爷爷的大山》、《薅草锣鼓》等10多部舞台文艺作品在省以上获奖，电视纪录片《走进山楂树之恋》在国内引起广泛关注。我国著名导演张艺谋在该区大手笔拍摄的电影《山楂树之恋》即将上映。

高碳产业做减法

转变发展方式，推进绿色发展，必须发展低碳经济。该区对高碳产业做减法，不犹豫、不动摇、不吝啬，生态文明建设取得可喜成绩：

1、节能减排强力推进。该区牢牢把握“两型”目标，将工业作为节能降耗的“主战场”。按期关闭“五小”企业，关闭立窑水泥企业4家、淘汰落后生产线6条、产能48万吨，已淘汰全部立窑水泥生产线，并通过省发改委验收。严把项目准入关口，否决5个亿元以上高耗高排项目。针对部分企业能耗居高不下的问题，通过技术改造，淘汰落后设备，改进工艺，企业成本明显降低。宜昌田田化工公司实施节能减排综合改造后，单位合成氨煤耗下降了25%以上，年节约原煤6万吨。弘洋水泥公司低温余热发电项目每年可节约1.4万吨燃料煤。该区万元GDP能耗连续多年均达到同比下降4%的目标。

2、治理污染狠下重拳。一是实施“碧水”工程。实施了29个治污减排项目，有效削减化学需氧量560吨、二氧化硫273吨。积极争取国债资金2亿多元，建成夷陵区污水处理厂、丁家坝污水处理厂、三环湾垃圾填埋场等5大水污染防治项目，城市污水日处理能力达到4.9万吨，垃圾日处理能力达到313吨，城市污水及垃圾处理率达90%以上。全区工业废水排放达标率98.7%，工业固体废物综合利用率83.1%，城镇污水处理率94%。对黄柏河流域实施综合治理，上游治理矿渣总量达11.6万立方米，建尾矿坝1021米；中游建成了5个中心集镇生活垃圾收集系统和一座小型垃圾填埋场；下游开展城市垃圾、污水治理，河道清淤29.55万立方米；流域内关闭各类污染严重的工业企业30多家，关停小矿山企业70多家，实施挂牌督办和限期治理50多家，使污染源得到了有效治理，实现达标排放，下游城区段水质由过去的劣Ⅴ类转变为现在的Ⅲ类水质。二是实施“蓝天”工程。城区全面淘汰燃煤锅炉，实施公交车和出租车双燃料改造，将城区烟尘控制区覆盖率提高到90%以上，2009年该区城市空气环境质量优良天数达到300天。

3、循环经济大胆实践。积极探索循环经济新路，该区被批准为宜昌市循环农业综合配套改革试点区，并取得初步成效。主要做法是推进四大循环：一是产业大循环。坚持一、二、三产业联动发展，编制了循环农业“1+9”规划，以规划为龙头科学组织实施。二是农业内循环。探索推广了五种循环农业模式，即以间作套种为内容的精细农业模式；“橘（茶）园——山地鸡”、“稻——虾连作”等立体农业模式；农业用水减量化和农药化肥减量化模式；“种养加”一条龙的生产模式；农业废弃物综合利用模式。同时，大力推广以节水、节肥、节能、节药、节力为重点的“五节”技术，有效提升了单位土地的生产效益。三是企业小循环。重点扶持以稻花香集团为龙头的粮油加工循环企业，以京都为龙头的奶牛养殖循环企业，以萧氏集团为龙头的茶叶循环企业，以晓曦红为龙头的柑橘循环企业，以昌伟农贸为龙头的家禽养殖循环企业。稻花香集团形成了绿色种植→食品加工→全混饲料→规模养殖→有机肥料→绿色种植为内容的“五级循环”生态产业链。四是农户微循环。引导农户按照节约资源、净化环境、反复利用等要求，大力发展沼气，倡导绿色生活方式，构建农户生态链，建立“家庭绿岛”。

专利产业做乘法

转变发展方式，发展绿色经济，关键靠科技创新。该区把提高科技创新能力作为头等大事来抓，努力放大“专利产业”的乘数效应，已培育形成具有较高知名度、较强竞争力的区域性特色产业，食品饮料和机械电子两大产业正阔步向百亿元级产业迈近。

一是把本土企业科技水平提上去。该区特别重视培育市场主体，在支持企业发展上舍得投入，仅 2009 年该区就筹措各类资金 12.1 亿元扶持企业发展，其中很大一部分用于扶持企业兴上高科技项目，提升科技创新水平，推动超常发展。稻花香集团快速壮大，成为国家级农业产业化重点龙头企业，获得中国驰名商标，跻身中国大型工业企业行列。该集团先后兴上“151”工程、玉米浆、关公坊万吨基酒、三峡包装工业园等项目，一年跨越一个台阶。2009 年完成销售收入 50.68 亿元，预计今年可达 70 亿元，明年可望成为全区第一家百亿企业。基本实现了生产过程自动化、企业管理网络化、商务运作电子化，白酒生产拥有实用新型专利 7 项，建成万吨浓香型白酒基酒生产基地、年产 10 万吨商品酒的现代化生产中心，集团科技中心被认定为“湖北省企业技术中心”，拥有技术人员 628 人，其中国家级白酒评委 5 人、省级白酒评委 15 人、持有专业技术职称的科技人员 260 名。萧氏集团也获得中国驰名商标，成为国家级农业产业化龙头企业，先后兴建万亩早市茶示范基地、白茶基地、边销砖茶基地、乌龙茶基地，完成了六大茶类中绿茶、白茶、黑茶、青茶、红茶五大茶类的布局，并新上了邓村茶产业科技园、 中国萧氏茶产业高新科技工业园、雾渡河现代茶叶科技园等三个加工基地，年干茶生产能力达 7000 吨。目前，总投资 15 亿元的茶产业高新科技工业园已完成投资 6 亿元，一期工程将于 9 月底正式投产。该项目是全国首个茶产业综合性产业园区，将与茶加工相关联的若干生产项目链条式聚集在一个园区内，形成“一园多厂”的规模格局，三期工程全部建成后可实现年产值 50 亿元，利税 6 亿元，安置就业 2000 人，成为国内行业规模最大、茶叶科技最新、产品门类最全、综合效益最好的茶叶标杆企业。萧氏集团发展过程中，始终坚持科技创新，在省内率先使用热风式滚筒鲜叶杀青机，首个建立高标准、现代化茶叶生产加工基地，首个兴建集旅游、观光为一体的高效示范茶园，首个引进日本现代化茶叶生产设备，首个创新研发茶叶鲜叶清洗生产线。在省内同行业中率先通过了 ISO9001:2000 国际质量安全认证、计量免检 C 标志认证、HACCP 国际食品安全控制体系认证，连续三届排名湖北省同行业第一，进入全国同行业十八强。共拥有自主知识产权专利 25 项，注册商标 30 件。稻花香集团、萧氏集团等食品龙头企业的几何数增长，把夷陵区食品饮料产业提到一个新的水平，2009 年创产值 86.4 亿元，块头占全区规模工业的 41.9%，稻花香白酒产业集群还被纳入全省重点产业集群。

二是把外地高新技术企业引进来。该区把选商选资的重点放在高新技术企业上，走产业技术升级之路。引进全国电力电缆行业十强企业之一、世界线缆行业惟一一家中国会员单位、国内超高压电缆产品制造标准的主要起草单位河北宝丰线缆集团投资 11.3 亿元，新上了长江高科电线电缆项目，已发展成为全国最大的高科技环保型电缆生产基地，被认定为国家高新技术企业，生产的智能监控电缆填补了国内空白。2008 年又通过以商招商，依托长江高科电缆联合其他投资，新上投资 15 亿元的德凌铜产品加工项目，今年底将正式投产，年产铜产品 30 万吨。两个项目全部达产达效后，年销售收入可达 100 亿元以上。江重机械是该区 2009 年引进唐山恒通集团投资 5.5 亿元兴上的项目，实现当年签约、当年建设、当年投产，今年上半年产值已达 11 亿元。目前又追加投资 2 亿元新上二期项目，正在抓紧建设中。一、二期项目全部达产后，年产值可达 20 亿元。华润红旗电缆是该区引进的特种电缆生产项目，已滚动兴上了三期工程，年生产能力可达 10 亿元，开发的扁形移动橡套电缆、弹簧电缆、60 米防水橡套电缆等产品具备国际先进水平，已向国家知识产权局申报了 4 项专利。近几年，通过引进长江高科电缆、江重机械等企业，机电产业实现突破性发展，被纳入全省重点产业集群，2009 年产值达到 56.8 亿元，占规模工业的 27.5%，“十二五”期间可进入百亿元产业集群之列。

发展成果做除法

该区坚持民生高于一切的理念，对群众疾苦深刻体察，对群众诉求真心倾听，对群众利益竭力维护，让改革发展的成果真正让人民群众得以共享。

1、做大“蛋糕”。该区始终坚持发展是硬道理，竭力做大经济总量，今年可实现地区生产总值 165 亿元，规模工业总产值 260 亿元，“十一五”期间年均分别增长 12%和 42.6%。经济总量的大幅增长及经济质量的大幅提升，也带来财力的大幅增加，今年可实现地方财政总收入 18 亿元、地方一般预算收入 8 亿元，年均分别增长 24.3%和 29.8%。雄厚的经济实力为解决民生问题打下了坚实基础。

2、合理分配。该区不仅注重把“蛋糕”做大，而且注重合理分配，切实把“蛋糕”分好。通过培育壮大柑橘、茶叶、优质畜牧三大优势产业，多渠道组织农民外出务工，农民收入稳定增长，今年农民人均纯收入可达6600元，“十一五”期间年均增长12.2%。通过扶持市场主体发展壮大，开辟就业岗位，出台创业带动就业鼓励政策等措施，城镇居民今年人均可支配收入将达13700元，“十一五”年均增长10.7%。2009年末，全区金融机构各项存款余额105.1亿元，其中城乡居民储蓄存款占到59.4%。

3、成果共享。面对“小城区、大农村”以及城乡之间、东西部之间差距较大的区情，该区大力实施城乡一体化发展战略，切实加大对公共服务的投入，推进城乡社会事业协调发展。近三年连续实施“惠民计划”，统筹解决群众上学、看病、行路、饮水、就业、住房等六个方面的难题，取得明显成效。2009年，该区财政投入到教育、医疗卫生、社会保障等民生事业的资金达6.2亿元，同比增长51.2%。城乡基础设施在“十一五”期间累计投入资金30多亿元，小溪塔城区建成区面积达12平方公里，人口达14万人；硬化农村公路2600公里，解决了14.2万人的饮水不安全问题。

调研组：

刘宗发	省社科院原党组书记
曾成贵	省社科院党组书记
覃道明	省社科院副院长
熊　伟	中共夷陵区委书记
王　覃	夷陵区委政研室主任
龚建波	夷陵区委政研室副主任

（省委办公厅《决策与参考》2010年第51期采用，省委书记罗清泉、省委秘书长李春明批示。）

“小城区、大农村”格局下如何统筹发展

——夷陵区实施城乡一体化战略的实践与思考

熊　伟

近年来，夷陵区充分把握“小城区、大农村”的特殊区情，面对区域发展、城乡发展的不平衡，大力实施城乡一体化战略，在统筹发展上进行了积极探索，取得了明显成效。

一、主要成效

夷陵区因“水至此而夷，山至此而陵”得名，是一个山区、农村、农民各占80%的市辖新区。体制转变前的夷陵在上世纪80年代还是省级贫困山区县，2001年由宜昌县整体划转为夷陵区，成为宜昌市主城区的重要组成部分。一下子从山区变成了城区，许多人思想上不适应，生活上很困惑，行动上很迷茫。偏远山区群众说：“管它城也好，乡也好，我们还是泥巴腿子，走泥巴路子，住泥巴房子”。当时，农村与城市的差距大、间隔深，这种隔离不仅表现在地理环境上，也体现在产业、设施、管理、服务等各个方面。

如何加快融入宜昌主城区，打破长期以来存在的城乡“二元鸿沟”，成为区委、区政府面临的重大考验。经过反复调研，2006年，在第三次党代会上，新一届区委将城乡一体化确立为未来五年的发展战略。针对“小城区、大农村”和城区、郊区、山区、矿区、坝区、库区、旅游区“七区”交叉并存的特殊区情，坚持以新型工业化为主导力量，以工业理念谋划农业、以城市眼光改善农村、以现代文明引导农民、以人本思想推进改革，先后提出了“四个第一”、“四个一切”的理念和“四化”道路，即发展第一要务，稳定第一责任，项目第一抓手，环境第一要素；发展决定一切，创新重于一切，民生高于一切，实干推动一切；集群化、差异化、品牌化、一体化；夷陵经济社会由此走上快车道：

一是规模总量快速壮大。连续多年主要经济指标年增幅保持在30%以上。2009年，全区规模工业产值突破两百亿元大关，地税收入在全省县市区率先过10亿元，农产品加工产值突破百亿元大关，县域经济发展跃居全省第四位。全区有3个乡镇财政收入过亿元，城镇居民人均可支配收入12691元，农民人均纯收入6048元，分别比2006年增长44%、48.5%。

二是产业发展特色鲜明。农业上，“橘都茶乡”初具规模，柑橘总面积居全国第6位，产值居全国第5位；茶叶面积居全国第21位，效益居全国第11位；生猪出栏90万头，进入全国生猪调出大县行列。工业上，食品饮料、化工医药、机电、建材、包装五大工业支柱产业快速壮大。产值过亿元的企业达到28家、过20亿元的企业2家。夷陵经济开发区成功升格为省级开发区，入园企业达到259家，规模工业产值105亿元。稻花香白酒、萧氏茗茶成为中国驰名商标。旅游、商贸、房地产等第三产业活力迸发，长江市场、三峡茶城年均交易额都超过10亿元。

三是项目建设硕果累累。2003年以来，年均引进投资500万元以上的项目40多个，其中先后引进投资5000万元以上项目76个、亿元以上的项目35个；累计争取国家项目资金9.3亿元，落实对口支援无偿援助项目130个、到位资金1.5亿元。

四是城乡面貌日新月异。在经济快速发展的同时，城乡面貌也发生了深刻变化。小溪塔城区已拓展成为12平方公里、12万人的新城，一栋栋设计新颖、美观大方的高楼拔地而起，人均绿化面积超过8平方米，森林覆盖率达到53%，“车在林中走，人在画中游”，小溪塔已成为宜昌建设省域副中心城市的主战场。在广袤的夷陵乡村，小洋房取代了土坯房，水泥路串村进户，自来水引进了厨房，手机揣进了农民腰包，太阳能爬上了农民屋顶，沼气池代替了柴火小灶，文明新风进入了千家万户。夷陵区城乡统筹的道路越走越宽、越走越活。一个产业优势明显、人民生活宽裕、文化特色鲜明、生态环境优美、社会安定和谐的特色新区已具雏形。

二、主要作法

回顾过去几年城乡一体化发展历程，我们主要是做到了“八个统筹、八个坚持”：

（一） 统筹科学规划，坚持全域覆盖。充分发挥规划在城乡一体化发展中的龙头和先导作用，将农村和城市放在同等重要的位置，通盘考虑，统筹规划。全区按不同层次、不同深度编制规划，做到了中心城区修建性详规全覆盖，区域重点镇控制性详规全覆盖，一般乡镇、中心村、一般村的建设规划全覆盖，构建了中心城区、区域重点镇、一般乡镇、中心村、一般村5位一体发展格局。主城区围绕打造省域副中心城市的生态园林城区，形成了小溪塔老城区、发展大道新区、长江市场片区、夷陵经济开发区“三区一片”竞相发展格局；10个乡镇根据各自区位、资源、产业、人口等方面特点，分别制定规划，形成了中国磷矿第一镇樟村坪、全国知名“酒城”龙泉、食品工业大镇鸦鹊岭、中国有机茶第一乡邓村、新型建材大乡黄花、旅游明星镇三斗坪等一批特色乡镇；185个中心村全面完成新农村建设规划，使各村新农村建设有章可依、有规可循。

（二）统筹试点示范，坚持典型引路。采取试点引路、经验共享、有序推进的办法，形成“一区四点”的试点格局，破解城乡一体化发展难题，起到了“四两拨千斤”的作用。一是设立城乡一体化试验区。将小溪塔街道14.8平方公里的“2村1居1场”重新规划，设立发展大道新区，实行“党委+指挥部+城投公司”的全新运行模式，大力发展城市经济、总部经济、会展经济。二是开展农村土地流转试点。在黄花乡成立农村集体资产交易中心，并在全省率先实现整体推进。通过统一规范集体资产流转，激活了农村集体经济活力，2009年，全区农村集体资产交易过亿元，盘活集体资产5000余万元，流转土地和荒山25000多亩；在军田坝村、南村坪村成立股份合作社，将村集体资产折成股份分配到村民手中，使农民成为集体经济真正主人。三是大力建设新农村示范点。全区确定了20个新农村建设试点村，通过大力建设，涌现出荣获全省先进基层党组织的雷家畈、高山明珠殷家坪、旅游明星村石牌村等一批远近闻名的示范村。全省新农村建设试点乡镇龙泉镇被纳入全国发展改革试点镇，成为国家级的试点单位。四是开展循环农业经济试点。将发展循环经济作为破解“三农问题”的重要举措，积极争创全省循环农业经济示范区，先后编制了循环农业发展“1+9”规划，形成了“围绕一个目标、依靠两大主体、建设三大走廊、推进四大循环”的总体思路。稻花香集团利用产业优势，实施“三百战略”，探索出“绿色种植—食品加工—全混饲料—规模养殖—有机肥料”的“五级循环”发展模式，带动当地农民走上绿色致富道路。五是开展新型农民教育试点。把新型农民教育作为推进城乡一体化的重要抓手，先后在太平溪镇许家冲村、鸦鹊岭镇梅店村开展以“五讲五评”、“六比六看”为主要内容的农民教育活动，将村民培养成为勤劳致富的好能手、遵纪守法的好公民、扶贫帮困的好党员、教育子女的好家长、热心公益的好青年、主张正义的好村民。

（三）统筹空间布局，坚持功能互补。按照“城区借市发展，郊区借力发展，坝区借机发展，山区借位发展”的思路，合理布局产业，科学功能分区，推动城乡产业互促、功能互补。在中心城区，围绕宜昌建设省域副中心城市，加快融入主城区，形成了冯家湾长江市场、三峡茶城商贸物流中心、丁家坝生态安居中心、老城区商业政治文化中心等“三大中心”。在城郊地带，以夷陵经济开发区为龙头，打造小鸦工业经济带、开发区十里工业新区、发展大道十里城市新区和小溪塔、龙泉、鸦鹊岭、黄花、乐天溪五大工业园区，形成了“一带两区五园”的发展格局。在三峡库坝区，放大旅游资源，形成了以“两坝一峡”为核心，以三峡人家、杨家溪漂流、晓峰旅游景区等为主体的环三峡大坝旅游经济圈。

在西北山区和中部丘陵地带，结合地域条件，形成了小鸦路“百里精品柑橘走廊”、宜大路“百里高效茶叶走廊”、黄柏河流域“百里生态林业走廊”，实现了产业布局的全覆盖。

（四）统筹产业发展，坚持夯实基础。一是产业聚焦。推动工业企业向主导产业聚集、向配套产业延伸，大力发展食品饮料、机电、化工医药、新型建材、纺织包装等五大经济板块。以稻花香、长江高科电缆、中孚化工等企业为依托，举全区之力打造食品饮料、机械电子、精细化工三个百亿集群。2009年，三大集群实现产值184.1亿元，占规模工业经济总量的89%。围绕“橘都茶乡”目标，大力实施精品橘园、高效茶园和标准养殖园“三园示范”工程，全区柑橘总面积达到33万亩，总产量达40万吨；茶叶面积达到17.6万亩，总产1万吨，畜牧业产值突破15亿元。二是园区引领。以夷陵经济开发区为龙头，着力构建以园区经济为特征的板块经济发展模式，初步形成了小溪塔轻型综合工业园、鸦鹊岭食品工业园、龙泉酒类饮品工业园、黄花新型建材工业园、三峡移民生态工业园等“一区多园”发展格局。抢抓“四个一批”工程实施机遇，加快百亿农产品加工区建设，培育了稻花香白酒、晓曦红柑橘、邓村绿茶、萧氏茗茶、昌伟家禽等一大批知名品牌，夷陵农产品加工园被纳入全省首批重点农业产业化示范园区，入园市级以上龙头企业24家，农产品加工产值达到106亿元。三是提升三产。以宜昌构建半小时经济圈为契机，大力发展物流经济、提升旅游经济、做活商贸经济、壮大房地产经济，做大做强城市经济龙头，努力提高现代服务业在三次产业中的占比，不断优化产业结构。先后引进培育了三峡环坝、三峡晓峰两大旅游集团，建成国家4A级景区4个、3A级景区2个，荣膺“湖北省旅游强区”。

（五）统筹设施建设，坚持优化环境。坚持以城带乡，以惠民计划为载体，连续3年实施三大工程，推进城乡基础设施同步改善。一是实施城乡道路通畅工程。硬化农村公路里程2795公里，使水泥路通村率达到100%，新建了宜巴路、大千路、两金路等交通干线，开通农村客运专线82条，174个行政村通客车，占行政村总数的94.5%。先后改造4条城市主干道，拉通四大通道，改善了与宜昌主城区的通行条件。二是实施城市提档升级工程。坚持大投入、大建设、大配套，先后投入10亿多元，实施城市拓展、道路黑化、街景立面改造、旧城改造，实现了绿化、美化、亮化，城区整体形象大为提升。三是实施公共设施覆盖工程。统筹推进城乡水、电、路、有线电视、信息网络等基础设施建设，先后2次进行农村电网改造，大力推进农村有线电视、宽带、广播村村通工程。目前，全区50%的村通有线电视、30%的村通宽带、100%的村通广播。先后兴建各类饮水工程1892处，解决14.7万人的饮水问题，使农村群众都喝上了放心水。

（六）统筹公共服务，坚持重点投入。突出教育、医疗卫生、文化建设三大重点。通过推进均等化的公共服务，让公共财政的阳光惠及城乡普通群众。一是大力推行义务教育均衡化发展。近3年来，投资近3亿元实施了校点布局调整工程、薄弱学校改造工程、办学标准化工程，先后合并中小学76所、改造19所、新建2所，初步实现城乡办学条件同等化；通过完善政策和制度，实现教师资源合理分配，外来务工人员、进城务工人员子女在就学方面享受市民同等待遇，基本实现学有所教。2009年我区荣膺“全国推进义务教育均衡发展工作先进地区”。二是大力发展城乡医疗卫生事业。通过实施城镇职工基本医疗保险、特困人群医疗保险、新型农村合作医疗、大病救助等措施，医疗保险覆盖全区99%以上的群众。投资数千万元，对11个乡镇卫生院实行整体改造，对200个村卫生室实行标准化建设，新建夷陵医院大楼，大力培训镇、村两级医疗卫生人员，全面改善医疗条件和服务水平，基本实现病有所医。三是大力发展城乡文化。实施文化强区战略，全面开展乡镇文化站改造工程，建成100个文化信息资源共享工程基层服务点、100个农家书屋和40个农村体育活动室，使群众文化活动有了固定场所；大力挖掘发扬地方文化，樟村坪镇、雾渡河镇分别被命名为“湖北省民乐之乡”、“湖北省民歌之乡”；宜昌丝竹、下堡坪民间故事、峡江号子入选国家非物质文化遗产保护名录；坚持深入开展全民健身运动和文体活动，促进了人的全面发展，我区荣获“全国文化工作先进县”。

（七）统筹基本保障，坚持创新提高。一是城乡住房保障。在行政事业单位开展了住房货币化改革工作；实施了边远山区教师、医生安居工程；筹资1444万元为城区中低收入者建设廉租住房；大力推进农村住房改造工程，先后改造峡江风格住房1966栋、矿区住房400多栋、土坯房1500多栋，农村居住环境得到有效改善，基本实现住有所居。二是城乡社会保障。不断扩大社会保险覆盖面，将乡村干部、民办教师、乡村医生、乡村兽医、被征地农民等特殊群体全纳入社保范围，参保人数达到27万多人次；不断完善社会救助体系，4450户9500人纳入城市低保，5724户13789人纳入农村低保，1942名五保户集中供养；投资2450万元新建区福利院，对7个农村福利院进行了改造升级，基本实现老有所养。三是社会稳定保障。建立完善了“三级中心五级网络”维稳机制、矛盾纠纷“大调解”机制，加强社会治安综合治理基层基础建设，不断完善群防群治和社会治安防控体系。开展了道路交通安全社会化管理工作，经验在全省、全国推广，全区保持了稳定、和谐、安宁的良好局面。

（八）统筹城乡党建，坚持载体激活。统筹推进农村、社区、企业、机关党建，使党组织成为推动城乡一体化的领头羊。在农村，以“三级联创”为载体，积极推行党建联合社、党务综合服务社、农村无职党员听证会制度，探索实行了到困难党员、群众家庭召开党组织民主生活会、邀请普通群众代表列席生活会等形式。在企业，通过深化“红领”行动，积极实行非公企业值班书记制，大力开展“百名党代表进百企”活动，推进企业党员活动中心建设，努力提升非公党建规范化水平。在社区，开展了在职党员进社区活动，深化社区党建工作示范点创建，理顺社区党员组织关系，推动社区服务功能不断完善。在机关，坚持一年一个主题创建满意机关，先后开展了“五型”机关创建、效能建设和作风建设年等活动，机关效率不断提高。连续 10 年开展“千名干部万户行”活动，组织开展了“城乡互联，结对共建”活动，区直机关累计帮扶资金 1 亿多元，兴建项目 300 多个，帮助发展专业村、生态家园示范村 170 多个。

三、几点体会

认真总结这几年城乡统筹发展成果，我们主要有以下几点启示：

1、必须思想先行，打破在三农问题上的思想偏见。思想是先导，必须从思想上深刻认识到形成城乡二元结构的深层次原因，引导全区党员干部变无为为有为，把统筹城乡发展，推进城乡一体化作为破解农业、农村、农民问题的根本出路。在对待三农问题的态度上由“绕开走”转为“主动上”，将城乡一体化真正作为转变发展方式推动区域经济社会科学发展的重要举措。

2、必须产业主导，夯实城乡一体化的经济基础。统筹城乡发展，产业是核心，是关键。只有经济发展了，才有足够的资源和实力推动城镇化和新农村建设。夷陵在城乡一体化过程中，坚持三次产业协调发展，既做大总量又注重质量。在城郊、开发区大力发展现代工业；在农村大力发展现代农业；在城区、坝区努力发展商贸、房产、金融、精品旅游等第三产业。同时，大力发展循环经济、低碳经济、绿色经济，努力构建优势互补、良性互动、协调发展的产业发展新格局，为城乡一体化打下坚实的产业基础。

3、必须机制保障，破除城乡一体化的制度性障碍。城乡一体化必须要有制度来保障。我们将城乡一体化上升为全区战略，从整体规划、产业发展、设施建设、公共服务等方面细化制度加以推进，先后出台《关于支持西北山区经济和社会加快发展的决定》、《关于加快三峡库区产业经济发展的意见》、《关于化解地矿矛盾构建和谐矿区的意见》、《关于加强农业基础设施建设促进农村经济社会又好又快发展的意见》、《“惠民计划”实施方案》、《被征地农民基本养老保险办法》等一系列制度，坚持以工哺农、以城带乡、整村推进机制，坚持区直单位和重点企业联系帮扶贫困村制度，坚持实施“千名干部万户行”活动，使推进城乡一体化推进有序，保障有力。

4、必须设施奠基，推动城乡面貌整体提升。基础设施一体化是城乡一体化的重要标志，是统筹城乡发展的重要条件。统筹城乡必须从“基础”做起，加快推进城乡基础设施建设，促进城乡面貌整体改善。近年来，我们在大力改善城区面貌，使城区更绿、更美、更亮的基础上，坚持公共财政、优惠政策向农村倾斜，花大力改善农村基础设施，使农村生产生活条件得到全面改善，路通了、水清了、山秀了，农村由“穷苦山沟”变成了“秀美农庄”，成为全区城乡一体化成果的最好见证。

5、 必须环境推动，以良好的环境加快城乡一体化进程。环境是生存之本、发展之基。一是要保持良好的生态环境。良好的生态环境是可持续发展的“最大本钱”，自然生态是农村带给城市的“最好礼物”。城乡一体化必须以保护自然生态环境为前提，一体化应该是绿色的一体化、生态的一体化。二是要打造高效的政务环境。我们通过推行“一站式”、“保姆式”、“直通车”服务，变“被动服务”为“主动服务”、变“坐等服务”为“上门服务”、变“单一服务”为“联合服务”，推行了项目服务制、绿色农产品直通车、民情大沟通等服务机制，创造了以江重机械为代表的项目建设“宜昌速度”，营造了良好的发展环境，为城乡一体化架设了“高速路”。

（省委政研室《调查与研究》第 9 期采用 ）

加快经济结构调整 促进发展方式转变

刘洪福

加快结构调整是提升经济核心竞争力和促进发展方式转变的重要手段。发展是人民的迫切愿望，是时代的永恒主题，但发展决不能以牺牲环境、浪费资源和扩大城乡差距为代价，必须坚持全面、协调和可持续发展，按照“城乡一体化、产业集群化、企业集团化、产品品牌化”思路，加快经济结构调整，促进发展方式转变，在调整中促转变，在转变中促发展。

推进城乡一体化发展，构建经济支撑体系

按照“城区借市发展、郊区借力发展、坝区借机发展、山区借位发展”的思路，充分发挥比较优势，着力构建以城市经济为龙头、乡镇经济为基础的支撑体系，推动城乡发展互动、产业互融、优势互补、功能互用。实施“一带两区五园”战略，倾力打造小鸦工业经济带、开发区十里工业新区、发展大道十里城市新区和小溪塔、龙泉、鸦鹊岭、黄花、乐天溪五大特色工业园区。大力发展城市经济，借助紧邻主城区的区位、市场优势，强力推进工业强区，加快发展现代服务业，努力拓展城市发展空间和产业发展空间，做强城市经济龙头。大力发展园区经济，支持郊区借助城市经济的辐射带动作用，加快建设工农互补、产业融合和协调配套的特色工业园区，壮大经济规模，提升发展质量。大力发展旅游经济、物流经济。抢抓三峡工程后续规划实施和全省“两圈一带”建设机遇，充分发挥三峡工程巨大的品牌优势，积极争取坝库区产业发展政策和企地共建支持，促进坝库区产业转型，推动坝区旅游、物流和生态工业经济加快发展。大力发展飞地经济，支持山区在培植主导产业和增强自我发展能力的基础上，借助开发区及园区的区位优势，打破区域限制，异地借位发展，形成优势互补、城乡联动、携手发展的新格局。

推进产业集群化发展，提升产业集聚水平

按照“优势产业做强，传统产业做精，新兴产业做大”的思路，推进产业发展向主导产业聚集、向配套产业延伸、向龙头企业对接。大力引导食品饮料产业向绿色食品、有机食品领域发展，机械电子产业向装备制造、光电信息领域延伸，化工医药产业向精细化工、生物工程领域拓展，建材产业向干法水泥、石材、石墨、镁橄榄石、页岩陶粒精深加工领域迈进，包装纺织产业向低消耗、低污染、高效益生产经营和协作配套方向转型，推进五大优势产业以食品饮料、矿产采掘为主向食品饮料、机械电子、精细化工并驾齐驱转变，全力打造三大百亿产业集群。积极引导农业向农产品加工区链接发展，加快无公害、绿色农产品和特色产业基地建设，推进农业集约化、规模化、标准化和专业化生产，全面提升农业产业化经营水平。推进第三产业以生活型服务业为主向生产型和生活型服务业并重转变，促进物流、金融、房地产等现代服务业与工业、农业配套发展，努力提高第三产业增加值占地区生产总值的比重。

推进企业集团化发展，培育孵化领军企业

坚持优势资源向领军企业、骨干企业和优势企业优先配置，壮大企业规模，促进产业整合，形成企业集群。培优壮强一批。继续推行企业直通车服务，全面落实中小企业优惠政策，全力打造稻花香、长江电缆两大百亿强企，重点支持江重机械、娃哈哈饮料、德凌铜、萧氏集团、柳树沟精细化工等市场竞争力强、前景广阔的骨干企业建设十亿企业，支持华润红旗、均瑶乳业、中孚化工、宏裕塑业、三峡泵业等有市场、有影响的企业发展壮大，着力扶优壮强一批龙头带动型、优势互补型、产业链接型、增量扩张型的集团化企业，确保当年产值过70亿元的领军企业1家、过10亿元的3家以上、过亿元的企业36家，规模工业企业突破200家。嫁接改造一批。大力引进国内外知名大集团、大财团和高新技术企业，高位嫁接一批传统产业，推进企业技术改造、产品研发和更新，推进战略性新兴产业发展。出台鼓励民间投资的优惠政策，激发民间投资活力，加快推进小溪塔创业经济园的规划建设。整合淘汰一批。鼓励、引导优强企业通过股权并购、资产重组、完善法人治理结构和上市等途径，整合企业资源，淘汰落后产能。大力发展低碳经济，强力推进重点工程和重点领域的节能减排，实现资源综合利用和企业清洁生产。依法淘汰和关闭污染大、能耗高的企业及产能。

推进产品品牌化发展，增强市场竞争力

大力实施精品名牌战略。抢抓国家重点产业调整振兴规划实施的政策机遇，引导中小企业充分利用现有厂房和土地，增置新设备，改进老工艺，引导市场主体推动技术装备升级和产品更新换代，提高产品品牌的市场认可度和竞争力，积极争创省级名牌产品、著名商标和国家级名牌产品、驰名商标，逐步实现由低端产品向高端产品、传统产品向高科技产品、初加工产品向深加工产品转变。强化企业创新主体地位。引导企业建立技术中心和多渠道、高效率的创新投入体系，加快推进企业关键、共性技术实现新突破，着力培育一批拥有自主知识产权、竞争优势明显的高新技术企业和产品。大力支持磷化企业加强技术改造和工艺革新，坚持以质取胜、以管增效，全力打造全国重要的矿化工业基地。重点支持柳树沟精细化工、弘洋硅酸钙板、中科恒达石墨、宏裕塑业、伟志光电、时创科技、硅谷电子等高新技术企业开发新产品。出台结构调整政策措施。全面落实中小企业技术改造贷款贴息补助等优惠政策，对重点骨干企业、优势产品和技改项目，建立区级领导联系制度，经常性地开展调研分析和协调解决具体困难。同时，运用信息技术改造提升传统产业，实现研发设计规范化、生产控制自动化和经营管理流程化，加快推进信息化与工业化融合。

（发表于《咨询与决策》2010年第5期）

土地一“转”天地宽

——宜昌市夷陵区农村土地流转工作的实践与思考

刘洪福

土地是农民的“命根子”。土地政策是党的农村政策的基石。只有把农民心中的“命根子”变成农民手里的“钱袋子”，才能使党的政策基石更加稳固，才能稳步推进社会主义新农村建设。土地承包经营权流转是实现这个目标的有效途径，夷陵区在农村土地流转服务工作进行了一些尝试和探讨，取得了一定成效。

现状与模式

截至目前，全区共流转土地 7098 起，流转土地面积 23244 亩，涉及农户 1.38 万户，分别占全区总耕地面积 5.8%、总农户数的 10%。我区的农村土地流转基本实现了由无序自发流转向政府引导的依法、自愿、有偿规范流转转变。主要有以下四种模式。

一是企业联动流转。我区是“两坝一峡”所在地，具有得天独厚的自然、人文景观旅游资源，全区旅游业呈现良好的发展势头，但旅游产业所需绿化美化的面积较大，用地问题一直困扰着企业的发展。为了解决这一瓶颈问题，我们采取了凡是用地不改变农业性质的实行土地流转。如三峡环坝旅游集团在三峡极顶风景区流转土地 4000 亩，有效地解决了风景区用地问题。

二是产业带动流转。为加快打造全国知名“橘都茶乡”步伐，我区着力培育壮大柑橘、茶叶、优质畜牧三大主导产业。板块经济的壮大带动了土地流转。邓村绿茶集团公司在乐天溪镇采取“先流转土地、再标准建园、后农民返租”的经营模式，连片建设高标准茶园 600 亩，达到了“茶园良种化、种植标准化、生产集约化、管理规范化、加工现代化、销售品牌化”的“六化”要求。

三是农民自发流转。近年来，我区大力发展农村劳务经济，取得了较为明显的效果。2009 年全区外出务工人员 7 万人，务工收入 7 亿元，占农民人均纯收入 10%以上。外出务工农民的土地为了不撂荒，自发对承包土地进行了流转。如白洋坪村的郭兆伍将黄花场村五组 48 个农户耕种的 10 亩土地按照 150 元/亩的价格租赁 23 年，现在全部栽上了柑橘。

四是政府引导流转。我区建立了区、乡、村三级土地流转网络。即成立了全区农村承包合同仲裁委员会，建立了仲裁庭；各乡镇（街办、开发区）成立土地承包合同管理委员会，建立土地流转服务中心，具体负责土地流转工作；各村成立承包合同管理小组。黄花乡农村土地流转中心成立以来，已成交 185 笔土地流转，流转面积 1402 亩，被当地农民誉为“土地超市”。

成效和问题

我区自 2006 年建立三级流转网络以来，土地流转工作正式步入了规范化、程序化轨道，得到了人民群众和各级领导的一致好评。2009 年 5 月，农业部在我区召

开全国集体资产产权制度改革经验交流会议，我区的“三建三抓”工作经验在全国推广。总的来说，我区土地流转工作主要取得了四大成效。

一是“转”出了规模。通过创新农村土地流转机制，全区土地流转大幅上升，土地适度规模经营发展迅速，农村土地逐步向种田大户、种田能手集中，农民对土地的投资也有较大增长。宜昌金禾环境有限公司在黄花乡军田坝村以 400 元/亩的价格，租赁 80 个农户的 77.19 亩土地，建成高标准的苗圃基地 150 亩，带动周边农户种植苗木 150 多亩。

二是“转”出了效益。通过土地流转的规范有序推进，我区农业实现了土地规模集约经营、先进生产设施技术广泛运用、农民收入大幅度提升的多赢效果。萧氏茶叶集团在雾渡河清江坪村按照 800 元/亩的价格流转土地近千亩，投资 1200 多万元，全套引进日本设备，高标准建设茶叶标准示范园，预计五年后茶园每亩收入将达到 1 万元。

三是“转”出了活力。土地流转机制的形成，使得土地这一关键的生产要素实现了合理有序流动，有效地激活了农村生产要素市场，带动了农村经济快速健康发展。军田坝村通过土地流转，引进培育各类企业 16 家，2009 年该村实现农村经济总收入 1.02 亿元，其中工业总产值 8000 万元，村组积累达 400 多万元。2009 年被命名为“全省新农村建设示范村”。

四是“转”出了和谐。土地流转中心为当事人双方平等协商提供了平台，提供了规范的流转合同，将双方的权利、义务、价款、时限等规定的较为清楚，使流转工作始终在阳光下运作，从源头上消除了因土地流转引发的矛盾纠纷隐患，为新农村建设创造了和谐的社会环境。据统计，2008 年全区土地纠纷 222 起，2009 年减少到 202 起，下降 9%。

虽然我区土地流转工作取得了一定成效，但是仍然存在一些不容忽视的问题，主要有以下几个方面：

1、流转规模小。主要表现在两个方面：一是大部分的土地是在农户之间流转，土地流转规模较小，流转期限较短，集中程度不高，规模效益难以凸显。二是土地流转的预期收益达不到群众的期望值，土地流转缺少吸引力，不少群众积极性不高。

2、发展不平衡。总的来说，越是自然条件好、经济发展快的区域流转较多，效益较好；越是条件恶劣、贫困落后的区域流转困难较大。有龙头企业带动的区域，土地流转规模较大；而没有龙头企业落户的地区则土地流转是一潭死水。

3、引导力度小。城乡土地利用总体规划和产业发展规划较为滞后，各地对土地流转后的利用没有正确引导。一方面造成少数地方产业发展杂乱无章，难以形成产业优势；另一方面少数形成主导产业的区域出现了“插花”，影响优势产业的发展。

4、服务能力弱。乡镇土地流转服务中心是政府搭建的土地流转平台，具体负责土地流转工作，但是普遍存在人员老化、设备落后、宣传不力等问题，导致土地流转服务工作跟不上农村的变化形势，满足不了人民群众的流转需要。

对策及建议

我区是一个山区农业大县，人多地少一直是制约我区农村经济快速持续发展的瓶颈问题，随着城镇化的加速推进、农村人口老龄化问题日益突出、二三产业的快速发展等，农村土地流转必将成为我区发展现代农业、促进农民持续增收有效途径。结合当前实际，土地流转工作要在“四转”上下工夫。

1、农民要“转”思路。当前，由于对土地流转政策的宣传不够深入，群众对土地流转的认识还存在误区，主要表现为：部分农民担心流转合同如“卖身契”，会丧失土地经营权，失去生活的最低“保障线”，不愿离开土地，或者宁可粗放经营，外出打工也不愿转包出去。针对这种担忧，必须进一步正确引导，转变思想，打消农民群众的顾虑。一是用形式多样的宣传感染农民。农民是土地流转的主体。让农民主动积极地参与土地流转，是加快土地流转的前提。当前，要结合贯彻落实党的十七届三中全会精神和学习实践科学发展观活动，广泛运用各种宣传工具和丰富多彩的宣传形式，大力宣传土地流转的重要意义和《土地承包法》、《合同法》等有关政策法规，形成正确的舆论导向，层层统一干部群众思想。二是用群众身边的典型引领农民。榜样的力量是无穷的。要通过“千名干部万户行”活动等有效载体，深入基层、深入群众，充分挖掘土地流转发家致富的先进典型，帮助农民算好对比增收账，引导群众转变思想，激发群众参与土地流转的热情。三是以优惠实在的政策激励农民。研究制定激励政策，比如对土地集中连片流转达到一定规模且经营达到一定年限的流入或流出方给予财政补贴，提高各方对土地流转的积极性，促进农村土地的规模化流转。特别对自然条件较差的区域更要特殊对待，对土地流转达到一定规模的，不仅享受财政补贴，并且优先给予项目资金支持。

2、业主要“转”方式。据调查，当前我区土地流转主要采取租赁的方式，这种方式的优点是程序相对简便，双方权利义务比较明晰；缺点是利益协商难度较大，“后遗症”较多。比如流转价格、支付方式、权益划分等细节问题双方差距较大。针对这种现状，必须做到“三个创新”。一是创新流转方式。龙头企业和专业大户在开展土地流转过程中，不仅要充分考虑自身的实际情况和流转收益等问题，而且要尊重群众的意愿，兼顾群众的利益，灵活多样地采取转包、出租、互换、转让、入股等方式来完成土地流转，最大程度的实现土地流转双赢、共赢的局面。二是创新经营方式。要坚持以经济利益为纽带，创新“公司+基地+农户”、“公司+协会+农户”等产业化经营模式，与流转农民建立紧密的合作关系。比如按照市场机制将承包农户的承包地折价入股或者量化成股份，探索“工资+分成”等利益联结机制，真正和农民形成风险共担、利益均沾的利益共同体，确保生产经营的稳定。三是创新生产方式。龙头企业和专业大户在完成土地流转后，要建立稳定的投入机制，积极开展基础设施建设和技术改造等工作，大力开展新品种、新技术、新工艺、新设备的引进、研发和推广，努力提高产品档次和企业的市场竞争力，最大限度地发挥土地潜在效益，形成“聚土生金”的良好局面。

3、产业要“转”结构。截至目前，我区柑橘面积达到35万亩，产量40万吨，茶叶面积17万亩，产量突破1万吨，生猪出栏90万头，基本形成了“东边柑橘西边茶，中部桑蚕果药杂，全区畜牧及其他”的产业格局。面对当前农村土地流转迅猛的发展形势，我们必须未雨绸缪，进一步聚焦三大主导产业，调整优化产业布局，加快发展现代农业。一是强化规划保障。要加快编制和修订城乡土地利用总体规划和产业发展规划，把握土地流转的主动权，对土地流转的范围和流转土地的利用进行科学规划，明确哪些土地可以用于流转，哪些土地不可以流转，土地流转用于发展哪些产业，防止土地流转后不久又因基础设施建设等原因被征用，对土地流转工作造成不利影响。二是突出发展重点。要以发展循环农业经济为导向，加快建设“小鸦路百里精品柑橘走廊”、“宜大路百里高效茶叶走廊”和“黄柏河百里林业生态走廊”“三大走廊”，继续推进以建设精品橘园、高效茶园和标准养殖园为主要内容的“三园示范”工程。力争到2015年，全区柑橘面积35万吨，综合收入6亿元，优质果率85%以上，商品率95%以上；茶叶20万亩，高效茶园10万亩，优质茶比重达到60%，产值4亿元，生猪出栏突破100万头。三是完善产业体系。抢抓实施“四个一批”工程机遇，培育壮大稻花香、三峡茶城、萧氏茶叶、邓村绿茶、晓曦红柑橘、昌伟农贸等农业产业化重点龙头企业。加快推进夷陵经济开发区农产品加工园区和黄金卡萧氏农产品加工园区建设。力争到2015年，全区农产品加工产值突破300亿元。

4、政府要“转”职能。一是要加强领导。各级各部门要充分认识到农村土地流转工作的重要性、紧迫性，准确把握总体要求和原则，正确指导农村土地承包经营权规范有序流转。进一步完善三级网络建设，抓好流转服务队伍建设，不断提高干部职工的业务能力和服务水平。进一步抓好调查研究，适时出台《关于加快推进农村土地流转促进农业规模经营的实施办法》，明确土地开发利用、权益保障、环境、信贷、服务、管理等方面的政策支持，建立土地流转的长效机制。二是要搞好服务。加强农村劳动力的专业技能培训，提高农民的专业技能和职业素质，增强农民从业能力和再就业能力。拓宽非农就业渠道，加速农村劳动力有序转移，让更多的农村富余劳动力走出去。落实进城落户农民的市民待遇，平等解决住房、社保、就业、子女入学等问题，在农村内部加快建立健全新型合作医疗、养老保险、五保供养、就业引导和最低生活保障制度，加大对农村困难群体的救助扶持力度，消除农民流转土地的后顾之忧。三是要抓好监管。土地流转必须在原有承包关系保持稳定并长久不变的前提下，按照“三个不得”的要求，即不得改变土地集体所有性质，不得改变土地用途，不得损害农民土地承包权益，大胆创新探索土地流转的新路子。建立健全土地储备、土地评估、规划引导、信息发布、监督管理、矛盾调处等制度，确保土地流转工作规范有序。

顺民心遂民愿的有益尝试

赵军　彭涛　田国亮

今年3月，湖北宜昌市夷陵区樟村坪镇的人大代表、董家河村村主任、民祥工贸有限公司总经理陈发智，在该区三届人大四次会议、区三级干部会上介绍了该村2009年办企业、将村民变为企业员工、花费160万元为村民缴养老保险费、发放养老生活补助、从根本上解决了村民养老问题的做法，引起与会代表的极大兴趣。在详细了解其具体操作办法后，一些经济条件好的村随即向区政府、区人力资源和社会保障局提出请求，要求效仿解决村民养老的问题。

当前，全国开展新型农村养老保险试点的地区仅10%、大宜昌市范围只有宜都市被纳入，在国家新农保政策没有全面实施、城镇企业职工养老保险政策对参保人员有政策性限制、“新农合”已基本解决村民看病难题的大背景下，如何顺应民生诉求解决当前有条件的乡村村民养老问题，正式成为夷陵区劳动保障局创造性地落实“服务和保障民生”神圣职责的一项重要工作。

民生诉求：我要参保

董家河村位于夷陵区樟村坪镇，有丰富的磷矿开采资源和农村劳动力。近几年，该村在村主任陈发智的带领下，集体经济快速发展、实力不断增强，村民在集体经济的发展壮大中也逐步致富。随着村民的富裕，村民普遍认为“病有所医”的问题已经解决，“老有所养”的问题应该是当前村委会、村民除发展外所关心的第一大事，提出是否可以采取纳入社会保险的方式进行补偿，彻底解决村民养老的后顾之忧。

夷陵区早在 1993 年就实行了“全方位一体化”的企业养老保险政策，实现企业职工及灵活就业人员的全覆盖；1999 年开始逐步将村干部全部纳入参保范围，2008 年更是先后将 80 余名乡村兽医、260 余名民办教师、6000 余名坝区移民、8000 余名被征地农民纳入养老保险范围，今年又将城镇超龄职工纳入了社保范围，实现了除纯农民身份之外各类群体的 100%参保。区政府也把解决各类群体参保问题列为政府年度民生工程之一对社会公开承诺并兑现，全区形成了百姓踊跃、企业支持、部门协作、政府重视的社会保险工作氛围。加上国家连续调整企业退休人员养老金待遇，新养老保险政策纷纷出台，“参加养老保险就能养老无忧”已成为群众的共识，全区形成了非常好的社会保险工作群众基础。

当前大好的社保形势也激发了广大村民的参保热情，董家河村全体村民经过一致讨论、表决，由村委会以全体村民的名义向樟村坪镇政府、区劳动保障局提出全员参加养老保险的请求，村主任陈发智也以人大代表的身份在 2009 年 3 月、5 月先后两次提出书面建议，将村民参保上升到解决地矿矛盾、构建和谐社会的高度，强烈要求将董家河村作为全区村级养老保险工作试点，彻底解决矿区老百姓“老有所养”的问题。全体村民的公开信、特别是陈发智的两次人大建议引起了樟村坪政府、区人大办、区政府办的高度关注，要求区劳动保障部门对全体村民的要求予以重视和研究解决。

回应民生：您能参保

夷陵区企业养老保险工作虽然开展得早，但受政策限制，扩面对象一直限于城镇户口人员和在城镇企业连续工作的农民工，虽然在 2008 年将被征地农民及移民纳入养老保险范围，但对参保对象的资格也是由多部门参与、严格的审查，目前还没有将村办企业所属“亦工亦农”的村民纳入企业养老保险参保范围，而是等新农保政策全面实施后，再将其纳入。因此，区劳动保障局在收到董家河村委会、樟村坪镇政府要求及陈发智第一次人大建议后，以新农保政策没有在本区实施、企业养老保险参保身份有要求为由予以“当前不能办理”分别给予了正式回复。

在收到陈发智第二次人大建议、区人大办、区政府办询问函后，区劳动保障局即责成社保局具体落实解决办法。区社保局由局长带队先后三次派出专班到董家河村实地调查，与陈发智、村委会干部、村民代表认真交流沟通，准确掌握村民的具体情况、要求，详细解释当前企业养老保险政策、社保机构的难处，取得村委会、村民的一致理解后，结合区情、董家河村情提出如下具体解决办法：

实现“老有所养”是社会主义新农村建设的基本要求，董家河村又是夷陵区新农村建设的试点村，区劳动保障局有责任和义务为新农村建设做贡献。当前，在夷陵区还未实施新农保政策、村民要求强烈、村集体有相应经济承担实力前提下，以不违背国家现行政策、坚持村民本人意愿、村民与集体共同承担缴费业务为原则，按企业职工 15 年最低缴费年限、男性 60 周岁、女性 55 周岁退休的标准，对男性不满 45 周岁、女性不满 40 周岁的村民，以村办企业民祥工贸公司职工身份参加企业养老保险，对男性不满 50 周岁、女性不满 45 周岁的村民允许以该企业职工身份向前补缴 5 年养老保险费，对有过村干部工作经历的可以补缴养老保险费的方式解决连续工龄；对男性满 55 周岁、女性满 45 周岁的村民，以该企业职工身份向前补缴 5 年养老保险费，再分别按灵活就业人员身份缴费满 15 年后办理退休。对已达到、超过退休年龄的村民，由村委会比照新农保试点区或被征地农民类似人员处理办法发放养老生活补助。此办法在得到董家河全体村民一致肯定后，区社保局于 2009 年 11 月为 390 名符合条件的村民以企业职工身份办理养老保险，董家河村委会在报请樟村坪镇政府同意，从 2010 年 1 月开始，对超龄无法参保的 280 名村民按每人每年 1600 元标准发放养老生活补助，并根据经济发展情况适时予以调整。

服务民生：贴心惠民

夷陵区劳动保障部门在樟村坪董家河村开展的村办企业养老保险试点，达到了既不突破当前政策规定、又创造性解决村民“老有所养”问题、兑现了民愿、得到各方肯定与赞许的最佳效果，这种有益尝试，正是基于对“稳定民生”的深刻认识，即“贴心惠民”。劳动保障部门是一个政策执行部门、也是一个政策和操作办法的制定机构，在形势快速发展、新问题层出不穷、群众社会保障意识日益高涨的今天，我们要实现创造性开展工作与维护群众权益的“双赢”，有必要在以下几方面多作文章：

理解政策要全面。由于各地经济发展水平不一、养老保险基金当期收支与累计结余差异大、群众对养老保险参保的认识各异，一些基层社保经办机构在对上级政策的理解上存在过分注重具体业务、操作办法的理解，没有完全将对业务政策与国家发展大政策进行有机结合，去大胆尝试理解，在具体工作中会相应制定局限性的操作规定、出台局限性的办法，虽然在短时间内取得一定的成效，但对整个地区社保工作的长期发展是不利的。

宣传政策要细致。目前执行的养老保险政策存在逐步完善和不断调整的特点，即便是劳动保障系统的工作人员，如果不是长期从事某项具体业务，对相应政策也不能完全掌握，更不说普通群众。目前的国情和发展趋势决定社会保险将是当前、今后的热点话题，其重要性和社会关注度不言而喻，这要求我们在宣传社会保险政策时一定要“具体对象具体讲解”、“能详尽详”、尽一切可能让群众既掌握最基本的社保知识和政策，又对我们的工作予以充分的理解。

执行政策要人本。我们在社保工作中，日常考虑更多的是基金支付问题，长期宣传的是“应保尽保，应缴尽缴”，过分强调对上级政策的严格执行，对不同群体提出的参保要求不能突破性、创造性、超前性制定相应办法，存在等、靠、看的思想。而党中央的态度相当鲜明，养老保险“全民参保”是大趋势，“落实与实施”又是党十七大的核心，我们有必要将“能保尽保、能缴尽缴”作为我们今后开展社保工作的基本出发点，贴心惠民地让群众得利。

制定办法要人性。夷陵区在解决董家河村民参保要求中，除全面考虑各方面政策因素外，处理办法“人性化”一直是工作的核心，因此针对不同年龄的村民提出了不同的处理办法，既有政策内的、也有创新性理解政策的，既考虑到当前工作的开展、也照顾今后新政策实施后对村民的影响，既有“公平”也有“效率”，因而受到各方的一致好评，这种有益尝试，也可为其他具备一定经济条件的村办企业解决员工老有所养问题作有益参考。

（2010年3月发表于《中国劳动保障报》）

夷陵概貌

责任编辑：王正玲

建置沿革

【历史沿革】 区境古属荆州之域。周初为夔国地；楚成王三十八年（前634）楚灭夔，乃归于楚并为其西疆边防要地。“水至此而夷，山至此而陵”，故名“夷陵”。楚顷襄王二十一年（前278）秦将白起“攻楚、拔郢、烧夷陵”，夷陵之名始见于史。秦始皇二十六年（前221）郡县天下，改夷陵置巫县。西汉置夷陵县，属南郡。东汉建安十三年（208），夷陵县属曹魏分南郡枝江以西所立之临江郡；建安十五年，属蜀由临江郡所改之宜都郡。三国吴黄武元年（222），改夷陵县为西陵县；晋太康元年（280），复改西陵县为夷陵县，属宜都郡。南北朝时，宋、齐均名夷陵县，属宜都郡。上述郡治均在夷陵县。梁改宜州，西魏改拓州，后周改陕州。隋大业三年（607）复夷陵县，并改陕州为夷陵郡；唐武德二年（619）夷陵县属由夷陵郡所改之陕州，州、郡治均在夷陵县。宋神宗元丰年间（1078～1085），夷陵县属由陕州所改之峡州；元至元十七年（1280）属由峡州所升之峡州路，州、路治均在夷陵。至正二十四年（1364）朱元璋攻取县境，撤销夷陵县，改峡州路为峡州府；旋降峡州府为峡州，直隶湖广行省。明洪武九年（1376），改峡州为夷陵州。清顺治五年（1648），改“夷陵”为“彝陵”。雍正十三年（1735），升彝陵州为宜昌府，并以原夷陵县境立东湖县。民国元年（1912）废宜昌府，改东湖县为宜昌县，先后隶属于荆宜道、湖北省第九行政督察区、湖北省第六行政督察区。1949年7月16日，中国人民解放军解放县城，县城及近郊划出设宜昌市；宜昌县隶属于湖北省宜昌专区，县直机关仍设市内。1970年7月，因兴建葛洲坝水利枢纽工程，县直机关从市内北迁小溪塔。1975年，宜昌专区改称宜昌地区，隶属关系不变。1992年4月始，宜昌县隶属于由宜昌地、市合并而成之宜昌市。2001年7月28日，宜昌县被撤销，设立宜昌市夷陵区。

【地理位置】 区境位于鄂西山区向江汉平原的过渡地带、长江中上游结合部的西陵峡畔两岸，东经110° 51′ 8″ ～111° 39′ 30″、北纬30° 32′ 33″ ～31° 28′ 30″之间，东邻远安、当阳，南连枝江、西陵、宜都、长阳，西接秭归、兴山，北抵保康。上控巴夔，下引荆襄，扼渝鄂之咽喉，当楚蜀之要冲，素有“三峡门户”之称；三峡工程大坝矗立在境内三斗坪、太平溪两镇之间的长江上。南北长约78公里，东西宽约71公里，国土面积3419.57平方公里。

【行政区划】 2010年辖8个镇、3个乡、1个街道办事处、1个省级开发区、1个发展新区。即太平溪镇、鸦鹊岭镇、分乡镇、龙泉镇、乐天溪镇、三斗坪镇、雾渡河镇、樟村坪镇、黄花乡、邓村乡、下堡坪乡、小溪塔街道办事处、湖北夷陵经济开发区、发展大道新区；177个行政村、18个社区居委会。

12月30日，区政府下发夷政文[2010]183号文件，批复黄花乡村级规模调整：登岭村与牛坪村合并，新村名为牛坪村，驻地牛坪；南边村与张家口村合并，新村名为张家口村，驻地张家口；聂家河村与东垭村合并，新村名为中岭村，驻地聂家河；柏果树村与二户坪村合并，新村名为香龙山村，驻地二户坪；刘家坪村与白洋坪村合并，新村名为上洋村，驻地白洋坪。其他 9 个村保留原建制不变。

2010 年宜昌市夷陵区乡镇（街道办事处、开发区、新区）

乡(镇)名	区划位置	所辖村名	所辖居委会名
太平溪镇	地处长江西陵峡北岸，位居三峡工程坝头库首。距小溪塔 45.69 公里。东邻乐天溪镇，南抵长江，西连秭归县，北接邓村乡；面积 152.3 平方公里。	许家冲、落佛村、龙潭坪、富城坪、美人沱、韩家湾、太平溪、古村坪、林家溪、小溪口、长岭、黄家冲	伍相庙
鸦鹊岭镇	位于夷陵区东南郊，距小溪塔 40.59 公里；焦枝铁路及其支线鸦官铁路纵横穿境；东邻当阳市，南接枝江市、猇亭区，西连伍家区，北抵龙泉镇；面积 243 平方公里。	白河、海云、凤凰观、东西泉、黄金堂、云台、五龙、梅店、金和、龙潭、梅林、田畈、东山、童畈、三合、新场、长湖、长寿、牧童	鸦鹊岭
分乡镇	位于夷陵区东北部，距小溪塔 21.3 公里；东部、北部与远安县交界，南邻黄花，西与黄花乡、雾渡河镇接壤；面积 320 平方公里。	棠垭、高场、天鹅池、百里荒、中洲山、天坑、分乡场、大中坝、高家堰、联合、普溪河、南垭、金竹、南岔湾、插旗、界岭	分乡
龙泉镇	位于城区东郊，县道小鸦公路穿境而过，距小溪塔 20.89 公里；东与当阳市交界，南邻鸦鹊岭镇，西连伍家区，北接小溪塔街道办事处、黄花乡；面积 257 平方公里。	跑马岗、石花山、水府庙、钟家畈、车站、双泉、宋家嘴、雷家畈、罗家畈、香烟寺、法官泉、青龙、龙泉、万家畈、土门、梅花、李家台、白庙、柏家坪	龙镇
乐天溪镇	位于长江西陵峡北岸，三峡工程坝区；距小溪塔 39.20 公里；东邻黄花乡、小溪塔街道办事处，南抵长江，西连太平溪镇，北接邓村乡、下堡坪乡；面积 254.09 平方公里。	陈家冲、瓦窑坪、朱家湾、乐天溪、莲沱、石洞坪、路溪坪、八户店、下岸溪、沙坪、唐家坝、兆吉坪、孙家河、王家坪	乐天溪
三斗坪镇	地处葛洲坝和三峡大坝之间的长江西陵峡南岸，距小溪塔 40.11 公里；东部和北部沿长江，南邻点军区，西接秭归县；面积 177.9 平方公里。	黄陵庙、黄牛岩、南沱、园艺、天桥、雾河、头顶石、棋盘山、中堡、高家冲、石板、秋千坪、花鸡坡、新生、东岳庙、柘木坪、石牌、暮阳、白果埫	三斗坪
雾渡河镇	省道宜兴公路穿境而过，距小溪塔 52.16 公里。东邻远安县，西接兴山县，南连黄花乡、下堡坪乡，北抵樟村坪镇；面积 389 平方公里	龚家河、清江坪、观音堂、马卧泥、交战垭、三隅口、西北口、小庙	茅坪河
樟村坪镇	地处夷陵区北部，距小溪塔 98.21 公里；东邻远安县，南连雾渡河镇，西接兴山县，北抵保康县；面积 456 平方公里。	丁家河、云霄垭、砦沟、殷家坪、栗林河、桃坪河、犁耳坪、黄马河、董家河、三堡垭、古村、羊角山、黄家台、秦家坪	樟村坪
黄花乡	位于小溪塔东北 12 公里，地处宜保公路与宜兴公路两线分道口；东与远安县、当阳市交界，南连小溪塔街道办事处，西接乐天溪镇，北抵下堡坪乡、雾渡河镇；面积 288.73 平方公里。	黄花场、姜家畈、杨家畈、军田坝、背马山、香龙山、上洋、张家口、新坪、小峰河、杜家坪、中岭、杨家河、牛坪	
邓村乡	距三峡工程大坝 20 公里，距小溪塔 82.69 公里；东邻下堡坪乡，南连乐天溪镇、太平溪镇、西接秭归县，北抵兴山县；面积 260 平方公里（含大老岭林场）。	杨家湾、红桂香、江坪、竹林湾、大水田、黄金河、白水头、庙垭、小渔村、古城坪、袁家坪、高抬头、常家垭、谭家垭、中包山、邓村坪	

乡(镇)名	区划位置	所辖村名	所辖居委会名
下堡坪乡	距小溪塔73.94公里；东邻雾渡河镇，南连黄花乡、乐天溪镇，西接邓村乡，北由兴山县向西与雾渡河镇交界。面积257平方公里。	九山、下堡坪、蛟龙寺、磨坪、秀水、十八湾、赵勉河、马宗岭	
小溪塔街道办事处	小溪塔是区委、区政府驻地，距宜昌市中心城区10公里；东邻龙泉镇，南连宜昌城区，西接乐天溪镇，北抵黄花乡；面积269.05平方公里。	廖家林、柏木坪、姜家庙、文仙洞、付家冲、大山坡、新桥边、官庄、仓屋塝、岩花	东湖、营盘、平湖、兴安、望江、冯家湾、丁家坝、谭家榜
湖北夷陵经济开发区	位于夷陵区东北侧，紧邻夷陵城区，东接黄花乡，行政托管“六村一居一场”，面积48.55平方公里。	鄢家河、姜家湾、下坪、南村坪、蔡家河、陈塃坪、凤凰山柑橘场	黄金卡
发展大道新区	地处宜昌经济开发区、夷陵经济开发区、夷陵老城区“金三角”的中心地带，面积14.8平方公里。	梅子垭、郭家湾	东城

（赵志祥）

自然环境

【地质】 区境为新华夏系一级构造第三隆起带南段与淮阳山字型构造体系的复合部位。地层以黄陵背斜为核心，由里向外，形成多层弧形带状。其中前震旦系分布于莲沱以西，太平溪、邓村、下堡坪、雾渡河一带；震旦系分布于莲沱东部，三斗坪西南，下堡坪东部、南部以及九山、牛坪、清江坪、交战垭一带；寒武系分布于南从三斗坪、莲沱，北至小峰、雾渡河、樟村坪；奥陶系分布于莲沱，雾渡河东部，分乡西部；志留系分布于分乡之界岭、王家湾、罗惹坪及黄花一带；泥盆系分布于县东部大王岩、大岩口、马羊山、高场、别家大山、背马山、风洞河一带；石炭系分布于县东部大石沟、消水冲、桥子沟、龚家冲局部；二叠系分布于县东部天马、消水冲、马羊山以东及大天坑、百里荒、柏家坪的吃水沟等地；三叠系分布于县东北部与当阳、远安交界处；侏罗系分布于三斗坪暮阳的茶庄、美座等地；白垩系分布于鸦鹊岭、龙泉、小溪塔等地；第三系分布于鸦鹊岭的三合、童畈、段家嘴一带；第四系覆盖于各地层之上，是现代土壤的母体和骨架，其全新统组成长江西陵峡及其支流两岸的Ⅰ级阶地和河漫滩地带，其晚更新统组成长江及其支流两岸的Ⅰ、Ⅱ级阶地。西陵峡东部由莲沱、石牌绵延约5公里长的寒武纪、震旦纪地层剖面，是20世纪20年代李四光发现并命名的全国寒武纪地层三大典型剖面之一，为世界地质学界所瞩目；黄花、两河口、分乡、王家湾、彭家院等地的奥陶纪与志留纪地层分界线的地质考察点，亦为李四光于20世纪20年代所发现，为世界3个标准点之一。

【地形】 区境地势西北高，东南低，西、北、东三面群山环抱，东南一面临向平原，呈西北向东南梯级倾斜下降。最高点樟村坪镇圈椅埫海拔1962米，最低点魏家畈村5组海拔49.4米，高差1912.6米；形成山地、丘陵、河谷等多种地貌。

西北部山地的地形切割较剧，山巅密布，沟溪纵横，主要由樟村坪、雾渡河、下堡坪、邓村、三斗坪等山地组成，面积1790.7平方公里，占总面积的52.3%。其中，海拔1200米以上的中高山地123.7平方公里，占总面积的3.6%；海拔800～1200米的中山地922.1平方公里，占总面积的27%。

东南部丘陵区处于山地与平原的过渡地带，主要由鸦鹊岭、龙泉、小溪塔等丘陵岗地组成，海拔500米以下，面积1633.3平方公里，占总面积的47.7%。其中西陵峡河谷区275.2平方公里，占总面积的8.03%。

（刘先富、袁伟竣）

【气候】 区境属中亚热带季风气候区，四季分明，气候温和，雨量适中。春季气温变幅大，冷暖交替频繁，常有倒春寒天气出现；夏季气候日变化大，中午炎热，早晚较凉爽，大旱时昼夜不回凉，雨量适中，雨热同季，常有旱、涝、风、雹等灾害性天气；秋季受北方冷空气影响，冷暖再次交替，降温快，少雨多晴、天高气爽；冬季气温下降快，干燥少雨雪。年平均气温16.9℃，三峡河谷地区年平均气温高于其他地区，南部低山丘陵地区次之，北部高山与半高山地区海拔每升高100米气温平均下降0.6℃；1月最冷，7月最热，小溪塔多年极端最高气温41.4℃。年平均日照1669.2小时，日照百分率37.7%；夏季多，冬季少，春秋两季居中。

年平均降水量 1177.34 毫米，多年年均降雨量在 977～1370 毫米之间。西北山区、三峡河谷和江南地区是降雨最多地区，鸦鹊岭、龙泉一带为最少区；夏季降雨最多，占全年降水总量的 46%，春、秋、冬季分别占 25.2%、22.8%、6%；7 月为降雨高峰期，占全年降雨量的 35%。多南风，次为东北风，西风最少。年平均无霜期 271.9 天，初霜日小溪塔 12 月 3 日、三峡地区 12 月 1 日、樟村坪 11 月 15 日，终霜日小溪塔 3 月 5 日、三峡地区 3 月 2 日、樟村坪 4 月 5 日。平均降雪日 8 天、积雪日 4.9 天，小溪塔最早初雪日 11 月 12 日、最迟终雪日 4 月 7 日。

2010 年，夷陵区气温偏高，降水略多，日照略少。呈现冬季温暖、春季频寒、夏季湿热多雨、秋季晴多少雨的气候特点，是灾害性天气偏多的年份。

【重大天气气候事件及其影响】 6 月 22 日 15 时 10 分至 22 时 30 分，樟村坪、邓村、雾渡河、黄花、分乡等 5 个乡镇遭受暴雨冰雹袭击，其中樟村坪镇殷家坪村 1 小时降水量 49.6 毫米，最大冰雹直径 2 厘米。该过程造成 27 村 10473 户 31470 人受灾，倒塌民房 45 户 139 间，损坏房屋 1824 间，55 人被紧急转移安置；玉米、红薯、蔬菜等农作物受灾 2900 公顷，其中成灾 1980 公顷，绝收 345 公顷。造成直接经济损失 2150 万元，其中农业经济损失 1640 万元。

7 月 8 日下午，夷陵区出现大范围的强降雨，乐天溪、太平溪、三斗坪、邓村、分乡、黄花、小溪塔、龙泉、鸦鹊岭等 9 个乡镇（街道）及夷陵经济开发区、发展大道新区 59 个村（居）委会 3.4 万户 10.5 万人受灾，其中乐天溪、太平溪、三斗坪受灾最为严重。16 时 40 分到 19 时 40 分，乐天溪镇降雨量 175.4 毫米，三斗坪镇 170.3 毫米、太平溪镇 124 毫米。强暴雨造成 37 户 111 间房屋倒塌，房屋进水受损 3570 间。652 人被紧急转移安置。玉米、水稻、蔬菜等农作物受灾 5000 公顷，其中成灾 3950 公顷，绝收 550 公顷，农田被毁 22 公顷。直接经济损失 5500 万元，其中农业经济损失 3000 多万元，水利防洪设施直接损失 1600 余万元。暴雨使全区 140 余处 100 多公里的村级公路被洪水冲毁。太平溪集镇 7 处防洪工程严重损毁；使太平溪集镇、三斗坪镇园艺村和乐天溪老集镇供水管道被毁，供水中断，近 5000 人饮水困难。乐天溪集镇 6 处排水设施、3 条 1700 多米排洪沟（排洪管）、12 处排洪涵洞被严重冲毁。陈家冲村 1 组、2 组、6 组的箱涵堵塞 1 处，塌陷 3 处 500 米，危及 250 户 700 人的生命财产安全。乐天溪镇三峡小学后山排洪管被毁，形成的泥石流将三峡小学两座教学楼和食堂一楼淹没一半以上，学校围墙及堡坎垮塌 40 多米，电动大门和塑胶操场完全损毁，教学楼一楼全部进水，校园内泥石流堆积高达 3 米，洪水深 30 厘米，20 多人紧急转移。

7 月 15 日 19 时 20 分到 7 月 20 日，夷陵区普降大到暴雨，全区 12 个乡镇（街道）及夷陵经济开发区、发展大道新区 101 个村（居）委会 3.7 万户 12.5 万人受灾。其中雾渡河、黄花、樟村坪、分乡等乡镇受灾严重。全区降雨量均超过 50 毫米，黄柏河西支流域降雨量高达 205 毫米。该降雨过程造成民房倒塌 257 户 728 间，房屋进水受损 4317 间。4576 人被紧急转移安置（其中被山洪河流围困 189 人），暴雨中心雾渡河镇龚家河村倒损房屋 86 户 214 间。因灾死亡 11 人。全区玉米、水稻、蔬菜等农作物受灾 6575 公顷，其中成灾 4960 公顷，绝收 975 公顷，冲毁耕地 128 公顷。雾渡河镇清江坪村 1000 亩高标准示范茶园被毁。雾渡河镇、黄花乡集镇基础设施严重受损。雾渡河镇集镇水厂水管冲断及部分村组集中供水设施受损，[illegible]人饮水困难。雾渡河、黄花、邓村、鸦鹊岭等乡镇部分地区停水、停电，通讯中断。全区乡村公路 357 处塌方，45.6 公里路面受损。宜兴路一度中断交通。雾殷矿山专用公路损失达 600 多万元。黄花乡太白路柏果树村茶厂段塌方造成公路中断通行；全区崩坎、滑坡 526 处，水渠损毁 12140 米，冲毁漫水桥 12 座，拦河坝 5 座，铁索桥 1 座，石桥 1 座。雾渡河镇龚家河电站 75 千瓦机组及机房被冲毁。冲毁沙场 5 个，河道旁一台挖掘机、2 台装卸机及 2 台卡车被冲走。据统计，此次灾害造成直接经济损失 9300 万元，其中农业经济损失 6500 万元，基础设施损失 2000 万元。

7 月 23 日 18 时到 23 时 30 分，太平溪、邓村、乐天溪、雾渡河等乡镇降雨量 218.4 毫米以上。24～25 日灾区部分地区仍有降雨过程。4 个乡镇 29 个村 1.01 万户 3.25 万人受灾，因灾死亡 7 人，失踪 6 人；转移安置群众 7715 人，其中临时性转移安置 5864 人，需长期转移安置 1251 人；倒塌民房 372 户，房屋进水损坏 1896 户 5592 间；10580 人饮水困难；全区农作物受灾 712 公顷，其中成灾 493 公顷，绝收 251 公顷，耕地冲毁 116 公顷。宜大路多处塌方和滑坡，导致交通中断；韩端路、林端路及 6 个村的组级公路全部冲毁。部分地区停水、停电、通讯中断。造成直接经济损失 1.27 亿元，其中农业经济损失 2200 万元，工矿企业损失 1700 万元，家庭财产（房屋倒塌及网箱养鱼设施）损失 4500 万元，交通、饮水、灌溉渠道等基础设施损失 4300 万元。

（刘宗芳）

【水文】 2010 年，全区降雨分布极为不均、暴雨频率高、暴雨强度大。汛期 5～9 月，全区平均累计降雨量 896.26 毫米，邓村乡降雨量最多，1150.7毫米；鸦鹊岭镇最少，591.1毫米。暴雨集中在7月，降水22天。7月5日至7月28日，出现7次局部强暴雨天气，导致14个乡镇（街办、开发区、发展大道新区）不同程度受灾。其中7月15日19:20至7月16日凌晨1时，雾渡河镇龚家河村降雨量205毫米；7月23日18时30分至23时30分，太平溪镇韩家湾、小溪口等村降雨量218.4毫米以上，期间最大1小时降雨106毫米。

（周宝书）

【土壤】 2010年，检测500个土样2500项次，检测结果统计分析如下:

有机质平均含量18.43克/千克，最大值88克/千克，最小值0.5克/千克，严重缺乏占23%，缺乏占38%，适宜占39%；有待提高。

PH值平均6.08，最大值8.8，最小值3.6，酸性土壤占31%，中性占32%，碱性占37%；碱性土壤对柑橘生产有一定副作用，有待改良。

全氮平均值0.67克/千克，最大值4.5克/千克，最小值0.08克/千克；含量中等偏下。

碱解氮平均值70毫克/千克，最大值265毫克/千克，最小值1.6毫克/千克，严重缺乏占31%，缺乏占51%，适宜占18%；含量偏低。

全磷平均值1.04克/千克，最大值21.2克/千克，最小值0.02克/千克；含量较高。

速效磷平均值27.3毫克/千克，最大值233毫克/千克，最小值1.0毫克/千克，严重缺乏占14%，缺乏占28%，适宜占60%；较丰富，增幅较大。

全钾平均值26.65克/千克，最大值88克/千克，最小值0.56克/千克；含量中等。

速效钾平均值111.4毫克/千克，最大值380毫克/千克，最小值10毫克/千克，严重缺乏占17%，缺乏占49%，适宜占34%；土壤中速效钾下降急骤。

微量元素硼严重缺乏占72%，缺乏占16%，适宜占12%；硼极缺。锌、铁、铜少部分缺乏，大部分适宜，含量中上等。

全年全区推广应用测土配方施肥技术82.5万亩次，推广应用测土配方肥定点企业生产的测土配方肥3.12万吨，应用面积62.4万亩次。

（杨学文）

自然资源

【土地资源】年底，全区土地总面积3419.57平方公里。其中耕地35800.16公顷，园地38629.57公顷，林地234214.46公顷，草地1893.18公顷，城镇村及工矿用地11100.20公顷；交通运输用地3748.44公顷；水域及水利设施用地13085.44公顷；其他土地3485.62公顷。

2010年地类面积

地　类	代码	面积（公顷）
耕地	（01）	35800.16
水田	（011）	14556.35
水浇地	（012）	193.75
旱地	（013）	21050.06
园地	（02）	38629.57
果园	（021）	24822.73
茶园	（022）	10564.35
其他园地	（023）	3242.49
林地	（03）	234214.46
有林地	（031）	219787.75
灌林地	（032）	7612.67
其他林地	（033）	6814.04
草地	（04）	1893.18
天然牧草地	（041）	
人工牧草地	（042）	27.75
其他草地	（043）	1865.43
城镇村及工矿用地	（20）	11100.20
城市	（201）	2510.30
建制镇	（202）	1091.46
村庄	（203）	6840.21
采矿用地	（204）	512.50
风景名胜及特殊用地	（205）	145.73
交通运输用地	（10）	3748.44
铁路用地	（101）	96.08
公路用地	（102）	863.33
农村道路	（104）	2761.83
机场用地	（105）	17.10
港口码头用地	（106）	10.10
水域及水利设施用地	（11）	13085.44
河流水面	（111）	5685.39
水库水面	（113）	3331.97
坑塘水面	（114）	2595.43
内陆滩涂	（116）	288.28
沟渠	（117）	598.38
水工建筑用地	（118）	585.99
其他土地	（12）	3485.62
设施农用地	（122）	63.73
田坎	（123）	3267.07
沙地	（126）	0.13
裸地	（127）	154.69

（袁伟竣）

【水资源】地表水属长江水系。长江自西向东横贯区境南部，境内流长51公里，年径流量4510亿立方米。其一级支流承雨面积大于30平方公里、河流长度5公里以上的有8条；二级支流17条，三级支流5条，河流总长890.1公里，河网密度0.22公里/平方公里。主要河流有：黄柏河、柏临河、乐天溪、下牢溪、百岁溪、横溪河。

有中、小（一）型、小（二）型水库57座，总承雨面积870.38平方公里，总库容8809.3万立方米，有效库容7286.2万立方米。

多年平均年降雨量1000～1400毫米，由南、西北向东递减，多年平均降水量40.4亿立方米，多年平均径流量17.88亿立方米，占年降水量的44.2%。水资源年内分配不均，年际变化较大，降水量的直接利用率低。境内主要作物生长季节在 5～9 月，对农业灌溉较为有利。

水资源总量 17.88 亿立方米，地下水资源量 5.98 亿立方米（与地表水重复）。水能资源理论蕴藏量 17.98 万千瓦，可开发利用的水能资源 10.26 万千瓦。

（周宝书）

【矿产资源】 2010 年，全区发现矿产 48 种，占全省已发现 138 种矿产的 34.78%，占全国总品种的 28.07%。已探明矿产资源储量的有 40 种，占全国已探明矿产资源储量矿种的 29%。具有工业开采价值且已开发利用的有 22 个矿种，其中磷矿、石墨矿、硫铁矿、石英砂岩、石灰石、白云石、花岗石、大理石、透辉石、镁橄榄石等矿产，均在省内占有重要位置。区域内已探明磷矿资源储量 17.3 亿吨，有大型矿产地 14 处；探明石墨资源储量 642 万吨；石材资源显示储量 4000 亿立方米，已投入勘探的 3 个花岗石矿区探明资源储量 1570 万立方米；石灰石资源储量 5.8 亿吨，镁橄榄石资源储量 3996 万吨，蛇纹石资源储量 8452 万吨。磷矿以品位高（P_2O^5 可达 30%以上）、储量大著称全国；石墨矿以品位高（固定碳含量达 13%）、鳞片大居亚洲前列；石灰石品位高（CaO 高达 52%），是水泥工业的优质原料。

（袁伟竣）

【生物资源】野生动物（不含鱼纲）有 4 纲 29 目 82 科 297 种，其中国家重点保护野生动物 3 纲 17 科 41 种，湖北省重点保护野生动物 4 纲 17 目 40 科 76 种。野生动物中，兽纲 9 目 26 科 63 种，主要有果子狸、野猪、豹猫、小麂、毛冠鹿、黄鼬、华南兔、鼬獾、猪獾、狗獾、松鼠、鼯鼠等，国家一、二级重点保护动物有林麝、豹、猕猴、穿山甲、黑熊、小麂、黄喉貂、大灵猫、小灵猫、鬣羚、斑羚等；鸟纲有 16 目 38 科 183 种，主要有鸳鸯、灰雁、环颈雉、白冠长尾雉、红腹角雉、树鹨、黑枕黄鹂、褐河乌、柳莺、蓝翡翠、崔牲子、鹞、鹄、鹌鹑等，国家一、二级重点保护动物有金雕、鸳鸯、红腹锦鸡、红腹角雉、冠长尾雉、勺鸡、红翅绿鸠以及众多的鹰、鹗类等；两栖纲有 2 目 8 科 22 种，主要有大鲵、巫山北鲵、蟾蜍、中国林蛙、黑斑侧褶蛙、棘腹蛙、棘胸蛙、双团棘胸蛙、沼蛙、泽蛙、无斑雨蛙、斑腿泛树蛙、花姬蛙等，其中大鲵为国家二级保护动物；爬行纲有 2 目 10 科 29 种，有龟、鳖、草绿龙蜥、盲蛇、玉斑锦蛇、王锦蛇、黑眉锦蛇、滑鼠蛇、乌梢蛇、银环蛇、尖吻蝮等。

植物 2500 余种，其中种子植物 120 科 450 属 1200 种。按所含种数排列的前 15 个优势科分别为蔷薇科、菊科、百合科、豆科、禾本科、虎耳草科、忍冬科、壳斗科、毛莨科、蓼科、樟科、玄参科、石竹科、唇形科、景天科，加上较大的桦木科、金缕梅科、四照花科、卫矛科等，构成植被的主要成分；按所含种数排列的前 15 个优势属为蓼属、景天属、悬钩子属、堇菜属、栎属、李属、槭属、荚迷属、冬青属、构属、蔷薇属、山胡椒属、木姜子属、凤仙花属、卫矛属。区境内还保存着一批古老的孑遗植物金钱槭、连香树、珙桐、水青树、领春木、香果树、化香等。国家一级保护野生植物有红豆杉、珙桐 2 种；国家二级保护植物有连香树、樟树、楠木、水青树、香果树、鹅掌楸、红椿、榉树等 8 种。人工栽培的珍稀植物有银杏（Ⅰ级）、杜仲（Ⅱ级）、厚朴（Ⅱ级）、喜树（Ⅱ级）等。

药材有 7 类 256 科 1104 种，其中植物药材 213 种。主要有天麻、黄姜、柴胡、麦冬、桔梗、金银花、尾参、白前、杜仲、秦皮、银杏、何首乌、生地、白术、白芍、茯苓、黄连、药菊、薄荷、鱼腥草、柴苏等。

水产品中鱼类有 35 科、138 种。主要为中华鲟、胭脂鱼、长尾鮠、大口鲇、黄颡、黄鳝、泥鳅、银鱼等。其中中华鲟是国家一级保护动物，胭脂鱼是国家二级保护动物。

（杜乃铭　刘本荣）

人口・民族

【人口】 年末总人口 52.9 万人，已婚育龄妇女 115732 人。全年出生 4034 人，出生政策符合率 99.01%，人口出生率 7.35‰，人口自然增长率 2.24‰。

【民族】 2000 年人口普查，总人口 625208 人中，汉族 618923 人，占 98.99%；少数民族 6285 人，占 1.05%。

少数民族人口中，土家族 4788 人，占 76.18%；回族 595 人，占 9.47%；苗族 228 人，占 3.63%；满族 148 人，占 2.35%；土族 89 人，占 1.42%；彝族 90 人，占 1.43%；蒙古族 60 人，占 0.95%；藏族 30 人，占 0.48%；壮族 42 人，占 0.67%；布依族 37 人，占 0.59%；白族 66 人，占 1.05%；朝鲜族 29 人，占 0.46%；侗族 29 人，占 0.46%；维吾尔族 13 人，占 0.21%。瑶、黎、畲、仫佬、羌、哈尼、佤、傣、独龙、京、塔吉克、布朗、傈僳、仡佬、撒拉、纳西等 16 个少数民族的人口，均在 10 人以下。另有 1 人，未确定民族身份。

（刘莉萍）

责任编辑：徐敬河 范家新

中国共产党夷陵区委员会

综 述

【概况】 2010 年，中共夷陵区委以转变发展方式为主线，注重结构调整和项目建设，全面提升区域产业布局、基础建设、公共服务、社会管理一体化水平，各项目标任务全面完成，实现了经济社会持续快速健康发展。

全年实现地区生产总值 182.2 亿元、比上年增长 16.9%，规模工业产值 302.8 亿元、增长 47.7%，地方一般预算收入 8.7 亿元、增长 31.2%，全社会固定资产投资 132 亿元、增长 48.7%，社会消费品零售总额 57.5 亿元、增长 22.9%，城镇居民人均可支配收入 14325 元、增长 12.9%，农民人均纯收入 7185 元，增长 18.8%。

大力发展循环农业。切实发挥“三园示范”作用，加快建设小鸦路精品柑橘走廊、宜大路高效茶叶走廊、黄柏河流域生态林业走廊，新发展柑橘 3600 亩、综合改造橘园 5 万亩，新发展茶叶 4800 亩、改造高效茶园 1.5 万亩，新造林 1.9 万亩、改造低产林 8000 亩。围绕建设全省一流农产品加工园区，投资 9100 万元改善园区基础设施，新增市级以上龙头企业 4 家，萧氏集团成为本土第三家农业产业化国家重点龙头企业，全区农产品加工产值达到 130 亿元。新发展农民专业合作组织 32 家，累计达到 179 家，成为推动农村经济发展的重要力量。

加快发展新型工业。培育优势产业集群，食品饮料、机电板块产值分别达到 113.4 亿元、103.2 亿元，新型建材、精细磷化工等产业稳步发展。实施中小企业成长工程，江重机械、长江高科、娃哈哈、中孚化工、华润红旗等企业不断发展壮大，新增规模工业企业 44 家，累计达到 213 家，产值过亿元企业达 41 家，其中长江高科电缆产值达 35 亿元、江重机械产值达 22.3 亿元，比上年分别增长 18%、210.8%。积极发展第三产业。提升旅游经济，全年接待中外游客 256 万人次，实现综合收入 13.3 亿元，分别增长 21%、23%。三斗坪镇被命名为“湖北旅游名镇”、“全国特色景观旅游名镇”，夷陵区获“中国观赏石之乡”称号，45 家农家乐通过星级标准验收。进一步落实家电下乡和汽车、摩托车下乡政策，继续实施“万村千乡”市场工程，启动城区标准化菜市场建设。完成水陆客运 1275.6 万人次、货运量 787.7 万吨，创历史最高水平。房地产经济持续发展，加快建设“保障房”、“百年房”、“生活社区”，全年建设商品房 53.6 万平方米，销售总额 22.4 亿元，增长 78.6%。

加强自主创新，进一步完善科技创新体系。举办首届产学研合作暨科技成果发布会，完成技改项目 20 个。培育高新技术企业，长江高科特种电缆工程中心通过省级认定，建成 1 家省级企业技术中心、5 家市级工程技术中心，全区实现高新技术产值 41.6 亿元，增长 88.8%。新增稻花香清样白酒、均瑶含乳饮料、昌耀环形电杆 3 个湖北名牌产品，新认定“关公坊”、“金香品雪”

2 件湖北著名商标，取得“宜昌天麻”获得地理标志商标，累计拥有“稻花香”和“萧氏”两个中国驰名商标、11 件省级著名商标和 13 个湖北名牌产品，知名品牌实现销售收入 134.5 亿元。

培植发展后劲。筹资 9400 万元，加强工业园区基础设施建设，实施姜家湾沿线房屋改造、黄金卡居民点道路改造、金南线改造、仓屋塝变电站等 11 个项目，为工业园区建设提供用地 1148 亩。平湖担保公司为企业融资 6 亿多元。开发区入园企业达到 263 家，规模企业 57 家，实现规模工业总产值 180 亿元。全年兴上投资 500 万元以上在建项目 46 个，其中新开工项目 18 个、续建项目 28 个，累计完成投资 34.8 亿元，比上年增长 27.3%，娃哈哈启力饮料项目国内生产线投产，萧氏茶产业高新科技工业园一期基本竣工，稻花香三峡科技包装工业园项目一期 8 家进驻企业主体工程完工。支持宜昌生物产业园、平湖半岛项目建设。

推进生态文明建设。开展环“一江两山”交通沿线生态景观建设、旅游景区周边环境综合整治工程，改造民居 4794 户，绿化美化公路 80 公里，建成宜巴、宜兴、两金路三条生态走廊，全省、全市生态走廊建设现场会在我区召开。实施军田坝、南垭、背马山等 3 条小流域综合治理，治理水土流失面积 15 平方公里。新增水电装机容量 2600 千瓦，新发展农村沼气 5000 户。实施农村清洁工程，19 项人居环境考核指标达标，万元 GDP 排放强度继续在省市保持先进位次。

推进城镇化建设。在全省率先完成村庄规划编制工作，基本形成区、乡、村全覆盖的规划体系。以稻花香集团为依托示范建设“一城两园”，龙泉、雾渡河、黄花、分乡等中心集镇探索用市场化办法改善基础设施。河心公园改造完工，冯家湾三峡专用公路互通立交匝道投入使用，松湖路上段、双虹大道、平云一路、平云二路、小湖路、仁寿桥路、冯家湾片区道路加快综合改造。继续实施城区绿化、美化、亮化工程。强化城市管理，清理占道经营摊点、流动摊点 5 万余处。

推进农村集体经济改革创新，在郭家湾村、车站村进行产权制度改革试点。发展大道新区实现体制平稳过渡。拓展国际市场，宜昌罐头厂实现自营出口零突破，核工业二二公司境外工程带动机电产品出口大幅增长，全年完成外贸出口 3302.5 万美元，利用外资 1960 万美元。对口支援和企地共建工作落实援建项目 36 个，到位无偿援助资金 5320 万元。

推进“创业带动就业”工程，新增城镇就业 1.06 万人，转移农村劳动力就业 1.05 万人。实施超龄职工基本养老保险工作。乡镇（街道）卫生院开展国家基本药物制度改革试点，被评为首批“全省农村居民健康工作先进县市区”。4.3 万名妇女接受“两癌”筛查。进一步改善农村通行条件，雾殷矿山公路改扩建工程完成，启动小鸦一级路小溪塔至龙泉段改造工程，全年完成交通建设投资 5.1 亿元。实施农村客运“村村通”工程，行政村通客车率达到 100%。实施保障性住房“春华秋实”项目，建成经济适用房 3.3 万平方米、廉租房 1.6 万平方米，摇号分配到户房屋 236 套。完成农村饮水安全工程 366 处，涉及 6.2 万人。

乡镇综合文化站改造、文化信息资源共享、农家书屋三项文化惠民工程实现全覆盖。协调电影版、电视剧版《山楂树之恋》拍摄工作。妥善处理黄花乡南边村抗日将士遗骨保护工作。开展全国第六次人口普查工作。通过全国第二次公共文明指数测评。

构建人民调解、行政调解、司法调解“三位一体”调解工作机制，启动“法制夷陵”创建活动，“五五普法”通过检查验收，被评为“全国法治县（市、区）创建活动先进单位”。

启动创先争优活动，创建学习型党组织。以“转变发展方式、打造服务品牌”为主题，开展品牌创建活动。开展以“五讲五评”、“六比六看”为主要内容的新型农民教育试点活动，被新华社等媒体推介。开展“十个全覆盖”工作，加强腐败风险预警防控体系建设。

重要会议

【全区三级干部会议】3 月 1 日至 2 日在小溪塔城区召开，全体在职区级领导出席会议，各乡镇（街道、开发区、发展大道新区）党（工）委书记、常务副乡镇长（街办常务副主任、开发区党工委副书记、发展大道新区指挥部常务副指挥长）、党政办公室主任，各村（社区）党组织书记，区直部办委正副职、区直各局党政主要负责人及部分二级单位主要负责人，重点企业主要负责人，曾担任过副县级以上实职的离退休退养干部，2009 年度全区红旗单位主要负责人和文明标兵共 756 人参加会议。区委书记熊伟作《深入推进特色新区建设　努力在科学发展上迈出更大步伐》的主题报告，区委副书记、区长刘洪福主持会议并作总结讲话，晓曦红柑橘专业合作社、湖北稻花香集团、雾渡河镇西北口村、樟村坪镇董家河村等 8 个单位负责人作典型发言，会议表彰 2009 年度全区红旗单位、文明标兵、文明单位、文明村（社区）、文明个人和文明家庭、优秀村（社区）党组织书记、社会治安综合治理优胜单位、平安单位、平安乡镇（街道）、平安村（社区）、新农村建设先进单位、“十佳”成长型龙头企业、“十佳”农民专业合作社、计划生育目标考核先进单位等。总结2009年度全区三个文明建设的成绩和经验,安排部署2010年各项工作。2010年工作的总体思路是:坚持以科学发展观统揽全局,紧紧围绕转变发展方式这条主线,突出结构调整、项目建设,强力推进新型工业强区、循环农业惠民、商贸物流兴城,全面提升产业布局一体化、基础建设一体化、公共服务一体化、社会管理一体化水平,在壮大实力中提质增效,在改善民生中促进和谐,深入推进特色新区建设,努力在科学发展上迈出更大步伐。工作目标是:力争地区生产总值增长13%以上,规模工业产值增长25%以上,规模工业增加值增长20%以上,全社会固定资产投资增长30%以上,地方财政总收入增长15%,地方一般预算收入增长15%,社会消费品零售总额增长18%,农民人均纯收入、城镇居民人均可支配收入分别增长9%、8%,城镇登记失业率控制在4.3%以内,万元GDP综合能耗下降4%。

【全区工业经济暨对外开放表彰大会】 5月6日在平湖剧院召开,区级领导熊伟、刘洪福、向洪星、王尧、张洪、彭定新、李世民、付诚、易仁和、饶玉梅、李羡军、郑德娟出席会议,各乡镇(街道、开发区、发展大道新区)党(工)委书记、分管经济商务和信息化工作的负责人、经济发展办(局)负责人、区直各单位及垂直管理部门主要负责人、相关企业负责人共计500多人参加会议。市委常委、副市长胡家法到会讲话,区委书记熊伟主持会议并作总结讲话,区委副书记、区政府区长刘洪福作主题报告,区经济商务和信息化局局长杨大弘通报工业经济和商务工作运行情况,夷陵经济开发区、乐天溪镇镇政府、湖北稻花香集团、湖北江重机械制造有限公司、湖北萧氏集团、宜昌宏裕塑业有限责任公司作典型发言。会议颁发“特别贡献奖”、“规模工业企业发展台阶奖”、“十佳贡献企业奖”、“十佳成长企业奖”、“重大技术装备奖”、“先进外贸企业奖”。区政府与各乡镇(街道、开发区、发展大道新区)政府(办事处、管委会、指挥部)签订“2010年工业经济发展和中小企业成长工程工作目标责任状”。贯彻全市经济工作会、全市工业经济暨对外开放工作会议精神,总结2009年度全区工业经济和对外开放工作,深入分析了经济形势,安排部署2010年度工业经济和对外开放工作,要求全区上下进一步解放思想,准确把握新一轮大发展面临的机遇和挑战,坚定科学发展、加快发展的信心和决心,切实增强克难攻坚、转型发展、率先发展的意识;抢抓机遇,开拓进取,突出工作重点,确保超额完成全年各项目标任务。

【全区救灾和灾后重建工作会】 8月13日在小溪塔城区召开。全体区级领导出席会议,各乡镇(街道、开发区、发展大道新区)党(工)委书记、分管农业工作的负责人,雾渡河镇、太平溪镇、邓村乡常务副乡(镇)长,受灾重点村救灾工作组组长,区直各单位及省市垂管部门主要负责人,区灾后重建工作领导小组及工作组成员参加会议。区委书记熊伟作重要讲话,区委副书记、区长刘洪福主持会议,雾渡河镇政府、太平溪镇政府、邓村乡政府、区交通运输局主要负责人作会议交流发言。会议表彰防汛救灾和灾后重建工作中涌现出来的先进集体和个人,总结了抗灾救灾和灾后重建经验,即准确及时的预报预测、周密细致的组织动员、果敢迅速的应急救援、积极有效的舆论引导、妥善有序的安置灾民、科学高效的灾后重建。充分肯定了全区人民在抗灾救灾和灾后重建中所体现出来的坚守岗位、忠于职守的精神,奋不顾身、敢于牺牲的精神,自力更生、艰苦奋斗的精神,团结协作、顾全大局的精神,血浓于水、守望相助的精神,指出了对待防汛问题上的一些需要认真对待和反思的问题,不遵守规律必然受到惩罚,不按规矩办事必然付出代价,不坚持科学规划必然不可持续,要求在今后的发展和建设中,一定要按规律办事,一定要依法办事,一定要以民生为大。

【全区纪念中国共产党建立八十九周年暨党组织和党员争先创优活动大会】 6月30日在小溪塔城区召开,全体在职区级党员领导出席会议,各乡镇(街道、开发区、发展大道新区)党(工)委书记、组织委员,工商联直属会员企业党委、个私协党委副书记,区直各单位党组织及党组织关系在夷的垂直管理部门主要负责人、政工人事干部,部分离退休老党员代表参加会议。区委书记熊伟作重要讲话,区委副书记刘洪福主持会议,“五好”基层党组织代表——太平溪镇许家冲村党支部书记李文洪、优秀党务工作者代表——区经济商务与信息化局党组书记杨小培、优秀共产党员代表——分乡镇中心福利院院长单成义作典型发言。会议回顾了党的光荣历程,表彰了全区“五好”基层党组织、优秀共产党员、优秀党务工作者,安排部署了全区党组织和党员创先争优活动。会议要求,全区上下进一步加强党的建设,以建设学习型党组织为重点,切实加强党的思想政治建设;以执政能力建设为核心,切实加强领导班子和干部队伍建设;以城乡基层党建一体化为目标,统筹推进城乡基层党组织建设;以密切党与人民群众的血肉联系为根本,切实加强党的作风建设;坚持标本兼治,深入持久地加强反腐倡廉建设,不断夯实加快发展的组织保障。会议强调,全区各级党组织必须牢牢把握“推动科学发展、促进社会和谐、服务人民群众、加强基层组织”总体要求，充分借鉴学习实践科学发展观活动经验，坚持把服务大局、分类指导、强基固本、群众参与、检查督办贯穿始终，以更丰富的内容、更灵活的形式、更有效的载体，深入开展创先争优活动，确保创先争优活动高起点起步，高标准开展，创造性推进，以优异成绩向建党90周年和党的十八大献礼。

重要活动

【“千名干部万户行”活动】 3月9日至4月18日，开展以“落实科学发展观、建设夷陵新农村”为主题，以“送政策、送技术、送信息、送项目、送服务”为主要内容的“千名干部万户行”活动，96个区直单位、3200多名党员干部参加活动。活动中，区级领导到联系乡镇和联系村，研究增收措施，完善帮扶方案，落实帮扶资金。各单位围绕“五送”活动内容，深入联系村、走进贫困户，帮助联系户出点子、想办法、办实事、助发展。全区各单位驻村工作队员457人，驻村累计时间2892天，结成“一对一”帮扶对子1069个，召开村组会议672场次，新办实事210多件，解决难题385个，争取项目67个，涉及投资1700多万元。

【争先创优活动】 4月至12月，1113个基层党组织、24449名党员开展以“争创服务型党组织、争做优秀共产党员”为主题的创先争优活动。活动以创建服务型党组织为抓手，以群众满意度为创建成效评价标准，不断深化党组织和党员创先争优活动，着力推进全区党的基层组织“五个基本、七个体系”建设，实现了农村基层党组织凝聚力、服务力、发展力和群众满意度“四个提升”，《湖北日报》刊发了夷陵区创先争优活动经验做法。

【打造服务品牌活动】 4月至12月，开展以“转变服务方式，打造服务品牌”为主题的争创满意机关活动，85个单位确立服务品牌，67个单位设计完成服务品牌标识。各单位把服务品牌建设的各项要求具体化、部门化、责任化，取消行政审批事项120余项，清理服务收费项目50多个，行政审批事项承诺期限内办件30490件、办结率98.8%，收集整理意见1032条，整改到位766条，解决一批群众关心的问题。活动促进了全区机关作风的转变和工作效率的提高。

【省长李鸿忠考察三峡人家风景区】 5月18日，湖北省省长李鸿忠、省政府秘书长尹汉宁、市委书记郭有明、市长李乐成等在区领导熊伟、董诗国陪同下，考察三峡人家风景区。在听取三峡环坝旅游发展集团董事长邢昊、总裁濮建新就三峡人家风景区开发建设情况的汇报后，李鸿忠对景区开发建设所取得的成果予以肯定，认为三峡人家风景区资源品位高、文化底蕴深、开发模式好。要求三峡环坝旅游发展集团继续创新模式，创新思路，依托三峡丰富的自然资源，打造一个超级大舞台，演绎三峡的文化与历史。

【区领导带队赴上海、青岛拜访考察】 1月7日至8日，区领导熊伟、刘洪福、向洪星、曹宏伟带领区三峡办、区旅游局、区民政局等单位负责人赴上海市进行年度回访，先后拜访上海市合作办、静安、闵行合作办、静安区旅游局、静安区委组织部、静安区民政局、闵行区虹桥镇政府等单位，洽谈2010年对口支援工作，并出席在上海市举办的对口支援地区迎新春特色展销会开幕式。9月6日到8日，区委书记熊伟带领考察团，赴青岛市进行回访考察，区人大常委会常务副主任张洪、区政协副主席邦德娟参加考察。青岛市副市长王广正接见考察团，并就合作共建青岛三峡移民工业园项目有关事项进行座谈。考察期间，熊伟一行还与青岛市政府国内经济合作办公室相关负责人进行交流座谈，重点就“十二五”期间青岛市对口支援夷陵区工作规划交换意见。熊伟代表区委区政府和全区人民，感谢青岛市对夷陵区暴雨洪灾的关心支持，感谢青岛市多年以来对夷陵区经济社会发展的无私援助。

【区领导开展“十二五”规划专题调研活动】 8月16日，区委召开“十二五”规划座谈会，听取发改局、旅游局、住建局、农业局、经信局、夷陵经济开发区、发展新区、樟村坪镇、鸦鹊岭镇负责人关于“十二五”规划编制情况的汇报，对形势把握、发展定位、重点突破的问题等进行探讨，初步确定“十二五”规划编制的指导思想、主要目标、空间布局、战略重点。区委领导熊伟、刘洪福、向洪星、李世民参加座谈。8月23日，区委召开稻花香集团“十二五”发展规划座谈会，听取稻花香集团对未来五年发展规划的汇报，对稻花香集团“十二五”发展战略和目标提出意见和建议。区领导熊伟、刘洪福、向洪星、李世民、董诗国等参加座谈。11月21日，区委召开“十二五”规划座谈会，听取各乡镇、街道、开发区、发展大道新区“十二五”规划的总体思路、预期目标、重要举措，对进一步完善规划编制，推动科学发展提出新要求。全体区委常委参加会议。

【区领导主持召开南边村抗日将士遗骸保护专题办公会】 9月4日，区委书记熊伟主持召开黄花乡南边村抗日将士遗骸保护专题办公会，重点安排部署保护抗日将士遗骸工作。会议议定，成立抗日将士遗骸保护工作协调领导小组，重大问题报区委、区政府讨论研究；责令宜巴高速公路暂停遗骸所在地的施工，由区公安分局、黄花乡政府和南边村村委会负责，安排专人保护现场，并收集暴露地面的遗骸，在指定地点妥善保存；由区政府牵头，组织区民政局、区文体局等抓紧拟定将士遗骸保护处理方案，报上级政府批准同意后组织实施；相关资料收集整理工作由区史志办牵头，组建专班负责向各方面知情者详细了解情况，记录整理文史资料；黄花乡政府和区文体局牵头组织收集残留墓碑等实物；区委宣传部加紧搜集当时英雄人物的英勇事迹，正确引导社会舆论，大力弘扬民族精神。

重要决策

【概况】 4月1日，出台《法治夷陵建设实施纲要》。5月2日，出台《关于构建人民调解 行政调解 司法调解“三位一体”大调解体系有效化解社会矛盾纠纷的实施意见》。8月13日，出台《关于进一步加强和改进人大工作的决定》。9月30日，印发《夷陵区重大事项社会稳定风险评估实施办法》16条。11月1日，出台《关于促进残疾人事业发展的实施意见》。12月9日，出台《关于加强公安派出所建设的意见》。12月27日，出台《关于开展新型农民教育 培育新型农民的意见》。2011年1月20日，颁布《关于制定全区经济和社会发展第十二个五年规划的建议》。

【法治夷陵建设实施纲要】 4月1日颁发。纲要总体要求：到2020年，基本实现全区经济生活、政治生活、文化生活、社会生活的法治化；人民群众管理国家、社会事务和经济文化事业的权利得到全面实现和保障；公共权力的配置和行使受到有效规范和约束；依法治国方略得到全面落实。纲要提出七大建设任务：进一步坚持和改善党的领导，完善党的领导方式，提高依法行政水平，加强党的建设；坚持和完善人民代表大会制度，发挥人大及其常委会依法行使各项职权的作用，发挥人大代表的作用，发挥人大的监督职能作用；坚持和完善中国共产党领导的多党合作和政治协商制度，强化人民政协的政治协商职责，加强民主监督；进一步强化法治政府建设，推进行政管理体制改革，推进依法行政，推进公务员队伍建设；保障人民政治经济文化权益，巩固和扩大基层民主政治，完善市场经济监管，完善权利救济和维护机制，完善人民群众生命财产安全保障机制；深入开展全民法制教育，创新法制宣传教育形式，健全法制宣传教育机制，加强思想道德建设，提高全民法律素质；促进司法公正，规范司法体制和司法行为，规范和完善法律服务体系，维护社会公平正义。

【关于进一步加强和改进人大工作的决定】 8月13日颁发。区委全面贯彻党的十七大和十七届四中全会精神，进一步加强和改进党对人大工作的领导，更好地发挥人大的职能作用，全面推进夷陵区经济建设、政治建设、文化建设、社会建设和生态文明建设。根据省、市委人大工作会议精神，结合区情实际，提出了六个方面的措施：进一步提高对坚持和完善人民代表大会制度的认识；切实加强和改进党委对人大工作的领导，健全党委领导人大工作的制度，充分发挥人大常委会党组的作用，加强人民代表大会制度的学习、宣传和理论研究；支持和保证区人大及其常委会依法行使职权，支持和保证区人大及其常委会依法行使监督权、重大事项决定权、选举任免权，支持和保证区人大及其常委会开好法定会议；进一步发挥各级人大代表作用，优化人大代表结构，为代表依法履行职责提供服务和保障，改进议案和代表建议、批评、意见办理工作，加强代表活动，充分发挥代表作用；加强乡镇人大和基层民主政治建设，重视发挥乡镇人大作用，支持和保证乡镇人大依法行使职权，加强对乡镇人大工作的联系和指导；进一步加强人大思想、作风、组织和制度建设，重视和关心人大干部队伍建设，不断改善工作条件。

【关于构建“三位一体”大调解体系有效化解社会矛盾纠纷的实施意见】 5月2日颁发。意见认为，当前社会矛盾纠纷凸显高发，妥善化解矛盾纠纷是维护社会稳定的需要，是保障和促进发展的需要。整合人民调解、行政调解、司法调解资源，建立“三大调解”相互衔接、整体联动的大调解工作体系，是化解社会矛盾的重要抓手和有效手段。意见要求，要以“三级中心五级网络”为基础，按照“属地管理、分级负责”和“谁主管、谁负责”的原则，立足源头预防，立足抓早抓小，坚持调解优先，充分发挥并有效整合人民调解、行政调解、司法调解在化解矛盾纠纷中的积极作用，构建“党委政府统一领导，政法综治维稳总揽协调，三大调解互为一体，职能部门各司其职，全社会广泛参与”的“大调解”工作格局，力争小纠纷不出村（社区）、大纠纷不出乡镇（街道、开发区、发展大道新区）、疑难纠纷不出区。意见提出了三条措施：健全“大调解”工作网络。建立区“一办五中心”调解机构、乡镇矛盾纠纷“大调解”工作中心、行政机关调解中心（室），健全村（社区）矛盾纠纷调解室，建立完善调解组织网络；健全“大调解”协调运行机制。充分发挥人民调解组织的作用、行政机关的调解职能作用、司法调解后盾作用。推行“大调解”衔接联动机制，综合运用各种手段化解矛盾纠纷；健全“大调解”保障机制。加强组织保障、人员保障和经费保障，加强调解中心（室）硬件建设和制度建设，实行首问责任制，加强考核奖惩。

【关于促进残疾人事业发展的实施意见】 11月1日颁布。意见就促进全区残疾人事业发展提出了七个方面23条意见：夷陵区还有3.5万残疾人，涉及10多万家庭人口，残疾人实现全面小康的任务还十分艰巨，因此要充分认识发展残疾人事业的重大意义，进一步增强促进残疾人事业发展的责任感和使命感；保障残疾人享有基本医疗卫生服务，完善残疾人康复服务保障措施，积极做好残疾预防工作，切实保障残疾人的生命健康；健全和完善社会保障制度，切实保障残疾人基本生活；拓宽残疾人就业渠道，切实保障残疾人平等就业的机会和权利；发展残疾人教育、文化、体育事业，促进残疾人事业全面发展；加强残疾人服务设施建设，努力提高为残疾人服务的能力；加强对残疾人工作的领导，建立促进残疾人事业发展的长效机制。

【夷陵区重大事项社会稳定风险评估实施办法】 9月30日印发。实施办法从源头上预防和减少各类矛盾纠纷和重大不稳定因素，提高科学决策、民主决策、依法决策的水平，做到未雨绸缪，超前介入，推行社会稳定风险评估机制，实现由“保稳定”向“创稳定”模式转变，为全区经济社会发展营造和谐稳定的社会环境。实施办法坚持“以人为本、和谐发展，预防在先、重在化解，实事求是、客观公正，属地管理、分级负责”四大原则，包括总则、评估范围、评估内容、评估主体、评估程序、评估责任追究、附则等七个方面16条。

【关于加强公安派出所建设的意见】 12月9日颁发。意见从四个方面提出15条意见：践行社会主义法治理念，牢固树立执法为民的思想；加大派出所警务保障力度，增强派出所履行职能的综合实力；开展治安管理和防范工作，提高派出所保一方平安的能力；加强派出所队伍正规化建设，树立良好的警风和形象，提高民警整体素质，建立和谐警民关系。

【关于开展新型农民教育培育新型农民的意见】 12月27日颁发。意见要求新型农民教育活动要广泛开展以讲政策、讲法规、讲道德、讲文明、讲技术为内容的集中教育，评选执行政策、遵纪守法、讲究道德、行为文明、勤劳致富等五个方面的新型农民示范户，努力培养适应新形势需要的有文化、有道德、守法纪、懂技术、会经营的新型农民，建立氛围良好、队伍稳定、阵地稳固、保障有力的教育长效机制，形成具有鲜明地域特色的农村文化氛围，为持续推动社会主义新农村建设奠定更加坚实的基础，推动实现农民思想观念变新，农民技能素质变高，村风民风变好，村容村貌变优，村级班子变强，科学发展变快。开展新型农民教育活动坚持“党委领导，集中教育；教育为主，发展为要；因村制宜，注重实效；分期分批，有序推进”四大原则，着重把握“制订方案、培训骨干、集中教育、树立典型、巩固成果”五个环节。

保密工作

【概况】 2010年，开展保密管理规范化创建活动，制订有关保密组织建设、制度制订、规范程序操作、界定定密范围、台账记录、涉密人员管理、保密工作贯彻落实等七个方面、22项保密工作标准。5月起，对全区84家参与目标考核的单位进行保密管理规范达标检查验收。组织58名新上岗涉密人员参加全市保密培训。创办《保密知识宣传专栏》12期。对100多个移动存储介质进行授权加密制作，实现涉密计算机连接互联网的有效监控和移动存储介质的专机专用，涉密计算机违规外联监控、涉密移动存储介质管控实现全覆盖。对保密工作不到位、不落实的9家单位下发整改通知书，限期进行整改，并将整改情况纳入全年保密工作目标进行考核。在全市率先开展党政机关创建保密管理规范化达标活动，在全省率先实行涉密载体定点维修制度。夷陵区被评为县市区保密工作目标管理优胜单位。

【宣传贯彻新《保密法》】 《中华人民共和国保守国家秘密法》（以下简称新《保密法》）于10月1日正式施行。8月23日，由区保密局牵头，与区委宣传部、区司法局、区依法治区领导小组办公室联合行文，安排部署新《保密法》的学习宣传。区委宣传部将学习新修订《保密法》纳入明年区委中心学习组学习计划；区委组织部、区委党校自10月1日起，将学习新《保密法》纳入各个批次的主体班学习内容；区司法局、区依法治区领导小组办公室将新《保密法》的宣传纳入2011年的宣传重点；自9月20日至10月1日，集中在区电视台和区电子政务平湖大屏幕同时开展新《保密法》宣传活动；10月，区电子政务办公室通过专栏形式对新《保密法》和释义进行宣传；区保密局制作1期新《保密法》宣传牌，在区政务中心大楼进行展出。

（王　覃　吴开元　龚建波　易正春　冯万持　何俊丽　易继红　易小红）

接待工作

【概况】 1月29日，区委接待办公室与区机关事务管理局分设。全年接待来区领导及客商554批(次)7260余人(次),较2009年增加204批(次)1000余人(次)。其中，全国政协副主席何厚铧、省委书记罗清泉、省长李鸿忠、三峡开发总公司李永安、曹广晶、国家部办委及省委、省人大、省政府、省政协副部级以上领导及随行人员26批(次)580余人(次)；中纪委、中央办公厅、国务院三建委、商务部、国家开发银行等来区检查调研的领导19批(次)360余人(次)；省委、省人大、省政府、省政协、市委、市人大、市政府、市政协来区检查的各级领导233批(次)2235人(次)；上海市经贸考察团、国际跨国公司来夷考察团、娃哈哈集团公司、弘健管业、江重机械等商务客人33批(次)386人(次)；新疆温泉党政代表团、北京市人大代表团、十堰市、随州市、当阳市等考察团客人51批(次)780余人(次)；深圳市、襄樊市等人大、政协来区客人192批(次)1830余人(次)；夷陵区籍和在夷工作过的市直领导、及市级离退休领导来区活动32批(次)290余人(次)。承办和协办“一江两山”生态景观现场会、农业部“示范果园”建设现场会、鄂西生态文化旅游圈建设工作现场会、省新农村建设片区工作会、全市生态走廊建设试点现场会等会务5个790余人(次)；承担春节走访慰问、区三级干部会、区人大三届四次会议、政协夷陵区三届四次会议等全区重要会议的筹备和后勤服务工作。

【压缩接待成本】 重新整理制定下发《关于<接待办公室岗位职责>等相关制度的通知》,进一步明确接待任务分类、接待标准和要求。执行机关财务制度，加强财务、车辆、生活招待等方面管理，实行统一安排、统一登记、定点就餐。遵行审批程序，每一批来宾、每一笔费用、每月的接待支出，接待人员都及时审核把关签字上报，填写《接待日志》，财务人员执行“审核制度”审核消费单。上门与各定点宾馆饭店以及供货商签订消费协议，在保证质量的前提下，按照最低折扣结账。2010年，区接待办节约接待成本20多万元。

（周静）

全国远程办副主任张坚石（左二）在市委组织部副部长李柏红（右二），区委书记熊伟（左一），区委常委、组织部长曹宏伟（右一）的陪同下检查夷陵区远程教育工作

组织工作

【概况】 全区组织工作以领导班子和干部队伍建设“六个一批”、基层组织“五个基本、七个体系”建设、人才队伍建设“两项计划”为重点。“六个一批”工程安排17名优秀年轻干部到村任职、两批研究生到乡镇工作、12名党政机关干部和企业管理骨干双向交流任职、4名年轻领导干部到上海挂职，推荐16名县级后备干部，选拔17名科级领导干部，招录25名公务员。“五个基本、七个体系”建设建立315名党员组成的党建信息员队伍。非公企业党建指导员队伍建设、村干部助理制度等工作经验在《湖北日报》等省级媒体推介。“两项计划”与18名高端人才和12名优秀创业人才建立联系，在武大、华科大等高校引进毕业生25人。社会工作人才队伍建设经验在全省交流。在上海、青岛等地办班29个，培训346人次。完成全区学习实践科学发展观活动任务，其经验和成效在全省总结大会上作为典型交流，创先争优活动经验在《湖北日报》等省级媒体推介。

【基层党建“五个基本、七个体系”建设】 开展党员春季轮训工作，举办培训1630次，培训党员26224人次。制发《宜昌市夷陵区“五个基本”建设工作考核评价实施办法》和《2010－2012年宜昌市夷陵区党的基层组织建设规划》，修订下发《党支部工作手册》。召开基层党委党建工作述职评议大会，对16个一级党委负责人2009年履行党建工作职责进行述职评议，区委与17

个一级党委签订 2010 年度基层党建工作责任状，分批确立全区基层党建工作示范点。全区 13 个乡镇（街道、开发区）、190 个村（社区）完成党员群众服务中心挂牌和功能完善工作。龙泉镇稻花香集团省级农村基层干部培训示范基地主体工程建设基本完成。成立区发展壮大村级集体经济工作领导小组，制发《关于发展壮大村级集体经济的意见》。制发《党建信息员工作手册》，建立党建信息报送、信息台账登记等制度，接收党建信息员上报信息 1800 多条，反馈和转办重要信息 50 多条。启动 2010 年度村级组织办公活动场所新建项目 7 个、改扩建项目 15 个，落实资金 160 万元。会同区财政局拟定《关于完善村级组织运转经费保障机制促进村级组织建设实施办法》。组建“中共宜昌市夷陵区非公有制企业党的建设工作委员会”，加强对党建指导员的选派、培养和管理工作，向稻花香集团、长江高科、江重机械、华润红旗、坤艳工贸、中科石墨、弘洋集团等企业选派“红领”23 人。

招录干部面试现场

【干部公开选拔“六个一批”工作】 从基层选拔一批：组织和鼓励乡镇基层干部、选调生、“三支一扶”人员参加省、市公开选拔招录活动。下派锻炼一批：选择 17 名 42 岁以下、没有乡镇工作经历的年轻干部到村担任村支部第一书记或副书记，下派 2009 年、2010 年分配的研究生科级干部到乡镇工作。挂职培训一批：组织 12 名党政机关干部和企业管理骨干双向交流任职，选派 4 名年轻领导干部到上海挂职。储备一批：推荐 16 名干部调整充实区管后备干部信息库。公开招录一批：面向全市选拔 5 名科级领导干部和 2 名乡镇（街办）副乡镇长（副主任），招录 23 名公务员，从村党支部书记中招录 2 名乡镇公务员。交流一批：对同一岗位任职时间较长、年龄偏大、家庭困难等特殊情况的干部进行交流轮岗。

【人才工作“两项计划”】 高端人才联络计划：全区在外人才 310 人，其中出国留学和工作 82 人，博士学位以上 76 人，北大、清华 29 人。组建 18 个工作专班，联系高端人才 18 名，其中院士 3 名。组织专班赴武汉“211”重点高校，引进区直事业单位紧缺急需的应届大学毕业生 25 人，其中硕士研究生 14 人、本科 11 人。引进专业技术骨干 4 名，发放首席专家与拔尖人才津贴 6.9 万元。创业人才促进计划：全区 12 个工作专班联系创业人才 12 名，奖励与表彰作出突出贡献的企业和企业家，奖励金额 200 多万元。

【干部培训教育工作】 选派 4 名年轻干部到上海市静安区政府办、曹家渡街道、闵行区莘庄工业园区等部门挂职锻炼。举办招商引资管理人员、农产品经纪人、城镇建筑业管理、房地产管理、纪检监察业务、文化产业发展等 29 个班次培训干部 346 人。在上海市闵行区、静安区和青岛市独立举办 7 期培训班培训干部 255 人。选派 19 人次赴省培训；选派 50 人参加市委党校主体班培训。举办第七期中层干部轮训班、第三期事业单位领导班子成员培训班和第六期青干班 3 个主体班次，基本形成集“专题讲授+现场教学+讨论辩论”于一体的三段式教学模式。

【自身建设“双推双争”活动】 实施个人成长计划，开展“五个一”为主要内容的学习培训。定期推荐书目，统一购置图书，购置《读点经典》、《中国大趋势》等书籍 20 多册。举办电子政务、摄影、书法等技能才艺培训。开展争当“活字典、活档案”活动。坚持月度信息提示、通报制度，进一步健全信息工作网络，提高信息报送质量，信息采用继续在省市保持前列。加强自主宣传平台建设，《夷陵党建网》改版升级，与中央、省、市多家网站实现链接，在《三峡日报·夷陵专版》和夷陵电视台开辟“党旗飘飘”专栏。完成《夷陵党建》创刊及第一、第二期出版发行工作，举办“夷陵大地党旗红”有奖征文活动。在省市报刊媒体用稿 80 余篇。投资 24 万元完成神夷路基层组织建设大型广告宣传标牌建设。以“双推双争”为主题，通过推进组织部门标准化建设、推进学习型组织建设，争创先进组织部门、争当优秀组工干部，建设模范部门，打造过硬队伍。开展“公道正派 选贤任能”机关服务品牌创建活动。修订完善部机关公文处理、财务管理、考勤及休假等制度。围绕党性锻炼、革命传统教育、区情教育、军事教育等主题，组织参观学习、部门联谊、调研体察。响应区委号召参与抢险救灾工作，筹措资金 70 余万元，帮扶林家溪村抗灾救灾和灾后重建。

（钟伟）

宣传工作

【**概况**】 组织“读好书 促发展”活动，专项督查乡镇（街道、开发区、发展大道新区）和区直单位学习型党组织建设。全区开展主题演讲比赛 46 场次，报送“读好书 促发展”征文 116 篇，41 篇征文分获一、二、三等奖和优秀奖。湖北稻花香集团代表夷陵区参加中央电视台经济频道对话栏目《学习的力量》节目录制，介绍全区建设学习型党组织、开展学党史活动的做法和经验。组织创先争优、满意机关创建、全区工业经济暨对外开放表彰大会、“两江一山”现场会、“7.23”抗洪救灾和灾后重建、三峡大坝——葛洲坝间经济鱼类增殖放流等宣传活动，新华社、《人民日报》、中央电视台、中央人民广播电台、中新社等中央主要新闻媒体用稿 150 多篇，《湖北日报》用稿 95 篇，《三峡日报》头版头条 28 个。实施乡镇综合文化站改造、共享工程、农家书屋三项文化工程，实现全区覆盖目标。文明创建加强综合治理，组建市容市貌、农贸市场、交通秩序、“七小门店”、文化环境五个集中整治专班开展专项集中整治活动。成立督查组，跟踪督查区直单位和窗口服务行业。开展玫瑰交通行动、无偿献血、洁城宣传等文明行为养成教育实践活动，83000 多人次参加市民素质养成教育培训。组织开展夷陵区第二届道德模范评选活动和《国防动员法》宣传教育。

【**区委中心组学习**】 集中学习 12 次，特邀北京交通大学教授王衍用、上海交通大学教授施索华、湖北省人力资源厅处长李建军、湖北省气象局研究员陈正洪、湖北省经济学会会长周大仁分别作《三峡旅游转型升级的思考》、《中西方文化差异与文明礼仪》、《贯彻劳动合同法 促进劳动关系稳定》、《气候变化与应对》、十七届五中全会精神等专题辅导报告。区委书记熊伟主讲《认真学习廉政准则 自觉规范行政行为》的廉政党课。区委中心组 39 名成员围绕园区建设、现代农业、矛盾纠纷化解等专题开展调研 70 多次，形成调研文章 140 篇，其中 35 篇在市级以上刊物公开发表或获得奖励。全体中心组成员和部分区直单位主要负责人就“十二五”规划和城市建设与管理开展集中调研活动，并召开专题研讨会，出台相关意见和办法。区委中心组学习、调研、决策、实践“四合一”经验被省委宣传部推介，《创新抓学习 科学谋发展》专稿在省委宣传部《湖北宣传》上刊发，《着力“四合一”发展新跨越》的经验文章在《学习月刊》发表。

【**学习型党组织建设**】 区委出台《关于推进学习型党组织建设的意见》、《区委常委会理论学习制度》、《区委中心学习组集中学习管理办法》、《夷陵区干部教育学分制管理办法》等 9 个有关学习的文件；成立全区建设学习型党组织工作领导小组，区委书记熊伟担任组长；明确由区委宣传部牵头，具体负责学习型党组织建设的组织、指导、检查和考核；成立由区委宣传部、区直机关工委、区纪委、区委组织部共同参加的督查专班，专项督查 14 个乡镇（街道、开发区、发展大道新区）和 70 多个区直单位。抓好对广大党员干部先进学习理念的灌输和培养，提出“学习才能发展，发展必须学习”的观念，鼓励“沉下去调研，静下心思考”，倡导“白天走干讲，晚上读写想”，“学习就是工作，学习就是生活”。在区电视台开辟“建设学习型党组织”专题，6 位区级领导分别从“建设学习型党组织的重大意义”、“学习与执行能力”等方面接受电视专访；在区广播电台开辟“爱学知天下”专题，8 位乡镇（街道、开发区、发展大道新区）和区直单位的主要负责人介绍学习方法。在中国夷陵网、三峡夷陵传媒网开设“学海纵横”论坛，刊发中央、省、市、区关于学习型党组织建设的相关文件 8 个，刊载专家的理论文章 32 篇，刊登 9 个先进学习典型的经验介绍和体会文章，编发学习型党组织建设动态稿件 104 篇。召开全区学习型党组织建设专题座谈会，雾渡河镇、区检察院等 4 个单位作典型发言，25 个单位的主要负责人围绕“建立健全学习机制和制度”提出建议 41 条，区委书记熊伟在会上提出“硬措施、硬制度、硬保障；全员化参与、过程化设计、严格化管理”的学习型党组织建设具体要求。确定“进一步完善开发区运行机制”、“民间资本与区域经济发展”、“教师队伍思想现状”等 23 个区级重点调研课题，由 23 名区级领导牵头，组织相关职能部门开展专题调研和讨论。组织“读好书，促发展”“六个一”活动，即阅读一批好书、撰写 1 篇以上读书心得、开展 1 次读书心得集中交流、1 次“善学会做”典型演讲比赛、1 次“谋划十二五”调研竞赛、1 次主题征文活动。

【**新型农民思想教育活动**】 3 月~10 月，在鸦鹊岭镇梅店村和太平溪镇许家冲村进行新型农民教育试点活动。制定“武装骨干、以点带面、全员参与、有序推进”的活动思路，确定“五讲五评”为活动主题，即开展讲政策、讲法规、讲道德、讲文明、讲技术活动，评选善学政策、遵纪守法、行为文明、讲究道德、勤劳致富等5个方面的先进典型。区委分别在梅店村和许家冲村召开专题办公会，听取两个试点村的阶段性工作汇报，现场解决相关事宜，落实帮扶资金600多万元。区新型农民教育试点工作领导小组办公室组织区公安分局、区司法局、区计生局的专家为村民进行《治安处罚法》、《土地法》、《婚姻法》及《计生条例》等专题法律讲座，现场回答21位村民的30多个问题。区委宣传部专题调研两个试点村，召开3次座谈会，征求40多位村民和10多位镇村干部的意见，收集建议12条，编写新型农民“三字经”，印制宣传画发放到村民手中。区委党校派教师为村民解读十七届三中全会精神和2010年中央1号文件精神，区文明办组织《学习文明礼仪 争做新型农民》专题报告会，区特产中心和区畜牧局举办《柑橘品改》、《生猪养殖与防疫》讲座，区文化馆对村文艺队和文艺骨干进行强化培训。据统计，共有6400人次参加19场培训活动，117名村民拿到电脑、电焊、厨艺等级证书。活动试点得到省、市领导关注和肯定，省委宣传部《宣传工作》2010年第8期刊发专稿，《三峡日报》先后2次在头版头条进行重点报道。新华社、中新社、人民网、《湖北日报》等中央、省、市新闻媒体对新型农民教育进行大幅报道，《宜昌市夷陵区“五讲五评”解决农民思想教育问题》在新华社《内参选编》刊发，《三峡商报》对新型农民教育活动用5个半版面进行连续4天的专题报道。新型农民教育获得全市宣传思想工作创新奖。安徽肥西县、陕西礼泉县等全国多个县市来区参观学习。

【《山楂树之恋》电影、电视剧拍摄及带动效应】 4月、6月，著名导演张艺谋和知名导演李路分别带领摄制组开始在夷陵区拍摄电影《山楂树之恋》、电视剧《山楂树之恋》。夷陵区委、区政府落实区委宣传部牵头，从区文体局、区广电局、区公安分局等单位抽调专人，组建专班，陪同选景，做好挑选群众演员、协调拍摄场地、租用道具、适时宣传等服务工作。

《山楂树之恋》影、视在区主要拍摄点为分乡镇百里荒景区、十字沟水库、老街，612厂生活区，姜家庙小学和809文化产业创意园等地；电影于9月16日上映，电视剧于12月20日杀青。夷陵区同时借机加大宣传力度，提升自身知名度，打造“山楂树”文化旅游经济产业链。百里荒景区、南村坪村等影视拍摄基地因此形成节假日旅游高峰，湖北好智多生物科技开发有限公司注册“山楂树之恋”和“山楂恋”酒、饮料类商标，开发出“山楂树之恋”系列饮品。

【创建全国文明城市】 区委成立创建全国文明城市领导小组，组建工作专班，下发创建工作实施方案和责任目标体系分解等文件，三次召开常委会专题研究文明创建工作。5月26日，召开全区创建全国文明城市工作动员大会，部署新一轮创建全国文明城市工作和2010年度迎接全国公共文明指数测评工作。22位区级领导和84个区直单位与社区建立创建管理责任制，进入社区集中开展创建全国文明城市基本知识大宣传、大普及活动，区直单位干部职工参加文明创建志愿服务活动，区、街道、社区分层组织开展文明礼仪知识宣传培训，培训面和宣传入户率达100%。印发宣传资料30000份，编发《文明创建动态》8期，播出《文竹说文明》和《我与文明同行》两个专题节目7期，制作文明行为提示牌300块，设置单位门前宣传站牌400块，更新宣传广告16块，安装灯箱宣传广告45处，编印以“创文明城市，做文明市民”为主题的2011年宣传台历30000本。从7月12日开始，由区公安分局、城管局、文体局、工商局、经济商务和信息化局、卫生局六个单位分别牵头负责，成立市容市貌、农贸市场、交通秩序、“七小门店”、文化环境五个专班，集中开展专项整治活动。整治城区卫生死角42处，清理积压垃圾5吨，更换花草6万多盆，修复园林公共设施41处，清除占道经营185处，清除乱牵乱挂和乱停乱放217处，对城区6个菜市场的255个固定摊位，376个固定门面，37个临时摊位，460余名流动商贩的证照情况进行全面清理。查处交通违法行为1004起，检查食品经营户158家，检查网吧177家次，检查娱乐场所135家次，检查出版物市场经营店141家次，查缴非法音像制品（光碟）141张，责令出版物市场经营单位整改15家次，责令娱乐场所整改9家次。区督查组通过听取汇报、查看现场、暗访调查、约谈沟通等方式全程督导，对100个区直单位和窗口服务行业进行创建工作的全面督查，对存在的问题提出整改目标和期限，建立督查日志，并及时督促解决问题。

【和谐媒体建设活动】 以“媒体与社会和谐、媒体之间和谐、媒体内部和谐”为目标，打好宣传战役，提高舆论引导力；净化版面声屏，规范栏目赞助行为，提高媒体格调；加强和改进舆论监督，做好网上舆论引导工作。组织开展治理本位主义、“三项精简”和作风整顿活动，倡导爱岗敬业的工作作风、深入实际的采访作风、严谨细致的编辑作风、诚信至上的经营作风、以人为本的管理作风。对新闻从业人员进行党的方针政策、马克思主义新闻观、党的宣传政策、宣传纪律以及专业知识的教育和培训，举办多层次新闻宣传业务培训班20多场次，培训新闻工作者、骨干通讯员和新闻发言人3000多人次。

【突发公共事件新闻处置工作】制发《关于进一步规范突发公共事件新闻处置工作的通知》、《关于进一步规范全区重要新闻信息报告和发布工作的通知》，进一步规范和健全新闻发言人制度，执行新闻发言人工作规程。区内重大突发事件的新闻处置工作，由区委、区政府统一领导，区委宣传部、区委外宣办和区政府新闻办负责组织协调，负责处置事件的主管部门组织实施。负责事件处理的主管部门和事发单位应及时向区委宣传部、区委外宣办和区政府新闻办通报情况，配合宣传部门依照法律和规定及时、准确地做好新闻发布工作。重视网络新型媒体对社会舆论的影响，加强网络舆情分析和监测，加快网络宣传队伍建设。实施新闻宣传统一上网工程，进一步加强三峡夷陵传媒网的建设与管理，形成网上正面舆论强势。全年完成社会热点、难点问题和突发事件的新闻处置50多起。

（邓新舟）

统战工作

【概况】2010年，全区统战工作打造“党外人士之家”服务品牌，开展“十个一”活动，即联系一个乡镇、联系一个商会、联系一个项目、联系一名党外人士、帮扶一个贫困户，培养一个创业典型、创建一家劳动关系和谐示范企业、帮助企业解决一个实际问题、写一篇调研文章或者提一条合理化建议、每月完成一篇新闻信息稿件。结合“学习型党组织建设”、“读好书、促发展”和“创先争优”活动，筹资6万多元，组织11名机关干部参加省内外培训学习。开展社区统战试点工作，推动全区统战工作创新发展。调研文章《创新机制，畅通渠道，着力推进民主党派代表人士队伍建设》在省《统一战线》杂志上发表。在中央、省、市、区各级媒介刊用宣传稿件206条，其中《宜昌夷陵区各界人士开展国防教育活动》被《人民网》采用，《心系基层》被《统一战线》杂志采用，《夷陵区委统战部“五项活动”稳步推进经济领域统战工作》被《湖北统战信息》专版采用，4篇信息被《湖北统战网》采用。区委统战部获“全市统一战线先进单位”、侨联工作获“全市侨联工作先进单位”称号，“温暖工程”工作获全省二等奖。

5月7日下午，全国政协常委、副秘书长、民革中央副主席修福金（前排右三）在区人大常委会主任、区委书记熊伟（前排左三）等陪同下，调研区重点企业长江高科电缆有限公司

【苏晓云、修福金、刘爱党、黄波、汪梦军、杨万贵等在夷慰问、调研】2月10日，省委常委、统战部长苏晓云在市、区领导郭有明、廖达凤、熊伟、刘洪福、曹宏伟、董诗国的陪同下，在萧氏茶叶、长江高科、湖北江重等企业看望企业家和工人，在黄花乡军田坝村了解新农村建设情况、看望离职村干部和困难群众。5月7日，全国政协常委、副秘书长、民革中央副主席修福金在区领导熊伟、曹宏伟等陪同下，在长江高科电缆有限公司、湖北江重机械制造有限公司了解企业生产经营、科技创新、市场开拓和产品出口等情况。9月1日，湖北省委统战部副巡视员刘爱党在区领导曹宏伟陪同下，在夷调研“7.23”灾后重建工作。9月16日，省委统战部副部长黄波在区领导熊伟、曹宏伟陪同下，在军田坝村调研社会主义新农村建设情况，并看望省直工作队队员。10月8日，省委统战部副部长汪梦军在区领导向洪星、谢光华等陪同下，在军田坝村调研新农村示范村各项工作。11月9日，省委统战部副部长、省工商联党组副书记杨万贵在市、区领导廖达凤、刘洪福等陪同下，在稻花香集团生产车间、职教中心党建活动室、档案室调研非公有制经济组织创先争优活动开展情况。

【服务发展】年内，总投资8000万元，建筑面积13.8万平方米的商会大厦施工。实现乡镇商会100%覆盖。组织外出商务考察23人次，接待商务考察49人次。工商联会员企业引进合作项目和在建项目11个，引进投资12亿元。在全区非公有制经济人士中开展“民企联村”、“感恩行动”、“综合评价”等活动。106家企业开展“民企联村”活动，支持联系村建设资金2185万元，28名民营企业家和社会各界人士捐款捐物362万元。三峡会计师事务所、弘洋集团、瑞德隆房地产等10家非公企业获区委区政府“抗洪救灾先进单位”称号。指导全区非公有制企业开展创先争优活动，稻花香集团被列为创先争优活动中央直报点。

【党外干部队伍建设】 推荐15名非公经济代表人士、6名党外干部、6名民主党派和无党派人士、8名民族宗教界代表人士、8名新社会阶层代表人士纳入市级代表人士队伍人才库。选派27名非公有制经济人士参加各级各类学习培训，3名党外干部参加宜昌市第四期党外干部培训班。民盟盟员、区招商局副局长伍万平提拔为夷陵开发区正科级副主任，4名挂职党外干部走上副科级领导岗位，区内副科级以上党外实职干部24名。筹资16万元装修“党派活动中心”，9月16日邀请区四大家领导为活动中心揭牌。组织46名社会各界人士开展“富国强军、共筑长城”国防教育活动。“夷陵区民主党派社会化服务基地”在军田坝村挂牌，民建在3个乡镇8个村开展抗洪救灾义诊活动，义诊近万人。民盟结对帮扶姜家畈村，帮扶3万元架通全村广播。各党派成员为“7·23”抗洪救灾捐款82万元。民进夷陵支部获“全国基层组织先进单位”称号，三峡会计师事务所有限公司董事长、民建夷陵支部主任陈家翠获全区“十佳道德模范”称号。

【民族宗教工作】 香港旭日集团捐资400万元修建的古慈寺普光明殿11月11日开工建设。投资380万元、占地面积800平方米、建筑

9月16日，市委统战部调研员苏文忠(右)，区委副书记、区长刘洪福(左)为“夷陵区民主党派活动中心”揭牌

面积4000平方米的基督教三峡堂于5月18日开工，12月底完成主体工程建设。鸦鹊岭天主教堂主体工程建设完工。三斗坪中堡堂“和谐寺观教堂”创建通过宜昌市民宗局验收。

【侨联工作】 建立209人侨情信息档案。以茶话会、走访慰问等形式加强“三胞三属”联系。组织62人召开“看新区谋发展”中秋茶话会。8月，联系由原全国侨联副主席杨玉环带队的上海复旦大学附属儿童医疗专家为夷陵区脑瘫儿童开展义诊活动，并与区妇幼保健院31名医生护士进行学术交流。联系香港医疗关怀公司投资20万元为柘木坪等村修水泥路。

【“夷陵区民主党派活动中心”揭牌】 9月16日，“夷陵区民主党派活动中心”揭牌。市委统战部巡视员苏文忠、区领导熊伟、刘洪福、曹宏伟、饶玉梅、简晓玲、谢光华等参加揭牌仪式。此前，夷陵区各民主党派无固定办公、会议场所，此一办公场地于2009年落实、2010年投资16万元维修。

【纪念建党89周年】 6月25日晚，区委统战部和区工商联直属会员企业党委联合举行“党在我心中”文艺晚会，共庆建党89周年，会议表彰6名先进基层党组织和16名优秀共产党员，14名新党员在党旗下宣誓，区领导曹宏伟等出席晚会。

(屈万林)

党校工作

【概况】 2010年，全校有教职工27人，其中副高1人、正科7人、副科7人、区委命名的首席社会科学专家1人。全年举办主体班三期，即区直单位中层干部培训班、区事业单位领导班子成员培训班和夷陵区第六期青干班，110人参加培训学习。举办6个自筹班，培训1850人。外出讲课30场次，其中到农村讲课13场次。教师撰写调研文章24篇，其中在省级刊物上发表5篇、市级刊物8篇，有三个课题报告获市委党校二、三等奖。编辑《夷陵论坛》6期，编发文章74篇。

【联合办班培训学员】 与上海闵行区委党校联合举办第六期青干班，培训学员29人。全程实行封闭式管理，前25天在上海闵行区委党校学习，后15天返回夷陵区委党校

学习。

【调研工作】成立专题调研组，在全区范围内开展关于创建学习型党组织的调研活动。完成的《我区党员干部学习现状调查》一文被区委副书记向洪星批示并印发区委《参阅卷》；3个教研组根据区委、区政府“旅游强区”发展战略，开展“对接鄂西生态文化旅游圈，加快发展我区旅游业”为主题的调研活动，形成系列调研文章，并分别制成课件开展教学竞赛，结集出版《夷陵论坛》“旅游”特刊。

（易红）

区直机关工委工作

【概况】2010年，区直机关有党委35个，党总支32个，党支部363个，党员5817名。机关党建工作以加强党的执政能力和先进性建设为重点，以服务经济建设、推动科学发展为中心，以区直机关党建工作走在全区基层组织建设的前头、走在全省县市区机关党建工作的前头为目标，创新机关党建工作，深化满意机关创建，提升机关文化，以改革创新精神全面推进机关党的思想、组织、作风、制度和反腐倡廉建设。开展的主要工作有：举办第14期入党积极分子培训班，培训入党积极分子150名，发展新党员127名，预备党员转正89名；举办区直机关党组织书记培训班，配齐配强基层党组织领导班子；召开纪念建党89周年庆祝大会，通报表彰“五好”基层党组织30个、优秀共产党员40名和优秀党务工作者30名；开展创先争优活动，加强基层党组织“五个基本”、“七个体系”建设；推进廉政文化进机关工作；区机关党建学会确定重点课题8个、自选课题30个，完成党建调研课题46个；开展抗灾救灾工作，为青海玉树地震灾区捐款40多万元、为区内灾区捐款240多万元、为上海“11·15”特大火灾事故捐款89万多元；工委机关与小溪塔仓屋塝村、雾渡河西北口村开展结对共建活动；举办“发展大道新区杯”区直机关第三届运动会；工委确立“情铸堡垒”机关服务品牌；2010年获得全区综合治理先进单位、全区文明单位称号；获全市机关党建调研工作先进单位称号。

【争创满意机关活动】2010年，争创满意机关活动以“转变服务方式，打造服务品牌”为主题，从解放思想、改进作风、完善机制、强化服务、优化环境等方面入手，创建机关服务品牌。各争创单位以提炼服务品牌名称为基础、以优化服务手段为支撑、以机关文化建设为核心，开展品牌知识专题讲座、机关服务品牌大讨论、“我说身边典型人物”、“一把手专访”、机关服务品牌集中展示等系列活动，形成了一批服务品牌。89个争创单位有85个单位确立出自己的服务品牌名称，有65个单位形成服务品牌标识。经过专家评审，命名服务品牌23个。活动中，各部门主动把服务品牌创建的各项要求具体化、部门化、责任化，取消行政审批事项120余项，清理服务收费项目50多个，行政审批事项承诺期限内办结率98.79%。建立服务对象数据库90个，收集整理意见1032条，整改766条。经过考评，89个争创单位中，30个被区委、区政府表彰奖励为最佳满意机关，57个被评为满意机关。

【“发展大道新区杯”区直机关第三届体育运动会】10月11日至23日举办，设第八套广播体操、拔河、乒乓球、羽毛球、中国象棋、桥牌等6个项目，区直75个机关1500多名干部职工参加。运动会开幕式集中展示了区直机关服务品牌。

（陈勇）

区直机关第三届体育运动会广播体操比赛现场

机构编制工作

【概况】2001年，贯彻落实全省政府机构改革和机构编制管理会议精神，实施政府机构改革，推进机构编制政务公开、机构编制管理。机构编制政务公开工作被省“两公开”办评为优秀等次，区委编办获全区“文明单位”和“平安单位”称号。

【机构编制政务公开】年初，确立编制政务公开三个百分百工作目标，即：编制政务及时公开率、编制实名公开率、投诉建议及时回复率均达100%。年底，全区党政群机关、事业机构设置总数324个，其中党政群政法机关60个、事业机构264个。除610办公室机构编制及人员信息只作一般统计外，其余59个党政群机关、264个事业单位的机构编制及实有在编人员均实名上网公开。及时调整、审核、更新机构设置、职责任务、人员编制等公开信息，全年更新政务公开数据5000条。按照编制政务公开建议投诉处理制度，及时回复机构编制政务实名公开、信息更新、机构编制的咨询、建议、投诉的处理回复等工作。

【政府机构改革】 年初，依据省、市政府机构改革会议精神，出台《区政府机构改革实施意见》、《区政府工作部门“三定”若干具体问题的意见》等文件。按照政府机构改革总体要求，遵循“权由法定”及“以事定编”的基本原则，界定部门职责、划分部门事权。重点改革调整各部门职责界定、政事分开、权责划分、行政审批事项等。强化区政府工作部门宏观管理职责，弱化微观管理职责。区政府设置工作部门24个、部门管理机构2个、派出机构2个、直属事业单位6个，其中区林业局、区环保局由区政府直属事业单位调整为区政府工作部门，区扶贫办公室由部门管理机构调整为区政府直属事业单位，区人事局与区劳动局合并组建区人力资源和社会保障局，区交通局、区建设局、区人口与计划生育局、区机关事务管理局分别更名为区交通运输局、区住房和城乡建设局、区人口和计划生育局、区政府机关事务管理局，撤销区特产局机构设置。改革中，各部门取消职能28项、增加职能41项、 加强职能89项、转变职能14项、部门间职能划转19项，明确部门间职责分工16项。改革后核定编制982名、核定领导职数170名。

【机构编制管理】 年内，修订完善《夷陵区机构编制委员会工作规则》、《区委编办办公会议制度》、《编办工作人员岗位责任制》、《机构编制档案管理制度》、《宜昌市夷陵区机构编制监督检查工作制度》等规章制度，明确规范机构编制工作审批权限、工作程序和工作纪律。至年底，全区党政群机关及事业单位核定人员编制9791名，其中核定党政群机关人员编制1731名（行政编制1120名，政法专项编制517名，工勤编制94名），核定事业单位人员编制8060名（全额拨款事业编制5383名，差额拨款事业编制1876名，自筹资金事业编制801名）。全区实有在编人员8609名，其中党政群政法机关实有人员1796名（其中含实改非及机关原使用地方自定编制人员），事业单位实有人员6813名（全额拨款事业编制在编人员4857名，差额拨款事业编制在编人员1569名，自筹资金事业单位在编人员387名）。全区财政供养人员8222名，控制在省、市下达的8292名控制目标以内。

【事业单位登记管理】 根据《事业单位登记管理暂行条例》、《事业单位登记管理暂行条例实施细则》和事业单位网上登记工作要求，加强对事业单位开展业务活动等情况的监督检查，接受国家事业单位登记管理局对全区事业单位登记管理工作的全程监督。对2009年底符合事业单位法人登记条件的227家事业单位进行事业单位法人登记及年度检验，其中224家年检合格，事业单位登记率、年检率及年检合格率分别为100%、99%、98%。在2009年度事业单位法人年检工作中，办理事业单位法人变更登记54家、注销登记11家。建立事业单位年检、注销、变更登记档案案卷近400卷，完成事业单位登记网上录入工作。

（向志东）

信访工作

【概况】 2010 年，信访工作以解决合理诉求为出发点，以息诉罢访为落脚点，开展“四访促和谐”和“积案化解”活动，加强信访责任追究和依法处置，受理群众来信来访 930 批件次，比 2009 年 1004 批件次下降 7.4%。其中受理来访 511 批 1096 人次，比 2009 年 485 批 1002 人次，批次上升 5.44%，人次上升 9.4%。进京非正常访 5 批 6 人次，比 2009 年 1 批 1 人次上升 4 批 5 人次，无赴省非正常上访。共受理来信 319 件，比去年同期 519 件下降 38.5%。其中重复信 10 件，比去年同期 17 件下降 41.2%；联名信 40 件，比去年同期 54 件下降 25.9%。区信访办被评为全省“和谐办信先进单位”，全市保密工作先进单位，全区红旗单位、社会治安综合治理先进单位，十佳文明窗口。

【“四访促和谐”活动】 按照全省统一要求，根据省处理信访突出问题及群体性事件领导小组《关于深入开展党政领导干部“四访促和谐”活动的通知》（鄂信领文【2010】2 号），全区继续开展领导干部“四访促和谐”活动。2010 年区委、区政府主要领导共接访 18 次 18 批次 23 人次、约访 7 次 7 批 7 人次、下访 4 次 4 批 4 人次，解决信访问题 26 件；其他班子成员接访 20 次 20 批 66 人次、约访 6 次 6 批 6 人次，回访 8 次 8 批 8 人次，解决信访问题 27 件。

【信访积案化解活动】 区委处理信访问题领导小组办公室下发《关于印发<关于 2010 年信访积案化解活动的方案>的通知》（夷信领办文【2010】2 号），要求各单位全面排查信访突出问题和重大矛盾纠纷，以重信重访专项治理中尚未化解的信访事项为重点，结合文件中排查的47个信访积案，建立工作台账，落实领导包案，落实化解措施，逐一进行化解。同时，根据区委、区政府领导分工及联系乡镇（单位）情况落实领导“包掌握情况，包解决困难，包教育转化，包稳控管理，包依法处理”责任，以案结事了、息诉罢访为目标，采取实地调查研究、专题办公、领导接访、走访信访人等多种形式化解信访矛盾。2010年纳入区委、区政府领导包案40件，结案37件，占92.5%；息诉罢访24件，占60%；区委处理信访问题领导小组召开专题会议7次，研究重点信访案件8件，解决落实6件；区委、区政府领导阅处《要情专报》17期，召开全区信访工作会议4次，批准设立用于解决突出疑难信访问题的本级信访解难基金50万元。

【信访基层基础建设】 由区委副书记、区委处理信访问题领导小组组长向洪星，区委常委、区委政法委书记、区公安分局局长陈勇带队，区委政法委、区法院、区公安分局、区信访办公室等单位负责人参加，组成考察组，一行8人赴沈阳市、武汉市汉阳区，学习其建立信访大厅“一站式接待、一条龙办理，一揽子解决”的信访工作机制及依法处置违法上访行为的做法，决定进一步加大区群众信访接待服务中心建设力度，按照“有分管领导，有信访专干，有信访接待场所，有信访专项经费，有相应的信访各项制度，有接访工作台账”标准，调整或者新建信访接待服务中心，区直各重点信访部门入驻中心，实行部门联合接访。

【信访督查工作】 4月13日，区委处理信访问题领导小组印发《夷陵区信访督查督办工作实施意见》，抽调2名从领导岗位退下来的主任科员，设立区信访督查组，常驻区信访办，在区处理信访问题领导小组领导下代表区委、区政府开展信访督查工作。信访督查工作实行区信访督查组督日常、区委区政府督查室督重点、区委区政府领导督疑难方法。日常督查采用七种方法：信访中心工作集中督，即贯彻会议精神、重点工作和活动情况等，由督查组到各乡镇、区直重点部门督促检查；历史问题反复督，在调查研究、摸清情况的基础上，与有关部门反复研究办法，妥善解决；新的问题及时督，力求尽快解决，防止简单问题复杂化，导致矛盾升级；疑难问题现场督，即对久访不息、缠访闹访的信访问题，会同责任单位实地调查，有实际问题和困难，只要有解决问题的空间，及时督促解决，提出无理要求的，进行批评教育和思想疏导；苗头问题提前督，把矛盾化解在萌芽状态；重大问题跟踪督，一督到底，直到问题得解决；跨区域问题分别督，即对跨区域、事涉多部门的信访事项，弄清情况，划清责任，分别督导，使有关部门各负其责，尽早妥善解决。全年开展信访专项工作督查5次28个单位，督办信访事项27件，结案19件，编发《信访督查》9期。

信访法制宣传教育活动启动仪式

【信访法制宣传教育活动】 面对信访工作的严峻形势，区委处理信访问题领导小组决定从11月18日至12月18日，用一个月时间集中开展“有序信访，依法治访”宣传教育活动。活动包括八个方面的内容：11月18日，区委信访领导小组在平湖广场举行“有序信访，依法治访”法制宣传教育月活动启动仪式，各乡镇（街道、开发区、发展大道新区）、区直重点部门分管信访工作的领导、信访专干，小溪塔街道居委会书记（主任）及群众代表200多人参加启动仪式，各乡镇于19日分别举行信访法制宣传月启动仪式；以《信访条例》等相关信访制度、法律知识、典型案例为内容，制作电视专题片，在区电视台集中播放；从11月18日起，区电视台以游动字幕形式飞播100条信访知识字幕；以2011年农历及其他形式统一印制宣传资料10万份，发至农村中心户和其他群众手中；在城镇街道、农村人口集中的地方悬挂信访法制宣传标语；全区现有宣传橱窗、农村公示栏都更新为全区统一编制印发的信访法制宣传画；从 11 月 18 日开始，区信访办组织信访法制知识宣传车在小溪塔城区及各个乡镇巡回宣传一个月；每个村（社区）召开一次群众大会，宣讲信访法规知识，确保群众知晓率达到 100%，使信访法规知识家喻户晓。（苏明媚）

老干部工作

熊伟（左三）、刘洪福（右一）、向洪星（左一）等区领导看望老干部

【概况】 2010 年，老干部局以“尊老彰孝”为服务品牌，落实老干部政治、生活待遇，推进老干部党支部建设和思想政治建设。为 19 名老干部祝八十大寿，为 15 名老干部办理后事，走访看望慰问老干部 320 人次；解决信访 25 件。首次采集全区 3450 名退休干部信息，并整理建立退休干部信息库。发表在各类报刊媒体上关于老干部工作的宣传报道有 91 篇；撰写调研文章 4 篇，其中《把握时代新特征，积极开拓退休干部服务新思路》获省委老干部局老干部工作调研三等奖。区召开关工委成员单位会议，落实办公室工作人员、工作经费、人员培训、各成员单位考核和完善组织机构五个方面的问题，出台全区关工委各成员单位工作职责和考核细则，全区关工委组织达到 113 个，关工委网络组织体系逐步健全，“五老”人员达到 2810 人。区委老干部局获省委组织部、省人力资源和社会保障厅、省委老干部局“全省老干部工作先进集体”和全区文明单位、满意机关、社会治安综合治理先进单位称号。

【提高离退休人员政治生活待遇】 5 月，组织离休干部及副县级以上退休干部 297 人进行健康体检，并建立老干部医疗健康档案。7 月，出台《夷陵区关于进一步加强新形势下离退休干部工作的意见》(宜夷办发[2010]33 号）。8 月，抗日战争胜利 65 周年，走访慰问健在的抗战老干部 14 人，送慰问金 1.5 万元。11 月，组织 226 名离退休老干部参观工农业生产项目 。12 月，《夷陵区特殊困难帮扶实施方案》出台，帮扶特殊困难老干部、老干部遗属的帮扶基金每年 12 万元纳入财政预算，当年 51 人得到帮扶 ；协调落实离休干部医药费统筹款超支 200 万元，落实企事业单位 70 名离休干部规范津补贴 6.3 万元。老干部离休费保障机制、医药费保障机制、财政支持机制、共享经济发展成果机制及帮扶机制全部落实。

【还建区休干所老干部住宅】 因修建东湖大道整体拆迁还建至罗河路中段的休干所老干部住房，于 8 月由夷陵城投公司建设完毕。还建小区占地 8000 平方米，房屋总建筑面积 5907 平方米，建设双拼式别墅 11 栋 22 户（每栋 2 户），室外综合管网、道路、供电等市政设施同步建设到位。建设总投资 793 万元，户平 36 万元。

【老干部活动中心（老年大学）奠基】 启动 400 万元资金，建筑面积 1700 平方米的夷陵区老干部活动中心（老年大学）于 12 月破土动工。老干部活动中心（老年大学）集办公、活动、健身、棋牌、培训、餐饮等于一体，为教、学、乐相统一的活动阵地。

（喻祖恒）

史志工作

【概况】 2010 年，以“巩固成果年”、创建“史志鉴夷陵”服务品牌、创新学习型党组织、“读好书，促发展”等活动和争创文明单位、满意机关为载体，继续按照“强基础，抓规范，创特色，争一流”的工作要求和目标，发扬求实、创新、协作、奉献精神，推动史志工作上新台阶。《夷陵年鉴》继 2009 年获全国版协第四届质量评比一等奖后，又获全国地方志系统质量评比一等奖、湖北省第二届年鉴质量评比特等奖。史志办被评为全省年鉴工作先进单位、全市史志工作先进单位、全区文明单位。

【《宜昌县志（1979~2001）》通过终审和出版审批】 2 月 1 ~ 2 日，《宜昌县志（1979 ~ 2001）》评审会在金狮宾馆召开。会议由宜昌市地方志编纂委员会主办，中共夷陵区委、区政府承办。出席会议的有省

2月2日，《宜昌县志（1979~2001）》评审会在金狮宾馆召开。评审人员一致认为“《宜昌县志》稿质量上乘”、“在吸收专家评审意见作出修改后，可申请正式付梓出版”。

年内，组织专业志评审10部，其中8部通过评审。图为6月18日，区委史志办主任唐皓在《分乡镇志》评审会上发表综合评审意见。

地方志办公室主任、省地方志协会会长文坤斗，宜昌市政府副市长张永红，区委书记熊伟，以及中共夷陵区委副书记、区人民政府区长、区地方志编纂委员会主任刘洪福和相关领导、专家共52人。评委们听取区委史志办公室主任、《宜昌县志（1979～2001）》主编唐皓关于《宜昌县志》编审工作情况的汇报，充分发表评审意见。全体评委一致通过的综合评审意见认为：“《宜昌县志》稿质量上乘，是宜昌市第二轮修志的又一力作。”“符合国务院《地方志工作条例》和《湖北省地方志工作规定》，符合地方志书的编纂规范和原则，在吸收专家评审意见作出修改后，可申请正式付梓出版。”评审会结束前，副区长、区地方志编纂委员会副主任饶玉梅代表区政府、区地方志编纂委员会表示：“一定按照省市地方志办公室的要求，制定出详细、科学、可行的修改方案，把各位领导和专家的意见贯彻到每个修改环节；区委、区政府将一如既往地加强对县志续修工作的领导，加大人、财、物投入特别是保障经费的投入，为志书修改、出版提供强有力的保障。一定把《宜昌县志》锤炼成一部高质量、高标准、经得起历史检验、无愧当代和后世的精品佳志!”评审会后，在综合整理评委意见、制订修改方案的基础上，修改校核工作随即紧张进行。经进一步补充、完善资料，认真修改，根据省地方志办公室相关文件规定和要求，《宜昌县志（1979－2001）》按程序报送省市地方志办公室审批，市地方志办公室批复“同意出版。”

【乡镇志专业志的编修指导、评审和出版】 由区地方志编纂委员会主办、各相关单位承办，完成《三斗坪镇志》、《樟村坪镇志》、《分乡镇志》、《黄花乡志》、《夷陵区国土资源志》、《夷陵区宣传志》、《夷陵区财政志》、《夷陵区文化志》、《夷陵区体育志》、《夷陵区移民志》等10部乡镇志、专业志的评审。除《夷陵区文化志》、《夷陵区体育志》没有通过评审外，其他8部均通过评审。《三斗坪镇志》、《夷陵区环境保护志》、《夷陵区国土资源志》相继进入印刷出版程序。

【革命遗址普查】 4月30日，区委常委、区委办公室主任董诗国主持召开区委专题办公会议，听取开展革命遗址普查工作的情况汇报，研究、部署革命遗址普查工作，确定成立区革命遗址普查领导小组、组建普查专班，提出“全面普查和重点普查”相结合工作要求。从5月初开始，普查专班在查阅资料及向各乡镇征集普查线索的基础上，初步掌握了24处遗址的情况。6月25日，区普查领导小组副组长、区委史志办主任唐皓主持召开会议，根据“主要看其在历史进程中的重要地位和影响力”的原则，对掌握的遗址情况进行分析、比较、评估，从中筛选、确定了6处重要遗址：莲沱“九四”暴动革命烈士纪念碑党史纪念设施遗址、樟村坪红军烈士墓、刘西年烈士墓3处党史遗址和石碑要塞保卫战抗战遗址、黄花场抗日阵亡将士公墓抗战遗址、金鱼坪预四师抗日阵亡员兵纪念碑遗址。6～8月，普查专班人员进一步查阅资料，并深入实地调查，完成《全国革命遗址普查登记表》填写上报及普查资料收集整理工作。至9月底，普查工作基本结束。

【基本完成《中共宜昌市夷陵区历史》（第二卷）初稿】 在地方党史编撰工作中，继续实行主编负责制、编辑聘任制、任务包干制、责任奖惩制“四制”管理。年初，确定3

名人员（其中在职人员1名，聘请老干部2名）负责《中共宜昌市夷陵区历史（第二卷 1949.10～1978.12）》初稿撰写工作。为保证编撰质量，避免走弯路，1～3月，各编写人员被要求试写一章或一节。4月9日，邀请市委党史办公室党史编研科长点评试写稿，并面对面地进行专题培训与指导。4月中下旬，编写人员按照专家要求，完善试写稿，领会党史编写要领。5月，编撰工作进入资料再熟悉、再收集，初稿全面编写阶段。至12月，完成第一章至第十五章、第十七章、第十八章共35万字的初稿撰写。

【编纂出版《夷陵年鉴（2010）》】 1月8日，召开《夷陵年鉴（2010）》编撰启动工作会议；3月，完成资料征集，成立《夷陵年鉴（2010）》编辑部，开始编辑撰稿；5月，完成86万字文字统稿任务，进行编审；6月，召开宣传彩页征集座谈会；8月，成稿并报送长江出版社；11月份出版发行。同时，继2009年获全国版协第四届质量评比一等奖后，《夷陵年鉴》本年获全国地方志系统质量评比一等奖，并在湖北省第二届年鉴评比中获县区级地方综合年鉴特等奖，以及框架设计、条目编写、装帧设计3个全部项目奖。

【启动《辉煌10年（夷陵）》纪念画册和《夷陵》编撰】 为迎接夷陵区成立十周年而决定编撰出版的《辉煌10（夷陵）》纪念画册，以及为进一步加深广大机关干部对夷陵区历史文化的了解、加强夷陵区优势元素的对外宣传而编辑出版的《夷陵》一书，均于年内启动。其中《辉煌10（夷陵）》画册完成篇目设计，《夷陵》完成篇目设计第三稿并召开首次“诸葛亮会”征求专家和社会各界人士的意见。

【“史志鉴夷陵”服务品牌建设】 按照“夷陵区史志办编纂出版的每一本书都是精品佳作，夷陵区史志工作在全省全市史志系统的地位与夷陵区在全省全市的经济地位、社会地位相‘匹配’”的要求，开展“史志鉴夷陵”服务品牌创建工作。秉承“强基础、抓规范、创特色、争一流”的服务理念，“团结协作，勇争第一”的机关精神，“打造一流史志精品”的机关愿景，在全室形成“编纂史志精品”共识。围绕“史志鉴夷陵”服务品牌建设，创先争优、建设学习型党组织和满意机关。采取集中学习、分散自学、外出参观考察、外出交流等形式，提高党员干部的学习积极性和自觉性；通过参与部门志、专业志评审，在评审过程中学习地方志编纂知识。以“健全坚实有力的基本组织、建设稳定可靠的基本队伍、开展务实有效的基本活动、建立和完善可行的基本制度、规范必要可靠的基本保障”为重点，加强执政能力建设和机关作风建设，提高机关党组织凝聚力、创造力和战斗力。通过品牌创建，向全区人民奉献一批佳作、力作；继续深化“千名干部万户行”活动，积极帮扶联系村，与社区开展共建活动。

（徐敬河）

档案工作

【概况】 坚持存史资政主线，以管理上水平、服务优质化、编研利用求突破为目标，推进档案资源建设、信息化建设和法制化建设。2010年，区档案局被区委、区政府命名为“文明单位”、“平安单位”、“群众满意机关”，被区纪委、区监察局表彰为纪检监察工作先进单位，档案局机关党支部被区直机关工委表彰为“五好基层党组织”，局网站被省档案局评为“2010年度湖北省档案网站优秀奖”，区档案馆被省档案局确定为“全省档案馆利用工作示范岗”。

区委、区政府召开档案专题办公会3次，首次将档案保护费列入区财政预算。召开全区档案工作表彰会，表彰先进单位20个、先进工作者30名。区档案馆接收到期档案5934卷（张、件），馆藏总量126832万卷（张、件、盒）。纳入统计范围的79个机关档案室，室藏档案总量328838卷（张、件、盒）。收集整理现行文件148件，录入上网2007－2009年文件801份，累计上网量3746份。抢救国家重点档案11卷2275幅，共抢救410卷27210幅。机关档案工作目标管理新增省特级1家、省一级2家，省特级、省一级、省二级总数分别达到12家、62家、89家；科技事业单位档案规范管理新增1家，达到12家。继续开展社区档案合格单位创建活动，新增社区档案合格单位4个，总数达到15个。立卷归档单位共投资40余万元添置档案保护设备，未出现一起档案安全事故。全年接待档案利用者9335人次，其中区档案馆接待849人次，查阅档案82531卷（册），提供档案复印凭证5516份。馆藏档案数字化目录新增10万条，总量达到65万条。建立现行文件数据库、照片数据库、资料目录数据库和开放档案数据库，实现部分馆藏档案数字化、信息化管理。新增世纪科怡软件20套，广使用114套。85%立档单位2009年度永久、长期保管的档案实行全文数字化管理，初步实现纸质、电子双载体归档。

【重点项目建设档案和中央拉动内需项目建设档案】 借拉动内需政策、治理工程建设领域突出问题和十个全覆盖的机遇，以建设项目档案管理为切入点，以服务为先导，以检查为手段，联手抓好政府性投资建设项目档案监管工作。根据《湖

全区档案业务培训班开班仪式

北省重点建设项目档案验收办法》的要求，安排专人及时了解各重点建设项目单位工作进展情况，布置和及时跟踪指导每一阶段的档案资源收集工作，确保重点项目工程档案资料齐全完整。为确保重点建设项目整理规范，资料收集齐全，1月8日对重点建设项目单位的档案员进行业务培训，聘请市城建档案馆重点建设项目档案管理专家授课。6月12日，区监察局、区发改局、区档案局联合发文《关于开展重点建设项目档案管理检查的通知》，对2009~2010年由政府投资1000万元以上的重点建设项目及拉动内需项目的档案工作进行检查。

【档案执法】 8月23~27日，组成三个执法检查组对小溪塔等4个乡镇（街办）、区环保局等17个单位进行档案执法检查。重点检查档案法律法规的执行情况、2009年各单位档案工作落实情况、档案的安全保管情况、档案的违法行为等10方面的内容。得分90分以上的单位11个，分别是夷陵区环保局、夷陵区经济商务和信息化局、夷陵区民政局、夷陵区政协办公室、夷陵区国税局、夷陵区法院、夷陵区广播电影电视局、夷陵区建设局、夷陵区人力资源和社会保障局、三斗坪政府、分乡政府；得分80分以上的单位7个，分别是夷陵区农业局、夷陵区总工会、夷陵区文化体育局、夷陵区教育局、夷陵区交通局、小溪塔街办、鸦鹊岭政府；得分80分以下的单位3个，分别是夷陵区林业局、人行宜昌县支行、国家统计局夷陵调查队。执法检查中提出反馈意见56条，下发《整改通知书》5份，催还长期外借档案34卷。

【档案干部培训】 全年举办档案培训班5次，参训人员450人次。其中第四期新档案员持证上岗暨档案标准化培训班，有各乡镇、区直单位及区直二级单位的档案员200余人参加培训，培训内容包括世纪科怡档案管理软件在机关档案室的应用、科技档案案卷构成的一般要求、档案数字化与电子档案管理基本知识等7个方面，区委常委、区委办公室主任董诗国出席开班典礼并讲话；培训班办理岗位培训合格证150个。

【馆藏档案抢救】 2010年，区档案局聘请专业人士对国家重点档案进行修复、裱糊、复制、扫描、拍照，全年抢救国家重点档案11卷2275幅。

（王玉翠）

夷陵区人民代表大会

综　述

【概况】 区人大常委会紧扣中心抓重点，顺应民意抓热点，锲而不舍抓难点，全年听取和审议工作报告28个，决定重大事项8件，开展执法检查、调查和视察21次，交办审议意见6件，备案审查规范性文件6件，交办人代会议案1件、代表建议194件，受处来信来访55件次，工作评议4个单位，任免国家机关工作人员44人次，补选市人大代表3名、区人大代表2名，承办全市县市区人大常委会主任座谈会1次。

【区三届人大四次会议】 3月5日至7日，夷陵区第三届人民代表大会第四次会议在平湖剧院召开。235名代表出席会议。会议听取和审议区政府区长刘洪福作的政府工作报告、区人大常委会常务副主任张洪作的常委会工作报告、区人民法院院长宋建平作的法院工作报告、区检察院检察长田安友作的检察院工

夷陵区第三届人民代表大会第四次会议会场

区委书记、区人大常委会主任熊伟（前排右）开展常委会会前调查

作报告；审议夷陵区2009年国民经济和社会发展计划执行情况及2010年国民经济和社会发展计划的报告，审查批准2010年夷陵区国民经济和社会发展计划；审议夷陵区2009年财政预算执行情况及2010年财政预算草案的报告，审查批准2010年区本级财政预算；选举李天武、陈立静、靳海清为夷陵区第三届人民代表大会常务委员会委员。

【区人大常委会会议】 1月18日，区三届人大常委会召开第20次会议，补选罗志勇、梁华为宜昌市第四届人大代表。

2月4日，区三届人大常委会召开第21次会议，听取和审议区政府关于《义务教育法》贯彻执行审议意见落实情况、《2009年财政预算执行情况与2010年财政预算草案》的报告；决定于3月5日召开夷陵区第三届人民代表大会第四次会议，讨论区人大常委会工作报告、关于补选区第三届人大代表资格的审查报告、确定代表资格，审议通过区人大常委会2010年工作要点、关于召开区三届人大四次会议的决定、会议日程、列席人员名单、主席团和秘书长名单草案、计划预算审查委员会及议案审查委员会名单草案、讨论审定优秀区人大代表、先进代表小组和“好建议”名单。会议决定任命付诚为区人民政府副区长，任命王小红为区人民检察院副检察长、检察委员会委员；免去荣笑风区人民政府副区长职务，免去陈立静区教育局局长职务，免去周泽军区人民检察院副检察长、检察委员会委员职务，免去赵智区人民检察院检察委员会委员职务。

4月29日，区三届人大常委会召开第22次会议，听取和审议区政府关于房地产业发展、安全生产监督管理、全区医疗卫生服务体系建设审议意见落实情况、2009年区直部门预算执行及2010年区直部门预算草案的报告，审查批准2010年区直部门预算，审议通过区人大常委会2010年工作评议实施方案；确定5月至9月对区发展和改革局、区民政局、区广播电影电视局、夷陵区农村合作银行四家单位进行工作评议；任命郑凌辉为区人民政府副区长、望运锡为区政府办公室主任、陈勇为区教育局局长、杨大弘为经济商务和信息化局局长、戴明道为区人力资源和社会保障局局长、覃万桥为区住房和城乡建设局局长、胡顺遇为区环保局局长、王家忠为区交通运输局局长、习琼为区人口和计划生育局局长、赵学军为区林业局局长、李正源为区安全生产监督管理局局长；免去薛明的区人民政府副区长职务、望运锡的区建设局局长职务、易卿善的区人事局局长职务、杨大弘的区经济商务局局长职务、戴明道的区劳动和社会保障局局长职务、王家忠的区交通局局长职务、习琼的区人口与计划生育局局长职务。会后，向区政府交办了关于房地产业发展情况、安全生产监督管理工作的审议意见。

6月25日，区三届人大常委会

人大常委会常务副主任张洪（右二）、区人大常委会副主任屈克义（后排左一）调查食品安全法贯彻执行情况

区人大常委会副主任杨文全（左一）调研旅游产业发展情况

召开第23次会议，听取和审议区政府关于《水污染防治法》贯彻执行、全区旅游产业发展和《农产品质量安全法》贯彻执行审议意见落实情况的报告；任命谢光华、王胜为区人民政府副区长，会议任命了部分人民陪审员。会后，向区政府交办了关于水污染防治法贯彻执行、全区旅游产业发展情况审议意见。

8月31日，区三届人大常委会召开第24次会议，听取和审议《关于夷陵区 2010 年国民经济和社会发展计划上半年执行情况的报告》、《关于夷陵区 2009 年财政决算及 2010 年财政预算上半年执行情况的报告》、《关于夷陵区2009年财政预算和区直部分重点单位预算执行及其他财政财务收支的审计工作报告》、《关于夷陵区2010年地方政府债券转贷资金安排建议方案的报告》、《关于政府性负债及偿债审议意见落实情况的报告》及《关于小溪塔城区公共绿地建设和保护工作情况的报告》，通过《关于保护城区公共绿地的决定》草案；任命李泽刚为区人民政府副区长、张宗平为区人大常委会研究室主任。会后，向区政府交办了关于小溪塔城区公共绿地建设及保护的审议意见。

10月29日，区三届人大常委会召开第25次会议，听取和审议区人大常委会执法检查组关于《食品安全法》贯彻执行情况的执法检查报告，区政府关于规模企业发展和产业集群建设、《劳动合同法》贯彻执行审议意见落实情况、安全生产监督管理审议意见落实情况的报告，区检察院关于开展法律监督工作情况的报告，审议通过区人大常委会规范性文件备案审查规定（修订），通过补选区三届人大代表有关事项；免去李国柏的开发区人大联络处主任职务、柏松的区民政局局长职务、赵学军的区林业局局长职务；任命赵学军为区民政局局长。会后，向区政府交办了关于食品安全法贯彻执行情况的审议意见。

12月23日，区三届人大常委会召开第26次会议，听取和审议区政府关于《全面推进依法行政实施纲要》贯彻执行、区人代会议案和代表建议办理、房地产业发展审议意见落实、《水污染防治法》贯彻执行审议意见落实及区旅游业发展审议意见落实情况的报告，审查批准区2010年度财政预算调整方案，审查确认樟村坪镇殷家坪选区补选柏松为区第三届人大代表的代表资格有效。

【区人大常委会主任会议】 1月17日，区三届人大常委会召开第46次主任会议，讨论召开区三届人大常委会第20次会议有关事宜，建议区三届人大常委会第20次会议于1月18日召开，常委会将补选市四届人大代表2名。

1月28日，区三届人大常委会召开第47次主任会议，讨论常委会工作报告、常委会 2010 年工作要点，讨论关于召开区三届人大四次会议的决定、日程及列席人员名单、区三届人大四次会议各项建议名单、财政预算初审情况、补选的区三届人大代表资格的审查报告、区代表工作考核等次、优秀代表和先进代表小组名单；讨论召开区三届人大常委会第21次会议有关事宜，建议区三届人大常委会第21次会议于2月上旬召开，建议会议听取代表资格审查委员会关于补选的区三届人大代表资格的审查报告，确认代表资格；审议通过关于召开区三届人大四次会议的决定；审议通过区三届人大四次会议日程草案、主席团和秘书长名单草案、计划预算审查委员会及议案审查委员会名单草案；初审夷陵区2010年财政预算草案、常委会工作报告；审议通过常委会2010年工作要点；讨论审定优秀区人大代表、先进代表小组名单和“好建议”条目及其他事项。

2月4日上午，区三届人大常委会召开第48次主任会议，讨论区人民政府关于付诚等职务任免的议案、区检察院关于提请王小红等三名职务任免的议案，建议区三届人大常委会第21次会议于2月4日下午召开。

3月22日，区三届人大常委会召开第49次主任会议，讨论常委会专题视察、召开全区乡镇人大工作座谈会和全区人大宣传工作会议有关事宜；讨论召开区三届人大常委会第22次会议有关事宜。

4月21日，区三届人大常委会召开第50次主任会议，讨论关于房地产业发展情况、安全生产监督管理情况的调查报告和关于区直部门预算草案的初审报告，讨论区政府人事任免议案、常委会2010年工作评议实施方案及区委人大工作会议专题调研有关事宜；讨论召开区三届人大常委会第22次会议有关事宜，建议会议于4月29日召开，建议会议听取和审议区政府关于房地产业发展情况的报告、安全生产监督管理情况、全区医疗卫生服务体系建设审议意见落实情况、2009年区直部门预算执行及2010年区直部门预算草案的报告，审查批准2010年区直部门预算；审议通过区人大常委会2010年工作评议实施方案；决定人事任免及其他事项。

5月6日，区三届人大常委会召开第51次主任会议，讨论常委会工作评议、开展法院执行工作情况专题视察和常委会会前学法有关事宜；讨论关于全区房地产业发展情况和全区安全生产监督管理情况的审议意见；讨论召开区三届人大常委会第23次会议有关事宜，建议会议于6月中下旬召开，建议会议听取和审议区政府关于《水污染防治法》贯彻执行、全区旅游产业发展和《农产品质量安全法》贯彻执行审议意见落实情况的报告及其他事项。

7月6日，区三届人大常委会召开第52次主任会议，讨论常委会关于《水污染防治法》贯彻执行情况和旅游产业发展情况的审议意见、集中视察全区重点项目建设情况、听取“两院”半年工作情况汇报的相关事宜；讨论常委会关于三季度乡镇人大工作的指导意见；讨论区三届人大常委会第24次会议的有关事宜，建议会议于8月下旬召开。

7月29日，区三届人大常委会召开第53次主任会议，听取市委人大工作会议精神汇报；讨论关于贯彻落实省市委人大工作会议精神的建议方案、区委关于进一步加强和改进人大工作的决定（讨论稿）；讨论关于区三届人大常委会第24次会议有关事宜，建议会议增加一个议题：批准区人民政府将2010年地方债券转贷资金纳入预算调整。

8月20日，区三届人大常委会召开第54次主任会议，讨论关于计划半年执行、财政决算及预算半年执行、城区公共绿地建设及保护情况的调查报告；讨论常委会《关于保护小溪塔城区公共绿地的决定》（讨论稿）；建议区三届人大常委会第24次会议于8月27日召开，建议会议议程为：听取和审议区政府关于2010年国民经济和社会发展计划上半年执行情况的报告；听取和审议区政府关于2009年财政决算及2010年财政预算上半年执行情况的报告；听取和审议区政府关于2009年财政预算和区直部分重点单位预算执行及其他财政财务收支的审计报告，审查批准2009年财政决算；听取和审议区政府关于2010年地方政府债券转贷资金安排建议方案的报告，批准将2010年地方政府债券转贷资金纳入预算调整；听取和审议区政府关于小溪塔城区公共绿地建设及保护情况的报告，通过关于保护小溪塔城区公共绿地的决定；听取和审议区政府关于政府性负债及偿债审议意见落实情况的报告；决定相关人事任免。

9月9日，区三届人大常委会召开第55次主任会议，讨论常委会关于小溪塔城区公共绿地建设及保护情况的审议意见、《食品安全法》执法检查方案；讨论常委会工作评议大会筹备方案；听取规范性文件备案审查规定（修正草案）；讨论有关人事任免议案；讨论区三届人大常委会第25次会议有关会前调查事项，建议9月中下旬开展全区规模企业发展和产业集群建设、检察机关法律监督工作情况调查。

10月20日，区三届人大常委会召开第56次主任会议，讨论常委会相关执法检查报告和调查报告、补选个别区人大代表有关事宜、听取《夷陵区小型水库管理实施办法》备案审查情况；讨论“三沿”会议筹备建议方案；讨论区三届人大常委会第25次会议有关事项，建议会议于10月29日召开，建议会议听取和审议区人大常委会执法检查组关于《食品安全法》贯彻执行情况的执法检查报告，区政府关于规模企业发展和产业集群建设、《劳动合同法》贯彻执行审议意见落实、安全生产监督管理审议意见落实，区检察院关于法律监督工作情况的报告；审议通过区人大常委会规范性文件备案审查规定（修订）；通过补选夷陵区第三届人大代表有关事项；决定相关人事任免。

11月4日，区三届人大常委会召开第57次主任会议，建议11月下旬至12月上旬开展议案及代表建议办理情况会前调查；讨论常委会关于《食品安全法》贯彻执行情况的审议意见；讨论区三届人大常委会第26次会议有关事项，建议会议于12月中下旬召开。

12月15日，区三届人大常委会召开第58次主任会议，讨论财政预算调整初审、代表建议办理等调查报告；讨论《区人大常委会监督司法工作的暂行办法》（讨论稿）；讨论区人代会筹备建议方案、相关任职文件；讨论召开区三届人大常委会第26次会议有关事宜，建议会议于12月23日召开，建议会议听取和审议区政府关于《全面推进依法行政实施纲要》贯彻实施、人代会议案和代表建议办理情况的报告，听取和审议房地产业发展、《水污染防治法》贯彻执行、旅游产业发展等审议意见落实情况的报告，审查批准2010年财政预算调整方案；通过补选夷陵区第三届人大代表有关事项。

12月31日，区三届人大常委会召开第59次主任会议，讨论常委会2011年主要监督议题、常委会工作报告（初稿）、常委会关于一季度乡镇人大工作的指导意见；商讨个别代表辞职和补选工作有关安排，安排部署常委会及机关元月份主要工作。

10月15日，全市县（市）区人大常委会主任座谈会在夷陵区召开

【承办全市县（市）区人大常委会主任座谈会】 10月15日，全市县（市）区人大常委会主任座谈会在夷陵区召开。会议交流各地贯彻落实省委、市委人大工作会议精神和当前各项人大工作情况，安排部署进一步做好人大工作。市人大常委会副主任张为民主持会议，市人大常委会常务副主任张建一，副主任周厚贵、艾苍松、吴开保、谭春玉、邹正金、秘书长谢永和等出席会议。区委书记、区人大常委会主任熊伟出席会议并致辞。远安、宜都、夷陵等13个县（市）区分别作交流发言。区人大常委会常务副主任张洪在会上交流夷陵区“落实与创新”工作经验。市人大常委会常务副主任张建一作总结讲话。

监督工作

【工作评议】 5月14日，区人大常委会召开2010年工作评议大会。区委书记、区人大常委会主任熊伟，区委副书记、区长刘洪福，区人大常委会常务副主任张洪，区委常委、组织部长曹宏伟，区人大常委会副主任杨文金、尚志芬、王广明、屈克义、秦玉龙参加会议。区人大常委会对区发展和改革局、区民政局、区广播电影电视局和夷陵农村合作银行等四个单位开展工作评议，重点评议各单位贯彻执行宪法、法律和法规、落实上级和本级人大及其常委会决议决定、履行部门职能及解决人民群众反映的热点难点问题、办理人大代表议案和建议、批评、意见、机关行业作风建设及行政效能建设以及区人大常委会会议决定评议的其他事项。评议工作从5月开始到9月底结束，分为动员准备、评议调查、督查整改和会议评议四个阶段。经过评议，四个单位的最终评议结果均为满意。

【执法检查】 9月9日，区人大常委会举办《食品安全法》法制讲座，学习食品安全法相关知识。

9月19日，区人大常委会《食品安全法》执法检查组听取区政府关于《食品安全法》贯彻实施情况的报告。9~11月，开始为期两个月的执法检查。重点检查食品安全法颁布实施以来的情况，政府职能部门对食品安全的监管情况，食品安全法贯彻实施取得的成效、存在的问题及改进的措施和建议。执法检查组分成五个小组到11个乡镇、小溪塔街道办事处和夷陵经济开发区，分六个步骤，采取听取工作汇报与实地查看、听取执法部门意见与社会意见、全面自查与重点检查、

区人大常委会副主任尚志芬（左二）在太平溪调研食品安全法贯彻执行情况

自查自纠与检查督导相结合的方式，形成执法检查报告向常委会报告。

【视察】 3月31日，区人大常委会组织部分常委会组成人员视察三峡移民产业发展情况，区人大常委会常务副主任张洪、副主任杨文金、尚志芬、屈克义参加视察。视察组查看三斗坪镇旅游明星镇建设、太平溪镇富城坪高效茶园基地建设情况和宜昌龙峡茶叶有限公司、三峡移民工业园宏翔玻璃制品有限责任公司、富源医疗保健品有限公司；听取常务副区长彭定新代表区政府作的关于全区三峡移民产业发展情况的工作汇报。视察组在肯定成绩的同时指出存在的工业基础薄弱，工业发展后劲不足；农业发展空间狭小；第三产业发展活力不足，物流业发展滞后；基础设施还不够配套完善；统筹经济社会协调发展任务繁重等问题。视察组建议：继续加大投入，搞好相关配套建设，加快三斗坪镇旅游明星镇的建设步伐；加大工业园区的道路建设、绿化工程和环境整治工作力度，为招商引资和项目工作提供优良环境；加大旅游招商、物流招商工作力度，吸引更多投资者参与到坝库区产业发展当中；从体制和规划入手，打破制约产业发展的瓶颈；抢抓后三峡发展机遇，继续加大项目争取和资金投入力度，加快坝库区经济社会发展。

5月26日，区人大常委会视察区法院执行工作情况。区人大常委会常务副主任张洪，副主任杨文金、尚志芬、王广明、屈克义参加视察。视察组察看区法院执行局、区法院新建的审判大楼和黄花法庭，听取相关工作汇报并座谈。对于今后的执行工作及如何破解执行难，视察组指出，要通过多种途径和渠道对相关法律和政策进行宣传，争取社会各界的支持和配合，营造良好的执行环境；要进一步做好调查研究，创造新方法破解“执行难”；要坚持法律效果和社会效果相结合的原则，创新完善执行工作机制，努力做到执行工作与党的工作、经济发展和关注民生的有机结合；要多管齐下，多措并举，通过建立联动机制、加强协调配合和执行管理等多种举措，使执行工作步入良性循环的轨道；要加强队伍建设，将有高度责任心、丰富执行工作经验、深厚理论知识功底的干警选拔到执行队伍当中，打造一只高素质的执行队伍，提高执行水平，做到依法执行，公正执行，推动工作的顺利开展。

6月20日，区人大常委会副主任杨文金在下堡坪乡视察2010年中考备考工作。

8月4日，区人大常委会组织部分常委会组成人员就中央新增投资项目建设情况开展专题视察。区人大常委会常务副主任张洪、副主任杨文金、尚志芬、王广明、屈克义、秦玉龙参加视察。视察组先后现场查看分乡镇初级中学校舍改造工程、黄花乡卫生院及计生服务站、夷陵区看守所等项目建设情况，到夷陵医院，观看项目建设电子规划图。听取区政府副区长李世民关于夷陵区新增中央投资项目建设情况汇报。视察组建议，区政府及有关部门要加大项目争取力度，及早谋划提早准备，科学论证项目，充分发挥各职能部门跑项目的积极性；要创新管理制度，规范建设行为，严格项目责任，加强后项目时期的监督管理，确保项目的经济效应和社会效应。

8月19日，区人大常委会组织部分人大常委会组成人员视察全区林业工作。区人大常委会常务副主任张洪、副主任杨文金、尚志芬、王广明、秦玉龙参加视察。视察组听取区林业局局长赵学军关于全区林业工作情况的汇报。建议林业部门在今后的工作中要进一步加大项目的争取力度，为全区经济社会发展和新农村建设作出更大贡献；要加大执法和森林病虫害防治力度，严厉打击乱砍滥伐，不断巩固退耕还林成果，着力加强林业资源管护工作；要重视城镇的庭院、街道等绿化工作，加强湿地保护和利用。

9月16日，区人大常委会视察全区《法律援助条例》贯彻执行情况，区人大常委会常务副主任张洪，副主任杨文金、尚志芬、王广明参加视察。视察组实地查看小溪塔街

区人大常委会副主任王广明（右二）送法进企业

区人大常委会副主任秦玉龙（右）调研农村产业发展情况

道法律援助工作站和区法律援助中心，听取相关工作汇报并进行座谈。对于今后的法律援助工作及目前存在的人员和经费保障、法律援助案件数量还有待加强等问题，视察组建议区政府及其司法部门要进一步加强领导，加大宣传工作力度，着力化解社会矛盾；要切实加大法律援助保障机制，根据法律援助工作的实际需要和经济发展状况逐步增加财政投入，保障法律援助各项工作的正常开展；要适当拓展法律援助的范围，加大办理法律援助案件力度；要有效整合各种资源，充分发挥区直相关单位在法律援助中的整体协调联动作用，推动全区法律援助工作向更高层次发展。

12月16日，区人大常委会组织部分常委会组成人员视察全区贫困村整村推进工作。区人大常委会常务副主任张洪、副主任杨文金、尚志芬、王广明、屈克义、秦玉龙参加视察。视察组查看了小溪塔街道官庄村、黄花乡背马山村和刘家坪村的整村推进工作情况，听取副区长易仁和代表区政府作的关于全区贫困村整村推进工作情况的汇报。视察组建议，按照“政府主导、因地制宜、群众参与”的原则，认真编制好“十二五”期间的扶贫规划，尽快出台进一步加强扶贫开发工作的决定；进一步加强组织领导，继续推行我区整村推进扶贫工作模式；积极发挥部门及企业的帮扶作用，整合捆绑利用各种项目，突出实施产业扶贫和智力扶贫；关注贫困村投入多欠账多的问题，防止产生新的村级债务。

12月29日，区人大常委会组织驻夷的省、市人大代表集中视察全区重点项目建设情况。市人大代表、区人大常委会常务副主任张洪，市人大代表、区政府副区长李泽刚参加视察，区人大常委会副主任杨文金陪同视察。

【规范性文件备案审查】 9月，区人大常委会向市人大常委会报备送审规范性文件1件，即《夷陵区人民代表大会常务委员会规范性文件备案审查规定》。

10月，常委会农工委、财工委、教工委、城环工委、内务司法工委、代工委、研究室备案审查区政府3月1日发布的《区人民政府关于公布区本级行政审批事项的通知》（夷政规[2010]1号），常委会农工委、研究室备案审查区政府6月30日发布的《区人民政府关于印发夷陵区小型水库管理实施办法的通知》（夷政规[2010]2号），常委会财工委、研究室备案审查区政府9月20日发布的《夷陵区人民政府关于清缴问题乳粉的通告》（夷政规[2010]3号）。

12月，常委会农工委、财工委、研究室备案审查区政府11月17日发布的《夷陵区省部级以上农村劳动模范生活困难补助办法》（夷政规[2010]4号），城环工委、研究室备案审查区政府12月18日发布的《夷陵区征地拆迁补偿办法》（夷政规[2010]5号）和12月19日发布的《夷陵区城市房屋拆迁管理办法》（夷政规〔2010〕6号）。

【人事任免】 全年任免和决定任命地方国家机关工作人员44人次，其中任命30人，免职14人。

时间及会议	任命	免去
2月4日，区三届人大常委会第21次会议	付诚为区人民政府副区长、王小红为区人民检察院副检察长、检察委员会委员。	荣笑风区人民政府副区长、陈立静区教育局局长、周泽军区人民检察院副检察长、检察委员会委员、赵智区人民检察院检察委员会委员。
4月29日，区三届人大常委会第22次会议	郑凌辉为区人民政府副区长、望运锡为区政府办公室主任、陈勇为区教育局局长、杨大弘为经济商务和信息化局局长、戴明道为区人力资源和社会保障局局长、覃万桥为区住房和城乡建设局局长、胡顺遇为区环保局局长、王家忠为区交通运输局局长、习琼为区人口和计划生育局局长、赵学军为区林业局局长、李正源为区安全生产监督管理局局长。	薛明区人民政府副区长、望运锡区建设局局长、易卿善区人事局局长、杨大弘区经济商务局局长、戴明道区劳动和社会保障局局长、王家忠区交通局局长、习琼区人口与计划生育局局长。
6月25日，区三届人大常委会第23次会议	谢光华为区人民政府副区长、王胜为区人民政府副区长，朱应斌、陈强华、艾光军、吕世金、易黄、俞德红、陈贤斌、王家元、雷文军、汪宏、杨晓峰、黄成胜等为区人民法院人民陪审员。	
8月31日，区三届人大常委会第24次会议	李泽刚为区人民政府副区长、张宗平为区人大常委会研究室主任。	
10月29日，区三届人大常委会第25次会议	赵学军为区民政局局长。	李国柏开发区人大联络处主任、柏松区民政局局长、赵学军区林业局局长。

重大事项决定

【概况】 2月4日，夷陵区第三届人大常委会第21次会议通过《夷陵区人民代表大会常务委员会关于召开夷陵区第三届人民代表大会第四次会议的决定》。

3月7日，夷陵区第三届人民代表大会第四次会议通过关于政府工作报告、关于夷陵区2009年国民经济和社会发展计划执行情况与2010年国民经济和社会发展计划、关于夷陵区2009年财政预算执行情况与2010年财政预算、人大常委会工作报告、人民法院工作报告、人民检察院工作报告、关于加强社区规范化建设议案的决议。

4月29日，夷陵区第三届人大常委会第22次会议通过《夷陵区人民代表大会常务委员会关于批准2010年区直部门预算的决定》。

6月25日，夷陵区第三届人大常委会第23次会议通过《夷陵区人民代表大会常务委员会关于任命朱应斌等为夷陵区人民法院人民陪审员的决定》。

8月31日，夷陵区第三届人大常委会第24次会议通过《夷陵区人民代表大会常务委员会关于批准夷陵区2009年财政决算的决议》、《夷陵区人民代表大会常务委员会关于批准区人民政府将2010年地方政府债券转贷资金纳入财政预算调整的决议》、《夷陵区人民代表大会常务委员会关于保护城区公共绿地的决定 》。

10 月 29 日，夷陵区第三届人大常委会第 25 次会议通过《夷陵区人民代表大会常务委员会关于补选夷陵区第三届人民代表大会代表的决定》。

12 月 23 日，夷陵区第三届人大常委会第 26 次会议通过《关于批准夷陵区 2010 年财政预算调整方案的决定》。

代表工作

【概况】 2010 年，代表提出建议 194 件，办理满意和基本满意率 99.5%、见面率 96%、落实率 43.4%。为落实增加村级转移支付、保障村级运转等 4 件建议，区政府及财政部门广泛调研，与部分人大代表充分沟通，提出建立和完善村级组织运转经费最低保障机制的方案，明确村级组织运转经费最低保障标准。跟踪办理区三届人大三次会议提出的关于着力解决西北口库区群众民生问题的议案。区政府编制西北口村经济社会发展规划，区财政 2010 年又捆绑投入资金 200 多万元，实施危房改造、安全饮水、道路改造、产业培植等项目，改善当地群众的生产生活条件。区长刘洪福带领民政、财政等 10 多个部门到丁家坝、冯家湾等 8 个社区调研后，出台夷陵区社区建设规范，提出用 3 年时间完成议案办理任务。2010 年，区政府筹资 300 多万元，完成平湖、谭家榜、兴安等社区阵地建设，解决社区居民关注的大街小巷道路硬化、亮化和美化问题。

【代表小组活动】组织区内省、市人大代表集中视察重点项目建设情况，讨论全区“十二五”规划纲要编制工作，开展三峡库区和宜昌市饮用水源保护区产业发展与生态保护补偿调研。继续在全体代表小组和广大代表中深入开展“五个一、创五好”争先创优活动，组织代表小组围绕全区经济建设、民生事业、社会稳定，开展调查、视察和考察活动。常委会命名表彰在履职活动中表现突出的 23 名优秀区人大代表和 14 个先进代表小组。

【代表辞职和补选】 依法接受张德林、余凤蓉等 2 名市、区人大代表的辞职，及时补选曹宏伟、罗志勇、梁华等 3 名市人大代表和张国志、柏松等 2 名区人大代表。

自身建设

【成立研究室】 根据工作需要，经区委同意，8 月，区人大常委会在全市率先设立研究室。其工作职责是负责人大理论调研方案的拟订、组稿和实施工作；负责对地方规范性文件的备案和初审；组织实施人大宣传工作，负责区人大及其常委会会议、主任会议和重要活动的宣传报道；负责全区人大工作信息收集、整理和交流工作，编辑人大刊物；负责人大常委会领导交办的重要文稿的起草工作；负责管理维护和开发利用夷陵人大信息网；承担人大常委会理论和法律学习的具体服务工作；完成人大常委会交办的其他事项。

【品牌创建】经广泛征集意见，确立“人民为大”服务品牌。品牌理念为情系民生、弘扬法治、服务发展；机关愿景为法治人大、效能人大、活力人大、满意人大；机关精神为忠诚、民主、尚法。品牌创建分三步走：2010 年确立品牌体系，2011 年建设品牌文化，2012 年放大品牌效应。制定品牌创建时间安排表，按月明确工作、学习、文体、调研等 20 多项创建内容。撰写的《宜昌市夷陵区创建“人民为大”品牌》一文被《人民代表报》头版刊发，区人大常委会办公室在全区争创满意机关活动工作推进会上交流机关品牌创建经验。

【文化建设】 常委会根据监督法的规定和省实施办法，修订完善和制定《夷陵区人大常委会议事规则》、《听取和审议工作评议办法》、《财政预算监督办法》、《乡镇人大代表工作目标考核办法》、《公民旁听人大常委会议办法》等 9 项制度。集中学习《廉政准则》原文、《水污染防治法》、《食品安全法》等法律法规。集体观看《法槌下的疯狂》、《女检察官》等多部电视教育专题片，组织党员干部职工到夷陵区看守所，现场开展警示教育活动。组织机关干部参加区直机关第三届运动会团体广播操比赛，组建桥牌、篮球、摄影等兴趣爱好小组。12 月 3 日，夷陵区人大机关举行“人民为大”杯第一届桥牌赛。

理论研究和宣传工作

【概况】 围绕区委工作中心和常委会工作重点，以“攻精品、造声势、树形象”为工作思路，谱好强队伍、建制度、扣主题、筑根基“四部曲”，广泛宣传全区人大工作。全年在市级以上报刊台网等媒体用稿 1124 篇，其中，国家级和省级分别采用 159 篇和 563 篇，《宜昌市夷陵区打造“人民为大”品牌》被《人民代表报》头版推介。总结推广全区人大工作经验和先进人大代表典型 15 个，编辑出版“人民为大”品牌画册。发挥人大工作研究会的作用，精心组织开展人大理论调研活动，完成调研成果 50 多篇。

联系村工作

【概况】 区人大机关年初邀请领导进村现场办公，确定帮扶的具体事项和时间，年中检查督办，年终兑现承诺。全年为联系的桃坪河村筹措资金 60 多万元解决村庄环境整治和基础设施建设问题。在太平溪镇遭受特大山洪灾害后，机关第一时间成立党员干部抗洪救灾队伍，赶赴受灾一线，与受灾群众一起参与抗洪救灾核灾工作，组织干部职工为灾区人民捐款 18600 元，缴纳特殊党费 6050 元。

（吴彩霞）

区人大常委会副主任屈克义（后排中）送医进桃坪河村

夷陵区人民政府

综　述

【概况】 2010 年，区政府贯彻落实科学发展观，调结构促转型、抓项目促发展、重民生促和谐，全区经济社会继续保持平稳快速发展。实现地区生产总值 182.2 亿元，比上年增长 16.9%；规模工业产值 302.8 亿元，工业增加值 103.9 亿元，分别增长 47.7%和 38.1%；全地域财政收入 26.8 亿元，增长 23.3%；地方财政总收入 18.8 亿元，增长 23.5%；地方一般预算收入 8.7 亿元，增长 31.2%；全社会固定资产投资 132 亿元，增长 48.7%；社会消费品零售总额 57.5 亿元，增长 22.9%；农民人均纯收入 7185 元，增长 18.8%；城镇居民人均可支配收入 14325 元，增长 12.9%。

区政府主要工作：

进一步调整工业结构。新增规模企业 44 家，达到 213 家。新增产值过亿元企业 5 家，达到 41 家。工业增加值占 GDP 57%。新增湖北名牌产品 3 个，达到 13 个。萧氏茶产业高新技术工业园、德凌铜深加工、江重机械二期、娃哈哈二期、弘洋硅酸钙板等项目建成投产。华润红旗三期、康师傅矿物质饮用水、中科恒达石墨等项目开工。进一步加强优势农业板块基地建设。改造标准果园 5 万亩，新发展和改造高效茶园 1.5 万亩，茶叶总产量超过 1 万吨。创建国家级畜禽标准化规模养殖示范场 4 个。优质稻、优质果、名优茶率分别达到 80%、70%和 42%，自主研发出省内首款高山有机乌龙茶。新增市级以上农业产业化龙头企业 5 家，其中国家级 1 家，农产品加工产值达到 135.6 亿元，夷陵农产品加工园区被评为“全国农产品加工示范基地”。萧氏茶叶集团跻身全国茶叶行业五强。无公害食品认证达到 51 个。新发展农民专业合作社 29 个，达到 176 个。加强旅游宣传，在上海、武汉等城市成功举办大型旅游推介会。全年接待游客 256 万人次，实现旅游综合收入 13.3 亿元。夷陵区被评为“中国观赏石之乡”，三斗坪镇被评为“全国特色景观旅游名镇”、“湖北旅游名镇”。维持房地产市场活跃，罗河路市场、绿环市场标准化改造工程启动。新增限额以上商贸企业 65 家，达到 80 家。继续开展汽车、摩托车、家电下乡工程。改善民生投入占公共财政的 53%。夷陵区被评为全省金融县市先进单位之一。

完成新一轮政府机构改革。加强农村集体“三资”管理，盘活集体资产 5000 万元。农村小型水利管理体制改革启动。集体林权制度改革基本完成。完成义务教育阶段教师绩效工资改革。开展国家基本药物制度改革试点，试点单位药物实行零差率销售，减轻患者负担近 500 万元。围绕产业链、高新技术产业和现代服务业定向招商，签约项目 18 个。新开工 500 万元以上项目 46 个，完成投资 36 亿元。杨氏果业、康师傅矿物质饮用水、弗洛伊德商务中心、华通机电销售中心等项目落户，恒大五星级酒店开工。争取中央新增投资项目 42 个、到位资金 2.52 亿元。争取对口支援无偿资金 5320 万元。实现外贸出口 3302.5 万美元，实际利用外资 1960 万美元。小鸦公路延伸段主体工程完工。开发区及园区供水、供电、供气和排污管网等设施逐步配套，完成 110 千伏雾渡河输变电工程，220 千伏姜家湾、110 千伏鸦鹊岭、35 千伏仓屋塝输变电工程和 612 片区供水项目投入建设。丁家坝开闭所建成使用。完成标准化厂房三期工程。启动生物产业园建设，稻花香包装工业园、鸦鹊岭精细化工园、乐天溪移民生态工业园、黄花建材工业园入驻企业和项目 31 个。

小溪塔城区、鄢家河片区控制性详规编制完成。河心公园建成开放。三峡专用公路冯家湾立交匝道投入使用。夷陵楼公园基本建成。双虹大道、平云一路、平云二路和仁寿桥路等综合改造工程完成。东湖大道延伸段、锦江大道丁家坝段、中兴路、和谐路东段、双虹大道人行天桥等工程投入建设。松湖路森林游乐园段建设和黄柏河综合整治工程启动。夷陵国际大厦主体工程、东方广场西侧景观工程竣工。三峡国际会展中心开工。雾殷矿山专用公路改扩建工程竣工通车。小鸦一级公路改建、两花路改造等工程建设启动。硬化农村公路 211 公里，完成农村公路安保工程 158 公里，实现村村通客车。改造农村特色民居和景区居民户型 4794 栋。修复水毁设施 420 处，硬化末级渠 155 公里。解决 6.2 万人的安全饮水问题。治理水土流失面积 30 平方公里。协调服务于国家重点交通工程，三峡翻坝高速建成通车，推进宜巴高速、汉宜城际铁路等重点工程建设。完成主要污染物减排目标，减排二氧化硫 20.5 吨、化学需氧量 22 吨。三斗坪垃圾填埋场和污水处理厂试运行。城区大型燃煤锅炉实现煤改气，全年城市空气环境质量优良天数达到 300 天以上。污水处理厂和垃圾填埋场污染物处理达标率 100%。万元 GDP 能耗下降 4.6%。樟村坪、太平溪镇被评为全市生态乡镇，雷家畈村被评为省级生态村。完成低丘岗地改造 8661 亩，新增耕地 2605 亩。人工造林 1.5 万亩，改造低效林 7700 亩。

全年新增小额担保贷款 2874 万元，贷款总额 6627 万元，1120 人成功创业，带动就业 2448 人。继续下调失业保险等费率，为企业减负 380 万元。技能培训 9614 人，提供公益性岗位 1023 个，城镇新增就业 10627 人，下岗失业再就业 3928 人，转移农村富余劳动力 10493 人。城镇登记失业率 3.4%，比上年下降 0.8 个百分点。五项社会保险参保人数超过 30 万人次。开通社保“一卡通”。超龄职工养老保险实现全覆盖。城镇基本医疗保险参保率 100%，居民医保个人支付比例下降 7%。城乡低保扩面提标、应保尽保。203 名 0 至 6 岁残疾儿童抢救性康复和 251 名白内障患者复明手术救助工作完成。经济适用房二期和廉租房三期工程完工。实施扶贫搬迁 116 户，完成危房改造 1162 户。三峡工程库区移民资金结算和大中型水库后期扶持工作稳步开展。西北口水库库区基础设施条件进一步改善。十件实事全面完成。太平溪、雾渡河、邓村等乡镇遭受特大暴雨山洪灾害后，全区为灾区群众捐款捐物近 700 万元，加上向上争取和整合救灾资金，均及时足额发放到灾民手中。倒房重建选址实行部门联审和结对帮扶制度，下拨救灾和重建专项资金，899 户倒房户全部搬进新居。受灾群众抢栽补种农作物 3.7 万亩，完成灾区卫生防疫和交通、供电、通信等水毁设施抢修工作。

产、学、研合作，建成市级以上技术中心 6 个，其中省级企业技术中心 1 个；完成高新技术产值 31 亿元、高新技术增加值 10.6 亿元，高新技术增加值占工业增加值的比重达到 16%。义务教育阶段学生入学率、巩固率均达 100%。上海中学建成开学。实施“蓝天助学”工程，资助贫困学生 1.2 万人次。保育式寄宿制办学经验在全省推广。区宣传文化部门协助拍摄的电影《山楂树之恋》全国公映、电视剧《山楂树之恋》年内封镜。黄陵庙维修工程完工。举办第四届农村文艺调演等文艺、体育赛事 20 场次。青少年宫和科技馆建成。鸦鹊岭镇被授予“湖北丝竹乐之乡”。新型农村合作医疗参合率、政策补偿率分别达到 97.2%和 62%。夷陵医院医疗大楼主体工程完工。区妇幼保健院建设和鸦鹊岭等乡镇卫生院改扩建工程竣工，下堡坪卫生院整体搬迁。完成妇女“两癌”免费筛查 4.3 万人。夷陵区被评为全省首批农村居民健康工程先进县市区。符合政策出生率达到 99%，出生人口性别比保持在正常值范围。完成第六次全国人口普查工作。新增有线电视用户 2000 户。20 个广播电视“村村通”和 11 个编码调频广播村建设全面完成。送电影下乡 2719 场，送戏下乡 109 场。

推进行政审批“三集中”工作，审批事项精减 34.8%，审批时限压缩 73%，审批环节减少 21%。三级便民服务网络实现全覆盖，政务公开覆盖面 100%。189 件人大代表建议和 194 件政协委员提案全部办结，满意率 100%。区三届人大四次会议提出的《关于加强社区规范化建设的议案》，经调研后出台《夷陵区社区建设规范》。亿元 GDP 安全事故发生数、死亡率分别下降 5%和 10%。夷陵区被评为“全国平安畅通县市区”、“全国农村药品两网建设示范区”。开展“四访促和谐”、“信访积案化解”活动，排查化解信访积案 41 件。大调解工作经验在全省推广。

重要会议

【区政府三届五次全体（扩大）会

议】 3 月 29 日，区政府三届五次全体（扩大）会议在区政务信息大楼一楼会议室召开，全体政府班子成员出席会议，区政府组成部门、区政府直属机构、部门管理机构、地方协管机构、各乡镇人民政府、小溪塔街道办事处、夷陵经济开发区、发展大道新区指挥部主要负责人参加会议，区委各部门、区人武部和区人大办、区政协办、区法院、区检察院负责人，以及区政府特邀监察员、区政府咨询委员会全体成员应邀列席会议。区长刘洪福做主题报告，部署建设学习型政府、服务型政府、落实型政府、廉洁型政府事宜；区建设局、经济商务局、农业局、卫生局、开发区等单位负责人做典型发言。

【国务院三峡办对口支援经贸洽谈会】 8 月 9~12 日，区委书记熊伟、区长刘洪福、区委副书记向洪星、王尧、副区长付诚、李羡军、开发区管委会主任高先华等，参加在宜昌桃花岭举行的“十六省市对口支援湖北库坝区对口支援移民经贸洽谈会”接待并参会，刘洪福代表夷陵区在会上做典型发言。会议由国务院三峡办、湖北省人民政府联合举办，国务院三峡办主任聂卫国，司长童景德、刘卡、雷顺山；上海市政府副市长胡延照，上海市合作办副主任周振球，上海市合作办对口支援处方城、黄忠良、夏红军；青岛市副市长杨宜新，青岛市国合办主任矫胜法，青岛市国合办经合一处杨永、徐建伟、李少波、陈静娴；黑龙江省政府副秘书长杨爱民，黑龙江省商务厅副厅长赵武君，黑龙江省商务厅陶江、孙亮璞、陈杨、欧占成、王福贵、祝孔刚等参加，会议主要研究三峡库区生态产业发展思路，推动三峡工程后续工作时期三峡库区经济快速发展。8 月 9 日，胡延照、聂卫国参加上海市对口支援夷陵区项目上海中学竣工剪彩仪式。

【全区经济运行形势分析会】 11 月 22 号，夷陵区政府召开全区经济运行形势分析会，分析当前经济形势，安排部署后两个月的经济工作。区领导刘洪福、彭定新、李世民、董诗国、李羡军等出席会议。区委常委、副区长李世民通报经济运行情况，区委副书记、区长刘洪福总结经济工作取得的成绩，分析存在的主要问题，安排部署下一阶段工作，区经济商务和信息化局、开发区、乐天溪、小溪塔街办等单位在会上作典型发言。

【参加 2010 年上海对口支援地区特色商品迎春博览会】 1 月 7 日~11 日，区领导熊伟、刘洪福、向洪星、郁霆、曹宏伟、赵华等参加在上海展览中心举办的上海对口支援地区迎新春特色展销会。稻花香、萧氏、十八湾等 11 家企业参展；夷陵区产业化办公室与上海江杨农产品批发市场经营管理有限公司签订 2 亿元的果品、蔬菜等农产品销售协议；宜昌十八湾土特产品有限公司与上海世纪联华有限公司签订 5000 万元的花菇、黑木耳、天麻销售协议。夷陵区还举行了三峡旅游专场推介会，三峡环坝旅游发展集团与上海 30 家旅行社举行了座谈会。

2010 年区政府常务会议纪要目录

件号	文号	题名	会议内容
1	[2010]1 号	区人民政府第 19 次常务会议纪要	会议讨论了《政府工作报告》；会议讨论了 2009 年财政预算执行情况与 2010 年财政预算方案；会议讨论并原则同意夷陵区 2009 年国民经济和社会发展计划执行情况与 2010 年国民经济和社会发展计划（草案）；会议听取了关于全区行政审批“三集中”与再造行政审批服务流程工作情况汇报；会议听取了区人口与计划生育局关于 2009 年度全区人口与计划生育责任目标考核评比情况汇报。
2	[2010]2 号	区人民政府第 20 次常务会议纪要	会议讨论了区人民政府三届五次全体（扩大）会议主题报告提纲及筹备方案；会议讨论了 2010 年区政府重点工作分解立项方案；会议听取了乐天溪磷矿石专用码头及张莲路建设前期工作情况汇报；会议讨论了夷陵区推荐受市政府表彰的劳动模范建议名单。
3	[2010]3 号	区人民政府第 21 次常务会议纪要	会议讨论了《夷陵区小型水库管理办法》；会议听取了区档案局关于新建区综合档案馆有关情况汇报；会议听取了关于全区第十次土地卫片执法检查工作情况汇报；会议讨论了全区环境保护大会筹备方案；会议讨论了区政府领导班子成员缺位顶替制度；会议讨论了区公安消防大队关于解决 2010 年部队业务经费的请示。

件号	文号	题名	会议内容
4	[2010]4号	区人民政府第22次常务会议纪要	会议讨论了《夷陵区省部级以上农村劳动模范生活困难补助办法》；会议听取了关于全区规范性文件清理情况汇报；会议讨论了关于支持芳满庭生态农业观光型酒店等11个项目优惠政策承诺书；会议讨论了关于区公安分局人民警察法定工作日之外加班补贴发放和区司法局司法助理员岗位津贴标准调整方案；会议讨论了《区委区政府关于促进残疾人事业发展的意见》；会议听取了关于落实2010年度住房保障工作目标任务情况汇报；会议还讨论了相关请示事项。
5	[2010]5号	区人民政府第23次常务会议纪要	会议讨论了《夷陵区征地拆迁补偿办法》；会议讨论了《夷陵区城市房屋拆迁管理办法》；会议讨论了《夷陵区森林城市创建实施方案》；会议讨论了《西北口库区经济社会发展规划》；会议讨论了《夷陵区化工行业安全发展规划》；会议讨论了相关请示事项。

2010年区长办公会议纪要目录

件号	文号	题名	会议内容
1	[2010]1号	关于政府工作报告等事项的办公会议纪要	会议讨论了《政府工作报告》初稿；会议讨论了2009年财政预算执行情况与2010年财政预算方案；会议讨论了《夷陵区实施国家基本药物制度试点工作方案》；会议讨论了关于支持希尔顿五星级酒店项目建设的优惠政策承诺书；会议听取了夷陵经济开发区管委会关于贷款建设三峡移民产业园和小鸦路延伸段的情况汇报；会议讨论了全区被征地农民基本养老保险政策实施过程中的几个具体问题；会议听取了全区住房货币化分配工作进展情况汇报；会议讨论了乐天溪镇校点布局调整方案；会议还讨论了相关请示件。
2	[2010]2号	关于工业经济暨对外开放工作表彰大会筹备等事项的办公会议纪要	会议讨论了全区工业经济暨对外开放工作表彰大会筹备方案；会议讨论了2009年度全区项目建设及争取无偿资金奖励方案；会议讨论了关于表彰2009年度全区科学技术获奖项目科技科普工作先进单位及先进个人的通报；会议讨论了关于2009年度金融机构服务地方经济发展目标考核奖励方案；会议讨论了关于进一步加强磷矿管理有关问题的通知；会议讨论了湖北萧氏茶业股份有限公司茶业工业园B区设计调整方案；会议讨论了邓村茶场改制和资产转让建议方案；会议讨论了关于支持湖北柳树沟矿业股份有限公司磷精细化工项目建设优惠政策承诺书；会议还讨论了相关请示件。
3	[2010]3号	关于开展第六次人口普查等事项的办公会议纪要	会议听取了区统计局关于开展第六次人口普查工作情况汇报；会议听取了区电子政务办公室关于推行公务员网上协同办公情况汇报；会议讨论了关于全区优抚及社会救助有关政策调整方案；会议讨论了夷陵区妇女健康行动暨"两癌"筛查工作方案；会议听取了区经济商务和信息化局关于小溪塔城区标准化菜市场改造情况汇报；会议听取了关于贯彻落实全国、全省食品药品监督管理工作会议精神情况汇报；会议还讨论了相关请示件。
4	[2010]4号	关于土地利用总体规划修编等事项的办公会议纪要	会议听取了区国土资源局关于全区土地利用总体规划修编工作进展情况汇报；会议听取了区监察局关于中介机构和行业协会专项清理情况汇报；会议听取了小溪塔街办关于小溪塔中小企业创业经济园筹建情况汇报；会议讨论了夷陵区创建全省文化生态保护区工作方案；会议讨论了《中国民俗志夷陵卷》编纂工作方案；会议还讨论了相关请示件。
5	[2010]5号	关于上半年全区经济运行等事项的办公会议纪要	会议通报了上半年全区经济运行情况；会议通报了关于当前全区灾情和救灾情况；会议讨论了夷陵区公共卫生与基层医疗卫生事业单位绩效工资工作实施方案；会议听取了关于全区安全生产工作情况汇报。
6	[2010]6号	关于罗河路菜市场建设等事项的办公会议纪要	会议讨论了关于罗河路菜市场建设方案；会议讨论了关于车管所及东湖车辆检测站项目建设方案；会议讨论了关于在预防和查处国土资源违法违纪犯罪工作中加强协调配合的规定；会议讨论了2010年度区政府投资项目计划方案；会议讨论了关于乐天溪磷矿码头股份公司组建方案；会议听取了关于广电网络整合情况汇报；会议还讨论了相关请示件。

重要活动

【机关争先创优活动】 2010年，区政府机关组织开展机关争先创优活动。8月5日，邀请机关工委姚明芳同志主讲机关服务品牌有关知识；8月31日，组织办公室创建机关服务品牌讨论交流会，各科室提出各自的服务品牌和服务理念。通过争先创优系列活动，树立办公室围绕中心、服务大局的观念，主动履行职能，并在区第三届体育运动会赛事中获第八套广播体操项目的第一名。

【机关“读好书、促发展”活动】 办公室开展以“阅读一批好书、召开一次座谈会、开展一次读书交流、举办一次典型演讲比赛、谋划‘十二五’调研征文”等“六个一”活动，近50名干部职工撰稿，在省级以上刊物发表文章10多篇，办公室主任望运锡撰写的《创建服务品牌 打造高效团队 努力开创办公室工作新局面》在市级刊物发表。

【机关“城乡互联、结对共建”活动】 政府机关加强对联系村的帮扶力度，争取项目，筹资30多万元，帮助西北口村解决群众出行难、饮水难和产业发展难等问题。帮助太平溪、邓村部分群众灾后重建，协调区直6家单位落实重建资金80余万元。

重要文件

【《夷陵区实施国家基本药物制度试点工作方案》】 1月19日区政府办以“夷政办发[2010]1号”下发，部署实施国家基本药物制度试点工作的指导思想、基本原则、工作目标、实施范围、工作任务、时间安排和工作措施。2010年2月1日起施行。

【《关于印发夷陵区有线电视数字化整体转换实施方案的通知》】 2月4日区政府办以“夷政办发[2010]3号”下发，规定有线电视数字化整体转换工作的指导思想、工作目标和实施步骤、工作措施和要求，开通数字电视。

【《夷陵区小型水库管理实施办法》】 6月30日区政府以“夷政规[2010]2号”发布，分总则、安全管理、工程管理、供水管理、水质保护、经费保障、违规处理、附则等8章27条。2010年7月1日实施，由区水利局负责解释。

【《关于夷陵区公共卫生与基层医疗卫生事业单位绩效工资实施方案的通知》】 区人力资源和社会保障局等部门制定，9月14日区政府办以“夷政办发[2010]91号”转发，部署在全区“两类单位”推进绩效工资，以深化事业单位收入分配制度改革，调动机关事业单位工作人员的工作积极性。

【《夷陵区征地拆迁补偿办法》】 12月18日区政府以“夷政规[2010]5号”发布，分总则、征地补偿及安置、青苗及林木补偿、建（构）筑物拆迁补偿及安置、临时用地补偿、附则等6章39条。2011年1月1日起施行，原补偿办法同时废止。

【《夷陵区城市房屋拆迁管理办法》】 12月19日区政府以“夷政规[2010]6号”发布，分总则、拆迁管理、拆迁补偿与安置、行政裁决、行政强制拆迁、罚则、附则等7章37条。2011年1月1日起施行，原拆迁办法同时废止，由区房产管理局负责解释。

重要调研

【概况】 5月27日，副省长赵斌一行在市区领导郭有明、李亚隆、熊伟、刘洪福陪同下，到中国长江三峡集团公司三峡坝区中华鲟全人工繁殖项目课题研究基地，察看研究工作情况。中华鲟全人工繁殖项目于2006年立项，项目研究人员用4年时间先后攻克中华鲟后备亲鱼人工驯养、性腺发育诱导、人工催产等技术难题，全人工繁殖出第一批中华鲟。

5月，由区政府办公室、区住建局牵头，围绕建立城管长效机制、打造人居优美环境的主题，开展城市管理专题调研，调研组一行赴河南、江苏、浙江等地学习考察，城管、规划、交通、卫生等部门围绕工作实际开展调研，撰写调研文章，在城市绿化、环卫保洁车辆管理等方面取得一定成效。

6月，区政府办公室牵头组织“金融大区建设”征文活动，各乡镇（街道、开发区、发展大道新区）、区直有关部门、各金融机构参与，收集征文60多篇，评选优秀调研文章10多篇。9月20日，湖北省三峡办副主任王明菊带领“十二五”规划调研组一行11人到太平溪、乐天溪、三斗坪等地调研，征求《三峡工程湖北库区坝区经济社会发展“十二五”规划纲要》意见。

10月16日至17日，湖北省三峡办组织的省内对口支援工作调研团一行35人来区调研，熊伟、王尧、李羡军等区领导及区直机关部门负责人参加座谈会，并提出具体修改意见。

10月22日，国家开发银行评审三局局长孟亚平到区调研政府融资平台建设情况，区领导刘洪福、彭定新、王胜、李泽刚等参加调研汇报会或陪同察看相关项目。区长刘洪福主持汇报会，区委常委、常务副区长彭定新汇报区政府融资平台建设情况，并陪同孟亚平一行到发展大道新区东方广场、梅岭新村、夷陵经济开发区、萧氏茶产业高新科技园、德凌铜业、江重机械等重点项目实地调研。

10月29日至30日，上海市合作办黄忠良、杨奕来区，调研、考察2010年上海援建项目，调研2011年项目申报工作。

10月，根据区政府主要领导安排，区政府研究室专题调研开发区发展问题，重点研究开发区管理体制、运行机制、规划、基础设施建设、征地拆迁模式等。部分调研成果转化为领导决策。

12月8日，湖北省副省长田承忠带领省直相关部门负责人，到殷家坪磷矿检查站、华西矿业公司及华西矿业公司华西磷矿、丁西矿区柳树沟矿业公司柳树沟磷矿，调研重点矿区、重点矿山磷矿资源开发利用情况，详细了解夷陵区磷矿采掘、营销和深度开发情况。宜昌市委副书记、市长李乐成，夷陵区委副书记、区长刘洪福，区委常委、常务副区长彭定新等陪同调研。

十件实事

【概况】1、完成12个贫困村整村推进和产业扶贫工作，确定建设项目62个，投入资金2063.4万元，其中用于产业发展529.2万元、基础设施建设1516.2万元、社会发展23万元、科技培训和技术推广9万元。发展产业基地6310亩、生猪1000头，维修村级文化、卫生室950平方米，培训农民20人，新修乡村公路66.3公里，解决5028人和1065头牲畜安全饮水问题，帮助1040人脱贫致富。在宜巴路、宜大路、宜保路及西北口水库等重点区域扶贫搬迁116户。捆绑农业部门的生态家园建设、畜牧部门的栏圈改造、水利部门的安全饮水、扶贫部门的扶贫搬迁、残联的扶持残疾人建房、交通部门的道路硬化等项目资金，完成危房改造1162户。

2、12月26日，分为两个标段的小鸦一级公路改建工程开工。通过招商竞争性谈判，确定中外建华诚城市建设有限公司为第一合同段投资人，核工业华东建设工程集团公司为第二合同段投资人。

3、根据《菜市场建设规范》，出台《夷陵区关于加强菜市场建设和管理的意见》。启动绿环菜市场、罗河路菜市场建设，绿环菜市场完成招投标前的各项准备工作，罗河路菜市场完成建设方案设计和拆迁安置等前期各项准备工作，过渡菜市场于12月8日开工建设。

4、宜巴路、张莲路、保宜路及农村通客车道路完成安保工程158.37公里，其中建成波形钢护栏10870米、钢筋砼防护墙190米、标志牌95套、旅游标牌4套。建立健全区、乡镇、村三级食品药品监管网络，完成100个村、39所学校的食品药品安全创建工作，100%的村建立村级食品药品安全办公室，100%的村建立红白理事会，100%的村落实食品药品信息员，100%的村卫生室和农家店建有食品药品购进台账，100%的村10桌以上聚餐和学校食堂有食品留样管理。

5、5月28日，启动妇女健康行动暨"两癌"（乳腺癌和宫颈癌）筛查工作，年内完成黄花乡、三斗坪镇、邓村乡、樟村坪镇、下堡坪乡、雾渡河镇6个乡镇的妇女病普查暨"两癌"筛查工作，普查妇女30649人，查出子宫肌瘤1169人，附件包块953人，宫颈疾病11191人，阴道疾病6666人，乳腺患病7185人，宫颈原位癌21人，乳腺癌4人，子宫内膜癌1人，TCT送检2386人，疑似病例行钼钯检查271人，总患病率60.51%。完成203名0至6岁残疾儿童抢救性康复任务，其中组织117名贫困残疾儿童到定点康复医疗机构进行抢救性康复，为65名自闭症儿童家长进行家庭护理、康复训练方面的知识培训，为21名因故不能到医疗机构进行康复训练的脑瘫儿童家长传授家庭按摩技术。区残联牵头组织宜昌市阳明眼科医院医护人员开展"服务残疾人乡村行"活动，免费为251名白内障患者实施复明手术。

6、完成樟村坪初中等13所中小学校的厨房、厕所、水、电、床等设施改造。本着"实用、够用、好用、好管和好修"原则，完成33所学校426套"班班通"建设。教育部门募集捐赠资金526.32万元，资助贫困学生10280人。

7、全年办理城镇超龄职工基本养老保险2393名，城镇次超龄职工基本养老保险693名，实现城镇职工基本养老保险100%全覆盖。夷陵区"金保"工程应用平台全面建成，10月25日实现社保服务一卡通。

8、11月7日，区应急救援中心奠基开工，12月底完成消防主楼、119报警中心主体结构施工。预计2011年4月底完成消防训练塔、物资储备库、士官公寓等房建土建施工，6月底完成室内装修。

9、黄柏河流域小溪塔城区段综合改造实施招投标，一标段为长922.03米、路幅宽9米的道路；二标段道路长530米，其中桥梁425米、17跨，单跨25米；水景治理工程进入湿地方案设计。工程将于2011年底建成投入使用。

10、建成总建筑面积2782平方米的青少年宫和科技馆，两层框架结构，为全区青少年提供书画展、天文观测、文艺活动等课外学习场所。河心公园管理处负责其日常管理与维护。

（赵德林）

夷陵区财政局

局领导班子

打造民生服务品牌、争创人民满意财政。图为局长袁世明（左）与乡镇财政所负责人签订责任状

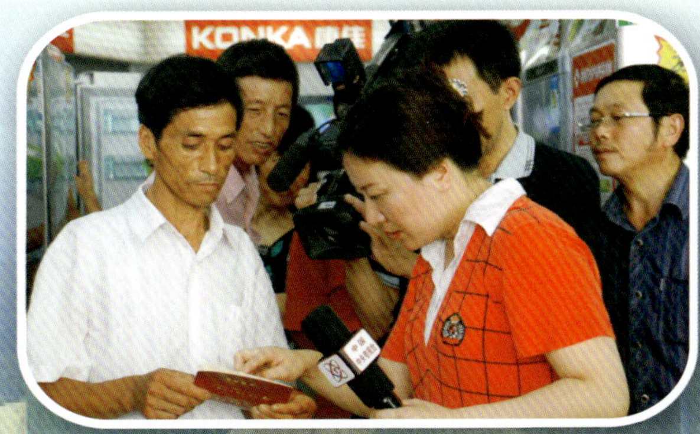

中央电视台记者采访鸦鹊岭镇农民“家电下乡”政策落实情况

“十一五”期间，全区财政工作取得以下突出成绩：

财政收入规模不断扩大。2010年，全区全地域财政收入26.78亿元，居全市首位，年均增长27.4%；财政总收入18.84亿元，居全市首位、全省第4位，年均增长25.1%；一般预算收入8.67亿元，居全市第2位、全省第7位，年均增长31.8%。全区规模以上工业企业213家，比“十五”期末增加146家。五年共引进项目113个，投资到位85.81亿元，其中过亿元项目39个，过5亿元项目9个，过10亿元项目3个。

财政改革不断深化。公务卡结算方式普及至基层预算单位，共发卡1294张，结算3973笔，运行秩序良好，现金收支管理规范。建立“三审一追究”编审制度，基本预算和项目预算同步编制、同步报审。取消待安排专项，将项目预算分解落实到具体单位。开发运用夷陵区政府采购项目动态监管系统，推行网上申报、网上审批、网上执行。推进国有资产管理改革，出台《夷陵区行政事业单位国有资产管理办法》，清产核资241个行政事业单位，国有资产收益和单位资产处置收入纳入专户管理，明确国有资产配置标准。建立财政投资评审和绩效评价制度，出台《夷陵区政府投资建设项目管理暂行办法》，制定《预算评审操作规则》、《政府投资建筑安装工程决（结）算审查流程》等制度，评审项目199个，送审106181万元，审定97695万元，审减8486万元。落实农村综合改革“以钱养事”经费5768.4万元；将所有惠农资金归口到农村财政局统一管理，通过“一折通”发放资金27669万元。

湖北稻花香

稻花香集团董事长蔡宏柱发布百亿目标动员令

“十一五”辉煌巨变

“十一五”期间，稻花香集团抢抓机遇，强劲出击。

五年起宏图，五年铸辉煌，五年成巨变。

“151”、“252”、“353”、“505”、“707”……从2006年起，稻花香驶入跨越式发展的快车道，一年实现一个大目标。稻花香人不仅创造了一个现代版商业神话，更以追星赶月的速度，谱写了创造机遇、超常发展的雄壮诗篇。

从中国驰名商标到位居中国500最具价值品牌，品牌价值从12.06亿元飙升至83.65亿元，2011年更跃居“中国500最具价值品牌”排行榜第92位，品牌价值高达118.58亿元。稻花香不仅成为湖北的一张经济名片，更成为享誉华夏，名动九州的中国新名酒。

稻花香构筑了“以宜昌、武汉为中心的湖北本土市场为根据地，以‘长三角’、‘珠三角’和‘京津塘三角’为主战场”的市场格局。稻花香酒业公司形成湖北、广东2个过6亿元的市场，安徽、江苏、浙江、山东、川渝等5个过亿元的市场。关公坊酒业公司形成以湖北为核心市场，向湖南、江苏等省辐射的市场格局。配套包装企业除了满足稻花香集团内白酒企业包装产品的需要外，已开始辐射周边省、市。

稻花香形成强大的产业发展集群，创造了堪称典范的“农业产业化循环经济”模式，从宜昌领军企业发展为中国白酒工业十强企业、全国农业产业化重点龙头企业、中国大型工业企业。2010年，稻花香实现销售收入73.16亿元，创利税7.1亿元。

三峡科技包装工业园

宜昌三峡物流园鸟瞰图

稻花香“151”工程一角

集团：跃上昆仑唱大风

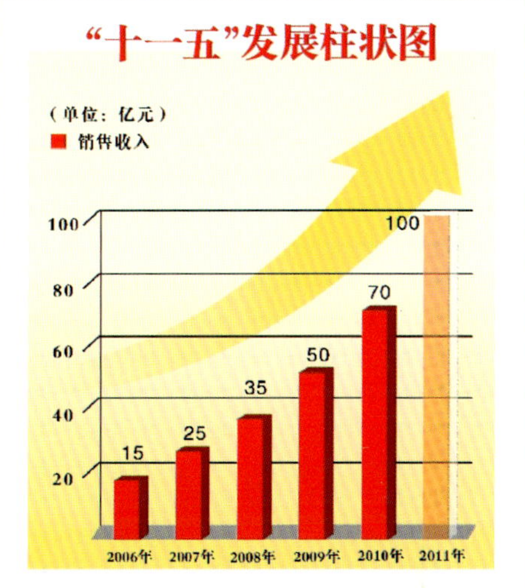

“十二五”剑指500亿

2011年，是稻花香“十二五”开局之年，也是稻花香实现百亿目标之年，站在新的起点上，稻花香创新发展，向更高目标迈进，提出了“515”奋斗目标。

指导思想：以科学发展观为指导，高举“团结·效益”旗帜，加强企业文化建设，坚定不移地走人才兴企、管理兴企、科技兴企、创新兴企、市场兴企、发展兴企、团结兴企、效益兴企的“八兴”发展之路，以白酒产业为核心，做大做强五大产业，加快“三百工程”进程，坚持“实施品牌发展战略，整合全国营销网络，提高驾驭市场能力，打造中国白酒航母”的发展战略不动摇，确保“十二五”期间“515”目标的实现。

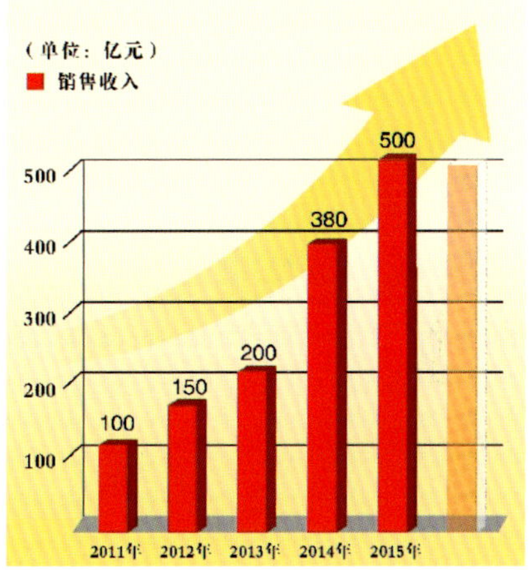

发展思路：以科学发展观统揽全局，以发挥企业规模效应、经济效益、强势产业、核心品牌为重点，增强骨干企业对配套产业的带动能力，推进农业产业化循环经济快速发展，形成强大的五大产业集团，即以白酒产业为核心，以配套产业为支撑，向物流产业发展，向房地产业推进，向矿产资源扩张。

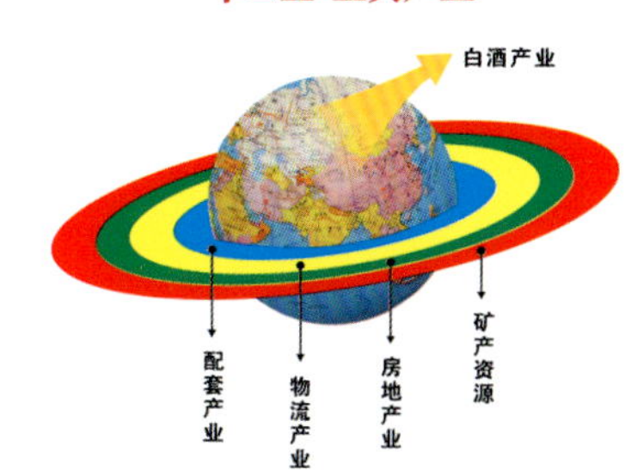

“515”目标：做大做强五大产业，实现年销售收入500亿元、年创利税50亿元、集团成员企业达到100家、培育1家上市公司、争创5个驰名商标、进入全国500强。

奋斗口号：坚定信心，乘势而上，把握机遇，决胜目标。

省委书记罗清泉（左四）在市委书记郭有明（右四）、区委书记熊伟（右三）、区长刘洪福（左三）陪同下视察萧氏集团雾渡河茶叶科技园

集团董事长肖勇（左二）陪同省委常委张昌尔（右二）视察萧氏茶业高新科技工业园

集团董事长肖勇（前排左二）陪同省委常委、常务副省长李宪生（前排中），市委副书记、市长李乐成（右一）视察萧氏雾渡河茶叶加工基地

萧氏茶叶集团

湖北省首条进口洁净化、智能化茶叶加工生产线

萧氏茶叶集团是融茶叶生产、加工、销售、科研为一体，跨农特、地产、商贸、物流、品牌策划等多领域的农业产业化集团。系农业产业化国家级重点龙头企业，2006~2010年连续五年被评为“中国茶叶行业百强企业”，排名湖北首位。2009年获“中国驰名商标”。

集团下属公司十余家、辐射宜昌三县两区近20万茶农，现拥有自主经营有机茶园8000亩，绿色食品茶叶基地5万余亩，年生产能力7000吨。“十一五”期间，公司创新思路与茶叶机械厂合作，共同设计开发制作了国内首条茶叶连续化、自动化加工生产线，茶叶生产加工企业直接参与茶叶机械的设计与制作，创造了茶叶生产加工与机械制造原理有机结合的新模式。加快与国外其它同行的交流合作，先后从日本引进多条茶叶初加工、二次加工设备，实现茶叶从鲜叶到干茶全程智能化、数字化控制，成为了湖北省茶叶生产加工现代化新样板。公司新建的高新科技工业园规划用地300亩，总投资10亿元人民币，将建设茶叶精制、茶叶机械、茶叶包装、茶饮料、茶食品、茶化纤和茶工艺品等茶叶高新科技工业项目，配套建设茶产品研发中心、产品质量检验检测中心、三峡茶文化研究中心、茶业科技培训中心和茶产品售展中心，使公司年销售收入达到30亿元。

宜昌三峡环坝旅游发展集团

杨家溪军事漂流

三峡人家——灯影石

李鸿忠省长（前排左一）一行视察三峡人家

李宪生副省长（前排中）考察三峡人家

宜昌三峡环坝旅游发展集团成立于2001年3月，现有职工400余人，旗下拥有宜昌盘古旅游资源开发有限公司等10家子公司，是湖北省人民政府重点支持做大做强的旅游企业集团之一。

集团本着“经文融合、拓展实业、回报社会”的经营宗旨，致力于打造环坝旅游经济圈，建成开放了三峡人家风景区（5A级）、石牌要塞旅游区（含杨家溪军事漂流，4A级）、三峡观坝风景区（4A级）三个国家A级风景区和石牌要塞宾馆（三星级旅游饭店）。三峡人家、三峡观坝风景区入选“新三峡十景”，三峡人家风景区获“中国最具国际影响力旅游目的地”、“长江三峡最美丽的景区”、全省首批“文明风景旅游区”、“湖北省十佳景区”、“全省旅游系统先进集体”和湖北省生态文明建设示范基地等荣誉，进入中国旅游景区的第一梯队；杨家溪军事漂流、三峡人家风景区被评为“十大武汉游客最喜爱的景点”；环坝旅游集团公司通过了ISO9001-2000质量管理体系和ISO14001-2004环境管理体系认证，被认定为“全省游览景区管理行业十强”单位、全省十佳旅游投资商。

目前，集团正按照现代企业运行机制，组建宜昌三峡人家文化旅游发展股份公司，积极推动资本营运，壮大企业规模，以形成集旅游资源开发、旅游接待服务、旅游商品开发、旅游交通运输于一体的大型旅游集团，争取“十二五”期间实现上市。

夷陵区国税局

YILINGQUGUOSHUIJU

党组书记、局长赵芝明在服务品牌推进会上讲话

党组书记、局长赵芝明（左二）陪同省国税局党组书记、局长刘勇（右二），区委常委、常务副区长彭定新（右一）在办税服务厅了解品牌推进情况

2010年，夷陵区国税局按照“始于纳税人需求，基于纳税人满意，终于纳税人遵从”的服务理念，整合银行、电信和互联网三大资源，打造“征纳e点通”服务品牌，搭建网上申报“一点通”、网上认证“一点通”、远程抄报税“一点通”、网上缴库“一点通”和自助办税“一点通”五个平台。通过VPDN专线内与CTAIS系统实时连通，外与纳税人客户终端、银行中间业务平台、国库会计核算等计算机系统连接，实现纳税人通过网络承办税收业务，完成纳税申报、专票认证、远程抄报税、税款入库等涉税事项全程电子化。到年底，全区实现网上申报896户，推行面95%；一般纳税人网上认证成功326户，认证面88%；一般纳税人远程抄报税安装356户，覆盖面89%；提供自助办税服务29户次；财税库银横向联网上线运行达2470户，推行面99%，全区90%以上的税款都通过横向联网系统直达国库。“征纳e点通”，方便纳税人办税，降低税收成本，为纳税人节约成本100多万元。

有关专家在对品牌标识进行评审

办税人员深入到纳税户推介服务品牌

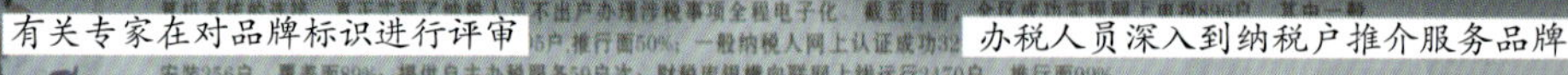

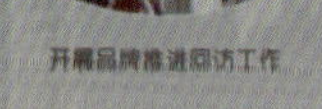

YILINGQUDISHUIJU

夷陵区地税局

局长赵凤霞（右二）陪同市局局长陈平（右一）检查办税服务厅规范化建设情况

“十一五”时期，区地税局连续两届荣获“全国文明单位”，多次获全省最佳文明单位、市级文明单位、全区红旗单位等称号。

税费收入持续增长。组织各项税费收入41.64亿元，是“十五”时期的3倍多。2009年地税收入在全省县市级率先突破10亿元，达到10.16亿元。

纳税服务不断优化。办税服务厅实行“一窗式”服务，推行自助办税，服务水平不断提高。开展“阳光地税，和谐社会”服务品牌建设，举办“纳税人学校”，纳税人服务平台和载体不断丰富。构建网上办税、银行划缴、灵活就业人员社保费农行代收办税缴费模式，最大限度方便纳税人。

干部素质显著提升。实行轮岗交流，推行绩效考核与能级动态管理，强化教育培训，举办全员考试，开展“群星荟萃”推选及读书、调研、摄影、竞技等活动，深入推进“创先争优”，全面激发队伍活力。

政风行风风清气正。认真落实党风廉政建设责任制，强化“一岗双责”和“两权监督”。大力推进廉政文化建设和廉政风险防范工作，建成市级“廉政文化进机关示范点”。在2010年全区行评工作中，荣获行政执法类民主评议政风行风第一名。

推行网络发票，构建多元化办税服务体系。图为局长赵凤霞（前）在查看网络发票运行情况

2009年，全区地税收入达10.16亿元。图为区政府组织召开座谈会

服务纳税人

夷陵区交通运输局

畅通的水陆交通

“十一五”期间，区委、区政府将优先发展交通当做改变全区社会经济面貌的重要战略部署，投入资金15.1亿元，是“十五”的2.6倍，成为夷陵区交通发展史上投资最多、建设规模最大、发展速度最快、经济和社会效益最好的时期。2010年末，全区公路通车里程3713.3公里（含高速公路），长江航道47公里，内河黄柏河航道8.2公里，大中型水库5个，港口码头27个，渡口16个，桥梁342座，隧道8个，客运企业11家，客运站12个，营运车辆8596辆，客运线路97条，实现全部行政村通水泥路、具备通客车条件的行政村全部通客车及两小时城市交通圈。交通为实现“三区”目标提供了重要支撑，为人民群众安全便捷出行提供了重要保障。

情系交通

交通运输部部长李盛霖、省委书记罗清泉、省长李鸿忠、常务副省长李宪生、省交通厅厅长林志慧及市委书记郭有明、市长李乐成、副市长胡家法、市交通运输局局长马宏彦等到夷视察，提出殷切希望，为夷陵交通又好又快发展提供了强大的精神动力。夷陵区委、区人大、区政府、区政协的领导也对交通事业的发展倾注了极大的心血。

基础设施

围绕“编织大路网，构建主骨架，打通出口路，提升畅通率，开发长江岸线，打造现代物流中心”目标，以“多修路、快修路、修好路”为己任，以“村村通情系百姓、路路畅服务民生”为出发点，以“公路建设促交通事业快速发展、港口建设促交通事业平衡发展、农村公路建设促交通事业和谐发展”为着力点，实施路网提等升级、村级公路硬化、公路养护、港口水运振兴、生命安保和危桥整治、交通环境综合整治等重点工程，初步形成干线直达、江海联通，公路主骨架、港口主枢纽、航道大动脉、站点新网络的运输格局。

公路建设

以开展“农村公路建设质量年”活动为契机，牢固树立质量优先和公路建设服务于经济发展的理念，围绕区域特征和产业优势，规划路网布局，形成了一批“脱贫路”、“产业路”、“贯通路”和新农村建设“示范样板路”。全区通车里程达3713.3公里（含高速公路），其中省道5条，183.5公里；县道6条，228.8公里；乡道133条，1416.4公里；村道575条，1803.3公里；专用公路1条，34.2公里；境内高速47.1公里。

和谐发展

在超常发展交通基础设施的同时，大力加强政治文明、精神文明建设，推动交通工作可持续发展，获全市文明单位、全区红旗单位、全市交通系统先进单位、全区满意机关创建先进单位等荣誉称号，职工沈长乐获省委“优秀共产党员”称号。

作风建设

夷陵交通人坚持反腐倡廉常抓不懈，坚持拒腐防变警钟长鸣，坚持作风建设常抓常新，通过教育讲廉、读书思廉、典型弘廉、平台促廉、制度保廉、监督警廉等举措，为全区交通事业又好又快发展提供了保障。

班子建设

以"实施阳光工程，确保四个安全"为主线，扎实开展"重点工程领域突出问题治理"、狠抓"腐败风险预警防控"体系建设、"党风廉政建设宣传教育月"、"创先争优"、"创建满意机关"、民主评议政风行风等活动，大力推树"交通先行"服务品牌，出色完成7.23抢险救灾任务，充分展示了夷陵交通人新形象、新风采。

风雨历程，沧桑巨变。如今，夷陵交通发展进入了一个前所未有的黄金时期，迈入了一个崭新的发展阶段。公路在一米一米延伸，道路在一天一天宽阔，出路更是一年比一年开阔。走在康庄大道上，坐上幸福的快车，夷陵交通人坚信，在区委、区政府和上级交通部门的正确领导下，在全区人民的大力支持下，在"十二五"必将书写出更新更美的诗篇，描绘出更新更美的画卷。

群策群力，共谋发展。从左至右：刘平、孙朝刚、关德文、覃发波、王家忠、柳忠、周卫、房长麟

国家交通部部长李盛霖(左二)、副部长冯正霖(左一)在副省长任世茂(右一)、市委书记郭有明(右二)、区委书记熊伟(右三)陪同下视察夷陵区农村公路建设

情系灾区，顶烈日及时抢修水毁公路

教育讲廉：廉政教育专题辅导讲座

新农村建设样板路、生命安保示范路"两全路"

冯家湾三峡专用公路互通立交匝道

局长邓新礼（右二）陪同省水利厅厅长王忠法（左三）、副市长王国斌（右三）、区委副书记向洪星（左二）等检查夷陵防汛工作

局长邓新礼（右一）陪同区委书记熊伟（左二）检查分乡防汛工作

局长邓新礼（左二）陪同区长刘洪福（前右）检查督导宜巴高速公路雾渡河段施工现场防汛安全工作

河道及农田整治

夷陵区水利局

“十一五”时期，区水利局按照“防洪救灾保障、水资源供给保障、水生态环境建设保障”三大体系及水利的工作思路，实施了农田水利建设、农村饮水安全、水库除险加固和堰塘除险保安、水土保持生态环境治理、农村水电电气化项目及以电代燃料、防洪保安、中小河流治理、全国第一次水利普查试点等八大民生水利工程。五年里，共投入水利基础设施建设资金3.57亿元，争取中央、省、市到位资金1.95亿元，完成各类水利工程17865处，累计投工1770万个，完成土石方1853万立方米。采用“生物慢滤技术”，实施雾渡河、分乡等11个乡镇集镇176个村的饮水安全工程建设，全区农村饮水安全率由36%提高到68%。完成11座小（1）型水库和18座小（2）型水库的除险加固；新修堰塘、塘堰除险588座（□），塘堰清淤450□。完成16条小流域综合防治，治理水土流失面积118.2平方公里。新建4座小型水电站，新增电站装机8台8950□；实施新坪以电代燃料试点项目，解决以电代燃料农户2257户7900人。按照“责任到人、预案到点、预警到村”的防汛预警机制，建立防汛雨情监测平台和汛情预警预报平台，构建防洪救灾保障体系。完成柏临河雷家畈村、东西泉村乡村河道绿化、硬化，黄柏河流域河道的清障和疏浚工程；修复、加固河堤210公里，完成生态治河320公里。2010年，夷陵区列入全国56个水利普查试点县，完成14924处水利工程、88家水利行业单位、4个地表水源地、169家取水单位、58个取水口、54个排污口及4个灌区普查任务。

夷陵区经济商务和信息化局

诚心·快捷

Wholeheartedness & Instant

夷陵区经济商务和信息化局

副区长李美军（左）、局长杨大弘为区经济商务和信息化局揭牌

局领导班子

连续三年召开全区工业经济暨对外开放工作表彰大会

“十一五”时期，全区工业经济总量攀升，商贸流通、外经贸工作快速发展，行业管理显著加强。三大产业构成比例由2005年的20.9:37.5:41.6调整为2010年的14.8:61.4:23.8；规模工业总产值、规模工业增加值、社会消费品零售总额、电信企业实现运营收入分别增长6.1倍、6.3倍、1.4倍、1倍。

工业经济总量大幅提升。2010年，全区完成规模工业总产值315.4亿元、规模工业增加值103.9亿元；规模工业企业213家，增加149家。年产值过亿元企业达到41家，增加32家。食品饮料、机械电子、医药化工、新型建材、包装纺织五大支柱产业迅速发展壮大，连续五年被评为“全省县域经济发展先进县（市、区）”。

电子信息制造业蓬勃兴起。“十一五”期间，招商引进了伟志光电、时创科技等企业。开展3G业务，用户达3100户，建立中国夷陵门户网、夷陵中小企业网等单位门户网站100余个、工业企业网站24个，稻花香集团投入6000余万元，完成了稻花香白酒生产管理自动控制系统、信息化公共服务平台等项目建设。2010年，3家电信企业实现运营收入2.57亿元。

市场体系建设步伐加快。2010年，实现社会消费品零售总额57.5亿元；限额以上商贸企业75家，商贸流通经营服务网点1.68万个，各类市场35个。夷陵区先后被商务部纳入“万村千乡市场工程”建设首批试点、三峡茶城被列为“重点联系市场”，改造新建镇村级农家店368家。实施“家电下乡”和家电以旧换新惠民工程，拉动农村消费近3亿元。实施“东桑西移工程”，带动全区及周边地区桑蚕产业大发展。

外经贸工作实现新跨越。全区发展外贸企业48家，外资企业45家，“十一五”累计出口1.1亿美元，累计利用外资7646万美元。2010年承包境外工程3项，合同总额4.3亿美元，企业境外注册商标2项，夷陵区对外经济合作走向全省前列。

商务行业管理不断加强。深入实施“放心肉”和“放心酒”工程，生猪屠宰、酒类流通等专项行业管理取得明显成效。通过商务综合行政执法全国首批试点验收，成立了商务行政执法大队和12312商务举报投诉服务中心、区酒类流通监督管理局。

“十一五”期间，局机关先后荣获全国商务系统先进集体，全省、全市外资工作先进单位，全省、全市中小企业成长工程先进单位，全省、全市电力设施保护工作先进单位、全市文明单位、全区红旗单位、最佳满意机关等荣誉。

夷陵区国土资源局

“十一五”回眸

局长杨泽洪（前排左四）陪同省国土资源厅厅长杜云生（前排左二）、区委书记熊伟（前排左三）检查低丘岗地改造项目

副省长田承忠（前排左二）、省国土资源厅厅长杜云生（前排左三）在区长刘洪福（前排左四）陪同下检查区磷矿资源开发利用与管理工作

市委书记郭有明(左三)、副市长王国斌（左二）在区委书记熊伟（左四）陪同下视察秋千坪土地整理项目

五年来，该局以推进国土资源管理制度改革、构建国土资源管理共同责任机制为重点，严格规范管理保红线，积极主动服务保发展，加快构建国土资源保障和促进科学发展新机制，不断提升国土资源服务水平和保障能力。

全力服务区域经济社会发展和项目建设。五年来为服务项目建设共调整土地利用总体规划50多次，调整面积超过8250亩。共新增储备建设用地59个批次，面积2万多亩。共盘活存量土地1502亩，积极为项目建设提供用地保障。

加大基本农田和耕地保护力度。每年层层签订基本农田保护责任书，将基本农田保护片块和面积落实到村、组、户，注明到农户土地承包经营权证书上，坚持将基本农田保护面积46837公顷、保护率80.95%的目标落到实处。

加大国土资源项目申报实施力度。共争取土地开发整理、三峡库区地灾治理、矿产资源综合利用、地质环境恢复治理项目98个，投资额达3.67亿元。

全面整顿和规范矿产资源开发秩序。坚持突出磷矿资源开发秩序整顿和规范，全面推进了以磷矿为重点的资源整合工作。整合后全区磷矿企业为22家，采矿许可证28个，基本形成了布局合理、规模发展、管理规范的磷矿企业发展格局。

不断深化资源有偿使用制度改革，培育完善资源市场。五年来共挂牌出让土地152宗，面积7941.5亩，成交价款22.152亿元。五年来完成了60个矿业权的有偿化处置，完成处置价款3020.33万元。加强了矿产资源补偿费的征收和使用管理，共征收10145.8万元。

不断加强群测群防地质灾害防治体系建设。坚持落实地质灾害防治责任制，加强地质遗迹保护，全面开展了磷矿矿山地质环境调查与防治规划，共收取地质环境治理备用金10220.6万元。

坚持依法行政，不断强化国土资源执法监察。建立和完善区、乡镇（街道）和村三级国土资源执法监察网络，开通了12336违法举报电话，完善国土资源动态巡查责任制，不断加大违法案件查处力度。

加强基层基础业务建设，提高国土资源服务水平。一是推进国土资源所规范化建设。二是国土资源信息化建设成效突出。

县域经济发展的先行者

夷陵区供电公司担负着全区12个乡镇、56万城乡居民生产生活供电任务，下辖7个农村供电所，并代管夷陵水电公司。近年来，先后荣获国家电网公司“文明单位”、湖北省“最佳文明单位”、宜昌市“十佳文明示范窗口”、全区“红旗单位”等奖励和称号。

“十五”到“十一五”期间，售电量从2.19亿千瓦时增加到4.01亿千瓦时，增幅83%；固定资产从2.8亿元增加到4.8亿元，增幅71%；35千伏及以上线路公里数从324.8千米增加到515.2千米，增幅59%；变电容量110千伏级别从246.5兆伏安增加到336兆伏安，增幅36%。辖区最大负荷116.9兆瓦，2010年售电量5.14亿千瓦时，目前已形成输变电配套、布局合理、运行稳定、经济高效的“手拉手”供电网络。“十二五”期间，全区35千伏变电站新建、增容将达到14座，110千伏变电站新建、增容将达到12座，220千伏变电站1座。同时，经过第二次农村电网改造，困扰全区的低电压和供电卡口问题会得到根本解决。经过“十二五”进一步发展，全区电网格局形成以220千伏为支撑、以110千伏和35千伏为骨架的供电网络，将为县域经济的发展提供科学、坚强的电力保障。

公司总经理刘昌学在雾渡河110千伏变电站开工仪式上热情致辞

公司党委书记王运彪（左）亲切慰问下堡乡马宗岭村白血病患儿

区公司领导班子与援襄抢险队员合影留念

抗旱保电，电力人冲锋在前

110千伏黄金卡变电站俯瞰图

深山鏖战，服务宜巴

夷陵区供电公司

发展大道新区

新区党委书记王恩军（右二）率相关人员到猇亭区考察征地拆迁和招商引资工作

宜昌恒大五星级酒店在新区落户奠基

恒信致诚汽车4S店夜景

发展大道新区地处宜昌经济开发区、湖北夷陵经济开发区和夷陵老城区“金三角”的中心地带，是夷陵区城乡一体统筹试验区，成立于2009年12月，辖梅子垭、郭家湾两个村和东城社区、小溪塔柑桔场，面积14.8平方公里，人口1.8万人。

新区以发展城市经济为主线，以建设发展大道、东方大道、东湖大道和发展大道城市经济中心园区、小溪塔综合产业园区、宜昌生态观光农业园区“三路三园”为重点，以建设夷陵区城市经济先行区、城市建设精品区、城乡统筹示范区、宜昌新主城区重点区，再造一座居住人口达8万人的夷陵新城为目标。

2010年，新区完成固定资产投资123204万元（其中政府投资57102万元，外来投资66102万元），全口径工业产值1.28亿元，农民人平纯收入7100元。成功引进恒大绿洲商住小区及恒大五星级酒店、香港阳光融科、弗洛伊德商务中心、杨氏果业、比亚迪汽车4S店等项目，计划总投资39亿元。由北京新首钢投资20亿元的三峡国际会展中心及三峡国宾馆五星级大酒店项目开工建设。新区被区委、区政府授予全区红旗单位、社会治安综合治理优胜单位、人口和计划生育管理目标优胜奖、落实安全生产责任制红旗单位、平安乡镇。

东方广场景观工程

湖北江重机械制造有限公司车间一角

建设中的三峡移民产业园区

湖北夷陵经济开发区

湖北夷陵经济开发区的前身系宜昌鄢家河经济技术开发区、宜昌夷陵经济技术开发区，2006年3月更为现名，同年4月升格为省级开发区。

“十一五”期间，湖北夷陵经济开发区抢抓各类机遇，致力强基固本，建成了基础设施完备、功能要素齐全的开发面积4.5平方公里，初步形成了小溪塔轻型综合工业园、龙泉酒类饮品工业园、黄花新型建材工业园、鸦鹊岭食品工业园、三峡移民生态工业园等竞相发展的“一区多园”格局。263家落户企业中，40家规模企业产值占比达95%以上。

2010年，“一区四园”实现规模工业总产值180亿元，比上年增长54.8%，其中核心区98亿元，增长75%。实现规模工业增加值55亿元，增长37.5%，其中核心区29亿元，增长61.1%。实现财政收入3.5亿元，增长16.7%，其中核心区1.2亿元，增长20%。完成固定资产投资48亿元，增长53.3%，其中核心区30.2亿元，增长65%。

萧氏茶产业高新科技工业园项目

娃哈哈宜昌工业园区

发展现代茶业建设中国名茶之乡

乡党委书记、乡长覃春茂向参加全省现代茶叶加工现场会的领导、专家、学者介绍邓村茶叶生产加工情况

乡党委书记、乡长覃春茂（左二）陪同市长李乐成（右二）、区委书记熊伟（左一）、区长刘洪福（右一）调研乡茶产业发展情况

宜昌邓村有机茶农民专业合作社挂牌成立

“十一五”末，全乡茶叶面积65000亩，产量4242吨，产值1.5亿元，分别比2005年底增长67.6%、76.75%和172%。全乡拥有三峡国际旅游茶城、萧氏茶叶集团、湖北邓村绿茶集团等三家国家级和省级重点龙头企业，其中萧氏茶叶被评为中国驰名商标，邓村绿茶被评为湖北省著名商标。2008年，获首批中国名茶之乡称号。

五年来，乡突出专业、生态、环保、高效理念，建设茶叶专业村10个，新增茶叶面积2.8万亩，面积位居全国乡镇首位，邓村坪、红桂香等村1万亩的现代高效茶叶样板园初步建成。全面普及生物、物理防治技术及茶叶机采机剪设备，有机茶面积达1.5万亩，机采机剪设备6000多台(套)，被确立为全省无公害茶区、全省茶叶机械化示范区和著名的有机茶乡。全乡投资额达500万元以上的茶业企业达到22家，拥有现代钢构厂房的企业5家，其中萧氏茶业自主研发的茶叶自动化、洁净化生产线获得国家专利，企业跻身全国茶业前5强，邓村绿茶集团进入全国茶业行业20强，三峡茶城被授予“国家双百市场重点工程”荣誉称号，邓村绿茶被指定为钓鱼台国宾馆国宴用茶，其系列品牌获国家原产地域保护。支持萧氏集团异地建设萧氏中国茶产业高新科技工业园，实现了茶叶由农产品向工业原料的转型。2010年末，全乡茶农存款余额1.49亿元，比五年前增加了1.13亿元。

太平溪镇

镇委书记、镇长彭华

镇委副书记、常务副镇长帅永洲

十一五期间，太平溪镇认真践行科学发展观，突出“镇强民富、优美和谐”两大重点，锁定“生态农业大镇、港口流通重镇、旅游服务新镇”三镇目标，经济社会持续、健康、快速发展。引进湖北宏祥玻璃制品、宜昌杰达远洋船务、福泉镁石等三家企业入驻三峡移民生态工业园，项目总投资1.2亿元，总产值6000万元，安置移民180多人。建成标准化茶园10000亩，改造低产茶园5000亩，茶叶总面积达到2.6万亩；新建精品夏橙园2000亩；“猪、羊、禽”规模化、标准化养殖成效逐步显现。投资7300多万元，新修村组公路80.7公里，硬化道路110公里。投资1600多万元，解决2万多人的安全饮水。投入2100多万元，用于集镇建设和改造。2010年与2006年相比，工农业总产值5.85亿元，翻了一番；固定资产投资2.25亿元，增长三倍；财政收入863万元，翻了一番；农民人均纯收入6749元，增长70.6%。

五年间，先后被评为全省“社会治安综合治理先进单位”，荣获“湖北省卫生镇”、全省第四届小城镇规划建设管理“楚天杯”奖，被评为全市“生态乡镇”、“三峡工程四期移民先进单位”、“农村思想道德建设先进单位”、“基层文化网络建设先进单位”和全市“文明单位”，连续两年获得全区党政综合目标考核一等奖和全区最佳满意机关。

农民新居　　现代化污水处理厂

太平溪滚装码头

乐天溪镇

镇委书记、镇长田红（右）接受“全国群众体育先进单位”奖牌

一年一度的乐天溪新农村文化科技体育节中的趣味运动——背媳妇

西陵峡畔的旅游黄金线——三峡奇石文化长廊

快速发展的移民生态工业园

乐天溪·幸福家园

三峡左岸·悠游乐天

近年来，乐天溪镇以“服务经济发展，繁荣农村文化，建设和谐新农村”为目标，以“友善细致，高效便捷”为理念，以“活力、自信、求实、创造”为机关精神，大力开展“乐天溪·幸福家园”机关服务品牌建设，努力打造服务型政府，推动了经济发展，密切了干群关系，提升了群众幸福指数。

发展产业，增加收入提升群众幸福指数。一是倾力建设三峡坝区移民生态工业园，“筑巢引凤”吸引环保型工业企业和劳动密集型企业入驻，为移民及失地农民提供就业岗位3000个，带动就业1000人。二是大力实施宜巴生态旅游线路深度开发，代表夷陵区成功申报“中国观赏石之乡”，打造国内一流的集山水观光、运动休闲、乡村游乐、餐饮购物为一体的复合型旅游廊道——三峡奇石文化长廊。风光秀丽的西陵山水，震撼寰宇的三峡工程，淳朴如水的峡江民风，精美绝伦的三峡奇石吸引无数游客在此流连忘返，旅游产业年收入逾2000万。

改善环境，美化家园提升群众幸福指数。大力开展“生态清洁平安和谐”幸福家园建设，乡村公路沿线发展绿色经济走廊，安全饮水覆盖面达到80%，鼓励农户房屋改造升级，支持农村建设沼气、太阳能、淋浴房、卫生间、生态垃圾坑等，逐步实现了城镇乡村“走生态路，饮安全水，呼新鲜空气，用清洁能源，住生态民居，坐公交出行”。

繁荣文化，丰富生活提升群众幸福指数。在全市率先实现农村文化体育阵地建设全覆盖，长年坚持开展群众性文体活动，用先进的文化理念引领群众积极乐观地投身新农村建设。文化的独特魅力形成了凝心聚力的强劲“磁场”，每年举办的乐天溪文化科技体育节“政府搭台、社会参与、百姓快乐”，参与群众逾3万人次，成为坝区人民的欢乐节日和交流盛会。

下堡坪乡

乡党委书记、乡长田雪峰（左二）陪同区委书记熊伟（左一）考察湖北秀水天香茶业有限公司

改造一新的下堡坪乡卫生院

中国民间文化艺术之乡

中华人民共和国文化部

二〇〇八年

“十一五”期间，下堡坪乡着力建设“中国天麻之乡、湖北高山名优茶之乡、宜昌生态环境优美之乡、民间文化艺术之乡”，获“中国民间文化艺术之乡”、“湖北省民间故事之乡”、“宜昌茶业十佳乡镇”、“宜昌特色产业大乡”和市区级“文明单位”、“红旗单位”、“宜昌市零辍学乡镇”等称号。2010年全乡实现工农业总产值10.72亿元、财政收入519万元、农民人均纯收入6669元，分别比2005年增长144.8%、67.4%、80.4%。

农业产业化进程加快。全乡茶园面积35400亩，居全区第二位；天麻种植面积3528亩，交易量1300吨，产值1.3亿元。全面完成4300亩中央现代农业高效茶园建设，推进千亩优质水稻基地建设和万亩马铃薯示范基地建设。“秀水天香茶”获“最受宜昌消费者喜爱的品牌茶”，“农夫乡情”商标被认定为湖北省著名商标，“好智多系列产品”获2010年上海世博会联合国发展目标“千年金奖”。

项目建设成效显著。全乡规模工业企业12家。成功引进宜昌金永安金属制品有限公司、宜昌东方龙茶业有限公司等企业落户。

新农村建设卓有成效。五年来，投入资金6000多万元用于完善农业基础设施建设，完成集镇水厂改造，实施4000余人的安全饮水项目，建设沼气池1100口，改造农村土坯房400户；完成中小学和卫生院改造工程，实施集镇综合改造工程。

集镇全貌

鸦鹊岭镇

镇委书记汪宏斌（正右）、常务副镇长陈晓阳（正左）组织班子谋划鸦鹊岭发展蓝图

镇名得于喜鹊闹梅的清朝景观，是南明宰相文安之故里、湖北省“楚天明星乡镇”及夷陵区的东大门，社会生产发达，商贸流通活跃，人文底蕴深厚，民间艺术繁荣。2010年，实现工农业总产值36.12亿元，全地域财政收入2809万元，农民人平纯收入8517元；获全国非物质文化遗产“湖北省丝竹乐之乡”、“湖北省生育文明先进乡镇”、“宜昌市文明乡镇”、“全区落实党风廉政建设责任制先进集体”等称号。

鸦鹊岭集镇一角——青岛工业园入口

近年来，镇党委、政府一班人按照“工业强镇、产业富民”工作思路，带领鸦鹊岭人秉承团结奋进的优良传统和改革创新的时代精神，积极建设全省农业首强镇、新型工业重镇、全市商贸流通大镇、全国文明新镇，经济社会持续健康发展。企业规模迅速壮大。全镇规模工业企业达15家，青岛工业园建设初具规模，精细化工集中生产区蓬勃发展，在建化工企业投资达10亿元。产业结构不断优化。柑橘面积、生猪产量分别达13万亩、28.5万头，产业规模居湖北省乡镇前列；通过了农业部无公害畜禽产品认证和全国第五批、全省第二批柑橘无公害标准化示范区验收。城镇功能不断完善。集镇规划面积超过10平方公里，常住人口过万人。社会事业长足进步。“湖北丝竹乐”传承保护得到加强，社会和谐创建水平不断提高，“老有所养、病有所医、学有所教、闲有所乐”的格局基本形成。

湖北省农村模范福利院——鸦鹊岭镇中心福利院

宜昌中孚化工有限公司磷复肥分公司外景

洋红柑橘打蜡厂打蜡车间

龙泉镇

配套设施逐渐完善的龙泉新居

镇委书记、镇长罗泽旌（中）陪同市委副书记李亚隆（右）在晓曦红柑橘合作社调研

镇委副书记、常务副镇长高秉政（左）陪同区委副书记、区长刘洪福（右）在宜昌生物产业园检查指导工作

“十一五”期间，龙泉镇连续多年跻身全省综合实力十强乡镇行列，获全国文明村镇、创建文明小城镇先进单位、农村团建试点乡镇，全省文明乡镇、科普示范基地、生育文明乡镇、先进基层党组织，全市“魅力乡镇”等称号，被列为全国发展改革试点镇、经济发达镇城镇化行政管理体制改革试点镇，全省首批新农村建设试点乡镇、党代会常任制试点乡镇。2010年，全镇实现工农业总产值90.6亿元，财政收入2.71亿元，农民人平纯收入8553元，超额完成规划目标任务。

中国白酒名镇建设加速推进，稻花香位居全国白酒行业第四位；全力支持稻花香发展循环经济，打造百亿元企业，新上利民生化、包装工业园等项目。柑橘主导产业进一步壮大，2010年种植面积92592亩，其中精品果园10000亩，被列为国家级无公害标准化生产示范镇；大力推行“畜 沼 柑”循环生产模式，稳步发展猕猴桃、草莓、奶牛等特色种养业。镇村一体化水平大幅提升，集镇规划修编扩至5.5平方公里，完成龙泉组团规划和16个村庄建设规划及集镇垃圾填埋场建设、小鸦路至白虎嘴段街道美化亮化、柏临河大桥及镇文体休闲广场建设、集镇红绿灯安装、龙泉卫生院综合楼等一批集镇基础设施建设项目，启动柏临河流域综合治理项目。社会事业全面推进，新型农村合作医疗参保率100%，外出农民工意外伤害保险参保12000多人；农村义务教育覆盖率、巩固率100%；完成“一建三改”生态家园建设项目2500户，硬化村组公路150多公里；推行诉调对接积极处理信访和群众反映强烈的突出问题，切实维护了社会稳定。

党工委书记刘玉林（右二）与销售商签订柑橘销售协议

党工委书记刘玉林（二排右二）陪同市委副书记李亚隆（前排右二）、区委书记熊伟（前排左二）、区长刘洪福（右一）、区委宣传部长杨燕（前排左一）检查文明创建工作

国庆60周年文艺汇演

小溪塔街道办事处

“十一五”期间，小溪塔街道办综合实力、人民生活水平都迈上新台阶。2010年与2005年相比，规模工业产值、财政收入翻了近三番，农民人均纯收入翻了近一番。

工商经济有新发展。规模企业达到26家。商贸服务业全面繁荣，以农家乐为特色的旅游业得到快速发展。2009年，财政收入突破亿元。2010年，完成工农业总产值23亿元，规模工业产值16.8亿元，财政收入达到1.26亿元，完成固定资产投资4.9亿元。

三农工作有新成效。建成精品果园1.4万亩，完成老橘园改造6600亩，柑橘年产量12万吨；建成年产值2000万元的家禽养殖基地，被评为“宜昌特色产业大乡大镇”；硬化村级公路300公里，新修三面光渠5万多米，新建天河水窖2000多口。

社区建设有新突破。出台《社区干部管理办法》、《社区财务管理办法》，协助区政府制定《夷陵区社区建设规范》。8个社区均建成便民服务站；完成下水道改造、路灯亮化、环境整治等工作，进一步完善了社区基础设施。

社会事业有新进步。努力扩大就业、完善社会保障体系，街道劳动保障站连续4年被区委区政府评为红旗单位。

自身建设有新形象。获全省“经济普查先进集体”、“全市文明单位”和“全市生育文明示范乡镇”、“全市计划生育协会工作先进单位”、“最佳满意机关”、“全区先进党委（党组）中心学习组”等荣誉称号。

黄花乡

党委书记、乡长郭先友（左二）陪同省委常委、统战部部长，省人大常委会党组书记、常务副主任苏晓云（左三）在上洋村田间指导农业生产

2007年7月，国际地质科学联合会宣布，位于黄花场的地层剖面是全球中奥陶统和下奥陶统的分界点位，即“金钉子”，使黄花乡一跃成为长江三峡国家地质公园奥陶园的中心

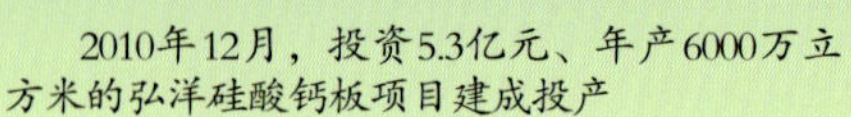

2010年12月，投资5.3亿元、年产6000万立方米的弘洋硅酸钙板项目建成投产

宜巴高速杨家河居民安置点

“十一五”期间，黄花乡党委、政府坚持科学发展观，紧扣“建材大乡、旅游名乡、小康新乡”的“三乡”战略目标，突出结构调整、招商引资、项目建设、旅游环境综合整治等工作重点，走出了一条具有黄花特色的产业转型升级新路，推动了乡域经济发展步入“快车道”。2010年，实现工农业总产值12.52亿元、财政收入1660万元、固定资产投资4.74亿元、规模工业产值7.9亿元、农民人均纯收入6183元，分别比2005年末增长41.2%、74.7%、484.2%、539.7%和88.6%。

展望“十二五”，乡党委、政府将立足“现代农业立乡、新型建材富乡、生态旅游活乡”的发展战略，围绕将黄花打造成“湖北新型建材大乡、三峡文化旅游名乡、宜昌生态文明新乡”的目标，大力实施四大工程：一是结构优化工程，积极发展现代循环农业，坚持工业、旅游反哺农业；二是产业集聚工程，将黄花新型建材工业园建成全国最大的硅酸钙板、页岩陶粒及制品生产基地、全省最大的青石加工生产和石墨深加工基地；三是品牌塑造工程，让黄花旅游产业成为鄂西生态文化旅游圈中的重要板块；四是民生保障工程，全面加强和创新社会管理，确保社会稳定和谐。

全省新农村建设示范村—军田坝村委会

法制工作

【概况】2010年，受理行政复议20件，比上年上升25%，办结16件；行政诉讼4件，比上年上升33%，均办结；受理信访复查案件12件，比上年上升20%，办结10件；未出现当事人不服复议决定的情况。制定规范性文件6件，审查部门文件104件；参与区政府招商引资、项目投资、政府采购等合同谈判和其他经济贸易谈判活动，草拟、修改、审查以区政府名义签订的合同50多件，提出法律意见书7件。

【规范性文件清理工作】7月，根据省、市规范性文件清理工作会议精神，由区政府法制办公室牵头，组织区政府办公室、区司法局、区物价局、区行政服务中心等单位组成清理工作专班，逐一清理区、乡两级政府及区政府各部门规范性文件，清理出区政府、区政府办继续实施的规范性文件157件，失效规范性文件63件，废止规范性文件51件，修改规范性文件26件；各乡镇人民政府、各部门继续实施的规范性文件233件，失效的规范性文件71件，废止规范性文件109件，修改规范性文件15件。

【行政处罚自由裁量权工作】在2009年度规范行政处罚自由裁量权启动工作的基础上，以区政府办名义制发《关于认真执行宜昌市行政处罚自由权规则程序标准相关事宜的通知》，明确行政处罚权的适用范围、实施种类、自由裁量权的裁决幅度，进一步推进行政执法工作规范化。

【修订《夷陵区征地拆迁补偿办法》】根据《省人民政府关于公布湖北省征地统一年产值标准和区片综合地价的通知》（鄂政发[2009]46号）关于“全省征地补偿标准自2009年12月1日起开始实施”和区政府专题会议纪要精神，《夷陵区征地拆迁补偿办法》（夷政发[2006]1号）与当前物价不相适宜，应予修订。修订工作由区政府法制办牵头，先后10次组织区建设、房管、统计、农经等有关区直部门，龙泉、黄花、雾渡河等乡镇人民政府，小溪塔街道办事处、夷陵经济开发区管委会、发展大道新区指挥部及征地较多的20多个村代表参加征求意见座谈会和听证会，并征求区人大内司工委、区政协环资委意见，与区维稳办、区信访办进行社会稳定风险评估，同时还在区政府公务网上向全社会公开征求修改意见。综合各方面意见，提高征地补偿标准，将“实地丈量”改为“实地测量”，明确成片苗圃、绿化树木的补偿标准，详细规定临时用地范围、补偿标准及复垦条件，完善建（构）筑物的拆迁补偿标准及安置方式。

（熊艳）

行政服务与管理

【概况】区行政服务中心有19个部门（单位）窗口及国税、地税2个分中心，有工作人员85名。2010年，受理行政审批事项33899件，办结33743件，办结率99.54%；受理投诉16件，全部办结。乡村两级便民服务中心（室）接待群众咨询220714人次，受理审批及服务事项176783件，办结175444件，办结率99.25%。

【完成行政审批清理“压百减千”目标任务】2009年10月至2010年3月，由区政府办公室牵头，区政府法制办、区物价局、区监察局、区行政服务中心组成工作专班，围绕精简环节、优化流程、规范程序、压缩时限、提高效率的总体要求，专项清理40个具有审批职能的区直部门的行政审批项目，区级行政审批项目由319项压缩至208项，区级行政审批项目的审批时限由法定的4608天减少至1246天，清理结果以“夷政规[2010]1号”文件向社会发布。

【五种便民服务模式】雾渡河模式：按照全区便民服务室机构建设、制度载体建设、痕迹管理的统一要求，全镇8个村1个社区形成镇、村、片三级联动服务网络，推行“村级代跑、镇级代办”服务模式。镇便民服务中心投入1万多元购置复印机，为群众免费打字复印。小溪塔模式：街道便民服务中心工作人员统一着装，制作街办—村（社区）两级便民服务网络图、街办—村（社区）两级统一便民服务登记表格、编发村（社区）代办员花名册，强化便民服务规范化建设。下堡坪模式：立足山大人稀、留守老人、妇女较多的特点，在44名村干部代办服务的基础上通过“两推一选”从非村干部的党员大户、中心户、党建信息员、乡土拔尖人才、回乡创业青年中选出村级党员代办员44名，统一发放工作证和工作手册，代办各种证照180个，提供办事咨询260次，为群众排忧解困200件。黄花乡模式：将进驻窗口、办事流程、联系方式等资料制成一张卡片印发到群众手中，让群众少跑路；将流动党员管理纳入窗口服务，专门设置党员群众服务台，为党员提供党组织关系转接、党务政策咨询等服务活动，接待党员70多人次。三斗坪模式：便民服务中心专门设立职工维权窗口，为农民劳动就业提供“一条龙”服务，将劳动政策咨询、再就业培训、劳动保障、法律法规援助、困难职工帮扶等工作放在窗口集中办理，帮助农民外出务工就业近 200 人,为 18 名农民工追回工资 2 万多元。

【政务公开】 中心负责全区政务公开领导小组办公室日常工作。2010 年,全区行政机关、事业单位、乡镇(街道、开发区、发展大道新区)政务公开面 100%。乡镇和区直各部门从实际出发,均按照"一册服务指南、一张单位机构设置平面图、一处政务公开栏、一个政务公开网站(网页)、电子显示屏或触摸屏"的要求,实现政务公开常规化、规范化。按照全省电子政务建设总体规划要求,建成覆盖全区的电子政务专网,95 个一级单位、67 个二级单位和 10 个社区的电脑均连入电子政务专网,联网计算机 2500 多台。利用电子政务网络平台将行政审批、劳动保障、公共资源交易等多部门的业务应用系统进行整合,初步实现资源共享和业务整合;建立政务门户网站,定期公布有关政府动态信息,将行政审批办理结果动态集成到门户网站首页和网上办事频道,方便群众实时查询。14 个乡镇(街办、开发区、发展大道新区),200 个村(社区)均建立乡镇级便民服务中心和村级便民服务室,设立乡镇政务、村务公开栏,实行政务、村务公开,公开面 100%,85%的村(社区)务公开达到规范化要求。

【打造便民直通车服务品牌】 中心品牌设计以"审批"二字汉语拼音的第一个字母"S P"组成。标识整体为绿色,体现行政服务中心开辟"绿色通道",快速办结审批事项;圆圈为红色,体现中心人员一颗红心,全心全意为群众和企业服务,与"便民直通车"服务品牌相吻合。

整个标志顺时针转动 15 度,是一个"中"字,线条组合空间显示出一个变形的"心"字;规范的几何图形,体现审批程序有条不紊、环环相扣,体现行政服务中心"便民审批,全心全意"的主题,将"便民直通车"这一机关服务品牌具体化、形象化。

【行政服务中心机构改革】 根据区政府机构改革方案和中心"三定"方案(夷政办发【2010】75 号),中心更名为"宜昌市夷陵区行政服务中心管理委员会办公室"(挂区经济发展环境投诉中心牌子),明确为区政府派出机构,级别为正科级,下设 3 个内设机构:综合科、业务科、督察科。

(张全光 黄成格 张鹏)

公共资源交易管理

【概况】 2010 年,区公共资源交易管理办公室以构建公共资源交易"五统一"综合监管模式为主线,以防治和打击围标串标行为为重点,以规范化、程序化管理为抓手,实施交易项目 589 个,交易额 10.18 亿元,节约资金 5920 万元。其中工程项目 89 个,交易额 3.4 亿元,节支 4942 万元;货物项目 448 个,交易额 3497 万元;服务类 13 个;药品类 4 个,交易额 1719 万元;土地类和房地产类交易额 6.6 亿元。

【"五统一"综合监管模式】 "五统一"综合监管模式即:加强统一的综合监管机构建设,依托自身职能创新监管模式,与行业管理部门各司其职,形成监管合力;推进统一的交易平台建设,交易中心是各项公共资源交易活动的集中服务平台,也是全区唯一的指定合法交易平台;强化统一的公共资源交易领域制度体系建设,分类制定不同类别的交易规则和制度 16 个,规范招投标管理行为,激活招投标市场;完善统一的评标专家队伍建设,按类别细化到房屋、市政、交通、水利、药品、计算机等 9 类 296 名,在实践中完善评标专家抽取管理系统,实行评标专家限时自动随机抽取制度和回避制度;推行统一的公共资源交易行业诚信体系建设,支持行业协会建立行业信用数据库,共同加强会员的诚信管理,推进公共资源交易管理工作步入科学化、规范化、制度化轨道。中办、中纪委,省招投标监督管理局、省纪委以及省内外兄弟县市纪委相继 20 多次组建联合调研组来区进行调研。省纪委、省招投标监督管理局和市委、市政府全套推广此"夷陵模式",中纪委监察部廉政理论研究中心《研究参考》、中纪委研究室《反腐倡廉建设通讯》、省政府《咨询与决策》、省纪委《湖北纪检监察信息》、《楚天风纪》、省招投标监督管理局《湖北招投标动态》、市政府《决策参考》、市纪委《三峡风纪》等刊物分别刊登其做法。

【汪信奇、李海滨、孟庆海、张金良、荣肇隆、丁贵桥、蔡龙书在夷调研】 中纪委研究室副处长汪信奇、中办调研室副处长李海滨、中纪委廉政理论研究中心干部孟庆海、湖北省纪委监察厅综合室主任张金良、湖北省纪委正厅级监察专员荣肇隆、湖北省招投标管理办公室(湖北省招投标监督管理局)主任(局长)丁贵桥、湖北省招投标管理办公室(局)副主任(副局长)、湖北省综合招投标中心主任蔡龙书等领导分别到区公共资源交易管理办公室调研公共资源集中交易管理工作情况,中纪委、监察部肯定了夷陵区的做法。

【推行"十条"综合监管措施】 针对工程招投标中普遍存在的"围标串标"等现象,从体制机制入手,推出十项综合配套措施:实行企业网上投标注册制,打击资质买卖和挂靠行为;实行随机抽取代理、造

6月8日，中纪委研究室、中办调研室、中纪委廉政理论研究中心在夷调研公共资源集中交易管理工作

价机构制，增高中介机构违规成本，规范代理和造价行为；实行投标资格后审制，提高竞争的充分性和投标信息的保密性；实行外地企业年度备案制，简化程序，降低企业运作成本，同时封闭投标企业信息；实行公布政府控制价制，堵塞围标串标通道，推动投标人在拦标价下竞争；实行最低投标价法评标制，推行动态保护值，同时财政专库收取差额保证金，防止低价抢标；实行招标文件“双审”制，增加竞争的公平性和公正性；实行“三位一体”联合监管制，评标现场封闭评标信息，同时现场接受投诉；实行标后综合管理制，增加管理成本，降低围标者的原动力；实行企业违规不良记录管理制，推进招投标信用体系建设。

（卢凤玲）

招商引资

【**概况**】 2010年，招商引资工作秉承“工业经济是第一经济，招商引资是第一要事，项目建设是第一抓手”理念，全区投资500万元以上的在建项目40个（不含本地投资和房地产项目），其中新开工项目17个，续建项目23个，协议投资总额107.3亿元，年内完成投资35.67亿元，比2009年增长61.28%，占市政府下达的考核指标18亿元的198.15%。在建的省外投资项目22个，协议投资总额82.82亿元，年内完成投资32.52亿元。本年度新签约项目18个，协议投资额57.14亿元，其中正式协议8个，协议投资总额31.54亿元。接待来访团组185批503人次，组织外出考察团组52批273人次。

【**博诺机械设备配套加工项目签约落户**】 4月9日，夷陵区与宜昌博诺机械有限责任公司签订项目协议，由宜昌博诺机械有限责任公司投资7500万元，在鄢家河村三组兴建6000平方米标准化厂房，主要生产出口国外的圆锥式破碎机（矿山机械）、大型柴油机、水电设备等机械设备零配件。项目投产达效后可实现年销售收入7000万元，缴纳税收500万元，安置就业100余人。

【**比亚迪汽车4S店项目落户夷陵**】 5月9日，夷陵区与深圳市三维都灵汽车销售服务有限公司签订比亚迪汽车4S店项目协议，项目计划投资5000万元，拟兴建鄂西地区第一家比亚迪4S店，占地约40亩，其中4S店用地20亩，将按照一类4S店的标准建设展示厅、成品库、维修车间、办公室和配件库等服务设施。

【**三峡伟志光电宜昌有限公司投产**】 5月11日，三峡伟志光电宜昌有限公司在湖北夷陵经济开发区投产。公司主要生产LED路灯、日光灯等多元化、全系列LED应用照明光源等高科技节能电子产品。2010年实现产值1.8亿元，就业500多人。预计5~10年内达到年产值10亿元、上缴利税5000万元，当地劳动力就业2000多人，安置三峡移民就业1000多人。

【**三峡·夷陵（北京）投资环境推介会在京举行**】 5月17日，三峡·夷陵（北京）投资环境推介会在京举行，商务部领导及施奈德电气、宝健日用品、顶新集团康师傅控股、大成集团、欧姆龙、华晨宝马、罗地亚、斗山、地雅、卡夫等50家国内100强、世界500强外资企业代表参加会议。市政府副市长王万修、区政府区长刘洪福等出席活动。

【**区长刘洪福率团赴深圳考察**】 6月7～10日，区长刘洪福、副区长李羡军率区发改局、环保局、国土局、科技局和部分乡镇负责人及相关企业代表赴深圳，考察贝瑞特新能源材料股份有限公司、比克电池有限公司、清华同方香港有限公司、深圳比亚迪集团等能源企业。

【**夷陵区参加“十六省对口支援湖北省三峡库区经贸洽谈会”**】 8月10日，在宜昌召开的由国务院三峡办、湖北省政府主办的“十六省市对口支援湖北省三峡库区经贸洽谈会”上，夷陵区签约项目13个，协议投资总额10.57亿元，其中上海、青岛、黑龙江无偿援助夷陵区项目3个，无偿援助资金3250万元；与上海申龙客车有限公司、上海爱登堡电梯有限公司、上海佑利泵业有限公司、上海友谊集团、上海光明食品集团签订意向性协议，协议投资总额10.24亿元。

【康师傅矿物质水项目开工建设】 9月1日，康师傅饮品控股有限公司杭州顶津食品有限公司投资420万美元的矿物质水项目在夷开工建设。项目占地83.6亩，兴建矿物质水生产线2条及瓶胚机等配套设施，主要生产经营康师傅系列饮料及相关包装材料。

【三峡·夷陵（厦门）投资环境推介会在厦门举行】 9月8日，夷陵区在福建厦门举办三峡·夷陵（厦门）投资环境推介会，商务部外资司副司长骞芳莉，市领导吴静、区领导刘洪福、彭定新、李羡军及区政府办、财政局、住房和城乡建设局、国土资源局、招商局、经济商务和信息化局、旅游局等部门负责人参加推介会，中华工商建设研究会、威盛集团、台湾东元集团、春保钨钢股份有限公司、香港总商会等企业应邀参加。

【湖北宜昌恒大酒店开工建设】 10月30日，由恒大地产集团投资近5亿元人民币的湖北宜昌恒大酒店奠基，12月动工建设，预计2012年12月竣工。建成后地上建筑面积约51000平方米，地下建筑面积约18000平方米，有客房359间，集餐饮、KTV、会议、健身房、客房于一体，总投资3.6亿元。

【"跨国公司夷陵行"活动】 11月13日，国家商务部外资司司长刘亚军带领李锦记、诺华制药、博世集团、完美公司等知名跨国企业代表在夷陵区考察投资环境。刘亚军一行参观江重机械、娃哈哈启力饮料、湖北坤艳集团药业有限公司等企业，实地了解夷陵区投资环境及区域经济发展情况，对投资环境及项目服务给予肯定。

商务部外资司司长刘亚军带领部分知名跨国企业代表在夷考察投资环境

【华润红旗地铁电缆项目开工建设】 12月9日，由宜昌华润红旗电缆有限公司与广州中投地铁有限公司合作投资10亿元的地铁电缆项目开工建设。项目主要生产高速铁路专用电缆和海洋石油电缆，包含80多个规格的高低压电缆和超高压电缆。项目规划占地193亩，兴建厂房9万平方米，新上电缆生产线36条，其中地铁电缆生产线28条、光电海底复合电缆生产线6条、进口电缆生产2条。预计投产后年新增销售收入50亿元，上缴税金1.5亿元，可安置2000人就业。

【阳光融科光电产业园落户夷陵】 12月22日，由香港阳光国际控股有限公司投资10亿元人民币的阳光融科三峡区域数字产业总部基地项目签订协议落户夷陵区。

（卢伶俐）

移民

【概况】 2010年，围绕移民安稳致富、社会和谐、生态良好和可持续发展的总体要求，应对三峡水库175米试验性蓄水，确保"江面清、江岸洁、零事故"；三峡后续规划伍相庙居民点扩建工程场地平整、挡土墙建设工程完成；开展三峡库区移民投资结算结转工作，外迁移民对接工作基本完成；开展职业教育和技能培训，培训移民797人，组织推荐移民就业625人；开展大中型水库后期扶持，2010年度直补资金发放到位，粮食补贴发放到人。落实三峡城镇原迁居民生活困难补助政策，实施2009年度库区和移民安置区经济发展项目。完成移民工作年度计划。

【应对三峡水库试验性蓄水】 2010年汛后，三峡水库进行175米试验性蓄水，夷陵区采取四项措施应对。加强领导、制定预案：区政府成立175米蓄水保安全领导小组和工作专班，区政府办公室印发《关于切实加强三峡工程试验性蓄水期水库管理工作的紧急通知》，制定《三峡库区夷陵区2010年汛后175米试验性蓄水应急预案》，安排部署试验性蓄水期间各项工作；加强宣传、群策群防：区政府及时召开会议，发布信息，印发宣传资料和告知书2000余份，并通过广播电视、张贴公告等形式将试验性蓄水情况、可能造成的影响、如何应对等告知库区群众，做到家喻户晓；加强监测、科学预防：对库区 175—185 米的房屋、基础设施进行重点监测，重点部位实行 24 小时监测，坚持日报告、零报告制度；加强检查、确保安全：区长刘洪福、常务副区长彭定新带领区直相关部门多次巡库，对库区码头、渡口、停靠点设施及船舶等进行全面安全隐患大排查，并及时发布试验性蓄水期间安全通告，确保"江面清、江岸洁、零事故"。蓄水期间，沿江有 6 个农户的房屋基础被江水浸泡有所影响，太平溪集镇引航街受影响区域地基有较小变化，无大的安全隐患。

【三峡库区移民投资结算结转工作】 共有三项：一、三峡库区移民资金结算。成立区三峡工程库区移民投资结算工作领导小组，抽调 15 人组建实物指标核对、资金计算与核对、数据审核、完善协议、外迁移民对接、维护稳定等 6 个工作专班，制定《夷陵区三峡库区移民投资结算方案》和《夷陵区三峡库区移民资金结算诱发群体性事件应急预案》。11 月 20 日始，区移民局由 12 名业务骨干组成 3 个专班，由局班子成员分别带队到省内 20 多个县市区外迁移民安置区进行对接，对接移民 1500 人，结算资金 639 万元，外迁移民对接工作基本完成。同时对 2010 年续建的 28 个工程项目集中办理竣工验收和审计结算，完成 25 个工程项目竣工验收和审计结算。二、剩余任务结转。受三峡大坝试验性蓄水受影响，太平溪集镇 20 户 90 人 5212.77 平方米房屋需拆除重建。区成立领导小组，组建工作专班，统一政策补偿标准、统一拆除危房、统一规划设计、统一设施配套、统一办理建房手续组织房屋的拆除、重建。三、后续规划准备。夷陵区申报 2011 年三峡后续工作项目 12 个，总投资 86575 万元，申请后续工作补助资金 21110 万元。其中库区产业结构调整及发展扶持项目 3 个，总投资 14934 万元；教育培训和促进劳动力转移项目 1 个，总投资 246 万元；基础设施建设与完善 7 个，总投资 69785 万元；移民安置区高切坡防护工程项目 1 个，总投资 910 万元。

【太平溪镇伍相庙居民点扩建工程建设】 为安置三峡库区受蓄水影响搬迁移民和后续工作生态转移移民而启动的伍相庙居民点扩建工程，于 2009 年底正式实施，至 2010 年底，总投资 900 万元，完成场地平整、挡土墙建设，开挖土石方 52 万立方米，建挡土墙 1.1 万立方米，平整场地 120 亩，可安置移民 200 户。完成给排水、电力、电讯、房屋基础等配套设施建设的设计、评审，按程序进入招投标。

【移民基础设施建设】 库周交通建设：完成美人沱—秭归庙河 11.1 公里沿江公路改造及硬化，完成太平溪镇库区村级道路硬化 26.02 公里的项目验收，完成小溪口—美人沱 10 公里沿江公路改造及硬化建设任务。接收外迁移民安置区基础设施建设：投资 5 万元，在鸦鹊岭镇五龙村维修公路 3 公里，方便移民出行；投资 5 万元，新建饮水管道 62000 米，解决 14 户 71 个移民饮水安全；投资 5 万元，新建水渠 1500 米，灌溉农田 180 亩，解决鸦鹊岭镇居委会农田灌溉水渠建设；投资 25 万元，为鸦鹊岭镇梅店村架设有线电视，解决近百户移民看电视难问题。坝区移民居民点基础设施建设：筹集资金 110 万元，治理三斗坪镇 9 个村 1 个居委会的供排水及防洪沟；筹集资金 15.9 万元，拆建治理小溪塔街道谭家塝社区平湖陶瓷厂 98 米危坎；维修改造丁家坝社区潘家河移民点 40 米挡土墙及下水道；治理小溪塔街道谭家塝、丁家坝、黄金卡、营盘、平湖等社区 30 户移民房屋白蚂蚁；投资 381 万元支持三斗坪镇园艺农贸市场、营盘社区文化活动中心、坝区移民生态工业园基础设施建设。

【移民安置】 完成 2009 年库区电力扶持专项资金项目申报工作，申报扶持项目 16 个，补助资金 208 万元并全部到位；落实 2009 年度三峡库区产业发展基金 1858.55 万元。向国务院三峡办争取资金 500 万元、省移民局争取资金 100 万元支持萧氏集团茶叶有限公司在太平溪镇许家冲村兴建高效生态农业示范园。继续实施、完善三峡库区高效茶园和精品果园建设，规划并建成 1000 亩高效茶园和 1000 亩精品果园。开展移民职业教育、实用技能培训和组织推荐移民就业，全年培训移民 797 人，组织推荐移民就业 625 人。

【大中型水库后期扶持】 2010 年度直补资金发放到位。省移民局核定夷陵区原迁移民后期扶持资金直补到人 31829 人，2010 年度省财政厅下拨夷陵区上半年直补资金 1080 万元，12 月份移民局采取"一卡通"方式发放 30309 人、1818.54 万元。粮食补贴发放到人。葛洲坝水库粮食补贴涉及 2 个镇、1 个街道办事处、15 个村（社区）4589 人，2009 年度补贴资金 210.76 万元全部发放到人。落实三峡城镇原迁居民生活困难补助政策。省财政厅鄂财社发[2008]124 号下拨 2006 年 7 月 1 日至 2007 年 6 月 30 日的资金 124 万元；省财政厅鄂财社发[2008]170 号下拨 2007 年 7 月 1 日至 2008 年 12 月 31 日的资金 186 万元。移民局以户为单位，以"一折通"的形式，按每人每年 400 元的标准发放 2009 年至 2010 年度 821 人的补助资金共 65.88 万元。实施 2009 年度库区和移民安置区经济发展项目。全区 2009 年度大中型水库库区和移民安置区经济发展项目 69 个，补助资金 473.242 万元，年内69个项目基本完成，其中改田100亩，自流灌区950亩，修建排洪沟300米加固河堤200米，架设引水管道10万米，修建蓄水池2300立方米，硬化道路38公里，电力改造500米，建沼气池116口，发展高效茶园200亩。检查验收项目47个，兑付资金346.13万元。2009年度新增人口项目43个，总投资151.4万元，完成6个，兑付资金28.85万元。小型水库项目建设全面展开。全区有小型水库56座，其中小（Ⅰ）型水库11座，小（Ⅱ）型水库45座。根据市移民局宜市移财[2008]39号文件，2008年下堡坪等乡镇33座小型水库维修等项目安排资金26.8万元，年内维修公路5公里，修建蓄水池500立方米，检查验收25个，兑现资金23万元。危房改造4个户，兑付资金7.6万元。

【抢险救灾和争取国家救灾资金】 7月8日、23日、28日，三峡坝库区太平溪等乡镇连续3次遭受特大暴风雨袭击，数百户移民房屋倒塌，交通通讯中断，停水、停电。灾害发生后，移民局按照区委区政府的统一部署，迅速启动应急响应，工作专班第一时间赶赴灾区，核查灾情，紧急调拨资金40万元，向省移民局争取救灾资金60万元，局机关和全局干部职工捐款15000余元用于抢险救灾，同时向国务院三峡办反映灾情，争取支持。国务院三峡办委托长委监理公司现场核查灾情，并将灾情上报到三峡办和财政部，争取灾后重建资金。同时移民局配合太平溪镇进行水毁公路恢复重建工作，由太平溪镇聘请专业技术部门规划设计，评审后开始重建。

（杨黎明）

对口支援

【概况】 2010年，争取无偿援助资金5090万元，援建项目36个。其中，上海市无偿援助资金2450万元，项目17个；青岛市无偿援助资金700万元，项目9个；黑龙江省无偿援助资金120万元，项目2个；国家商务部无偿援助资金50万元，项目1个；中国长江三峡集团公司、华中电网公司、中国长航外运集团、武汉大学、孝感市、鄂州市、天门市等省内支援单位无偿援助资金1770万元，项目7个。举办培训班30多期，培训干部382人次。接待来访团（组）59批513人次。区政府驻上海工作处接待区内赴上海团（组）57批402人次。签订经济合作项目协议11个，协议资金102450万元。三峡输变电工程“三峡地下电站至荆门特高压输变电线路”建设协调任务基本完成。

【青岛市市长夏耕率团考察夷陵区】 4月11~13日，青岛市政府市长夏耕、副市长杨宜新率代表团一行20人来夷考察，代表团在宜昌市委常委、常务副市长郑超、市长助理王万修、区委书记熊伟等陪同下考察萧氏茶叶集团、太平溪卫生院、太平溪许家冲污水处理示范点、鸦鹊岭食品工业园、小溪塔第三初级中学等援建项目，并于4月12日在均瑶国际大酒店召开青岛市对口支援宜昌市夷陵区座谈会暨项目资金捐赠仪式，现场捐赠对口支援项目资金300万元。

【中国外运长航集团向夷陵区捐赠助学资金40万元】 5月26日至28日，中国外运长航集团、武汉航海技术学院校长胡耀兵一行来夷开展对口支援活动，捐赠资金40万元，在东湖高中、三峡高中、小溪塔高中、三峡初中设立“长航集团”励志奖学金，资助品学兼优及贫困学生386名。

【青岛市确定打造百亿级夷陵区青岛工业园】 7月15~17日，区长刘洪福、副区长李羡军带领政府办、三峡办、鸦鹊岭镇、规划分局负责人赴青岛市商洽2010年青岛市对口支援项目和青岛工业园建设事宜，经与青岛市国内经济合作办公室商洽，青岛市将另援助资金400万元，以启动夷陵区青岛工业园基础设施建设。

【夷陵区上海中学竣工】 8月9日，上海市对口支援项目夷陵区上海中学竣工。国务院三峡主任聂卫国、上海市政府副市长胡延照、湖北省政府副省长田承忠、湖北政府副秘书长骆新华、湖北省三峡办主

4月12日，青岛市委副书记、市长夏耕（右二）在萧氏茶叶集团考察

任盛国玉、国务院三峡办综合司司长童崇德、国务院三峡办经合司司长刘卡、国务院三峡办资金计划司司长雷鸣山、宜昌委书记郭有明、宜昌市政府市长李乐成、上海市政府合作交流办副主任周振球、夷陵区委书记熊伟、夷陵区政府区长刘洪福参加剪彩仪式。

【为上海“11·15”特大火灾组织捐款653800元】 11月16~19日，由区直机关工委和三峡办联合组织的“夷陵区对上海11.15特大火灾事故捐赠动员会”在政务信息大楼召开，全区112家单位参与捐款。18日，区委副书记、区长刘洪福，区委常委、区委办主任董诗国赴上海，代表区委、区政府及全区人民为上海11.15特大火灾捐赠人民币653800元。

（黄玉海）

扶贫开发工作

【概况】 2010年，争取省、市、区三级扶贫资金686万元，其中省专项资金258万元，省雨露计划资金16万元，市财政扶贫资金32万元，区交通扶贫资金160万元，区财政扶贫资金120万元，西北口库区专项资金100万元。实施基础设施建设、产业发展、社会发展扶贫项目100多个。通过扶贫资金直接投资和带动投资新发展（改造）产业基地7820亩，为4000多亩农业产业园区建设配套设施；硬化农村公路153.8公里，新修农村通组公路22公里；建设两处集中供水设施，解决2807人安全饮水问题；建成党员群众文化活动中心300平方米，新建卫生室124平方米，配套建设村委会办公用房526平方米；组织老区党员干部和村民代表开展政策业务培训1500人次，组织科技和实用技术培训1000人次。扶贫资金带动其他项目投资3000多万元。

9月27日，国务院扶贫办国际救助与社会扶贫处处长曹洪民（前排左一）在夷调研社会化扶贫与企地共建工作

【向洪星、余丙奎作客中央七台“2010‘手挽手’新春公益特别节目”】 1月26~28日，区委副书记向洪星、区扶贫办主任余丙奎、邓村绿茶集团总经理黄宗虎、邓村绿茶集团办公室主任杨志琴受邀参加中央七套“手挽手”新春公益特别节目。节目中，向洪星介绍全区茶叶生产、发展情况，以及中央七台免费播发扶贫广告后取得销售收入翻一番的良好效果，感谢中央七台对夷陵区茶叶发展作出的贡献。

【协助筹备全国企业参与扶贫开发现场会】 11月11~12日，全国企业参与扶贫开发现场会在宜昌召开，其中夷陵区境内的稻花香集团和三峡移民工业园为参观现场。会前，区扶贫办牵头筹备，协调好由区政府办、区扶贫办、区机关事务管理局、区广电局、区公安分局（交警大队）、龙泉镇政府、乐天溪镇政府、稻花香集团、三峡移民工业园、三峡茶城、萧氏茶叶等单位负责人组成的工作专班，督促企业做好现场准备。龙泉镇和乐天溪镇政府安排专人进驻企业负责协助会议现场筹备。稻花香集团和三峡移民工业园制作现场展板，并印制宣传画册。三峡国际旅游城和萧氏茶叶公司提供简介材料供大会印发。

【曹洪民、杨朝中在三峡移民生态工业园调研社会化扶贫与企地共建工作】 9月27日，国务院扶贫办国际救助与社会扶贫处处长曹洪民、省扶贫办主任杨朝中在夷陵区调研社会化扶贫与企地共建工作。曹洪民一行在区长刘洪福，副区长郑凌辉等陪同下，到天宇食品有限公司、宏祥玻璃制品有限公司等企业，了解坝区移民就业情况和社会化扶贫开发现状，对长江三峡集团公司与三峡移民生态工业园结对帮扶、企地共建的模式给予肯定，并要求进一步加大社会化扶贫力度，以帮扶移民脱贫致富为主要目标，鼓励大中型国有企业帮扶地方发展。

（周元武）

人力资源和社会保障工作

【概况】 2010年，城镇新增就业人员10627人。下岗失业人员再就业3928人，其中就业困难人员再就业 1827 人；农村劳动力转移就业 10493 人，其中人力资源保障部门组织转移就业 4569 人；城镇登记失业率 3.43%，控制在 4.4%以内。全年新增小额担保贷款基金 400 万元，新增发放小额担保贷款 488 笔 2874 万元，累计发放金额 1406 笔 6627 万元；帮助城乡劳动者创业 1120 人、带动就业 2448 人。

社会保险参保 324435 人次，其中养老保险 89062 人、失业保险 30580 人、城镇医疗保险 139993 人、工伤保险 41000 人、生育保险 23800 人；社保扩面新增 37173 人次，其中企业养老、失业、工伤、生育、基本医疗保险分别为 9496 人、2329 人、7890 人、7100 人、10358 人；社会保险基金征缴入库 35189 万元，其中企业养老、机关事业养老、失业、工伤、生育、城镇医疗保险基金入库额分别为 22380 万元、4042 万元、1007 万元、647 万元、225 万元、6888 万元。

引进人才 33 人，组织专业技术人员和新进人员知识更新培训 7603 人，申报各级职称 421 人，开展非公有组织人才评价 216 人。全区拥有国家级专家和享受国务院特殊津贴人员 5 名，省管专家和享受省政府专项津贴人员 8 名，市管以上乡土拔尖人才 24 人，高技能人才库总量 4392 人。开展专业技术人员继续教育公需科目培训 2178 人，组织城乡劳动者技能培训 9614 人，培养新技师 135 人，开展职业技能考核鉴定工作 67 场次，颁发初级以上职业资格证书 3776 人次。

开展涉及社会保险、非法使用童工、建筑领域拖欠工资等专项监察 9 次，受理举报投诉案件 175 起，为农民工追讨工资 820 万元；调解人事劳动争议案件 294 起；开展工伤性质认定 610 起；处理信访件 160 件，案件结案率 100%；完成 3 名军转干部安置计划。

【实施就业援助 1023 人】 制定《关于加强公益性岗位开发管理有关问题的通知》（夷人社发[2010]18 号），在基层社会管理、基层公共服务等领域安排基层人力资源和社会保障协理、民政服务、道路交通协管、治安维护协管等公益性岗位 1023 个，重点帮助下岗失业人员、“4050 人员”、“零就业”家庭成员和残疾人再就业。依托充分就业社区（街道）创建活动，落实就业援助政策，促使多形式就业。鸦鹊岭、平湖和丁家坝社区被评为全省“充分就业社区”，小溪塔街道被评为全市“充分就业街道”。

【争取国家就业专项资金 1843 万元】 加大就业专项资金争取力度，确保各项就业优惠政策落实到位。全年筹集资金到位 2835 万元，其中中央财政补助资金 1843 万元，创历史新高。落实五项补贴 1100.35 万元，占就业专项资金总支出 2374.6 万元的 46.4%，其中社保补贴 3254 人 655.44 万元、公益性岗位补贴 824 人 303.59 万元，培训补贴 2309 人 99.61 万元，职业介绍补贴 4121 人 25.29 万元，职业技能鉴定补贴 1742 人 16.42 万元，为从事个体经营人员减免税费 360.99 万元。

【扶持全民创业】 以“四轮驱动”工作模式助推全民创业工程。宣传发动：参加 2010 年中国银行业协会（花旗）微型创业奖评选活动，推荐的创业典型陈江陵获得城市加工业类三等奖；与区委宣传部联合开展“创业之星”评比和“创业故事”有奖征文活动，展示创业风采；政策推动：全年新增小额担保贷款基金 400 万元，出台《夷陵区关于完善小额担保贷款贴息政策推动妇女创业就业工作的通知》（夷财社发[2010]8 号），将妇女创业最高贷款额度提高至 8 万元，发挥小额担保贷款助推创业的作用，累计发放贷款 488 人 2874 万元，完成区年度目标任务 2500 万元的 159.67%；培训促动：推出针对性、个性化的 SIYB 创业培训，采取送教下乡、现场参观、创业者现身说法等方式，提升创业者技能水平；服务带动：电话或上门跟踪回访创业者，帮助解决创业难题，以“扶上门，送一程”的后续服务提高创业成功率。全年培训学员 667 人，帮助 1120 名城乡劳动者实现成功创业，带动 2448 人就业。

【扶持企业发展】 再次降低企业失业保险费率 0.5%，失业保险费率降至 1%，为 500 多家企业减征失业保险费 160 万元。提取失业保险基金 250 万元，为 20 家困难中小企业和民营企业 1384 名职工办理社保补贴和岗位补贴，区内企业未出现大规模裁员或降薪。

【打造培训品牌】 区劳动就业训练中心制定《培训过程管理方案》，按照规定的流程与制度实施从项目申报至落实补贴的全程管理。开发设置近 30 个培训项目及专业，推行“引导式”、“储备式”和“订单式”技能培训，全年培训 4679 人。通过“订单式”培训直接输送到湖北稻花香集团、宜昌中孚化工有限公司、宜昌三峡全通涂镀板股份有限公司、万足鞋业有限公司、三峡伟志光电（宜昌）有限公司等企业就业人员 1201 人。

【搭建对接平台】 通过公开竞聘方式，为全区配备 156 名村级人力资源和社会保障协理员。安排专人定期走访调查区内规模企业，对外不断拓展劳务输出基地，与上海英业达、厦门 TDK、三峡全通公司等区外 35 家企业建立劳务合作关系，扩大就业渠道。采取城区集中招聘与送岗下乡相结合、大型综合招聘与企业专场招聘相结合的形式，开展“就业援助月”、“春风行动”、“民营企业招聘周”、“高校毕业生服务月”等招聘洽谈活动 29 场，提供就业岗位 11000 多个，介绍成功 3875 人，组织劳务输出 1639 人。

【全区公共卫生与基层医疗卫生事业单位绩效工资兑付工作】 组织实施公共卫生与基层医疗卫生事业单位绩效工资改革，经调查研究、多次测算汇报、制订方案、做好基础工作，做到现有人员情况和津补贴发放情况两清楚、建立主要负责人津贴制度和农村基层医疗卫生工作人员津贴制度，在全市率先完成“两类单位”807 名在册人员绩效工资兑付工作和 483 名退休人员生活补贴。

【清理机关事业单位非在编人员】 按照鄂政办发[2007]103 号文件精神和全市电视电话会议要求，按照“谁招用谁负责清理清退”的原则，清理登记 287 个机关事业单位聘请的非在编人员。涉及参管事业单位 29 个，事业单位 197 个（全额 121 个、差额 33 个、自收自支 43 个），清理登记非在编人员 2484 人。拟定《机关事业单位非在编人员管理办法》。

【超龄职工养老保险参保率 100%】 3 月 19 日，召开全区城镇超龄职工养老保险工作动员暨培训会议，解决超过法定退休年龄的原城镇职工参加基本养老保险问题、城镇职工和灵活就业人员在达到规定退休年龄时累计缴费不足 15 年而不能按月享受基本养老金的问题，2393 名城镇超龄职工和 693 名城镇次超龄职工办理基本养老保险费的参保手续，参保率 100%。

【发行社会保障“一卡通”】 2007 年 8 月启动“金保工程”后，投资 300 多万元建设数据中心平台，利用电子政务网搭建网络平台，实现本地化应用软件上线运行，开通“社保通”短信查询平台，2010 年 10 月 25 日实现社保“一卡通”，年底前发放社保卡 8 万张，实现社会保险申报、账户查询、待遇计发等“一站式”服务。

社保卡首发仪式

【开展新农保试点】 12 月 22 日，区政府在樟村坪镇董家河村召开新型农村社会养老保险试点启动大会。试点将具有夷陵区樟村坪镇董家河村户籍、2010 年 12 月 31 日前年满 16 周岁（不含在校学生）未参加城镇职工基本养老保险的农村居民全部纳入参保范围。董家河村参加新型农村保险 447 人，其中 231 名 60 周岁以上老人自 2010 年 1 月起领取每月 55 元的基础养老金。

【维护劳动者合法权益】 开展劳动者维权活动：开展农民工劳动合同签订的“暖春行动”、餐饮行业的“社会保险审报”、建筑领域的“农民工工资清欠”等专项行动 9 次，检查用工企业 1100 家次，涉及劳动者 1.5 万人；收取建筑领域农民工工资保障金 305 万元，为 4107 名农民清欠工资 820 万元，结案率及清欠率 100%。扩大劳动保障年检覆盖面：劳动保障年检扩大到所有用人单位，全年劳动保障年检机关事业单位、用工企业、个体工商户共 1382 家，涉及劳动者 1.8 万人，规范用工管理制度 80 余份，并对 40%用人单位进行实地核查，掌握企业用工信息，及时发现企业存在问题。完善劳动保障监察“网格化”信息：推进以劳动合同管理为基础的劳动用工登记制度和企业职工花名册制度，建立职工花名册企业 400 余家 2000 多名职工，通过采集用人单位劳动用工信息、建立用人单位劳动用工电子信息及不守信记录，实时掌握用人单位遵守劳动保障法律法规和规章的情况，对有条件的企业实行电脑化管理、网络化动态管理，提高劳动保障监察工作效率。

【推进医疗卫生体制改革】 扩展基本医疗保障覆盖面：将基本医疗保险参保扩面作为工作重点，居民参保率达到 100%，职工参保覆盖面达 100%。提高基本医疗保障水平：普通居民参保对象政府补助标准由每年 90 元提高到 120 元，城镇居民基本医疗保险门诊统筹在实施定额（即按照城镇居民基本医疗保险筹资标准 10%的额度，每人每年提取定额资金成人 27 元、未满 18 周岁的少年儿童 12 元作为门诊费用）报销过渡办法的基础上，将学生意外伤害门诊费用纳入统筹支付范围，符合规定的学生意外伤害在一个结算年度内可报销 100~1000 元以内 50%的门诊费用，最高可报销 450 元；将政策范围内居民住院生育纳入居民医保报销范围，一级、二级医院甲类报销比例分别提高

5%和3%，一、二、三级医院甲类报销比例分别为80%、68%、55%；乙类分别为70%、58%、45%。建立基本医疗保险统筹支付达到上年度职工平均工资的6倍的正常调节机制。2010年度居民医疗保险政策范围内住院报销比例62%。城镇职工基本医疗保险住院医疗费用甲类报销比例为在职90%，退休92%；乙类均为70%和80%。基本医疗保险统筹支付加大额医疗保险达到上年度职工平均工资的17倍。2010年政策范围内住院费用报销比例81%，居全市最高，在全省居较高水平。提高基本医保基金管理水平：城镇职工、城镇居民基本医疗保险在本统筹区、宜昌市城区等38家医院实行即时结算；初步启动异地结算和跨地区转移接续工作，按规定开展农民工等流动就业人员基本医疗保险关系跨制度、跨地区转移接续工作；支付方式一改长期以来采取据实结算的单一模式，出台以据实结算、总额控制与单病种结算相结合的复合结算方式。实行基本药物制度，将基本药物范围内共425种基本药物作为甲类药品纳入医保报销范围。

（李宏愿）

机关事务管理工作

【概况】保持办公楼、广场及周围干净、卫生、整洁。在大厅、走廊等公共区域摆放花卉盆景，定时养护，定期更换。设立区政务信息中心大楼片区民警室，安保队员由民警室统一管理。收集整理乡镇（街道）和区直各单位人员信息2049例，制作程序录入电脑，方便安保人员对进入大楼人员进行查询审核。协助接待上访564批次，2153人次，其中集体上访104批次，1454人次。制止自焚事件1起、跳楼事件1起。节约用水用电，完善对公共设施设备维修服务应急管理体系。对电梯等设备进行安全年检，确保办公楼设施设备的正常使用。投资130多万元装修改造办公楼公用卫生间，投资20多万元维修大楼屋面，改造维修和加固大楼安全防护网，投资170多万元改造区政务信息中心办公室内照明灯及广场景观灯，更换LED节能灯4000只。会务服务中心全年接待会议289个，服务对象近2万人次。参与全省鄂西生态旅游圈会议、“一江两山”生态旅游、全市大调改现场会的后勤服务工作。财务核算中心安排全年预算资金3800万元，追加专款3000万元，归口财务管理28个单位公积金、养老金、医疗基金足额上缴；统一管理票据，全年领票据8本，上缴收入780多万元。严格固定资产管理，以横幅标语、宣传画报、专栏、电子显示屏开展“节能宣传周”活动。为联系点龙泉镇双泉村送去政策汇编手册380份、化肥2吨，捐助救灾款3000元。捐资3万元用于太平溪镇古村坪村灾后重建；为青海玉树地震、上海火灾等捐款8400元。发展新党员1名，预备党员转正1名，列入党员培养发展对象1名。完成机构改革任务。制定“三定”方案，增加公共机构节能对基层工作的指导职能。

【举办迎新春联谊晚会】与区委宣传部、区直机关工委、团区委、区文体局共同承担2010年驻办公楼机关干部职工迎新春晚会，编排节目15个，400多名干部职工及家属参加晚会。

【其他后勤服务】为驻大楼单位及区直有关单位办理市委、市政府车辆通行证和三峡坝区临时通行介绍信，“两实”调查登记23个单位，286户，1644人，办理暂住人员、流动人员登记12人次，办理户籍手续64人次，发放第二代身份证245人次，办理医疗保险123人次。大厅电子显示屏编发播放宣传信息50多期，更新更换消防器材206套，为223户提供安全、卫生、水电管理等物业服务。完成发展大道夷陵国际19个区直单位入驻前办公用房的分配及相关准备。在一个月内建起机关临时办公楼，完成机关办公楼搬迁和机关后勤服务中心前期规划设计筹备。编印《夷陵区政务固定电话虚拟网号码手册》200本。

（刘华）

中国人民政治协商会议夷陵区委员会

【综述】2010年，区政协围绕区委提出的发展目标，认真履行职能，为推动全区经济持续较快发展、促进社会和谐稳定作出新的贡献。

政治协商。区政协三届四次全会期间，政协委员与区委、区政府主要领导面对面交流300多人次，提出有价值的意见和建议60多条。2010年全年，区政协主席会议、常委会议邀请区政府、区纪委、发展大道新区、区食品药品监督管理分局等单位就全区经济运行和社会发展、反腐倡廉、发展大道新区建设、食品药品安全、部门预算编制等进行专题协商，所提40多条意见和建议被区委、区政府采纳；各专委会对农村广播、住房保障、社会福利、城市管理、质量技术监督等推进地方经济社会又好又快发展的事项与政府有关部门对口协商；主席、副主席列席区委常委会、政府常务会等会议，区委、区政府主要领导也到政协召开联席会议，就全区重大决策、重要人事安排进行重点协商。

民主监督。在通过会议、建议案、提案、委员视察实施民主监督的同时，还以专项督查、民主评议等方式加大民主监督力度。按照区委部署，区政协组织政协委员对校园安全、“五五”普法、文明创建、防汛等全区阶段性重点工作，进行专项督导检查。利用特约监督员实施民主监督，108 名政协委员担任区委党风监督员、区委督察专员、区政府特邀监察员等区、乡镇（街道）两级特约监督员。参与民主评议实施民主监督，政协委员 150 多人次对全区 54 个单位和部门的工作落实情况与政风行风进行评议。通过“上门”视察实施民主监督，有 19 个部门和乡镇（街道）主动邀请政协领导和部分委员“上门”视察工作、征求意见。

参政议政。区政协常委会上半年视察人口和计划生育工作，下半年围绕磷矿深度开发与加工开展调研。在《关于全区人口和计划生育工作情况的视察报告》中，委员们从统筹解决人口计生问题、流动人口服务与管理、人口计生经费等方面，提出了 10 条加强全区人口与计划生育工作的建议，区委书记熊伟批示“请高度关注，尤其要注意破解难题”。针对《关于磷矿深度开发与加工的调查报告》中提出的问题及建议，区长刘洪福评价“调研深入细致，分析客观准确，所提建议具有很强的针对性和可操作性”、区委副书记向洪星批示“数据翔实，分析客观、准确，所提建议具有很强的针对性和可操作性，可发参阅件供各级领导决策参考”，并要求政府相关部门和樟村坪、鸦鹊岭镇政府认真阅研。各专委会围绕全区教师队伍思想状况、基层人民调解等专题开展调研。各委员活动组分别对新农村建设、新型农民教育、医患纠纷调解、校园安全、土地流转与规模经营、水土保持、港口物流经济、九年一贯制教学体制改革、茶叶产业发展等方面进行了调研视察。

提案工作。区政协三届四次会议以后，各民主党派、专委会及政协委员提出提案 208 件，经审查立案 194 件。到 9 月底，提案全部办理完毕，办复率 100%，委员满意率 100%，提案所提问题已经解决和基本解决的占 51%。通过提案的办理和落实，出台促进茶产业发展的奖励政策，总投资 300 万元的农产品检验检测项目争取国家立项，总投资 4000 万元的“宜昌市晓曦红柑橘交易中心”即将投入运行；完成农村道路硬化 132.5 公里，新增通客车村 9 个，城区道路黑化工程实施，冯家湾三峡专用公路互通立交匝道、河心公园建设按期竣工，全年交通建设投资 5.1 亿元；全区教育项目支出预算资金 7463 万元，乡镇卫生院职工住房货币化分配补贴 424 万元，集中整治城区范围内的 37 家豆制品加工作坊，投入 1100 万元对平湖电影院进行改造；城镇居民的住院年最高报销限额由 3 万元提高到 8 万元，转移农村富余劳动力 5000 余人。

社情民意。全年收集社情民意信息 60 多条，编辑上报《社情民意》专刊 22 期，17 位市、区领导对上报的社情民意做出批示，其中《积极稳妥发展村级集体经济》等 3 篇被省政协采用，《农村垃圾处理亟须规范管理》等 8 篇被市政协采用。太平溪委员活动组反映的《要对农村房屋“墙壁文化”进行监管》经市委书记郭有明批示，市文明办作书面答复。区直一活动组反映的《基层建议采取五项措施加快三峡工程生态移民》引起市委、市政府重视，市委副书记李亚隆、副市长邓恢林分别作出批示。区环保局在收到科教文卫体活动组反映的《三峡高中一带空气污染亟待整治》后，迅速会同有关部门拿出整改方案，投入 5 万多元对臭气的主要源头垃圾填埋场进行专项整治，使三峡高中一带的空气污染彻底消除。

帮贫扶困。“7·23”特大暴风雨灾害发生后，区政协领导第一时间赶往受灾现场，会同其他区领导一起靠前指挥；区政协机关抗洪救灾小组连续一个月在抗洪救灾第一线帮助受灾群众重建家园、恢复生产；政协委员、区政协机关干部职工及离退休老干部向灾区捐款近 100 万元。区政协发挥政协人才荟萃、联系广泛的优势，为联系乡镇、村、企业、学校办实事 30 余件，引进资金 200 多万元。帮扶联系村刘家坪村协调落实资金 35 万元，举办生猪养殖、种桑养蚕、核桃栽培技术培训 3 场次，进一步扶持该村发展桑蚕主导产业和基础设施建设；帮助牛坪、天坑、长岭、唐家坝等村协调落实资金 60 万元，用于产业发展、村庄整治、道路硬化、危房改造、安全饮水等项目建设。各委员活动组也开展扶贫帮困活动。龙泉活动组倡导并建立“龙泉镇助学成长基金”，首次获得社会各界捐款 28 万元，资助学生 18 人；鸦鹊岭活动组参加鸦鹊岭镇困难群众关爱基金捐赠活动，捐赠现金 3 万元；小溪塔活动组为 4 名特困大学生捐款 8000 元；太平溪活动组委员万志资助灾民上高中。

联谊交流。区政协领导走访民主党派、工商联、港澳台侨（眷）属（胞）60 多人次。各专委会和委员活动组通过走访慰问、集中座谈、组织考察，加强与各民主党派及无党派人士、港澳台侨与民族宗教界人士、新的社会阶层代表人士的联系。9 月召开区内各民主党派、工商联、无党派人士以及招商引资企业代表征求意见座谈会，围绕区“十二五”规划编制建言献策。动员和组织宗教人士和信教人士开展“和谐寺观创建”活动。协调夷陵区基督教三峡堂建设，解决 600 多名基督教信徒的活动场所问题。发挥文史资料团结资政作用，完成市《宜昌民俗大观》征稿任务，配合相关部门举办纪念抗日战争胜利65周年专题图片展，抢救性收集黄花乡南边村“国民党军野战医院、抗日将士陵园”等文物。办理群众来信来访，注重发挥联系各界别的桥梁和纽带作用。在春节、中秋两个传统节日里，与区委办、区政府办、区委统战部联合召开各界人士迎新春座谈会、中秋茶话会，增强共识，凝聚人心。参加湖北省城区政协联谊会第22次会议，与全省28个城区政协共同探讨“新形势下政协工作的新思路、新理念、新作法”。赴长阳、点军参加长江三峡周边区县市政协联谊会。组织政协工作者赴台湾考察学习。组织委员活动组组长到西藏考察民族宗教工作。与鹤峰县政协联合举行“南明首辅文安之与容美土司”文史交流座谈会。接待四川省泸州市、湖北省潜江市等省内外兄弟县（市、区）政协来夷考察学习团组10余批次。区政协还配合省市政协在区开展政协提案、民族宗教、民营经济、国家森林城市创建、养老服务社会化、“一江两山”项目建设、三峡航运中心建设等调研活动。

自身建设。通过培训学习，一批委员在其专业领域受到省、市、区表彰，李正源委员获“全国安全生产监管监察先进个人”，易瑛委员获“全国土壤肥料检测工作先进个人”，徐政富委员被评为“全省国土资源系统先进个人”，周爱民委员被评为“全省文明创建先进个人”，杨万军委员被评为“全省文化市场执法先进个人”，顾红委员被市中级人民法院荣记个人三等功，张顺华、李守华委员分别被授予“宜昌市百名创业带头人”、“夷陵区劳动模范”称号。坚持机关学习制度，倡导“在工作中学习，在学习中工作”的终身学习理念，以主席（党组）会议、常委会议、专委会议、委员活动组会议、机关例会等形式举办中共十七届四中全会精神、省委政协工作会议精神等专题讲座12次，撰写的《紧紧围绕发展第一要务 不断提升政协履职水平》在市委政协工作会议上交流，《要向重视提案一样重视社情民意》在全省第22次城区政协联谊会上交流。机关档案通过省一级（复查）验收，保密工作被评为全市先进集体。以“人民政协 民主团结”为服务品牌，为委员提供高效率、优质的服务。在委员活动组中深化“组织两次学习议事、开展两次调研视察、组织或参与两次公益活动、开好一次年终述职总结会”的“2221”活动，争创先进委员活动组。

【区政协第三届委员会第四次会议】 3月3日至6日，政协宜昌市夷陵区第三届委员会第四次会议在小溪塔城区举行。区委书记熊伟在会上致辞。区政协主席王光才、副主席简晓玲分别代表政协宜昌市夷陵区第三届委员会常务委员会作《常委会工作报告》和《提案工作报告》。区委书记熊伟，区长刘洪福等区领导及有关区直部门负责人分别听取18个委员活动组的委员讨论发言。会议审议通过《常委会工作报告的决议》、《提案工作报告的决议》和《大会政治决议》，选举增补谭宏清、周启成为三届区政协常委。区政协主席王光才，副主席郑德娟、姚维树、谭永奎、简晓玲、王敬东，秘书长卢涛出席会议。

【区政协常委会】 2月3日，召开区政协三届十二次常委会议，听取区政府关于2009年全区经济运行情况的通报、区纪委关于2009年全区反腐倡廉建设工作情况的通报，审议区政协常委会工作报告和提案工作报告，并确定报告人，协商决定有关人事任免事项，讨论确定区政协三届四次全会的时间、地点、议程和日程。

4月9日，召开区政协三届十三次常委会议，听取全国“两会”主要精神的辅导报告、胡锦涛总书记在庆祝人民政协成立60周年大会上重要讲话精神的辅导报告、中共十七届四中全会精神的辅导报告。

7月16日，召开区政协三届十四次常委会议，听取全区上半年经济社会发展情况的通报，会议审议《区政协关于全区人口和计划生育工作情况的视察报告》，听取发展大道新区工作情况汇报，视察锦江大道、东方广场、高科技工业园等建设现场，协商决定有关人事任免事项。

11月5日，召开区政协三届十五次常委会议，听取区政府关于区政协三届四次会议提案办理情况的通报、全区食品药品安全工作情况的通报，审议《区政协关于磷矿深度开发与加工的调查报告》，学习省委政协工作会议精神。

【联谊交流】 4月16日，潜江市政协朱华灿副主席带领政协委员及该市教育局干部一行七人，到区就义务教育均衡发展情况进行了考察。区政协副主席郑德娟陪同考察，副主席、区教育局副局长王敬东介绍区义务教育均衡发展的基本情况和主要做法。

4月27日，夷陵区和鹤峰县两地政协联合举行文史交流座谈会，与会人员参观了南明首辅文安之故居地——鸦鹊岭镇文畈村，并就文安之与容美土司的史学进行座谈交流。

6月29日，洪湖市政协主席戴刚年带领该市政协经济委员会、市经济商务局、市卫生局及有关部门负责人到区参观考察经贸和城建工作，区政协副主席姚维树陪同参观考察。

【国家、省、市领导在夷】 4月5日，副市长、民进宜昌市委主委张永红到区调研民进夷陵支部工作。

区政协主席王光才、副主席姚维树、秘书长卢涛及区委统战部副部长付宇红等陪同调研。

4月7日，市政协文史资料委员会主任杨兴元一行来区指导工作，并就市政协拟编辑出版的《宜昌民俗大观》一书征稿事宜进行安排。

4月19日，市政协副主席段贤斌一行，到区调研三峡航运中心建设情况。区委常委、副区长李世民，区政协副主席姚维树陪同调研。

5月7日，全国政协常委、副秘书长、民革中央副主席修福金在区人大常委会主任、区委书记熊伟等领导陪同下，就夷陵区重点企业情况进行调研。区政协副主席姚维树陪同调研。

5月27日，市政协主席李泉带领市政协科教文卫体委员会成员，到区视察正在兴建的夷陵区科技馆。区政协副主席姚维树陪同视察。

6月10日，市政协副主席李盈奕带队的国家森林城市创建专题调研组到区调研。区政协副主席郑德娟、简晓玲等领导陪同调研。

6月14日，全国政协副主席、前澳门行政区特首何厚铧携澳门工商界人士考察三峡人家风景区。

6月25日，省政协常委、省政协提案委员会主任邹成贵，省政协常委、省政协提案委员会副主任王镭，省政协提案委员会专职副主任彭尤弟及省政协提案委员会办公室的领导一行来区就政协提案工作进行专题调研。

8月6日，市政协副主席、民建宜昌市委会主委王应华带领民建企业家协会部分会员到太平溪镇，向受灾最为严重的太平溪镇和邓村乡各捐款10万元。区委常委、组织部长、统战部长曹宏伟，区政协副主席姚维树参加捐款仪式。

8月2日，市政协副主席、民建市委会主委王应华带领部分民建企业家协会会员到区，就大力发展民营经济、促进区域经济和社会发展开展调研。区政协副主席姚维树、区委统战部副部长付宇红陪同。

8月25日，市政协副主席、民建宜昌市委会主委王应华带领民建宜昌市委会相关负责人及企业家协会代表，到太平溪镇小溪口村开展捐献资金帮扶灾民重建家园活动。

9月10日，市政协副主席李盈奕到区调研残疾人工作，区领导简晓玲、王敬东、尚志芬、王胜陪同调研。

10月10日，市政协主席李泉到区就“一江两山”项目建设和旅游产业发展情况开展调研，区领导熊伟、郑德娟、简晓玲等陪同调研。

（高嵩）

中国共产党夷陵区纪律检查委员会（含行政监察工作）

【概况】 2010年，区纪委监察局落实中央、省、市纪委全会精神，坚持“标本兼治、综合治理、惩防并举、注重预防”的方针，推进教育、监督、制度等工作，获省、市纪委监察厅（局）“改革创新年”活动组织奖，《创新监督办法，遏制政府投资项目围标串标》、《运用科技手段，强化磷矿资源监督管理》获宜昌市纪委监察局纪检监察工作“创新奖”一等奖、二等奖。

【区纪委三届五次全体（扩大）会议】 3月7日，区第三届纪委第五次全体（扩大）会议召开，学习中央、省、市纪委全会精神，总结2009年党风廉政建设和反腐败工作，表彰2009年落实党风廉政建设责任制先进集体和全区纪检监察工作先进单位，对2009年度民主评议政风行风优秀单位授牌并安排部署2010年工作任务，会议审议并通过区委常委、纪委书记刘新平代表区纪委常委会所作的《深入贯彻党的十七届四中全会精神　努力取得党风廉政建设和反腐败工作新成效》的工作报告。区委书记、人大常委会主任熊伟出席会议并讲话，其他在职区级领导参加会议。

【刘亚波率省政府工作组督察夷陵区因灾倒房重建工作】 9月27日，省监察厅监察专员刘亚波带领省政府工作组在太平溪镇、雾渡河镇督察因灾倒房重建工作。工作组认为，夷陵区在因灾倒房重建工作上，要再加力度，再添措施，加快因灾倒房重建进度、质量及相关补助资金落实到位，做好个别受灾群众的政策宣传工作，确保早日完成因灾倒房恢复重建工作。副市长王国斌，区委副书记、区长刘洪福等陪同。

【荣肇隆督导检查夷陵区政务公开执行情况】 10月19日，省纪委正厅级纪检监察员荣肇隆带领督导组在区督导检查政务公开执行情况。督导组要求夷陵区经常性地组织专班对全区“三公开”工作不定期地巡查、督促，把检查结果纳入责任制进行考核，并建立健全公开工作内部监督组织和公开听证制度、民主评议会制度，充分发挥内部监督职能作用。区委常委、纪委书记刘新平陪同。

【监督检查中央扩大内需政策落实情况】 制定出台《夷陵区扩大内需及国债项目验收管理办法》，牵头组织专班8次监督检查区内100多个

中央纪委第十三检查组监察夷陵区政府投资项目建设

中央扩大内需新增投资项目，对检查中发现的问题下发整改通知书督促限期整改。10月，中央第十三检查组检查并肯定夷陵区新增中央投资项目。

【专项治理工程建设领域突出问题】排查区内建设工程550个，其中43个项目查出92个问题，督促限期整改。确定13个工程为信息公开和诚信体系建设试点单位。督促相关部门加大土地、矿产违法案件查处力度，立案查处违法案件21起，制止违法行为60起，下达制止违法行为通知书30份，罚没收入29.86万元。开展土地违法违规专项清理行动，下发闲置土地清理通知10份，发布公告3份。开展2010年环保专项行动，发出整改通知书40份，处罚决定书6份，罚款11.7万元。调查处理安全生产责任事故7起。

【查办违纪违法案件】全年受理来信来访141件，初核案件线索61件，转立案32件33人，其中副科级领导干部4件4人，万元以上经济案件14件14人，双规3件3人，移送司法机关处理6件6人。审结案件22件，给予党、政纪处分22人，其中，开除党籍5人，留党察看3人。挽回直接经济损失100多万元。

【治理教育乱收费】会同相关部门开展"减轻中小学生负担，全面提高教育质量"工作，全区全年免费提供教科书7.75万套，金额477.8万元，免杂费825万元，资助学生7.82万人次。发放贫困寄宿生生活补助费392万元，资助学生1.18万人。推行教育收费申报制和教育收费公示制，开展教育收费大检查，未发现教育乱收费现象。

【纠正医疗服务行业不正之风】集中招标采购药品733万元，占用药总金额的95%。查处滥用药、滥检查、滥开大处方、乱收费和收受"红包、回扣"等行为。

【政风行风热线答复督办工作】38个部门和行业负责人在"政风行风热线"接受群众的咨询投诉与建议，解决或给予答复问题240个。督办市政风行风热线群众投诉咨询建议706条，通报批评5个不按时回复问题的单位。

【强农惠农政策专项清理督查】明察暗访全区强农惠农补贴政策落实情况，查处和督促整改农业机械购置补贴政策宣传、公示不到位及农机管理人员接受经销贿赂等问题；督促人保财险公司将22万元能繁母猪参保补偿款兑付到位，专项清查4年来农民工培训情况，对存在的问题提出整改意见并督办落实。

【纠风网络建设】制发《关于在全区建立纠风网络工作机制的实施方案》，全区14个乡镇（街道、开发区、发展大道新区）均设立纠风工作组，190个村选聘纠风信息监督员190名。

【十个全覆盖工作】组织4个专班指导和督查14个乡镇（街道、开发区、发展大道新区）、125个村推进三级便民服务网络、"五公开"、农村"三资"监管、廉洁教育、乡村纪检监察组织建设等全覆盖工作。组建2个专班召集24个区直部门，监督检查每笔财政资金和每个政府投资建设项目，专题督办区乡国库集中收付等全覆盖情况。对检查发现的7大类34项具体问题，组建4个暗访专班跟踪问效，整改率90%以上。将"十个全覆盖"工作纳入党政领导班子综合目标管理、全区争创满意机关、党风廉政建设责任制、纪检监察目标管理等考核内容。

【构建腐败风险预警防控机制】拟定《夷陵区推进腐败风险预警防控全覆盖实施方案》，推行"四区五分"的创建模式：即按矿区、坝区、城区、循环农业经济示范区"四个片区"连片推进，实行分岗查险、分险设防、分权制衡、分级预警、分层追责。

【"磷矿资源一卡通管理系统"科技防腐模式】将《湖北省磷矿产品准运单》号码段运用"夷陵区磷矿资源一卡通管理信息系统"计算机软件录入到系统中，实施电子控票。

运用 RFID 技术对车辆过磅快速称重，实行电子计量，防止超载谋私。通过 RFID 读卡器自动获取车辆基础数据，验证车辆准运的合法身份。企业在领取准运单时，由计算机系统按规定自动核算出应交税费数额，企业再凭进账单或银行对账单领取贴有条形码的准运单。建立财政、人行、税务和商业银行网点横向联网系集电子化收入征缴、入库支付、查询核对于一体，实现税款直接征收，按时按量入库。

【“十项推进”招投标综合监管措施】 推行网上投标“真实信息”注册、随机抽取中介机构、资格后审、外地企业投标中标公示期备案、公布政府控制价制度、最低投标价法保护制、招标文件“双审制”、“三位一体”联合监管机制、标后综合管理、企业违规不良记录管理等“十条”招投标综合监管措施。中央纪委《党风廉政通讯》和省纪委《楚天风纪》以专版推介。

【《廉政准则》宣传教育】 将《廉政准则》列入区委中心组、党校和行政学校的学习内容。区纪委监察局撰写《廉政准则》讲义，在全区巡回宣讲并组织 3670 名在职党员干部参加《廉政准则》知识测试，其中科级以上领导干部 1000 余人。全区各级党组织共上廉政党课 110 余次，引导各单位采取参观警示教育基地、集中观看警示教育片等形式，开展警示教育活动。

【廉政文化建设】 建立 56 个廉政文化创建示范点。在区委党校、区公安看守所建立理论教育和警示教育基地，在社区、街道、公园建成廉政公园、廉政路、文化墙，创作群众喜闻乐见的廉政文化作品，在门户网站、夷陵护廉网上设立廉政教育专栏，为干部职工提供党风廉政教育平台。

【落实党风廉政建设责任制】 制定《区委常委、区政府副区长党风廉政建设职责》、《夷陵区乡镇（街道、开发区、发展大道新区）、区直单位领导班子落实党风廉政建设责任制考评标准》等文件，对 10 个单位领导班子集体和 2 名党员干部实行“一票否决”，对落实责任制差距较大以及有违纪倾向的 8 名领导干部进行诫勉谈话。2010 年度，全区党风廉政建设责任制综合考核得分为 99.86，继续处于全市领先地位。

【开展领导干部廉洁自律工作】 制发《关于重申提出领导干部操办婚丧喜庆事宜有关规定的通知》，全区 124 名党员领导干部按要求报告个人重大事项。加强公务用车管理，审核各单位党员干部驾驶公车申报情况，落实备案制度。登记全区公务用车 666 辆，为 471 辆张贴公车标识（195 辆自有喷涂标识），组织专班巡查公车标识张贴、公车管理情况，责令整改存在的问题，并与相关责任人进行廉政谈话。开展领导干部廉政档案信息管理工作，将领导干部个人及家庭成员基本情况、领导干部收入、住房、车辆使用购置、出国（境）、家属经商办企业、个人重大事项及述职述廉、履行党风廉政建设责任制等纳入廉政档案管理。

【推进农村基层党风廉政建设】 推行区级领导干部联乡结村、乡镇党政领导班子成员联片包村制度，争创全市农村基层党风廉政建设示范区、示范乡镇、示范村。建立区乡两级领导干部农村党风廉政建设联系点 116 个，示范点 28 个。全区各村组建村务监督委员会，监督村级重大事务决策、村“三资”管理等事项。

【“做忠诚卫士 创满意机关”活动】 开展“读好书、促发展”活动，每月组织一次集中学习。实施委局领导班子“三个一”调研工程和纪检监察干部“三百工程”活动。组织“70”后中青年干部开展交流座谈活动，并征集精品体会文章 14 篇。开展以“做忠诚卫士，创满意机关”为主题的演讲比赛，评选 9 名获奖者。选派 19 名干部分赴中纪委、纪委、市委党校参加培训学习。制定出台《区纪委监察局涉案款物管理制度（试行）》、《区纪委监察局对信访了结实施监督工作制度（试行）》、《区纪委监察局案件审理与案件检查工作联系制度（试行）》、《区纪委监察局机关工作目标责任制考评细则》等制度，加强内部监督。组织机关干部职工为青海玉树地震灾区捐款 9000 多元，为弱势群体开展“慈善一日捐”捐款 6000 多元，为

为全区公务用车粘贴标识

灾区捐款12900元。设计"忠诚卫士"品牌标识图案，并设为全体机关干部办公电脑桌面背景。制作《争创满意机关活动宣传专栏》和《争创满意机关活动宣传册》，宣传机关品牌创建工作。

【推行"六统六分"工作模式】推行区直纪工委（监察分局）"六统六分"工作运行模式。即：统一集中、分片派出；统一关系、分层明确；统一职责、分委（局）履行；统一规则、分项运行；统一方式、分类实施；统一考核、分级奖惩。

【实现"七有五落实"】筹资2万元，为14个乡镇（街道、开发区、发展大道新区）基层纪检监察机关配备打印机、录音笔等办公办案设备，实现乡镇（街道）纪委"七有"，即有牌子、有队伍、有办公用房、有办公办案经费、有办公办案装备、有举报电话、有工作制度；工程和村（社区）纪检组织"五落实"，即组织、人员、责任、制度和保障落实。

（郭士俊）

民主党派　工商联

民主党派

【概况】区内有民革、民盟、民建、民进、农工党、九三学社等民主党派基层组织6个，党派成员68人，负责人均为大专以上学历，平均年龄44岁。年内，民主党派成员担任各级人大代表、政协委员26人，担任区人大、区政府领导2人，担任副科级以上领导干部13人，参加省、市、区各级教育培训、学习考察等活动61人，区政府相关职能部门聘请特约人员19人。5月18日，6个民主党派的主要负责人到黄花乡军田坝村举行"夷陵区民主党派社会化服务基地"授牌仪式，开展新农村建设调研活动。6月洪涝灾害发生后，各民主党派成员赴灾区察灾情，开展抗洪救灾送医送药活动，为灾区捐款捐物82万元。7月，在区委书记熊伟主持召开的"十二五"规划座谈会上，6个民主党派基层组织负责人与区领导会谈协商。民盟盟员、省人大代表饶玉梅的提案《关于尽快实行干部职务消费货币化》、《农村项目经费向学校倾斜》、《加强宜昌电网建设》等获省、市高度重视；民进会员提案《对我区餐饮业发展的几点建议》定为区十大重点提案。

【中国国民党革命委员会宜昌市夷陵支部委员会】有党员10名，支部主委幸福，组织委员陈素萍，宣传委员聂邦鸿。党员大专以上文化程度9人，市人大代表1名，市政协委员2名，区政协常委1名，担任区直部门特约监察员、审计员、监督员3名。4月26日，民革市委会副主任望蓉等一行在夷调研基层组织建设。支部被民革省委评为"全省先进基层组织"，陈素萍、何行玲获民革市委"优秀党员"称号。

【中国民主同盟宜昌市夷陵支部委员会】有盟员12名。支部主委田琼波，组织委员邱洁，宣传委员陈北极。盟员大专以上文化程度12人，市人大代表1名，市政协委员1名，区人大常委1名，区政协委员3名，担任区直部门特约监察员1名。6月30日，民盟市委主委周厚贵、副主委李鹏兴等一行在乐天溪镇调研三峡后期经济建设、移民工作开展情况。8月21日，民盟市委副主任李鹏兴率盟员参加乐天溪镇文化科技体育节，开展"文艺、科技、医疗"三下乡活动。支部获省民盟"2009年度先进基层组织"称号。

【中国民主建国会宜昌市夷陵支部委员会】有会员18名，支部主任陈家翠，副主任刘爱国，会员大专以上文化程度15人，市人大代表3名，市政协委员2名，区人大常委1名，区政协常委4名，担任区直部门特约监察员、审计员2名。8月2日，市政协副主席、民建市委会主委王应华、民建企业家协会会长何文忠、副会长胡纪升、汪革命、杨涛、秘书长贾文琼等一行调研民建夷陵支部会员企业的发展情况。8月6日、25日，市政协副主席、民建宜昌市委会主委王应华带领市民建企业家协会为太平溪镇、邓村乡捐助灾后重建资金44万元。支部获民建市委会创先争优"优级胜单位"称号，陈家翠、杨东获"双岗建功"标兵称号。

【中国民主促进会宜昌市夷陵支部委员会】有会员12名，支部主任王宏，组织委员徐政富，宣传委员薛峰。会员大专以上文化程度10人，市人大代表1名，区政协常委1名，区政协委员3名，担任区直部门特约监督员1名。4月5日，民进市委会主委张永红来夷调研。7月28日，会员秦道祥、曾广忠分别为灾区捐款12万元和10万元。11月4日，民进夷陵支部获民进中央"全国先进基层支部"称号。4月到10月，支部主任、区物价局长王宏到市发改局挂职半年。

【中国农工民主党宜昌市中心医院

支部委员会夷陵小组】 党员6名，小组负责人蔡宏华，党员大专以上文化程度5人，市政协委员2名，区人大代表1名，区政协常委1名。

【九三学社宜昌市夷陵区支社委员会】 社员10名，小组负责人宋志武，组织委员胡玉波、宣传委员谭家萍，社员大专以上文化程度8人，市人大代表2名，区人大副主任1名，区政协常委2人，担任区直部门特约监察员1名。10月15日，九三学社市委会主委李德才一行在区社会福利院调研指导养老服务社会化工作，并和老人们一起欢度重阳佳节。区人大常委会副主任、社员屈克义获九三中央“全国优秀社员”称号。支社获九三市委“先进支部”称号。

（屈万林）

工商联

【概况】宜昌市夷陵区工商业联合会（以下简称区工商联），同时是宜昌市夷陵区总商会（以下简称区总商会），在任正副主席（含副会长）25人，其中驻会专职副主席4人；新发展直属企业会员12家，企业会员达到330家，由区工商联直接联系管理的执委以上会员和直属企业会员达到196家。2010年，区工商联贯彻落实《中共中央、国务院关于加强和改进新形势下工商联工作的意见》（中发〔2010〕16号），以满意机关创建为契机，切实创建和加强“民企之家、政企之桥”服务品牌建设；加强学习型机关建设，组织集体学习8次，学习专题6个，完成专题调研课题3个；加强民企之家——商会大厦建设，完成投资3000万元；加强机关党组织争先创优工作，完善机关党建基础工作；加强机关廉政建设，完善机关节俭办事的各项规章制度和反腐败建设“十个全面覆盖”工作。组织友好商会商务考察2次20人次，接待商务考察40多人次，促进3个会员企业间合作项目开工建设。组织24名会员到澳大利亚、台湾进行商务学习和考察。组织会员培训120人次，组织会员企业参加专题招聘活动2次，帮助会员企业招聘员工和人才350人。当年区工商联被评为全市先进工商联和全区文明单位。

【打造“民企之家、政企之桥”服务品牌】 区工商联“民企之家、政企之桥”服务品牌使用全国工商联统一标识，由变形的“M”和“C”组成，分别为艺术化的“桥梁”和“纽带”，寓意工商联作为中国共产党领导的中国工商界组成的人民团体和民间商会，以会员为主题，以服务于会员为立足点，象征工商联是党和政府联系非公有制经济人士的桥梁和纽带。区工商联制定《创建“民企之家、政企之桥”服务品牌方案》，通过建立一套科学长效的服务机制、打造一支作风过硬的机关干部职工队伍和树立凝心聚力的团队精神，把区工商联建设成“会员满意、政府满意、社会满意”的“三满意”机关，使区工商联成为名副其实的“民企之家、政企之桥”。

【直属会员企业党建工作】 年内，区工商联直属会员企业党委新增1家，新组建德凌铜业有限公司党支部、凤舞商贸有限公司党支部、江重机械制造有限公司党支部，直属会员企业党组织从2009年的12家扩展到15家，新发展党员14名，党员总数达到263人；抓机制，探索推广“值班书记制”、党员示范岗、党员示范区，规范党建活动中心；抓争先创优，完善规范所有党组织的五项基本工作，长江高科党委在省市争先创优检查中得到检查组的高度评价；抓活动，开展庆七·一“党在我心中”大型文艺晚会，组织组工干部到革命老区学习，组织三次党建现场交流活动。

【区工商联三届三次执委会议】 6月13日，区工商联（总商会）三届三次执委会召开。会议审议通过执委会工作报告和会费收支情况报告，根据工作需要和会员企业人事变动情况调整区工商联（总商会）

凤舞商贸有限公司党支部揭牌

非驻会副主席（副会长）、常委、执委。新增副主席（副会长）6 人，他们是：中科恒达科技有限责任公司董事长王凤军，宜昌长信建筑工程有限公司董事长、总经理李长信，长江高科电缆有限公司党委书记、总裁郑保祯，三峡泵业制造有限公司党委书记、董事长郑科荣，宜昌汇鑫磷化工贸有限公司董事长郭道孟。中共夷陵区委常委、区委组织部、统战部部长曹宏伟出席会议。

【组织会员企业抗洪救助】 6 月至 7 月，区内发生多次暴雨、洪灾，经济损失惨重。7 月 26 日下午，区委统战部、区工商联组织召开抗洪救灾紧急执委扩大会议，区工商联执委、直属会员企业负责人和党组织负责人 60 余人与会。会后， 59 家企业和单位通过区工商联捐款捐物折合人民币 143.6 万元。

【会员服务“四个一”活动】 区委统战部和区工商联联合开展“每一名机关干部联系一家民营企业、联系一家商会、服务一个在建项目、为企业解决一个实际问题”的“四个一”活动，机关干部走访会员企业 80 多家次，到联系企业和项目调研、走访 60 多人次，协调解决困难 6 个，帮助企业新上项目 4 个，完成投资 5000 多万元。

（万正坤）

群众团体

夷陵区总工会

【概况】 全年新建工会委员会 70 个，发展会员 6200 人。区域（行业）性职代会规范试点单位达到 5 个，100 人以上非公有制企业职代会制度和厂务公开制度建制率达 96%。累积签订集体合同企业达到 294 家，200 人以上企业签订专项集体合同实现全覆盖，涉及职工 3 万余人。200 家企业，3 万名职工参与职工技能竞赛，19 个单位、18 名个人、6 项创新成果受到市、区表彰奖励。区总工会被市总评为全市工会工作创优争先考核优秀单位、建会建制专项工作考核先进单位，被区委区政府评为文明单位、平安单位、抗灾救灾工作先进单位和社会治安综合治理先进单位。

【召开三届三次全委（扩大）会议】 3 月 25 日，召开区三届三次全委（扩大）会议，乡镇、大型企业及区直单位 150 多名基层工会主席参会，总结 2009 年度工会工作，表彰先进单位 12 家、先进个人 10 位，安排部署 2010 年工作任务。

【评选表彰 2010 年劳动模范】 4 月 28 日，举办 2010 年劳模颁奖晚会，蔡开云、张学良、付高忠、李守华、黄玉华、牛焕菊、王泽艳、张朝文、张学良、王震、邹正明被区政府授予“夷陵区劳动模范”称号。同时，经区总工会推荐，王恩军获省五一劳动奖章，陈志孚、阮仕珍、刘长艳、谢永文、舒德华 5 人获宜昌市劳动模范称号。

【举办两次大型招聘会】 4 月 28 日，与区劳动和社会保障局联合举办“迎五一、促就业”大型招聘会，2800 余人进场求职，839 人达成就业意向。9 月 28 日，与区人社局联合举办高校毕业生服务月公益招聘洽谈会，入场求职人员 1800 多人次，达成就业意向 1200 多人。

【出台夷陵区省部级以上农村劳动模范生活困难补助办法】 11 月 17 日，区政府下发《夷陵区省部级以上农村劳动模范生活困难补助办法》，区财政以每人每年 2000 元至 5000 元的标准，对省部级以上农村困难劳模给予生活补助。《办法》将于 2011 年 1 月正式实施。

【“蓝天助学”行动】 10 月 28 日，启动“蓝天行动”助学项目，为三峡高中 15 名贫困学子每人送去 1000 元助学金，并承诺对部分高中贫困学子每人每年给予 2000 元生活补助，直至其高中毕业。

【开展帮扶活动】 1 至 2 月，全区各级工会组织筹集资金 100 万元，集中开展“送温暖”活动，走访慰问困难职工家庭 3000 户（其中区总工会筹资 32 万元慰问困难职工 879 人）。筹资 3 万元，对 30 余名困难职工（农民工）和 18 名因本人或直系亲属患重病致使家庭生活暂时陷入困境的职工进行临时救助。7 月至 8 月，筹资 3 万元，开展“送清凉、送健康”活动；筹资 8 万元，开展金秋助学活动。全年为职工和农民工提供免费技能培训 9 场次，职培 693 人次。成功调处劳动争议案件 7 起，为职工、农民工讨得薪金和补偿款 59 万元，其中鄂州农民工讨薪被打案的成功调解，得到省、市总工会的肯定，区困难职工帮扶中心被誉为“农民工的靠山”。

【参与抗灾救灾工作】 争取省、市总工会对全区救灾工作的支持，给太平溪、雾渡河、邓村等重灾乡镇职工和农民工家庭拨付救灾资金 12 万元。全程参与太平溪镇长岭村灾后重建工作，为 16 个受灾户送去米、油等物资折合现金 2800 元。组织机关干部职工开展“情系玉树灾区”、“与我区受灾群众共患难”、“为上海受灾市民献爱心”捐款活动，募捐资金10300元。

（魏华玲）

中国共产主义青年团夷陵区委员会

【概况】 2010年，团区委围绕区委、区政府中心工作，按照“项目化实施、人文化服务、品牌化推进、社会化延伸、事业化发展”的工作思路，深化“项目+活动+阵地+团建”的“四加”工作模式，创先争优，稳固发展常规品牌工作，深化发展特色工作项目，不断创新活动方式和工作方法，被评为“全国‘双有’主题活动先进集体”、“全市共青团工作先进单位”、全区“满意机关”、全区“文明单位”、全区“平安单位”。

【开展“说、看、议夷陵发展”系列活动】 系列活动以“青春·夷陵”为主题，分“说夷陵发展”、“看夷陵发展”、“议夷陵发展”三个阶段进行。4月28日，举行“纪念五四运动91周年暨青年誓师大会”，500多名青年代表共同宣誓“积极投身夷陵经济社会发展”，参观夷陵楼、长江市场三期、长江高科电缆、坤艳工贸公司中药饮片项目、江重机械、萧氏科技园、春华秋实住房保障项目等一些建成和在建项目，体验夷陵区近年来发生的新变化，激发团员青年爱岗敬业、创先争优、投身建设的热情。活动历时8个月，最后通过收集整理广大青年们关于夷陵发展的所感、所思、所悟，编印成议夷陵发展的调研文集《青春的思考》，对区委区政府的决策有一定参考价值。

【两新组织团建工作】 6月，召开全区“两新组织”建团工作动员会，9月，召开非公企业团建工作现场推进会，通过单独组建、产业链组建等形式，在非公有制经济组织中新建团组织35个，超额完成上级下达的非公企业团建工作任务，提高团组织在非公有制经济组织的覆盖面。

【“希望工程·圆梦大学”行动】 6月起，团区委借助广播、电视、网络等主流媒体，在黄金时段滚动播出2010“希望工程圆梦大学”活动公益片，募集关注贫困学子爱心款。至10月，发放资金40.55万元，资助贫困学生138名，其中省级助学资金2.3万元、市级助学资金16.4万元、团区委9.8万元、各乡镇（街道）筹集12.05万元。此外，“1+1”常规希望工程捐助146人/次，定向援助分乡初中希望工程款20万元。全年希望工程款募集和发放为历年资助之最。

【“青春志愿行”活动】 全年组织志愿者2000余名参与“关怀空巢老人”、“禁毒”、“法律宣讲”、“爱心助残”、“接待讲解”、“抢险救灾”、“结对帮扶困难农民工子女”等公益服务。7月到10月，选拔志愿者40名组建“夷陵区接待讲解志愿者服务队”并培训3天，提升其接待讲解服务水平；12月，“夷陵区接待讲解志愿者服务队”项目获第五届“湖北省青年志愿服务优秀项目”称号。

【“SY创业工场”项目】 团区委促进青年就业创业的“SY创业工场”项目，为青年朋友提供创业指导、优惠政策、融资贷款、项目运作、法律常识等多项咨询服务。5月，联合区人力资源和社会保障局、区劳动就业中心，开办为期十天的首届“SY创业工场”培训班，采取集中授课、案例分析、座谈相结合的方式，培训包括研究生学历在内的50名创业青年。年内，经团区委推荐，210名青年获得创业小额贴息担保贷款1050万元，政府贴息73.5万元。

【第五届“拥抱朝阳”暨“相约文仙洞 情系樱桃园”大型青年交友活动】 区第五届“拥抱朝阳”暨“相约文仙洞 情系樱桃园”大型免费青年交友活动于3月7日在小溪塔街道文仙洞村举行，百名未婚青年男女参加活动，交友对象主要为机关事业单位的男女青年。通过才艺展示、唱歌接力、樱桃树下寻姻缘等多项趣味性游戏，6对青年男女在樱桃树下幸福牵手。

【“青少年模拟法庭”试点工作】 年内，团区委邀请法律顾问、律师望林为全程法律辅导和指导，在三峡高中、东湖高中开展两期主题为“为了明天”的青少年模拟法庭试点活动，通过青少年亲身模拟真实案例审判，进一步引导青少年树立学法、知法、守法的观念，增强维权、预防犯罪的法律意识。

【青少年参与爱心行动】 在西南旱灾、玉树地震和区内特大洪灾发生后，团区委开展“情系灾区 共渡难关”主题活动，召开共青团系统抗洪救灾动员会，募集捐款82407.60元，全部捐往灾区。

【基层共青团、少先队工作】 三峡坤艳工贸集团团总支获全省“五四红旗团支部（总支）”称号；龙泉镇团委获第二届全省乡镇（街道）共青团工作竞赛金奖，樟村坪镇团委获第二届全省乡镇（街道）共青团工作竞赛优秀奖；乐天溪镇团委的“我爱我家·感受家乡新变化”主题教育活动、夷陵区东湖高中团委“校园之声”业余党校、樟村坪镇团委的贫困学生救助、樟村坪镇团委的“五五”普法知识竞赛、三峡高中团委的“打造自主德育、增强教育实效”5个项目获批湖北省青少年思想文化建设项目；龙泉镇中心小学被评为全省“少先队标准化队室”；东湖高中团委、乐天溪镇团委、黄花乡团委获评全市“五四红旗团委”，夷陵区法院团支部、区广电局团总支、小溪塔街办新桥边村团支部获评全市“五四红旗团支部（总支）”；宜昌市夷陵医院、夷陵区妇幼保健院、夷陵区东湖高中获全市2009~2010年度“优秀志愿服务集体”称号；樟村坪镇丁家河村团支部的“依托党建带团建，创新发展村级团组织”项目获全市村（场、社区）优秀共青团工作项目金奖，邓村乡邓村坪村、三斗坪镇黄陵庙村、三斗坪镇社区居委会、乐天溪瓦窑坪村、乐天溪镇兆吉坪村、龙泉镇雷家畈村、黄花乡南村坪村、分乡镇分乡场村、分乡镇普溪河村的共9个工作项目获全市村（场、社区）优秀共青团工作项目优秀奖；区实验小学获评2009~2010年度宜昌市“少先队工作示范学校”。

（黄婷婷）

夷陵区妇女联合会

【概况】 2010年，区妇联围绕中心，服务大局，创新工作思路，为夷陵经济社会和谐稳定，推动全区妇女儿童事业健康发展作出积极的努力，被全国妇联评为“健康宝贝课堂热线”项目工作先进奖，被宜昌市妇联评为“宜昌市妇联系统先进集体”、“宜昌市妇联基层组织建设示范县（市、区）”，被区委、区政府评为“文明单位”、“平安单位”、“社会治安综合治理先进单位”，被夷陵区关心下一代工作委员会授予“关心下一代工作先进集体”称号。

【召开三大会议】 3月29日，区妇联召开三届二次执委会，替补区三届执委4人，听取并审议通过区妇联党组书记、主席王峥代表常委会所作的工作报告，区委副书记向洪星到会。5月18日，召开2010年区妇儿工委专题办公会议，通报全区2001~2009年妇女儿童规划落实情况，部分妇儿工委成员单位作工作汇报，区委常委、区政府副区长、区妇儿工委副主任李世民与会。7月16日，召开第三届执委（扩大）培训暨上半年工作总结会，区妇联第三届执行委员会全体执委，各乡镇（街道、开发区、发展大道新区）妇联主席，区直单位妇委会主任等120余人参加会议。会后举办《心理咨询在妇女维权中的应用》及《把健康掌握在自己手里》两场讲座。

【举办“三八”国际妇女节100周年纪念活动】 3月8日，区妇联、区总工会、区文化体育局联合举办以“妇运百年、巾帼风采”为主题的表彰大会暨大型文艺演出，表彰全区“三八”红旗集体、“三八”红旗手、妇联系统先进单位、妇联系统先进工作者。表彰大会由区委副书记、区长刘洪福主持，区委书记、区人大常委会主任熊伟发表庆祝讲话。会后，来自区直、乡镇、企业、社区的17个代表队共计600多名妇女进行了文艺展演。

【推进全区“平安家庭”创建工作】 2010年，各级妇联组织发挥在家庭、社区的工作优势，继续开展以家庭为主体，以村（社区）、单位为依托，以提高家庭成员文明素养为重点的“平安家庭”创建活动。区妇联联合区综治办，在全区评选表彰“平安家庭”示范户199个，并以“三八”国际劳动妇女节为契机，开展“争当新女性、建好新家园”等主题教育实践活动，以家庭和谐促社会和谐。

【基层组织建设】 区妇联印发《关于加强机关、事业单位妇联基层组织建设的通知》，全年新建和完善基层妇女组织86个。同时，以妇联组织建设“坚强阵地”和“温暖之家”、广大妇女“巾帼创新功、岗位争优秀”为主题，开展妇联系统创先争优工作。至12月底，全区乡镇（街道、开发区、发展大道新区）、村（社区）均制作“妇女之家”标识牌。

【关爱农村“留守儿童”活动】 “六一”期间，全区新招募爱心妈妈（爸爸）178名，结对留守儿童233名；社会各界关爱帮扶的物资现金共约21万元。2010年，太平溪镇李建娥被评为湖北省“关爱留守儿童工作先进个人”，分乡镇刘永春被宜昌市妇联和市教育局联合通报表彰为全市优秀“爱心妈妈”，机关幼儿园谭宜获市优秀“优秀家长“称号。

【妇女创业就业服务行动】 2月25日，与区人力资源和社会保障局等单位联合举办“就业援助月”暨“春风行动”专场招聘会，提供妇女岗位665个，促成586位女性就业。通过举办“迎三八，促就业”专场招聘会、“三峡坝区移民”暨“春风行动”专场招聘会，为移民妇女提供就业岗位1600多个。

【启动“展巾帼风采 促乡村旅游”活动】 3月10日，区妇联、区人力资源和社会保障局、黄花乡妇联在黄花乡联合举办夷陵区“展巾帼风采 促乡村旅游”启动仪式暨首届旅游名村厨嫂培训班。黄花乡所辖的19个村及中心学校、境内旅游公司的130余位厨嫂参加培训。12月22日，区妇联、区人力资源和社会保障局、区总工会、三斗坪镇妇联等部门联合在石牌旅游景区举办三斗坪镇农家乐及家政服务技能培训班。景区周边的120多名群众参加培训。

【推动妇女小额担保贷款政策落实】 推动小额担保贷款工作系推

动妇女创业就业的主要措施。2010年，全区各级妇联组织实地核查推荐金额为8万元的贷款11笔，共发放妇女小额担保贷款245笔1285万元。

【推动“廉政文化进家庭”活动】2010年，区妇联在全区开展廉政文化进家庭“四个一”活动，即通过选读一本家庭助廉好书、观看一部勤廉电视剧、发放一份“廉洁家庭”倡议书和推选一批家庭助廉先进典型，加大反腐倡廉教育力度，强化党员干部及其家属廉洁自律意识，并评选表彰杨善平等“廉洁家庭”17户。

【开展“走进妇女 共促和谐”关爱维权活动】各级妇联干部带动社会优秀女性、联动巾帼家庭志愿者和社会慈善机构，开展入户调查。通过走进机关、企业、学校、社区、家庭，宣传中共中央和省、市、区委工作部署，为妇女群众，特别是特殊困难家庭、矛盾突出家庭、重点帮教家庭、就业援助家庭、留守家庭等五类家庭解决困难、化解矛盾。活动中区、乡（镇）、村（社区）300多名妇联干部走访家庭1542户、4577人，征求意见建议237条，调处矛盾189起，帮助就业87人，结对帮扶留守儿童44人，帮扶资金5万余元。

（艾微炜 邓轶敏）

夷陵区科学技术协会

【概况】年内，科学技术协会坚持科学发展观和“三服务一加强”的科协工作方针，以“五个基本”为核心开展创先争优、建设学习性党支部及活动；以打造“科普惠民”机关服务品牌、争创满意机关为核心，开展“科普之春”、“第九届青少年科技节”、“科技人员建言献策”等科普活动；组织开展创建全国（省）科普示范区活动和迎接全国科学素质行动计划纲要督查等工作；服务中心，开展结对帮扶活动，为联系村雾渡河交战垭村解决电脑等设备，改善办公条件，开展共驻共建活动，为东湖社区党员活动室捐赠电脑等设施；区“整合科普资源，建立科普惠农长效机制”被列入国家“百县百项”项目。区被命名为“湖北省科普示范区”，区科协被评为“宜昌市科协系统优胜单位”、区“文明单位”、“平安单位”。

【科普之春活动】2月~4月，全区开展“科普之春”活动。在龙泉镇法官泉村联合举办“夷陵区2010年‘三下乡’暨科普之春活动启动仪式”，同时开展“五个一”的活动，即演一台戏、上一堂科普课、开展一场科普咨询、一场义诊和为法官泉村科普惠农服务站揭牌，有122名科普志愿者、30多名演职人员、800多名农民参加现场活动，发放各种科普资料8000多份，5家新闻单位进行宣传报道。科普之春活动在区、乡镇、村三级同时开展期间，特产、畜牧、卫生、计生、农业、林业6支科普服务队300多名科普志愿者，在12个乡镇（街道）开展科普咨询15场次、技术培训126场次、义诊3场次，科技咨询11场次，参与群众达8万多人次，送科普资料30多万份。

【第九届青少年科技节】区第九届青少年科技节由区科协、教育局、环保局、科技局、团区委等五家单位联合举办，教育局主办，有30多所学校、4万多名学生参加，向区组委会上报参赛作品1400余件。经区组委会组织专家评选，评出获奖作品497件，其中一等奖130项、二等奖174项、三等奖193项；选出送市作品600件，获奖223件，其中一等奖48项、二等奖87项、三等奖88项。区实验小学、小溪塔二小被评为市先进单位，区实验小学获电子制作竞赛团体一等奖、航空模型竞赛团体一等奖、车模团体三等奖，小溪塔二小获车模团体一等奖，雾渡河初中获航空模型竞赛团体三等奖，车站小学获电子制作竞赛团体二等奖，三峡初中获电子制作竞赛团体三等奖，冯家湾小学程波、雾渡河小学陈孝文、车站小学廖传忠三名老师被评为科技节先进个人。

【夷陵区科学技术协会第三次代表大会】8月20日，夷陵区科协第三次代表大会召开，178名正式代表和34名特邀代表及嘉宾参加大会。宜昌市科协主席向红云及区委、区人大、区政府、区政协主要领导出席开幕式。大会听取科协主席韩庆春代表科协二届委员会所作的工作报告，选举产生新一届委员会，新一届委员会由39名委员组成。选举产生常委13名，韩庆春当选为科协主席，王忠华、张苏兰（不驻会）、韩永佩（不驻会）、周永红（不驻会）、王海军（不驻会）当选为副主席。会议期间科协组织编印了《科协五年工作回眸》宣传画册，举办科普展，组织开展科普进社区等科普活动。

【建言献策活动】全区科技人员围绕区域经济社会发展开展建言献策活动，其中优秀建言文章14篇编印成《夷陵区科技人员建言献策专辑》（蓝皮书）760份供区人民代表大会、区政协会议参阅；《石灰岩地区农民发家致富的“摇钱树”——夷陵区发展金银花产业的调查与思考》被区委领导批示并转有关部门执行。

（王忠华）

夷陵区文化艺术联合会

【概况】区文联与区文化体育局

合并，召开全区第三次文代会，下设协会10个：区作家协会、区民间文艺家协会、区影视家协会、区舞蹈家协会、区书法家协会、区美术家协会、区摄影家协会、区音乐家协会、区戏剧家协会、区奇石根艺盆景家协会。作家协会与《芳草》杂志社联合主办夷陵作家文学创作辅导培训活动，与西陵区文联联合举办《小说月报》《清明》《十月》编辑评刊会。摄影家协会与《中国摄影》杂志社合作，开展“魅力夷陵”摄影大赛，协助举办“湖北省第九届摄影家协会理事会”。书法家协会与区环保局、检察院等单位联合举办“廉政文化进单位”活动。影视家协会组织“夷陵影视走西北”采风活动。区文联命名夷陵区民间乐手15名，启动《中国民俗志——夷陵卷》编纂工作。

【夷陵区文学艺术界联合会第三次代表大会】 9月18日，区文学艺术界联合会第三次代表大会召开，熊伟、刘洪福等领导出席，181名代表参会，曾庆泉代表区文联作工作报告，选举产生新一届文联执委。曾庆泉当选区文联主席，徐军、周士华、王丽华、何强等4人当选区文联副主席，周士华当选区文联秘书长。12月26日，李西学任区文联主席。

【“魅力夷陵”摄影大赛】 3月4日至7月30日，区人民政府与中国摄影家协会、《中国摄影》杂志社共同举办“魅力夷陵”摄影大赛，邀请全国著名摄影家到夷陵区各地和旅游景区采风，聘请摄影专家组成评审团评审。先后收到来自北京、辽宁、山东等十多个省市摄影爱好者的3200余幅投稿，经过专家评审，确定典藏、收藏、佳作、优秀、入选等六类作品110幅，获奖作品给予100~20000元的奖励，并颁发获奖证书。

【各协会推出一批文艺作品】 袁国新创作的文学评论集《现场评论》、万燕妮创作的诗集《蟋蟀在歌唱》公开出版，周士华创作的中篇小说《瓷器》《内一科》《三条腿的板凳》及短篇小说《雪落无痕》分别在《芳草》《含笑花》等省市级刊物发表。刘华、胡传才等人多幅摄影作品在《中国摄影》杂志发表。在湖北省文化厅、省文联、省舞蹈家协会联合主办的全省“金凤杯”舞蹈大赛中，音乐、舞蹈、戏剧家协会推出的音乐舞蹈《浆之韵》获大赛一等奖，双人舞《簸谷》、女子群舞《花之韵》获二等奖。

【鸦鹊岭镇获“湖北省宜昌丝竹乐之乡”命名】 10月15日，区文联与鸦鹊岭镇联合组织“首届丝竹乐大赛”，接受省文联组织的“湖北省宜昌丝竹乐之乡”评审会。12月18日，省民间文艺家协会发文命名鸦鹊岭镇为“湖北省宜昌丝竹之乡”。

【两部民间文学类图书公开出版】 雾渡河镇编纂的《雾渡河民间叙事长诗》、下堡坪乡编纂的《下堡坪民间故事选》被纳入“湖北省民间文化丛书”大系，12月，由长江出版社出版发行。

（杨永荃）

夷陵区残疾人联合会

【概况】 2010年，完成白内障复明手术251例；完成0~6岁贫困残疾儿童抢救性康复203人，工作经验在全省推广；为40名脑瘫、弱智儿童康复训练，为26名精神残疾人发放药物救助。免费发放残疾人辅助器具100件。推荐安置残疾人集中与分散就业123人次，开展农村残疾人实用技术培训15期1366人，开展残疾人职业技能培训103人，征收残疾人就业保障金393万元。组织实施政府实事“惠民计划”工程，完成残疾人危房改造40户。提供法律援助20件，接待来信来访54人次。区委、区政府出台《关于促进残疾人事业发展的实施意见》（宜夷发[2010]11号），于11月1日正式实施。全区182个村、18个居委会全部落实残疾人专职委员。全年宣传稿件242篇。

【创建全国残疾人工作示范城市和全国无障碍城市活动】 9月10日，市政协副主席李盈奕带队检查区创建全国残疾人工作示范城市情况，区委副书记向洪星、区人大副主任尚志芬、区政协副主席简晓玲、区委办区政府办副主任赵华陪同。区委、区政府把创建工作纳入“三城联创”的重要内容，残疾人对创建工作的满意率为99%以上。新建项目按照无障碍规范要求进行规划建设，盲道铺设60多公里，无障碍设施的维护和管理力度也相应加大。

【助残日活动】 5月12日，开展以关爱和帮扶农村残疾人为主题的“全国助残日”活动。区委副书记向洪星带领区人大、区政府、区政协领导及区直有关单位负责人出席助残日活动，检查残疾人康复中心脑瘫儿童康复训练基地情况并慰问正在接受康复训练的残疾儿童，鼓励他们克服困难，增添信心，早日康复。并看望慰问特校师生，对学校的困难和问题提出具体措施和意见。

【“服务残疾人乡村行”活动】 5月26日到6月24日，夷陵医院眼科、儿科专家及阳明眼科医院医生、区残联工作人员组成工作专班，到乡镇（街办、开发区、发展新区）开展白内障筛查和0~6岁残疾儿童筛查、开展送政策、送信息、送服务活动。到现场接受服务人数8000多人，筛查白内障患者364人，0~6岁残疾儿童166人，开展0~6岁脑瘫儿童家长培训27人，0~6岁残疾

夷陵区组队参加市三运会残疾人比赛

儿童训练19人，办理残疾人证453人，发放宣传资料8000多份。

【0~6岁残疾儿童抢救性康复工作】 2010年，区政府将0~6岁残疾儿童抢救性康复工作纳入民生工程组织实施：成立夷陵区0~6岁贫困残疾儿童抢救性康复项目领导小组及其办公室，制定救助政策，区委常委办公会确定“对全区0~6岁残疾儿童抢救性康复实施全额救助，经费全额纳入财政预算，在省定标准内据实结算”，区政府召开专题办公会确定项目经费100万元，具体费用由区财政年底审核后据实列支，项目对象每户按500元标准纳入贫困救助范围实施救助，区残联加强与卫生、民政、财政等部门的联系与协调，规范项目管理；印发宣传资料2万多份，发放到儿童家长手中，将康复对象、时限、相关表现等内容告知家长，落实400多名0~6岁残疾儿童康复对象，并为211名对象建立台账；区残联聘请中山医院小儿脑瘫康复专家梁松教授为特邀专家定期进行技术指导，聘用康复技术人员2名，选送康复技术人员参加中国残联、省残联举办的小儿脑瘫康复技术培训，投入2万多元整修康复场所，设置运动疗法、作业疗法、物理疗法、水疗、语言训练等7个专业训练室；按照省残联和省卫生厅确定的定点医院和康复训练机构，与手术医院和康复训练机构签订协议，组织手术和训练。4月1日，全市0~6岁残疾儿童抢救性康复工作现场会在区召开，省残联副理事长熊新发、康复处处长杨霞到现场听取汇报。12月27日，夷陵区在全省0~6岁残疾儿童抢救性康复工作会上作典型发言。

【残疾人文体工作】 选拔4名运动员参加省十三运会，获得2金5银7铜，其中残疾人马金获2块金牌、1块铜牌；组织残疾人运动员参加市三运会残疾人比赛获得16块金牌、2块银牌。

【残疾人扶贫工作】 完成250例残疾人居家托养对象的确定、申报工作，落实发放补助资金15万元。实施完成残疾人危房改造40户，落实补助资金12万元，扶持残疾人自主创业。

（李艳玲）

夷陵区红十字会

【红十字救助工作】 开展先天性心脏病儿童登记上报69名；为青海玉树地震灾区组织捐款83.2万元，为区内“7.23”特大洪涝灾害乡镇募集救灾款40多万元、救灾物资近16万元，被区委、区政府表彰为“全区防汛救灾及灾后重建工作先进单位”。

【扶贫工作】 2010年，区卫生局结对帮扶太平溪镇长岭村。局机关干部走访贫困户10个，采取“一对一”的帮扶模式结对帮扶困难户5个，帮扶资金5000元；为村卫生室购置桌椅药柜等物资价值1万元；帮扶道路建设资金2万元；组织区夷陵医院、区保健院医务人员到村义诊，免费提供药品3000多元，减免诊疗费用5000多元。“7.23”特大暴雨灾害发生后，局机关及区直医疗卫生单位出资8.5万元帮扶22个受灾倒房户重建新房。

（望开春）

军事

责任编辑：简玉琼

夷陵区人民武装部

【概况】 全年开展培育当代革命军人核心价值观主题教育活动，引导官兵职工充分认清当代革命军人核心价值观的深刻内涵和实践价值。开展“条令月”、“百日三无”（无事故、无案件、无军警民纠纷）活动，强化条令意识，树立安全发展理念。发动家属参与对干部“八小时以外”的监督管理，规范、纯洁干部生活圈、交往圈和娱乐圈。落实武器弹药动用部长“一支笔”审批、重大节假日科以上干部住库值班制度，武器装备仓库连续25年安全无事故。对涉密移动硬盘、U盘等存储介质建立使用登记制度，全年没有发生失泄密事故。开展民兵组织整顿，调整1个勤务保障分队的组建地域，调整1个森林灭火、1个城市应急救援分队的组建单位，新组建1个电力设施抢险分队，在区城管大队组建一支60人的常备应急队伍。开展基层“两部一家”[基层武装部、民兵营（连）部、青年民兵之家]建设达标活动，在小溪塔街道武装部和冯家湾社区民兵连召开基层规范化建设现场观摩会。“青年民兵之家”统一规范资料盒、征订民兵报刊，并将职责、制度按规定装框上墙。修订城市防空袭作战、应急动员、反恐维稳、抢险救灾、军警民联防等5类战备方案和13类平时应急处突预案，为有效应对辖区突发事件提供保障。机关干部开展军事理论、识图用图、战术作业、体能、手枪射击等基础科目训练，每天1小时的体能训练，每周1～2次3公里长跑，每月1～2次手枪射击训练。组织专武干部、民兵应急救援分队开展抢险救灾、维稳处突、森林灭火等课目的训练。参加全省民兵预备役部队综合通信演练，应急通信保障能力稳步提高。开展全民国防教育，共组织3000多人参加“军事日”和国防教育讲座。完成1名直招士官和208名新兵征集任务，其中政治条件兵11名，女兵4名。

【省军区副政委张仲会大校在夷视察】 3月15日，湖北省军区副政治委员张仲会大校率工作组视察夷陵区军人预防职务犯罪工作，给予肯定。

【军人预防职务犯罪教育】 3月16～24日，组织官兵开展“管好干部‘两外三圈’（八小时以外、营区以外，交往圈、生活圈、娱乐圈）抓预防职务犯罪”教育活动。活动分三个阶段进行：集中教育阶段、对照检查阶段、整改总结阶段，重点开展“四查四看”：查思想，看拒腐防变思想树得牢不牢；查职责，看有无不思进取，守摊子、混日子甚至失职渎职行为；查形象，看党性修养是否端正，有无以权谋私、借权谋私和在经济活动中占小便益的行为；查交往，看婚恋观是否严肃，生活作风是否检点，有无乱拉关系和非正常交往行为。在全市总结大会上夷陵区作典型发言。

【7·16应急救援】 7月16日凌晨2时许，黄花乡遭暴雨袭击，黄柏河西支流域突发山洪，造成宜（昌）巴（东）高速公路7、8、9号工地66名工人和沿河部分群众被洪水围困，6人死亡、3人失踪。区人武部接到灾情报告后，迅速组织40名民兵应急救援分队队员赶到灾情现场，由于河道较宽，洪水湍急，救援人员带着救生衣、救生绳泅渡到河中央，将救生绳拴在桥

7 月 24 日，民兵应急救援分队在太平溪镇疏通水毁公路

组织民兵帮助灾民重建家园

墩上展开营救。通过和其他救援力量 10 多个小时的奋战，安全转移受困人员 100 多名，打捞遇难者尸体 2 具。

【7・23 特大暴雨灾害应急救援】 7 月 23 日晚，太平溪镇遭受特大暴风雨袭击，降雨量达到 218.4 毫米以上，导致山洪暴发，造成民房倒塌，人员伤亡，农田被毁，交通中断。次日清晨，区人武部组织官兵职工、民兵应急救援分队队员 46 名赶到灾情现场，疏通水毁公路 4 公里，搭建帐篷 20 顶，搬运救灾物资 10 余吨。同时组织太平溪镇民兵开展自救家园行动。

（张勇、胡考）

武警夷陵区中队

【概况】 全年以推进执勤“四防一体化”为抓手，注重打牢执勤的四个基础，狠抓执勤制度落实，促进执勤标准提升。着重培育当代革命军人核心价值观，引导官兵树立“八种精神”（英勇顽强的拼搏精神，吃苦耐劳的坚韧精神，艰苦奋斗的创业精神，敢争第一的进取精神，大公无私的奉献精神，爱队如家的主人精神，亲密无间的友爱精神，与时俱进的创新精神）、做到“四个珍惜”，配合以为敬老院服务和参观夷陵区经济开发区谈变化、话使命等活动，提高官兵争当忠诚卫士的自觉性和爱岗敬业的热情。圆满完成以“执勤处突”为中心的各项任务，为推动驻地经济社会发展作出了贡献。

【官兵接力助学】 2 月 23 日，原夷陵区东湖高中学生张丽芳来到夷陵区中队，感谢全体官兵多年来对她的无私捐助。四年前，张丽芳由于家庭贫困，无法再继续完成学业。在中队党支部的号召下，官兵们拿出自己微薄的津贴捐助她完成学业。铁打的营盘流水的兵，一茬接一茬的官兵坚持着这个充满爱心的接力棒。如今，张丽芳已经顺利完成高中学业，并考上了浙江大学。当天，她特意用勤工俭学赚的钱制作了一面锦旗，送给曾经无私帮助过她的官兵。

【组织新兵到目标单位参观学习】 为更好地完成新兵第二适应期工作，确保新兵能尽快树立中心意识，4 月 8 日，中队支部组织新兵到目标单位开展参观学习活动，使新兵们了解目标单位基本情况、主要设施、目标历史上曾发生的事件及中队担负的任务、防范的重点等。

（欧光甲）

武警夷陵区消防大队

【概况】 全年围绕“最大限度地减少火灾隐患和火灾危害”的总体目标，开展了人员密集场所、易燃易爆、“三合一”场所、高层建筑、地下空间、古建筑、餐饮、歌舞娱乐场所等专项治理行动180次，检查单位1320家,发现并整改隐患2980处。接警出动1715次，出动警力6465人次，出动消防车辆1747台次，从现场救出被困群众112人，疏散被困人员528人，抢救保护国家和人民群众财产价值8000万元，全年未发生一起群死群伤恶性火灾事故。

【公共消防设施投入】 全年投入近3000万元建设完善公共消防设施:启动投资2472万元的应急救援中心（消防大队营房改造）建设，并列入当年全区的十件实事；一次性投入消防专项经费179万元，购置载液高喷车、小型消防车、遥控水炮各1台，落实尖刀班装备、信息化建设和个人防护装备更新；投入190多万元解决部队工作经费、启动应急救援大队工作、购置2艘冲锋舟和1辆物资运输车、新增消火栓15具，新增消防道路300米。

【宣传教育】 积极推行消防执业资格认证管理，共组织120人参加消防执业资格培训，为企业培养消防专业人才；强化消防知识培训，坚持每周对外开放消防站，组织企业职工、单位和社区群众到消防队参观,消防监督员深入到中小学校、社会单位和社区现场授课140次，进行灭火演练158次，发放消防手册2000多份，发放消防宣传资料3000余份,受教育人数达5万人次；与社会单位联办消防公益广告，在公众聚集场所长期坚持开展消防安全“三提示”活动，安装58处消防宣传LED电视，张贴3万张消防宣传画，安装310处“防火墙”宣传专栏。

【百米悬崖救5名被困游客】 3月10日下午4点45分，5名游客被困在宜昌南津关大峡谷的百米陡峭悬崖上，消防官兵接警后，为赶在日落前将被困者救下，携带绳索、背带等重达20斤的救援装备,抄崖边小路徒手攀岩，在滚落的碎石、松动的石块、湿滑的杂草等困难环境下，将被困游客安全解救到地面。

（周惠杰）

武警交通第五支队二大队

【概况】 2010年担负的主要任务有：三峡工程专用公路、桥梁、隧道执勤保通任务；三峡坝区部分附属工程施工，主要是三峡总公司指定赋予的一些应急抢险任务；三峡专用公路和坝区内部分重要目标安全守卫及重大事件的安全警卫任务。

大队官兵充分发挥交通部队公路建设与执勤养护优势,“立足小哨位，服务大三峡”，先后圆满完成560多次上等级安全警卫任务，300多次应急抢险任务，受到部队各级党委、首长及地方政府和三峡总公司的充分肯定。先后2次荣立“集体三等功”，3次被总部、指挥部树为基层建设先进典型，4次被宜昌市委、市政府授予“拥政爱民模范单位”和“军民共建十佳单位”，涌现出了被授予“拖不垮、砸不烂的硬骨头连队”的七中队，“全国交通系统先进集体”六中队，7名“三峡优秀建设者”等一大批先进典型。部队以良好的形象，过硬的作风赢得“三峡第一哨”称号。

【养护保通】 三峡专用公路号称公路“博物馆”，全长28.64公里，全线有特大桥4座、大桥7座、中桥24座、小桥涵75座、双管隧道5座，公路沿线有41公里10千伏架空外线和62个摄像头。整个运行管理包含50多个不同工种，管理要求严、技术标准高。为了做好养护保通工作，2010年，大队开办了通讯消防、路政养护、电气运行管理等技术培训班，开展了岗位练兵，培养出了一批路政技术管理能手。根据任务需要，从国外购置了桥梁安全检测设备、危险物品微型探测仪。官兵们进行24小时不间断巡逻检查，对道路、桥梁等管辖范围出现的安全隐患、路障、车祸随时进行排除和抢修施救，确保了三峡专用道路安全畅通，确保了工程建设物资的运输供应。

【密切警民关系】 同坝区周边和三峡专用公路沿线8所小学、10个行政村及5个建设单位等共建对子进行座谈，开展助学活动，购买学生用品慰问小学学生，与当地政府联合举办警民联欢晚会，利用业余时间经常性地同共建对子开展体育活动。通过这些活动，密切警民关系，潜移默化地解决部队在路政管理工作中同人民群众存在的矛盾问题。

人民防空

【概况】 年末，全区有防空地下室8个22700平方米，审批在建待验收人防工程5个26200平方米；征缴易地建设费1500多万元;结合新农村建设建人防疏散基地16个;设置安装防空警报7台，并实现100%疏控。

【开展纪念人民防空成立60周年活动】 在上海中学、统计局、发改局、政府办、宣传部等单位组织开展知识答卷活动，1500人参与答题;对城区三所初中的1300名学生进行防空知识教育；在夷陵广播电视台办人防专题节目4期，宣传人防工作动态、人防法律法规，播放人防信息和人民防空知识。

（李德华）

政 法

责任编辑：简玉琼

综述

【概况】 2010年，全区政法、综治、维稳工作紧扣“社会矛盾化解、社会管理创新、公正廉洁执法”三项重点，突出“构建大调解工作体系、流动人口服务管理、刑释教人员帮教”三大亮点，深化“综治队伍建设服务管理、防控体系建设服务管理、特殊群体服务管理”三项服务，实现全区社会矛盾有效防控，无重大群体性事件、无在全国全省全市有影响的恶性刑事案件、无重特大安全事故、无一票否决的事件。

积极构建大调解工作体系。紧紧围绕“哪里有人群，哪里就有调解组织；哪里有矛盾纠纷，哪里就有调解工作”大调解工作目标，在进一步总结完善“三级中心五级网络”的基础上，建立高规格的大调解领导体系，完善全覆盖的大调解工作网络，扩大大调解工作队伍，建立大调解奖励制度，规范大调解阵地建设，创新多样化的大调解工作方法，形成了“党委政府统一领导，政法综治维稳总揽协调，三大调解互为一体，职能部门各司其职，全社会广泛参与”的大调解工作格局。2010年，全区共排查不稳定因素2245件，调处矛盾纠纷2168件，调处成功2128件，占98%，未发生有影响的群体性事件。6月13日，全市大调解工作现场会暨市综治委第二次全会在夷陵区召开，区委副书记向洪星代表区委、区政府作了题为《构建大调解工作体系，筑牢源头维稳防线》的经验介绍。

大力实施社会稳定风险评估。修订出台《夷陵区重大事项社会稳定风险评估办法》，把重大事项社会稳定风险评估作为各级党委、政府工作决策的前置程序和必备条件，纳入目标责任考核范畴。全区各部门召开风险评估会议30多场次，形成重大工程风险评估报告32个。实施的一系列重大项目建设，均未发生群体上访和涉稳事件。

进一步完善群体性事件应对措施。印发《夷陵区突发事件应急处置预案》，加强信息、物资、资金、人员等应急保障措施和安保、巡逻队等应急处置突发事件力量建设，切实提高了重大社会安全事件的应急处置能力。

深入做好涉法涉诉信访工作。建立涉法涉诉案件专班联合接访机制，在区信访办设立涉法涉诉信访接待窗口，对涉法涉诉案件和历史积案实行“统一受理、分流转办、跟踪督办、案结事了”。在政法机关实行领导包案制度。每名政法机关班子成员包1~2件涉法涉诉信访案件，纳入个人工作实绩考核，确保案结事了。建立并实行政法干警联系基层制度，全区500余名政法干警分别联系一个村或社区，指导开展三项重点工作，协助化解矛盾纠纷。成立涉法涉诉信访案件专家组，聘请17名有较高法律素养、办案经验丰富的司法干部及律师组成涉法涉诉信访案件专家组，提高政法系统化解涉法涉诉信访案件的效率和质量。

创新虚拟社会管理机制。进一步强化舆情危机意识，建立每日舆情监测和研判机制，共搜集各类信息1000多条，摘编涉稳信息38期，重大网络舆情8期，区主要领导签批4期。充分利用技术手段和情报信息，加大对网络违法犯罪案件查处力度，破获涉网案件8起，抓获网上逃犯10名。主动监管，维护公共信息网络安全，对全区35家正常营业的网吧安装第二代身份证阅读器，全面实行凭身份证上网，查处网吧违规经营案件 11 件,取缔黑网吧 5 家,取缔非法经营游艺场所 3 家。

深入推进社会治安技防体系建设。将技防建设纳入区城乡经济社会发展规划，在区建二级视频监控平台，乡镇集镇建三级监控平台，重点部位、地区、单位建视频监控系统。全区共安装视频监控探头 4346 个，红绿灯系统共 30 套，治安卡口 4 套;小溪塔城区 25 个主要路口的视频监控系统安装率达 100%；13 个乡镇（开发区）集镇有 7 个安装了视频监控系统；临街商业门面及封闭小区视频监控系统和红外报警设备安装率达 60%以上，基本形成区、乡镇、社区三个层面的全方位覆盖、无缝隙化的技防网络。全年利用视频监控信息破刑事案件 76 起，治安案件 148 起，提供线索抓获违法人员 60 多人。11 月 3 日，夷陵区视频监控工作在全省公安信息化建设现场会上作了典型发言。

大力开展重点整治。先后对乐天溪镇江峡二道沿线敲诈过往司机钱财现象、三斗坪镇新生村存在的卖淫嫖娼社会丑恶现象及分乡镇棠垭村多次发生围堵国家机关工作人员依法执行公务、鸦鹊岭集镇车辆乱停滥放、占道经营等突出社会治安问题进行了集中综合整治。

【成立涉法涉诉信访案件专家组】 为切实提高政法系统化解涉法涉诉信访案件的效率和质量，成立了涉法涉诉信访案件专家组。专家组由 17 名有较高法律素养、办案经验丰富的司法干部及律师组成，其主要工作职责是：参与区涉法涉诉信访接待窗口受理的信访案件的分析、论证，并提出处理建议；参与区矛盾纠纷大调解协调中心受理的重大疑难案件的调解，提供法律咨询服务；参与区委政法委、综治办、维稳办组织的重大事项的社会稳定风险评估；参与区委政法委组织的政法部门案件质量评查；向有关单位和部门提出防范和调解纠纷的意见、建议；协助区委政法委、区维稳办对基层纠纷大调解工作中心、专业调解组织、企事业单位调解组织业务指导；完成区委政法委、综治办、维稳办交办的其他有关工作。

【设立涉法涉诉信访接待窗口】 4 月初，由区政法委牵头，从公、检、法、司四部门抽调 6 名经验丰富的老同志组成工作专班，在区信访办设立涉法涉诉信访接待窗口，对全区涉法涉诉案件实行“专班接待，统一受理、分流转办、跟踪督办、案结事了”，极大方便了人民群众。4 月 14 日，市委常委、政法委书记蒋国平到该窗口视察后，给予充分肯定,认为该信访接待窗口建得快、建得好，标准、规范。

【分乡镇棠垭村社会治安重点整治】 针对分乡镇棠垭村少数群众法制意识淡薄，信访不信法，解决问题不通过正常途径，多次发生围堵国家机关工作人员和执行公务车辆、寻衅滋事、打架斗殴等违法犯罪行为的突出社会治安问题,8 月 6 日至 9 月 30 日,区综治办在该村开展为期 55 天的社会治安重点整治。整治活动设法制宣传教育组、矛盾纠纷调处组、违法犯罪行为处理组等 3 个组，进村入户，层层召开村组干部、党员、村民代表会，调处矛盾纠纷，对该村近几年发生的围堵国家机关工作人员和车辆等违法行为进行打击处理，依法刑事拘留了参与围堵处警公安民警和执行公务车辆、阻碍执行公务的犯罪人员方某（女）、吴某（女）和故意伤害他人的犯罪人员吴某（男）。

【组建校园安保大队】 为切实提高学校、幼儿园的治安防范能力，有效预防针对校园师生的违法犯罪行为，为中小学生（幼儿）打造安全、文明、健康、和谐的学习生活环境，8 月 23 日，在区教育局挂牌成立校园安全保卫大队。大队下在各乡镇（街道）中心学校设中队，由教育总干事任中队长，区直属学校由大队直接领导。区公安分局及各派出所负责校园安保队员的政审、培训和业务指导。各学校（幼儿园）负责所聘安保队员的管理并设立治安室，挂“宜昌市夷陵区公安分局××派出所××（学校）治安室”牌子。校园治安室配备警棍、警笛、催泪喷射器、灭火器、强光手电筒、防卫叉、防割手套、防刺背心等器材装备及必要的办公用品。校园安全保卫大队的主要职责是:依照《企业事业单位内部治安保卫条例》的有关规定，负责维护校园及周边治安秩序，保障校园内部安全，及时发现并制止校园侵害案件。严格执行门卫询查登记制度，对进出校园的人员和车辆进行登记，禁止闲杂人员进入校园；上学和放学等重点时段在校园门口执勤，防止可疑人员侵害师生（儿童）和进入校园；加强校园及周边治安巡逻，遇有可疑人员要主动进行询问，发现异常或遇有紧急情况及时报警；对侵害师生（儿童）的违法犯罪行为要果断制止、并尽最大限度保护师生安全；定期组织校园安全隐患排查，发现问题及时报告学校领导进行处理。

（朱建鹏）

公　安

【概况】 年内,以打造“民生警务”服务品牌为重点，坚持源头维稳，收集情报信息 1284 条，编报《警情日报》98 期，《情况反映》182 期，妥善处置各类涉稳事件 125 余起，侦破“法轮功”案件 4 起，摧毁制作反动宣传品窝点 2 个,收缴书籍、光碟、传单等反动宣传资料 870 份（件），抓获违法犯罪人员 4 名；受理公安信访案件 21 件,其中省市重点督办案件6件，办结率100%；完成各项警（保）卫任务46起，其中一级警卫2起，未发生在全省、全市有影响的案（事）件，全区社会政治持续稳定。

坚持重拳出击，全年破刑事案件649起，其中5起命案全部破获，打击处理320人；坚持“主动进攻、打早打小、除恶务尽”的原则，先后打掉4个恶势力团伙；启动全警追逃新机制，抓获各类网上逃犯159名，其中省外逃犯28名，抓获省督命案逃犯印川龙；以打击盗窃摩托车和入室盗窃等多发性案件为重点，先后开展网上作战“百日大行动”和“百日安防会战”，摧毁盗窃摩托车、入室盗窃犯罪团伙16个，破获串案31起，破获入室盗窃、盗窃机动车、抢劫、诈骗等各类侵财案件160余起，其中破获3亿元特大假发票案；协外破获案件80余起，缴获被盗摩托车121辆、汽车6辆、手机52部，为群众挽回经济损失百万余元。查处治安案件1505起，查处违法人员1060人，其中行政拘留928人；开展“五闹三堵”整治，依法处理堵门、堵路、缠访、闹访等扰乱公共秩序违法行为，查处案件108起，刑事打击1人，行政拘留33人；以治赌祸、扫黄患、禁毒害为重点，形成“每月整合警力集中查、党委成员带队每周查、治安大队牵头每日查”的娱乐场所专项整治长效机制，清查娱乐场所243家次，行政拘留72人，依法取缔“一证两用”游戏机室2家，停业整顿娱乐场所1家，销毁赌博机265台、电路板265块；巩固治安防控体系，强力推进天网、车安、安居护家、治安双保、心防五大防控工程，投资2000余万元，建设主控中心1个，分控中心13个，治安卡口4处，电子警察系统50套，监控探头3000多个，将公交车动态视频监控系统纳入社会治安动态管理视频监控系统中统筹，实现了100路、101路公交车视频监控全覆盖，形成区、乡、社区（单位）三级立体交叉、动静结合的监控网络。全年利用信息化手段破案383起，破案率为59%，高出省公安厅达标线29%；继续坚持警灯闪烁、每周一巡、节庆武装巡逻等有效防控形式，各类案件发案率尤其是侵财类案件明显扼制。

着力开展交通秩序专项整治和交通安全隐患排查整改，共纠处违法行为55622起，其中严重交通违法行为2403起，行政拘留57人，查改隐患856处。持续开展“治爆缉枪”专项斗争，实现“不炸响、不打响、不流失、无事故”目标。积极推行上门式、预约式、一站式服务，办理五小机动车驾驶证8447份、检验车辆19789辆、办理摩托车牌证8886人次、办理异地缴纳罚款270起；办理二代身份证28277人，审核办理出境人员2973人，其中办理护照1077人次，往来港澳通行证1702人次，往来台湾通行证194人次。严格落实“一校一警”和推行“三见”行动，在学生上学、放学高峰期做到见警察、见警车、见警灯；积极开展校园周边环境治理和送法进校（园）活动，上法制课、开展应急演练150人次，探索客运公司运送学生的市场运作模式，为首批29台达标车辆配发了全省统一的校车标志，全区校车规范管理进入新轨道。

【大调解工作】 人民调解、行政调解、司法调解“三位一体”的交通事故调处模式受到省委副书记杨松等省市领导充分肯定，宜昌市在夷陵区召开了大调解工作现场会；巩固和丰富以警司、警民联调为主要形式的治安纠纷调处模式，全区13个派出所设置了矛盾纠纷联合调处室，推行一线单位值班民警首接制、责任区民警首问制、分管、带班领导首席调解制，全年防止群体性事件35起1800余人，调处各类纠纷2468起，调处成功率92.8%，全区民事转刑事案件处全市最低水平。

【“实有人口实有房屋”管理信息采集】 7月12日，全面启动“实有人口实有房屋”管理信息采集工作，共抽调民警和社区干部600余人，分成23个小组，由民警带队入户采集，全年累计录入信息756949条，其中实有房屋累计录入184062条，实有人口累计录入547508条，完成率为105.9%；流动人口录入25379条，完成率175.14%。“两实”信息采集工作全市排名第一。

【侦破1.33公斤毒品案】 7月，区公安分局侦查员根据线索将正在进行毒品交易的刘某当场抓获，缴获毒品20余克。通过深挖，刘某供述其上线陈某的毒品来源系直接从云南运、贩至宜昌。9月3日，在宜昌市伍家岗一货运市场处，公安机关将犯罪嫌疑人陈某抓获，当场收缴新型毒品麻果丸1.33公斤，斩断了一条云南至宜昌的毒品运输通道。

【全省交通安全宣传现场会在夷召开】 6月11日至12日，全省交通安全宣传现场会在夷陵区召开。与会代表现场观摩了2.8公里道路交通安全宣传文化长廊、鄢家河小学红领巾交通安全学校、交通事故一站式服务站和交通事故矛盾纠纷大调处格局。夷陵区在会上作典型发言。

（檀洪亮）

检　察

【概况】 全年受理提请批准逮捕刑事犯罪案件125件186人，批准和决定逮捕113件169人，不（予）批准逮捕12件17人。受理移送审查起诉238件381人，其中提起公诉211件346人，不起诉10件10人；起诉案件已判决205件344人。

立案侦查职务犯罪案件16件

19人，决定起诉14件16人，起诉案件法院作有罪判决11件12人；其中查办大要案5件5人。

办理立案监督案件19件20人，其中应立案而不立案16件17人，不应立案而立案3件3人，已监督全部撤案。监督行政执法机关移送案件6件。追捕犯罪嫌疑人7人，追诉漏犯10人，追加犯罪事实2起。依法提出抗诉4件，发《纠正审理违法通知书》1份、《检察意见书》3份、《量刑建议函》77份，在庭审中提出口头量刑建议65次。

受理不服人民法院生效的民事、行政判决、裁定申诉案件线索13件，立案审查11件，提请和建议提请抗诉8件，办理法律监督调查案件2件，发检察建议和再审检察建议7件次，对不立案、不提请抗诉及超过申诉时效的8件案件做好息诉服判工作。

受理举报、控告、申诉、刑事申诉案件线索72件，其中举报40件，控告申诉31件，刑事赔偿3件；检察长处理群众来信57件，接待群众来访40余人次。

受理各类技术检案76件（含50件进入司法程序检案），发鉴定书26份，分析意见书50份。

进行执法、安全检查73次，发书面检察建议和提出口头意见20余次，法制教育13场次；先后四次对12个乡镇派出所、司法所监管的五种对象的监管工作进行专项检查；在太平溪镇设立了首个驻乡镇社区矫正工作联络站。

全年深入推进社会矛盾化解、社会管理创新、公正廉洁执法三项重点工作，积极开展检察职能向社会延伸、向基层延伸、向群众延伸的新探索，先后在龙泉镇、樟村坪镇设立了检察服务站。3月29日，市检察院在夷陵区专门召开了全市检察机关深入推进三项重点工作现场会。

【开展“公众开放日”活动】 12月3日，夷陵区检察院邀请党代表、人大代表、政协委员、人民监督员、社区主要负责人、新闻记者等30余人参加首次“公众开放日”活动。活动以“弘扬法治精神，促进社会和谐”为主题，目的是进一步深化检务公开，加深人民群众对检察职能、检察工作的了解，真诚听取人民群众的意见和建议，营造全社会共同维护公平正义的良好氛围。各界代表参观了举报控告受理接待中心、检调对接中心、电子阅览室、文化室、党员活动室等，在新闻发布会上，相关负责人向各界代表介绍了夷陵区检察院院情、检察职能、业务工作等情况，就深化“检务公开”，自觉接受社会各界监督作了具体安排：即更加注重和改进与社会各界的联系，更加注重延伸检察工作触角，更加注重强化检察宣传，更加注重丰富检务公开的内容，更加注重完善“公众开放日”制度。各界代表也踊跃对检察工作建言献策，提出了许多建设性、可操作性意见。

【最高人民检察院检查组在夷调研基层院建设工作】 9月20日，最高人民检察院检查组到夷陵区，就《2009~2012年基层人民检察院建设规划》落实情况进行调研。检查组参观了该院电子阅览室、文化室、检调对接中心、侦查指挥中心。重点就执法规范化、队伍专业化、管理科学化、保障现代化的建设落实、《规划》的组织领导、内设机构的设置等情况进行了座谈，对工作给予肯定。

（陈飞飞）

审 判

【概况】 全年受理各类诉讼案件1548件，审结1510件，结案率97.55%，裁判正确率99.8%。坚持打击与挽救相结合，受理刑事案件219件，审结218件，对360名被告人做出有罪判决，其中判处10年以上有期徒刑12人，5年以上10年以下有期徒刑25人，3年以上5年以下有期徒刑162人，3年以下有期徒刑及拘役、管制、单处罚金161人。受理民事案件1310件，审结1272件，审结率97.1%。坚持“调解优先、调判结合”原则，将诉讼调解贯穿于执法办案全过程，以调解方式结案950件，调解率74.69%。受理行政诉讼案件14件，判决维持具体行政行为7件，判决行政机关履行作为义务1件，裁定驳回原告起诉2件，移送上级法院管辖1件，原告主动撤诉3件，审结率100%。审查非诉执行申请31件，对符合法定条件的18件裁定进入强制执行程序。受理执行案件620件，全部执结421件，部分执结177件，综合执结率96.45%。451件执行案件达成和解协议，执行和解率75.42%。按照审鉴、执鉴相分离原则，办结对外委托鉴定案件70件，办结率100%。司法警察大队提押人犯156人，值庭98次，协助上级法院执行4次。全年接待群众咨询1836人次，处理来信来访148件次，信访回复率和办结率100%。推行“进村入户·现场开庭”模式，巡回到村、组、社区审理案件109件。认真落实司法救助措施，为55名困难当事人缓、减、免诉讼费14.65万元，为95名申请执行人解决司法救助金49.8万元。积极推进司法民主，组织人民陪审员参与审理案件543件，陪审案件数占普通程序案件数88.58%。除法律规定不公开审理的案件外，一律公开开庭，公开开庭率100%。

【公信廉政建设年活动】 开展以“深化公信廉政建设，推进公正廉洁司法”为主题的“公信廉政建设年”活动。组织干警学习文件，贯彻落实有关会议精神，观看警示教育片，召开专题廉政生活会，开展廉政谈话，签订廉政责任书，推行全员廉政承诺，进行廉政知识考试等。对照“是否存在接受贿赂、收受当事人礼金；是否存在向当事人和律师通风报信、泄露审判秘密；是否存在接受当事人吃请；是否存在利用职权为亲友的案件提供便利；是否言行举止不佳、损害法院法官形象”五个方面进行全面检查、深入剖析，排查出廉政风险节点55个，并制定《廉政风险节点预警防控处置实施细则》，明确、细化各工作环节的预警、防控措施。建立起教育、制度、监督并重的惩治和预防腐败体系，形成“不愿为、不敢为、不能为、不必为”的“四不为”机制，实现了干警零违纪，不良影响事件零发生。

【交通事故巡回法庭成立】 针对近年来交通事故人身损害赔偿纠纷逐年增多，赔偿数额不断增加，执行难度不断加大的状况，5月20日，在区交警大队挂牌成立交通事故巡回法庭，对交通事故实行就地立案、就地审判、调解的“一站式”服务。当年审结此类案件26件。市委书记郭有明，省委副书记、省综治委主任杨松和省高院院长郑少三先后来夷进行了视察并予肯定。

【最高人民法院民一庭庭长杜万华视察黄花法庭】 4月10日，最高人民法院民一庭庭长杜万华来夷视察黄花人民法庭。他参观了黄花法庭新建的办公楼、听取了区法院和黄花法庭的工作情况汇报，就做好基层法院、法庭工作提出要求，并对夷陵法院诉调对接、巡回办案等方面的成功经验给予肯定。

【全市法院诉调对接工作现场会在夷召开】 4月29日，全市法院诉调对接工作现场会在夷陵区龙泉镇召开。夷陵区在会上作典型发言，市中院提出将诉调对接“龙泉模式”在全市法院系统进行推广。

（李清平）

司法行政

【概况】 2010年，夷陵区司法行政工作按照“围绕中心，履职尽职，立足本职，服务大局”的工作思路和“维护稳定是第一责任、办实事求实效是第一要求、服务对象满意是第一标准”的服务理念，扎实推进，健康发展。“五五”普法顺利通过省市检查，并被全国普法办表彰为“首批全国法治县（市、区）创建活动先进单位”。排查矛盾纠纷2684件，调解2493件，调解成功2373件，调解成功率95.2%，5月12日，全市大调解工作格局现场会在夷陵区召开。接收社区矫正对象711人，累计解除350名，在册社区矫正对象为361人，新增刑释解教人员159人。办理民事案件559件、刑事案件92件、顾问单位130家，代写法律文书320份，调解纠纷232起，办理公证800件。办理法律援助案件143件，法律援助事项1135件。

【接受依法治省（市）工作领导小组检查验收】 6月9日和7月10日，分别接受省市两级依法治省（市）工作领导小组的检查验收。省人大常委会副主任蒋大国、市委副书记李亚隆均对夷陵区的普法依法治理工作给予高度评价。

【建立区人民调解指导中心】 5月，投资6万元建立的夷陵区人民调解指导中心投入使用。该中心配备专职工作人员1名，聘请有经验、有专长、懂法律的热心人士组建了调解员队伍。中心运行以来，已接待群众324人，分流指派到相关调委会解决矛盾纠纷57件。

【开展社区矫正帮教安置“光明之路”大行动】 紧紧围绕“创新管理、共促和谐”这一主题，以队伍建设为抓手，以整体联动为重点，在全区开展社区矫正帮教安置“光明之路”大行动，强化衔接管控措施，提升矫正工作质量，最大限度地预防和减少重新犯罪，着力增加社会和谐因素。活动期间，成立了领导小组，组建了工作专班，聘用20名社区矫正帮教安置社会工作者充实到基层司法所，对全区社区矫正对象和2007年至2009年的刑释解教人员开展地毯式排查，深入12个乡镇（街道）进行社区矫正专项检察监督，启动风险评估，实行分类管理、阶段教育和个案矫正，建立了教育基地8处，公益劳动基地13处，过渡性就业基地7处，安置矫正对象2名、刑释解教人员3名就业，受到矫正对象和刑释解教人员家人的好评。

（李芜）

工 业

责任编辑：范家新

综 述

【概况】 全区工业企业2207家，完成工业产值337.14亿元。其中，规模工业企业213家，规模工业总产值315.4亿元，比上年增长47.97%；规模工业增加值103.9亿元，增长38.1%。实现社会消费品零售总额57.5亿元，增长22.9%。实现外贸出口3302.5万美元，增长83.5%。利用外资1960万美元，增长10.1%。全年新增规模工业企业44家，达到213家，过亿元企业41家，过5亿元企业11家，过10亿元企业4家，过30亿元2家，过70亿元1家。年末，全区拥有“稻花香”和“萧氏”两个本土中国驰名商标，10件省级著名商标和11个湖北名牌产品，知名品牌今年实现销售收入134.5亿元，规模工业占经济总量42.6%。

区委、区政府连续第三年召开全区工业经济暨对外开放工作表彰大会，兑现奖金367万元。落实光电子产业发展专项奖励资金200万元。争取全省县域经济发展专项资金1.1亿元、全省产业集群激励性转移支付220万元支持中小企业加快发展。信息化、工业化“两化”融合开始启动，建立“工程建设领域项目信息和信用信息公开共享平台”，稻花香集团被列为湖北省第一批“两化”融合试点示范企业、全国电子商务百强企业。城区农贸市场标准化改造全面启动；实施商贸企业“小进限”成长工程，新增限额以上商贸企业60家，达到75家。销售家电下乡产品64873台（件），销售额1.46亿元，销售汽车、摩托车下乡产品7100台，发放补贴2600万元。组织企业参加第四届中部投资贸易博览会，促使“康师傅”落户夷陵区。机电产品出口首次“过千万”美元。

抓好企业组织结构调整，推动中小企业向食品饮料、机械电子、化工医药、新型建材和包装纺织五大支柱产业聚集，引导中小企业通过引进联合、兼并重组壮大企业规模，发展集团化经营模式，全区注册集团公司7家。组织参加第六届产学研合作洽谈会，宜昌科博镁橄榄石、宜昌超亿建材、湖北柳树沟矿业分别与武汉工程大学、四川大学就产学研合作项目洽谈；举办夷陵区首届产学研合作洽谈会，区内企业与武汉大学、三峡大学等院校签订合作项目18个。

加强电力供应调度，针对全市出台的用限电计划，制定夏、冬两季迎峰供电方案，保证重点工业企业生产经营用电需求。做好企业信用等级评定工作。全年金融机构贷款85.5亿元，比上年增长55.5%；平湖担保公司为中小企业提供担保1.5亿元。加强磷矿石运销管理，全年准运磷矿石562万吨，其中原矿477万吨，磷精矿85万吨。做好重点企业服务直通车工作，加强对35家重点工业企业服务指导，帮助协调解决相关问题。抢抓后金融危机机遇，组织区内企业申报国际市场开拓、公共信息服务平台建设、承接产业转移、区域协调发展促进资金、产业集群、电子信息产业、中小企业发展、技改贴息和商务试点以奖代补项目33个，申请支持资金4275万元。

【规模工业产值突破300亿元】 全年规模工业产值315.4亿元，比上年增长47.97%；规模工业增加值完成103.9亿元，增长38.1%；规模工业企业213家，过亿元企业达到41家。连续第六年获"全省县域经济发展先进县（市、区）"称号。

【信息化和工业化"两化"融合工作启动】成立信息化推进科，按照省、市要求完成工程建设领域项目信息公开市级试点工作，全区工业企业建设网站24个。湖北稻花香集团被评为湖北省第一批50家"两化"融合试点示范企业、全国100家电子商务先进企业。

【重点技改项目】2010年，全区在建投资200万元以上的工业技改项目61个，总投资90.10亿元。其中续建项目20个，新建项目30个，拟建项目11个。投资1亿元以上的技改项目21个，总投资60.51亿元。分别是：湖北稻花香集团三峡科技包装工业园项目；萧氏茶产业高科技工业园项目；娃哈哈启力饮料项目；弘洋集团硅酸钙板项目；宜昌宏祥玻璃制品有限公司玻璃瓶生产线项目；湖北江重机械二期工程项目；华润红旗华润红旗三期项目；柳树沟矿业精细化工项目；书林纸业5万吨高强瓦楞纸项目；朗天新型建材20万方页岩陶粒项目；湖北三峡泵业机电工业园项目；宜昌新能源设备明珠太阳能产业链基地项目；宜昌万足鞋业有限公司鞋面生产项目；宜昌宏箭铝业有限责任公司风力发电叶片项目；宜昌昌耀电器有限公司扩建项目；宜昌埃立特密封材料有限公司扩建项目；翔陵纸制品搬迁技改项目；龙峡茶业标准化加工生产线项目；宜昌中孚化工有限公司20万吨/年硫磺制酸项目；中科恒达石墨年产8万吨石墨深加工制品项目。其中，稻花香集团的科技包装园项目、萧氏茶叶集团的高科技工业园项目、三峡泵业机电工业园项目投资均在10亿元以上。61个项目中，食品饮料行业项目14个，投资24.55亿元，占投资总额的27.25%；机电行业项目11个，投资31.88亿元，占比35.38%；医药化工行业7个，投资13.52亿元，占比15.1%；纺织包装行业项目9个，投资5.64亿元，占比6.18%；新型建材行业项目7个，投资2.35亿元，占比2.57%；其他项目13个。五大行业项目占到整个投资项目的86.48%。

【打造"诚心·快捷"机关服务品牌】提炼出"诚心·快捷"即"诚心诚意服务、快捷高效发展"机关服务品牌。实施"大企业服务直通车"、"百家企业服务行"和"千名干部万户行"活动。加大对油、电等生产要素的协调，全年销售成柴、汽油8.25万吨；全区用电量73118千瓦时；机关服务效能行政审批再次提速，全年办结服务事项160件；企业文化活跃，举办首届企业职工篮球大奖赛。

采掘业

【概况】全区开发利用矿产品25种，其中能源矿产1种、贵金属1种、金属矿产1种、冶金辅料矿产1种、化工原料矿产7种、建材及非金属矿产16种、矿泉水1种。全区查明资源储量的矿产地120处中，开发利用84处，其中开采矿区65处。规模企业65家，开采矿山103个，其中磷矿27个，煤矿4个，金矿3个，硫铁矿3个，石墨矿2个，橄榄石矿3个，铁矿2个，建材及其他矿山59个，年产矿石778万吨。完成产值47.15亿元，形成以宜昌柳树沟矿业有限公司、宜昌大石沟煤矿公司、下堡坪金矿、中科恒达石墨有限公司、宜昌朗天建材有限公司、宜昌科博镁橄榄石公司、宜昌黑旋风石材等企业为骨干的产业链。

【磷矿】全区有磷矿开采企业27家，探矿企业8家，选矿企业4家，办理资源开采许可证33个。全年运出磷矿石562万吨，按照市政府产销对接要求，省内销售497.38万吨，省外销售50.85万吨。完成产值43.57亿元。

湖北柳树沟化工科技有限公司启动年产3.4万吨磷精细加工项目。项目投资1.2亿元，占地面积100亩，主要产品为五氧化二磷、磷酸、聚磷酸、聚磷酸铵、工业磷酸一铵。建成后可实现销售收入2.5亿元，利税4457万元以上。

【煤矿】有煤炭开采企业3家。全年煤炭行业完成工业总产值4940万元，生产原煤3.8万吨。煤矿年检煤炭生产许可证合格3家；开展煤矿瓦斯等级鉴定3家，都属于低瓦斯矿井；煤矿生产能力核定、复核矿井3家。按照《煤炭经营监管办法》，审检煤炭经营企业12家。全年煤炭购进40万吨，销售煤炭40万吨。

【金矿】有金矿开采企业3家，开采金矿原矿4.6万吨，3条金矿选矿生产线处理原矿4.5万吨。全年生产黄金90公斤，完成产值11811万元。向国家交售黄金91公斤。

【石墨矿】2010年，全区保有资源储量600万吨。石墨矿山2家，设计开采能力23万吨。石墨加工企业2家，完成产值20070万元。其中，中科恒达石墨股份有限公司完成产值16803万元，实现销售收入8613万元；公司产品为中国长江三峡工程开发总公司、中国石化、宜化集团等所指定和选用。

【页岩陶粒】有6家陶粒页岩矿山，年设计生产能力38.6万立方米。宜昌朗天新型建材有限公司年末资产2300万元，建设占地150余亩，职工126人；实现工业产值7070万元，销售收入7070万元，利税

1131万元。

【镁橄榄石矿】 镁橄榄石矿主要分布在太平溪镇小溪口一带。主要产品有优质铸砂及冶金高炉用耐火材料。年内，宜昌科博橄榄石有限公司有员工84人，完成工业产值14898万元，实现销售收入14548万元，实现利税1893万元。

【建筑石材】 饰面石材主要分布在下堡坪乡、雾渡河镇、黄花乡和邓村乡。已投入勘查的小峰小寨坡“三峡绿”花岗石矿、邓村新寨坡“西陵红”花岗石矿、下堡坪葡萄树“三峡青”花岗石矿，查明资源储量502万立方米。已开发“三峡红”、“三峡绿”等20多个花色品种，随着黄花石材工业园建设的顺利推进，石材工业已初具规模。填充石材在夷陵区分布较广，广泛应用于基础设施建设和建筑。年末，区内有建筑石材矿山34个，设计开采能力389.5万吨。其中，宜昌黑旋风石材厂是全区最大的石材加工企业，全年完成工业产值4510万元，实现销售收入4330万元，利税569万元，分别同上年增长257.9%、280.2%。

【石灰石】主要分布于黄花、分乡、小溪塔等乡镇，主要用于水泥、白灰原材料和建筑填充料及饰面石料。年末有水泥原料石灰石矿山2个，设计开采能力16万吨；白灰原料石灰石矿山2个，设计开采能力6万吨。

食品饮料

【概况】规模以上食品企业60家，占全区213家规模企业的28.17%，主要产品为白酒、饮料、果蔬罐头、大米、精制茶等。全区规模以上食品企业生产白酒119821千升、瓶装饮用水239379吨、果汁及果汁饮料31891吨、玉米浆1488吨、果蔬罐头4777吨、茶叶19197吨、食用油33974吨、大米121325吨。实现工业产值113.4亿元，占全区规模以上工业企业产值的33.65%；有15家食品工业企业年销售收入超5000万元，其中10家超亿元；全国农业产业化龙头企业3家，省级农业产业化龙头企业9家。食品工业拥有粮油加工、屠宰及肉类加工、蔬菜水果加工、乳制品、白酒、饮料制造等20多个行业，主要分布在白酒、茶叶加工、生猪加工、乳制品加工、粮油加工、饮料制品、蔬菜水果加工7个行业。已形成以湖北稻花香集团为龙头的白酒产业集群，以娃哈哈宜昌饮料有限公司、均瑶集团乳业股份有限公司为龙头的乳制品加工产业集群，以宜昌萧氏茶叶公司、湖北邓村绿茶集团为龙头的茶叶加工产业集群和以宜昌荣盛食品公司、宜昌嘉源食品公司为龙头的果蔬加工产业集群。其中，湖北稻花香集团是以白酒产业为龙头，集生产经营包装制品、彩色印刷、金塑、玻璃、陶瓷制品、房地产开发、循环经济产业等为一体配套发展的企业集团。食品企业采取定向投入、定向服务、定向收购联结种养业基地，带动农户26万户，形成具有一定规模的区域性产业化基地140多个，基地面积300万亩。其中订单农业面积210万亩，农民人均从产业化经营链条中获得纯收入1200元。

【湖北稻花香集团】 完成产值70亿元，实现销售收入70.88亿元，比上年增20.2亿元；利税6.4亿元，增1.34亿元。品牌价值升至83.65亿元。产品在26个省、自治区、直辖市，近400个大中城市销售。白酒年生产能力25万吨，储酒能力6.9万吨。成员企业已发展到30家：三峡科技包装工业园一期项目竣工投产，8家企业入驻园区；总投资15亿元的三峡物流园项目进入场平施工；五峰万吨香辛蔬菜基地项目启动；稻花香宾馆建成开业；宏达酒业包装车间建成投产；万吨藏酒洞工程、重庆稻花香酒业项目、黄冈千年缘酒业二期工程等正在建设中；乳白料白酒瓶合资开发项目进展顺利；远安陶星陶瓷科技项目、投资2亿元的贵州矿业即将竣工投产；宏信房地产公司投资开发的嘉豪城加快销售。

【宜昌萧氏茶叶集团有限公司】获“2010年中国茶叶行业百强”称号、“最杰出贡献品牌奖”、“最具诚信企业”奖。公司新品“碧仙丽人”、“高山明珠”、“昭君白鹤”、“峡江碧涧”获“最受消费者欢迎品牌”奖、“茶叶科技创新奖”。公司所有的“金香品雪”被省工商行政管理局、省著名商标评审委员会认定为“湖北省著名商标”。集团董事长肖勇入选“湖北十大企业新闻人物”。联合日本日清公司、日本山益制作所以及国内知名厂商共同投资兴建的中国规模最大的茶产业高新科技工业园占地300亩；项目建成后，将形成年生产交易茶食品1300吨、茶饮料20000吨、精制珍眉茶10000吨、茶粉2500吨、茶树花制品5000吨、茶皂素1200吨、茶多酚2000吨的规模，同时根据实际情况生产其他产品；项目达产后，可实现年销售收入276870万元，税金21896万元，利润15182.6万元；项目自2009年3月20日开工建设，2010年5月部分投产；至年底，一期工程基本完工。

【娃哈哈集团宜昌饮料有限公司】实现销售收入4.88亿元，利润4695万元，上缴税金2377万元。二期启力饮料项目占地92亩，主要生产茶饮料、果蔬饮料，部分生产线于7月开始试生产。

【均瑶乳业宜昌分公司工业园】

完成工业产值62628万元，销售收入62628万元，实现利润2712万元，税金969万元。占地150亩的均瑶乳业工业园项目场平结束，正在做开工前的相关准备。

机械电子

【概况】 形成30万吨铜加工、6500万千米电缆、1500千米核电电缆、2万台水泵、1万台变电设备的生产能力。有规模以上机械电子工业企业32家，完成工业总产值103.17亿元，实现销售收入105.68亿元，实现利税13.54亿元。其中，湖北三峡泵业制造有限公司实现工业产值15302万元，销售收入11273万元，利润133万元，利税123万元。宜昌新高湖造船有限公司完成工业产值60488万元，销售收入58673万元，创利税7679万元。

【长江高科电缆有限公司】 全年实现产值35.3亿元。公司获国家高新技术企业、湖北省重点龙头企业、湖北省百强民营排头兵企业等称号。在2010年夷陵区首届产学研合作洽谈会上与三峡大学签订核电电缆技术攻关项目，该项目预期投资20560万元，将建核电电缆生产线1条，年生产核电电缆1500千米。

【德凌铜业有限公司】 投资15.3亿元建设的铜产品深加工项目于年底投产。项目生产规模为年深加工铜产品30万吨，其中单晶铜3000吨，无氧铜杆180000吨，铜带90000吨，铜管27000吨。全年完成销售收入13.7亿元，利税1.34亿元，是当年投产企业中产值最大的企业。为适应我国电线电缆行业和国际电线电缆行业技术更新同步发展，德凌铜业有限公司已于芬兰耐斯隆公司、美国通用电缆有限公司、加拿大CIGC工业集团公司，英国ABB公司等达成了长期技术合作协议，共同开发电线电缆及铜深加工产品。

【湖北江重机械制造有限公司】 为延长产业链，公司追加投资2.5亿元，新增冷轧辊生产线二期项目。项目占地93亩，总建筑面积43000平方米，3月底建成投产。一、二期项目全年完成工业产值223400万元，实现销售收入294038万元，缴纳税金8257万元。公司拟再投资4亿元新上胶辊生产线项目。

【宜昌华润红旗电缆有限公司】 拥有主要生产、检测设备789台套，年产销28亿元的能力。主要从事生产各类交联聚乙烯绝缘电力电缆、塑力缆、橡套电缆、信号控制电缆、布电线及电缆附件等产品。其中公司拥有年产交联聚乙烯电缆3000千米，塑力缆5000千米，橡套电缆1500千米的能力。全年实现工业产值62677万元，销售收入62391万元，利税129万元。和中投地铁有限公司联合拟在鄢家河投资7亿元兴建地铁电缆项目，新上地铁电缆生产线30条，光电复合海底电缆生产线6条。

【宜昌江森船务有限公司】 拥有场地50000平方米，船台28000平方米，其中水泥硬化船台7500平方米，水域面积约25000平方米；生产设备300余台套，年生产能力30000吨级；资产总额1500万元，其中负债480万元；从业人员300余人，各类专业技术人员40余人。2010年完成工业产值60545万元，销售收入58640万元，利税7530万元。公司在开发内河标准船系列中，设计出《内河2000吨级半舱干散货船》、《内河150TEU集装箱船》等标准船型图纸，并相继建造出十多条标准船型以及7艘川江60车位标准化载货汽车滚装船。

化工医药

【概况】 形成以宜昌中孚化工有限公司、宜昌昌达化工有限公司、宜昌田田化工有限公司、湖北恒安药业有限公司、宜昌坤艳药业公司、宜昌八峰药业有限公司为龙头的产业群体，涉及磷化工、煤化工、医药化工、生物化工、民爆化工五个行业，有企业8家，从业人员3000余人。全年完成产值54亿元，销售收入49.4亿元。

【磷化工】 磷矿深加工以中孚公司为主导，形成5万吨磷酸、10万吨铵（MAP）、30万吨磷复肥（NPK）、10万吨钙镁磷肥、5万吨普钙磷肥、5万吨专用复合肥的生产能力，经济规模30亿元。2010年，宜昌中孚化工有限公司实现销售收入4亿元，利税4910万元。

【煤化工】 以田田化工为主导，形成年产合成氨4.5万吨、碳氨18万吨、甲醇万吨、二甲醚1万吨、原煤30万吨的生产能力。1月6日，湖北三宁化工与宜昌田田化工签订重组合约：湖北三宁重组宜昌田田化工75%的资产，接收企业员工，企业名称不变。年内，田田化工完成工业产值29607万元，销售收入26942万元，利税238万元。

【医药化工】 医药化工以湖北峰江氨基酸有限公司宜昌分公司、湖北恒安药业有限公司为主导，年生产能力为氨基酸原料药2000吨、氨基酸注射液3000万瓶、氨基酸口服液2000万支、氨基酸口服溶剂7.5亿片（颗、袋）、氨基酸营养酒5万公斤、乳膏剂2000万支、片剂10亿片、胶囊8亿粒、颗粒剂3千万袋。全年实现产值1.8亿元。湖北峰江氨基酸有限公司宜昌分公司实现销售收入

4201万元，利税325万元。湖北恒安药业有限公司实现工业产值6521万元，销售收入6365万元，利税1253万元。

宜昌坤艳药业公司实现工业产值6516万元，销售收入6369万元，利润669万元，上缴税金315万元。完成一期中药饮片加工项目建设投资1.2亿元。中药饮片生产车间、成品仓库、中药材物流中心和研发中心、质量检测中心等配套设施竣工。建成四条饮片生产线，即一般性中药生产加工、贵细料饮片生产加工、毒性饮片生产加工、直接入口饮片生产加工。填补宜昌市中药饮片GMP加工的空白，申报14个中药材品种的GMP认证，拥有自己的产品研发中心和中药材物流贸易交易中心。

【民爆化工】 葛洲坝易普力湖北昌泰化工有限公司公司有国家核定批准的四条民用炸药生产线，总生产能力20000吨。其中，膨化硝铵炸药生产线两条，年核定生产能力12000吨。胶状乳化炸药生产线两条，年核定生产能力8000吨。全年实现工业总产值16848万元，销售收入15669万元，利税8887万元。

【生物化工】 以宜昌三峡利民生化有限责任公司为主导，全年创产值3亿元，安置就业326人，获得省政府奖励资金80万元。

新型建材

【概况】 全区建材板块规模企业37家，全年完成产值22.5亿元，比上年增长64.9%，占全区规模工业经济总量的6.67%；销售收入18.95亿元，利税1.57亿元。

【宜昌弘健新材料有限公司】 资产2300万元，占地150余亩。二期年产 20 万立方米页岩陶粒生产线于年底投产。全年实现工业产值20093万元，销售收入20085万元，利税895万元。

公司年产 6000 万平方米硅钙板项目系区政府 2010 年重点支持的建设项目，总投资5.31亿元。其中硅酸钙普板3000万平方米、印图天花板750万平方米、穿孔天花板750万平方米、涂装板1500万平方米。大板和小板生产线均采用国内最先进的全自动生产线；小板生产线生产的产品有压花、印花、浮雕、穿孔吸音及隔音五大系列；涂装生产线采用高精度全自动涂装生产线，产品满足医疗手术室和无菌病房等高档次清洁房用途。整个项目分两期实施，其中一期用地近 300 亩，厂房面积近15000平方米，建有两条目前国内最先进的全自动生产线，年产能为1200~1600万平方米大规格板。一期工程还将配套一条全自动小板加工生产线，预计于2011年4月30日前竣工建成，年产能为300万平方米。两期项目完全建成后，宜昌弘洋新材料公司将成为国内规模最大、技术最优、产品最全的硅酸钙板生产基地和出口企业。

【黄花石材工业园项目】 占地248亩，可容纳石材加工设备 100 台（套），年产石材成品60~100万平方米，计划总投资6000万元。年末，入园企业12家，全部投入生产，年生产能力 100 万立方米，年产值5000万元，利税600万元，解决就业300人。

包装纺织

【概况】 以三峡科技包装工业园、粤海纺织、综艺包装、元升实业、康得利包装、威陵、宜昌制线厂等21家企业为主的纺织包装行业，有彩塑软包装生产线1条，年生产能力2500吨；瓦楞纸箱生产线5条，年生产能力7000万平方米；金属压力喷雾罐生产线3条，年产出能力5000万只。形成5万锭纺织生产能力和金属、塑料、木质、纸质等系列包装产品生产体系。2010年，宜昌粤海棉纺织有限公司完成工业产值8322万元，实现销售收入8322万元，税收276万元；宜昌龙洋塑胶包装有限公司完成产值 6155 万元，销售收入6233万元，利税190万元。宜昌柳树沟矿业有限公司精细化工项目建设有序推进。

【湖北稻花香集团三峡科技包装工业园项目】 占地 500 亩，总投资10亿元，集设计、制版、生产、物流、营销服务、金融服务、综合保障于一体，分行政办公中心、技术研发中心、生产制造中心、现代物流中心以及综合服务中心五大板块，是中南地区最大的现代化包装工业园，于7月竣工投产。年创产值30亿元，实现利税3亿元，安置就业3000人。

【宜昌宏祥玻璃制品有限公司玻璃瓶生产线项目】 于3月1日开工建设，总投资5718万元，占地54亩。一期主要是基础设施建设，新建厂房2000平方米，生产线2条及配套设施，形成玻璃瓶产能 4000万只。二期主要为扩大产能，形成8000万只玻璃瓶的生产规模。项目达产后，可实现销售收入1.3亿元，安置移民300人。

【宜昌书林纸业有限公司5万吨高强瓦楞纸项目】 于2月开工建设，总投资6000万元，占地25亩，新建厂房3500平方米。项目建成后，可实现产值 2.3 亿元，实现税收2000万元，安置就业150人。

2010 年全区工业 36 种主要工业产品产量统计表

行业	序号	产品名称	单位	合计	去年同期	比同期%
食品药品饮料	1	白酒	千升	127383	112829	12.90
	2	瓶（罐）装饮用水	吨	280543	150439	86.48
	3	果汁及果汁饮料	吨	34246	64340	–46.77
	4	玉米浆	吨	1649	2670	–38.24
	5	乳制品	吨	130518	109472	19.23
	6	茶叶	吨	25815	17360	48.70
	7	果蔬罐头	吨	50467	43485	16.06
	8	食用油	吨	34224	26848	27.47
	9	大米	吨	167619	175265	–4.36
	10	大输液、氨基酸	万瓶	1182	763	54.91
化工医药	11	化妆品	万件	0	0	0
	12	化肥（折标）	万吨	21	50	–58.00
	13	磷肥（折标）	万吨	16	11	45.45
	14	磷矿石	万吨	824	749	10.01
	15	铵梯炸药	吨	27620	25828	6.94
机电产品	16	变压器	万 KVA	68	38	78.95
	17	电缆	千米	53812	37158	44.82
	18	发电量	万 KWh	26485	26188	1.13
	19	太阳能热水器	台套	48498	9595	405.45
	20	船舶	吨/艘	383469	288122	33.09
	21	水泵	台	1321	2221	–40.52
	22	铝型材	吨	15488	14833	4.42
建材	23	水泥	万吨	96	78	23.08
	24	陶粒	万立方米	13	8	62.50
	25	石墨及石墨制品	吨	27644	5484	404.08
	26	装饰石材	万平方米	3103	129	2305.43
	27	PE 管材	吨	12973	4614	181.17
包装纺织	28	机制纸	吨	121648	46929	159.22
	29	包装罐	万个	13056	7613	71.50
	30	包装箱	吨	34720	9627	260.65
	31	棉纱	吨	5069	6657	–23.85
	32	棉布	万米	990	1075	–7.91
	33	服装	万件	44	78	–43.59
	34	包装瓶	万只	29421	21024	39.94
	35	包装盒	万 个	208	2388	–91.29
	36	包装袋	吨	6196	3225	92.12

（范亮　陈卫红　林英成　熊愿望　胡理明　汪凌波　邢陵霞　孙培发　金涛　陈艳　洪军　宋程）

电力工业

【概况】全区有110千伏变电站7座，35千伏变电站7座；110千伏主变11台，总容量336.5兆伏安；35千伏主变10台，总容量52.1兆伏安；110千伏线路10条，总长度180.012千米；35千伏线路12条，总长度157.168千米。10千伏线路57条，总长度1299.758千米，配变台区968个，总容量166.21兆伏安 。辖区最大负荷116.9兆瓦，全年售电5.15亿千瓦时。在全区2010年度行风评议活动中，区供电公司获 “优秀单位”称号，以97.61分的综合成绩名列公共服务类第一名。

管理中型水库一处，库容0.4亿立方米；电站12处，总装机2.367万千瓦，年发电量8469万千瓦时；110千伏变电站1座，35千伏变电站8座，总容量39.65兆伏安；年售电量1.2亿千瓦时。

存在的问题：电网基础仍旧薄弱，运行方式仍不够灵活，自然灾害对电网破坏程度不断加大，大面积停电的风险仍然存在。受区域高电压等级电网密布的影响，夷陵区电网建设规划难、线路通道难、项目用地及征地难，施工协调难等问题困扰并阻碍着电网项目建设。

【完成世博会保电任务】110千伏黄金卡变、35千伏换流站线为上海“世博会”跨区电网保电一级防护范围，110千伏白金线和110千伏金南线为二级防护。夷陵区供电公司在世博会4月30日开幕式、5月1日开园仪式、10月31日闭幕式、10月1日中国国家馆日以及高峰论坛日等特殊时段，安排专人蹲守杆塔，确保了供电无虞。

【220千伏变电站具备开工条件】2010年，全区第一个220千伏变电站黄花变电站完成征地、报审、可研等前期工作，具备了开工条件。

【区政府与宜昌供电公司就全区电力发展联合办公】12月7日下午，区长刘洪福、常务副区长彭定新、宜昌供电公司总经理姚太和等在区供电公司召开全区电力发展联合办公会议。区规划、国土、经商、建设、发改等部门负责人，宜昌供电公司基建部、农电部、财务部、办公室等部门负责人参加会议。

【客户服务夷陵分中心被评为湖北省电力公司“五星级营业窗口”】3月19日，客户服务夷陵分中心被湖北省电力公司评为“2009年度‘五星级营业窗口’”，是宜昌供电公司系统建成的首个“五星级营业窗口”。

（刘春娥）

农　业

责任编辑：王正玲

综　述

【概况】 全年以全市循环农业试点为契机，抢抓国家扩内需的政策机遇，全面落实各项惠农政策，大力发展现代农业，加快推进产业化经营，努力战胜频发暴雨洪涝灾害，农业农村经济保持平稳快速发展。全区农林牧渔业总产值44.7亿元，比上年增长18.9%；农林牧渔业增加值27.02亿元，增长6.8%；农民人均纯收入7185元，增长18.8%。

全年农业工作特点：优势板块基地建设水平大幅提升，全年改造标准果园3333.3公顷，柑橘面积和产量均居全省第一位；新发展和改造高效茶园1000公顷，茶叶总产量突破1万吨；创建国家级畜禽标准化规模养殖示范场4个，生猪出栏95.7万头。农产品结构进一步优化，优质稻、优质果、名优茶率分别达80%、70%、42%，自主研发的高山有机乌龙茶填补省内空白，"晓曦红"牌宜昌蜜橘获"湖北三大名果"称号。农产品加工"四个一批"工程扎实推进，全年新增市级以上农业产业化龙头企业5家，其中国家级1家，农产品加工产值135.6亿元，夷陵农产品加工园区被评为"全国农产品加工示范基地"，萧氏茶叶集团跻身全国茶叶行业五强。农产品质量安全全面加强，全区农业"三品"有效品牌达56个；新发展农民专业合作社29个，达176个，农业科技的支撑作用明显增强。

【农业抗灾救灾】 6月7日至7月28日，大风、冰雹、暴雨山洪等自然灾害造成全区农作物受灾20.19万亩，绝收4.4万亩，农业经济损失9500多万元。灾情发生后，区政府迅速启动应急响应，区农业局制定《农作物救灾紧急补救技术措施》，派出下乡工作队12批次、60人次，举办技术培训4场次，培训1500人次，印发技术资料2万多份。争取中央和省级救灾补助资金156万元，农业生产救灾尿素180吨，水产养殖户恢复生产贴息贷款24.68万元。在雾渡河镇龚家河村和清江坪村、黄花乡上洋村和南边村、邓村乡邓村坪村建立5个灾后生产重建示范点，促进全区灾后农业生

省农业厅领导在田间查看灾情、指导救灾

产发展。夷陵区全力抗灾的做法在农业部、省农业厅等农业信息网站上报道。

【夷陵农产品加工园区被评为“全国农产品加工示范基地”】 由农业部于12月授予。年内，园区内的萧氏茶叶高新科技工业园项目完成茶饮料车间、茶食品车间、茶粉体车间、茶包装车间和品管中心土建工程，与日本合资、引进的茶粉体生产设备安装结束。宜昌娃哈哈启力饮料生产线、金正米业豆制品生产线、晓曦红生态产业园西班牙佛美萨柑橘光电分级处理生产线等建成投产。至年底，规模以上农产品加工企业53家，其中国家级农业产业化重点龙头企业3家、省级龙头企业7家；全年农产品加工产值实现135.6亿元。萧氏集团获“国家农业产业化重点龙头企业”、“第二批全国农产品加工业示范企业”等称号。

【农产品质量安全监管】 建立农资产品溯源体系，重新审验350余家农资经营户，重新审定登记备案进入夷陵区农资市场销售的农资产品，指导农资经营者建立规范的进、销货台账和质量信誉登记卡，实行农资质量可追溯。建立农产品质量溯源体系，以晓曦红专业合作社、萧氏茶叶集团为龙头，对主要农产品柑橘、茶叶建立农产品质量溯源体系，为上市的每一个产品建立电子档案，让农产品上市有了“身份证”。开展农产品市场检测，全年对城区四大超市和六大农贸市场开展蔬菜农药残留抽检1600个批次，农产品合格率95.5%，比上年提高6个百分点。

【参加汉宜农商农超对接会暨宜昌市优质农产品推介活动】 4月12日，夷陵区10家农产品加工企业和7家农民专业合作社，参加在武汉长江大酒店举行的“2010汉宜农商农超对接会暨宜昌市优质农产品推介会”。稻花香集团、宜昌萧氏茶叶集团有限公司、湖北邓村绿茶有限公司、宜昌十八湾土特产有限公司和晓曦红柑橘专业合作社等5家企业与武商集团、中商集团、中百集团和家乐福等在汉知名连锁超市、大型农贸批发市场、商贸企业签订意向性合同，共签约包括茶叶、柑橘在内的农产品进超市项目10个，签约金额10.3亿。

督导检查农产品检测

【参加“第七届中国·武汉农业博览会”活动】 10月28日至31日，湖北稻花香集团代表夷陵区参加在武汉举办的“第七届中国·武汉农业博览会”。会上，集团成员企业湖北稻花香酒业股份有限公司的“稻花香珍品一号”获第七届中国武汉农业博览会全国知名品牌农产品称号；湖北关公坊酒业股份有限公司的“关公坊武汉精制”获第七届中国武汉农业博览会金奖农产品称号，湖北稻花香绿色食品股份有限公司的“玉米浆”产品获第七届中国武汉农业博览会金奖农产品称号。

（徐　陈）

粮　油

【概况】 全区粮油作物播种面积53053公顷，比上年增长1.5%。粮

太阳能杀虫灯

食作物面积 40407 公顷，增长 1.4%；总产量 22.3 万吨，增长 3.7%。油料作物面积 12646 公顷，增长 2.0%；总产量 2.5 万吨，增长 1.8%。全年粮油总产值 6.2 亿元，增长 19.2%。

推进农业科技入户，全年开展农业科技培训 589 场次，举办示范样板 20 个，培训农民 15.7 万人次，编发技术资料 12.8 万份，发送科技短信息 45000 多条，接受农民电话咨询 369 人次，为群众解决疑难问题 40 多个。开展粮油优质高产创建，在水稻、玉米、马铃薯和油菜等 5 个万亩示范区，应用集成技术，开展品比试验，落实物化补贴，加大设施投入，推进绿色防控，安装太阳能杀虫灯 38 盏。除玉米遭遇自然灾害略有减产外，示范区的水稻、马铃薯、油菜平均单产分别比相同条件非示范区增产 4.6%、13.3%、11.5%。

（曾宪忠）

柑 橘

【概况】 新发展柑橘 507 公顷，建设标准果园 3333 公顷，柑橘总面积 22216 公顷，比上年增长 2.3%；总产量 44.6 万吨，增长 13.9%，实现综合收入 6.8 亿元，增长 70%。

【晓曦红牌“宜昌蜜橘”获“湖北名果”称号】 12 月 14 日，宜昌市晓曦红柑橘专业合作社的晓曦红牌“宜昌蜜橘”获湖北“三大名果”称号。“三大名果”评选活动是由省农业厅组织华中农业大学、省农科院、省林科院等单位的专家组成评审委员会，对全省水果产业进行综合考核后评出的。“宜昌蜜橘”具有坚实的产业基础、较高的市场知名度。“宜昌蜜橘”产区是全省种植规模最大、联动效应最好的柑橘产区；“宜昌蜜橘”先后被评为“湖北十大农产品”、“全国最具市场竞争力地理标志”、“宜昌市知名商标”，在华北、东北、西北享有盛誉。

省政协副主席陈柏槐（左）、省农业厅厅长祝金水（右）为晓曦红牌“宜昌蜜橘”授牌

【柑橘销售】 通过“组建一个工作专班、制定一套奖励政策、开展一次柑橘销售联谊会、组织一场‘晓曦红’宜昌蜜橘郑州市场推介会、到主销的华北东北市场开展一次市场调研、筹办一次标准果园开园仪式、召开一场‘晓曦红’品牌宣传发布会”等措施促进了柑橘销售。全区柑橘销售最高价格 2.60 元/公斤，最低价格 1.00 元/公斤，平均价格 1.30 元/公斤，比 2009 年增加 0.22 元/公斤，是历史最好水平。柑橘销售综合收入 6.8 亿元，增长 70%。柑橘产后打蜡加工 35.62 万吨，罐头加工 0.48 万吨，加工处理率达 80%，鲜果出口 3.50 万吨，增长 25%。夷陵区人民政府获“全市柑橘销售先进单位”称号，晓曦红柑橘专业合作社获“全市柑橘销售龙头企业”称号，宜昌洋红农贸公司获“柑橘销售大户”称号。

【“佛美萨”柑橘光电分选处理系统安装运行】 晓曦红柑橘生态产业园一期工程交易中心建设项目基本

橘园安装的信息数据自动化采集系统（张国范摄）

完成，投资1100万元引进的首条西班牙佛美萨柑橘光电分选处理系统投入运营，每小时加工量超过25吨，日加工量超过200吨。

【标准橘园应用信息数据自动化采集系统】 9月，湖北省首个专业柑橘果园信息数据自动化采集系统在夷陵区柑橘示范场安装试用。该系统由土壤温度、湿度观测仪器、天气的晴、阴、雨、雪、风及空气湿度、温度的观测仪器、红外线探头等仪器组成，可实时收集橘园内气象因子和土壤养分数据，自动生成NOAA气象报告和趋势分析，配合电脑操作软件实现网络远程数据传输和网络实时气象状况监测，为柑农进行相关农事活动、开展农业生产提供信息指导，便于及时应对紧急灾害天气。

（谢合平）

茶　叶

【概况】 新发展茶叶633公顷，改造老茶园666.7公顷，建设高效标准茶园1033公顷；茶叶总面积12367公顷，比上年增长6.6%；总产量10095吨，增长10.3%；综合收入实现3.8亿元，增长22.6%。全区优质茶叶板块基地面积5333.3公顷，通过无公害认证3353.3公顷，认证有机茶园281公顷，居全省之首。至年底，全区建成高标准有机乌龙茶示范基地10000亩，建标准化有机茶加工厂5个，年生产能力1000吨。

【萧氏集团高山明珠有机乌龙功夫茶新产品鉴评发布会在汉举行】 6月25日，萧氏集团高山明珠有机乌龙功夫茶新产品鉴评发布会在省农业厅举行。省委常委张昌尔、省农业厅厅长祝金水、宜昌市委副书记李亚隆、夷陵区委书记熊伟等出席发布会，省农业厅副厅长焦泰文主持会议。来自全国的茶叶研究专家对湖北首个乌龙茶新品进行点评，中国农科院茶业研究所副所长鲁成银研究员宣读专家鉴评组的鉴评意见："萧氏高山明珠有机乌龙功夫茶外形颗粒紧结、砂绿鲜润、汤色绿黄明亮、花香浓郁、滋味鲜醇爽口、品质优良"。

萧氏集团有机乌龙功夫茶新品鉴评发布会现场

【张昌尔在萧氏集团调研】 8月3日，省委常委张昌尔一行在萧氏集团调研，市委常委、统战部部长廖达凤，区委书记熊伟、区长刘洪福等陪同调研。张昌尔一行视察了萧氏茶业高新科技工业园和雾渡河萧氏茶叶科技园，听取了萧氏集团董事长肖勇对企业发展情况的汇报，询问了萧氏集团茶产业发展的思路和构想，对萧氏企业勇于创新思路，多元发展茶产业的举措给予高度评价。他指出，萧氏企业不仅要定位是国家级的农业产业化龙头企业，还要争当行业的领军企业，要力争在五至十年间，打造中国知名的茶叶百亿企业，为中国茶叶经济的发展做出新的贡献。

【湖北省乌龙功夫茶开发现场培训会在夷举行】 于9月20日举行，来自全省40多个县、市、区的产业领导和相关企业代表参加会议。会议提出大干快上，加快乌龙茶开发推广力度，把乌龙茶发展成为农民增收致富的新兴产业。会议期间，与会代表参观了萧氏集团湖北高山明珠生态农业有限公司的桃坪河村好汉坡乌龙茶基地、湖北首个高山乌龙茶标准化加工厂房、萧氏集团雾渡河茶叶加工基地和茶叶洁净化生产线、萧氏集团茶业高新科技工业园。

（张春蓓）

桑　蚕

【概况】 全区桑园种植面积2400公顷，全年发放蚕种6000张，比上年减少25%，产鲜茧240吨，下降38.5%；蚕茧收入576万元，增长9.1%。三斗坪镇春蚕收购鲜茧价格25元/公斤，夏蚕鲜茧价格20元/公斤，创历史最高收购价。

【夷陵区首条桑蚕深加工生产线竣工投产】 10月28号，总投资2000万元的宜昌银罡桑蚕科技有限公司桑蚕丝深加工基地在三斗坪镇中堡村竣工投产。银罡科技公司将本地优质桑蚕资源与江浙先进加工技术相结合，构建了一条集蚕丝家纺、桑蚕食品、桑蚕观光旅游等多位一体的综合性农业产业链。

（郭云）

蔬 菜

【概况】 全区蔬菜播种面积16692公顷，比上年增长0.7%；总产量41.7万吨，增长9.5%；综合收入4.6亿元，增长34.5%。

【“照单”种菜助农增收】 分乡镇引进蔬菜种植大户，按每年每亩500元的价格租赁当地200户村民的承包地，集中发展黑皮冬瓜、豌豆、西红柿、辣椒等蔬菜基地2000亩。蔬菜种植大户将蔬菜基地的劳务全部承包给被租赁土地的村民，每户村民按照种植大户提供的“清单”适时进行耕地、播种、除草、施肥等田间管理，“照单”种菜，统一销售，年获劳务收入2000多元，每亩租赁土地相比传统耕种每年增加纯收入500多元。

（邓连生）

照“单”种植的黑皮冬瓜

久保田4LZ-2.5油菜籽收割机

农村能源

【概况】 全年争取农村能源建设项目资金2250万元，完成“一建三改”5000户，建设宜昌家家有大型沼气工程1处，13个农村能源后续服务站、128个服务网点投入使用。

【稻花香大型沼气工程运行年增收节支90万元】 稻花香酒业股份有限公司大型沼气工程采用“能源生态型”模式，将酿造废水经过一系列的生物发酵处理，产生沼气作为锅炉燃料，节约大量的燃煤，并消除污水产生的环境污染和燃煤产生的二氧化硫、烟尘对大气的污染。全年产沼气20万立方米，节约燃煤1000吨，增收节支90万元。

（郑明亮）

农业机械

【概况】 全区农机总动力25.79万千瓦，新增农机总动力1.07万千瓦，累计推广拖拉机2868台，联合收割机28台，插秧机78台，微耕机4837台，修剪机1443台，采茶机48台，推土机47台，低速货运汽车、三轮车3689辆，动力喷雾（粉）机2284台，各种农副产品加工机械24381台（部），农用排灌机械26515台，饲草料加工机械1404台。

全年落实农机购置补贴资金620万元，补贴农机具5096台，受益农户4659户，购机总额2092万元，拉动农民投资1472万元。鸦鹊岭镇引进久保田4LZ—2.5油菜籽收割机2台，京都奶牛公司应用大型饲料搅拌机和送料机。全区发展农机专业户7874户，专业合作社4个，乡村农机从业人员2.6万人。完成机耕机整23.72千公顷，机电灌溉7.11千公顷，机械植保23.9千公顷，水稻机收3.47千公顷，水稻机插0.66千公顷。

开展“平安农机”创建活动，创建农机安全示范乡镇3个，示范村3个，示范户1000户。全年检审拖拉机1232台，核发和换发拖拉机牌证144副，培训考试拖拉机驾驶员4期95人。开展拖拉机田检路查650台次，纠正违章行为162人次，消除事故隐患120车次，农机安全生产实现全年零事故。

（袁世海）

渔 业

【概况】 全区放养水面1247公顷，比上年增长2.2%；水产品产量8301吨，增长10.1%；总产值7470万元，增长10%。

【上海海洋大学产学研基地在夷挂牌成立】 1月30日，上海海洋大学产学研基地在宜昌英武长江渔业开发公司挂牌成立。副市长王国斌、上海海洋大学副校长黄硕林、副区长易仁和出席挂牌仪式。宜昌英武长江渔业开发公司是夷陵区一家集养殖、开发和销售为一体的渔业企业，上海海洋大学是国内水产领域著名的专业院校，拥有优秀的人力资源和先进的科技成果。双方希望通过“企校联营”，在渔业养殖、产品开发等领域开展合作，培养更多实用型渔业科技人才，全力构建科研成果产业转化平台，共同推动夷陵区渔业产业的提档升级。

【两坝间水域经济鱼类增殖放流项目启动】 5月27号，以“中华鲟世博游—世博会长江水生生物养护系列活动”为主题的长江三峡—葛洲坝两坝间水域经济鱼类增殖放流项目在三斗坪镇东岳庙江畔启动。区委书记熊伟主持启动仪式，副省长赵斌宣布活动启动，各级各部门领导和各界嘉宾将90万尾草鱼、鲢鱼、鳙鱼等经济鱼种放入长江。这次在夷陵区境内启动的经济鱼类增殖放流项目计划分3年实施，放流总量为345.73万尾。项目实施后，两坝间每年可新增捕捞产量22.8万公斤，新增渔业产值500万元，并将对库区38公里长江干流以及黄柏河等主要支流的生态环境产生积极影响。

（杜刚）

畜牧业

【概况】 全年肉类总产量9.0万吨，比上年增长12.5%。生猪出栏95.7万头，增长6.1%；家禽出笼408.7万只，增长36.4%，禽蛋产量3296吨，增长22.0%；山羊出栏6.0万只，下降6.6%；奶牛存栏2882头，增长34.0%，鲜奶产量19408吨，增长72.9%。牧业总产值16亿元。全区标准化“150”和“500”模式猪场238栋，省级标准化万头生猪养殖小区3个，标准化鸡舍115栋，标准化肉兔示范场1个，家家有万头猪场和京都奶牛养殖场、兴和农牧公司肉鸡场、昌伟农贸公司仓屋塝肉鸡养殖小区等获国家标准化示范场称号。区级供精中心1个、供精分站8个、人工授精服务网点150个，从业人员228人，良种公猪存栏近200头，累计发放精液24.5万头份，输配母猪12.25万头次，生猪人工授精覆盖率96%以上，良种覆盖率100%，兑付补贴资金176万元。全省生猪良种补贴项目现场会在夷陵区召开，与会人员参观了人工授精站点建设现场。争取国家项目和资金投入，在区乡两级新建、改造疫苗冷藏室、疫病诊断室、疫病测报室等业务用房近5000平方米，配备防疫检疫设施设备1200多台套，建成70多立方的区级中心冷库，在全省建立首家县级动物PCR诊断室，为全区所有乡镇及行政村235名防疫员配备冰箱、冰柜和疫苗冷藏包等冷链设备，在150个村建立标准化兽医卫生室。

（袁俊）

水 利

【概况】 按照构建防洪救灾保障体系、水资源供给保障体系、水生态环境建设保障体系，打造“平安水利、民生水利、法制水利”，以简垱河流域生态水利试验区、黄柏河流域集雨工程示范区水利建设为重点，开展农田水利建设、农村饮水安全、水库除险加固、节水灌溉、水生态治理、水土保持、堰塘清淤扩容、防洪预案等工程。全区农田有效灌溉面积10619公顷，占常用耕地面积的39.9%；旱涝保收面积

利用国家项目改造的区级动物疫病化验室

8942 公顷，占常用耕地面积的33.6%。全年争取到位资金5960万元，其中国家投入4590万元，省市配套517万元，区级投入853万元。完成各类水利投资10500万元。启动城镇房地产水土保持监督管理工作，将城镇房地产水事活动行为纳入水土保持监督管理。探索建立的小（一）型水库管理人员纳入农村“公益性”岗位改革模式在全市农田水利基本建设现场会上交流推广。

全年开工各类水利工程4132处，完工4076处，土石方421万立方米，投工410万个。完成农村饮水安全工程366处，土石方26.01万方、混凝土0.66万方、安装管道90.13万米，解决6.2万农村人口饮水安全。完成上木坪、十字沟、榨坊河、海云店、东西泉、戈场、棠垭、周家嘴等8座小（一）型水库的除险加固工程资料的归集与整理；完成黄家冲、法官泉、大米山等3座小（一）型水库的除险加固的立项与申报工作。开展简垱河流域生态水利试验；建设黄柏河流域集雨工程示范；完成柏临河雷家畈村、东西泉村乡村河道绿化、硬化；开展黄柏河流域河道的清障和疏浚工程，完成生态治河30公里；启动河道岸线勘界管理新模式，在黄柏河黄花段河道岸线实施划定勘界，设立界牌，明确河道管理范围；完成水土流失综合防治29.03平方公里，其中坡改梯206.92公顷（石坎梯田81.04公顷），封禁治理2696.02公顷，排洪沟16.31千米、蓄水池2547立方米、沉沙凼165立方米、田间道路8.1千米、机耕道13.68千米。完成水土保持生态环境建设工程投资1559.01万元，其中世行贷款559.52万元、欧盟赠款62.08万元，国内政府配套308.14万元，群众投劳折资629.27万元。完成新坪以电代燃料项目，隧道扩宽、渠道加固、厂房更新等单元工程，惠及以电代燃料农户2257户7900人。完成邓村乡、雾渡河镇开发清洁水电能源建设，建成小水电站2座，新增装机容量2600千瓦。签订14份防汛工作目标责任书、14份防汛抢险目标责任书；落实57座小型水库“六大责任人”。下达防汛安全隐患整改通知书19份、执法监督检查告知书5份。专项排查宜巴高速公路建设施工沿线临时便桥、拌和厂、弃渣场、施工区营地等28处安全隐患，专项督导三峡人家杨家溪漂流拦河坝安全隐患的整改。修订防汛抢险预案、山洪防御预案、水库防汛预案、在建工程、尾矿坝、重点大堰专项防洪预案73份。储备防汛麻袋0.5万条、编织袋8.2万条、编织布0.3万平方米、铁丝0.11吨、木桩115立方米、砂石料0.7万立方米。落实抢险劳力3万人，成立区乡应急抢险分队。结合“宜昌水情信息网”、“夷陵区自动雨量观测网”建立防汛水雨情监测平台；依托宜昌、夷陵两级气象预报信息建立汛情预警发布平台；依托电信信息网络技术建立水雨情短信信息发布平台。制定出台《宜昌市夷陵区防汛抗洪气象信息预报、雨情信息预警、水（灾）情信息收集上报及应急处置工作程序（试行）》。完成农区农村饮水工程、灌溉设施、河

7月9日，生态流域试验区接受省级验收

11月18日，鸦鹊岭镇损毁河堤恢复施工现场

堤护岸等水利工程的抢险和恢复。

"6.7"暴雨山洪，组织由武警、公安、水利组成的400人的营救队伍、调用救援设备8台套，营救13名被困工人。"7.23"特大山洪灾害发生后，筹集防汛应急救灾资金30万元，调拨饮水管道1万米，用7天时间恢复3474人的饮水问题。筹集700多万元防汛应急资金用于雾渡河、黄花、分乡、太平溪等受灾严重的水毁工程修复，完成水毁河堤修复3000米，堰塘加固20口，管网修复3.5万米。完成水行政审批60件，其中河道项目建设审批13件，河道采砂审批24件，水土保持方案审批23件；全年征收水利规费300.6万元，其中，防汛费60.75万元，水资源费196.34万元，河道砂石管理费14.95万元，水土保持补偿费28.02万元。查处侵占河道、围河造地、非法采砂等违法案件62起，下达《责令停止水事违法行为通知书》21份，整改通知书41份，综合执法1次，协调水事纠纷50次。

【夷陵区第一次全国水利普查试点工作】 4月2日，夷陵区被国务院第一次全国水利普查领导小组确定为水利普查试点县（市）之一。历时4个月，调查各类水利工程14924处、水利行业单位88家、地表水源地4个、取水单位169家、居民取水户100个、取水口58个、排污口54个、灌区4个，并将普查数据汇总后按普查门类汇编成册。

【简垱河流域生态水利试验】 完成俞家溪小型农田水利"民办公助"项目，整治改造斗、农渠26千米，整治排洪沟0.5公里，建旱地蓄水池20口，完成黄家冲灌区节水工程，维修干渠3公里，排洪沟0.5公里，排灌涵管10处.

【黄柏河流域集雨工程示范】 完成南边村雨水集蓄利用项目一期工程，维修加固堰塘3口，兴建2口300立方米、11口100立方米、196口30立方米蓄水池，铺设引水管道19.2公里，安装U型渠3.6公里；建设末级渠系155千米，抗旱蓄水池560口，新增和改善灌溉面积2800公顷。

【水利行业改革】 7月21日，区水土保持局被宜昌市人力资源和社会保障局以宜人社[2010]24号文件明确为参照公务员法管理事业单位；8月23日，区水政监察大队被区政府办以夷政办发[2010]64号文件明确为区水利局管理的副科级全额拨款事业单位。

【"兴水惠民"服务品牌创建】 通过拟定草案、议案征集、全民参与、集中商议、领导审核、专家审定，提炼出"兴水惠民"服务品牌。品牌标识以汉字"水"的流形为主题，配以蓝、绿色，充分展现夷陵水利的勃勃朝气与活力，寓意着夷陵水利事业无限美好的明天。"兴水"代表"水资源安全、水环境优美、水秩序和谐"。"惠民"代表将"顺民意、解民忧、暖民心"作为工作追求，重在服务民生、服务发展、服务大局。"兴水惠民" 服务理念是 "兴水利、除水害、惠民生"。"兴水惠民"的核心价值是"求真、务实、创新"；其承诺是"便捷、高效、廉洁"；愿景是"绿色水利、生态水利"。

（周宝书）

林业

【概况】 坚持"生态建设从山上走下来，产业发展从林中走出来，林业改革发展让农民富起来"的工作思路，全年争取各类项目资金6800万元，兑现2009年、2010年退耕还林政策补助8632.5公顷2687.58万元，并补兑143.78万元，总计兑现2831.36万元。

完成新造林1273.3公顷（核桃673.3公顷、杉树213.3公顷、柑橘166.7公顷、茶叶133.3公顷、其他86.7公顷），义务植树100万株，中幼林抚育13333公顷，林业育苗67公顷，低产林改造533.3公顷。

天保工程完成中央扩大内需建设封山育林2667公顷。聘专职护林员141人，兼职护林员126人，管护15.4万公顷天然林。对管护人员中的41人办理社会保障五项保险，举办护林人员培训25场次300人，发放林业法规资料420份。管护人员协查各类林业行政案件1256起。

退耕还林工程接受国家、省阶段性验收，其中到期的2002年生态林1619.3公顷、2005年经济林188.7公顷，验收合格率99.6%。完成2009年、2010年巩固退耕还林成果新造林945.1公顷，改造1304.8公顷。通过2009年第四批扩大内需中央预算内投资荒山造林400公顷的国家级验收。

森林公安开展"破案攻坚百日会战"、"春季行动"、"蓝盾护绿"专项整治，全年办理涉林案件515起，林业行政案件492起，查处率、结案率均为100%；办理刑事案件16起，刑事拘留6人、移送起诉10起13人，查处率100%；查处治安案件7起，治安拘留7人、治案处罚1人。全年无行政复议及行政诉讼案件。

完成第六次森林资源规划设计调查的外业调查工作，调查1692个样点，33.59万公顷，其中林地面积23.9万公顷。完成"十二五"期间全区年森林采伐限额编制工作。全年全区实际采伐蓄积69450立方米，其中非商品材68890万立方米，商品材560立方米，占计划的71.38%；办理采伐证2844份，凭证采伐率96%。审核上报征占用林地项目41个，面积210公顷，申报材料合格率100%，征收森林植被恢复费1184万元。清理2008年以来违规占用林地，查处非法占用林地案件32起，处罚27人。受理、办结林业行政审批承诺3552件，办结率100%。设立矛盾纠纷调处室，全年调处林权纠纷55起。

申报“三峡库区松毛虫综合防治”和“国家级三峡湿地保护”项目。全年森林病虫害发生面积3793.2公顷，其中松材线虫193.3公顷、马尾松毛虫1800公顷，杨树食叶害虫533.3公顷、杨树蛀虫干害虫400公顷、松褐天牛733.3公顷、经济林（银杏）害虫133.3公顷。投入防治经费133.2万元，防治3726.7公顷，防治率98%，无公害防治率100%。

申报并通过省林木良种鉴定委员会对引种清香核桃的良种认定，确定为中部石灰岩区域主导产品，在黄花乡牛坪、张家口两村定品种、定模式、定苗木、定村（组）、定方案、定责任营建667公顷清香核桃基地。全年组织科技下乡73次，举办实用技术培训40场次6200人，接受咨询300多人，印发《林业有害生物防治技术》资料3000份。编制完成《夷陵区“十二五”林业发展规划》。

【开展“一江两山”交通沿线生态景观林建设】 5月，“一江两山”交通沿线生态景观林建设通过省级验收合格。该项目自2009年10月启动以来，3个工作小组6名工作人员，采用万分之一地形图进行外业调查和设计，境内“神宜段”沿线74公里，“宜枝段”4.3公里，三峡专用公路及延伸到太平溪镇的旅游码头23公里两侧50米可视范围为规划设计范围。规划“神宜段”建设136公顷，“宜枝段”建设18公顷，三峡专用公路及延伸段建设21.7公顷。“神宜段”和“宜枝段”纳入2010年建设计划，共57个小班201.26公顷。建设以乡土树种为主，乔灌结合。年内完成造林201.1公顷，其中雾渡河镇67.5公顷，黄花乡105.3公顷，夷陵经济开发区10公顷，鸦鹊岭镇18.3公顷。调苗511.4万株，其中柑橘6.8万株（73.7公顷）、茶叶500万株（55.7公顷）、樟树0.9万株（18.3公顷）、桂花1.1万株（16.5公顷）、核桃1.5万株（14.6公顷）、樱桃0.6万株（12.3公顷）、柚子0.5万株（10公顷）。完成绿化岛67处，房前屋后种植经济、绿化苗木8000株。

【区划认定国家公益林64814公顷、省级公益林22567公顷】 认定的国家公益林按保护等级分，一级18625公顷，二级38337公顷，三级7852公顷；按生态区位分，长江三峡水库18809公顷，长江葛洲坝水库38176公顷，石漠化地区7829公顷；按行政区域分，邓村乡14618公顷，乐天溪镇18236公顷，三斗坪镇10558公顷，太平溪镇8069公顷，下堡坪乡2167公顷，小溪塔街道3338公顷，分乡镇7828公顷；按林种分，水源涵养林40663公顷，水土保持林22725公顷，环境保护林1426公顷；按地类分，有林地45532公顷，灌木林地19256公顷，未成林造林地23公顷，疏林地3公顷；按权属分，国有876公顷，集体6202公顷，个体57736公顷。认定的省级公益林按地类分，有林地17407公顷，疏林地65公顷，灌木林地5095公顷；按权属分，国有林4252公顷，集体林8769公顷，其他9546公顷；按行政区划分，黄花乡3022公顷，分乡镇2471公顷，雾渡河镇6733公顷，小溪塔街道2756公顷，樟村坪镇3333公顷，樟村坪林场4252公顷；按林种分，水源涵养林9056公顷，水土保持林11545公顷，自然保护区林1966公顷。

【全年争取林业项目资金6800万元】 其中，中央、省级事业费类项目13个，资金1698万元；基本建设项目3个，资金188万元；天保工程项目资金651万元；退耕还林和巩固成果项目资金4263万元。

【集体林权制度配套改革】 以区林业调查设计队为依托，组建森林资源资产评估机构：以宜昌夷陵农村合作银行为林权抵押贷款的承载银行。区林业局与宜昌夷陵农村合作银行签订《林权抵押贷款合作监管协议》。4月13日，宜昌市大兴农业开发公司经过评估、登记，以1宗29.51公顷林地的林权做抵押获贷款50万元。6月9日，宜昌绿色农业科技开发有限公司经过评估、登记，以1宗73.3公顷林地的林权做抵押获贷款100万元，成为全区首个林权抵押贷款百万元的单位。

【森林防火工作保持两无“零纪录”】 全年发生森林火灾29起，受害森林面积21.27公顷。查处29起，行政罚款20人，批评教育37人。森林火灾受害率0.026‰，小于0.3‰的控制比例。保持2004年以来连续七年无重大森林火灾、无人员伤亡的“零纪录”。全年全区各级签订责任状38802份，召开会议228场次，举办森林防火文艺演出30场次，刷新和新建宣传碑517块（其中新增116块），发放宣传资料、年画148889册（张），宣传车巡回宣传19740公里。完善生产用火由村民向村民小组长申请、乡镇（街道）林业工作站实地踏勘审批的许可证制度。组建森林扑火队伍223支10323人，开展扑火知识培训115场次、演练23场次，形成“区指挥部—护林员—村责任人—农户”森林防火工作网络和“区—乡镇（街道）—村”经过培训的森林扑火应急骨干队伍。投入森林防火经费57.67万元，购油锯12台，二号工具192把，镰刀384把，照明灯65支，扩音器4台，防火服13套。

【启动"国家森林城市创建"工作】区委、区政府成立"区创建国家森林城市工作领导小组"。区政府制定《夷陵区创建国家森林城市实施方案》，全区从2010年起实施高效核桃园、生态茶园、宜神路夷陵段生态景观工程、生态示范镇、森林公园、河心公园、发展大道绿化、星湖湾小区绿化、恒大绿洲小区绿化九大重点建设项目，完成新造林和改造低产林2667公顷，森林覆盖率达到60%，新增城市绿化面积13万平方米，城区绿化覆盖率达到40%以上，绿地率达到35%以上，人均公共绿地10平方米以上，村屯绿化覆盖率达到40%以上，城市居民出行500米内见休闲绿地，把夷陵区建成"宜居夷陵"、"人文夷陵"为特色的新城。

【成立湖北现代林业夷陵绿色食品科技产业园】于2月25日由省林业局以鄂林产涵[2010]61号批复成立。项目规划总投资150亿元，将在40家农业产业化龙头企业(国家级2家、省级5家和省级林业产业化龙头企业4家)、年产值40亿元、利税3亿元、安置就业岗位5000个基础上，以鄂西生态文化旅游圈建设为契机，参与湖北夷陵经济开发区的建设与发展，利用开发区土地200公顷。至年底，已有博大家私有限公司、宜昌坤艳工贸有限公司、湖北邓村绿茶集团有限公司、萧氏茶叶集团、好智多生物开发有限公司入驻。园区以茶叶、中药材萃取保健品、茶饮料、核桃深加工、园林珍稀植物组织培养的产品开发为主。

【通过国家强农惠农林业资金专项检查】10月，国家强农惠农林业资金检查小组检查夷陵区强农惠农财政专项资金包括区林业局使用财政强农惠农专项资金情况，没有发现违规违纪问题，认定通过国家强农惠农林业资金检查。在强农惠农资金专项清理和检查工作中，区林业局对2007年至2009年区林业局使用的林业财政专项资金73项5710万元进行自查，其中2007年19项(中央8项，省7项、区4项)1036万元、2008年29项(中央8项、省14项、区7项)1468万元、2009年25项(中央10项、省8项、区7项)3206万元。资金使用中存在滞留专项资金241万元，即2007年滞留4万元、2008年滞留14万元、2009年滞留223万。其中，滞留在区林业局10万元、滞留在区财政局及农业股231万元。滞留的主要因素是报账不及时或在建待结算。区林业局对存在的问题与区财政部门沟通，及时整改到位。

【创建"森林夷陵"服务品牌】区林业局制定《创建森林夷陵服务品牌活动方案》和《服务品牌创建管理暂行办法》。各股室申报审定了品牌：办公室为"林业中枢"，计财股为"林业管家"，造林绿化股为"山清水秀"，林政股为"森林守护神"，夷陵森林公安分局为"森林卫士"。围绕林业服务创新理念，建立"生态最好、程序最简、效率最高、成本最低、队伍最廉"服务规范。各股室在具体工作中践行服务品牌：林业局驻区行政服务中心窗口摆放《区林业局行政审批服务指南》及宣传单，方便客商；局办公室编印《区林业局管理制度汇编》，加强管理和服务；造林绿化股在"一江两山"生态景观林建设中，坚持"壮树入户，专业施工，一次成景，迅速收益"，将农民及时受益的5个经济林品种用于营造景观林等。年内，有5个局属单位、10人次个人获国家、省、市林业主管部门及区政府表彰，区林业局获奖9个。

【民主评议政风行风活动】2010年，区林业局被指定为夷陵区经济社会管理类行风评议部门。在评议工作中，区林业系统悬挂标语30条，召开座谈会14次，印发简报15期，媒介采用信息50余条，发放和回收征求意见表352份，对征求到的林业产业建设、资源管理、项目管理、林业队伍建设四个方面的意见和建议，定领导、定专班、定期限、定措施、定目标抓整改。支持63个村建设基本口粮田110.2公顷，安装太阳能热水器852台、节柴灶2254个。抓好中央对夷陵区生态移民及后续产业建设投资1029.26万元的项目实施，及时兑现国家2010年度退耕还林政策补助，为太平溪镇林家溪村安排救灾资金5万元和灾后重建专项资金15万元。将林业行政审批项目由10项合并为8项，倡导"马上办、主动办、透明办、热情办"的行业工作作风。修订完善夷陵区《林业项目资金管理工作规定》、《"收支两条线"管理规定》、《局党委中心学习组学习制度》、《值周局长工作制度》、推行"问责治庸"制度。年内林业系统2人获副高级职称，4人取得中级职称。开展回访，对林业工作的满意度为100%。经过集中测评、乡镇测评、日常考核"三位一体"综合考评，12月，区纠风领导小组办公室评定区林业局为"优秀单位"(位列全区第二名)。

(刘本荣)

农村经济管理

【概况】2010年，全区农村经济总收入98.68亿元，比上年增加14.4亿元，增长12%；村组集体积累6.98亿元，增加4219万元，增长6%；农民人均纯收入7185元，增加1137元，增长18.8%：村级集体经济年收入5万元以上的村155个，占85%。年内，在发展大道新区郭家湾村和龙泉镇车站村开展全省农村集体资产产权制度创新试点。完成

省农业厅副厅长余胜伟（左三）、省经管局局长杨孔平（左二）在龙泉镇财务代理中心检查工作，市农业局副局长彭作佩（左四）、市经管局局长梅必主（右四）陪同。

区委副书记向洪星（中）参加郭家湾股份合作社成立大会

农村集体“三资”清理及监管代理工作。支持晓曦红等10个专业合作社发展壮大；新发展农民专业合作社32个，总数达92个；农民专业合作经济组织达179个。在85个村开展农村公益事业“一事一议”筹资筹劳财政奖补试点工作。继续举办全国农村土地承包经营纠纷调处仲裁试点，获“全国农村土地承包纠纷仲裁试点先进集体”称号。成立夷陵区农村土地承包仲裁委员会，在调处纠纷仲裁上做到有案必查、有信必回、有访必接、有求必应，全年调处纠纷150起，解决重大疑难问题10起。在完善乡镇财务代理中心各项规章制度的同时，建立村级财务账目、资金“双代管”新机制。完成12个乡镇的村级财务公开软件安装工作。成立区发展壮大集体经济领导小组办公室，拟定《关于发展壮大集体经济的意见》。

【为“全国农民专业合作社工作经验交流会”提供现场】 9月27日，全国农民专业合作社经验交流会在宜昌召开，农业部副部长陈晓华、副省长赵斌等领导及全国参会代表200多人参观考察夷陵区境内的万发畜牧专业合作社、晓曦红柑橘专业合作社。

【省级农村集体资产产权制度改革试点工作】 省经管局将发展大道新区郭家湾村和龙泉镇车站村纳入全省农村集体资产产权制度创新试区委点。郭家湾股份合作社于9月挂牌成立，车站村试点工作因涉及整体拆迁，至年底完成“清人分类、清产核资”等工作。

【农村集体“三资”管理】 农村集体“三资”清理及监管代理工作纳入省纪委“十个全覆盖”内容之一。11月5日，中纪委、省纪委督导检查小溪塔“三资”工作。据统计，全区清理集体资产总额167亿元，其中：流动资产2亿元，固定资产6亿元，资源性资产159亿元，比清理前增长20倍。盘活农村集体资产5000余万元；工程招投标295笔，金额5900万元，节约资金650万元。

【夷陵区被纳为全省“一事一议”财政奖补试点区】 85个村开展农村公益事业“一事一议”财政奖补试点工作。争取中央和省财政奖补资金515万元，区级财政配套奖补资金277万元。其中有76个村79个项目分别接受区综改办验收，验收项目合格率100%。

（龚琼）

交通·信息·邮电

责任编辑：王正玲

交　通

【概况】8 月，夷陵区交通局更名为夷陵区交通运输局。年末在册职工 768 人，在岗 469 人。其中在编 352 人，临时用工 117 人。离退休 299 人。全年完成交通建设固定资产投资 5.089 亿元，比上年增加 1.433 亿元，增长 39.19%。其中公路建设投资 4.37 亿元，港航基础设施投资 0.719 亿元。

全区公路通车总里程 3666.2 公里。其中，等级公路（油路、水泥路）2024.1 公里。农村公路硬化 2874.919 公里，占全区公路通车里程的 76%；行政村水泥路通村率 100%。全区桥梁 344 座/10494.6 延米，隧道 8 个/1414 米。年末省二级客运站 2 个，乡镇客运站 5 个；各类营运车辆 10041 辆。其中，客车 436 辆 11220 座，营运货车 9605 辆 29141 吨，出租车 180 辆。全年公路客运量 1257.8 万人，客运周转量 62046.80 万人公里，货运量 743.7 万吨，货运周转量 90751.4 万吨公里。有船乡镇 8 个，水运企业 6 家，港埠企业 23 家，客（汽）渡口 15 处。各类营运性船舶 23 艘，其中客（渡）船 16 艘，旅游客船 3 艘，机动货船 7 艘。港口货物吞吐量 129.4 万吨，货物起运量 125.0 万吨，客运量 27.97 万人。港航规费征收 291.04 万元。全年水路客运量 39.4 万人，客运周转量 2711.4 万人公里，货运量 38.6 万吨，货运周转量 23816 万吨公里。全年城市出租车客运量 1102.51 万人。全年农村公路硬化 211.9 公里，大修 29.5 公里，完成农村公路生命安保工程 158.37 公里。采用 BT 模式启动小鸦一级路改造工程小溪塔至龙泉段 14.8 公里。建成 20 个候车棚、30 个招呼站。新增农村客运线路 2 条，延伸线路 8 条，新增通客车村 10 个，新增通车里程 120 公里。完成代石等 4 处渡口改造工程。完成 5 家水运企业“水路运输许可证”和 39 艘船舶“营运证”年检核查工作，年审率 100%。综合治理 27 家客、货滚装码头。区内 500 多辆（只）农村客车、出租车和乡镇客渡船获国家燃油补贴 298 万元，其中农村客运车辆补贴 188 万元，城市出租车补贴 74 万元，乡镇客渡船补贴 36 万元。完成宜巴高速公路红线内征地

11 月 11 日，宜昌市夷陵区交通物流局挂牌成立

5600亩，拆迁主房510户，为各施工单位提供临时用地1000亩。和25家企事业单位签订征迁补偿协议。三峡翻坝高速公路改造工程完工并通车。出租车完成续权和运价调整，130台X牌出租车在全市率先安装GPS导航定位系统和LED顶灯，“四管三促”（管好计价器、管好一辆车、管好一张社会监督卡、管好一支队伍、促进从业人员素质不断提高、促进行业服务质量不断提高、促进行业形象不断提升）管理模式全市推广。

【交通行业改革】 8月18日，夷陵区交通运输局根据《市委办公室、市政府办公室关于<宜昌市夷陵区人民政府机构改革>》（宜办文[2010]10号）和《宜昌市夷陵区人民政府改革实施意见》（宜夷发[2010]3号）精神设立，为政府工作部门。原区交通局的职责整体划入区交通运输局，并承担协调服务铁路、邮政等工作；加强综合运输体系的规划协调职责、统筹城乡交通运输协调发展职责、为大企业及项目建设提供“直通车”服务的职责；取消公路养路费、航道养护费、公路运输管理费、公路客运附加费、水路运输管理费、水运客货附加费的征收职责；取消已由区政府公布取消的行政审批事项。局下设夷陵区道路运输管理所、夷陵区地方海事处、夷陵区物流局、夷陵区公路管理段、小溪塔交管站、黄花交管站、土门交管站、太平溪交管站、夷陵区城市客运管理处等行业管理部门。局机关设办公室、财务审计科、工程管理科、计划科、安全运输股、政工科等科室。行政编制13名。其中局长1名、副局长3名、总工程师1名。

【交通建设固定资产投资】 全年完成交通建设固定资产投资5.089亿元，比上年增加1.433亿元，增长39.19%。按用途分，公路及其附属建设投资4.37亿元，港航建设投资0.719亿元。按资金来源分，交通系统向上争取项目资金1.5亿元，区政府投入财政性资金5176万元，各乡镇（街道办事处、开发区、发展新区）通过地方财政投入、招商引资、“一事一议”、群众义务投工等筹资3.59亿元。

【项目申报】 全年经湖北省发展和改革委员会批复待建的重点项目9个。其中小鸦公路长31.62公里，总投资4.7亿元（不含征地搬迁费）；宜黄一级公路长10.519公里，总投资2.07亿元，项目已获省发改委工可批复（鄂发改交通[2009]986号）；张莲国防公路长35.464公里，总投资9471万元，项目已获省发改委工可批复（鄂发改交通[2009]136）及初步设计批复（鄂发改交通[2010]310号）；两花路续建工程长14公里，总投资980万元；土三公路长27公里，总投资1600万元；黄柏河航道整治工程长8.2公里，总投资8807.7万元；乐天溪磷矿石码头总投资1.2亿元；太平溪新港二期（太平溪物流园）总投资5.8亿元，主要新建2个3000吨级（400车位）商品汽车滚装泊位；百岁溪大桥长368米，概算投资3958.671万元。

【启动小鸦公路一级路建设】 12月26日，小鸦公路动工建设。建设的起点位于夷陵经济开发区，与省道宜兴公路S312相接，经陈淌坪、仓屋塝，在宋家畈进入龙泉镇；在龙泉食品工业区与土（门）峡（口）公路交叉，过石槽口后进入鸦鹊岭镇，于曾家岗下穿荆宜高速公路，经挖断山、黄家岗，薛家畈、田家畈，止于鸦鹊岭镇麻场岗，与省道汉宜公路S107相接，路线全长31.32公里。道路等级为公路一级、荷载等级为公路—I级，设计车速80公里/小时，路基宽24.5米，双向四车道，沥青砼路面。预算投资47170万元。按照“量力而行，逐步实施，突出重点”原则，改造工程拟分二期实施，一期工程为小溪塔至龙泉段，全长14.8公里，总投资2.6041亿元，计划工期24个月。二期工程为龙泉至鸦鹊岭段。

【宜兴生态景观工程建设】 区道路运输管理所抽调25人，落实养护工45人，聘请农民工108人，拨付各乡镇、开发区专项资金30万元。区公路管理段安排200名职工120万元资金，为神宜路夷陵区段画线144公里，整治加水站14处，修复钢波栏450米，清洗钢波栏5800米，安装示警桩560个，修复公路路肩110立方米，完善标准化边沟

12月26日，小鸦路开工场景

1月13日，省交通厅副厅长马立军（右三）察看宜巴高速公路夷陵区境内项目进展和安置居民点建设情况。区委常委、副区长李世民（左二），区交通局局长王家忠（左三）陪同

3200米，设置景观隔离栅栏1800米，清除边沟32公里，垃圾公路节点景观绿化7处，植树1500株。区交管站完成白果树瀑布景区桥梁栏杆安装。区征稽所完成黄花公房改造。3月31日，全省“一江两山”交通沿线生态景观工程现场会在夷陵区召开。罗清泉、李宪生、李春明等省领导多次带队视察宜兴路。宜兴路生态景观工程建设经验在全省推广。

【高速公路建设协调】 宜巴高速公路在夷陵区境内长73.37公里，有2处互通，7.805公里连接线，12个标段，涉及鸦鹊岭、龙泉、小溪塔、黄花、雾渡河5个乡镇（街办）、18个村、2个柑橘场、1个居委会、2900个农户。工程红线内图测占地4633.042亩，实际占地5793.298亩。宜巴高速公路建设协调指挥部年内完成红线内征地5600亩，拆迁主房510户，红线范围内土地全部交付使用，为各施工单位提供临时用地1000亩；建成官庄、黄花场、新坪、杨家河、聂家河、王家包、清江坪7个集中安置居民点；和25家企事业单位签订征迁补偿协议。完成广电、通讯的212621延米、2054杆的迁建工作；完成红线扩征、“三改”征地750亩，红线外112户房屋已拆除82户，兑付各类征迁补偿资金1.8亿元；完成符合参保条件的562名失地农民的养老保险工作；协助施工单位处理2次洪灾后的善后工作，解救施工单位被困人员100多名；妥善处理11标与当地居民的冲突问题；协调处理桂花园柑橘场“6.26”事件。

12月31日，三峡翻坝高速公路主体工程完工通车。三峡翻坝高速公路在夷陵区境内长12.48公里，途经三斗坪镇秋千坪村、暮阳村。年内，建设协调指挥部完成红线内房屋拆迁20户，永久性土地征用100亩，完成临时用地征用210亩，落实兑付征地拆迁补偿资金2000多万元。

【道路运输管理】 全区道路运输企业6725家，其中客运企业11家（班线企业9家，旅游运输企业2家），货运企业6281家（危险化学品运输企业6家），机动车综合性能检测A级站1家，机动车维修业（户）406家（一类10家、二类16家、三类330家、摩托车维修50家），汽车驾校3家，驾驶员培训报名点23个。客运线路83条、公交客运线16条；客运站5家、客运候车棚79个、招呼站113个。

全区公交营运线路15条。年内新增6条，即68路（长江市场—宜昌市铁路东站）、61路（长江市场—太阳山）、65路（长江市场—风洞河）、70路（长江市场—蔡家河）、71路（长江市场—大山坡）、72路（长江市场—付家冲）。调整延伸34路（丁家坝夷陵新都—宜昌市古佛寺）。

农村客运实现“村村通”。新

樟村坪新客运站（王萍摄）

开通三斗坪镇的拓木村、石牌村、天桥村，樟村坪镇的三堡垭村，雾渡河镇的西北口村，邓村乡的大水田村、庙垭村，太平溪镇的美人沱村、林家溪村和龙泉镇的万家畈村等10个行政村、120公里的客运线路。新增农村客运线路2条，即长江市场—石牌，鸦鹊岭—童畈；延伸线路8条，即鸦鹊岭—凤凰山，鸦鹊岭—海云，鸦鹊岭—龙潭村，龙泉—万家畈，龙泉--跑马岗，小溪塔—杨角山，小溪塔—桃坪河村，军田坝—长江市场。农村客运里程2031.5公里。

投资230万元建设农村客运站。修建公路沿线客运候车棚20个、招呼站30个。占地1500平方米、投资200万元的樟村坪五级客运站于8月21日投入运营。发放2009年度客运车辆的燃油补贴188万元，获得补贴的客运企业9家，客车248台/4858座，个体车辆30台/180座。全年完成机动车检测1.7万辆、机动车维修10万辆次、汽车驾驶培训0.3万人，客、货营运从业人员资格培训30期/0.7万人(货运从业资格培训0.5万人、客运从业培训0.2万人)。全年更新客车25辆，新增15辆，中高档客车比例达95%。

以小溪塔城区为重点进行交通秩序整治。全年检查车辆1200辆次，查处违章380起，扣车52辆，扣证(牌)134套，移交公安机关行政拘留2人次。配合"三峡人家"风景区推动客运经营提档升级。与非营运车主签订不从事道路运输承诺书。开展为期一周的机动车综合性能检测站检测秩序督察整顿。道路运输企业资质信誉考核达标率100%；客运车辆进站率、挂牌率、持证率、审验率、检测合格率、客运线路挂牌率100%；客货运从业资格证办证率100%；审验《道路运输证》8320本，审验率85%；客运班线经营权合同签订9家，签约率100%；审验从业资格证3837本，合格率100%。

宜昌地质汽车大修厂员工技术演练

举办机动车维修技术大比武，为获一、二、三等奖的6人颁发"宜昌市夷陵区技术能手"证书。区行政服务中心交通窗口推行"服务首问制"、"限时办结制"，公开办事流程、办事时限，接待运管服务对象11000人次，办理案件12500件，办结率100%。区运管所获夷陵区"文明单位"、宜昌市道路运输管理处"先进集体"称号。

【水路运输管理】 完成水运工程固定资产投资7153万元。其中：三峡商贸物流中心建设2950万元，环坝集团旅游码头建设1785万元，黄柏河航道整治1750万元，太平溪港建设558万元，其他港口码头改造110万元。12月18日，黄柏河航道整治工程开工建设。全年完成货物周转量1.1亿吨公里，货物起运量128.21万吨，货物吞吐量130.66万吨，客运量27.26万人。完成5家水运企业"水路运输许可证"和39艘船舶"营运证"的年检核查工作，年审率100%。开展港口经营清理工作，综合整治27家客、货、滚装码头。调查全区港口岸线，准确掌握岸线使用审批情况。配合三峡游轮集散中心建设，完成黄柏河港区磷矿码头整体搬迁的前期调查摸底和协调工作。全年完成港务费275.5万元、航政费4.5万元。完成代石、太平溪、石牌、胡金滩4处渡口改造工程。安排专项经费20万元，为水库渡船全部免费维修和配备救生用品，在坝库区实行义渡。开通财政专网，完成区直基层预算单位公务卡结算方式改革和网上纳税申报系统及网上银行系统更新升级。完成近3年的费收财务专项审计自查工作、港航处及鸿腾公司的清产核资工作。

【公路建管养】 全年投资6112万元完成保宜路大修工程、宜巴路大修工程、油路大中修工程、虎周路大修工程和站点建设工程，启动小鸦路改建工程。其中，保宜路水泥路大修20公里，2000万元；宜巴路水泥路大修8.1公里，810万元；段内汉宜路大修1.5公里、中修13.4公里，宜兴路中修14公里，972万元；10公里承接虎周路宜昌城区323省道路面大修工程，1150万元。全区境内省道全部达到二级公路标准，实现区内2小时交通圈。雾渡河站3月份投入使用，姜家湾超限站11月份投入使用，建设投资650万元。

年内，路政执法立案20起，结案20起，无行政败诉案件。成立流动治超工作专班，购置配备现代装备的流动检测车，在宜巴、汉宜和小鸦路等路段开展不定期流动治超80次，查处超限车5800辆。姜家湾部级超限检测站检测车辆79000台次，查处超限车3960辆，超限率4.9%。

在对小鸦路、下莲路、两金路和翻坝路进行养护管理基础上，增加70余公里养护任务。全年共填补坑槽66291.57平方米，挖补油路面层27006.9平方米，加铺磨耗层75780平方米，沥青灌缝69100米，清挖边沟372756米，整修路肩9655平方米，修补油路啃边300平方米，清除坍方48759.96立方米，清扫路面31972.4公里，清除堆积物4126.4立方米，割长草468.31公里，油漆标线173.55公里，绿化刷白15122株。修复波形钢护栏1144米，清洗波形钢护栏22808米，修复防撞墙55米，防撞墙刷漆1820平方米，新栽标志牌57套，提升示警桩1090个。全年干支线优良率74.5 %，MQI值81.48；出勤率103.8%，出工率99.2 %。

继续推行养护内部招投标制，养护站对路基工程实行分段承包，路面工程集中作业，单项工程单独核算。宜兴公路达到路面标准化、站点示范化、设施完善化、景观旅游化的标准。交通运输部公路总局副局长张德华、省交通厅副厅长马立军、省公路局局长范建海等领导视察夷陵区生态景观建设。

【抗洪救灾和灾后重建】 7月8日、15日、23日和25日的大范围强降雨，使全区200多处交通中断，道路塌方22万立方米，水毁挡土墙11.5万立方米，水毁路面73.3公里，水毁涵洞310处，水毁边沟路肩4200余米，损毁钢波栏2100余米，直接经济损失8407万元。全区筹资1400万元用于道路抢险、抢修和灾后重建，投入人工26240个，机械台班1765个，清除塌方55704立方米，浆砌挡土墙21297立方米，设置警示桩788处。灾情发生后，交通部门成立抢险救灾工作指挥部，组建14支抢险救灾突击队，在雾渡河、太平溪、樟村坪、邓村等重灾区抗灾。区公路段于7月23日晚9时召集干部职工60多人，组织民工100多人，调集挖掘机、装载机、运输车等专用机械17台套，从太平溪和邓村两个方向同时作业，7月25日上午9时30分，乐大路全线抢通；区地方海事部门出动鄂海巡0111号监督艇赶赴百岁溪水域，对失踪人员开展水上紧急搜救，同时调用两坝间5艘客船、3艘渡船，从秭归县调入2艘客船，运送应急救援人员至百岁溪沿线受灾最严重的韩家湾、小溪口村等地，并将医疗、帐篷、食品等救灾物资通过水路运送到灾区；落实专人负责道路抢险所需的涵管、碎石等物资采购，调集手电筒、军用胶鞋、雨衣、绳索等物资运到雾渡河、太平溪、邓村等重灾区；区运管部门清理、登记沿线候车棚、招呼站损毁情况，与公安交警部门联合维护运输市场秩序。7月26日9时，前往邓村、大老岭方向的客车恢复正常班次。7月28日5时，库周公路全线恢复交通。

抢修水毁公路

【文明创建】 开展“诚信交通企业、优质文明服务车船、文明交通使者”等创建活动。开展“交通改变夷陵”书法、摄影、征文大赛，展示夷陵交通运输“十一五”发展成果；区运管所打造“村村通”品牌，将长江市场至罗家畈客运班线纳入“省级农村客运示范线”；区海事处围绕和谐港航、文明海事主题，打造“绿色航路、阳光海事”水上交通服务品牌；出租车行业“和谐车队”被湖北省运管局表彰为“客运品牌服务班组”，“黄三元”成为城市品牌；组织参加庆“三八”、“五一”和全市“先行者风采”等大型文艺汇演。《对夷陵区物流发展的思考》、《城市出租车公车公营模式的思考》等10篇调研文章被区委、政府和上级刊物登载，抢险救灾、开展城乡公共交通一体化建设的实践与探索等作法作为全区经验向上推介，全年各级媒体刊发稿件2000多条。为灾区捐款30万多元，义务献血25000多毫升，为联系扶贫村兴办实事10件。

（李劲松）

信息化建设

【概况】 全区电话用户41.2万户（移动电话34.7万户、固定电话6.5

万户），3G 用户 1.85 万户，互联网用户 3.03 万户。全年完成运营收入 2.44 亿元，比上年增长 21.5%。全区电子信息规模以上企业 5 家，全年实现工业总产值 3.4 亿元，比上年增长 45%；实现工业增加值 1.12 亿元，增长 32.6%；实现利润 3500 万元，上交税金 1015 万元。区政府出台支持光电子产业发展的八项扶持政策。三峡时创科技公司高亮显示器项目、华天电子科技公司电子变压器项目投产，三峡伟志光电（宜昌）公司 LED 节能系列产品达产。湖北科尔软件有限公司通过省经信委资格审核，成为夷陵区首家拥有《计算机信息系统集成资质认证》、《湖北省软件企业认证》的软件企业。稻花香集团完成白酒生产管理自动控制系统、信息化公共服务平台等项目建设，被列为湖北省第一批"两化"融合试点示范企业、全国电子商务百强企业。湖北关公坊酒业公司、长江高科电缆有限公司等 20 家重点企业完成网络平台建设工作，工程建设领域市级试点工作全面展开。全区工业企业建设网站 21 个，11 家企业加入阿里巴巴网，7 家企业加入诚商网。

【出台支持光电子产业发展八条措施】 7 月 27 日，区长刘洪福主持召开办公会议，确定支持光电子产业发展的八条措施：设立光电子产业发展奖励资金，每年 200 万元，连续扶持 3 年。积极支持企业在发展初期开拓市场；区财政局、区公共资源管理办公室将全区光电子企业纳入区政府采购范围，在同等条件下优先采购。对光电子企业租赁标准化厂房免收 3 年租金，3 年后采取"一企一策"办法，对生产经营情况好、发展速度快的企业降低租金。对发展条件成熟、落地单独建厂的光电子企业，享受招商引资优惠政策。对于企业申报国家高新技术企业及建立国家或省级研发中心的，给予一定奖励。调研拟定《夷陵区加快光电子产业发展意见》。对运行良好、贡献较大的光电子企业在专项资金上给予优先安排。由平湖担保公司和小额贷款公司对光电子企业在融资方面给予优先安排。

【三峡伟志光电（宜昌）有限公司达产】 全年生产 LED 系列产品 6500 套，完成工业产值 3240 万元，实现销售收入 3056 万元，利润 189 万元，上缴税金 236 万元，安置就业 185 人。三峡伟志光电（宜昌）有限公司位于夷陵经济开发区电子工业园，由伟志集团于 2009 年 3 月投资 1.5 亿元人民币成立，7 月投产，主要从事 LED 相关产品开发、生产、销售和服务。2010 年，公司为了给 LCD、LCM 液晶模组厂家生产配套产品，又投资 1000 万元，新上两条背光源全彩屏生产线，至年底，项目试生产。

【宜昌华天电子科技有限公司达产】 全年实现产值 2105 万元，工业增加值 403 万元，利润 93 万元，上缴税金 125 万元。公司位于夷陵经济开发区电子工业园，成立于 2009 年 8 月。公司先后投资 3000 多万元，建成生产线三条，生产各类高端电子变压器、开关电源、驱动电源、直流电源、交流电源等。

【三峡时创科技（宜昌）有限公司投产】 5 月开始试生产，主要生产 42 寸、55 寸液晶立式广告机及 42 寸、55 寸液晶电视机等产品。公司是由三亚凤凰岛投资有限公司、曾恒鸿（自然人）于 2009 年在夷陵经济开发区投资设立的，注册资本 1000 万元。2010 年，公司生产各类显示器 1700 台，实现工业产值 2050 万元，销售收入 2010 万元，利润 168 万元，上缴税金 60 万元。

【湖北科尔软件开发有限公司成为夷陵区首家软件企业】 年内，湖北科尔软件开发有限公司通过省经信委计算机信息系统集成企业资质认定，成为夷陵区第一家具有自主知识产权的研发、生产、销售、服务的专业化的软件公司。公司拥有固定资产 145 万元，软件研发人员 14 人，主要从事系统嵌入式软件开发，与华中科技大学电子科学系建立有长期合作关系，产品广泛应用于磷矿、煤炭、化工、审计等领域。公司开发的《科尔矿产资源管理系统》获得省科技厅颁发的"重大科技成果奖"，被湖北钟祥、保康、神农架、远安、兴山等县市在矿产资源管理中选用，业务覆盖宜昌周边县市及湖南攸县、云南禄劝等。2010 年，公司完成主营收入 202 万元。

【湖北稻花香酒业有限公司信息化建设】 湖北稻花香酒业有限公司投入 6000 万元，建立白酒生产管理自动控制系统、大型内部办公自动系统，开发 ERP、CRM 智能化网络系统、产品分销系统、产品配送系统。"稻花香白酒生产自动化系统"将计算机技术、网络技术、数据库技术、多屏显示技术及 Web 信息技术等融为一体，实现设备控制、过程控制、生产控制之间的"管控一体化"，使大规模生产实现自动控制，填补国内空白，成果获湖北省"重大科技成果"，取得 7 项发明专利和 5 项实用新型专利。通过企业信息化建设，基本实现"生产过程自动化，企业管理网络化、商务运作电子化"。年内，湖北稻花香酒业公司通过省经济和信息化委员会评审，被确定为湖北省信息化与工业化融合试点示范企业；在第二届中国电子商务文化节暨 2010 中国电子商务百强峰会上入选"中国电子商务百强"企业名单，获"传统企业电子商务应用奖"。

【工程建设领域项目信息公开和诚信体系建设市级试点工作】 从 5 月开始。区发展和改革局、区国土资源局、区水利局、区交通运输局、区住房和城乡建设局、区房管局等6家单位参加试点。在中国夷陵门户网站首页建立“工程建设领域项目信息和信用信息公开共享平台”，向社会和公众提供工程建设、财政专项资金、土地使用权及矿业权审批和出让等政府性投资工程建设项目信息查询服务。全区2010年审批立项的52项政府性投资的工程建设项目、42个土地使用权出让项目、2个矿业采矿权出让项目完成信息公开发布，涉及政府性投资资金3.5亿元。制定《夷陵区工程建设领域项目信息公开目录和信用信息目录》，明确信息公开的内容、形式和责任主体。制定工程建设领域信誉评价管理制度、工程建设领域守信激励和失信惩戒制度、工程建设领域项目信息和信用信息采集、审核、发布、更新制度，建立长效机制。

（汪凌波）

电子政务

【概况】 按照加快电子政务建设、推进行政管理提速的要求，加强“一网一站”建设管理、推进政府信息公开、推广应用公务员办公门户和建立长效工作机制。将95个一级单位（含国有企业10个）、67个二级单位、25个村（社区）接入电子政务专网，联网计算机2500多台。将审计、统计等部门专网整合至电子政务专网，为组织、劳动保障、卫生等单位部署业务应用系统。设立夷陵区涉密计算机维修中心。改版升级门户网站。推广应用夷陵区公务员办公门户，实行公文网上交换流转。在中国夷陵门户网站建设夷陵区工程建设领域项目信息和信用信息公开共享平台。建成夷陵区电子监察系统。初步建成全区统一共享的公安视频监控中心和城管数字中心。开展以学业务、建制度、强队伍、树形象为重点的和谐媒体创建活动，组织中国夷陵网、三峡夷陵网全体采编人员开展新闻职业道德、新闻采访与写作、新闻摄影等业务培训，选派编辑、记者跟班学习培训；加强新闻信息编过程管理，完善新闻信息编审管理制度。

【中国夷陵门户网站群改版升级】 4月，按照“统一技术标准、统一平台支撑、统一政务公开栏目、统一内容保障要求、统一绩效考核”的要求，改版升级门户网站，重点突出网站政务公开、网上办事和互动交流功能，设置二级子栏目100多个，实现门户网站子栏目与部门子网站栏目数据同步。清理整合部门网站，建设以门户网站为主、各单位子站为辅的网站群，完成组织部、财政局、民政局等60个一级单位的网站改版整合，实现部门子网站与门户网站数据共享与交换。

【行政审批与电子监察系统投入使用】 5月，采取单一来源方式建成部署电子监察系统，实现与行政审批系统数据交换，对行政审批事项办理情况进行实时监察，并把行政审批办理结果集成到门户网站首页和网上办事频道，方便老百姓网上办事和实时查询。

【开展工程建设项目信息公开试点】 6月，根据中央和省、市关于工程建设领域突出问题专项治理工作的统一部署，配合做好全区工程建设领域项目信息公开和诚信体系建设试点工作。对公开目录和指南编制工作进行业务指导和培训，明确工程建设项目信息公开的范围、期限和格式等要求。统一建设夷陵区工程建设领域项目信息和信用信息公开共享平台，在中国夷陵门户网站开设公开专栏，实现各级各部门工程建设项目信息和信用信息资源整合和协同发布。

【公务员办公门户开始推广应用】 7月，夷陵区公务员办公门户开始推广使用。区政府办、区财政局、区发展和改革局、区交通运输局、区粮食局、樟村坪镇政府为公务员办公门户推广使用首批试点单位。采取集中培训与分散培训相结合方式，对88个乡镇（街道）和区直部门公务人员进行公文网上流转操作培训，区政府办带头实行公文网上交换流转。

【公安城管视频监控中心建成使用】 加强发展大道、平湖大道、夷兴大道城区段等重点公共场所视频监控系统建设和资源整合，提供技术支持和网络保障，完成380个城区主干道监控点建设任务，初步建成全区统一共享的公安视频监控中心和城管数字中心。

【夷陵区涉密计算机维修中心设立】 11月28日，夷陵区涉密计算机维修中心在宜昌思佰得信息技术有限公司挂牌成立。为全区涉密计算机定点维修机构，负责对全区各级党政机关和事业单位的涉密计算机及网络设备实行定点维护，统一监管。

（李胜江）

邮　政

【概况】 2010年，全区邮政部门完成邮政业务总量3745万元，比上年增长19.56%。实现邮政业务收入2025万元，增长11.19%，是全市第一个突破2000万元的县（市、区）局。年末邮政储蓄余额10.9亿元，比上年增1.3亿元。全年累计发放贷款1471笔，1.48亿元；投递报纸647.5万份，杂志42.9万份，其中党报党刊348.9万份。邮政信函进出口89.8万件；在邮政贺卡营销中开展摘牌竞标营销活动，完成营业额112万元，是全市唯一过百万元的县（市、区）局。新装修改造搬迁明珠、鸦鹊岭、康乐街三个邮储网点。至年底，全区建设便民服务站93个。年内，鸦鹊岭邮政支局、黄花邮政支局在全省邮政系统“双创”（创新服务理念，创建星级示范服务窗口）活动中分获三星级、二星级网点称号。

【推广保险“产说会”】 在代理保险业务发展中，区邮政局摸索推广“产说会”，宣传保险业务知识，推广介绍保险业务产品。全区第一场“产说会”于2月3日在雾渡河镇举办。年内，在全区各乡镇召开“产说会”23场次，累计发展代理保险业务4500万元。夷陵区邮政保险业务产说会经验在全市推广。

（谭开金）

电　信

【概况】 2010年，完成主营业务收入5862万元。在服务政企客户上，全面推进“商务领航”，全年商务领航客户增长125.5%。在服务家庭客户上，重点做好“我的e家”社区服务站、装维环节服务提升、积分回馈等工作，完善差异化服务体系；年末，“我的e家”净增7775户。在服务农村客户上，推出“信息田园”乡情网套餐，启动宜昌本地“信息田园·千镇万村上网工程”，通过采集及整合各类涉农信息资源，构筑村镇门户网站等，加速农村信息化进程。年底，本地电话用户总数10.3万户，其中固定电话用户7.2万户，移动电话用户3.1万户；互联网宽带用户3.5万户。

【建设信息化乡镇】 新建C网基站9个，EVDO站升级5个，直放站8个，室内分布6个。完成鄢家河、龙泉两个片区信息化建设工作。完成14个“驻地网小区”的建设任务和4个“整村推进”项目。完成“退铜”30000余线和新增节点42个。宽带扩容1200余线和布放小对数电缆150余公里。

（徐远洋）

移动通讯

【概况】 2010年，夷陵移动实现收入1.65亿元，比上年增长10%；客户26.53万户，增长6.4%。年底，自有服务销售网点12家，通信基站265座，TD基站40座。

【基站设备替换】 12月1日，组织14个割接小组，开始对在网的196个基站的MOTO设备进行华为设备替换工作。12月10日凌晨，夷陵移动基站设备替换全部完成。整个割接入网过程未造成一例网络断点，割接后全网运行正常。

【“五型”班组创建】 按照“五型”（管理型、学习型、安全型、和谐型、创新型）班组细化标准，重点加强“有特色”的班组细胞建设的指导，强调以人为本，鼓励每一位班组长带动班组成员无限创意，发挥个人价值。其中东湖营业厅的“服思特”团队，夷兴大道综合营业厅的“蓝精灵”团队，构建和谐快乐的“家”文化，服务排名、效益竞赛、技能竞赛获全市一等奖。“服思特”团队获省公司“卓越班组”称号。

【抢险救灾】 “7·15”暴雨导致宜昌移动从秭归到夷陵区近100公里杆路受损，450个基站停电。夷陵移动抢修人员根据“先抢通，后恢复”的原则，布放临时光缆20余公里，使停电基站减少到10个以内。7月16日16时，重灾区保障基站及节点全部恢复。“7·23”暴雨灾害发生后，夷陵移动调动车辆362车次，投入油机746台次，出动人员2800人次，进行全天候抢修，使通信得以及时恢复。

（曾春嫚）

联通通讯

【概况】 2010年，整合固话、宽带资源，全年新增移动用户10700户；新增固话、宽带用户700户；发展各类代理渠道78家；实现通信服务收入3100万元，比上年增长25%。

经过磋商，利用联通WCDMA3G的优势技术与稻花香集团达成2000万元的“喝稻花香酒、得3G手机”合作协议，签下宜昌联通自创建以来的第一大单。以宜巴高速建设为契机，推出“宜巴高速长途卡”，惠及3000多名宜巴建设者；在宜巴沿线建起52家服务站，将营销触点延伸到每个工地，做到服务上门，有问题2小时内解决。将薪酬与奖励向一线倾斜，年内一线员工工资比上年增长25%以上，有4名员工因业绩突出被提拔到中层管理岗位。与夷陵区消防大队合力推出“消防安全倡议书”，免费发送消防安全提示短信，及时发布消防安全信息；积极参与价格诚信、消费者满意建设、政风行风建设等活动，获省消协“2009~2010年度消费者满意单位”，“政风行风建设先进单位”称号。援助黄花乡中岭村安全饮水项目；在樟村坪镇的良山、江家墩率先建立移动基站，在邓村的黄金河、下堡坪的白鹞寺、分乡的百里荒等地建起通信基站。为省级新农村示范村龙泉镇雷家畈村与华中农业大学搭建起科学种养信息助农平台。

（石远）

城乡建设与环境保护

责任编辑：王正玲

城乡规划

【概况】 编制完成小溪塔中心城区、鄢家河片区、雾渡河集镇、黄花乡集镇、樟村坪集镇控制性详细规划，启动夷陵区城镇建设十二五规划、小溪塔综合产业园规划、青岛工业园及鸦鹊岭精细化工园规划、黄花建材工业园规划及龙泉镇临河景观整治规划编制、审批等工作。完成全区182个村庄的规划编制工作。打造规划“绿色通道”，全年核发建设用地许可证189项，用地面积575991.8平方米；核发建设工程规划许可证126项，建筑面积507028.9平方米；核发乡村规划

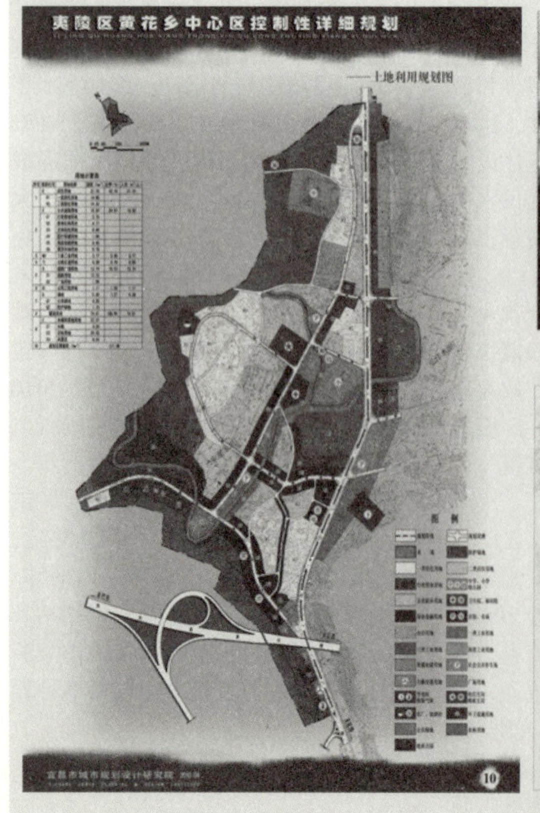

黄花乡中心区控制性详细规划

雾渡河集镇控制性详细规划

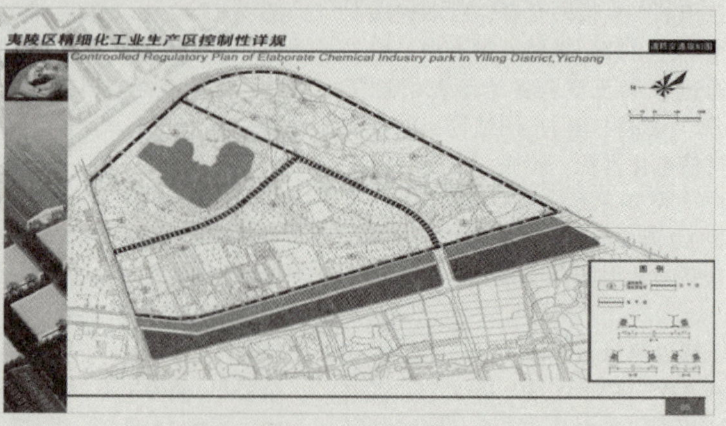

鸦鹊岭精细化工园规划

许可证 43 件，用地面积 12777.46 平方米。

城市建设与管理

【概况】 河心公园、冯家湾三峡专用公路互通立交匝道建成并投入使用；双虹大道、平云一路、平云二路和人寿桥路等道路综合改造工程完工；松湖路森林公园段、六一二片区供水工程抓紧建设；晨光路华润红旗段道路完成施工图设计及预算编制工作。推进城市供水管网改造、供气管线铺设以及小街小巷改造。加强环境卫生和门前“三包”管理，市容环境明显改善；加强规划执法，违章建设有效遏制。加强市政设施管理，整治超载车辆损坏道路、桥梁等行为，实施地下管网数字化工程，管理水平明显提高。加强矛盾纠纷排查调处，发挥城管 110 处置功能，矛盾纠纷有效化解。

【河心公园建成开放】 12 月 30 日，位于黄柏河河心小岛、面积 9.2 万平方米的河心公园建成开园。该公园是夷陵区继松湖公园、黄金公园之后的第三处永久性公益绿地。工程总投资 7300 万元，含基础设施、绿化、灯光布置、大门、求知园、露天舞台、河心公园夜景经营性建筑、人行索桥等设施建设。至年底，除人行索桥还在施工外，其余项目全部完工。河心公园是夷陵区品质最高、面积最广、规模最大、设施最齐全的集学习、娱乐、休闲、健身于一体的高标准景观公园。

【冯家湾三峡专用公路互通立交匝道建成通车】 12 月，冯家湾三峡专用公路互通立交匝道建成通车。工程总投资 3011 万元，建设有 A、B、C、D、E 五条匝道和一条连接道，道路全长 1400 米，含匝道主体建设、边坡绿化、路灯安装、交通监控设备安装等。该工程的建成，对满足三峡路小溪塔方向与三峡汽车专用道的交通连接，保证其连接顺畅起决定性作用，是夷陵区通往宜昌市主城区及三峡旅游景区的重要通道。

河心公园大门

锦江大道（中段）道路改造工程（双虹大道）

平云二路道路综合改造工程

**【松湖路森林公园段道路工程（三峡库区黄柏河流域部分河段夷陵区

河心公园之音乐喷泉夜景

冯家湾三峡专用公路互通立交匝道鸟瞰

松湖路森林公园段道路工程规划设计图

区城市管理局局长杨代平（左）祝贺兴安社区城市管理工作站成立

段综合整治示范工程）开工建设】 于11月27日开工建设。项目起始于黄柏河西侧谢家溪小桥片区松湖路，止于蔡家河大桥西桥头。道路全长1408.47米，其中桥梁长425米。道路标准路幅宽度13米，其中车行道宽9米，为II级城市支路；桥梁跨径25米，共17跨；预埋DN600污水管网长1408米，建设污水提升泵房一座。计划总投资4805万元，其中财政投资3277万元，国家补助资金1528万元。

【六一二片区供水工程开工建设】 位于姜家湾、鄢家河、下坪村交界处。于12月19日开工建设。主要建设内容为：安装DN500给水管473.9米，DN315给水管2489.9米，建设加压泵站两座，其中六一二加压泵站供水能力3000立方米/日，姜家湾加压泵站供水能力5000立方米/日。工程总投资660万元，资金来源为财政投资。

【兴安社区城市管理工作站成立】 2月21日，夷陵区首个社区城市管理工作站在小溪塔街道揭牌成立，标志着夷陵城管进社区工作启动。城管进社区就是将城管队员下放到社区，实行执法人员定点定片，与居委会、物业公司共同负责各小区内的环境管理，将城管工作的触角延伸到居民小区。

【夷陵区数字化城市管理指挥中心成立】 7月20日成立。自成立以来，中心对城市管理实施全方位即时监控，负责对城市管理各类问题的信息收集、派遣、处置、核查。通过实施数字化城市管理，促进夷

6月13日，宜昌市委常委、市政法委书记、公安局长蒋国平（左二）视察夷陵区城管110热线服务平台（同排左一刘洪福、左三向洪星）

陵区城市监管和执法的统一；实现城市管理工作“横向到边、纵向到底、条块结合的网格化管理”格局。

【构建城管110指挥平台】 由城管110直接受理和处置群众的举报投诉，以及市民在生活出行等方面的困难，接受对执法人员服务态度和服务质量的投诉，局属单位建立应急分队，确保在投诉之后10分钟内赶到现场。设立以来，共接、处警229起，其中处置噪声扰民32起，市容投诉41起，违法建设63起，环卫市政投诉15起，群众满意率90%。

【成立夷陵区城乡规划建设管理矛盾纠纷调解中心】 建设夷陵区城乡规划建设管理矛盾纠纷调解中心，建立建设系统矛盾纠纷调解组，下设城乡规划、城市建设、城市管理、建筑业管理四个调解小组，推行首席调解员制度。中心全年完成信访307件，协调各类纠纷38起，处理来电来访案件141起，接待中央信访督察组、省纪委、市综治考核组、兄弟县市等65批次参观学习。

中央信访工作督查组视察城乡规划建设管理矛盾纠纷调解中心

村镇建设

【概况】 参与环“一江两山”交通沿线生态景观工程建设、特色民居改造及神宜路、宜巴路、普百路等三条旅游线路环境综合整治等工作，在夷陵经济开发区、黄花乡、雾渡河镇、分乡镇、乐天溪镇、三斗坪镇、龙泉镇等实施农村清洁工程和特色民居改造。组织村镇建设管理人员和农村建筑工匠培训学习。全区有1个镇纳入全省重点镇、1个镇纳入全省特色镇、14个村纳入全省中心村培育计划。

【启动环“一江两山” 项目】 神宜公路夷陵区段全长71.8公里，根据《湖北省环“一江两山”交通沿线生态景观工程建设总体规划》，至年底完成第一期神宜公路夷陵区姜

龙泉镇柏临河畔

绿化后的清江坪村

家湾（K11）至雾渡河集镇桥头（K58）段47公里示范路段、雾渡河镇清江坪村特色民居改造示范村建设。按“白墙、青瓦、飞檐、窗楣、马头墙”标准，投资13950万元，改造房屋立面2114户。其中沿线景观配套建设资金6553万元，房屋改造7397万元。投资890万元（其中政府补助230万元），完成宜巴路445户房屋立面改造。

建筑业

【概况】 通过举办建筑工程质量培训班、组织施工企业外出参观学习、严格建筑材料质量检测和竣工验收备案管理等措施，提高建筑工程质量管理水平。年内，全区在建工程94项，竣工工程验收合格率100%，创市级优质工程4个，创区级优质工程22个。开展工程建设领域突出问题专项整治，转变建设市场秩序。加强安全生产管理，提高建筑施工现场管理水平。

（杨杰）

住房建设与管理

【概况】 推进住房保障工作，向195户352人发放廉租住房补贴资金34.25万元；保障住房“春华秋实”项目一、二期竣工并通过验收，三、四期在施工中；223个申购户经公开摇号分配了经济适用房；研究制定廉租房及经济适用房准入及退出机制。贯彻落实国家宏观调控政策，严格执行网上登记备案制度；全年完成固定资产投资20.33亿元，比上年增长58.83%；实现销售额22.43亿元、销售商品房53.53万平方米、4498套，分别增长78.58%、10.78%、8.96%；二手房交易30.09万平方米、1931套、3.53亿元，分别增长53.5%、59.58%、30.26%；完成税收和政府收益5.2亿元，增长199%；房地产业带动相关产业收益11亿元，增长12.24%；解决劳动就业11000人。推进住房货币化工作，285个单位的11179人享受补贴政策，发放一次性住房补贴资金与按月补贴9573.84万元（其中，行政全额、差额拨款事业单位7653.05万元，自收自支事业单位1920.79万元）。规范房屋拆迁管理，参与发展大道新区三条主干道、三峡游轮中心、龙泉生物科技园等重点项目拆迁，监管拆迁项目9个，拆迁房屋10.5万平方米，监管拆迁安置资金5200万元；纳入管理范围的房屋拆除项目无安全事故发生。提升物业管理水平，组织行业培训5期，参加市物协组织的相关培训3期，培训150人次，发放上岗证书60余份；组织外出参观学习及行业考察调研活动各1次；重点抓好新成立企业登记备案、物业项目招投标登记备案、房屋预售及交付前落实物业管理方案及物业用房公共配套设施设备验收备案、成立业主委员会等备案工作；出台《夷陵区物业服务等级收费政府指导价》；公共维修基金缴交1391万元，受理维修资金使用申请15个；协调处理物业纠纷13起。加强白蚁防治安全鉴定，制作白蚁防治专题片，严格执行房屋安全鉴定标准，主动参与处理房屋受损突发事件；房屋安全鉴定面积38.4万平方米，白蚁防治预防120万平方米，灭治0.4万平方米。开展“以案说法”、白马大峡谷徒步走、廉政书画摄影比赛等活动，营造学廉比廉氛围。

【首批经济适用房分配到位】 10月17日，首批“春华秋实”经济适用房申购分配公开摇号活动在小溪塔城区实验中学阶梯教室进行。参与摇号的223名对象经过抽取顺序号、按顺序号依次抽取房间号，抽取了自己的房屋号。

【恒大绿洲项目】 由恒大地产集团投资建设。项目位于宜昌发展大道与中兴路交汇处，紧邻梅子垭水库；占地395亩，建筑面积约72万平方米。规划由小高层及高层住宅构成，还包括五星级酒店、超豪华皇家会所、国际双语幼儿园、欧陆风情商业街及社区巴士等全方位国际化社区配套。8月27日，项目开始施工建设，计划工期28个月。9月，项目进行外围绿化建设，恒大标志性拱门初具规模。9月8日，项目公开3套样板间。10月31日，一期开盘。

【组织抗洪救灾捐款98万余元】 4月，区房管局全体干部职工为甘肃玉树地震灾区捐款8000余元。7月，组织全行业为夷陵区洪水灾区

邀请中旭教育集团开展执行力培训现场

捐款 95 万元。11 月，为上海静安区受火灾群众捐款 25000 元。

【邀请中旭教育集团开展执行力培训】 7 月 21 日，区房管局邀请知名教育机构—深圳中旭教育集团讲师在局会议室对全局干部职工进行“中旭西点执行力启蒙训练”讲座。培训以观看宣传片、讲师授课、现场互动三结合方式进行，旨在着力增强干部职工组织纪律性及执行力。

【打造“安居夷陵”机关服务品牌】 经过“教育动员、品牌设计、品牌规划、宣传推介、品牌实施”五个环节，实施“完善服务标准、创新服务机制、健全培训体系、完善监督机制”四条措施，突出“民生工程、双百工程、和谐执法”三个重点，着力打造“安居夷陵”服务品牌，提高机关服务质量和工作效率。

（付文涛）

环境保护

【概况】 全区环保工作实现总量减排工作年度目标，人居环境考核达标。创建省级生态村 1 个，市级生态村 1 个、市级生态乡镇 2 个，省级绿色学校 1 所、市级绿色学校 2 所、省级绿色社区 1 个、市级绿色社区 2 个。全年争取各类项目建设资金 1.3 亿元。获区级文明单位、平安单位、综合治理先进单位称号。存在环保队伍建设有待进一步加强、执法水平有待进一步提高、环保投入有待进一步加大、处罚力度有待进一步加强、环境质量有待进一步改善等问题。

【全区环境保护大会】 6 月 5 日召开，全区各乡镇（街道、开发区、发展大道新区）、区直部办委局主要负责人，区内 50 多家重点企业负责人及 10 多所学校、社区、村代表参加会议。会议表彰奖励了龙泉镇政府等 10 个污染源普查工作先进单位，命名了 2 个环境优美乡镇、15 个生态村、5 个绿色社区和 9 所绿色学校。

【开展环境综合整治集中行动】 开展畜禽养殖污染整治，加大奶牛和生猪养殖污染监管力度，投入 120 多万元，治理柏临河流域 35 家畜禽养殖企业（户）。开展重点污染源整治，打击违法排污企业，保障群众健康环保，出动执法人员 980 人次，检查排污单位 337 家，立案查处超标排污企业 6 家，依法关闭落后纸浆生产线一条。开展大气环境整治，完成城区大型燃煤锅炉煤改气工程。开展中高考噪声整治，受理噪声投诉 41 起。开展食品、建材工业园污染整治，加强鸦鹊岭食品工业园污染治理，建设集中式污水处理设施。开展晓峰石材加工业整治，探索和研究工业园区环境管理办法。开展环“一江两山” 交通沿线环境综合整治，建设垃圾集并屋 49 个、配置垃圾桶 2000 个、清运生活垃圾 1842 立方米 。开展核与辐射安全管理整治，收储中科恒达石墨股份有限公司废弃放射源 6 枚、花果山选矿厂放射源 1 枚。开展危险废物调查，加强危险废物管理。开展宜巴高速、汉宜高铁、三峡翻坝公路等重点工程建设环境整治，落实噪声、废水、粉尘等治理措施。开展矿山环境整治，规范矿山企业环境管理。开展沿江沿河化工企业环境安全隐患排查和全区重金属企业整治工作。

【水污染防治项目建设】 全年争取各类环保项目建设资金 1.3亿元。总投资 5700 万元的三斗坪垃圾填埋场和污水处理厂建成进入调试阶段；投资 817 万元的乐天溪污水管网基本完成主体工程；投资 4439 万元的分乡、乐天溪垃圾填埋项目已做好开工前各项准备工作；争取中央对重点生态功能区一般性转移支付资金 2100 万元；争取神宜公路沿线环境综合整治项目环保资金 124.4 万元、省政府生态文明建设以奖代补资金 518 万元、省政府污水处理管网配套补助 3358 万元、京都奶牛污水治理资金 35 万元、省环保厅环境监测能力建设资金 178 万元。

【农村生态环境创建】 加大环境优美乡镇、生态村等绿色创建及农村环保试点示范工作。6 月，区政府命名首批 15 个生态村、2 个环境优美乡镇、5 个绿色社区、9 所绿色学校。年内，雷家畈村、香烟寺村分获省级生态村、市级生态村命名；太平溪镇、樟村坪镇获市级生态乡镇命名；东湖高中获省级绿色学校命名，东湖小学、上海中学获市级绿色学校命名；昌耀馨苑社区获省级绿色社区命名，冯家湾、樟村坪社区获市级绿色社区命名。

【落实环保制度】 落实监测验收制度，开展地表水和城镇集中式饮用水源水质监测、重点工业污染源监督性监测、项目环评及验收监测，编制环境质量监测报告 160 期。落实环境影响评价和“三同时”制度，全年审批各类建设项目 210 个，完成建设项目竣工环保验收 44 个，完成环保投资 3.2 亿元。落实排污许可证制度，审核排污许可证 160 家，补发排污许可证 74 个。落实排污申报制度，全年核定并入库排污费 320 万元。

【吕文艳在夷检查农村环保工作】 3 月 24 日，湖北省环保厅党组副书记、副厅长吕文艳在夷陵区委常委、副区长李世民的陪同下，调研神宜公路夷陵区段夷陵经济开发区、黄花乡、雾渡河镇范围内的环境综合整治情况，对该路段的环境综合整治给予充分肯定和高度评价。

（章翀）

贸 易

责任编辑：范家新

国内贸易

【概况】 2010年，继续贯彻落实一系列扩内需、活消费的政策措施，推进家电下乡、汽车（摩托车）下乡工程，启动家电以旧换新、城区菜市场标准化改造工程。“万村千乡市场工程”、“双百市场工程”、“农超对接”和农产品流通现代化试点等商务工程项目进展顺利。全区实现社会消费品零售总额57.5亿元，同比增长22.9%；其中限额以上商贸企业75家，实现社会消费品零售额14.3亿元，占全区社会消费品零售总额的24.9%。

【商务综合行政执法试点工作】 1月，商务综合行政执法试点工作通过省商务厅、省财政厅考评验收，获国家“以奖代补”资金50万元。8月，区商务行政执法大队暨区12312商务举报投诉服务中心被批准为区经济商务和信息化局管理的全额拨款副科级事业单位，其工作人员与畜禽屠管办、酒类管理局工作人员“打通使用”；全年查处商贸领域违法违规行为为46起，其中，没收销毁问题猪肉2044.5公斤、病害猪和死猪13头，收缴并销毁涉嫌假冒伪劣酒类商品3178瓶，下达责令整改通知书22份，受理、转办举报投诉案件22起，接受政策法规咨询90多人次，办结率和回复率100%。

【家电、汽车（摩托车）下乡和家电以旧换新】 通过印制发放政策指南、在区电视台播发公告和飞播字幕，以及组织职能部门和销售企业到各乡镇、（街道）开展大型宣传咨询活动，宣传国家的家电下乡政策。5月初，区政府召开家电下乡工作专题会议，并对彰和奖励销售网点14个、销售人员37名，兑付家电下乡网点建设补助资金；9月29日，区政府在长江市场举行家电以旧换新启动仪式。年内，新增备案登记家电下乡产品销售网点22家，网点总数达到173家，年销售家电下乡产品64873台（件），销售额1.46亿元；销售汽车摩托车7100台，销售额1.5亿元，1万多户农民获得财政补贴资金2600万元；家电以旧换新销售、回收网点各8家，销售家电以旧换新产品555台（件），回收旧家电515台（件）。

【生猪屠宰管理】 区畜禽屠管办、区商务行政执法大队全年出动执法人员4500多人次，执法车辆1100多台次，现场监督12家屠宰企业定点屠宰生猪46585头，无害化处理病害生猪及其产品195头。年初，鸦鹊岭屠宰厂迁建工程竣工投产，实现机械化屠宰。8月中旬，乐天溪屠宰厂屠宰设施、厂内环境整改达标。三和食品屠宰厂肉品质量电子监控设施设备安装到位。屠宰行业基本信息网上申报和屠宰企业审核备案上报工作完成。10月14日至17日，区长刘洪福在商务部于龙泉山庄举办的“全国生猪屠宰行业管理人员和第二期规模以上生猪定点屠宰企业负责人培训班”上做典型发言，介绍生猪屠宰管理经验。8至12月，全区开展为期5个月的“肉品质量安全专项整治行动”，全年查处私屠滥宰违法违规行为11起，没收销毁病害猪、死猪和私屠滥宰等问题猪肉2930公斤。12月16日深夜，端掉龙泉镇梅花村制售病害猪肉产品的私屠滥宰窝点，现场查获已屠宰剥皮和冷冻的问题猪肉产品1.4吨、待宰病害猪和死猪13头。

【成品油市场管理】 全区54座加

高山明珠——樟村坪镇

镇委书记、镇长柏松（左二），镇委副书记、常副镇长李发兵（右二）向参观桃坪河村好汉坡乌龙基地、加工厂的全省乌龙功夫茶开发现场会人员介经验

新农村殷家坪村农民新居

樟村坪矿山交通大动脉－雾殷公路

规范的磷矿运销管理

樟村坪镇地处夷陵北部山区，矿产资源得天独厚，被称为“中国磷矿之乡”。最高海拔1963米，平均海拔1100米。镇域面积456平方公里，耕地2.56万亩，辖14个村1个居委会，总人口2.3万人，流动人口0.6万人，与兴山、远安、保康三县接壤。境内磷矿资源已探明储量7.8亿吨，占全省、全市磷矿资源的42%、80%以上，是亚洲第二大磷矿腹地。该镇历史悠久、环境优美、交通便捷、民风纯朴，先后被评为全国创建文明村镇工作先进村镇，全省乡镇党委“十面红旗”、文明乡镇、安全生产红旗单位、城镇规划建设管理“楚天杯”、民乐之乡，全市先进基层党组织等称号。

樟村坪镇经济社会发展走在全省乡镇前列。2010年，工业总产值28.92亿元，其中规模工业产值25.36亿元，固定资产投资9.6亿元，农民人均纯收入8008元，财政收入2.802亿元，位居全省首位。镇、村两级集体资产收益1.2亿元，位居全省第一。被美誉为“高山明珠”。

如今的樟村坪生机勃勃，活力四射，政通人和，实力雄厚。在科学发展观的引领下，该镇确立了“建设全国一流示范矿区，打造中国磷矿之都”的总目标，认真贯彻落实省、市、区加大磷矿资源综合开发利用的战略决策，坚持安全发展、均衡发展、和谐发展，着力建设数字化矿区、现代化村镇。

高山生态有机乌龙茶示范基地

夷陵区审计局

全省审计系统先进集体

近年来，夷陵区审计局紧密围绕全区经济工作中心，坚持“依法审计、服务大局、围绕中心、突出重点、求真务实”工作方针，不断开拓工作思路，创新工作方法，充分整合现有资源，做到预算执行审计和财政财务收支审计全面覆盖，政府投资项目审计不留盲区，党政主要领导干部经济责任审计实行任期内和离任审计相结合，其他专项审计专人负责，切实履行审计监督职能，充分发挥审计“免疫系统”功能。2010年共完成审计项目123个，审计发现管理不规范资金3.3亿元，为财政增收节支4160.44万元，获区委、区政府“最佳满意机关”、“文明单位”、“党风廉政建设责任制先进集体”，市审计局“先进集体”，人社厅、省审计厅“全省审计系统先进集体”称号。

展望“十二五”，夷陵区审计局将以“执审为民”的审计理念为依托，以提升审计项目质量为抓手，坚持依法审计、文明审计、高效审计、廉洁审计、阳光审计。进一步深化财政预算执行审计，加强对民生资金的监管；不断加大政府投资项目审计力度，强化对投资审计的质量管理；不断完善和规范经济责任审计工作，健全干部监督机制和问责机制；全面推进审计信息化和规范化建设，提高审计工作质量和效能；进一步加强审计队伍建设，努力实现审计工作全面、协调、可持续发展，充分发挥审计在全区经济社会发展运行中的重要作用，不断书写夷陵区审计事业发展的新篇章。

局长周勇（右三）向市审计局局长杜伟(左二)汇报夷陵区审计工作情况

局长周勇（左）带队深入田间地头，共谋联系村发展

机关干部到先进企业参观学习

审计人员对三斗坪镇污水处理厂项目进行跟踪审计

夷陵区发展和改革局

“十一五”时期，区发改局开展38大类116个课题调查研究，形成调查文章50余篇，编制中长期战略规划、专项规划35个，申报项目621个，争取项目360个，到位资金12.5亿元，实现平均每年争取资金2亿元目标。其中，争取五批新增中央投资项目132个，到位资金2.5亿元。

2010年，撰写调研文章12篇，编制重大战略和专项规划4个，争取各类项目37个，资金2.05亿元。全区社会固定资产投资总额破百亿，达到120亿元。积极发挥协调职能，支持汉宜高铁项目增拆民房15户3006平方米，扩征建设用地199亩。推进生态景观工程建设，督促雾渡河镇、黄花乡完成1890户民居改造任务，争取到位省专项资金1600万元。深入推进医药卫生体制改革，12个试点均于1月31日起启动基本药物制度，实行零差率销售，推动全区居民、城镇职工、城镇居民基本医疗保险参保率分别达97.19%、100%、99.8%。坚持落实节能减排，完成宜昌书林纸业、湖北宜昌翔陵纸制品、宜昌朗天新型建材节能项目建设，年节约标煤26200吨。以争创满意机关为契机，深入开展人大工作评议、行评和反腐倡廉建设“十个全覆盖”，不断深化“善谋健行”品牌，获全省“十一五”时期发展改革工作先进集体、全市发改系统先进集体、全区红旗单位、最佳满意机关等荣誉20多项。

局长王世钰（左一）陪同省发改委主任许克振（右三）、区委书记熊伟(左二）检查生态景观工程项目建设

局长王世钰（左）陪同区长刘洪福（右）检查项目建设情况

2009年，投资1.3亿元的夷陵医院综合医疗大楼项目开工建设，建成后将是全市县级规模最大，接待病人最多的医院。

“十一五”时期，全区投资4.968亿元，硬化农村公路2160公里

局长李冯燕（前右）陪同省委常委、省委秘书长李春明（前左）浏览三峡人家枕木步道

三峡人家获5A国家级旅游景区授牌

夷陵区旅游局

“十一五”期间，区旅游业发展突出四大特点：

创新发展理念，旅游产业龙头地位更加突出。实施“景区精品化、配套人性化、服务规范化、环境生态化”的发展理念，实现旅游产业地位由一般性产业向第三产业龙头转变；旅游发展格局由单打独斗向整体推进转变；旅游经济由单一的门票经济向综合旅游发展方向转变。夷陵区被省政府授予湖北旅游强县（区）、湖北旅游发展先进县（市、区）。2010年，全区旅游接待人次和综合收入分别比“十五”期末增长88.5%和104.2%。

强化环境整治，旅游配套设施日益完善。大规模地建设绿色景观长廊、实施民居改造及环境综合整治。强力推进民居改造、绿色景观、环境治理、旅游标识和配套设施等五大工程，全区旅游环境明显改善，旅游形象大幅提升。

培育旅游精品，旅游产业实力明显增强。重点打造了三峡人家风景区、三峡晓峰旅游区、南津关大峡谷旅游区、三峡国际旅游茶城、三斗坪旅游名镇。引进三峡环坝旅游发展集团、宜昌国贸集团，推动“两坝一峡”、晓峰景区资源整合和设施改造，建成5A级景区1个、4A级景区4个、3A级景区2个。三斗坪镇被评定为“全国特色旅游景观名镇”和“湖北旅游名镇”。

主推形象宣传，旅游品牌影响力显著提升。借助《山楂树之恋》名人效应，将“山楂树”景观带打造成了全省十大重点旅游项目之一。强化媒体宣传，《美在夷陵》、《天涯伴君行》宣传片在中央电视台播出。加强活动宣传，在上海、北京、青岛等地开展旅游互动活动。加强政策引导宣传，出台旅游企业宣传奖励办法和重要客源地旅行社奖励措施，客源市场有效拓展。

三峡夷陵吉祥之旅包机首航抵夷

三峡人家自动扶梯

夷陵区被命名为“中国奇石之乡”。图为三峡奇石长廊一角

局长戴明道（左三）陪同省劳动和社会保障厅副厅长周腊元（左一）视察区就业训练中心

局长戴明道（左一）陪同区委书记熊伟（左二）、区委常委、区委办主任董诗国（左三）参观区劳动就业训练中心

区长刘洪福（前右）、区委组织部部长曹宏伟（后右）、副区长李美军（左三）到局指导工作，慰问办事老百姓

夷陵区人力资源和社会保障局

“十一五”取得的突出成绩：

就业工作成绩显著。城乡就业90486人，城镇新增就业32806人，下岗失业人员再就业14446人，农村劳动力转移43234人，城镇登记失业率仅为3.43%。获“全国促进就业先进单位”、“宜昌市就业援助地震灾区先进集体”称号，被省政府确定为全省五个“农村劳动力转移输出示范县”之一。

社会保障体系基本建立。各项社会保险参保32万人次，城镇社保覆盖率99%，基金累计结余7.1亿元，居全省各县（市）区前列。完成城镇超龄职工养老保险参保工作，开通社会保障卡“一卡通”并发卡4.5万张。城镇职工、城镇居民医保政策范围内住院报销比例达81%、70%。社保扩面征缴工作多年为省、市先进单位。

人事人才工作健康发展。引进本科以上毕业生201名，招录公务员57人、政府雇员87人、“三支一扶”大学生122人。全区专业技术人才16199人、高技能人才4392人。完成27个部门162个单位岗位设置批复及岗位聘任、68所义务教育学校3175名教师的绩效工资改革工作。率先在全市完成公共卫生与基层医疗卫生事业单位绩效工资兑付工作。获“全省人事工作先进集体”，“省‘三支一扶’工作先进单位”称号。

劳动关系保持和谐稳定。全区规模以上企业劳动合同签订率98%、集体合同签订率90%以上。妥善处理工伤认定案件2161期，审结劳动争议仲裁案件696起。开展37期监察执法专项行动，清欠农民工工资3500多万元。获“2008~2009年全省劳动保障监察工作先进单位”称号。

举行社会保障卡“一卡通”首发仪式，实现社会保险申报、账户查询、待遇计发等“一站式”服务。图为局长戴明道在仪式上致辞

组织开展招聘洽谈会

在南村坪村为首批26人发放被征地农民养老保险手册和待遇证

夷陵区支援三峡工程建设领导小组办公室

夷陵区既是三峡工程坝区，也是三峡库区。境内坝库区移民涉及4个乡镇（街道），征淹土地3414.67公顷，移民5800户23848人。自1992年党中央、国务院发出对口支援三峡移民工作号召以来，商务部、上海市、黑龙江省、青岛市及省内对口支援单位援助资金三十多亿元（其中无偿援助三亿七千二百万元），扶持夷陵区建设了一批公益事业、基础设施和经济合作项目，帮助培养了一大批高素质的管理人才和专业技术人才。

国务院三峡办主任聂卫国（左三）、上海市副市长胡延照（右三）、湖北省副省长田承忠（左一）、宜昌市委书记郭有明（右二）等考察上海市援建的夷陵区上海中学

区委书记熊伟（右二）调研对口支援项目

区长刘洪福（左二）、副区长李美军（左一）在上海参加夷陵特色产品展销周

主任李志红（中）带领机关干部职工在三斗坪镇高家冲村开展“三万”活动，走访农户

青岛市对口支援项目太平溪镇中心卫生院

黑龙江援建太平溪镇长岭希望小学

上海市援建三峡移民就业基地一期标准化厂房

夷陵区安全生产监督管理局

YILINGQU ANQUAN SHENGCHAN JIANDU GUANLIJU

局长李正源（右三）深入矿井开展安全检查

局长李正源（右一）陪同市安监局局长黄春（右二）、副区长李泽刚（右三）在鸦鹊岭鞭炮厂检查安全生产工作

局长李正源（右）接受企业为区安监局赠送的锦旗

2010年，区安监局以机关服务品牌创建为抓手，狠抓政府监管主体责任和企业安全生产主体责任的落实，推进安全生产宣传教育行动、治理行动和执法行动，加强安全生产保障条件和监管队伍建设，确立“安全365”机关服务品牌。通过开展“上门培训”、“打包办证”、“专家查隐患”等优质服务，实施“五零”服务举措（即群众举报零推诿；服务企业零距离；当日工作零积压；执法监督零差错；行政处罚零投诉），在安全生产审批办证、教育培训、现场检查、隐患整改、事故查处等各个环节，认真履行监管职责，同时根据企业需要提供全方位服务。被区委区政府表彰为文明单位、平安单位、最佳满意机关等，局长李正源被省安委会表彰为安全生产先进工作者。

全体机关干部职工合影

荣誉奖牌

中共夷陵区委统战部

ZHONGGONGYILINGQUWEI TONGZHANBU

“十一五”期间，区委统战部围绕中心工作，发挥统战联系广泛优势，为全区经济、社会和谐稳定发展作出了重要贡献。连续多年被省、市委统战部和夷陵区委、区政府表彰为先进单位、“最佳满意机关”等。

坚持把发展作为统一战线第一要务。筹资8000万元兴建商会大厦，搭建民营经济服务平台；多途径加强对非公企业服务和引导，通过开展“五项活动”稳步推进经济领域统战工作的经验和做法在省《统战工作》上推介。长江高科、湖北稻花香集团被评为全市深入学习实践科学发展观活动先进单位，湖北稻花香集团被确定为创先争优活动中央直报点，被表彰为“全国先进基层党组织”。积极开展“感恩行动”、“民企联村”等活动，仅2010年就组织社会各界人士为“7.23”洪涝灾害捐款捐物380多万元。

坚持把“大团结、大联合”作为统一战线第一主题。加强各民主党派建设。在全市率先建立县（区）级“党派活动中心”和服务基地。建立健全270名党外后备干部信息库，推荐43名各界代表人士纳入市级代表人士队伍人才库，全区副科以上党外干部达24名。加强联络联谊。坚持以主题教育活动、茶话会、走访慰问等多种形式，不断巩固和发展统一战线。

坚持把维护和谐稳定作为统一战线第一职责。围绕共同繁荣发展主题，认真落实民族宗教政策，扎实推进宗教活动场所建设和管理，有效化解矛盾，确保全区社会和谐稳定。香港旭日集团捐资近1000万元修建古慈寺大雄宝殿及投资1000多万元新建小溪塔基督教三峡堂主体工程均已基本完工。

省委常委、省委统战部部长苏晓云（左二）在市、区领导廖达凤（右二）、熊伟（前左三）、刘洪福（左一）、曹宏伟（右一）等陪同下视察夷陵区企业

市委统战部调研员苏文忠（前右七），区委书记熊伟（前右六），区长刘洪福（前左七），区委统战部部长曹宏伟（前左六）、常务副部长周启成（前左四）参加夷陵区“党派活动中心”揭牌仪式

市政协副主席、民建宜昌市委会主委王应华（前排中）率民建党派成员向夷陵区灾区群众捐款44万元

香港旭日集团副董事长杨勋（前右二）考察指导古慈寺项目建设

“十一五”时期林业工作成就：

造林绿化成效显著。植树造林7253公顷；四旁植树100.5万株，义务植树536万株；道路、庭院、江河沿岸分别绿化543.76公里、90.22万平方米、68.31公里，绿化率分别达85%、85%、86.1%。五年投入绿化资金4835.7万元。到2010年，林业用地面积28.4万公顷,比2005年末的25万公顷增13.6%；森林蓄积量930万立方米，增加300万立方米，增47.62%；森林覆盖率61%，增13.5%。水土流失面积1183平方公里，下降12.1%；年平均侵蚀模数1730吨/平方公里，下降38.1%，林业生态效益增强。

集体林权制度改革取得突破。确权221133公顷，占总面积225733公顷的98%，为86508个农户核发《林权证》10.9万册。调处林地林权纠纷431起579.5公顷。开展林地流转280宗地326.7公顷，以林权抵押7宗126公顷，贷款498.13万元，为配套改革开创了局面。

森林资源管理加强。申报办理征占用林地744.98公顷，征收植被恢复费4661.9万元，省、市主管部门返还2664.9248万元，已使用868.36万元。五年查、破森林案件737件，处理740人。森林病虫有害生物成灾率1.08‰，低于3.5‰控制目标。

林业重点工程稳步推进。继续对15.4万公顷天保林管护到山头；公益林建设27653公顷，完成国家投资1.1亿元；界定国家、省级公益林87380公顷，启动国家公益林补偿81万元。退耕还林19367公顷，完成国家投资2.11亿元。

服务新农村建设。开展农民林业技术培训300余场次1.8万余人次，印发科普资料5万余份；成功申报“清香核桃”良种认定并建示范基地667公顷和“绿色食品科技产业园”。全区林业总产值10.2亿元，比2005年末7.7亿元增长32%。

2010年3月3日，区长刘洪福（右）、区委组织部部长曹宏伟（左）参加义务植树

开展猕猴桃修剪技术培训

退耕还林保护天然林

太平溪镇林家溪村三峡库区退耕还林生态示范林基地（2006年拍摄）

夷陵区公共资源交易管理办公室

YILINGQU GONGGONGZIYUAN JIAOYIGUANLI BANGONGSHI

2010年，区公共资源交易管理办公室以科学发展观为指导，以推进反腐倡廉“十个全覆盖”建设为契机，积极构建公共资源交易“五统一”综合监管模式全覆盖，以防治和打击围标串标行为为重点，大胆进行体制改革和机制创新，积极打造了公共资源交易“阳光通道”服务品牌，公共资源交易管理成效显著，获“全省招投标综合监管工作先进单位”、“宜昌市文明单位”称号。全年实施交易项目589个，交易额10.18亿元，节约资金5920万元，节支率达14.7%。“五统一”综合监管模式（统一的综合监管机构、统一的交易平台、统一的评标专家库、统一的制度体系、统一的行业自律组织）和十条打击围标串标的措施被省政府、省纪委、市委、市政府分别以专刊和简报形式推介，省招投标监督管理局将其作为“夷陵模式”向全省推广，中办、中纪委也专程到夷调研。2011年初，主任陈虹彬作为全市唯一代表在全省招投标工作会上作典型发言。

主任陈虹彬（左一）在全省招投标工作会议上介绍夷陵区招投标综合监管经验

省招投标管理办公室（招投标监督管理局）主任（局长）丁贵桥（中）在区长刘洪福（左一）陪同下，到公共资源交易管理办公室调研

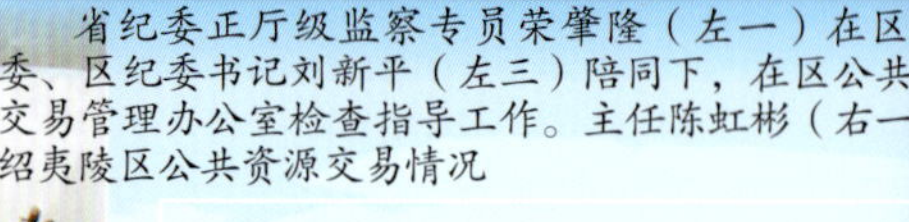

省纪委正厅级监察专员荣肇隆（左一）在区
委、区纪委书记刘新平（左三）陪同下，在区公共
交易管理办公室检查指导工作。主任陈虹彬（右一
绍夷陵区公共资源交易情况

主任陈虹彬（右一）带领区公共资源交易管理办公室干职工到联系村入户走访调查

中纪委研究室汪信奇处长（右二）在区纪委刘新平书记（左二）陪同下参观区公共资源交易管理办公室

宜昌市夷陵区疾病预防控制中心

YICHANG YILING CENTER FOR DISEASE CONTROL AND PREVENTION

中心于2003年9月由原区卫生防疫站和区血吸虫病防治所合并而成。主要承担全区疾病预防与控制、突发公共卫生事件应急处理、疫情及健康相关因素信息管理、健康危害因素监测与干预、实验室检测检验与评价、健康教育与健康促进、技术管理与应用研究指导等七项职能。

近年来，中心以“三个代表”重要思想和科学发展观为指导，认真贯彻落实预防为主的新时期卫生工作方针，努力推进公共卫生服务均等化，坚持为基层、为群众服务的方向，按照“团结实干、开拓创新、规范严谨、廉洁高效”的总要求，发扬“团结、奉献、求实、创新”的疾控精神，奉行“领导有正气、职工有士气、单位有朝气”的管理理念，围绕“倾力打造全科疾控、努力构建数字疾控、积极争创文明疾控、全面实现效能疾控”的奋斗目标，不断加强制度建设、作风建设、队伍建设、文化建设，不断超越，全区疾病预防控制事业健康持续稳步发展。中心通过湖北省预防接种示范门诊、职业卫生技术和健康检查服务、艾滋病初筛实验室、“AA”档案室、省疾控机构乙级实验室等资质认证；连续三届获“宜昌市文明单位”称号；2009年获区委、区政府“十佳红旗单位”称号；2010年获卫生部“三峡库区公共卫生保障先进集体”、省文明委“湖北省文明疾控中心”称号；2011年获省卫生厅“疾病预防控制强基工程先进县市区”、市委“先进基层党组织”称号。中心主任张新华获省卫生厅“湖北省十大疾控卫士”荣誉称号。

中心主任张新华（右一）陪同国务院妇儿工委副主任、全国妇联党组书记、副主席、书记处第一书记宋秀岩（前右二）带领的国务院“两纲”终期评估检查组及区委书记熊伟（左一）在中心检查儿童预防接种工作

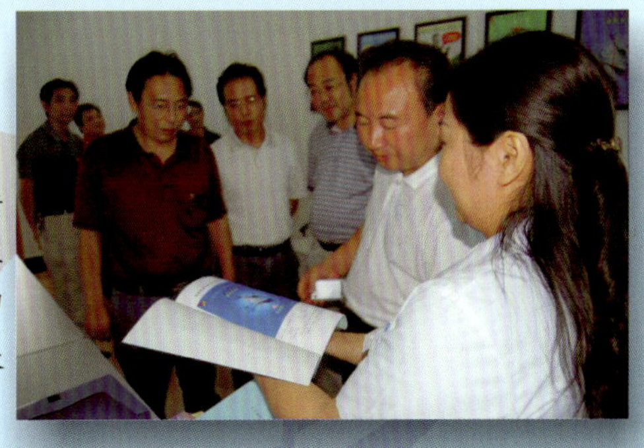

中心主任张新华（前左一）陪同区长刘洪福（右二）、区卫生局局长李绪春（右四）在中心检查健康教育工作

中心主任张新华（中）在全省卫生系统庆祝建党90周年表彰大会上被授予“十大疾控卫士”光荣称号

夷陵区公路管理段

YILINGQU GONGLU GUANLIDUAN

“十一五”时期，是夷陵区公路段发展史上极不平凡的五年。

公路养护工作走上新台阶，完成公路改建108.5公里,工程合格率达100**%，**优良率80%；完成沥青（砼）路面大修工程91.7公里，中修60.4公里；改造危桥16座；建设标准化养护站4个，累计完成养护投资2.4亿元。公路养护质量考核连续5年在全市名列前茅。

路政管理实现内业管理制度化，外业工作规范化，杜绝越权执法、违规执法等现象发生。开展公路秩序集中整治12次，治理效果明显。推行流动治超，超限率始终控制在5%以内，路政案件查处率、结案率均达100%。路政大队被市局授予文明执法先进集体称号。

建立和完善内部管理机制。建立财务管理新机制，实行会计委派制及经费预算管理，加强内部审计监督；建立机务管理新机制，机械设备完好率和使用率大幅提升；强化安全管理新机制落实，连续五年安全生产态势保持平稳；逐步建立工作绩效考核机制，提高了职工积极性。

党建、文明创建成效显著。档案管理通过国家AA级复查；收费站创建为全国职工小家；鸦鹊岭养护站创建为区级工人先锋号，并获区级文明单位称号；雾渡河养护站成为“五星级养护站”，获“全市工人先锋号”。

省公路管理局局长范建海（右）、区交通运输局局长王家忠（左二）视察姜家湾超限站卸载仓库

部分路政大探讨队人员学习法律法规

姜家湾超限站文明礼貌服务司乘人员

路政员上路行政执法

召开全体党员大会，庆祝建党90周年

夷陵区港航管理处
夷陵区地方海事处

“十一五”时期，水运与其它运输方式协调发展，为加快建设夷陵区现代化、立体化的综合运输体系奠定了基础。区内航道里程达75.7公里，拥有年吞吐能力万吨以上港口23个，港口年装卸能力1022万吨，主要港口机械化水平达70%以上。

港航建设提速创优。五年间，全区完成港航建设投资21491万元。其中，宜昌靖江溪港埠公司滚装运输码头及长安商品车转运项目建设投资8200万元，宜昌三峡环坝旅游发展集团旅游码头建设投资6215万元。水运市场蓬勃发展。初步形成了以三峡旅游客运、内河普通货运、川江滚装运输为主的水路运输新格局，新兴的滚装运输成为长江航运新的经济增长点，2009年新增的3艘豪华游轮填补夷陵水路涉外旅游客运空白。五年间新增船舶总吨12921.4吨，功率5587.28千瓦、客位983个，新增短途区间客班船2艘。运输服务快捷高效。全区水路交通运输管理能力明显增强，指挥调度和快速反应能力明显提高，在冰雪灾害、汶川地震期间为运送抢险救灾物资和人员发挥了关键作用，在奥运会及世博会安保期间有效保障了交通畅通。规费收入应收尽收。五年间，全区的港口客运量、旅客周转量、货物起运量、货物周转量分别达200.62万人次、5817.98万人吨公里、827.99万吨、7.36亿吨公里。完成水路交通规费2541万元，为加快交通事业发展提供了必要的资金保障。水上交通安全持续稳定。全区水上交通事故件数、死亡人数、沉船艘数、直接经济损失均控制为零，船舶安全面达98%以上。精神文明建设全面加强。连续三届获省、市级文明单位称号，连续两届获交通部海事系统文明执法示范窗口称号，多名干部职工获市级以上交通港航部门授予的各种荣誉。

主任丁雪菲(左一)在西北口水库检查义渡船舶救生设施

“三万”活动中书记章烈伦（右）送政策下乡

市委书记郭有明（右一）、市长李乐成（左一）、区委书记熊伟（左二）、区长刘洪福（右二）等在乐天溪磷矿码头现场办公

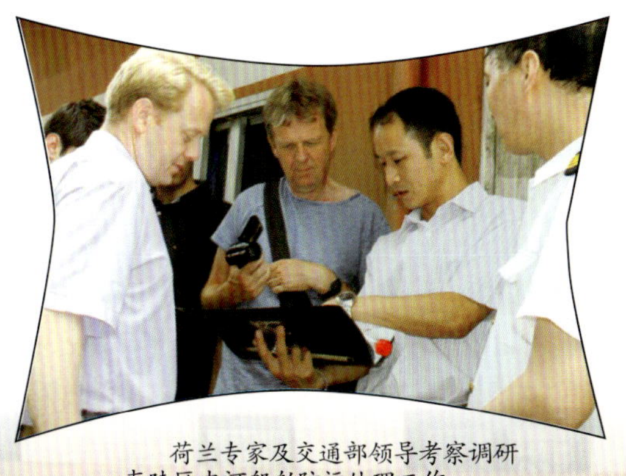

荷兰专家及交通部领导考察调研夷陵区内河船舶防污处理工作

夷陵区特产技术推广中心

中心主任、区柑橘产业首席专家胡世全（右）现场作技术指导

中心支部开展党日活动

该中心成立于2006年，隶属区农业局，有职工22人，其中高级职称6人、硕士2人。五年来，中心围绕打造全国知名“橘都茶乡”战略目标，加强科研攻关与技术推广，先后争取到国家级柑橘、茶叶两个综合试验站项目，培育或审定不知火、诺瓦柑橘、宜红早、鄂茶9号等新品种4个；争取国家“948”项目、国家现代农业生产发展项目、省优质板块基地等项目资金3700多万元；承担或参与完成了“三峡库区柑橘品种更新和高效生态栽培技术研究集成与示范推广”、“萧氏公司清洁化、智能化生产线工艺研究与应用”、“宜昌山地茶园生态建设模式研究”等科研项目，其中获省、部级奖励5项，市、区科技进步奖12项，每年为全区农民增收节支3000万元以上，为夷陵区获得“中国早熟蜜柑之乡”、“中国柑橘之乡”、“全省水果大县”等称号作出了贡献。中心也先后获市农业系统先进单位、区文明单位、区柑橘销售先进单位等荣誉称号，1人被评为省津贴专家及市优秀专家，2人被纳入区管专家，其中主任胡世全被聘为区第二届柑橘产业首席专家。

宜昌市夷陵区城市公共客运交通管理处

YICHANGSHI YILINGQU CHENGSHI GONGGONG KEYUNJIAOTONG GUANLICHU

2010年，宜昌市夷陵区城市公共客运交通管理处结合创建“全国文明城市”工作，积极开展行业文明创建活动，促进行业健康稳定发展。采用市场运作方式，筹资45万元，为130辆X牌出租车安装GPS系统，有效增强出租车行业安全保障。为应对天然气价格上涨带来的影响，通过听证会调整运价，确保行业稳定。玉树地震发生后，39名的哥的姐为灾区捐款2545元。6月11日，32辆车、34名从业人员组成的夷陵区出租车行业应急救援车队在平湖广场开展了紧急集结演练。客管处连续三年被评为区级“文明单位”，获得全市运管系统先进集体及省文明办、省总工会、省交通厅出租车“双创”组织奖；夷陵区出租车行业“和谐车队”被评为湖北省道路运输服务优秀品牌，出租车驾驶员曹代华被省政府表彰为见义勇为先进个人，鄂ET5020、鄂EX1014号出租车被省运管局表彰为“湖北省文明示范车”。

主任刘兵

主任刘兵（右一）陪同市运管处主任蔡永强（前排左一）、市交通局运安科科长张天一（左一）调研

新出租车投入运营

和谐车队司机护送抗战老战士细看荒岗变新城

湖北移动夷陵分公司

获省消费者委员会"消费者满意单位"称号

开展5·17活动宣传

志愿服务

"十一五"时期，夷陵移动公司保持行业领先，引领行业平稳健康发展，成为加速夷陵经济发展、提升夷陵信息化水平和建设全面小康社会的重要力量。

优质服务升级，追求无止境。开展"满意100"服务提升活动、"诚信服务，满意100"活动、"金牌服务满意100"活动、"便捷服务满意100"和"金牌服务满意100"活动。服务满意率达99.7%。

全面服务民生，促进社会发展。用户从2005年末的13万户增至2010年末的26.53万户；业务种类从短信到彩信、语音到视频等业务服务种类不断丰富。迎来3G时代，采用TD-SCDMA技术，于2009年4月开通夷陵区第一个TD基站。至2010年底，夷陵区TD信号已覆盖主城区主要交通地段和重点行业所在地。

争做优秀企业公民，践行企业社会责任。夷陵移动将社会责任理念和要求全面融入企业发展策略和生产经营管理，将履行社会责任和公司经营有效结合，2009年参与平安城市工程建设，工程建设质量全省第一。在区各项重大活动保障和突发事件处置中发挥着重要作用，在抗击自然灾害中做出积极的贡献，在2009年雪灾及2010年特大洪灾中，抢通第一条通信线路，为抗灾救灾提供有力的通信保障。分获省、市、区"先进单位"、"文明单位"、"红旗单位"。

夷陵区食品药品监督管理分局

夷陵区食品药品监督管理分局

品牌名称：监管两品　健康为民!
品牌内涵：管好两品　争当一品!
品牌理念：确保群众饮食用药安全，确保食品医药经济健康发展!

2010年，夷陵区食品药品监督管理分局以“管好食品和药品，就是人民心中的一品”为中心理念，认真履行食品药品监管职责，锻造“监管两品　健康为民”机关服务品牌，落实政府年度实事，牵头开展食品药品安全村和学校创建，严把源头关、备案关、证照关、操作关，全区100%的村建立村食药安办，90%以上的村成立红白理事会，100%的学校食堂及农村10桌以上的聚餐实行备案管理；在食品各环节中开展示范种植（养殖）基地、示范食品生产企业、示范商店、示范餐馆、示范药房等创建活动，强化食品药品企业诚信意识，全区食品药品安全综合监管体系、责任体系、流通体系、检测体系、信用体系、应急体系等长效机制建设不断健全，全区人民群众饮食用药安全得以保障，获国家首批食品安全示范区、药品两网建设重点示范区称号，是湖北省唯一国家级食品药品示范区。同时，分局积极创建学习型机关，深入开展食品医药经济调研，认真梳理机关管理制度，深入开展民主评议政风行风，名列全区执法类参评单位第三名，被评为省食品药品监督管理系统行评先进单位。

局长李顺凤（左）陪同省食品药品监督管理局局长邹贤启（右）视察分局办公环境

国务院督查组组长陈谓（右二）在副市长张正军（左一）、区长刘洪福（右一）、副区长易仁和（左二）陪同下督查食品安全专项整治工作

国家食品药品监督管理局副局长刘怡（右二）等国家、省、市局领导调研夷陵区食品药品两网建设工作

局长李顺凤（右二）带队深入企业调研，助推医药经济发展

宜昌夷陵农村合作银行

YICHANGYILING NONGCUN HEZUOYINHANG

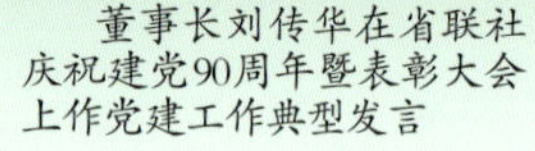

董事长刘传华在省联社庆祝建党90周年暨表彰大会上作党建工作典型发言

中国人民银行副行长胡晓炼（右一）视察宜昌夷陵农村合作银行

宜昌夷陵农村合作银行是夷陵区服务网点最多、服务地域最广的金融机构。全行有在职员工285人，22个分支机构。2010年荣获中国银行业协会全国农村合作金融机构服务“三农”和支持中小企业优秀奖，被区人大常委会授予工作评议“满意单位”；连续3届被省委省政府授予“文明单位”；行党委获中共湖北省委省直机关工作委员会“先进基层党组织”称号。

该行成立来，坚持立足社区，面向“三农”、面向中小企业、面向县域经济的市场定位，为城乡居民、企事业单位提供金融服务，认真履行社会责任。2010年末，全行存款达30.17亿元，累计投放贷款23.56亿元，其中涉农贷款比重95.12%。贷款14.41亿元支持稻花香、萧氏茶叶、万富工贸等67家中小企业发展；贷款2亿多元支持城投公司、长江市场、梅岭新村、夷陵经济开发区等项目和基础设施建设；受托代办粮食直补、退耕还林等28个项目涉农资金；发放下岗再就业小额担保贷款、妇女创业贷款、外出务工人员返乡创业贷款、服役军人回乡创业贷款、进城农民创业贷款6600万元；投放小额农贷4.32亿元，带动1600多人就业。

召开股东大会

获奖证书

夷陵区文化体育局

YILINQU WENHUA TIYUJU

区文化体育局（新闻出版局、文联）是主管全区文化、体育、新闻出版、文物、文学艺术等工作的工作部门。2010年，该局以创建“舞动夷陵”机关服务品牌为抓手，大力实施文艺精品工程、文化体育惠民工程、文化遗产抢救保护工程，着力推进全区由文化资源大区向文化产业大区转变，紧紧围绕区委区政府提出的打造三峡文化旅游名区的宏伟目标，加快建设全省文化产业大区、全省新闻出版强区、全省体育强区、全国文物保护工作先进区、公共文化服务体系示范区、文化生态保护区，不断夯实全国文化先进县（区）、全国体育先进县（区）基础。获“全省文化市场执法工作先进集体”、“湖北省推广健身气功先进单位”、“湖北省实施农民体育健身工程先进县”、“全省新闻出版系统先进集体”、“湖北省基层文联一县一品文艺品牌创建先进单位”及市政府“参加湖北省十三运会贡献奖”、“市文联2010年度创新奖”、“全市文联工作先进单位”等荣誉。

党组书记、局长李西学

局长李西学（中）陪同省新闻出版局领导验收农家书屋

老年男子舞蹈《爷爷的大山》走进央视一套《我们有一套》栏目，这是夷陵区文艺界迄今为止所登上的最高舞台

全市第三届文艺调演获奖作品《花之韵》

第三届文代会

春华秋实保障房项目

徐卫东 公司法定代表人、董事长

区长刘洪福（前右）、常务副区长彭定新（后右）、副区长李世民（右三）及相关部门负责人视察项目落实情况及了解低收入购房户居住情况

优美的小区环境

项目为夷陵区政府重点民生、德政工程。位于发展大道晨光路北侧，与发展大道、夷陵医院相距仅一公里。

项目于2008年11月15日正式开工建设，规划总用地面积约4万平方米，总建筑面积约6.4万平方米，配套公建房屋约0.12万平方米；小区容积率1.6，建筑密度23.67%，绿化率38%，有22栋6~7层砖混结构房屋，建成后可提供保障住房960套。总投资约1亿元，其中中央投资630万元、地方财政配套约3700万元、企业自筹5600万元。

项目分五期建设。截止2010年12月，已完成一、二、三期项目建设任务，建成廉租房420套，经济适用房370套，竣工面积5.5万平方米。

首批经适房已摇号分配，购房户于2011年上半年实现入住。

小区全景图

宜昌金亚房地产有限公司

刘运林　公司支部书记、总经理

区财政局局长袁世明（右三）、区房管局局长卢涛（右一）检查项目建设情况

朝气蓬勃、团结向上的工作团队

公司由房地产交易中心、公房所、梅子垭、黄金卡居委会共同出资，于2001年6月15日组建，注册资金壹仟万元。目的是收储发展大道土地、开发发展大道、经营发展大道。

公司发展快速。相继开发了黄金小区、金亚花园、夷陵新都三大住宅小区；开发建设总建筑面积达10万平方米，共提供商品房610套、经济适用房380套、廉租房420套、商业门面9500平方米及大量就业岗位。累计交纳税费1863万元。其中入库税金745万元，各种规费1118万元。公司10多名员工平均贡献税费24.8万元。经营状况及社会贡献得到了区政府、区审计局等相关部门的充分肯定。在开发、营销、售后服务方面，为全区房地产业探索了一些新路，赢得了社会和各级好评。连续5年获市建委、市房管局、市消协“‘放心房’单位”，市房协“优秀会员单位”；被市消协、三峡建行、三峡日报评为“诚信20强”。

当前，公司向住房保障建设进军，在没有可供借鉴的经验和模式的情况下，积极争取国家拉动内需项目资金630万元，住房补贴1210万元，整个项目建成后将为全区低收入家庭和最低收入家庭提供570套经济适用房和420套廉租房。

宜昌华西矿业有限责任公司

公司成立于1995年，座落在有“高山明珠”之誉的“中国磷矿之都”——樟村坪镇。经过十多年的发展，形成了集磷矿石开采、运输、销售为一体的生产经营格局。公司资产总额2.7亿元，拥有大中型机械设备700多台套，从业人员600余人。年设计原矿生产能力40万吨，年产值2亿元，年销售收入1.5亿元；年上缴税费近5000万元。

旗下的重点矿山华兴磷矿为国家安全标准化二级企业，地质储量448万吨，年设计生产能力30万吨。矿区的办公、住宿、供电、交通、多媒体系统完善，井下的开拓、运输、通风、排水、供电、供风、通讯等系统已经形成，电子监控系统可对作业现场实时监控，目前正在努力创建国家安全标准化一级企业。2010年，公司依法有偿在该矿深探，探明储量9500万吨，可设计年生产能力120万吨。旗下的黄石沟磷矿位于丁西矿区西部矿段，年设计开采能力10万吨，2009年创建成国家安全标准化三级企业。公司配套的汽运公司年运输能力50万吨以上，并在城区配套有销售公司。

公司致力于规范开采，注重资源综合开发利用，坚持在“保护中开发，在开发中保护”。目前，公司正全力加大投入，大力实施“以矿为本、拓新控潜、科技兴矿、文化强企”的发展战略，努力追求“安全、文明，诚信、和谐”的企业形象，积极创建“管理效益型、本质安全型、务实创新型、资源节约型、和谐发展型”矿山企业。公司正在策划选矿和深加工项目，并有意向磷化工产业化方向发展，努力向产业集约化迈进。

总经理张有生在通风排水巷道贯通贯通仪式上致辞

总经理张有生（右四）与在华兴磷矿调研的副省长田承忠（右五）、市长李乐成（左五）、区长刘洪福（左三）、常务副区长彭定新（右一）等合影

电子监控室

华兴磷矿货仓

有着浓厚文化氛围的华兴磷矿工作现场

湖北三峡坤艳集团

集团董事长王基坤（右二）陪同省林业厅厅长王海涛（左三）、区委书记熊伟（右一）、区长刘洪福（左二）视察坤艳药业

集团董事长王基坤（右一）陪同市委书记郭有明（前左二）、区委书记熊伟（前左一）、区长刘洪福（前右二）视察坤艳药业

湖北三峡坤艳集团成立于2004年。6年多来，在各级党委、政府的大力支持下，集团励精图治、克难奋进，实现由单一以磷矿石开采加工为主的粗放型企业向以资源有效整合，依靠现代化科技，立足市场导向为主，集聚药品研发生产、房地产开发等为一体的集约型企业转变，资产达6亿元，从业人员500余人，年产值2亿元，年创利税3000万元。集团总部下设办公室、财务部、人力资源部、项目部、企划部、审计督察部，旗下有湖北三峡坤艳工贸集团有限公司、湖北坤艳药业有限责任公司、房县东蒿矿业有限公司、湖北德佳房地产开发有限公司、宜昌鼎辉矿产品销售有限公司、宜昌市富顺港埠有限责任公司、坤艳招待所等七家子公司。

湖北三峡坤艳集团把制度建设和人文关怀有机结合，用科学的发展观引领企业的发展，引进现代企业管理理念，在改革中发展，在发展中壮大，实现了磷矿产业开采、加工、销售一体化，药材种植、加工、销售一条龙。集团先后被夷陵区委、区政府评为“双文明单位”、“爱心企业”、“十佳成长企业”，并获得“湖北省林业产业化龙头企业”、“湖北省农业产业化龙头企业”等荣誉称号。

精品药材展示厅

矿石装卸

中药材种植基地

湖北坤艳药业 公司产品

中共宜昌市夷陵区委史志办公室

该品牌标志，由城标（夷陵）、铜镜、志书、太阳（日）四个元素构成，由此突出“史志鉴夷陵”的品牌主题，同时还寓意史志是夷陵的平台，托起夷陵，它沐浴朝阳，走向未来。

2010年以来，以创建“史志鉴夷陵”服务品牌为载体，继续按照“强基础，抓规范，创特色，争一流”的工作要求和目标，发扬求实、创新、协作、奉献精神，史志工作再上新台阶。《夷陵年鉴》获全国地方志系统质量评比一等奖、湖北省第二届年鉴质量评比特等奖。史志办被评为全省年鉴工作先进单位、全市史志工作先进单位、全区文明单位。

大力开展“史志鉴夷陵”服务品牌创建，取得突出成绩：《宜昌县志（1979—2001）》通过终审和出版审批，被誉为“上乘之作”并全彩出版发行；组织了《分乡镇志》、《樟村坪镇志》、《夷陵区财政志》等10部乡镇志、专业志的评审；《三斗坪镇志》、《夷陵区国土资源志》等进入印刷出版程序；按照“全面普查和重点普查”相结合要求，完成了革命遗址普查工作；在全市县市区中率先编撰完成了《中共宜昌市夷陵区历史（第二卷1949.10～1978.12）》；为纪念建党90周年、建区10周年，编撰出版了《夷陵10（十年）》（画册）、《庆祝中国共产党成立90周年夷陵党史简明读本》及《夷陵》，开展了党史知识竞赛、党史调研征文等活动；高质量编纂出版《夷陵年鉴》。加强队伍建设，工作人员素质及团队的凝聚力、战斗力明显提高和增强。

2010年2月1日，省地方志办公室、市委、市政府、市地方志办公室领导及专家祝贺《宜昌县志（1979－2001）》通过终审，并称赞此志“乃上乘之作”

2011年4月29日，与市委史志办公室联合开展体育活动，图为登山比赛中办主任唐皓（右）与市委史志办主任曹水兵（左）登上山顶

主任唐皓（左一）带队到延安考察学习，图为办公室人员在宝塔寺前重温入党誓词

团结进取的一班人：主任唐皓（中），副主任简玉琼（右二）、王正玲（右一），综合科长易华容（左二），编研科长范家新（左一）

2011年4月20日，十堰市张湾区史志办公室主任严巨东（右一）带领区直各单位共20余名修志人员到夷陵区，参观学习党史、方志工作经验

2011年6月25日，办公室全体人员到联系村龙泉镇水府庙村开展党日活动。图为主任唐皓(前）、副主任简玉琼（右二）等在参观该村道路、末级渠建设及产业结构调整

宜昌万富工贸有限责任公司

公司董事长易万富

国家商务部党组成员、部长助理房爱卿（前排左二）在万富

参加建国60周年演出

宜昌万富工贸有限责任公司成立于1998年6月。经过13年的发展，公司已成为以商贸超市连锁经营为支柱，集酒店、商贸批发、加油站、地产等多种实体的本土民营企业。公司具有三级房地产开发资质，是国家商务部核准的“万村千乡市场工程”承办企业。

2010年，公司实现综合销售额1.5亿元，创利税近1000万元。采购农副生鲜产品5000余万元，采购蔬果1500万元，直接为本地农民创收6500万元。

至2010年末，公司总资产2.5亿元，在职员工850余名，商超连锁网点262家，区级配送中心1家，总营业面积25000平方米。商贸网点覆盖宜昌市3县区12乡镇和80%的行政自然村；已开发、销售房地产6万平方米；有快捷酒店、加油站各1家。公司承办的“万村千乡市场工程”项目和“农超对接”工作，得到商务部及各级领导的充分肯定和广大老百姓的一致好评。获得省、市级“万村千乡市场工程”优秀试点企业、“百城万店无假货示范店”、“先进维权企业”、“AAA信誉企业”等荣誉称号。

“十二五”期间，公司经营体制将实现集团化经营目标；实现年销售总额过5亿元，利税5000万元，新增就业2000人；新增城区连锁综合超市20家，新开便利小超市店50家以上；兴建“农超对接”蔬菜基地600亩以上，确实实现市民餐桌绿色食品安全；巩固万村千乡网络体系建设成果，建设现代化的商品物流中心1家，实现商品综合配送率达80%以上；投资3亿元，建设夷陵国际中心商城，打造夷陵商业航母。

油站、10个加油点全年完成成品油销售82472吨，其中，柴油52937吨、汽油29535吨，分别比上年增长31%、21%、52%。9月至12月，区政府开展成品油市场专项整治工作,责令限期整改安全隐患133个、现场整改事故隐患21个、下达检查意见书31份，查处违法经营行为2起、违章操作行为5起，整改消防安全隐患30多处，抽检油品质量8家企业、15批次。10至12月，区经济商务和信息化局协调中石化夷陵分公司、中石油宜昌分公司，向上争取柴油配置计划，重点保证柑橘销售、磷矿运输、公交及特种车辆、城区居民正常生活等四个方面的用油需求。11月，按照“控制总量、调整结构、优化布局、适度发展”的原则，编制《夷陵区成品油分销体系“十二五”发展规划（2011~2015)》。年内，夷陵加油站等5座加油站被评为全市“优质服务示范加油站”，受到市商务局、市成品油流通行业协会表彰。

【市场体系建设】 依托宜昌万富工贸有限公司和宜昌市农业生产资料公司两家试点企业，推进农家店向西北山区、边远乡村延伸，全年新建农家店9家，其中日用消费品农家店5家、农资农家店4家；新建、改造农家店377家（其中日用消费品农家店200家，农资农家店177家）、村级综合服务社110家，覆盖100%的乡镇(街道)和90%的行政村；新增商业网点营业面积16000多平方米，万富超市丁家坝店、科技大楼店相继建成开业，肯德基和三味太子等知名餐饮企业落户夷陵区。开展“放心早餐”示范店创建活动，天尚味中餐厅、开心鸟小吃店和小桃园面馆等被市商务局授予全市首批“放心早餐”示范店（企业）。

【酒类流通管理】 全年备案登记酒类经营者772家，其中小溪塔城区酒类经营者备案登记率100%，乐天溪、太平溪、三斗坪镇集镇酒类经营者备案登记率95%以上。全区酒类流通随附单申领企业（含批零兼营企业）15家，申领发放随附单2274本，随附单使用率60%以上。区酒类流通监督管理局、区商务行政执法大队出动执法人员306人次、执法车辆106台次，查处酒类违法案件7起，收缴涉嫌假冒伪劣酒类商品1043瓶,下达责令整改通知书29份。执法人员和稻花香、关公坊酒业打假办工作人员开展鉴别真假酒类商品的现场咨询服务活动，集中销毁涉嫌假冒伪劣酒类商品1692瓶,发放宣传资料800余份，接待消费者咨询650人次。

对外贸易

【概况】 外贸出口总额3302.5万美元，同比增长83.5%，新增外贸获权企业5家，主要出口产品由过去的磷化产品转变为机电产品；实际利用外资1960万美元,同比增长10.1%，新增外资企业2家；外派劳务人员593人，增长12.7%，在建境外工程项目3个，合同总额42710万美元，全年完成工程额8000多万美元。

【中国核工业二二建设有限公司机电产品出口过千万美元】 1月15日，中国核工业第二二建设有限公司承建的东帝汶民主共和国国家电网、电站工程开工，工程合同总额3.6亿美元(合25亿元人民币)，建设期三年，是宜昌市境外承包的最大工程之一。工程所需物资、设备，由二二公司总承包方在国内采购，由此，二二公司机电产品出口1285.5万美元。

【三峡·宜昌（北京）投资环境推介会】 5月17日，区委、区政府在北京国贸饭店举办“三峡·宜昌（北京）投资环境推介会”，商务部外资司副司长骞芳莉、台港澳司副司长孙彤、财务司巡视员袁群到会指导，施奈德电器、宝健日用品、顶新集团、康师傅控股、大成集团、欧姆龙、华晨宝马、罗地亚、斗山、地雅、卡夫、香港伟志等50家知名企业负责人参加会议。推介会上，北京地雅投资管理集团和香港伟志电子有限公司与区政府签订总额12亿元的投资协议；康师傅饮品控股公司确定由“开曼岛康师傅饮品控股有限公司”与“武汉顶津食品有限公司”合资成立“宜昌顶津食品有限公司”,投资420万美元落户夷陵，主要生产、销售康师傅系列饮品。

【长江高科电缆产品走出国门】 10月25日，中国核工业第二二建设有限公司与长江高科电缆有限公司签订东帝汶国家电网工程项目供货协议，第一批输电线缆供货合同值1800万元人民币、合275万美元；12月,签订第二批800万元人民币、合125万美元的输电线缆供货合同。

（范亮　陈卫红　林英成　熊愿望　胡理明　汪凌波　邢陵霞　孙培发　金涛　陈艳　洪军　宋程）

粮食购销

【概况】 2010年，全区粮油市场价格总体稳定。承储中央储备7500吨、区级地方储备5250吨(新增加1750吨)，争取省级商业储备1.6万吨(本年入库8000吨),轮换2008年承储的地方储备粮3500吨。在分乡镇金竹村、黄花乡太山庙村和军田坝村安排农户科学储粮装具计划1000个，统一选用彩钢板组合仓，单价450元/个,其中中央补贴30%、省级配套30%，区财政和农户各承担 20%。向上争取油菜籽托市收购点资格 2 个，争取粮油精深加工贴息贷款 600 万元（贴息 30 万元）。湖北绿秀粮油集团有限公司、夷陵油脂有限公司、金正米业、昌海米业和盛红米业等五家粮油加工企业纳入区农产品加工“四个一批”工程鸦鹊岭食品工业园区。3 月，金正米业有限公司投资 540 万元的豆制品生产线投产，年创产值 2555 万元。“棠垭”、“绿秀”牌大米在全省粮油精品展交会上同获“金奖”。区粮食局被评为“全省粮食系统先进单位”、“全省‘五五’普法先进单位”、“全省粮食监督检查工作先进单位”，湖北绿秀粮油集团有限公司被评为“2010 年度全省粮食行业先进基层单位”。

【粮油购销与加工】 全区具有粮食收购资格许可的粮食经营企业 18 家，油脂加工企业 4 家。落实粮油收购贷款 9000 万元，准备仓容 4.5 万吨，全区纳入统计范围的粮食企业收购粮食 24.1 万吨，其中国有粮食企业收购粮食 15.1 万吨；收购油菜籽 5.1 万吨（其中托市收购 1.5 万吨）；销售粮食 282560 吨（其中国有粮食企业销售粮食 123390 吨），销售油菜籽 63280 吨；纳入统计范围的粮食企业库存粮食 37370 吨（其中国有粮食企业库存粮食 12050 吨），油菜籽 8990 吨。国有粮食企业实现销售收入 7.06 亿元，利润 293 万元。

【粮油供需平衡社会调查和政策性粮食销售专项检查】 按照全省统一安排，组建专班，在部分乡镇开展粮油供需平衡社会调查，抽样调查分乡镇和鸦鹊岭镇 80 个农户的粮食、油料生产和消费情况，专项检查政策性粮食销售情况。调查发现，全区粮油供应充足，市场走势平稳。通过网上交易，买卖政策性粮食（小麦）5951 吨，其中卖出小麦 2113 吨，买入小麦 3838 吨。

（周维平）

供销合作

【概况】 2010 年，完成商品销售额 8.3362 亿元，其中生活资料销售 7.1007 亿元，农业生产资料销售 8416 万元；社有资产收益增长 10%以上；新建和规范村级综合服务社 20 个，全区村级综合服务社达到 120 个，连锁销售总额 6400 万元；引领发展农民专业合作社 2 个，累计达到 16 个。被市供销社评为特等奖，被区委、区政府评为文明单位、平安单位。

【社有资产经营管理】 2010 年，通过法律程序收回改制职工被无偿占用的丰源农资公司的部分资产并纳入出租范围，完成租赁收入 70 万元，同比增长 24%。同时，维修丰源农资公司办公楼等多处资产 1200 平方米，支出维修资金 5 万元。

【农民专业合作社建设】 全年引领发展登记注册农民专业合作社 2 家，总数达到 16 家。供销社领办的协会和合作社为 11000 多家农户销售柑橘近 138300 吨、茶叶 12000 多公斤，天麻、香菇、木耳、大米等农产品 400 吨，销售总额 4500 多万元。

（魏明和）

烟　草

【概况】 年末，夷陵区烟草专卖局有在岗职工104人，其中中专以上学历85人、本科以上学历8人。辖区内有卷烟经营户2034 户，其中，电子结算户511户，占总户数的25.12 %；POS机结算1523户，占总户数的74.88%。全年销售卷烟19018箱，比2009年的18650箱上升368箱；实现销售额28755万元，比2009年的24596万元上升4159万元。销售单箱均价15120元，比2009年的13188元上升1932元。上交卷烟利税1530万元。查获卷烟违法案件150起、违法卷烟6314.5条，涉案金额58.02万元。侦破国家局标准网络案件一起、省级局标准网络案件一起，刑事拘留 7人、批捕 3 人。局党组获区直机关工委“五好基层党组织”称号。

（韩　雷）

旅　游

责任编辑：王正玲

综　述

【概况】全区旅游工作围绕“景区精品化”、“配套人性化”、“服务规范化”、“环境生态化”的工作思路，按照“打造一个旅游名镇，建设两大旅游精品，美化三条旅游线路”的要求，优化旅游发展环境，转变旅游发展方式，提升服务水平，主要经济指标稳定增长，全年接待中外游客 256 万人次，比上年增长 20.75%；实现旅游综合收入 13.25 亿元，增长 23%；完成旅游固定资产投资 3.37 亿元，增长 59.43%。

10 月 23 日，国家旅游局局长邵琪伟（右二）在夷调研

【鄂西生态文化旅游圈现场会在夷召开】3 月 31 日，湖北省推进鄂西生态文化旅游圈建设领导小组第二次会议暨环“一江两山”交通沿线生态景观工程建设现场会议在夷陵区召开。省、市、区领导李宪生、李春明、田承忠、张岱梨、郭有明、李乐成、郑超、熊伟、刘洪福、李世民、饶玉梅出席会议。省委常委、宣传部部长李春明主持会议，省发改委、省旅游局等省直有关部门及武汉、宜昌、荆州等市州负责人参加会议。全体与会人员参观了夷陵区环“一江两山”神宜路沿线的白果树瀑布景区与民居改造示范点、雾渡河镇清江坪居民点、民居改造小区与“农家乐”示范点以及萧氏茗茶品游中心，在夷陵区政务信息中心集中交流了情况，推介了夷陵区的经验，部署了后期工作。

【李鸿忠、何厚铧、吴官正、邵琪伟、罗清泉等先后在夷考察旅游工作】5 月 18 日，湖北省委副书记、省长李鸿忠考察三峡人家。6 月 14 日，全国政协副主席、前澳门行政区特首何厚铧携澳门工商界人士考察三峡人家风景区。10 月 21 日，原中共中央政治局常委，中纪委书记吴官正视察三峡人家风景区。10 月 23 日，以国家旅游局局长邵琪伟为组长的中央党校省部级干部培训班“扩大内需与经济发展课题组”一行考察三峡人家风景区。11 月 12 日，省委书记罗清泉到三峡翻坝高速公路施工现场指导工作，对三峡翻坝高速公路在鸡公岭开凿二峡人家互通现场办公。各级领导对夷陵区旅游工作给予充分肯定，对三峡环坝旅游发展集团走创新型发展道路，打造原生态、场景式、体验型风景区表示高度赞赏。

旅游规划与项目建设

【概况】 继续开展旅游项目建设年活动，全年完成旅游固定资产投资3.37亿元，比上年增长59.43%。编制完成"十二五"旅游业发展规划。推进三峡人家扩建工程、白果树瀑布二期开发和大老岭基础设施改造升级。加快推进三斗坪旅游名镇和新坪、石牌两个旅游名村建设。完善三峡国际旅游茶城旅游接待配套功能。开展星级农家乐标准化建设。金狮宾馆在河心公园投资兴建高档休闲茶楼3栋。

【"十二五"旅游发展规划编制完成】 在总结"十一五"全区旅游业发展成果的基础上，经过认真调查研究和广泛征求意见，于12月下旬完成全区旅游业"十二五"发展规划编制工作。在"十二五"期间，全区旅游业将以争创"中国最佳旅游目的地"为目标，抢抓鄂西生态文化旅游圈和世界水电旅游名城建设机遇，把夷陵建成中国长江三峡黄金旅游线的精品区、鄂西生态文化旅游圈的示范区、世界水电旅游名城的核心区。努力形成"一个旅游经济增长极、两大特色旅游带、三大旅游精品、四个特色旅游景观镇、五个旅游特色村、六个旅游文艺精品、300家星级农家乐"的产业布局。到2015年，全区接待国内外游客突破600万人次，年均增长19%，旅游综合收入达到34亿元，年均增长20%。

三峡人家风景区自动扶梯

【"神宜"路生态景观工程建设完成】 年初，完成环"一江两山"旅游交通沿线"神宜"路夷陵段和"宜巴"路沿线旅游标识标牌和重要节点景观工程建设，打造了"神宜路"、"宜巴路"两条在全省、全市具有重要引导和示范效应的新型景观风景线。全年民居立面改造2114户，安装旅游标识标牌和宣传牌41块，完成沿线绿化2743亩，栽植行道树1500余株，绿化节点15处5000余平方米，设置栅栏9000米，清理沿线垃圾4650吨，建垃圾集并屋49个，配置垃圾桶2000个，落实环卫保洁员49人。

【三峡人家景观价值通过国家旅游局初审】 7月8日至12日，三峡人家风景区参加国家旅游局组织召开的全国创5A景区景观价值评审会，获与会专家高度评价，顺利通过创建国家5A级景区景观价值评审，为创建5A景区检查验收打下坚实基础。

【推进旅游名镇、名村创建和农家乐标准化建设工作】 9月，三斗坪镇通过湖北省旅游名镇检查验收组的验收，获省人民政府"湖北省旅游名镇"、国家住建部和国家旅游局"全国特色景观名镇"称号。石牌、新坪两个旅游名村的村庄整治已初见成效，村庄面貌焕然一新。在"神宜"、"宜巴"、"两金"、"普百"路沿线开展星级农家乐标准化建设，发展星级农家乐 45 家，并做到店牌、招牌、星牌、服装、文化氛围“五统一”。

旅游行业管理

【概况】 加强旅游安全制度建设和日常管理，定期不定期开展旅游安全大检查，实现连续三年旅游安全生产、食品卫生管理、旅游接待服务零事故目标。加强旅游市场监管，确保旅游市场秩序规范有序。加强服务质量监管，规范服务流程，游客的满意率 99.6%。

【继续开展重点景区环境综合整治】 从 3 月开始，分别开展“神宜”公路夷陵段、“宜巴”路、三峡人家风景区和三峡晓峰旅游景区周边环境综合整治。年内，完成生态景观工程夷陵区示范段整治任务，并通过省圈办的检查验收。整治三峡人家景区及周边非法从事旅客客运的车辆和船舶；控制过往船舶夜晚鸣笛扰民；将景区内的农民摊点迁入到统一规划新建的门面中；拆除景区内农民乱搭乱建的小木屋、棚子；公安部门立案调查恶意破坏、偷盗景区设施设备，强占景区已征土地、经营设施，寻衅滋事等严重违法行为，处罚相关人员；治理景区交通沿线环境卫生。妥善处理三峡晓峰旅游景区内金狮洞土地征用遗留问题，调整景区土地规划。

【夷陵区在青岛举办旅游管理人才培训班】 10 月 25 日，夷陵区在青岛市政府经济交流合作办公室、青岛市委党校、青岛市旅游局的支持下，在青岛举办旅游管理人才培训班。全区旅游发展委员会成员单位的分管负责人、旅游名镇、旅游名村的主要负责人等 49 人参加培训。集中学习青岛市发展旅游业的经验和做法，考察青岛市重点景区、工农业旅游示范点和高星级旅游饭店的建设和管理。

【湖北邓村绿茶进入全市十大旅游商品】 6 月 12 日，经全市旅游商品大赛组委会评选，湖北邓村绿茶进入全市十大旅游商品。夷陵区为延伸旅游产业链条，促使旅游商品提档升级，组织区内 20 多家企业开展旅游商品策划和包装，精选宜昌地质工艺厂、萧氏茶叶集团、湖北邓村绿茶集团等七家单位的产品参加全市旅游商品大赛，最终邓村绿茶胜出。

旅游宣传促销

【概况】 以上海、武汉旅游市场为重点，抓好政务宣传、媒体宣传和活动宣传，在武汉举办三峡·夷陵旅游产品推介会，在上海举办上海·夷陵旅游推介和企业恳谈会。组织拍摄旅游强区纪实宣传片；首次出台旅游奖励政策。

【在武汉举办三峡·夷陵旅游产品推介会】 6 月 18 日，借第五届华中旅游博览会在武汉举办三峡·夷陵旅游产品推介会，向台湾、北京、上海等省内外 250 家旅游企业和 50 多家新闻媒体展示夷陵区旅游发展实力和旅游形象，现场签订旅游战略合作协议 12 份，中国旅游报、湖北电视台、湖北日报、三峡日报等多家重要媒体宣传夷陵区旅游产品。

【举办上海·夷陵旅游推介和企业恳谈会】 4 月 8 日，区旅游局联合闵行区旅游局、闵行区合作交流办、静安区旅游局在静安宾馆召开“上海·夷陵旅游企业恳谈会”，邀请上海市 30 多家旅游企业与夷陵区旅游企业现场交流，签订旅游合作协议 30 多份。会上，闵行区旅游局提出把“对口支援，旅游先行”化为实际行动，推动两地旅游的合作发展。

【组织拍摄旅游强区纪实宣传片】 上半年，区旅游局邀请湖北电视台在夷拍摄制作《夷陵山水层叠嶂 巴楚旅游新地标》旅游强区宣传片，并于 6 月 18 日分别在湖北卫视、湖北公共频道、湖北综合频道、湖北旅游频道、火凤网、湖北旅游网等 6 个平台集中展示播出，向省内外

区长周洪福（中）在博览会上签约

充分展示夷陵的城市魅力。

【出台夷陵区旅游奖励政策】为进一步拓展旅游市场，区政府首次出台奖励政策，对组团在夷旅游的省内外（包括宜昌市、夷陵区）旅行社实施奖励，最高奖励额度3万元。在武汉“三峡·夷陵旅游产品推介会”上，区政府主要领导对外公布奖励政策，成为省内外媒体和旅游界关注的热点和亮点。

【全国百家旅行社走进夷陵踩线】11月11日，全国“百家旅行社走进夷陵”大型旅游踩线活动在金狮宾馆拉开序幕，至15日结束。五天里，来自全国的100多家旅行社负责人考察了三峡人家风景区、白果树瀑布景区、百里荒风景区、三峡大坝等重点景区。通过零距离接触，感受夷陵和谐的旅游发展环境以及独特的自然景观和人文风光魅力，并洽谈2011年组团来夷陵旅游。

旅游招商

【概况】在打造重点精品景区和精品线路的基础上，实施项目包装和招商，希尔顿、恒大绿洲等国际知名品牌落户夷陵区。北京地雅拟投资5亿元开发百里荒旅游项目。鄂西圈投公司拟投资开发大老岭旅游项目，年内进入清产核资阶段。柳树沟磷矿出资800万元收购南津关大峡谷探险旅游区，并拟实施新一轮开发建设。

【北京地雅投资集团拟开发百里荒旅游区】6月18日，区政府与北京地雅投资集团在第五届华中旅游博览会上签订《北京地雅投资集团百里荒旅游区开发项目框架协议书》。北京地雅集团拟投资5亿元，面向国际招标旅游规划，按5A级景区标准把百里荒打造成集休闲、度假、康体运动为一体的高端旅游区。

2010年度宜昌市夷陵区旅游企业经营统计表

类别	单位名称	接待人数（人次）				旅游收入（万元）			
		接待人数	同比（%）	其中境外人次	同比（%）	经营收入	同比（%）	其中门票收入	同比（%）
旅行社	游天下国际旅行社	13605	13.47	——		680.2	67.13	——	
	昌耀旅行社	8069	6.28	——		329.06	−15.95	——	
	江河旅行社	10072	5.99	——		503.6	18.49	——	
	行知旅行社	10265	8.97	——		529.12	3.39	——	
	东方世纪旅行社	4281	8.49	——		42.45	32.24	——	
	世纪之梦旅行社	6210	0.11	——		131.13	92.10	——	
	七彩之旅旅行社	12235	11.32	——		611.75	141.08	——	
	小　计	64737	8.54			2827.31	35.32		
星级宾馆	金狮宾馆（四星）	60393	6.37	——		1953.11	13.47	——	
	灯影峡宾馆（三星）	52110	3.12	——		615.7	−4.17	——	
	银湾宾馆（三星）	25295	2532.2	——		196.47	359.36	——	
	鹿鸣大酒店（一星）	3425	−15.05	——		110.6	10.58	——	
	中大宾馆（二星）	21675	−42.13	——		498	−3.82	——	
	宜昌皇家游轮（五星）	12103	−13.31	3314	−13.31	1365.33	−0.66	——	
	小　计	175001	6.89	3314	6.89	4739.21	7.74		

类别	单位名称	接待人数（人次）				旅游收入（万元）			
		接待人数	同比（%）	其中境外人次	同比（%）	经营收入	同比（%）	其中门票收入	同比（%）
旅游景区	三峡人家景区（4A）	862445	18.58	47933	18.58	7788.32	12.71	7034.5	12.75
	三峡石牌要塞景区（4A）	136117	−33.03	8860	−33.03	2487.31	−40.74	2223	−17.58
	三峡观坝景区（4A）	27362	−33.72	1555	−33.72	65.67	−68.70	54	−34.78
	三峡环坝旅游集团（汇总）	1025924	5.57	58348	5.57	10341.3	−8.62	9311.5	3.25
	情人泉古兵寨景区（3A）	87398	64.66	404	64.66	104.28	−37.37	85.75	−48.51
	天河龙宫景区	5116	−84.87	0	−84.87	10.17	−87.56	8.28	−88.01
	三峡大瀑布景区（4A）	502284	46.24	2327	46.24	2359.33	89.17	1375.63	5.55
	金狮洞景区	72627	61.82	0	61.82	164.16	26.09	134.99	4.94
	三峡人文地理风情园	93602	−21.69	0	−21.69	118.41	−11.09	127.36	−4.28
	三峡晓峰旅游集团（汇总）	761027	27.95	2731	27.95	2756.35	56.72	1732.01	−3.81
	百里荒风景区	18105	23.93	0	23.93	175	90.71	75	40.71
	中华鲟园景区（3A）	25887	−18.90	2436	−18.90	80.95	4.02	69.52	−17.42
	黄陵庙景区	176295	37.28	7601	37.28	347.03	11.96	216.9	21.96
	南津关大峡谷景区	23740	119.53	0	119.53	433.3	30.07	270.6	41.98
	大老岭国家森林公园	80976	77.63	0	77.63	697.65	65.56	240.45	27.08
	西塞国家森林公园	16264	161.31	0	161.31	12.62	−6.10	——	
	小　计	341267	43.65	10037	43.65	1746.55	40.00	872.47	25.51
	其他	189600	370.04	0	370.04	4251.55	853.95	——	
	合计	2557556	20.75	71116	23.68	26662.27	25.43	11915.98	2.03

（黄开琴）

责任编辑：王正玲

综 述

【概况】年末，全区各项存款余额128.51亿元，比年初增加23.50亿元，增长22.38%。其中：企业存款51.62亿元，增加13.42亿元；储蓄存款73.85亿元，增加11.55亿元。人民币贷款余额85.8亿元，增加30.56亿元，增长55.33%；累放贷款80.05亿元，比上年增加13.85亿元；国家开发银行、招商银行等外埠金融机构直接在辖区投放贷款余额27.5亿元，比年初增加6.6亿元，增长31.6%。全地域贷款余额113.3亿元，存贷比87.93%。2010年银行业金融机构实现盈利28699万元，比上年增4239万元，增长17.33%。不良贷款余额6635.34万元，不良贷款率0.77%，绝对额下降30.33%。年末，辖区A级以上信用企业271户，占比68.43%；贷款利息实收率100%，辖内信用乡镇11个（占比91.67%），信用社区10个（占比100%）。三峡小额贷款公司累放贷款3497万元，余额2167万元；平湖担保公司累计提供担保1494笔，12.06亿元，在保金额7.43亿元。

【支付结算】区政府批准《夷陵区农村支付服务环境建设实施方案》，开展农村支付结算服务创新试点。全区实现各金融网点拥有1台ATM机的目标，ATM机66台，POS机568台，覆盖全辖所有乡镇。推广农民工银行卡特色服务，实现各类涉农补贴通过银行卡发放。

【设立宜昌市商业银行夷陵支行】9月9日开始营业，是宜昌市商业银行在夷陵区设立的第二家支行，至此，全区支行级商业银行达到10家。

夷陵区金融机构人民币信贷收支执行情况统计表

2010年12月31日

项　　目	人民币（万元）				外币（万美元）		
	本月余额	比年初		同比净增	本月余额	比年初	
		今年	去年			今年	去年
一、各项存款	1255862	222910	201656	21254	519	514	451
1、对公存款	516230	134156	108201	25955	452	452	452
其中:定期存款	76052	2660	11752	-9092			
2、储蓄存款	738458	115525	112515	3010	67	62	-1
其中:定期存款	417493	55436	40132	15304	45	40	1
二、各项贷款	858005	305623	188289	117334			
1、短期贷款	305951	99182	61573	37609			

项目	人民币（万元）				外币（万美元）		
	本月余额	比年初		同比净增	本月余额	比年初	
		今年	去年			今年	去年
（1）工业贷款	35790	11720	6946	4774			
（2）商业贷款	5505	3445	1980	1465			
（3）农业贷款	156287	32361	38344	-5983			
（4）三资企业贷款							
（5）私营企业及个体贷款	12834	5859	6391	-532			
（6）其他短期贷款	74093	46294	4316	41978			
其中：个人短期消费贷款	4528	2577	1024	1553			
2、中长期贷款	435125	135299	104832	30467			
（1）基本建设贷款	113381	42858	29453	13405			
（2）其他中长期贷款	320825	91522	81779	9743			
其中：个人中长期消费贷款	126535	37995	37883	112			
3、票据融资	119929	71143	21883	49260			
三、累放贷款（当年累计）	800467	800467	661973	138494	444	444	0
其中:贴现	196674	196674	239235	-42561			
四、累收贷款（当年累计）	505709	505708	433358	72350	444	444	0
其中:贴现	175484	175484	218996	-43512			
五、当年结益	28699	28699	24460	4239			
六、上存资金	573047	44681	185596	-140915			
七、中间业务收入	5365	5359	2975	2384			
八、代理财政性存款	29208	12087	12874	-787			

中国人民银行宜昌县支行

【继续贯彻执行适度宽松货币政策】 继续执行适度宽松货币政策，构建和完善政银协调、银企沟通、媒体宣传三个平台，加强向政府、金融机构、社会公众的政策宣传力度，及时传达货币政策的目标、任务和措施，引导金融机构保持资金合理供给，满足经济社会发展合理资金需要。区政府批转出台《2010年夷陵金融服务地方经济发展指导意见》，引导金融机构按照“总量适度、节奏平稳、结构调整、风险防范”的要求，重点加强对优质企业、招商引资项目、城镇基础设施配套建设、旧城改造和城市扩建等四个方面的支持力度；落实国家惠农惠民金融政策，履行金融机构扶贫扶弱的社会责任。

【维护金融稳定】 加强金融风险的监测和预警，完善金融风险和金融稳定的监测和评估体系，密切监测金融业整体经营状况和金融产品创新风险隐患。加强对法人金融机构风险防范，对农村合作银行央行票据兑付后的业务经营状况进行跟踪监测；密切关注邮政储蓄银行改制和农业银行股改后的经营状况，确保改革成功。加大对金融企业的监测和分析，督促三峡小额贷款公司、平湖担保公司按月报送相关经营信息资料，规范其公司治理结构，防范信贷风险。

【人民币流通管理】 完善反假工作站的基础档案，开展反假宣传教育活动，在假币比较泛滥的太平溪站点组织大型宣传活动。全年金融机构共收缴假币48500元。开展人民币收付业务检查，加强对临柜人员的责任教育、程序监督工作，规范假币收缴和残损币兑换业务程序，维护金融消费者合法权利。

【经理国库】 加强系统建设，提高国库系统的使用效率。发掘TCBS系统集成功能，实现集中支付清算资金、退库资金直达收款人账户，减少同城清算环节；实现税款直接扣款入库，TIPS系统企业签约率超过99%。强化国库内控与监管，落实国库问责制度，严格柜面审核与监督、确保预算收支及时和准确。协助开展TCBS系统进行异地应急演练。2010年国库共办理业务215605笔，金额651941万元，无一笔差错。与劳动、财政、税务部门联系沟通，促成社保系统与银行系统合作对接，实现社保卡与银行卡两卡合一。开展“关心国库发展，服务社会民生”主题宣传活动。组织召开纪念国库条例颁布25周年座谈会及送国债知识下乡活动。

【征信宣传服务】组织涉农金融机构在乡镇举行“珍爱信用记录，提高信用意识”宣传活动，现场发放“百姓征信知识手册”等宣传资料，接待民众咨询。按照“查、看、对”严格贷款卡发放和年审，全年新发企业卡全年新发卡106户、年审卡253户，受理相关业务咨询83人次。

【解决交通违章罚款缴款难问题】组织驾驶员缴纳罚款难问题调查，督促和协调邮政储蓄银行、财政部门开办代理业务，就近开设专柜解决缴款难的问题。

（杜洪波）

中国银行业监督管理委员会宜昌监管分局夷陵办事处

【概况】围绕“调结构、扩内需、惠民生、控风险”四大主题和年度监管规划目标，推动辖内金融业稳步健康发展。协调推动银行业机构抓好支农支小，督查夷陵农村合作银行规范运行。改善监管服务、推动区域经济金融协调发展。支持东湖国资为发起人，组建小额贷款公司。

【金融日常监管】按照银监会、省、市局统一部署，配合区政府，协调金融机构着力抓好政府融资平台贷款风险防控；组织高管学习信贷新规，实施精细化管理；加强案件专项治理与风险防范，对5家机构信贷管理、授权授信、票据风险等监控抽查，全年发出监管意见书8份，配合公安部门开展2次安全大检查；对部分行长及要害部门、重点岗位工作人员进行提醒、诫勉谈话。

【法人机构监管】加强持续监管，要求夷陵农村合作银行不断完善法人治理结构；约见独立董事，反馈股民意见，发布信息披露；落实全国农村中小金融机构监管电视电话会精神，与合行研究各项措施，部署案件防控；召开年度审慎监管会，客观公正考核董事长、行长及副行长。

【金融监管服务】召开会议部署各行支持“三农”与中小企业发展等工作；向区政府报送打击非法集资工作方案，配合政府、公安部门研究具体措施，针对性走访、摸底；对平湖担保公司及东湖国资工资组建小额贷款公司相关工作进行业务协调与指导；根据区委“万名干部进万村入万户”活动部署，到太平溪镇富城坪村调查社情民意，宣传党的政策，讲解金融知识。

（许兵）

中国工商银行股份有限公司三峡夷陵支行

【概况】年末，有在职员工81人。设综合办公室、公司业务部、个人经营业务部、个人贷款中心、兑公营销中心、营业部、丁家坝支行、小溪塔分理处、长江市场分理处。存款余额152359万元，比年初增加8913万元。各项贷款余额66790万元，比年初增加50392万元。其中公司贷款余额45720万元，比年初增加36790万元；个人贷款余额21070万元，比年初增加13602万元。办理票据贴现23347万元。加强稻花香集团、核工业二十二公司、江重机械制造公司、中孚化工公司等一般法人客户的信贷业务和国内贸易融资业务的营销，全年发放一般法人客户贷款52840万元，比上年增30210万元。加强中小企业信贷业务营销，全年营销10户，办理融资7150万元，增6580万元。探索新产品、营销新客户，向三峡环坝旅游集团营销景区门票收费权质押国内保理融资5000万元。发展个人信贷业务，全年放贷16246万元，增13602万元。全年实现中间业务收入1456万元，比上年增981万元；实现拨备前利润2548万元。

（高玉章）

中国农业银行股份有限公司三峡宜昌支行

【概况】年末，在岗员工145人，内设4个职能部室，辖10个营业网点。其中小溪塔城区4个，乡镇6个。年末存款余额24.92亿元，各项贷款4.34亿元，实现经营利润4294万元、中间业务收入1203万元，全年安全无案件、无重大责任事故。结对帮扶下堡坪乡赵免河村，送农业技术书籍1000册，送现金5000元。

【支持地方经济发展】年内，累放贷款28693万元。个人类贷款余额9074万元，累放9343万元；公司类贷款余额34350万元，累放19350万元；办理贴现贷款1860万元。完成对长江电缆高科有限公司等8个新客户的评级申报和夷陵医院等6个新客户的授信申报，其中夷陵医院、长江高科和宏祥玻璃有限公司3户合计授信8800万元进入放款环节，宜昌明珠磷化公司、宜昌超亿建材公司等合计6000万元授信正在申报。

【现代金融服务辐射到乡村】新装修鸦鹊岭分理处。6个乡镇营业网点全部安装自动取款机，是夷陵区唯一在乡镇布局网点、安装自助设备的国有银行。银行卡、投资理财、电子银行等现代金融服务产品进村入户。累计营销惠农卡36751张，覆盖50%以上的行政村；授信5354户，授信额1.54亿元；累计用信1412户，用信额5572万元，安装转账电话300多台，电话银行、消息业务、手机银行、网上银行等电子产品受农民青睐。

【雾渡河分理处为客户挽回遗失现金1万元】 1月5日，一客户在农行雾渡河分理处支取现金10000元不慎丢失。事发半小时后，客户到雾渡河分理处请求协查。分理处主任李勇立即组织值班人员调阅电视监控，发现在客户取款离开农行上车的地方有一骑摩托车的人弯腰拾得一物，但此人及摩托车牌照不清晰。1月7日，分理处员工田昕明发现马路上有一摩托车及骑车人的形貌与录像中的相似，分理处主任几经周折找到拾物者，10000万元现金物归原主。客户拿出2000元现金感谢分理处员工，被婉言谢绝。事后，农行三峡分行、夷陵电视台、三峡夷陵传媒网、三峡电视台、三峡商报、三峡晚报等媒体对此进行报道。

【向青海玉树和太平溪灾区捐款】 4月14日青海玉树发生7.1级地震后，农行宜昌支行及时动员，两天时间组织捐款21600元。其中，离休老干部刘广新捐款10000元。支行原工会主席、心脏病刚治疗出院的81岁退休干部陈开炳得知消息后也赶到支行捐款200元。7月23日太平溪镇遭受山洪灾害后，农行宜昌支行捐款2万元，及时送到灾区，帮助灾区人民恢复生活和生产。

（徐廷宜）

中国银行股份有限公司宜昌夷陵支行

【概况】 2010年，坚持以科学发展为指导，遵循依法合规抓经营、争先创优抢市场、银企合作推经济、以“德”为先促发展的经营理念，实现业务增速创历史、综合业绩讲三强、经营利润创新高、队伍建设上档次、银企联手获双赢成绩。年末，有在岗职工23人。设营业部、综合部和公司、零贷业务团队，三个封闭式结算窗口、一个开放式柜台。各项人民币贷款余额105668万元，比年初增加52613万元，增长99.2%。各项人民币存款余额94527万元，比年初增加25877万元，增长37.7%。外币存款余额498万美元，比年初增加184万美元，增长58.60%。全年实现净利润2767.18万元；人均创利125.78万元，增长70.94%。机构综合经营业绩位居全省前三位，比上年提升3位。全年累计向本地重点基础设施工程、企业和个人流动经营资金、政府重点民营企业等提供贷款支持11亿多元，占夷陵区同业贷款新增投放总额的15.6%，居同业投放额度之最。

（黄春明）

中国建设银行股份有限公司宜昌夷陵支行

【概况】 年末，在岗员工68人，内设3个部室、3个对外营业网点、1个离行式自助银行；存款余额22.48亿元，贷款余额20.26亿元。全年实现中间业务收入1638万元，利润6089万元；未发生三类和重大责任事故。

（胡斌）

中国农业发展银行宜昌市夷陵区支行

【概况】 年末，各项贷款余额64249万元，比年初增加13023万元；各项存款余额16965万元，比年初增加3433万元；中间业务收入31.2万元，利润1701万元，全行安全经营无事故。做好粮油资金供应工作，全年发放粮油收购贷款14446万元，重点支持湖北绿秀粮油集团有限公司和湖北稻花香粮油购销公司，确保全区粮油收购资金的供应和管理；支持产业化龙头企业提档升级，共发放贷款17950万元。调整营销策略，建立和完善项目储备库，将有经济实力、有发展前途、符合国家和地方产业发展规划的贷款企业和项目纳入项目库，对符合农发行贷款条件的企业实行择优支持；如对夷陵城投公司发放还迁房中长期贷款1亿元，重点支持湖北稻花香、邓村绿茶、万富工贸、湖北坤艳公司等具有影响力的企业。经常核查政策性贷款和准政策性贷款库存，确保账实相符。深

丁伟（右）认真查看绿色食品公司产品凝清茶

入企业检查贷款资金使用的合规性，督促企业加强管理，按封闭运行的要求规范运作，达到库贷同步；严格贷款发放与使用、货款归行和收贷收息环节管理，建立风险预警监测机制，定期评估贷款风险。同时加大商业性贷款管理力度，确保贷款本息全部收回。在经营中，遵循对内严格、对外透明管理原则，树立农发行“清正严实”的社会形象。对内制定行业行为“十不准”和机关员工考核办法，对外推行文明服务，强化员工“人人是窗口，个个是形象”意识。帮助联系村制定发展规则，并为新农村建设尽力。

【丁伟在稻花香集团考察申贷项目】 8月25日，中国农业发展银行湖北省分行行长丁伟在稻花香集团考察，参观宜昌三峡物流园项目基地、稻花香酒业股份有限公司、稻花香绿色食品公司等集团成员企业。丁伟表示，将开通授信和绿色服务通道，成立专门小组，全力支持稻花香集团发展。

（杨倩）

宜昌夷陵农村合作银行

【概况】 设22个分支机构，在岗职工285人。年末，存款余额30.17亿元，比年初增加7.55亿元，增长33.37%。贷款余额21.42亿元，比年初增加5.85亿元，增长37.57%；到期贷款综合收回率99.69%，不良贷款比例2.59%，比年初下降2.18%。财务收入19316万元，比上年增加3073万元，利润4002万元。贷款损失准备8346万元，比年初增加1135.3万元；拨备覆盖率150.46%，比年初增加9.9%。资本充足率11.33%。

【服务区域经济发展】 把握“机制灵活、决策高效、办事快捷”服务优势，支持全区经济社会发展。全年累计投放贷款23.56亿元，占全区同业的29.44%，其中涉农贷款比重95.12%。为9.8万个农户及个体户颁发贷款证，累计投放小额农贷4.32亿元。贷款14.41亿元支持稻花香、萧氏茶叶、昌伟农贸、万富工贸等67家中小企业发展。贷款2亿多元支持城投公司、长江市场、梅岭新村、夷陵经济开发区等项目建设和基础设施建设。累计发放下岗再就业小额担保贷款、妇女创业贷款、外出务工人员返乡创业贷款、服役军人回乡创业贷款、进城农民创业贷款6600万元，帮助500多名下岗职工实现再就业，支持62名青年创业，带动1600多人就业。投放贷款8700万元，支持全区受灾农户和企业开展生产生活自救。4月29日，中国人民银行副行长胡晓炼（右一）视察宜昌夷陵农村合作银行服务区域经济发展情况。

（刘世保）

宜昌市商业银行晓溪塔支行

【概况】 年末，各项存款余额53103万元，其中对公存款34883万元，储蓄存款11419万元。贷款余额44187万元，累计放款52669万元，累计收贷41852万元，培植A级以上企业30家，将不良贷款率控制为零，全年无安全事故发生。

继续加大对本地工商企业的扶持力度，利用总行对支行行长的授权300万元，对夷陵区以及周边地区优质小企业发放贷款、办理承兑、保函等业务，至12月31日，累计为小企业发放流动资金贷款2.7亿元，余额1.43亿元，有合作意向的小企业客户达40余户。年内，有选择地倾向农业贷款，在有效控制风险的基础上，加大对万村千乡企业的支持力度，培育和引导具有一定优势的三农龙头企业。积极履行社会责任，在7·23特大暴雨袭击发生后，支行迅速赶赴灾区雾渡河镇龚家河村，慰问受灾群众，并组织员工捐款捐物。

（李虎）

中国人寿保险股份有限公司宜昌市夷陵区支公司

【概况】 全年实现保费收入12922.8万元，比上年增长14.9%。其中长险首年保费8281.6万元，增长17.3%；短险保费522.6万元；续期保费4118.7万元，增长13%。首年保费中趸交6153.6万元，增长11.2%；期交2128万元，增长39.5%。个险渠道实现保费收入4865.6万元，增长2.3%；中介渠道实现保费收入7690.2万元，增长28.7%；团险渠道实现短险保费收入356.4万元。全年股份业务支出3119.4万元，办理理赔案件3346件，赔付538.32万元，短险业务简单赔付率56.6%。

【中介期交过千万元】 中介渠道大力发展期交业务，业务结构明显优化。通过抓业务精英、抓高端客户，协助银邮网点召开产说会，全年完成期交保费1050.2万元，比上年增长134.6%。

【支持抗洪救灾】 太平溪、邓村等乡镇遭受7·23特大暴风雨袭击后，公司实行特事特办、提前为遇难家属望运奎赔付3万元保险金；公司倡议、员工捐款2万多元支援太平溪灾区建设，参加灾后重建验收。

【“内控合规年”活动】 以内控缺陷整改和“诚信我为先”等为重点和主题，开展“内控合规年”活动，强化依法合规经营意识，树立“合规创造价值，诚信铸就品牌”经营理念。推行《内控合规手册》和《县支公司风险防范指引》，组织员工学习，熟记岗位风险点和内控要求；参加宜昌分公司“合规杯”知识竞赛，学习总公司“四项制度”并签订承诺书36份。

（姚继斌）

中国人民财产保险股份有限公司宜昌市夷陵支公司

【概况】以进度管理促发展，实行激励机制，落实月度和季度计划，发展速度加快。以质量管理保效益，加强承保管控、理赔管控和财务管控，盈利能力提升。以优化服务升形象，建立大理赔服务体制和机制，优化服务流程，狠抓理赔提速，品牌形象得到提升。全年实现保费收入5761万元，比上年增长47.76%。其中：车险4623万元，增长74.4%；财产险360万元，增长10.8%；意健险182万元，增长28.2%；责信险168万元，增长27.3%；船货险93万元，下降10.3%；农业险335万元，下降32.9%。支付赔款3095万元，综合赔付率70%。

【保费收入突破5000万元】全年实现保费收入5761万元，比上年净增1862万元。保费规模在全省人保财险系统县（市、区）支公司排名中居第9位，在全市财险行业县（市、区）支公司中居第1位。

【支持抗洪救灾工作】7月23日太平溪、邓村等乡镇发生特大暴雨后，支公司迅速启动应急预案，成立抢险救灾理赔查勘小组，抽调精干力量组成查勘理赔队伍，实行“公司领导包片包线、各组长及查勘员包点包户”，投入13台次车辆，5万多元经费，230人次，查勘3个乡镇16个村。支付泥石流灾害赔款163.2万元，向太平溪镇韩家湾村捐款3万元。公司及副经理周玉兰分获区政府“抗洪救灾及灾后重建工作先进单位”、“抗洪救灾及灾后重建工作先进个人”称号。

【左绪文在太平溪镇查看灾情】7月31日，湖北保监局局长左绪文到太平溪镇，了解“7.23”受灾情况、抗灾救灾情况和恢复重建的安排部署情况，代表湖北保监局及湖北保险业同仁对太平溪政府及人民表示慰问。要求人保财险公司抓紧做好理赔服务工作，尽快将赔付资金送到灾民手中。

（彭宏志）

经济管理与监督

责任编辑：王正玲

发展与改革

【概况】 完成固定资产投资 132 亿元。争取中央预算内、新增投资、国家财政专项等项目 88 个，资金 2.5 亿元。筹资 1.2 亿元建设神宜公路（S312）沿线生态景观工程。完成 4 大类 12 小类 34 项医改重点工作。编制“十二五”规划和专项规划 29 个，申报 6 大类项目 200 个，项目总投资 89.7 亿元，争取到位资金近 2 亿元。围绕新农村建设、工业经济发展、道路交通安全、节能减排、体制改革等课题开展调研，撰写调研文章 12 篇。

【全区固定资产投资破百亿元】 2010 年，全区固定资产投资完成 132 亿元，首次突破百亿大关，比上年增长 48.7%。固定资产投资总量在全市县市区中位居第二位，投资增幅在全市位居第三位。

【编制完成“十二五”规划】 年内，完成“十二五”规划编制，并建立规划编制论证体系，编制完成 29 个行业和专项规划。在“十二五”规划中，夷陵区确定构建“一主两翼多极”（一主，加强统筹规划，优化功能布局，加快改造小溪塔老城区，加快建设夷陵经济开发区和发展大道新区。两翼，加快推进龙泉组团、坝区组团规划建设，放大鸦鹊岭、黄花等城郊乡镇优势，提升辐射带动力。多极，以雾渡河、樟村坪、分乡、邓村、下堡坪等乡镇集镇为中心，突出基础设施建设，加快资本和人口聚集，形成一批名村名镇）的城镇一体发展格局，构建“一带六园”（以夷陵经济开发区为龙头，推进小鸦路工业经济带深度开发，提升小溪塔综合产业园、龙泉食品工业园、黄花新型建材工业园、鸦鹊岭精细化工及青岛工业园、乐天溪三峡移民生态工业园、土门生物产业园的经济承载力，建设新型工业强区）的新型工业发展格局，构建“三条走廊”（以循环农业为抓手，高标准建设小鸦路精品柑橘走廊、宜大路高效茶叶走廊、黄柏河流域生态林业走廊，建成全国知名的“橘都茶乡”）的现代农业发展格局。构建“一区一地一中心”（以两坝一峡、三峡晓峰旅游带为重点，打造世界水电旅游名城核心区；以长江两坝间岸线、黄柏河沿线为重点，依托城市骨干通道，打造三峡现代物流中转集散地；以城镇市场建设为重点，打造宜昌商业副中心）的服务业发展格局。提出到 2015 年，实现四个主要指标翻番，即地区生产总值达到 450 亿元、规模工业总产值达到 1000 亿元、地方一般预算收入达到 20 亿元、固定资产投资达到 330 亿元的发展目标。

【项目建设管理】 对项目从决策、立项、审批、建设、管理等方面，按照监督全方位、管理全过程、检查全覆盖的工作要求，推行无缝隙监管模式。年内，争取中央预算内、新增投资、国家财政专项等项目 88 个，资金 2.5 亿元。乡镇文化站、卫生院、派出所、农村沼气、通村公路等民生项目建设提前 5 年实现全覆盖。中央第十三检查组对夷陵区新增中央投资项目进行检查后认为：工程进展顺利、资金管理规范、制度严格落实、监督措施得力。

【神宜公路沿线生态景观工程建设】 境内的神宜公路（S312）沿线生态景观工程建设项目被纳入《湖北省环“一江两山”交通沿线生态

景观工程总体规划》，夷陵经济开发区姜家湾（K11）至雾渡河集镇桥头（K58）段47公里被列为全省环“一江两山”公路沿线生态景观工程示范带，雾渡河镇清江坪村被列为全省特色民居改造示范村。开展以特色民居改造为主要内容的民居改造工程、环保工程、林业景观工程、旅游标识标牌工程和交通工程。在项目实施过程中，做到“六个结合”，即：把景观工程建设和新农村建设、推进城乡一体化建设、发展旅游经济、解决农民的脱贫致富、提升居民的素质、公路沿线环境集中整治结合。采取“对上争取一点，区里补助一点，部门支持一点，企业承担一点，村民自筹一点”的办法，筹集建设资金1.2亿元（其中争取省政府补助1200万元）。在建设过程中，发改、建设、环保、交通、林业、水利、农业、旅游等区直部门和黄花乡、雾渡河镇，按照“白墙、青瓦、飞檐、马头墙”的峡江风格改造民居2200户，绿化田园、庭院2743亩，栽植行道树1.8万株，安装路灯100盏；设置钢栅栏1.02万米，铺装人行道板1.2万平方米，建设停车场1.2万平方米；建设垃圾集并房49个，配置垃圾桶2000个，配备保洁员49个，清运垃圾4650吨；设置22块大型旅游标识标牌，统一制作安装28块“农家乐”招牌。该景观建设得到省委、省政府、市委、市政府、省鄂西圈办的肯定。省委、省政府两次在夷陵区召开现场会，市委、市政府也召开会议推介。

【支援铁路建设】 上半年，征地移交红线内永久用地711亩、拆迁房屋47户8902平方米、移交临时用地222亩。下半年，服从铁路建设施工需要和地质灾害避让需要，在牧童村吴家溪等处新增拆民房15户3006平方米，扩征建设用地199亩。完成自2008年汉宜铁路征地拆迁以来的红线范围内的地面附着物、房屋拆迁资金兑付清理和结算工作。

【推进医药卫生体制改革】 完成4大类12小类34项医改重点工作。扩大基本医疗保障覆盖面，区内66071名城镇职工和73922名城镇居民参加基本医疗保险，比上年分别增加8087人、3448人；全区参加“新农合”医保农民38.78万人，参合率97.2%，比上年上升1.74%。推进国家基本药物制度，11个乡镇卫生院、1个社区卫生服务中心、2个社区卫生服务站共14家政府举办的乡镇医疗卫生机构实施基本药物制度，实现药品零差率销售，药品平均采购价格低于省挂网价39.6%。健全基层医疗卫生体系，争取国债新建太平溪中心卫生院综合楼，车站村、邓村坪村、黄马河村、三合村等4个村卫生室，完成医生转岗培训13人。

（温大兰）

国有资产管理与监督

【概况】 继续推行“五统一、三结合、两集中”的管理制度，初步建立《夷陵区行政事业单位国有资产配置标准》和《夷陵区国有资产公开招租管理办法》等资产管理制度体系。面向社会公开拍卖区环保局综合楼后院2396平方米闲置资产，拍卖720万元，比评估价308万元增值412万元，增值134%。完成交通系统下划管理的11个单位的清产核资，审核资金1.8亿元，依法追缴收入140万元。加强国有资产收益的征收管理，完成国有资源（资产）有偿使用收入11027万元，其中国有资本经营收入3192万元，国有股权转让收入7192万元，资产变价收入243万元，租金收入400万元。启动罗河路中心菜市场建设及夷陵区车辆管理所和东湖车辆检测线项目。

【罗河路中心菜市场建设项目】 8月，区政府承诺的2010年十件实事之一罗河路中心菜市场建设项目开始规划设计。规划占地8310平方米，总建筑面积14133平方米，其中地面四层主体工程建筑面积9681平方米、地下一层建筑面积4292平方米，配套工程公厕及垃圾房159平方米，广场及通道、绿化工程5383平方米，建筑密度33.3%，容积率1.18，绿化率30.1%。将建成以农副产品经营为主，集菜市场、特色小吃、特色餐饮、停车、公厕等多功能于一体的市场。市场一、二楼经营农副产品，三楼特色小吃、四楼特色餐饮，地下设停车场，车位123个。这是夷陵区首家完全由政府投资兴建的标准化菜市场，是第一个面向社会大众的专业停车场，是第一个规范化的室内特色小吃经营场所。

【启动夷陵区车辆管理所和东湖车辆检测线项目】 位于夷陵经济开发区鄢家河村三组，占地78亩，总建筑面积约10000平方米，项目建设总投资约4000万元。项目于9月规划设计，计划2011年10月完工开始营运。建成后，它将负责为全区11.2万机动车和9.6万驾驶员提供便捷的一站式服务。项目由四部分组成：车管所及业务大厅，大厅共四层，主要为驾驶员提供年审和机动车登记、年审服务，大厅内设车管办证、违法处理、驾驶员体检、车辆税收、银行收费等相关联动单位服务窗口；考场及考训基地，主要为驾驶员提供考训服务，可年培训驾驶员万人，建两条汽车考试线和一个摩托车考场；车辆检测站，主要为机动车提供安检、综检、尾气检测服务，建两条汽车检测、一条摩托车检测线，可年检车辆15万台；车辆调试、维修、交通事故矛盾调处综合楼，主要是为检验不合格车辆提供调试、维修区域，同时为交通事故矛盾调处提供服务场所。

（彭九庭　余　娟）

财　政

【概况】 全区完成全地域财政收入26.78亿元，比上年增加5.06亿元，增长23.3%；地方财政总收入18.84亿元，增加3.58亿元，增长23.5%；地方一般预算收入8.67亿元，增加2.06亿元，增长31.2%。其中国税部门完成1.18亿元，增长15.8%；地税部门完成5.61亿元，增长34.9%；财政部门完成1.88亿元，增长31.6%。全年一般预算支出完成16.50亿元(不含上级专款)，增长24.1%。

采用信用担保、资产抵押、股东联保等形式，争取省级县域经济发展专项资金1亿元，自筹资金0.53亿元，支持稻花香集团、三峡泵业、萧氏茶叶、邓村绿茶等19家企业的发展。投入技改资金1285万元，支持弘洋水泥、江重机械、华润电缆等20家企业设备更新和技术改造。投入企业产业发展资金0.6亿元，支持重点项目和重点产业建设。投入园区建设资金1.5亿元，支持“一区五园”项目建设和配套基础设施建设。落实税收政策资金7000万元，其中增值税转型抵扣1000万元，江重机械、启力饮料等企业税收返还5200万元，支持叮咚饮品、三峡泵业、坤艳公司等企业发展。向省市财政部门申报项目66个，到位资金1.37亿元。

筹资2563万元，继续支持全区柑橘、茶叶和生猪三大主导产业发展。其中，投入桔橘发展资金245万元，支持老橘园改造，加强病虫害防治；投入茶叶发展资金1085万元，支持茶叶机械示范园等建设；投入畜牧发展资金1233万元，其中生猪良种种精供给中心和网络建设资金176万元。投资8846万元(中央现代农业发展专项资金1000万元，整合各类财政支农资金2350万元，社会投入5496万元)，完成中央财政现代农业发展资金夷陵区标准果园建设2万亩。制定2010年现代农业高效标准茶园建设项目实施方案。筹资1135万元，开展农田水利及防汛抗旱等基础设施建设，完成喻家溪万亩排灌设施等重点项目建设。筹资890万元，协助开展防洪抢险救灾，支持抗灾救灾和灾后重建工作。

启动家电下乡以旧换新工作，完善财政补贴资金拨付办法和流程。开展经销商检查，查处套取补贴等违纪违规现象。全区销售家电下乡产品27254台(件)，拉动农村消费8593万元，财政补贴773万元；销售汽车、摩托车下乡产品4875辆，拉动农村消费9433万元，财政补贴849万元；家电以旧换新88台，财政补贴2.1万元。三峡新能源设备有限公司被列为2010年度全国家电下乡企业，“三峡明珠”牌太阳能上榜全国家电下乡产品名录。

资助义务教育阶段5903名家庭贫困住宿生生活费392万元，资助中小学1200名特困学生100万元，拨付义务教育阶段中小学校公用经费1830万元，投入学校基础设施标准化创建改造资金2235万元，其中上海中学建设资金900万元、12所学校“五改”80万元及“班班通”工程建设332万元、12所农村中小学校舍安全工程543万元、6个教师周转房建设300万元、21所学校食品药品创建80万元。投入担保资金500万元，发放小额担保贷款2500万元；投入困难企业岗位补贴和社保补贴250万元；投入灵活就业社保费补贴、职业介绍等人员补贴700万元；投入就业培训资金406万元，培训各类就业人员2200人次。筹资3400万元，确保保障性住房“春华秋实”项目的实施；该项目到年底完成投资8000万元，其中中央财政补贴630万元，地方政府配套3400万元，承建单位自筹3970万元，基本完成廉租房21000平方米、经济适用房34000平方米建设任务；发放186户廉租住房补贴13万元。修改完善新型合作医疗制度和管理办法，筹集新农合基金5290万元，其中农民缴纳728万元，区本级财政安排580万元，上级财政补贴3982万元；扩大大病医疗救助范围，调整相关政策，支付资金330万元。投入小金公路等重点项目建设资金6383万元，公路安保工程资金200万元，“一江两山”旅游线路综合整治资金400万元，农村公路建设补助610万元，农村公路养护资金342万元。投入资金3600万元，解决7.2万人的饮水难问题。

春节期间，筹资179万元慰问弱势群体。补助资金70万元，救治重症精神病患者。发放低保、特困、孤儿、三线致残人员生活救助2230万元，伤残军人、因公牺牲和病故军人家属优抚金639万元。

投入科技开发与创新资金1980万元，拨付实施“科技惠农兴村计划”和“科普示范助力新农村行动计划”资金10万元，发放验收合格的60个农家书屋“以奖代补”资金90万元，拨付电影下乡和送戏下乡专项经费20万元，投入《风情画夷陵》文化精品戏打造资金100万元，投入电影、电视剧《山楂树之恋》拍摄资金20万元，投入广播电视数字平移工程建设资金200万元，投入广播电视“村村通”和农村编码调频广播建设资金100万元。

投入城建资金6636万元，其中河心公园项目2514万元，平云一路、平云二路等项目建设2239万元，三峡公路专用匝道项目1437万元，城区主街道立面改造项目700万元。投入资金601万元，支持村庄整治和生态家园建设。

落实政法部门最低公用经费保障标准，公安消防、检察院法院和司法人年公用经费分别达3.1万元、2.79万元和2.4万元。落实资金16万元，建立区信访解难基金。落实综治维稳经费98.5万元，保证综治维稳工作的正常开展。落实矛盾纠纷大调解个案补助资金16.3万元，保证大调解工作需要。提高信访、综治工作人员待遇，每人按月发放岗位津贴235元。

保障农村公益性服务经费，落实农村公益性服务“以钱养事”经费预算1386万元，比上年的1287.7万元增加98.3万元，增长7.6%。在小溪塔街道办事处开展农村公益性服务日常考核试点，完善日常考核制度。启动农村公益事业建设一事一议财政奖补试点工作，全区建设项目90个，投资2708万元，其中财政奖补792万元，村民自筹184万元，村集体自筹283万元，部门帮扶257万元，社会捐赠34万元，投劳折资1158万元。加强惠农资金的规范管理，完善补贴发放程序，确保各项惠农资金及时足额发放到农民手中。全年通过“一折通”方式发放惠农补贴资金8772万元，其中粮食直补393万元，良种补贴447万元，农资综合补贴2243万元，退耕还林补助3019万元，农村政策性保险补贴260万元，计划生育家庭奖励补贴216万元，大中型水库农村移民后扶1800万元，2009年石油价格清算补贴394万元。

配合财政部、省财政厅等上级主管部门，组织对现代农业、世行贷款、小农水、中央扩内需、惠农资金等项目资金和中央政法转移支付资金专项检查，组建工作专班，加强自收自支单位、学校和乡镇财政所财务检查，提高会计工作质量，规范财经秩序。

以财政与编制“双公开”网络平台建设为中心，公开财政政务信息，接受社会各界对财政工作的监督。全年公开专项资金48项，公开资金3.61亿元；公开40个单位的部门预算，收入3.67亿元，支出3.63亿元；更新政务信息570条。

组织会计从业人员继续教育培训，完成7期2337人的业务培训，599人参加会计从业资格考试，213人参加会计职称考试。建立会计人才库，收集全区拔尖人才和后备人才各50名的信息。完成2009年度会计建账监管工作。对区直326家会计核算单位进行建账监管审核。

全区财政系统以“打造民生服务品牌、争创人民满意财政”为主题，组织开展“履行社会责任、树立行业新风”主题教育活动，倡导“重实情、说实话、务实事、求实效”的工作氛围。开展财政廉政文化进机关和“读好书促发展”活动，悬挂宣传标语51块，购买书籍100余本。财政局编排的舞蹈《财政女儿家》在“妇运百年、巾帼风采”展示大会上获“最具人气奖”，歌舞《走进春天》在庆“五一”国际劳动节暨劳动模范表彰颁奖大会上获好评。为玉树灾区捐款12800元，为本地灾区捐款34200元，26名党员干部为二户坪村困难党员捐款5900元。

评选出乡镇财政所“十佳岗位标兵”。健全财政业务管理信息网络，调整7个财政所负责人。筹资100万元，支持太平溪、乐天溪等乡镇财政所基础设施建设，改善基层财政所工作条件和工作环境。

【深化财政四项改革】 在部门预算编制上，严格执行“三审一追究”制度，基本支出和项目支出同时布置，同步编制。按照事权和财力对等原则，完善公用经费项目和定额标准，将车辆费从原综合定额中分离出来，按每辆2万元标准单项确定；提高政府雇员、三支一扶人员和各乡镇公用经费标准，并纳入基本支出预算；将全体干部职工住房公积金缴纳比例从8%提高到12%，将事业单位人员医疗保险由7%提高到13%。全面清查全区各类财政资金银行账户，进一步建立健全以国库单一账户体系为基础的现代国库管理制度。在区直一级预算单位推行公务卡结算制度，累计发卡1294张，刷卡消费2351笔，611万元。检查104个非税收入执收单位收费项目234个，涉及收费6850万元；对13项违规收取的763万元进行处理。规范村级合作经济组织收费票据，将原来区农经局监制的收据统一改为省财政厅监制的票据。健全政府采购管理新举措，对公务用车实行“两定”管理，扩大采购范围。全年共审批下达采购计划903个，采购总额28.7亿元，节约资金5.19亿元，节支率15.3%。

【完善财政投资评审制度】 根据《财政投资评审管理规定》（财建〔2009〕648号）、《夷陵区政府投资建设项目管理暂行办法》（夷政发〔2009〕32号），制定《关于规范社会中介机构参与财政投资评审工作的通知》，对社会中介机构参与财政投资评审进行规范。规范的主要内容包括：公开选择社会中介机构，建立健全服务商库；随机确定服务商，规范项目委托程序；独立开展投资评审，客观提供评审结果；加强监督检查，确保评审质量；严肃评审纪律，严格责任追究。通过区公共资源交易中心，在全市范围内公开招标7家中介机构参与全区评审工作。启动综合单价数据库建设，至年底完成大型土石方综合单价数据库的编制、审核和录入工作。全区评审项目148个，评审金额7.83亿元，审定7.36亿元，审减0.57亿元。

【建立网络监控平台】 利用计算机网络技术，依托国库集中支付系统，建立网络监控平台，对财政国库支付的各项资金进行适时监控，实现对财政资金的动态监督。年内，通过该平台对监控发现的6笔违规支取资金45万元,按规定进行处理和限期整改。

【“小金库”和工程建设领域突出问题专项治理工作】 组织开展“小金库”专项治理回头看，巩固上年治理成果。将治理范围从党政机关和事业单位延伸到社会团体、国有及国有控股企业。全年查处“小金库”2个，没收资金11.6万元，对单位处罚金3.3万元，单位相关人员处罚金1.2万元。组织开展对工程建设领域专项治理工作，排查政府投资项目447个，累计使用政府投资10.34亿元，对查出的问题进行了整改。

（彭九庭）

国家税务

【概况】 全年全区国税系统累计组织入库各项税收91640万元，比上年增长20.4%，增收15500万元；连续四年创下“每年增收过亿元”的成绩，收入规模居全市县（市区）局首位。完成一般预算收入11856万元，增长15.8 %，增收1617万元。代收工会经费557万元，增长8%，增收41万元。建立税源监控、税收分析、纳税评估、税务稽查“四位一体”互动机制，组建重点行业和企业评估工作专班，立足企业所得税和磷矿行业两大管理重点，全年专项评估133户，通过评估补缴入库企业所得税、增值税和滞纳金503万元；税源互动管理经验在全市国税工作会议上交流，省国税局专报推介。推广运用执法内控机制，完善内控办法，强化内控责任，对税收执法全过程无缝隙监控；全年实施执法过错提示202起，受理并处理申辩调整25人次，执法过错追究32人次，扣执法分114分，经济惩戒1870元；完善重大税务案件集体审理和案件复查制度，开展案例评析和优秀案例评选活动，全年集体审理重大案件4起，复查案件1起，占结案案件14%，达到10%以上要求。建立纳税服务机构，明确前、后台科室纳税服务工作职能，构建纳税服务需求响应机制和纳税服务联动机制，受理并处理纳税诉求36起；加强办税服务厅标准化建设,编制88项简化业务流程对照表，规范61项即办事项和42项非即办事项流程，落实“前台受理、内部流转、限时办结、窗口出件”服务模式，跟踪督办涉税审批事项57次210件；落实“重点企业直通车”服务，建立办税绿色通道，推行大企业驻厂组服务，开展纳税辅导，培训企业法人和办税人员3200人次。支持招商引资和项目建设，落实各类税收优惠4300多万元。参与灾贫捐赠及公益慈善事业，累计向灾区捐款43.6万元，捐物1649件。

【推行“电子办税综合服务平台”】 坚持牵头领导、牵头科室、责任单位、项目时限和工作责任“五落实”要求，利用银行、网络和软件公司资源，争取省、市局支持，搭建“网上申报、网上认证、远程抄报税、网上缴库、自助办税”五大电子办税综合服务平台。赴省、市局汇报3次，召开11次相关责任单位和服务商工作协调会，解决技术事项三类87项次，现场排忧解难120户次；培训1200家企业财会人员和130名国税干部；开通国税数据专线1100条，安装、调试网上认证和远程抄报税系统300多户，添置扫描仪200多台，实现纳税人通过网络承办税收业务、完成涉税事项全程电子化。至年底，全区每月实现网上申报1019户，其中一般纳税人497户，推行面92.6%；小规模企业522户，推行面86.1%。一般纳税人网上认证329户，认证面87%。一般纳税人远程抄报税322户，覆盖面85.2%。财税库银横向联网上线运行2510户，推行面99%。全区90%以上税款都通过横向联网系统直达国库。

【加强税务稽查】 整顿和规范税收秩序，对涉税违法案件加大打击曝光力度，开展专项检查，落实分级分类税收专项检查工作机制，建立选案储备库,推行选案会审制度，完善“1+2”效能稽查模式，落实首查、主查责任制，过错追究制和“一案双查”等制度，全年累计开展专项稽查204户，查补入库税款及罚款1520万元;开展打击制售假发票专项整治活动，发票打假工作受到市、区两级政府表彰，并在全市稽查工作会议上交流经验。

【加强税收宣传】 以第19个全国税收宣传月和“12·4”法制宣传日为载体，开展新出台税收政策解读宣传和“与法同行、服务发展”主题法制宣传教育活动。举办业务培训班14期。组织干部深入基层、农村、企业开展“三问、五送”活动，征询意见建议3类12条，解决、解答纳税人问题2类15个;此活动被表彰为全市国税系统税收宣传月优秀项目。联合地税、财政等部门，参加全市“税收公益广告词”征集大赛，上报广告词21条。与电信部门合作，开通局内固定电话集团彩铃业务，拓宽税收宣传辐射面。发挥国税内外网站功能，形成上下互为联动、内外协调配合的宣传工作局面。

【打造“征纳一点通”服务品牌】 确立“转变服务方式、打造服务品牌”主题，将机关服务品牌创建与国税机关文化建设融合，在全国范围内公开征集并确定“征纳一点通”服务品牌标识。标识图案以夷陵拼音字母首写“YL”为主创元素，组合成腾飞的和平鸽，外形“ZN”以征纳首写拼音字母为基本元素，钱币、字母“e”和信息电子数字方块形态共同组合，凸显出“征纳一点通”充分利用银行、电信和互联网三大资源，足不出户实现办税全程电子化的文化内涵。打造服务品牌的做法在全区满意机关工作推进会上做典型发言，“征纳一点通”服务品牌创建工作多次受到省、市领导肯定。

（贾志扬）

地方税务

【概况】 推行税收行政执法责任制，规范税收执法行为。依托税费征管核心软件，加强发票综合管理平台应用。加强办税服务厅规范化建设，构建多元化办税缴费体系。强化税费征管，税费收入持续增长。全年组织各项收入12.07亿元，比上年增收1.91亿元，增长18.79%。其中：税收收入7.55亿元，社保费收入4.06亿元。区级一般预算收入5.6亿元，增收1.38亿元，增长32.6%。开展“读好书、提素质、促发展”读书活动和调研实践活动。推进“创先争优”活动，开展“群星荟萃”推选活动，打造“阳光地税、和谐社会”服务品牌，创建满意机关。通过廉政党课、专题民主生活会、廉政谈话、廉政文化展厅、廉文廉史荐读等活动，建成市级“廉政文化进机关示范点”。在民主评议政风行风工作中，获全区行政执法类民主评议政风行风第一名。

加强班子学习，落实党组中心组学习及民主生活会制度，规范“三会一课”制度，学习各级会议精神、《中国共产党党员领导干部廉洁从政若干准则》等内容，围绕“如何提高管理能力和领导能力、提升自身政治素养和文化素养”开展讨论。以公文写作、公务员知识、征收管理、纳税服务、政策法规、计算机应用等知识为重点，制定年度学习考试计划，组织全员考试，将考试成绩作为能级评定的重要参数。在市地税局组织的全员考试中，区局获得第一、第二、第五的成绩。

【推进网上办税】 推进以CA认证为基础的网上自助办税，扩大企业网上申报纳税面，1503户纳税人办理CA数字证书，实现网上自助申报纳税；完成双定户TIPS系统批量扣划功能测试，双定税款直接通过TIPS系统划缴入库，形成单位纳税人网上自助办税、个体双定户TIPS批扣、零散税收大厅开票三位一体的征收格局。依托金保工程推进社保联网业务，启用社保费数据交换平台和社保联网接入系统，实现与劳动、农行的社保费信息共享，推行灵活就业人员农行代收、单位缴费人网上缴纳的多元化社保费征缴模式。启用湖北省地方税务局发票综合管理平台，推广应用网络发票110户，在线开票金额10亿多元；推广应用税控收款机36户，实现发票管理数据共享和全面监控。

【打造“阳光地税　和谐社会”服务品牌】 开展服务品牌全员大讨论活动，征求社会各界意见，深化“您把资料交给我，我把满意送给您”服务口号，提炼出“阳光地税，和谐社会”服务品牌，设计独特的品牌标识。“阳光地税，和谐社会”寓意：税收执法在阳光下进行，征纳双方地位平等，公平公正的执法就是对纳税人最好的服务；夷陵地税人以阳光的心态、振奋的精神、高效的工作投身于服务经济社会发展大局，推进社会和谐发展；核心是通过规范行政执法、提升行政效能、优化税收服务，实现“阳光执法”、“阳光行政”、“阳光服务”。

（王莉）

安全监督管理

【概况】 全年发生各类生产安全事故145起（不含社会消防事故），死亡52人，重伤99人，直接经济损失259.8万元。其中道路交通事故138起，死亡45人，重伤98人，直接经济损失117.8万元；矿山事故5起，死亡5人，直接经济损失95万元；工业商贸事故2起，死亡2人，直接经济损失47万元。全年无较大以上生产安全事故。

制定企业复工流程图，对4个危化、27个矿山改扩建项目开展同时设计、同时施工、同时投入使用“三同时”工作。整治煤矿、非煤矿山、危险化学品和烟花爆竹、船舶修造、道路交通、旅游等重点行业和领域，检查生产经营单位949家，查处安全隐患3103处，其中重大隐患6处，隐患整改率98.3%；

普查重大危险源12处。286家企业完成应急资源、装备、物资的普查和网上报备，上报应急预案318个；组建矿山和危化品应急救援分队，开展应急救援演练60次。区政府组织生产安全事故调查组严肃查处了7起工矿商贸事故。继续开辟《安全之声》专栏节目，开展“乡镇领导话安全、企业法人论安全、先进典型谈经验”活动，培训生产经营单位主要负责人和安全管理人员、特种作业人员及高危行业农民工6000余人。确立“安全365”机关服务品牌，开展“一人破一题，一人讲一课”学习教育活动，实施“五零举措”（群众举报零推诿，服务企业零距离，当日工作零积压，执法监督零差错，行政处罚零投诉），清理行政职权，查找腐败风险，建立健全廉政制度。

2010年度全区各类事故四项指标比较表

	事故起数（起）			死亡人数（人）			重伤人数（人）			经济损失（万元）		
	2010年	2009年	同比±%	2010年	2009年	同比±%	2010年	2009年	同比±%	2010年	2009年	同比±%
总计	145	145	持平	52	53	-1.89	99	95	+4.21	259.8	352	-26.19
道路交通	138	135	+2.22	45	42	+7.14	98	94	+4.26	117.8	137	-14.01
工业商贸安全	2	6	-66.67	2	6	-66.67	1	0	—	47	103.5	-54.59
矿山安全	5	4	+25.00	5	5	持平	0	1	—	95	111.5	-14.80

注：“-”表示数据为零，无法同比

2010年度工矿商贸事故一览表

序号	事故时间	事故概况	事故类别	死亡（人）
1	4月17日	宜昌翔陵纸制品有限公司发生一起物体打击事故	物体打击	1
2	4月23日	龙泉镇稻花香包装工业园宜昌华塑包装制品公司发生一起坍塌事故	坍 塌	1
3	5月22日	湖北柳树沟矿业股份有限公司丁西磷矿栗林河工区846中段南作业面发生冒顶片帮事故	冒顶片帮	1
4	6月3日	湖北昌达化工有限责任公司黑良山探矿主斜井935米处，喷锚支护打锚杆眼时发生顶板冒落	冒顶片帮	1
5	6月6日	宜昌市百岩口煤矿投资有限公司百岩口煤矿直北巷掘进打炮眼时，支护木顶和无板石头突然脱落	冒顶片帮	1
6	6月30日	宜昌市万家畈采石场凿眼工在凿眼结束时，因拔钻机用力过猛，摔倒在乱石中身受重伤，经医院抢救无效死亡	高处坠落	1
7	8月10日	宜昌祥云兴达磷化有限责任公司云霄垭磷矿发生一起触电事故	触 电	1

【落实安全生产责任制】 全年召开四次安委会全会，区人大常委会、区政协专题视察安全生产监督管理工作，区委、区政府分别召开三次常委会、三次常务会议，区政府办下发《夷陵区安全生产监督管理局主要职责内设机构和人员编制规定的通知》（夷政办发[2010]71号）。区政府同14个乡镇（街道、开发区、发展新区）、16个区直部门和28家重点企业签订安全生产责任状，分解落实事故控制指标，拿出9.5万元奖励2009年度安全生产红旗单位、先进单位和先进个人，“一票否决”3家考核不合格的单位。

9月26日，区委书记熊伟（左三）在鑫河造船厂检查安全生产工作

11 月 1 日，副区长李泽刚（左三）在鸦鹊岭镇柳树沟精细化工园检查安全生产工作

【“打非治违”专项行动】 制订《夷陵区 2010 年安全生产监管执法工作计划》，下发《关于集中开展严厉打击非法违法生产经营建设行为专项行动的通知》，建立政府统一领导、责任部门牵头、相关部门参与的联合执法机制，组织 7 个督查组，集中打击矿山、危化、交通、建设施工等 7 个行业和领域，8 种共性 20 种具有行业和领域特点的非法违法生产经营建设行为，查出非法违法行为 12 起，停产整顿企业 7 家，通报新高湖造船有限公司油漆爆炸事故、矿山电气伤害事故和井工矿山顶板事故。

【安全标准化创建】 组织召开乡镇分管负责人、安办主任、企业负责人和安全管理人员参加的安全标准化创建暨班组建设培训工作会议，聘请安全专家讲授安全标准化创建知识。出台夷陵区创建三级及以上标准化企业“六优先”优惠政策，即优先复工、优先延期许可、优先生产、优先服务、优惠安全生产责任险和风险抵押金、优先评先表模。年内，区内 10 家矿山企业获三级安全标准化企业称号，11 家企业获四级安全标准化企业称号，1 家企业由省安监局向国家总局推荐申报一级标准化企业。

【全国第九个“安全生产月”活动】 6 月 11 日上午，区安办组织全区 19 个执法部门在小溪塔平湖剧院广场开展安全生产宣传咨询日活动，活动的主题是“安全发展、预防为主”。当日，各相关部门在广场上设置宣传咨询台，接受群众安全知识咨询。活动期间，还开展送万份安全生产常识进万家、安全生产大型公开课下基层、放映安全电影等活动。

【全区化工行业安全发展规划编制完成】《夷陵区化工行业安全发展规划（2010~2015）》由区政府委托武汉工程大学夷陵化工行业安全发展规划项目编制组编制，以夷政发[2010]4 号文件下发实施。

（王莉娜）

审 计

【概况】 加大对重点领域、重点部门、重点资金的审计监督力度，完成审计项目 122 个，促进规范管理资金 3.3 亿元，为财政增收节支 4160.44 万元。完成区本级 2009 年度财政预算执行情况和区财政局、区教育局、原区人事局、区供销社、区卫生局、区畜牧兽医局、夷陵城投公司、区粮食局等 8 个单位预算执行情况及财政财务收支情况的审计和审计调查。对部分资金的使用提出审计规范意见，对应作未作预算收入、挪用专项资金等问题进行处理，提出审计建议 10 条。完成全区 2005～2009 年度土地整理和低丘岗地改造的实施和资金使用情况审计，审计资金总额 10778 万元，建设项目 9 个，涉及违规资金 1664

6 月 11 日，区委常委、副区长李世民（左二）在区教育局咨询台前讲校园安全要求万元，审减工程造价 157.3 万元，提出审计意见和建议 10 条。完成全区 2007～2009 年度新型农村合作医疗基金审计，审计基金 3720 万元，涉及参合人员 360983 人，对未按规定取消“农村五保户、低保户、特困优抚对象”住院起付线标准，少补偿 0.22 万元、农合管理系统录入信息不准确等问题提出审计规范意见。完成全区救灾资金审计，审计资金总额 3470 万元，对专项资金在归集、管理和使用中存在的问题提出审计规范意见。对全区 50 万元以上政府投资和以政府投资为主的项目进行决算审计，重点审计 1000 万元以上项目。完成政府投资决算审计项目 105 个，审计资金 6.35 亿元，核减造价 4160.44 万元，核减率 6.55%。完成区畜牧兽医局、区农村经济经营管理局、区粮食局、区公共资源交易管理办公室、区交通运输局等 6 个区直单位及下堡坪乡、分乡镇等 2 个乡镇主要负责人经济责任审计。涉及审计调查单位 31 个，审计资金额度 2.28 亿元，查处违纪违规资金 500 余万元，收缴入库 3.5 万元，提出审计建议 12 条。

【被列为全省审计系统腐败风险预警防控试点单位】 率先在全省审计系统开展腐败风险预警防控工作，探索实行“四个三”工作法，即建立领导责任、宣传引导、考核评估三项机制，组织清权确权、绘权晒权、排查风险三步查险，构筑教育、制度、监督三道防线，实行红、黄、蓝三级预警，初步建立起以岗位为点、以工作程序为线，融教育、监督、制度于一体的腐败风险预警防控体系。省审计厅领导在视察腐败风险预警防控工作时给予肯定，工作经验在全省审计系统党风廉政建设工作会议上交流。

【打造“执审为民”服务品牌】 设计品牌形象标识，向社会公开作出“依法审计、文明审计、高效审计、廉洁审计、阳光审计”服务承诺。积极开展民生审计，对“三农”、教育、卫生、社会保障等涉及民生问题的资金和项目进行审计和审计调查，重点关注惠民政策贯彻落实、民生资金管理使用及民生工程招标、监理、验收等制度的落实情况，确保资金安全、合规、有效使用。强化服务职能，向区政府报送《审计报告》122 份，为被审计单位提出审计建议 260 余条，走访被审计单位、乡镇 150 余次，在全区发放《中华人民共和国审计法》和修订后《审计法实施条例》600 余册。

（向铖炜）

12 月 20 日，省审计厅党组成员、纪检组长冯兴国（中）在区审计局视察腐败风险预警防控工作

统计调查

【概况】 开展第六次人口普查工作，完成普查表数据处理光电录入。实现统计调查样本轮换。及时提供预警信息。定期通报经济形势、运行特点、指标完成情况等。抓好月度、季度和年度动态监测与分析，开展重点课题研究，形成一批统计分析报告。编印《夷陵统计月报》。结合人口普查、基层统计规范化建设，开展统计法律、法规宣传。组织开展统计从业资格考试培训班，250 人参加考试。

完成农民收入、农产品产量、农户固定资产投资、农产品生产价格、农业中间消耗、能源消耗统计、农村全面统计等 7 项国家和地方常规统计调查任务，主要畜禽预警监测调查、农民工监测调查等 2 项监测调查任务和 8 项一次性调查任务。协助上级调查队完成组织工作满意度调查和文明城市测评工作。编发《夷陵调查》36 期，撰写调查信息和统计分析报告 98 篇，被各级采用 105 篇次。编发《2009 年夷陵区国民经济和社会发展统计公报》、《2009 年夷陵区国民经济统计资料》等。制定《基层统计调查工作考核评比办法》、完善《农村统计调查数据质量评估制度》。开展统计法和统计违法违纪行为处分规定贯彻执行情况大检查，推进依法统计调查。

【第六次人口普查工作】 区委、区政府将第六次人口普查工作写入全区三级干部会议主题报告和政府工作报告。区政府下发《关于做好第六次人口普查工作的通知》，成立夷陵区第六次人口普查领导小组及其办公室，召开全区人口普查动员

11月1日，区政府第六次人口普查领导小组组长、区委常委、副区长李世民（左三）入户开展人口普查

大会，落实区级人口普查工作总体预算和年度工作经费。区人普办制发《夷陵区第六次人口普查工作进度安排》等工作计划和工作方案；利用广播电视、政府网站、宣传标语、橱窗、宣传车、中小学生一堂课、统计月报、工作简报等宣传人口普查。区统计局组织全局业务人员参与区人普办业务培训与全区人普业务指导工作，并实行包片定点联系制度。组织开展全区人普业务骨干培训，加强对乡镇人普业务工作的指导。组织领导小组各成员单位赴各地督导检查，确保全区人普工作有序推进。至年底，完成普查表数据处理光电录入工作。

【全省建设领域统计工作会议在夷召开】 于4月22日至24日召开，国家统计局投资司副司长李万茂，湖北省统计局党组书记、局长毛凤藻及全省各市（州、直管市、神农架林区）统计局分管局长和业务人员40人参加会议。与会者听取了夷陵区统计局关于推进建设领域统计基层基础工作相关经验的介绍，查阅了相关档案资料。

【统计调查样本轮换】 完成基础资料的收集整理、样本框的编制、调查网点的优化、末端样本的抽选、辅调员、记账户的培训和调查网点的开户等工作。在轮换工作中，对所有家庭人口、就业人口、户主文化程度、家庭收入和住房条件、就业人口数及负担系数进行评估，实现科学抽样。在确定新样本后，对新记账户开展试记账工作，辅导新换户家庭记账，做到问题提前发现。轮换后城镇住户的样本主要分布在城区8个社区居委会。通过样本轮换，弥补地质勘查水利管理、社会服务等行业空白，行业构成较之以前更为广泛，从业人员在行业之间的分布也更趋合理。

（齐振海　黄正洪　陈名峰）

价格管理

【概况】 采取强监管、保供应、稳价格措施，基本实现稳定物价、保障群众基本生活的目标。建立健全覆盖生产、流通、消费等各个环节的价格实时监测体系，加强价格形势分析预测，及时发布价格信息、解读价格政策。落实粮食最低收购保护价、油菜籽托市收购价等惠农政策。完善和落实鲜活农产品运输绿色通道政策。及时落实国家出台的四次成品油价格调整政策。将全区居民生活用天然气销售价格调整为2.20元/立方米。将小溪塔城区X牌出租车运价标准由原来起步价3.5元/2公里，每公里租价1.2元/公里调整为起步租价5元/2公里，0.7公里租价1元。从4月1日起，夷陵区基层医疗卫生机构所使用的药品全部实行零差率销售，药品销售价格比上年下降3.6%。

【清费治乱工作】 清理规范42

10月29日，召开X牌出租车运价调整听证会

个部门的324个收费项目及1000多个收费标准，取消质监、工商、水利、国土资源、住房与建设、人力资源和社会保障等15个部门的26项收费项目和100多个收费标准。清理规范住房与建设、国土资源、司法等48个单位的134个收费项目及257个收费标准，取消服务费、注册费、公告费等5项收费项目及相对应的收费标准，纠正制止收取的培训费、评查费、工本费。立案审理有价格违法行为的9个执收单位，实现经济制裁61万元，其中清退用户37万元，收缴财政24万元。取消4家社团组织违法收取的4个收费项目，责令清退会员单位服务费、赞助费、评审费、工本费21万元。清理85所中小学和47所幼儿园的资料费、试卷费、计算机上机费、取暖费、降温费、饮水费等，对85所中小学校内超市所销售的商品进行明码标价。立案审理有价格违法行为的3所中学，纠正制止乱收费项目4个，涉及乱收费金额74万元，收缴价格违法金额7万元。

【价格服务进万家活动】 全年受理价格投诉与价格政策咨询85件，办结85件，办结率为100%，纠正和制止乱收费27万元，清退群众多收价款1.68万元。受理各类价格评估鉴定案件487件，鉴定金额680万元。开展涉及出租车运价、乡镇自来水价格、经济适用房价格等13个单位的定调价成本监审工作，核减不合理费用677.5万元。发放《涉农收费公告》和《涉农收费手册》8000份，《现行收费项目和收费标准手册》2000册，《商品和服务明码标价的规定》2000份。为区广电网络公司出具有线电视收费权证明，减免税收40万元。争取有关政策，促成省物价局对夷陵区的农村供电低压维护费增净174万元。

（艾玉华　周建平）

国土资源管理

【概况】 全年收储新增建设用地23批次7153亩，收储存量土地1100.1亩。为农村个人建房供地2207宗468.72亩，为各类项目供地99宗2080.96亩。其中以招拍挂方式为工业和经营性项目供地35宗1141.7亩；以单独选址方式为三斗坪污水处理厂、垃圾填埋场、龙泉中心小学整体迁建等基础设施建设办理报批供地9宗235.5亩；以划拨方式为区公安消防大队办公楼、黄花乡综合服务中心等项目供地4宗45.7亩；为宜巴高速公路、汉宜铁路等重点工程及矿山企业办理临时用地43宗623.12亩；为龙泉李家台、乐天溪王家坪养猪场等规模畜禽养殖项目办理备案手续8宗34.94亩。颁发土地证书8245本，3565宗；办理土地抵押75宗，抵押登记资产8.07亿元。

全年向上申报土地整理、矿产资源综合利用、三峡地灾防治、矿山地质环境恢复治理和国土资源管理基础业务建设项目5类16个，计划投资1.46亿元，实际到位无偿资金10783.4万元。全区有10个滑坡、崩塌、危岩和8段塌岸进入三峡工程后续规划地质灾害防治规划项目库；有5个矿产资源利用项目纳入国家"十二五"矿产资源集约利用项目库；有2个高产农田建设项目纳入省级项目库；百里荒煤矿区，桃坪河、殷家坪、殷家沟磷矿区被纳入全国矿山地质环境保护与治理规划重点治理区项目库。全年核发各类矿产采矿许可证110个，勘查许可证40个，开采矿产资源总量942.37万吨，实现工业总产值23.8亿元，矿产品销售收入20.96亿元，税费收入5亿元；征收地质环境治理备用金1761.36万元；向上争取矿产资源补偿费项目4个，争取国家无偿资金2648万元；争取国家地质环境治理项目1个，争取资金1360万元。

严格执行经营性用地和工业用地招标、拍卖、挂牌出让制度。全年土地一级市场出让成交价款65982万元，面积1141.7亩；二级市受理土地交易1446宗，交易金额29556万元，面积494.8亩；签订土地租赁合同22宗，收取土地租金37.65万元。实现土地有偿使用总收入6.84亿元。进一步推进新设矿业权招标、拍卖、挂牌出让制度，共收取矿业权价款172.8万元；全年征收矿产资源补偿费2536万元。

推进土地整理项目建设，与新农村规划统筹衔接，实施精品橘园、茶园改造。完成小溪塔街道办事处等两个镇8661亩低丘岗地改造项目建设；实施市级土地开发整理项目16个，面积6657亩。完成9个省级土地整理项目的煞尾审计、终验。

针对汛期区内多个乡镇遭受特大暴雨、泥石流等自然灾害，落实30万元支援受灾乡镇恢复生产；向省国土资源厅争取项目资金500万元，实施灾毁耕地复垦。全年开展应急调查50起，提交应急调查报告16份。加强三峡库区175米蓄水后的地质灾害防治。全面完成矿山环境保护与综合治理方案编制工作。全年收取地灾备用金1761.36万元。

完成夷陵区矿产资源总体规划上报审批工作，并由区政府发布实施。完成进一步推进矿产资源开发整合工作任务及地下开采矿产资源开发利用方案执行情况核查工作。全国国土资源节约集约模范区创建稳步推进，做好了迎接部、省验收准备工作。矿政管理信息化建设试点完成部分设备招标采购。开展信息中心机房网络升级和数据存储备份系统工程建设。严格实行磷矿资源总量开采，全年开采磷矿石561万吨（磷精矿80万吨）。

完成国土资源部第1次卫片执

法检查45个图斑1154.4亩的实地核查及违法用地查处整改和数据上报工作，全区违法占用耕地面积比例为7.1%，实现零约谈、零问责目标。区国土资源局与区法院、区检察院、区公安分局、区监察局等五部门建立联合执法新机制。完善了国土资源村级协管员制度和动态巡查体系。

基本完成区、乡镇级土地利用总体规划修编工作，区级规划由省政府于4月批复，乡镇级规划已上报待批。完成第二次土地调查工作。为区乡级两级土地利用规划修编、城乡全域规划、环保、交通、旅游、电力、林业、农业等其他专项规划和全区人口普查提供电子底图及基础数据。

坚持贯彻落实党风廉政建设责任制，将反腐工作贯穿于国土资源管理全过程。认真开展“十个全覆盖”活动，推进“两整治一改革”专项行动，积极预防职务犯罪，制约和监督权力运行。以高产农田建设、低丘岗地改造、地质灾害防治和矿山环境治理等工程建设项目为重点，扎实开展国土资源工程建设领域突出问题专项治理。

【创建全国国土资源节约集约模范区活动】 夷陵区作为湖北省首批五个创建全国国土资源节约集约模范县（市、区）试点单位，按照“政府主导、广泛发动、重点推进、整体提升”的创建思路，开展土地和矿山兼有型创建活动。通过以各乡镇（街道、开发区、发展大道新区）为单位的模范创建，形成全国国土资源节约集约模范区的整体创建成果。成立由区长刘洪福任组长，副区长易仁和任副组长，区直相关部门及各乡镇（街道、开发区、发展大道新区）主要负责人为成员的夷陵区创建全国国土资源节约集约模范区工作领导小组。制定夷陵区国土资源节约集约模范区创建活动方案，明确创建活动的指导思想、目标任务、工作步骤和要求，确定夷陵区土地资源和矿产资源创建评价指标。要求各乡镇（街道、开发区、发展大道新区）从创建活动体制机制建设、管理制度执行、土地资源、矿产资源节约集约管理方面抓好责任落实。至年底，创建工作进入到由自查整改向国土资源部创建办申报创优阶段。

【矿政管理信息化建设】 成立矿政管理信息化建设试点工作领导小组，组建工作专班，具体承担试点工作的硬件建设、系统管理、部门协调等工作，配合省国土资源厅开展试点工作。编制《宜昌市夷陵区矿政管理信息化系统建设方案》，明确技术路线、数据中心建设、应用系统建设、安全保障措施、经费预算等。区政府解决专项资金30万元，争取省厅拨付“矿管一张图”试点经费63万元，投入到数据中心网络和矿管一张图数据存储备份系统建设。至年底，完成数据中心建设、国土资源电子政务系统和矿政管理信息系统软件的安装部署及应用，试点成果通过国土资源部阶段性验收。

【矿山资源开发整合】 结合夷陵区矿产资源赋存状况及开发利用现状，编制矿产资源总体规划（2006~2015年）及宜昌磷矿北部矿业权设置方案、太平溪镁橄榄石蛇纹石矿业权设置方案、雾渡河钼多金属矿业权设置方案等，为合理设置矿业权，推进矿产资源整装勘查开发提供依据。按照“布局优化、区别对待、抓大放小、明晰产权、政府推动与市场运作相结合”的要求，突出重点，着重抓好省、市级挂牌督办的重点矿区资源整合工作。至年底，百里荒煤矿区、董家河磷矿区、丁家河矿区矿业权已整合到位，百里荒煤矿采矿许可证已上报省国土资源厅办理注销手续。通过对重点矿区的整合，带动其他矿区和矿种的整合工作。全区共整合关闭采矿权12家，5家矿山整合为3家（注销2家），单独保留矿山90家，探转采2家，整合后采矿权由107家减少到97家，压减9.4%。整合关闭探矿权4家，探转采注销3家。宜昌磷矿北部探矿权整合重置工作正在开展，勘查区范围变更资料已上报省国土资源厅。

（袁伟竣）

食品药品安全监督

【概况】 以“国家食品安全示范区创建完善年”活动为主题，以确保人民群众饮食用药安全为目标，开展食品药品安全村（学校）创建、食品安全综合监管、药品质量日常监督、服务医药经济发展、机关服务品牌创建、政风行风评议等工作。全年开展问题乳粉、地沟油、一次性不合格筷子、一次性不合格塑料餐盒、豆制品、生猪屠宰、酒类流通、茶叶、节假日及中高考时期食品安全、学校及周边食品安全等十项食品安全专项整治，检查食品生产经营主体7303家次，取缔“地沟油”生产窝点1家，收缴一次性不合格筷子174公斤，一次性不合格塑料餐盒12.5公斤，收缴、销毁、下架不合格食品1237公斤，关闭城区豆制品加工小作坊21家，清除无证无照食品摊点40家，办理食品案件180件。开展药品广告、非药品冒充药品、利用邮政渠道寄递假劣药品、假冒马来西亚进口避孕套、假冒中药饮片山东东阿阿胶、假药“紫丹银屑胶囊”、假冒保健食品“同仁活根草”及“同仁生精源”、工业氧冒充医用氧、福尔生产问题人用狂犬病疫苗等九个专项检查，检查经营、使用单位500家次，立案查处117起，结案117起，查获假劣药品、医疗器械货值3.07万元，没收药品、医疗器械0.6万元，非税收入46.9万元。在政风行风评议工作中，立足早动员、早征求、早宣传，将行评与落实政府实事相结合、与食品药品监管工作相结合、与促进全区医药产业发展相结合，取得解决实际问题、建立长效机制、提升整体形象的效果。

【食品药品安全村（学校）创建】 区政府再次将食品药品安全村（学校）创建工作纳入年度政府十件实事之一。年内，在余下的100个村、39所学校推进创建工作。通过完善区、乡、村三级监管网络，健全食品药品综合监管、责任、流通、检测、信用、应急等六大机制，100%的村建立食药安办，90%以上的村成立红白理事会，100%的学校食堂以及农村10桌以上的聚餐实行备案留样管理，18所学校食堂量化分级由C上升为B级，规范示范种植基地38个、养殖基地19个、生产企业（小作坊）111个、商店180个、万村千乡连锁店91个、示范餐馆25家、学校食堂79个、规范药房（店）200个。8月16日，在全省食品药品监督管理系统半年工作总结会议上，夷陵区食药分局作为县局代表在会上作创建工作典型发言。

【服务医药经济发展】 继续落实服务企业发展"十项制度"。通过企业调研，形成《大力推进全区医药产业发展的调查报告》，提出实施医药产业"221"工程的产业布局以及"825"工程目标；提出"六个一"的建议；区政府将医药产业发展纳入全区十二五发展规划。对豆制品企业金正米业公司在政策、宣传、技术上给予指导，免费为公司做宣传广告7万份，帮助企业进行质量认证工作；年底，该企业成为全市最大的豆制品生产企业。

【机关服务品牌创建】 7月19日至31日，通过网络（三峡夷陵网、三峡食品药品网）、机关内部推荐以及信函等形式，有奖征集机关服务品牌名称和标识，收到26个省、市、自治区的239人发来的1378条服务品牌和24个形象标识。经专家评审、公示、公告，将"监管两品　健康为民"确定为机关服务品牌名称；将品牌内涵概括为"管好食品和药品'两品'，确保群众饮食用药安全和身体健康，促进食品医药经济又好又快发展，争当群众心中的一品"。品牌创建经验在全区满意机关创建推进会上交流推广。

邹贤启（左二）在夷陵区食品药品安全村（学校）创建展厅调研食品药品安全村（学校）创建工作

【邹贤启在夷调研食品药品安全村（学校）创建工作】 6月22日，省食品药品监督管理局党组书记、局长邹贤启、副局长傅铁成、曹敬兰、副巡视员李亚伟、朱春华等到夷调研食品药品安全村（学校）创建工作。市政府副市长邓恢林、副区长饶玉梅等陪同调研。邹贤启一行视察宜昌金正米业有限公司、夷陵区食品药品安全村（学校）创建展厅、区食药分局机关档案室，听取区政府工作情况汇报，并与相关食品监管部门负责人、乡镇食药安办代表座谈。邹贤启对夷陵区的食品药品创建工作给予肯定，他要求：夷陵区的食品药品安全创建工作要成为全省的一面高扬的旗帜和标杆。

【乡镇食品药品监督管理员队伍建设】 2010年，夷陵区有食品药品监督员14名。区政府办公室下发《关于印发夷陵区乡镇（街道）食品药品监督管理员管理暂行办法的通知》，规范队伍管理。区人大、区政协将乡镇食品药品监督员队伍建设作为本年度工作视察的内容之一，加强队伍建设督办。将责任心强、威信高、业务水平和工作能力强、身体健康等作为选聘条件，采取以会代训、专题培训、交流培训、外地参观学习等形式加强培训力度，提升队伍整体水平。将监督员、村信息员的年度工作经费纳入财政预算。10月，夷陵区的工作经验在《中国食品质量报》、《中国食品药品监管》杂志推介，并在全市工作会上作交流。

（郑红）

质量技术监督

【概况】 实施"质量振兴工程"。召开质量兴区工作会议，与相关单位签订质量兴区工作目标责任书。

开展名牌培育工作，均瑶牌含乳饮料、昌耀牌环形混凝土电杆、清样牌白酒为新增湖北名牌产品；关公坊牌白酒、稻花香牌白酒为湖北名牌复评产品。开展质量提升服务进万企活动，指导 2 家企业推行 ISO9001 质量管理体系认证。组织 3 名技术专家走访 4 家企业，开展质量兴企专题研究，有针对性地帮扶企业完善质量管理体系，提高管理水平。加大质量监督抽查力度和监督抽查后处理工作力度，完成 15 家企业的不合格产品后处理。

实施“民生计量工程”。检定各类计量器具 3285 台（件），保证量值传递准确。开展“计量惠民·茶农无忧”活动。深入茶叶加工企业宣传计量法律法规和产品预包装有关要求，对在用计量器具进行登记造册。对 164 家茶叶加工企业的 169 台件计量器具进行周期检定。开展“计量惠民·燃料无忧”活动。对全区 48 家加油站（点）在用的 210 支加油枪进行外观检查、防欺骗检查及示值检定，检定合格率 100%。开展“计量惠民·菜篮无忧”活动。对城区 6 家集贸市场在用计量器具进行免费周期检定，共检定各类计量器具 486 台（件），免收检定费用 6 万余元。开展“计量惠民·患者无忧”活动。深入 17 家医疗卫生单位开展医疗在用计量器具周期检定工作，共检定各类计量器具 124 台。开展“计量惠民·配镜无忧”活动，配合市计量所对辖区 6 家眼镜制配经营企业的 9 个门市部在用验光仪、焦度计等计量仪器进行周期检定，共检定各类计量仪器 176 台（件）。开展“计量惠民·乘客无忧”活动。对全区 180 台出租车计价器开展周期检定工作，免费调修 50 余台超差计价器。

实施“技术标准工程”。标准证书登记备案审验 45 家，制、修订企业标准 36 个。组织修订湖北省地方标准《地理标志产品 邓村绿茶》，并通过专家评审。做好服务标准化试点工作。加强三峡人家风景区服务标准化试点项目建设，帮助景区建立健全服务标准化体系。推进宜昌超亿建材有限公司采用国际标准，湖北三峡泵业有限公司采标标志。指导企业新办条码 2 家；新办代码 385 家，换证 379 家，变更 216 家，年检 560 家。

实施“食品安全健康工程”。抓好生产许可证的申办和复查换证工作，7 家企业新获得食品生产许可证 7 张，12 家企业到期复查换证；对 35 家食品生产企业 41 张食品生产许可证开展年审。开展小作坊基本卫生条件现场核查，受理 119 家小作坊申请，对 85 家符合小作坊基本卫生条件的发放《小作坊基本卫生条件核查合格告知单》，帮扶 14 家小作坊改造升级。开展食品生产企业落实主体责任活动，组织 63 家食品企业学习食品安全法律法规及相关规定，督促企业建立健全原辅材料采购进货等 5 类台账，指导 5 家企业科学布局车间厂房、检验室，制订和完善质量管理制度；核查 63 家取证企业落实质量安全主体责任情况，对存在的问题责令整改。开展打击违法添加食品添加剂专项整治，检查使用食品添加剂的食品生产加工企业和小作坊 15 家，备案登记 48 家食品生产加工企业和小作坊使用的 69 种食品添加剂。开展乳制品及含乳食品企业专项监督检查，清查 4 家以乳粉为原料食品生产企业，抽取原料奶粉 8 批次、成品 3 批次，全部送检合格。开展豆制品专项整治，宣传引导豆制品生产加工作坊改善生产环境和卫生条件，建立原辅料进货台账、生产过程记录和产品销售台账。

实施“特种设备安全监察工程”。同特种设备重大危险源单位和特种设备较多的单位签订《特种设备安全生产责任书》。免费发放《特种设备安全监察条例》和特种设备安全常识的宣传资料 3000 多份，举办作业人员培训班 1 期，培训考核 82 名需取证或复审的压力容器作业人员。协助检验单位定期（验收）检验各类设备 429 台（套）。检查 102 家特种设备使用单位（个人）和 14 处安装维修施工现场，发出《特种设备安全监察指令书》15 份，并督促整改落实。

实施“打假治劣工程”。突出重点产品、重点区域、重点行业、重点环节开展执法打假活动，出动稽查人员 780 人次，检查生产、经销企业 382 家（次），抽查产（商）品 34 批次，抽查定量包装商品 69 批次。立案查处质量、计量、标准、特种设备等违法案件 81 起。查获涉案假冒伪劣和不合格产（商）品货值近 46 万元，受理解决消费者投诉 5 起，为消费者挽回经济损失 3 万余元。

（熊惠）

工商行政管理

【概况】 按照“四着力、四促进”的总体思路，围绕“努力实现各项工作走在全市乃至全省工商系统前列”的目标，不断优化服务举措，创新监管方式，坚持务实创新，争创一流。2010 年，全区市场主体 16568 家，比上年增长 15%。其中内资企业 698 家，增长 4.02%；私营企业 1981 家，增长 16%；个体工商户 13793 家，增长 15%。市场主体注册资本 71 亿元，增长 18 %。

【打击传销专项执法行动】 9 月 1 日，区工商局接到群众举报称城区一居民出租屋内有人在从事传销活动后，执法人员赶赴现场，控制住出租屋内正在听课的 12 名传销人员，对其进行法规宣传和思想教育，并及时予以遣散，同时向公安部门移交 2 名传销骨干。执法人员还对出租房主进行教育宣传。

【市场主体优化行动】年内，开展严厉打击危害消费者违法行为的集中行动、“两节”市场整治和食品安全“一季度一整治”行动、红盾护农行动、打击违法销售“地沟油”、一次性筷子专项整治以及打击传销等一系列专项整治行动，优化市场主体。全年共检测散装食品、粮食及其制品、蔬菜、肉及其制品等商品1480批次，查出不合格商品116个批次，收缴、销毁、下架和退市无QS标识、“三无”、过期食品1237公斤，不合格食品退市306公斤，取缔无照食品经营户37户，督促食品经营者办理工商营业执照409个，办理食品案件130件，查处制售假冒伪劣商品质量案件46件。

【市场主体增量行动】在服务全民创业上，坚持“抓大不放小”，帮助宜昌坤艳公司新上中药饮片项目，为企业类主体办理开业、变更登记和网上年检3000多件，受理冠市名称核准153件，帮助企业办理动产抵押登记60件、股权出质登记41件，为企业融资19.5亿元。全年新发展500万元以上企业40家，1000万元以上企业20家，5000万元以上企业2家，1亿元以上企业1家。出台《促进全民创业的意见》、《服务全区重点企业和重点项目的工作方案》、《服务全区经济社会平稳健康发展的意见》和《推进品牌战略支持争创驰名商标、著名商标及知名商标的意见》。实行首席代表制和一审一核制，对行政服务中心工商窗口实行零距离、零障碍、零投诉的“三零”服务。推行工作联系卡、工作预约卡、温馨提示卡“三卡”，采取短信提示服务、双网运行服务、群众点名服务、预约服务、延时服务和假日服务等多项便民举措，实行网上登记和网上年检。2010年新认定著名商标2件，帮助“宜昌天麻”申报全区首件地理标志集体商标。至年底，夷陵区拥有驰名商标2件，著名商标11件，集体商标2件，地理标志1件，驰名商标、著名商标和注册商标总量位居全市第一。开展“登记便农”、“品牌强农”、“订单富农”、“扶贫助农”等活动，下放农民专业合作社审批权限，实行农民专业合作社“零收费”制度。全年免费发放示范文本3600份，指导签订订单9800份，新发展农民专业合作社29家。在全市开展的“百企联百村、共建新农村”活动中，夷陵区有12家大型私营企业与12个乡镇的12个村实现对接。夷陵区所辖宜昌三峡矿业有限公司、宜昌山里来食品有限公司、宜昌市昌伟农贸有限公司、宜昌华西矿业有限公司被评为“‘百企联百村、共建新农村’活动先进企业”。夷陵区个私协被市工商局、市个私协会评为“百企联百村、共建新农村”先进组织单位。

【放心消费保护行动】年底，全区建有维权站241个，其中在学校中建立20个，举办维权知识专题讲座7场次，受理消费者咨询650起、消费者申诉398起、消费者举报52起，调处消费纠纷396起，为消费者挽回经济损失120多万元。

【首例地理标志——宜昌天麻】9月14日，辖内宜昌市天麻协会申请的“宜昌天麻”商标被国家工商总局商标局注册为地理标志集体商标，实现夷陵区地理标志零的突破。商标的成功对于提高宜昌市天麻协会的核心竞争力、推动农民增产增收将起到重要作用，对扩大品牌效应、促进区域品牌经济的发展起到示范和带动作用。

【首例网络虚假宣传案件】6月7日，区工商局接到群众电话举报称小溪塔城区一民房内有人通过网络销售化妆品、保健品等商品后，迅速组织人员对民房突击检查，发现房内有19台电脑，19部电话，21套办公桌椅，几名工作人员正在利用互联网进行销售活动，且不能提供营业执照和相关证件。经调查询问得知，当事人李某在未办理营业执照的情况下，于2009年10月以某网络营销公司的名义在宜昌某人才网发布招聘在线客服专员的信息，招聘员工21人。2010年3月，购置了电脑、电话和办公桌椅等相关办公设施，正式以某网络营销有限公司的名义从事化妆品、保健品、数码产品、减肥药以及服装和手表等网销活动。查明情况后，执法人员在对李某进行政策法规宣传的同

7月9日，省人大常委会副主任蒋大国（前排中）在夷陵区工商局检查“五五普法”工作

时，下发《限期整改通知书》，并对李某依法进行处罚。

（何英）

住房公积金管理

【概况】 全区全年归集住房公积金10861万元，比上年增长24.84%；归集余款3.3亿元，累计归集6.2亿元。全区352家行政事业单位建立住房公积金制度。国有、城镇集体企业及其他企业（不含非公有制企业）单位140家，非公有制企业21家建立住房公积金制度。年末个人应缴住房公积金账户31750户。全年向168户职工家庭发放住房公积金贷款3580万元，帮助职工购建房21840平方米。年末贷款余额1.5亿元，逾期贷款率保持在0.11%以内。3500人正常提取4833万元。全年实现总收入1016万元，职工结息390万元，实现住房公积金增值收益610万元，贷款风险准备金余额508万元。全年提取廉租住房准备金373万元。累计提取廉租房建设资金1107万元。

【调整住房公积金基数】 行政事业单位公积金缴交比例由8%提高到12%，缴交基数由四项工资之和改变为按工资总额作为缴交基数。全年新增缴交额1100万元。

【调整住房公积金贷款政策】 2010年，实现全市住房公积金通贷。凡是在宜昌市县市区按规定缴交了住房公积金的职工，只要符合公积金贷款条件，均可以在夷陵区住房资金管理中心贷款。年内，宜昌市内夷陵区以外县市区的城区职工在夷贷款400多万元。同时，开展组合贷款业务。在住房公积金可贷款额度30万元的基础上，通过组合贷款，由商业银行补足公积金不足额度，最高贷款额可达60万元。

（余斌 付文涛）

科技·教育

责任编辑：王正玲

科技工作

获得2010年度科技成果一等奖的代表

【概况】 全区科技工作围绕“新型工业化、城乡一体化”战略，以科技创新推动经济发展方式的转变。全年完成高新技术产值41.64亿元，比上年增长88.76％；实现高新技术增加值13.24亿元，占规模工业增加值的13.79％，比上年增长1.97%。全区纳入湖北省高新技术产品统计的企业14家，39个产品。全区全年申请专利131件，取得区级科技成果26项、市级科技成果3项、省级科技成果1项。

【夷陵区2010年科学技术奖励大会】 于5月5日召开，各乡镇、开发区，区直各单位，全区100多家规模企业负责人参加会议。区委书记熊伟、区长刘洪福等领导出席会议。会议表彰区农业局等14个科技科普工作先进单位、大流量高扬程的矿用水泵等32个科技创新成果和40个科技科普工作先进个人。鸦鹊岭镇人民政府、区畜牧兽医局、华润红旗电缆有限公司等三家单位的负责人在会上分别作典型发言。

区长刘洪福（右）与湖北大学科技处副处长吴才清（左）签订校企合作协议（张国荣摄）

【产学研合作】10月26日，产学研合作暨科技成果发布会召开。会议邀请省内外的15所高校、科研单位的领导和专家教授发布科技成果164项。现场签订区校合作协议2项，校企合作协议16项，企业与高校现场洽谈达成研发协议4项，校企共建实验室5个，建立实习和教育培训基地9个，合作申报项目16项。前期投入研发经费3000万元以上。

【科技项目】全年实施区级科技研究与开发项目36个，实施指导性科技计划项目31项，投入资金3729万元，占财政预算支出的3.6%。申报市级项目13项，省级项目3项，国家项目1项。争取无偿经费561万元。

【科技活动月】5月，组织全区农业、畜牧、宣传、教育、卫生等部门，开展为期一个月的科技活动。活动中，以广播、电视和各地的科技宣传栏为阵地，开展科技法规的宣传和普及。以低碳环保为主题，开展科学环保志愿者活动。在各乡镇开展农村实用技术培训和送科技知识进村入户活动。结合"5.12"防灾减灾日，宣传科学防震减灾知识，全区中小学校开展地震灾害应急演练，提高避灾能力。参加科技活动的科技人员500余人次，举办各类科技培训班和讲座36期，培训14000余人次，发放宣传资料2万余份，参加活动的群众4万人次。夷陵区科技活动获省科技活动周领导小组优秀活动奖。

【对口支援】围绕特色产业，依托绿色农业科技开发有限公司、京都奶牛场、柑橘示范场等企业与上海市科委、闵行区科委、青岛市科技局、黑龙江省农业厅等单位开展高效柑橘栽培技术和奶牛养殖技术等6项集成示范，引进无偿项目经费120万元。

在科技成果发布会上，710研究所科研人员向企业推介科技成果

【科技人才】区科技局从全区机电、医药化工、新材料、农产品加工、卫生、水利、环保等行业和领域中选取30名专业技术人才的资料，建立夷陵区高层次专业技术人才数据库。组织企业科技人员开展项目申报、专利申请、创业投资各类培训7次，培训400人次。

【科技成果】由夷陵医院完成的"保留后韧带复合体及伤椎固定在胸腰椎骨折的临床应用研究"等2项成果和国鼎科技开发有限公司完成的"利用微波实现零排放镁橄榄石深加工"经省市专家鉴定为国内领先水平。"三峡库区柑橘品种更新和高效生态栽培关键技术研究"获省科技进步一等奖；由宜昌萧氏茶叶集团有限公司完成的"茶叶清洁化连续化加工工艺研究与应用"获市科技进步二等奖；区农技服务中心完成的"甜玉米新品种引进与推广"获市科技进步三等奖。

【创新型企业建设专项行动】8月，出台《宜昌市夷陵区工程技术中心建设管理办法》。9月，中科恒达石墨股份有限公司、湖北三峡泵业有限公司、湖北恒安药业有限公司、湖北稻花香绿色食品股份有限公司4家企业被纳入宜昌市创新型企业；湖北三峡新能源设备有限公司被纳入宜昌市成长型试点企业。长江高科电缆工程技术中心通过省级认定，成为夷陵区第一家省级工程中心。萧氏茶叶集团获批为省级科技创新型试点企业。

【编制科技发展十二五规划】区科技局先后6次组织召开"十二五"科技发展座谈会，征求各企业、乡镇、行业专家、区直部门等社会各界的意见和建议后，编制出初稿。区人大常委会组织20多名驻会常委专题调研初稿。区政府召集科技、发改、财政、农业、畜牧、经济商务等部门召开办公会专题研究。区科技局在吸收各方意见和建议后，经多次完善和修改完成规划。

【防震减灾工作】全年新建抗震农居2033栋，完成全区722栋校舍的抗震安全鉴定，启动C类校舍拆除重建工作，建立全区所有中小学校舍的安全档案。完成湖北省连续运行卫星定位服务系统工程雾渡河观测点的建设，被省检查组评为优秀等级。"科技活动周"、"5·12防灾减灾日"等宣传活动有效开展。区科技局被评为"全省防震减灾先进单位”。12 月，召开区防震减灾工作领导小组联席会议，明确各成员单位的职责，部署 2011 年主要工作任务。

（闵维清）

气象工作

【概况】以树立“管天为民”品牌为核心，围绕橘都茶乡建设服务“三农”，进一步深化气象基础研究和能力建设。贯彻《省委、省政府关于加强我省应对气候变化能力建设的意见》，邀请省气象局陈正洪研究员给区委中心学习组全体成员和区直机关单位、各乡镇的有关工作人员 200 多人，作《气候变化与应对》辅导报告；邀请区委政研室第二次笔会成员在区气象局调研和写作。与广电局合作，采用实景制作《天气预报》，使人们对“梅雨”天气更有视觉感受。投资 127 万元进行气象观测场环境综合改造和气象文化标识建设，新配置土壤湿度自动观测设备和卫星接收装备。新建杨家溪、水府庙多要素自动气象观测站。全区区域自动气象站达 20 个。谋划建设桃坪河乌龙茶示范区的多要素气象观测站。以服务农村、农民、农业为重点，为三峡大坝和葛洲坝间水域经济鱼类增殖放流、宜巴高速筑路、柑橘销售、《山楂树之恋》影视的拍摄等重大社会活动提供精细化、全程跟踪服务。

（刘宗芳）

新建成的区域自动气象站

教育工作

【概况】全区有各级各类学校 58 所。其中普通高中 3 所，初中 15 所，完全小学 37 所，九年一贯制学校 2 所，特殊教育学校 1 所。幼儿园 53 所。在校学生 43916 人，在册教师 3901 人。校园占地面积 1385618 平方米，比上年增加 11010 平方米；校舍建筑面积 581325 平方米，增加 10622 平方米。其中初中校舍面积 186333 平方米，生均 14.12 平方米；小学校舍面积 276859 平方米，生均 12.83 平方米；普通高中校舍面积 118133 平方米，生均 13.02 平方米；特殊教育学校校舍面积 1470 平方米，生均 21 平方米。学校藏书 779514 册，有微机室 52 个，微机 2204 台，54 所中小学校建有 821 个多媒体教室、50 个校园网；建有 58 个卫星地面接收站。理科实验仪器达标 19 所。其中初中 16 所，高中 3 所。全区小学、初中学生入学率、巩固率均达 100%，残疾儿童入学率 97.54%，学前三年入园率 74.66%。义务教育完成率 99.16%，初升高比例 99.27%。2010 年，被教育部纳入基础教育质量监测与质量管理机制创新样本区；义务教育均衡发展接受省政府教育督导室试评估，被评为优秀等次；咸宁市、荆门市、宜城市、武穴市等十多个县市区相继到夷参观学习义务教育均衡发展的先进经验。

【校点布局调整】全年共调减校点 10 个，其中初中 1 个、完小 5 个、初小 4 个。鸦鹊岭镇按“1＋3”模式办学，即由原来的 2 所初中 6 所小学合并为 1 所初中 3 所小学：撤销梅林初中、红土初中，二校合并，在原鸦鹊岭高中建成鸦鹊岭镇初级中学；将新场小学和黄金堂小学合并，在原红土初中建成红土小学；将原长湖、红土、海云小学合并，在原梅林初中建成鸦鹊岭镇中心小学；原鸦鹊岭镇中心小学更名为梅林完全小学。乐天溪镇拟定扩建三峡小学，将乐天溪镇初中整体并入，建成九年一贯制中小学。太平溪镇拟定将镇中心完全小学扩建成一所标准化寄宿制小学，将长岭小学、花栗包小学拆除并入镇中心完全小学，年内进入教学楼、宿舍楼抗震加固和维修阶段。下堡坪乡九年一贯制学校扩建工程及樟村坪镇九年一贯制学校建设进入实施阶段；原小溪塔二中校园改造正在进行，改造后将与小溪塔街道冯家湾小学合并。

【教师一体化评价】4月，出台《夷陵区中小学教师工作业绩评价方案（试行）》。6月，对全区教师业绩试行综合评价。从学生评教、同行公认、学校考评、质量考核等“四个维度”，每个维度实行等级加分数量化，按比例折算相加的值即为教师年度考评结果。“四个维度”的比例分配：学生评教15%，同行公认10%，学校考评25%，教学质量考核50%。全区中小学所有承担学科教学任务的人员（含教育管理干部、教辅后勤人员）都接受“四个维度”的评价。该评价办法把主动权交给学生、同行和学校，引导教师以生为本，注重教育过程，关爱每一个学生，以质量为核心，提高专业技能和加强职业道德建设。8月在全省推进义务教育均衡发展座谈会上，省教育厅厅长陈安丽对夷陵区“四维一体”的评价机制给予了高度评价。

【调整校长管理办法】出台《夷陵区中小学校长管理办法（试行）》，对全区中小学校长实行任期制和交流制。办法规定，校长任期每届三年，在同一所学校担任校长不超过两届，考核合格后继续留任的，必须实行异地交流，并对校长进行发展性评价。年内全区48位中小学校长、副校长经过考核合格后进行异地任职交流。

【师德教育月活动】4~5月，全区教育系统以“情系教育，关爱学生”为主题，以“学习身边典型人物”、“千名教师万家访”、“师德建设公众评”等活动为载体，开展师德教育月活动。全区各学校召开座谈会及学习会261场次，10658人次参加，教师撰写心得体会3182篇；举行师德典型报告会、演讲会76场次，5706人次参加，举行师德论坛95场次，3775人次参加，走访近2万个学生家庭，开展爱心“一帮一”活动，帮助学生7484人，评选区级师德标兵117人，推荐市级表彰师德标兵8人。

【打造高效课堂】以“改变管理策略、改进备课方式、改造课堂教学、改善练习设计、改变评价方法”为目标，打造高效课堂。3月初，以实验初中、小溪塔三小为现场，启动中小学高效课堂创建活动。10月初，以小溪塔三中为现场，召开打造高效课堂推进会。在活动中，区教育局成立督导检查小组，对打造高效课堂实行一月一检查，一月一通报。全年蹲点18所学校，听课近2000节次，下乡1600天，查阅教师备课和作业3000多本，视导学校63所，订单式服务68项，与近3000名教师进行网上交流互动，解决教学管理和教学过程中的问题390个，专题辅导讲座38场次。开展区域性有效教研活动68次，推出典型学校4所，示范课60节。组织学科课堂教学竞赛活动18科次，28名教师分别在国家、省、市级教学竞赛中获奖。全区立项课题108个，23所学校的27个项目先后在省、市、区级结题，3所学校被评为市教育科研先进单位，9名教师获市教育科研先进个人称号。教师节期间，区政府拿出150万元，奖励10所学校、20名校长、800多名教师。高考文理科上一本线263人，比2009年增加69人；本科上线1715人，增加206人；应届生本科上线率47%，创五年来最高水平；600分以上41人，增加30人。三所高中均获宜昌市“高中教学质量奖”。

【改革和完善教师培训制度】出台“凡训必考，凡考必奖”制度。落实资金近200万元，利用远程培训、校本培训、考察学习、专家引领等形式，开展七项培训活动：组织2120名教师参加网上“打造高效课堂”理论知识学习，并进行在线考试。组织45名业务干事和中小学教学管理人员赴山东杜郎口中学、江苏洋思中学等进行为期一周的跟班“影子”培训，所有参训人员均撰写学习体会，并在全区教学工作会议上集中交流。组织100名小学骨干班主任参加“知行中国”网络培训；组织100名初中语文、英语、体育三个学科骨干教师参加三峡大学顶岗培训；组织50名分管安全副校长参加国家为期3个月远程安全教育和安全管理培训；组织259名局机关及职能管理部门干部和中小学校级干部参加省教育厅为期一个月的全国教育工作会议和教育规划纲要精神远程专题培训学习。聘请外籍教师对全区40名初中英语教师进行15天的口语培训，经考试全部合格；组织全区小学音乐、美术教师进行为期一周的教学技能培训。组织城区名师41人次分5批次送教下乡，开展上示范课、听课、评课、讲座、教师间互相交流等活动。组织高中起始年级210名教师参加新课改通识培训和课标网络培训，经考核，36人优秀，162人合格，优秀率合格率居全市第一。组织中小学教师、校长和幼儿园园长124人参加宜昌市各类提高培训；组织159名教师参加湖北省农村教师素质提高工程培训；组织42名小学教务主任进行一周的业务培训。

【实施城乡教师交流】采取四种模式开展城乡教师交流，即“对口帮扶”、“任教交流”、“名师带徒”、“名师讲学”。出台《关于进一步加强城乡学校对口联系和城乡教职工交流工作的通知》，停止从农村招考教师进城，严格规定城乡交流的对象、时间、比例、交流教师待遇及经费保障、交流教师管理与要求等。扩大城乡教师交流比例，由原来十几人的小规模交流扩大到城区教师总数的8%；扩大交流对象，将高中也纳入交流对象，且比例不少于5%；扩大交流学科，由原来的语文、数学学科为主扩大到音乐、美术等12门学科；秋季学期全区参与任教交流的教师128人，其中城区教师到农村交流58人，城区间交流15人，农村教师到城区交流55人；14所城区学校与11个乡镇学校结为对口帮扶单位，116名学科带头人、骨干教师与农村教师结对。暑期，表彰了8个城乡结对帮扶工作先进单位、10名优秀城乡交流任教先进个人和22名“名师带徒”先进个人。年内，省教育厅两次派调研组在夷调研城乡教师交流工作，省教育厅简报刊发夷陵区经验。

【实施教师幸福工程】 表彰和宣传优秀教师：教师节期间表彰800多名优秀教师，并通过《三峡日报》、夷陵电视台、三峡夷陵网、夷陵教育网以及平湖LED屏等平台进行宣传；在夷陵电视台开辟“教苑风景”专栏，宣传全区十大劳模之一王震老师、甘当支教使者的胡俊华等10名教师、献身边远农村教育的黄珊珊等15名优秀青年教师以及爱生如子的张道鲲等12名优秀班主任；在《三峡日报·教育周刊》头版宣传细心关怀贫困智障学生的闵泽军老师。组织优秀教师参观世博。为教师搭建“学习平台、交流平台、展示平台”：全年教师培训经费近200万元，落实各中小学按公用经费的5%用于教师培训。关心教师身心健康，帮助困难教师家庭：安排30万元组织全体教师集中健康检查；安排资金10万元，慰问患重病的教师；给教师赠送书籍——《送给老师的心灵鸡汤》和《给老师的健康枕边书》。

【改善办学条件】 全年争取中央专项建设资金3086万元，省级配套资金1029万元，区级配套资金2057万元。投入1592万元，完成22所中小学标准化课桌椅配置，改造樟村坪初中等13所学校的厕所、厨房，解决12所农村学校的饮水安全问题，新建黄花小学等8所中小学塑胶运动场。完成22所学校班班通建设、5所中心完小计算机更新。至年底，全区有13所初中通过市级标准化学校验收。投入500余万元，新建黄花初中、上海中学和三斗坪镇中心小学教师周转房3栋80套3464平方米；维修改造小溪塔高中、鸦鹊岭初中等教师住房6栋78套6763平方米。年内全区校安工程建设累计竣工交付使用项目26个，完成投资1912万元，加固和重建校舍面积4.23万平方米。正在施工建设项目5个，投资495万元，加固和重建校舍面积6600平方米。

【保育式寄宿制办学模式全省推广】 12月28日，区委副书记、区长刘洪福在全省教育工作会上作为全省县（市区）唯一代表在会上发言，介绍夷陵区保育式寄宿制办学经验。夷陵区保育寄宿制学校从农村适龄入学儿童数的变化出发、从人们对优质教育的需求出发、从基础教育管理体制改革的要求出发，创新理念，开辟办学新途径，通过政策引导、项目带动和评估推动“三项机制”，围绕精神家园、学习乐园、生活花园“三园”目标，构建学校管理精细化、生活管理多样化、安全管理全员化以及活动管理个性化的“四化”管理模式。年内，省委政研室副主任孙西克等到夷调研保育式寄宿制办学情况，将夷陵区保育式寄宿制办学经验在省委政策研究室《专送参阅件》刊发，省委书记罗清泉、省长李鸿忠分别作重要批示。《人民教育》杂志社管理室主任任小艾等也到夷进行调研。

【后勤管理标准化】 本着“为学校及师生服务，为教育改革助力”的宗旨，于4月30日注册成立夷陵教育实业公司，5月15日挂牌营运。公司负责教育系统后勤服务保障工作。实业公司推进放心食堂、放心超市标准化创建，按“六统一”模式建立全区连锁配送网络平台，实行食堂大宗物资和校园商品统一招标、采购、验质、定价、配送，保障全区师生享受安全、质优、价廉的标准化服务。此举受到区人大《食品安全法》执法检查组的高度评价。

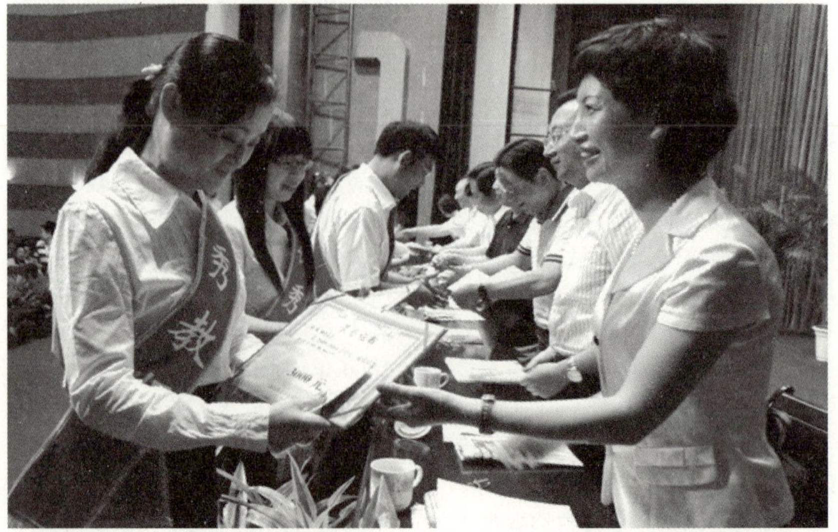

在第26个教师节庆祝大会上，在主席台就座的区领导为优秀教师颁奖（张国荣摄）

【庆祝第26个教师节】 9月6日上午，区委、区政府在平湖剧院举办第26个教师节庆祝大会。区委、区政府拿出100万元，区教育局筹资50万元，奖励教育质量先进单位20个、优秀校长10名和优秀教师806人。

【学校安全工作】 年内，区委、区政府召开学校安全办公会议6次，深入学校督促落实“五个一”安全防范措施。区教育局、区公安分局联合组建“宜昌市夷陵区校园安全保卫大队”，通过向社会招聘、保安公司派遣、教师转岗等方式为全区中小学配备专职保安114名，组织327名安全管理人员培训。安排100万元为各学校统一配备装备器材，落实保安人员的工资待遇。开展大型安全检查8次，排查安全隐患50多处，安排30万元整改。开展安全疏散演练活动60多场次，参演师生4万多人次。

【上海中学建成开学】 8月9日，宜昌市上海中学竣工落成。国务院三建委副主任、三峡办主任聂卫国，上海市副市长胡延照，湖北省副省长田承忠，市委书记郭有明，市委副书记、市长李乐成等出席竣工剪彩仪式。宜昌市上海中学由上海市援建，前身为夷陵区小溪塔街道第二中学。学校动态投资5000万元，建有11080平方米的综合主体楼、3000平方米的学生公寓、1000平方米的学生餐厅、4个塑胶球类运动场、一个双色人工草塑胶田径运动场及室内体育馆等设施。9月1日开学，有106个教职工， 28个教学班，1363名学生，其中住宿生535名。

8月9日，由上海市援建的宜昌市上海中学举行竣工剪彩仪式

【蓝天助学工程】 全年落实中央资金840.3万元、省资金560.21万元，义务教育学生100%实现免杂费；落实中央资金436万元、省资金31.6万元，义务教育学生100%实现免教科书费；落实中央和省资金各123.5万元，补助困难家庭寄宿生生活费6892人次。全年筹措贫困住读生、特困生生活补助526.32万元，资助10280人。

【全省县级义务教育均衡发展督导试点评估】 4月20日，夷陵区作为湖北省首批义务教育均衡发展试点区，接受省政府教育督导室试点评估，省政府教育督导办主任邴俊英，市政府教育督导办正县级督学赵国英，区委常委、宣传部长杨燕，副区长饶玉梅等参加评估会议。近年来，夷陵区确立“大力实施科教兴区和人才强区，优先发展教育事业”的战略，提出“全面提升义务教育水平，基本普及高中阶段教育”两大战略重点和把夷陵区建成省教育示范强区的工作目标，采取“加大教育投入、加强师资队伍建设、改善办学条件、提高教育质量和社会效益”五项措施，全力推进义务教育均衡发展。2009年，夷陵区获教育部“全国推进义务教育均衡发展工作先进地区”称号。

（王正坤、李向轶、陈宇）

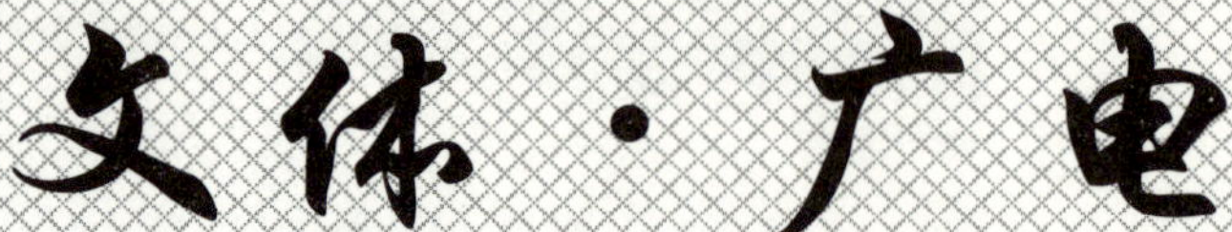

文体·广电

责任编辑：王正玲

综　述

【概况】 继续实施乡镇综合文化站改造、农家书屋、文化信息资源共享工程、亿万农民体育健身工程等国家实施的文化惠民工程，主办文化体育活动14项，承办市以上体育活动和赛事6项，抢救性维修文物古建筑6处，完成第三次全国文物普查田野调查阶段工作。启动文化市场综合执法体制改革，加强文化市场监管，区内4家印刷企业入选全省新闻出版系统50强。实施人才促进工程，充实区、乡、村三级文化体育队伍。组织专班，开展文化体育建设“十二五”规划编制工作。

【电影《山楂树之恋》在夷拍成公映】 4月16日，著名导演张艺谋执导的电影《山楂树之恋》在故事原发地夷陵区开拍，6月22日杀青。该剧根据美籍作家艾米同名小说改编，在分乡镇普溪河、百里荒景区、六一二生活区、小溪塔街道姜家庙小学、809创意经济园等地拍摄40余天。9月16日，区平湖剧院与全国同步首映。10月，电视剧《山楂树之恋》紧接着在夷陵区开拍，12月20日杀青。

公共文化服务体系建设

【概况】 实现乡镇综合文化站改造、共享工程、农家书屋三项文化惠民工程全覆盖。三项工程投入资金854万元，其中，争取省以上补助资金502万元（文化站改造工程148万元、共享工程54万元、农家书屋工程300万元）。为11个乡镇综合文化站各争取专用设备购置费5万元，计55万元，用于购置电脑和专用器材；为小溪塔街道综合文化站和3个社区文化活动室争取设备购置费21万元。区文化馆（歌舞团）组织送戏下乡157场，经区文化体育局备案登记的民间艺术团35个，常年坚持开展演出活动。2010年，新增乡镇综合文化站工作人员4名，达23名，11个乡镇消灭“一人站”（只有1名工作人员的文化站）。2009年招聘的80名村文

村民在农家书屋阅览图书（张国荣摄）

化员上岗。

【乡镇综合文化站改造（建设）】继续实施中央扩内需项目（第四批）6个，分别是：雾渡河、下堡坪、分乡、邓村、三斗坪等5个乡镇综合文化站改扩建项目，黄花乡综合文化站新建项目。乡镇综合文化站改造工程在全区11个乡镇实现全覆盖，并具备文化科技室、图书报刊室、办公室、多功能厅等“三室一厅”功能。

【农家书屋建设】4月，省新闻出版局在夷检查验收农家书屋。下半年，建成农家书屋58个，待验收。至此，农家书屋在行政村实现全覆盖。农家书屋均达到一间不低于20平方米的房间、5组书架及阅览桌椅、2000册图书的建设标准。建设方式分自建和共建两种，基本投入2万元，其中省新闻出版局补助1.5万元（自建）或配送1500册图书（共建），行政村自购图书500册，地方财政配套经费0.5万元。

【全国文化信息资源共享工程实现区乡村三级网络全覆盖】年内，完成12个乡镇（街道）综合文化站基层中心建设，并在182个行政村建立基层服务点，实现区、乡、村三级网络全覆盖，全年上网点击率达11万人次。

【乡镇文体服务中心增加4名工作人员】根据区农村综合配套改革领导小组会议纪要精神，乡镇文体服务中心增加工作人员4名，其中，在“三支一扶”大学生中择优考核录用2名，面向社会公开招考2名。

群众文化活动

【概况】举办庆元旦“万富杯”第六届社区文化活动周、庆三八妇女节100周年纪念活动暨文艺演出活动、庆五一“劳动者之歌”专场文艺晚会、庆七一“颂歌献给党”文艺演出、庆十一“中国电信——天翼杯”“美自民间来”第四届农村文艺调演暨民间艺术大赛等系列节庆文化活动，主办“爱湖北·爱家乡”爱国主义教育读书活动演讲比赛、“我的书屋我的家”农民读书用书演讲比赛、“坤艳杯”“春暖夷陵”三干会专场文艺演出等系列主题文化活动。举办第十四届文化体育系统干部职工运动会和首届跨年联欢晚会、“书屋惠农家，春联送农户”活动及抗日战争胜利65周年图片巡回展。区卫生局、区工商联、萧氏茶叶集团等区直部门、乡镇、街道和众多大型企业举办文化活动20余场次。在全区新型农民教育活动中，在镇村两级举办文艺骨干培训班11期，培训骨干500多人次。

【中国电信“天翼杯”全区第四届民间艺术大赛暨农村文艺调演】于9月28日至30日在平湖剧院举行。调演以“美自民间来”为主题，以民间特色、原创作品、艺术创新为基本要求，分舞台文艺作品展演、民间工艺美术品展览两大类，共有25件舞台文艺作品参加展演。30日晚，举行夷陵区庆国庆暨全区第四届民间艺术大赛、农村文艺调演颁奖晚会，熊伟、刘洪福等区领导出席晚会并为获奖作品颁奖。评选组织奖8个，舞台文艺作品创作一等奖3个、二等奖4个、三等奖5个，表演一等奖6个、二等奖8个、三等奖11个，民间工艺品展览一等奖6个、二等奖8个、三等奖10个、优秀奖16个。

文化遗产保护

【概况】启动省级文化生态保护区争创工作。开展国家、省、市非物质文化遗产名录及代表性传承人申报工作。启动《夷陵文化丛书》部分篇目的编撰工作。启动《夷陵古迹》编纂工作。黄陵庙消防、安防、雷防工程项目先后获国家文物局批准。接受国家对夷陵区申报的全国重点文物保护单位聂家河古兵寨现场核查。通过第三次全国文物普查田野调查阶段验收，转入后期资料整理与数据库建设阶段。市文化局表彰鸦鹊岭镇为“全市非物质

中国电信“天翼杯”全区第四届民间艺术大赛暨农村文艺调演晚会上的“宜昌丝竹”表演（张国荣摄）

文化遗产普查工作先进集体”。

【大坟岭墓群入选宜昌市第三次全国文物普查“十大新发现”】 5月，乐天溪境内的大坟岭墓群入选宜昌市文物局组织评选的宜昌市第三次全国文物普查“十大新发现”。大坟岭墓群位于乐天溪镇下岸村六组大坟岭山坡，清代家族墓，呈中轴线分布在山冈上，大小五座，坐北朝南，形制基本相似，均为花岗岩石料砌成，墓围呈圆形，各有五层弯石砌成。最大的一座直径4米，碑高3.2米，宽2.8米，三门四柱上下两层，饰有花鸟图案及人物彩绘。

【黄花乡南边村发现抗日将士遗骨】 9月1日，《三峡晚报》头版刊载《宜巴高速工地惊现抗日将士遗骨》一文，随后几天时间里，中央、省、市报刊、电视台、网站等国内众多媒体争相报道。9月2日，区文化体育局安排文物普查专班人员赶赴现场，通过走访村民、查阅史料，寻找实物佐证。经初步调查，该地原为国民党第75军预四师抗战时期设立的一处野战医院，其后山坡为阵亡将士公墓院，占地约15亩。

【黄陵庙禹王殿落架大修完工】 5月20日，黄陵庙主殿禹王殿落架大修工程破土动工，9月28日完工。黄陵庙落架大修工程总投资837万元，包括山门、武侯祠、禹王殿、古民居等文物古建筑整体维修。

【维修一批文物古建筑】 入夏以来的暴风雨袭击，导致南边古民居、杨家湾老屋、圆通禅寺、望家祠堂、西庄湾古民居等文物古建筑出现屋面漏雨、木构件腐坏、山体滑坡等不同程度损坏。夷陵区争取和落实文物抢救性维修经费25万元。9月，完成望家祠堂后方山体滑坡清理、南边古民居修复；油漆刷新了望家祠堂、杨家湾老屋木构件，并捡漏屋面。

【《湖北夷陵民间体育项目荟萃》出版】 12月，区老年人体育协会主编的《湖北夷陵民间体育项目荟萃》一书出版。书中共收录民间体育项目100个，分为博弈、健身、游艺三类，有的项目还简略介绍其起源和传说。

【《诸家评说刘德芳》出版】 6月12日，刘德芳民间艺术研究会邀请国内知名专家学者举办刘德芳民间故事研讨会。年底，研究会编纂出版《诸家评说刘德芳》一书。该书由中国民协主席、著名作家冯骥才题写书名，中国民间文艺专家刘锡诚作序，被专家评为二十一世纪国内第一部专业民间文化评论研究文集。

5月20日，禹王殿开始落架大修（张国荣摄）

新闻出版、文化市场管理与文化产业发展

【概况】 年底，区内有文化市场经营户298家，其中，网吧37家，电子游艺厅26家，歌舞厅11家，音像制品经营店32家，图书报刊经营店39家，印刷企业27家，复印打字经营店74家，演出场所3个，体彩销售点32个，其他文体市场经营单位17家，文体市场从业人员3000余人，纳入区文化体育局监管的文体市场经营总收入7.1亿元。年内，区文化市场稽查大队先后开展迎两节两会春季扫黄打非、迎世博打击非法出版物、规范教材教辅读物、迎亚运扫黄打非等四项行动，加强文化市场日常监管，严处违法违规经营行为，打造净化、繁荣、平安文化市场。

【文化市场综合执法体制改革启动】 按照全省文化体制改革精神和全区机构改革统一部署，撤销区文化市场稽查队，成立区文化市场综合执法大队，扩大文化市场执法范围，经费来源由自收自支改为财政全额拨款，机构为副科级编制，工作人员参照公务员管理。

【区内网吧实现凭身份证上网】 5月下旬至6月，区文体局、区公安分局对区内35家正常营业的网吧安装了二代身份证阅读器，所有网吧均实行凭身份证上网，未成年人上网吧从技术手段上得到控制。

【人员密集文化场所、水上体育运动项目安全管理】 在网吧、娱乐、涉水体育场所等文体市场建立安全责任制。3月下旬，与35家网吧、23家游艺场所、9家歌舞厅、11家游泳、漂流经营单位分别签订安全生产责任书。7至8月，开展安全检查，敦促相关单位安全经营。实现全年无安全事故。

【区内四家企业进入湖北印刷企业五十强】 5月19日，宜昌市综艺包装有限公司、宜昌奥美包装有限责任公司、宜昌宏裕塑业有限责任公司、宜昌康得利包装有限责任公司等4家夷陵区属企业被湖北省新闻出版局、省印刷协会表彰为“第二届湖北印刷企业50强”。

文艺创作与演出活动

【概况】 区文化馆到上海、北京等地开展文艺演出，服务全区招商引资、品牌推介、对口支援工作。制作的反映太平溪移民生活的视频作为宜昌市春晚背景播放，选送的群舞《脚步》参与宜昌市春晚演出。参加全市第九届“红领巾”文艺汇演。罗家伦等人的4件作品入围10月14日至18日在湖南长沙举办的全国老年书画展。10月下旬至11月上旬，区文化馆与宜昌市艺校联合打造一台以“情满峡江”为主题的文艺晚会，参加宜昌市第六届专业艺术表演团体文艺汇演，获演出二等奖，区文化体育局获组织奖。全年共创编舞台文艺作品25个：舞蹈《喜庆花鼓》（夷陵经济开发区）、表演唱《黄袖章在行动》（小溪塔街办）、歌曲《农家乐》（黄花乡）、诗朗诵《那一天，我来了》（太平溪镇）、表演唱《郭家湾的婆娘们》（发展大道新区）、舞蹈《山村喜夜》（黄花乡）、小品《弄璋之喜》（樟村坪镇）、歌曲《三峡茶城之歌》（邓村乡）、皮影表演唱《抓周》（分乡镇）、戏曲小品《皮匠驸马》（下堡坪乡）、宜昌丝竹《南正宫》（鸦鹊岭镇）、表演唱《梅子垭我的家》（发展新区）、宜昌丝竹乐舞《莲荷心语》（小溪塔街办）、舞蹈《峡江号子》（三斗坪镇）、表演唱《五媳拜寿》（龙泉镇）、吹打乐《巫音》（樟村坪镇）、歌曲《等郎》（分乡镇）、独角戏《给二憨子做媒》（夷陵经济开发区）、舞蹈《女人的歌》（邓村乡）、楠管《乡村新事》（太平溪镇）、男声表演唱《奇石王国比石头》（乐天溪镇）、舞蹈《酒娘》（龙泉镇）、民歌联唱《采茶歌》（雾渡河镇）、小戏曲《茶乡巨变》（下堡坪乡）、健身秧歌《农乐新喜》（乐天溪镇）。

【男子老年群舞《爷爷的大山》在中央一台播出】 受中央电视台邀请，9月6日至9月12日，区文化馆组织《爷爷的大山》剧组演员赴京演出，节目在中央电视台第九演播厅录制，9月30日18时至19时在中央一台《我们有一套》栏目中播出。

体育事业

【概况】 实施“农民体育健身工程”，向太平溪镇等10个乡镇、长岭村等24个行政村（社区）扶持篮球架22对、室内乒乓球台1张、室外乒乓球台45张、全民健身路径3条。至年底，14个乡镇（街道、开发区、新区）的148个行政村（社区）建成体育阵地，覆盖率70%以上。承办市级以上体育活动和赛事6项，举办全区性大型体育活动和赛事5项，参加市三运会获团体总分819分，参加省十三运会获团体总分175分。

【承办六项市级以上体育活动和赛事】 年内，承办了“长江市场杯”宜昌市拔河比赛、宜昌市庆“五一”环长江市场长跑比赛、“长江市场杯”宜昌市第五届健美操比赛、“夷陵山楂地·神龙旅游杯”湖北宜昌汽车摩托车场地越野赛、三峡库区乒乓球邀请赛、市三运会青少年女子篮球比赛等6项市以上体育活动和赛事。

【举办五项全区性体育赛事】 区文化体育局、区直机关工委、区教育局、区经济商务与信息化局、区老年体协、亚奥游泳馆等单位分别联合主办了“夷陵城投杯”第三届区直机关运动会、第五届中小学生篮球运动会、第八届企业职工篮球大奖赛、第九届老年人运动会、“亚澳杯”第二届游泳比赛等全区性体育赛事。

【夷陵区在市三运会上夺得奖牌39枚】 6月26日至30日，夷陵区组团参加宜昌市三运会，青少年、成年、残疾人3个代表队夺得金牌39枚，团体总分819分，金牌总数和团体总分进入全市四强，其中，残疾人团体总分排名全市第二。

【夷陵区在省十三运会上夺得奖牌19枚】 10月，夷陵区组队参加湖北省十三运会，夺得金牌9枚，奖牌11枚，团体总分253分，超额完成市政府下达的“4金8牌80分”的竞赛任务。

（杨永荃）

广播影视

【概况】 全区广播影视部门利用“两台一网一报”平台，组织策划重大宣传活动10次，开设宣传栏目9个，开办各类专题50个。完成深入学习实践科学发展观、满意机关创建、深入推进特色新区建设、抗灾救灾等重大活动和主题的宣传报道。新开办首档电视娱乐栏目《玩转夷陵》，《农家之友》改版更名为

《垄上行》。《百姓零距离》改版。《法治夷陵》栏目制作的《向超载说不》、《砍树引来的官司》等法制节目深得民心。专题片《情系夷陵》在青岛对口支援会议上播放；《共筑民生路》反映夷陵区在一江两山神宜旅游线建设上的辉煌成就，吸引大批领导和外地考察团来夷学习考察；《夷陵石韵》、《重特大灾害重创夷陵》为夷陵区申报中国观赏石之乡、第一时间争取救灾资金发挥重要作用。全年在市电台用稿579条，在三峡电视台用稿326条，双居全市首位；在湖北电台用稿56条，比上年增加19条；在湖北电视台用稿42条，比上年增加6条；在中央台用稿5条。推进数字电视整体转换，添置设备数字电视平台扩容成互动平台，并组织数字电视价格听证会。完成平云一路、东湖大道、双虹路道路刷黑管线入地工程及宜巴高速、黄花工业园、三斗坪集镇、雾殷公路改扩建等杆线迁移项目，开通鸦鹊岭移民点、龙泉镇龙泉村等有线电视。全区新增有线用户3800户。完成20个20户以上通电自然村村村通建设任务。建成11个村的编码调频广播。开通夷陵手机报。寻求与广东大地电影院线公司的合作，向工商银行城东支行贷款300万元，打造夷陵数字影城。拓宽经营增收渠道，全年经营创收近1700万元。

【电视栏目《农家之友》更名为《垄上行》】 2月6日，夷陵电视台社教专栏《农家之友》改版，更名为《垄上行》。栏目开辟了《农业资讯》、《农家故事会》、《农事气象站》三大板块。

【夷陵手机报开通】 3月1日，由区委宣传部主办，区广电局承办的《夷陵手机报》试运行。该报以“政府立场、晚报风格、发布资讯、服务大众”为宗旨，设有要闻快报、夷陵新闻、天气预报、社会经纬等10多个板块。

【《玩转夷陵》开播】 4月1日，夷陵电视台首档文化娱乐栏目《法治夷陵》开播。栏目的宗旨：推介夷陵旅游精品、彰显夷陵文化特色、引导夷陵时尚消费。节目样式：以展示夷陵风景秀丽的旅游景点为主打，同时深挖民间文化，介绍民间艺人，彰显夷陵深厚的历史文化底蕴；拓展衣食住行、时尚消费指南以及推介名企名品等。节目分为文化旅游板块和时尚消费板块。节目特点：轻松活泼、参与性强，同时具有引导性和服务性。节目受众对象：全区范围内城乡中、青年观众，吸引外来游客、客商等。栏目时长：每期15分钟。播出时间：每周一期，周日播出。该栏目的开办，填补夷陵区电视文化综艺栏目的空白。

【《百姓零距离》改版】 5月初，夷陵电视台民生类新闻栏目《百姓零距离》改版，原有专栏《关注》改版为《今日视点》，新增《百姓看板》和《新闻回头看》两大板块。之后又推出《城市家园》和《文竹说文明》专栏。

【王太华视察黄陵庙】 7月10日，中宣部副部长、国家广电总局局长王太华在市、区领导郭有明、李亚隆、熊伟、杨燕陪同下参观视察黄陵庙。参观考察庙宇后，王太华说，像这样很有价值的全国重点文物保护单位，一定要要科学谋划文物的保护、开发和利用，珍重三峡历史文化遗产，使文物更好地服务经济社会发展。

7月10日，中宣部副部长、国家广电总局局长王太华（前排左）视察黄陵庙

【电影《山楂树之恋》创夷陵放映之最】 9月16日至10月7日，张艺谋执导的电影《山楂树之恋》在平湖剧院放映。21天里，共放映81场，1.7万人次观看，票房收入35万元。该片放映场次、观众人数、放映总收入均创历史新高。

（严荣华）

卫 生

责任编辑：范家新

综 述

【概况】 全区共有医疗卫生机构401个，其中二级医疗（保健）机构2个、一级医疗机构13个、社区卫生服务中心1个、门诊部25个、个体诊所85个、卫生室229个（其中村卫生室182个，社区卫生服务站6个）。在岗注册乡村医生545人，每万农民拥有乡村医生13.8人，同比减少2.1人。执业（助理）医师987人，每万人拥有执业（助理）医师18.9人，同比增加1.1人；注册护士790人，每万人拥有执业护士15.2人，同比增加3.2人。平均开放床位1200张（其中城区729张，乡镇471张），每万人拥有病床23.02张，同比增加3.39张。

全区政府办医疗卫生单位18个，其中局直属医疗卫生单位6个、乡镇卫生院11个、社区卫生服务中心1个。有在编职工1226人，同比增加3人；离退休人员775人，同比增加26人。固定资产总值2.2亿元，同比增长20%；专业设备0.73亿元，同比增长40.2%，万元以上设备630台件；房屋总值1.15亿元，同比增长10.3%，房屋面积13.44万平方米，业务用房10.23万平方米。全年卫生事业总收入2.24亿元，同比增长7.4%，其中财政补助收入0.55亿元。全年完成门（急）诊77.19万人次，同比下降0.6%；出院3.51万人次，同比上升5.8%；完成业务收入1.64亿元，同比上升14.7%，其中医疗单位药品收入6073万元，药品收入占医药收入的比例为40.81%，同比减少0.97个百分点；每门诊人次费用79.96元，同比增加7.98元；出院者平均医药费用2741.51元，同比增加241.31元。

新农合保障水平进一步提高，国家基本药物试点工作顺利实施，妇女健康行动暨“两癌”筛查等重大公共卫生服务项目深入开展，基本公共卫生项目全面启动，农村卫生服务体系进一步完善，实现了“内涵建设年、规范管理年、质量效益年”的预定目标。夷陵区被省卫生厅、省编办、省财政厅、省人社厅联合授予“湖北省农村居民健康工程先进县”；鸦鹊岭镇中心卫生院被省卫生厅表彰为“省级示范乡镇卫生院”；仓屋塝等10个村卫生室被表彰为“湖北省示范乡镇村卫生室”；区合管办被区委、区政府表彰为红旗单位，区卫生局、区疾控中心被表彰为全区文明单位。

（望运灿）

【基础设施建设】 全年完成建设项目26个，新建业务用房面积56189平方米，维修改造业务用房面积16775平方米，完成建设总投资额18041万元，其中对口支援395万元、中央国债资金2593万元、财政安排卫生专项3583万元，其他投资110万元，单位自筹款11360万元。夷陵医院医疗大楼主体工程提前2个月封顶，代表夷陵区接受中央项目检查组的督导检查并得到充分肯定；部分配套工程招投标工作及二次装修设计招标工作结束，正在按照样板间标准的装修工程。区妇幼保健院两大中心建设项目、鸦鹊岭卫生院综合楼改扩建项目完工投入使用。小溪塔街办社区卫生服务中心新建B区住院大楼一栋，面积1252平方米。启动黄花乡卫生院门诊综合楼维修整建项目。完成14个单位的政府招标采购医疗设备购置，总投资2323万元，其中单价万元以上设备86台件。完成39个村卫生室提档升级建设任务，累计完成217个，建设面积25479平方米，完成总投资 898.4 万元，其中国债资金 22 万元、 省卫生专项 52 万元、区财政安排卫生专项 86.8 万元、村委会及村卫生室自筹资金 737.6 万元。

（雷文柱）

【队伍建设】 组织实施 2010 年度医疗卫生人员公开招考工作，为各单位补充医疗卫生人员 56 人，全区卫生队伍总量首次出现正增长。争取“三支一扶”大学生 2 名、市中心医院对口支援夷陵医院副主任医师 2 名；继续选派 6 名支医人员到部分乡镇卫生院开展下乡支医工作，累计派员下乡 22 人次，偏远山区卫生院医疗卫生专业技术骨干紧缺问题有效缓解；选派赴沪进修专业骨干 22 人次，选派赴沪培训卫生管理人员 50 人次；举办卫生管理干部培训班；召开医疗卫生专业技术骨干和拔尖人才代表座谈会，对科研课题进行奖励。

（罗进）

【行业作风建设】 探索建立医德医风“双建双评双联”工作模式，“双建”即卫生局统一建立对各医疗卫生单位医德医风建设考核台账，各医疗卫生单位建立医务人员个人医德医风档案；“双评”即局党组统一评选全区医德医风先进单位和先进个人；“双联”即；全区医德医风先进单位与单位综合评先和单位职工利益紧密挂钩，医德医风先进个人与个人其他评先、政治经济待遇紧密挂钩。组织局机关科室以上干部、局属各医疗卫生单位相关负责人认真讨论“四民”服务措施，分析全区医疗卫生行业普遍存在的问题。组织各医疗卫生单位深入到社区、扶贫村等开展“医疗服务进村进社区”活动，免费义诊 7298 人次，健康咨询 1000 余人次，免费发放药品金额达 8482 元，发放健康宣传资料 27562 份。10 月 20 日，区卫生局组织局机关全体干部职工及局属各医疗卫生单位全体医务工作者分别在城区、各乡镇举行政风行风医德医风千人承诺签名活动，局长李旭春同志带头承诺签名，1364 名医务工作者参加承诺签名活动。11 月 12 日，国家卫生部惩防体系建设检查组莅临我局和夷陵医院检查指导医德医风建设工作并给予了充分肯定。

（杨正龙）

医疗与医政管理

【概况】 继续深入开展“医院管理年”、“医疗质量万里行”、“平安医院创建”、“院务公开”和“医疗质量荆楚行”活动，严格落实医疗质量管理核心制度；制定出台了《夷陵区手术分级管理规范（试行）》，对全区各医疗机构开展的手术进行审批；开展了各乡镇（街道）卫生院病历质量评比；组织各乡镇（街道）卫生院分管医疗业务的副院长和护士长到夷陵医院进行跟班培训；组织举办了纪念“5.12”国际护士节暨医疗服务规范礼仪展示活动，区政府命名表彰了全区“十佳医生”和“十佳护士”各 10 名，区卫生局表彰了“优秀医生”20 名和“优秀护士”40 名，并进行了医疗服务规范礼仪展示；制定了《夷陵区医疗机构双向转诊管理制度（试行）》；从局管人才库中聘请 42 名局管拔尖人才和技术骨干为我区首批区乡联动带教老师，实施医疗卫生专业技术人员区乡联动带教工作；完成了科教科研和继续医学教育工作任务。

【医疗纠纷第三方调解机制】 10 月 19 日，区委办公室、区政府办公室印发《夷陵区推进医疗纠纷调解开展平安医院创建工作方案》，以依法依规保障医患双方合法权益、构建和谐医患关系、促进社会和谐稳定为目的，提出了以医疗纠纷预防与处置“六大长效机制”（即医疗纠纷预防机制、医疗风险分担机制、医疗责任认定机制、医疗纠纷“三位一体”大调解工作机制、诉调理赔对接机制、医疗环境治理机制）为主要内容的医疗纠纷第三方调解机制。10 月，在区矛盾纠纷大调解工作协调中心设立“医疗纠纷调解中心”，落实了办公场所、设施和人员。12 月，区卫生局与中国平安保险公司夷陵公司共同印发《关于在全区医疗机构中实施医疗责任保险工作的通知》，全区所有医疗机构全面实施医疗责任保险。

【卫生科研与学术建设】 2010 年，区卫生局批准卫生科研立项 51 个，其中医药卫生研究课题立项 9 个、应用技术研究项目立项 3 个、卫生科研成果推广项目 1 个、开展新业务新技术 38 个；结题 24 个，占 47.06%，完成项目投入 527.98 万元。9 月 20 日，区卫生局在金狮宾馆五楼会议室召开全区医疗卫生专业技术人员区乡联动带教工作座谈会议，正式启动医疗卫生专业技术人员区乡联动带教工作， 42 名局管拔尖人才被聘为首批区乡联动带教老师并颁发了聘书。

【继续医学教育】 2010 年，启动运行了继续医学教育信息管理系统，注册 1362 人，参学 1347 人，在岗卫生专业技术人员参训率 98.9%。完成省级Ⅰ类学分项目 2 个、市级Ⅱ-A 类学分项目 37 个、区级Ⅱ-B 类学分项目 105 个。全区学分项目督查率 26%，市级学分项目覆盖率 100%，卫技人员学分达标率 95.03%。继续医学教育工作获全市考核评估第一名。11 月 16 日，上海卫生远程医学网络有限公司副总经理杨建萍等来夷，就远程教育课题临床执业助理医师资格考试考前培训项目与区卫生局进行磋商并达成共识，决定充分利用上海白玉兰远程医学教育资源，采取网上培训、互动与集中授课的方式开展培训，以提高夷陵区基层卫生专业技术人员执业助理医师考试通过率。随后，区卫生局出台了《夷陵区2010年临床执业助理医师资格考前培训项目实施方案》，并登记报名参加培训的在岗卫生专业技术人员148名。

（徐勇）

【无偿献血】 组织无偿献血3049人次、107.77万毫升；完成2例造血干细胞配对，其中鸦鹊岭镇严克红在华中科技大学同济附属医院配对成功，成为我区捐献造血干细胞第一人。

（望开春）

公共卫生服务

【概况】 制定《夷陵区基本公共卫生服务健康教育项目实施方案》、《夷陵区国家基本公共卫生服务老年人健康管理项目实施方案》、《夷陵区国家基本公共卫生服务预防接种项目实施方案》、《夷陵区国家基本公共卫生服务传染病报告和处理项目实施方案》、《夷陵区国家基本公共卫生服务高血压患者健康管理项目实施方案》、《夷陵区国家基本公共卫生服务2型糖尿病患者健康管理项目实施方案》、《夷陵区国家基本公共卫生服务重性精神疾病患者管理项目实施方案》、《夷陵区重性精神疾病排查及随访管理信息报送实施方案》、《夷陵区基本公共卫生服务项目考核方案》、《夷陵区全科型公共卫生医师团队建设方案》和《宜昌市夷陵区卫生局关于进一步加强基本公共卫生服务工作的通知》，成立了夷陵区卫生局国家基本公共卫生服务项目工作领导小组和考核小组，建立考核专家库，组建3支区级全科型公共卫生医师指导团队和20名专全科型公共卫生医师责任团队。7月、10月，区卫生局组织开展全面督导考核，并将考核情况在全区予以通报。各乡镇也分别组织对辖区村卫生室基本公共卫生服务工作进行了检查考核，按考核结果兑现乡村医生公共卫生补助经费。全年实施“夷陵区白内障患者复明手术救助工程”188例；对15岁以下的人群补种乙肝疫苗2.1万人次；实施农村妇女补服叶酸1197人；落实农村孕产妇住院分娩补助3355人，补助经费201.3万元。继续对孕妇实行免费艾滋病病毒抗体检测，共检测3919人。

【卫生应急】 区卫生局印发了《夷陵区自然灾害卫生应急预案》和《卫生应急救援分队组建方案》；分三批组织开展卫生应急知识培训162人。7月23日晚，太平溪镇遭受百年不遇的特大暴风雨袭击。灾害发生后，区卫生局迅速成立了“7.23”特大暴雨灾害医疗卫生救护指挥部，在受灾严重、交通不便、灾民相对集中的小溪口、美人沱、韩家湾和古村坪4个村各设置1个医疗救护站，每个站安排医生、护士、防疫、卫生监督及乡镇公共卫生人员各1名，以疾病监测、灾后卫生防病知识宣传、饮用水源卫生管理和消毒杀菌工作为重点，开展医疗救治、卫生防疫、卫生监督等工作，保证了大灾之后无大疫。

【公共卫生科建设】 制定下发《宜昌市夷陵区标准化公共科建设方案》、《公共卫生人员培训方案》和《全科型公共卫生医师团队建设方案》，对标准化公共卫生科建设标准、功能定位、工作职责、建设进程、经费保障和队伍建设提出了明确要求；组织开展公共卫生人员上岗培训162人。10月，11个乡镇卫生院、小溪塔街道社区卫生服务中心和夷陵医院的公共卫生科组建工作基本完成，人员配备、基本设施配备基本到位，相关制度职责初步建立，全部通过区卫生局验收。

【建立城乡居民健康档案】 区卫生局制定《夷陵区建立居民健康档案实施方案》，成立了领导小组和督导小组，组织开展专项培训达900多人次。全区建立居民健康档案19.7万份，建档率37.95%。其中小溪塔城区居民健档6.3万份，建档率72.7%；农村人口建档13.4万份，建档率34.02%，超额完成了省市下达的任务指标。

【健康教育】 全区共举办健康知识讲座129场次，办宣传专栏204期，发放宣传资料82218份。区爱卫办继2009年开展健康素养知识巡回演讲之后，继续在全区普及健康素养知识；夷陵医院刘春燕代表宜昌市参加全省健康素养演讲比赛并荣获个人二等奖。区疾控中心编印《健康促进》专刊4期，下发到各乡镇（街道）卫生院和机关企事业单位，并督促各单位开展健康知识宣传普及活动。城区各中小学校结合春季、秋季学校防病工作，广泛开展在校学生卫生防病知识宣传。小溪塔冯家湾社区和营盘社区借爱国卫生月活动之机，分别邀请市、区医疗专家进社区开展免费义诊活动，举办老年人疾病预防知识专题讲座，发放《全民健康生活方式行动倡议书》2800份。

【传染病防治】 全区共报告法定传染病16种2773例，死亡1例，发病率533.63/10万，病死率0.04%，传染病网络直报率100%，传染病及时报告率、审核率100%，无甲类传染病报告。全年共发现活动性肺结核病患者427例，完成病人发现任务的106.75%；筛查涂阳肺结核病人密切接触者596人，密切接触者筛查率达90%以上。开展艾滋病高危人群主动监测1156人，占全年任务数的128.44%；自愿咨询检测606人，占全年任务数的101%；检测公安羁押监管人员393人，检测率达131%，检测孕妇3987人，占全年任务数的99.68%。完成查螺147.8万平方米，占任务数的112%，未发现钉螺；完成人群查血吸虫病2207人，占任务数的102.6%，血检阳性7人；完成人群扩大化疗1257人（含血检阳性），占任务数的103.5%；完成耕牛查血吸虫病203头，占任务数的101.5%，血检粪检均未发现阳性病牛。

【免疫预防】 以一类疫苗免费接种为重点，落实扩大国家免疫规划各项措施，及时为辖区内0~6岁儿童建立了预防接种健康档案，儿童预防接种建证率、建卡率100%，以乡为单位扩大国家免疫规划疫苗接种覆盖率100%。完成冷链运转12次，开展国家免疫规划基础免疫疫苗接种54275人次，接种率99.85%；加强免疫接种18164人次，接种率99.77%。完成8月~4岁儿童麻疹疫苗强化免疫接种13378人次，接种率达95%以上。完成0~47月龄儿童脊髓灰质炎疫苗强化免疫22042人次，接种率92.82%。15岁以下儿童乙肝疫苗查漏补种率达95%以上，无疫苗接种后异常反应和预防接种事故的发生。

（覃胜）

【孕产妇系统管理】 全年活产4339人，产妇4327人，孕产妇管理4324人，孕产妇管理率99.93%；孕产妇系统管理3929人，系统管理率90.85%；住院分娩4338人，住院分娩率99.98%；高危孕产妇1998人，管理率100%，高危住院分娩率100%；孕产妇死亡1人，死亡率23/10万。5月份启动妇女保健中心后，开办“孕妇学校”，免费培训孕妇保健知识和健康教育，孕妇参加听课2300人次。开展了产后药薰、产后康复、乳腺治疗等新业务。

【儿童系统管理】 全区0~7岁儿童23328人，保健管理20837人，管理率89.3%；新生儿疾病筛查3179人，筛查率96.42%；新生儿听力筛查3128人，筛查率94.87%；婴儿死亡20人，死亡率4.6‰；5岁以下儿童死亡27人，死亡率6.22‰；无新生儿破伤风发生。结合“六一”儿童节组织人员对全区各托幼机构和农村集、散居儿童进行了体检。

（周先建）

【65岁及以上老年人健康管理】 全区共有65岁及以上老年人52753人，登记管理18786人，管理率35.61%；规范管理17626人，规范管理率93.83%。

【慢性非传染性疾病管理】 全区估算高血压患病人数67346人，登记管理10959人，管理率16.27%；纳入规范管理10808人，规范管理率98.62%。全区估算糖尿病患病人数5986人，登记管理1181人，管理率19.73%；纳入规范管理人数1168人，规范管理率98.9%。

【重性精神疾病患者管理】 通过初步排查，全区有确诊重性精神疾病患者699人，已纳入管理590人，管理率为84.4%，其中规范管理363人，规范管理率61.5%。根据省、市统一安排部署要求，10月份，我区又组织开展了一次重性精神疾病患者排查工作，共排查出疑似精神疾病患者819人，在市优抚医院的支持下，对225疑似精神疾病患者待确诊的患者进行了诊断核实，另有594名疑似精神疾病患者需做进一步诊断核实。

（覃胜）

【妇女健康行动暨“两癌”（乳腺癌和宫颈癌）筛查】 区政府将省重大公共卫生服务项目之一——妇女健康行动暨“两癌”筛查项目纳入2010年十件实事进行安排部署，计划用两年时间完成17万名25~70岁农村已婚妇女免费妇女病检查和“两癌”筛查工作任务，项目预算投入经费923万元，覆盖全区182个村，减免健康检查费用约4200万元。5月28日，该项目启动仪式在黄花乡举行，区人大常委会副主任杨文金、区政府副区长饶玉梅、区政协副主席郑德娟出席启动仪式。全年共完成黄花、三斗坪、邓村、樟村坪、雾渡河、下堡坪、小溪塔7个乡镇妇女病普查暨“两癌”筛查工作任务，筛查43897人，宫颈刮片液基细胞学检查（TCT）送检2386人，疑似病例行钼钯检查271人，查出子宫肌瘤2181人，宫颈癌28人，乳腺患病10459人，乳腺癌6人，总患病率60.51%。同年，区妇幼保健院被省卫生厅授予“妇女健康行动先进集体”称号，黄花乡卫生院副院长崔雪芹被省卫生厅授予“妇女健康行动先进个人”称号。

【中澳儿童保健项目】 在2009年5个试点乡镇的基础上扩大到全区12个乡镇，医疗保健机构儿童体重秤和身高计配备率100%，儿童体检室建设率80%；乡镇儿童保健人员培训面100%。该项目2010年通过国家、省、专家中期评估。

（周先建）

卫生法制与监督

【概况】 全区餐饮经营单位780家、从业人员7348人；公共场所经营单位425家，从业人员1515人；食品餐饮许可证和公共场所卫生许可证办证率100%，从业人员健康证持证率98%。制供水经营单位14家，从业人员59人，健康证持证率100%。托幼机构63所，各类学校60所，其中城区直管学校12所。职业危害企业63家，涉职业危害人员3590人，其中放射单位20家，职业危害监督覆盖率100%。二级综合医院和二级妇幼保健院各 1 家，一级及以下医疗机构 394 家。

【食品、饮用水卫生监督管理】 在全区范围内开展“问题奶粉”集中清查、亚硝酸盐专项清查、食用油及一次性筷子清查、学校及周边食品安全专项整治、以学校食堂为主的集体食堂专项整治行动、一次性塑料餐盒专项整治、豆制品专项整治等一系列专项整治、专项检查，共出动卫生监督检查人员 960 人次，出动卫生监督执法车辆 401 台次，检查餐饮经营单位 3299 户次，查处违法行为 23 起，没收或销毁不合格食品、餐用具 164 公斤。协助和配合区安监局、区旅游局、区经信局、区食品药品监督局等单位开展了粉尘与高毒物品危害治理、旅游市场专项整治、三峡人家创 5A 景区专项整治、猪肉市场专项整治等一系列专项整治活动。参与了“人大、政协和三级干部会”、“一江两山”、“艺术画廊”、“全市生态旅游现场会”、“高考”等重要活动及重要节日期间的食品安全保障工作。全区 14 家制供水单位卫生许可证及从业人员健康证持证率为 100%。区疾病控制中心每月对民生供水公司抽检一次，每季度做一次全水质分析，合格率均为 100%。

【职业（放射）卫生监督】 对全区 43 家从事职业危害的生产企业进行了专项检查，有 6 家放射诊疗单位在进行新（改、扩）建，其中 1 家已竣工验收。区疾病控制中心取得了职业健康检查资质，并组建了职业病体检专班，用于诊断尘肺病的 X 光机运行正常，全年累计职业健康体检人数 2500 余人。全区 20 家放射诊疗单位有 X 线影像机 36 台，从事放射诊疗工作人员 61 人，所有在岗人员均已进行健康监护并建立了个人健康档案，进行了个人剂量监测。

【公共场所卫生监督管理】 对小溪塔城区 246 家宾馆、旅店、娱乐场所、美容美发等公共场所进行逐户检查，对 39 家不符合卫生要求的经营单位下达了限期整改意见书，建立公共场所经营单位档案 246 份，建案率 100%。7~8 月开展游泳池水质、公共场所集中空调卫生状况监督抽检 8 家，监督覆盖率 100%，合格率 100%。

【学校卫生监督管理】 全区共有各级各类学校 60 所，其中小学 37 所、中学 20 所、技校及高等院校 3 所。全年出动卫生监督人员 107 人次，对全区 60 所学校的学生饮用水卫生情况、传染病防控管理情况及学校教学卫生和生活卫生设施情况进行检查，学校无重大传染病疫情发生，二次供水生活饮用水监测结果合格。

【医疗机构监督管理】 全年共出动卫生监督人员 280 人次，出动车辆 125 台次，对全区 396 家医疗机构实行日常监督检查。9~10 月，采取抽检形式开展一级以下医疗机构“医疗质量、诊疗行为、医院感染、报告制度、依法执业和变更注册”等 6 项重要内容督查和民营医院医疗服务专项检查，检查城区一级以下医疗机构 59 家，抽查鸦鹊岭、龙泉、三斗坪、乐天溪、雾渡河 5 个乡镇医疗机构 20 家。对违反医疗废物管理规定的 3 家医疗机构进行了行政处罚。检查医疗机构、黑诊所、流动摊点等 460 余户次，处罚 30 户，其中取缔无证行医 5 户、警告 2 户、责令改正 8 户，没收诊疗器械 12 件（案值约 15000 元）、药品 561 瓶（案值约 12000 元），没收非法所得 1909.8 元，处罚款 15 户次、3.9 万元。组织对辖区消毒产品生产经营使用单位的消毒产品进行专项卫生监督检查，检查药品经营单位 27 家，监督检查消毒产品 276 个品种。

【法制教育】 在上级网站等媒体刊发法制宣传稿件 95 篇次；在区电视台播放餐饮、职业病防治卫生监督、七小门店整治等宣传 4 次；开展现场宣传咨询 5 次，制作宣传展板 6 块，共张贴宣传画 20 张，发放宣传画册 50 余份，发放宣传单 2600 余份。

【卫生行政审批】 遵循“便民、规范、廉洁、高效”的原则，受理公共卫生行政许可事项 441 件，现场审核 817 户次，办理健康证 4622 份、公共场所卫生许可证 234 份、餐饮服务许可证 768 份；开展建设项目预防性卫生学审查 4 家，受理医疗卫生办理事项 45 件；累计整理行政许可档案 1002 份。

【文明城市创建工作】 7~9 月，按照国家卫生城市复核活动要求，加强城区餐饮单位日常监督和卫生技术指导。对城区“五小”门店悬发放食品原料进购台账 3000 本，发放《餐饮业及公共场所消毒记录本》1000 余本。对餐饮单位和公共场所单位实行了量化分级管理，卫生监督覆盖率 100%，餐饮量化分级管理率 100%，宾馆、旅店、招待所等公共场所量化分级管理率达到 40%以上。整治期间，共出动卫生监督检查人员 1350 人次，出动执法车辆 386 台次，累计检查经营单位 2000 家次，检查从业人员 4943 人次。

（杨泽红）

基层卫生

【概况】 全区共有村卫生室 229 个，注册乡村医生 624 人，实际在岗乡村医生 545 人。2010 年，区卫生局投资 100 万元加强村卫生室的基础设施建设，为村卫生室配备电脑、开通网络，统一制作标识标牌，提高了村卫生室标准化、信息化、规范化管理水平。举办乡村医生《国家基本公共卫生服务知识与技能培训》项目培训，合格率 100%。扎实开展湖北省农村居民健康工程先进县创建活动，我区以全省第四的成绩被省卫生厅、省编办、省人社厅、省财政厅联合授予“湖北省农村居民健康工程先进县”称号；鸦鹊岭镇中心卫生院被省卫生厅授予“示范乡镇卫生院”，仓屋塝等 10 个村卫生室被省卫生厅授予“示范村卫生室”。

（周先建）

【国家基本药物制度试点工作】 1 月，根据湖北省确定的首批实施国家基本药物制度试点工作安排，确定 11 个乡镇卫生院和小溪塔社区卫生服务中心为夷陵区实施国家基本药物试点单位，完成试点单位库存药品清仓盘存、药品调价等工作。1 月 29 日，夷陵区实施国家基本药物制度启动会在区政务信息大楼 2020 会议室召开，区医改办及区基本药物工作委员会全体成员，夷陵医院、区妇幼保健院、区计划生育服务站以及各试点单位主要负责人参加会议，副区长饶玉梅在会上作重要讲话。1 月 31 日零时，全区 12 家国家基本药物制度试点单位全部实行药品零差率销售，新农合对使用基本药物的住院报销比例提高 5 个百分点，标志着夷陵区国家基本药物制度试点工作正式启动实施。

实施国家基本药物制度过程中，我区采取多种措施完善了基本药物制度。印发了《国家基本药物制度明白卡》3 万份。依托夷陵区公共资源交易网，组织各试点单位实施了基本药物网上采购工作。首次询价采购 540 个品规，平均采购价格低于省挂网价 39.6%，没有出现药品价格反弹。制定了基本药物购入登记验收、保存养护、价格公示、统计报告及不良反应报告等管理制度。重新核定试点单位人员编制 761 人，锁定临时聘用人员 132 人，完成了竞聘上岗工作，落实了公共卫生和基层医疗卫生单位绩效工资。落实 2010 年试点单位药品零差率销售补偿额 356 万元。

夷陵区实施国家基本药物制度期间，省政府副省长张岱梨，省政府办公厅督察专员叶汉增，省卫生厅党组书记杨友旺，省卫生厅厅长焦红，市委副书记、市政府市长李乐成，市政府副市长王国斌，市政府秘书长刘全新，市卫生局党组书记、局长董美阶等领导多次莅临我区视察；区委书记、区人大常委会主任熊伟，区委副书记、区政府区长刘洪福，区委副书记向洪星，区委常委、常务副区长彭定新，区政府副区长饶玉梅等区级领导多次深入到试点单位调研。

（望运灿）

【农村居民健康工程先进县创建工作】 根据《省卫生厅省编办省财政厅省人社厅关于印发湖北省农村居民健康工程先进县创建活动实施方案的通知》精神，区政府成立了领导小组及办公室，区直相关部门联合下发实施方案，区卫生局抽调了专人组建工作专班，将创建任务分解到位，定期进行督导检查，稳步推进创建工作。12 月 29 日，我区创建湖北省农村居民健康工程先进县工作通过省考核评审组评审，专家组成员对我区创建给予了高度评价。2011 年 1 月 15 日，我区在全省卫生工作会上被省卫生厅、省编办、省财政厅、省人社厅联合表彰为首批“湖北省农村居民健康工程先进县”。在表彰的十个先进县（区）中，我区排名第四，标志着我区整体卫生工作进入了全省十强。

【示范乡镇卫生院、村卫生室建设】 根据省创建示范乡镇卫生院工作安排，鸦鹊岭镇卫生院率先申报开展创建工作。该卫生院投入 300 多万元新增房屋面积 1300 平方米，投入 80 多万元购置医疗设备 5 台件，基础设施、就诊环境明显改善，公共卫生工作得到加强，医院管理逐步规范。11 月 2 日，市卫生局组织专家代表省卫生厅验收一次性通过。2011 年 1 月，省卫生厅发文确认该为全省首批“示范乡镇卫生院”。

在全面完成村卫生室提档升级工作的基础上，根据省级示范村卫生室创建工作安排，各乡镇都表现出了极大的创建热情，积极按照区卫生局的创建方案创建，车站村、官庄村、仓屋塝村等 40 多个村卫生室进行了标准化建设。2010 年，邓村乡红桂乡村、分乡镇百里荒村、黄花乡军田坝村、龙泉镇车站村、太平溪镇伍相庙村、雾渡河镇观音堂村、小溪塔街道官庄村、小溪塔街道仓屋塝村、樟村坪镇栗林河村、樟村坪镇砦沟村 10 个村卫生室被省卫生厅命名为首批“示范村卫生室”。

【乡村卫生服务一体化管理】 2010 年，区卫生局在深入调研的基础上，按照“先行规范，分步实施”的工作思路，结合区情探索实施了“八统二分”（统一规划设置、统一建设标准、统一执业准入、统一业务培训、统一财务管理、统一药品配送、统一管理制度、统一业务考核，分村举办和分级投入）的村卫生室管理模式，全面实施乡村卫生服务一体化管理。投资 200 多万元建立了村卫生室信息系统，对村卫生室统一规范用药目录、统一规范药品进价、统一规范药品加成率；按《湖北省乡村卫生机构形象设计手册》标准，投资 150 万元规范了乡、村两级医疗机构服务标识标牌及制度职责；组织开展乡村医生基本公共卫生服务工作考核并兑现了公共卫生服务经费。

【社区卫生服务】 小溪塔社区卫生服务中心组织开展万名医生进社区活动，为社区居民送去了咨询、义诊、健康教育等 14 场次，受益居民达5万人次。全年建立城区居民健康档案建档6.3万份，建档率72.9%，居民享受六减一免45万元。开展市级示范社区卫生服务中心和示范站创建工作，小溪塔街道社区卫生服务中心和兴安、丁家坝社区卫生服务站均达到了市级示范社区卫生服务机构标准。

【新型农村合作医疗】 全区自愿参合387269人，共收缴农民个人参合基金1161.81万元，参合率达97.19%。印发了《夷陵区新型农村合作医疗门诊统筹实施办法（试行）》，从1月1日实施，按照每人30元的标准以乡镇为单位包干使用，全年补偿611629人次，补偿金额301万元。全区72.41万人次因病获得新农合补偿5054万元，基金使用率88%，其中69.61万人次获得门诊补偿651万元，2.78万人次获得住院补偿4285万元，政策范围内住院补偿率62.02%。完成宜昌市中心医院等8家市级医疗机构HIS系统与新农合管理系统的对应工作，实行即时结报。印发了《夷陵区新型农村合作医疗住院部分病种定额付费目录及标准（试行）》，明确了限价标准、实施范围和操作规范，从7月1日起在全区14个定点医疗机构探索推行了18个单病种定额付费方式。对全区229个村级卫生室统一配备电脑，实行新农合门诊统筹实时结报。

【农村卫生协会】 组织辖区内民办社会医疗机构开展医院感染管理与控制专题培训2期，培训313人次。按照卫生部项目培训要求，完成村级公共卫生人员专项技能项目491人次；举办乡镇公共卫生人员全科理论培训班3期，培训162人次。协助省农村卫生协会举办了宜昌、恩施、神农架片区城乡居民健康档案乡镇卫生院人员培训班，培训239人。牵头举办学术会议3期，各医疗卫生单位在区级以上学术刊物发表和各级学术会议交流论文155篇。组织开展的卫生宣传、义诊活动172场次，接受群众咨询5873人次。举办卫生科技讲座和研讨会11场，参加人数1608人次；组织卫生科技下乡服务团队15支，开展科技下乡活动868次，参加活动人数达265639人次，免费发放卫生科普资料约4942份、健康宣传材料3万余份。

（周先建）

爱国卫生

【概况】 2010年，坚持开展春秋除“四害”活动和爱卫月活动，小溪塔城区除“四害“工作先后被省、市爱卫会命名为“灭鼠、灭蝇、灭蟑先进城区”。编印《夷陵区区基层健康教育指导手册》2000余本，印发《市民健康知识问卷调查》、《中小学生健康知识问卷调查》以及创建国家卫生城市宣传画册等宣传资料50000余份，成功举办了健康知识和健康素养66条巡回演讲，居民健康知识知晓率达86.47%。夷陵医院刘春艳获全省健康素养演讲二等奖，太平溪卫生院、区疾病预防控制中心健教所顺利通过了卫生部《全国健康教育与健康促进规划纲要》督导评估。高标准完成了创卫资料建档工作，收集整理编印2005-2007年创卫技术评估资料144卷，受到国家、省、市专家组的高度评价，国家卫生城市创建成果得到进一步巩固。大力开展卫生创建工作，先后有22个单位、村被评为省、市级卫生先进单位和卫生村。

【除四害】 下发了《宜昌市夷陵区爱卫办关于开展春季除四害工作的通知》和《宜昌市夷陵区爱卫办关于开展秋季除四害工作的通知》，对春季和秋季除四害工作进行了统一部署，共投放鼠药17705包、灭蟑毒饵13200包、高效杀虫剂20瓶、灭蝇枪183支。组织专业消杀人员对城区6个农贸市场进行了四害密度监测，农贸市场四害密度得到了有效控制。组织各单位开展四害孳生地清除活动，对城区公共场所、公共绿地、329个果皮箱、262个垃圾屋普遍开展了药物喷洒；加强对“七小门店”四防设施建设的指导和督导，“七小门店”四防设施建设基本达到规定标准。

【爱国卫生月】 区爱卫办印发了《夷陵区爱国卫生月活动方案》，各乡镇（街道）以及企事业单位积极响应，及时召开专题会议，广泛宣传动员，在全社会掀起以环境卫生整治为重点的爱国卫生运动。活动期间，全区共组织开展活动53次，参加人次达3900人，清理卫生死角205处，疏通下水道2481米，清理阳台、楼道堆积物114处，拆除违章建筑600平方米，清除乱贴广告6000多条。

【卫生创建】 全年有16个村、社区被评为省市级卫生村和省级卫生社区。有6个单位被评为省、市级卫生先进单位。选定26个村开展了以卫生村创建为主题的新农村家园清洁工程。按照区政府统一部署，全面启动了旅游景区和旅游线路环境卫生整治，先后组织开展了“重点旅游景区环境综合整治”和“三峡人家5A景区创建”。开展景区等级创建和景区内外及旅游线路环境综合治理，三峡人家风景区、三峡大瀑布风景区完成了省级卫生示范景区申报工作。借助广播、电视、网站等大众媒体，采用办宣传专栏、电子显示屏、知识讲座等形式广泛开展卫生防病知识宣传，结合国家卫生城市创建和全国文明城市创建活动，在小溪塔城区建立了科普健教走廊，在车站、码头、广场等公共场所设立健康教育宣传橱窗。

（王进）

社会生活

责任编辑：王正玲

人口和计划生育

【概况】 年末，全区总人口52.9万人，已婚育龄妇女115732人。全年出生4034人，出生政策符合率99.01%，人口出生率7.35‰，人口自然增长率2.24‰，政策外多孩率0.15%；出生人口性别比104.36，已婚育龄妇女生殖健康服务到位率96.99%，累计长效节育措施落实率77.19%，一孩妇女积存率70.67%，已婚育龄妇女综合避孕率88.79%、总和生育率0.91，全区全员人口信息覆盖率98.76%，主要信息完整准确率99%。区委、区政府对人口和计划生育工作实行党政领导线、区直部门线、人口计生线“三线”目标管理。区、乡、村层层落实月例会工作制度，坚持经常性开展工作。区级计划生育事业费按省定标准落实1185万元。区政协组织15名常委、委员视察全区人口和计划生育工作。区委、人大、政府、政协四大家领导带队，考核各乡镇（街道、开发区、发展大道新区）及区直相关单位年度人口和计划生育工作。夷陵区获全市2010年度人口计生工作目标考评党政线优胜奖、人口计生线一等奖。夷陵区统筹人口发展经验在全市工作会上交流。

【“安康计划·幸福人生促进行动”】 印发《夷陵区人口和计划生育“安康计划·幸福人生促进行动”实施方案》，并于3月17日召开启动大会。实行育龄群众分色群管理：将已婚育龄妇女按生育、节育等状况分为红、黄、绿、白四种人群进行分类管理，全区统一规范各类人群管理名册和台账。开展“优质服务建设年”活动：区、乡计生服务站对服务资质、服务项目、执业行为、基础设施、服务流程、质量管理、服务能力等进行自查和整改，区计生服务站取得母婴保健执业资格证，被评为国家级示范服务站；乡镇（街道、开发区、发展大道新区）开展孕情环情监测和生殖保健服务活动以及“两癌”筛查，接受服务的已婚育龄妇女11万多人次；历时7个月，开展“已婚育龄妇女意外妊娠原因调查与对策研究”调研，调查5600多人，调研成果通过夷陵

区人口计生局、教育局、团区委在上海中学开展青少年青春期性健康教育活动

夷陵区纪念《公开信》发表30周年庆祝活动现场

区2010年指导性科技计划项目验收，获二等奖。坚持免费婚前健康服务：参与免费婚检的农村新婚夫妇4992人，免费婚检落实率95.27%。开展青春期性健康教育活动：区人口计生局、区教育局、团区委、区计生协会联合对青春期性健康教育工作进行部署，9月29日在上海中学举办青春期性健康教育专题讲座。开展“暖冬”行动：1月28日，区人口计生局与小溪塔街办联合在平湖广场举行启动仪式，利用元旦春节期间流动人口集中返乡的时机，加强对流动人口的政策宣传、关爱帮扶、优质服务等工作。加强生育文明宣传工作：利用广播、电视、网络、短信等媒体，宣传省委《关于共产党员违反人口和计划生育法律法规行为的党纪处分的暂行规定》，开展文艺演出、计划生育知识竞赛宣传活动200多场次；5月29日，在东湖小学广场举办中国计生协成立和《公开信》发表30周年纪念日庆祝大会；9月，人口计生、宣传、文化等部门联合举办《公开信》发表30周年庆祝活动，评选表彰9个生育文明建设先进乡镇、128个生育文明建设先进村、5.2万个“五星级生育文明示范户”；6个乡镇被评为全市生育文明建设先进乡镇，鸦鹊岭镇被评为全省生育文明建设先进乡镇。加强政策落实工作：落实农村部分计划生育家庭奖励扶助对象3003人216万元（当年新增681人）、独生子女伤残死亡家庭特别扶助对象430人48.19万元（当年新增34人）、企业退休职工奖励对象257人90万元、独生子女保健费发放对象2055人109.77万元，调查上报符合湖北省高考加分政策条件的农村独生女考生443人；投入4.88万元帮扶61个节育手术并发症患者家庭，为全区在洪涝灾害中房屋全部损毁的137个独女户、双女户家庭提供援助资金14万元。

【推进部门联合】 区人口计生工作领导小组全年召开5次联席会议，检查、督办计划生育优质服务、“两非”整治、流动人口服务和管理、党员违法生育处理、信息共享等问题。部门配合完善人口和计划生育信息化建设网络。制定《夷陵区人口和计划生育信息资源部门共享暂行办法》，明确人口计生、卫生、公安、民政、教育、统计等部门任务和职责，启用夷陵区人口和计划生育信息资源部门共享系统，正式使用全省“出生人口信息共享平台”，启动数字化服务站建设。区委组织部、纪委监察局、人口计生局联合开展党员和国家工作人员违法生育清理清查专项整治工作，对2003年以来违法生育党员分别给予开除党籍和留党察看处分。区纪委监察局、法院、人口计生局联合开展社会抚养费征收专项行动，对6名违法生育对象实施强制执行。区卫生局、人口计生局、食药分局、公安分局联合开展打击“两非”专项整治行动，在全区医疗服务机构统一警示标识，在部分乡镇开展专题调研。区人口计生局、公安分局、统计局等部门将流动人口服务和管理融入“两实”清理、第六次人口普查等工作，提升流动人口服务和管理效率。

【打造“幸福人生”机关服务品牌】 区人口计生局确立“幸福人生”机关服务品牌，明确标识、理念，围绕品牌创建加强人口计生队伍和机关建设。加强行风建设。在全系统开展行风评议、农民兄弟姐妹评计生、请流动人口农民工评计生、计生系统“下评上”、文明执法专项自查、“优质服务建设年”等活动；规范计划生育政务、办事、村务“三项公开”的内容和形式，通过会议、标语、广播电视等媒体加强对人口计生工作的宣传，聘请行风监督员77名；区人口计生局制定《夷陵区人口计生局干部职工行为规范》。加强素质教育。组织区乡计生干部开展流动人口、全员人口信息清查、信息系统应用等培训，组织区乡技术服务人员开展“生殖健康咨询师”培训考试活动，选送80多人赴外地考察学习。加强廉政建设。在全区人口计生系统层层落实党风廉政建设责任制，建立健全腐败风险预警防控机制。加强组织建设。区人口计生局制定“五个基本”建设、“创先争优”等活动方案，规范基层党组织工作，组织党员干部参与“争先创优”活动，与区人力资源和社会保障局联合表彰一批计生系统“五优”（优秀计生办主任、优秀计生干部、优秀村居计生委员、优秀计划生育服务站、优秀技术服务人员）先进单位和个人。

【国家、省人口计生委领导在夷调研检查】 3月28日，国家人口计生委财务司司长薛启谊在副区长饶玉梅陪同下在夷调研人口计生工作。7月16日，省人口计生委副主任刘旺清带队，在夷检查依法行政示范单位创建工作。

（刘莉萍）

民 政

【概况】 2010年，全区民政部门以“三个代表”重要思想和科学发展观为指导，以创先争优和争创满意机关为动力，坚持以民为本、为民解困、为民服务，发挥维护稳定、促进和谐的基础作用，促进了社会救助、救灾与慈善、社会福利、双拥优抚安置、社会事务等各项工作健康有序开展。

【社会救助】 城市低保对象4048户8440人，全年发放保障金1747万元；开展核查，新增224户352人，取消不符合条件对象510户1200人。农村低保对象6517户15385人，全年发放保障金1296万元；年内新增1848户4370人，取消1054户2767人。从7月1日起，将城市居民最低生活保障标准由220元/月调整至260元/月，农村低保标准从每人每年1080元调整至1140元。对全区城市低保对象执行电价优惠政策，每户按57元的标准发放电价补贴13.6万元。

年内新审批纳入五保对象106名，达1984名。按照集中供养1800元/年、分散供养1300元/年的标准，足额落实五保供养经费。举办第五期农村福利院院长培训班，参训人员参观学习宜都、五峰等地福利院建设管理经验。鸦鹊岭镇中心福利院被省民政厅纳入窗口示范院建设计划，投资80多万元，维修改造院内10栋楼房及活动场所。

全年累计救助1765人次，发放医疗救助资金459万元。救助精神病患者504人，其中门诊356人，住院148人。筹资61万元，资助25896名城乡低保对象参加城镇医保和新型农村合作医疗，为2091名城镇“三无”对象和农村五保对象发放定额门诊医疗补助105万元。

【救灾与慈善工作】 “7·8”、“7·15”、“7·23”特大暴雨、洪涝灾害发生后，区民政部门安排灾民生活救助资金41万元，冬令救助资金75万元，发放救济口粮20万公斤，发放棉被1400床、棉衣2200件、绒衣及夹克等748件，救助20254人次。完成全区899户灾后倒房恢复重建和100户危房改造工作，下拨因灾倒房恢复重建补助资金1169.08万元，危房改造资金58万元。

培训236名灾害信息员，完善全区灾害信息员网络。区民政局、科技局、水利局等联合在平湖影剧院广场举办防灾减灾知识现场咨询和图片展活动。推进4个综合减灾示范社区的创建工作。

区慈善协会募集“西南抗旱、玉树地震、慈善一日捐”及“7·15”、“7·23”赈灾捐款300多万元。全年发放救助资金260多万元，受惠群众3260人次。

【社会福利】 区社会福利院建设：5月，区光荣院、区福利院合并，与区老年公寓实行三块牌子一套班子运行；8月，全省社会福利工作现场会在夷召开，与会人员参观了区福利院；年底，收住三无对象和社会老人80名。福利企业发展：对8家福利企业进行年检；福利企业全年完成销售收入4.5亿元，安置残疾职工642人，占企业职工总数的40.8%；通过签订劳动用工合同、参加社会保险、规定最低工资等形式保障残疾职工的合法权益。老龄工作：龙泉镇香烟寺村民谢玉孝获“全国孝亲敬老之星”称号，夷陵区东湖高中、鸦鹊岭福利院分获“全省敬老模范单位”称号；全年办理老年人优待证672本；按200元/月标准，为6名百岁老人发放高龄生活补贴。福利彩票发行：开展12场小卖场活动；49个彩票投注点全年销售福利彩票3240万元，筹集福利彩票公益金260万元；区福彩站获全省10万元工作用车经费奖、全省福彩销售增量一等奖、全省福彩人均销量一等奖、全省福彩销售组织工作二等奖及“全市福彩工作先进单位”称号。

【双拥优抚安置工作】 春节期间，区委区政府领导走访慰问驻军，赠送6.6万元物资和2.8万元慰问金；为147名重点优抚对象发放慰问金4.4万元。将农村义务兵家属优待金提高到每户每年2500元。通过社会化方式，为1401名抚恤补助对象发放抚恤补助经费639.5万元。筹资28万元，为279名优抚对象解决“三难”。调查登记在职参战参试退役人员191人。2009年底接收的186名退役士兵中，符合城镇安置条件的53人，年内全部安置完毕，发放待安置期间生活费7.69万元。

从7月1日起，启动住院医疗费“一站式”结算服务。网上审批医疗补助（救助）63人，补助4.43万元。为1211名符合条件的优抚对象发放定额门诊医疗补助34.12万元，为1211名参合优抚对象发放参合补助3.17万元。做好南边抗日将士遗骸保护工作。在进行现场警戒、遗骸收集存放、调查了解历史情况的同时，协调相关部门完成遗骸保护初步规划方案，并上报省民政厅。

【社会事务工作】 乡镇地名命名

和标志设置。以夷陵地名网站为平台,地名信息公共服务进一步丰富;调整村级规模,黄花乡于12月30日将原来的19个村调整为14个。

社会组织登记管理。年末,全区登记社会组织246个,其中社会团体142个,民办非企业单位104个;登记备案社区社会组织135个;社会团体中有正式单位会员8697个、参会会员167741人,涵盖房地产、建筑、医药、矿产、茶叶、蔬菜、水果、养殖等各个行业,涉及教育、劳动、科技、文体、卫生、社会福利、中介服务等各个领域;区纠风办、区民政局、区财政局、区物价局联合开展社会团体专项检查,社会组织管理进一步规范。

社会工作人才队伍建设试点。成立社会工作人才队伍建设试点工作领导小组,组建工作专班,区民政局设置社会工作人才科,制定出台《成员单位职责》;建立专业人才、从业人才、志愿者、服务对象台账,成立社会工作协会。根据"引进一批、转化一批、提升一批"的工作思路,同武汉大学社会学系建立校地合作关系,邀请17名武大社会学系博导或教授驻夷指导基层单位社工实务;根据"规范一批、新设一批、开发一批"的原则,在医疗卫生、教育、民政、残障康复等领域的机关事业单位中明确规范社会工作岗位;探索社会工作者职业薪酬标准,按照事业单位编制设岗要求确定"以岗定薪、以绩定奖、按劳取酬"薪酬体系;加强资金保障,区财政安排30万元,专项用于社会工作人才试点工作;区社会福利院、东湖高中、小溪塔街道兴安社区、冯家湾社区、小溪塔街道社区卫生服务中心、区司法局、黄花乡军田坝村等重点单位认真开展社会工作人才队伍建设试点工作。

殡葬改革与服务。出台《夷陵区人民政府关于进一步加强殡葬管理的意见》;开展殡葬改革示范单位创建活动和优质服务月活动,推行公墓服务单位百分制考核;全年完成销售收入948万元,比上年增加222万元;火化遗体629具,火化区火化率95%。

婚姻和收养登记。全年办理登记4791对;工作人员统一服装,挂牌上岗,文明用语;配置排队叫号系统,规范办证流程;开展预约登记、重要节假日加班登记等便民措施;发放《婚姻登记便民手册》近5000份,张贴宣传海报250份;对108份收养登记档案进行排序、打印、整理归档;依法办理收养登记19例。

(赵志祥)

人民生活

【农民生活水平】 全区农民人均纯收入7185元,比上年增加1137元,增长18.8%。其中现金纯收入5943元,比上年增加875元,增长17.3%。农民人均生活消费支出3497元,比上年减少766元,下降18.0%。每百户拥有洗衣机76台、电冰箱45台、空调机13台,分别比上年增长11.0%、7.2%、14.6%;每百户拥有微波炉13台、热水器25台、摩托车64辆,均比上年增长5.0%;每百户拥有移动电话112部、彩色电视机105台、计算机7台,分别比上年增长7.0%、7.1%、26.0%;农民人均住房面积49.4平方米,比上年增长6.0%。

【城镇居民家庭总收入主要特点】 抽样调查数据显示,2010年,全区城镇居民人均家庭总收入15425.77元。比上年增长13.91%,人均可支配收入14324.56元,比上年增长12.88%,人均消费支出10129.79元,比上年增长10.58%。从收入构成来看,城镇居民可支配收入仍以工资性收入为主,占可支配收入的

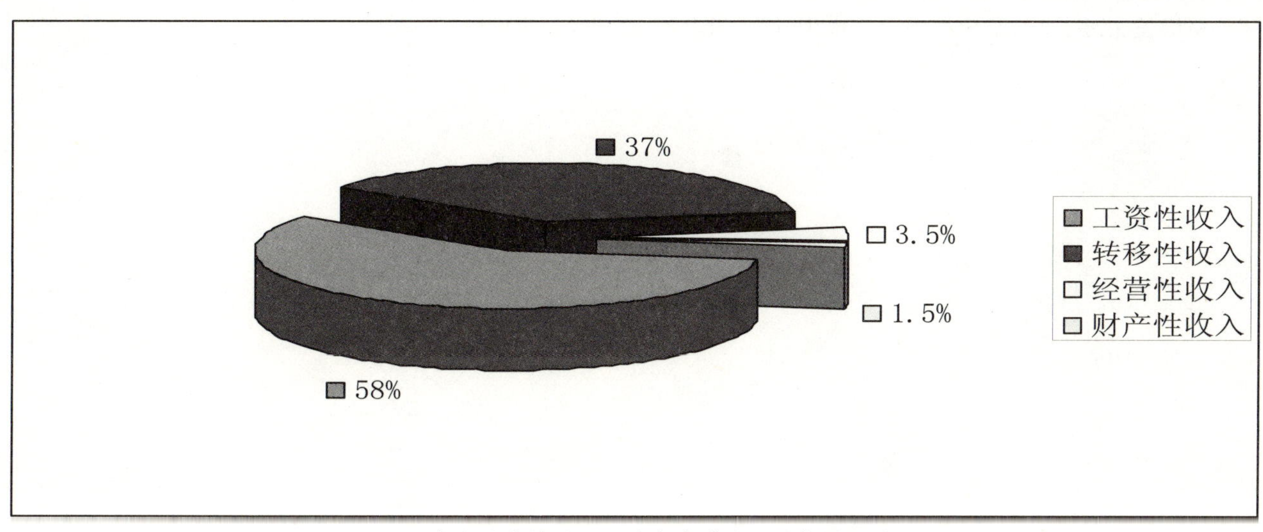

2010年全区城镇居民人均家庭总收入结构饼状图

62%。从增长幅度来看，转移性收入和经营净收入已成为居民收入增长的亮点。

城镇居民人均工资性收入8887.31元，占家庭总收入的58%，比上年增长6.11%。人均转移性收入5753.8元，比上年增长29.09%。城镇居民人均经营净收入540.42元，比上年增长12%。人均财产性收入244.24元，比上年增长7.27%。

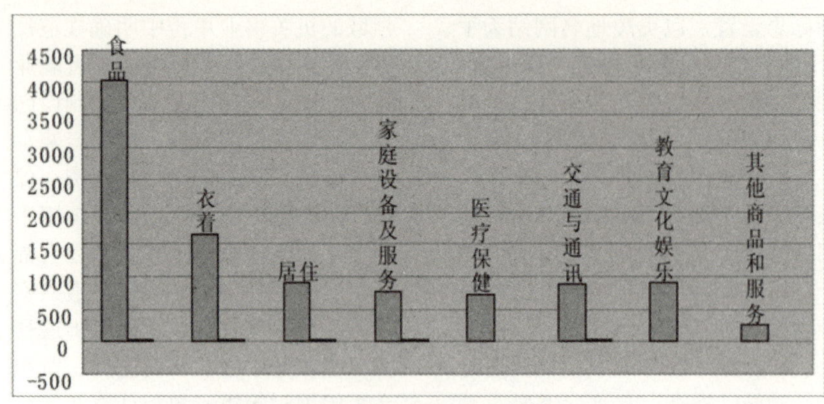

2010年全区城镇居民人均消费性支出

【城镇居民消费支出主要特点】城镇居民家庭人均消费支出10129.79元，比上年增长10.58%。其中，城镇居民人均食品支出4027.85元，比上年增长14.91%。人均衣着消费1663.35元，比上年增长13.92%。人均居住支出897.41元，比上年增长16.47%。人均家庭设备及服务支出777.58元，比上年增长13.66%。人均医疗保健支出736.67元，比上年增长3.94%。人均交通和通讯支出882.17元，比上年增长16.62%。教育文化娱乐类人均支出892.58元，比上年下降9.35%。其他商品人均支出252.17元，上年比下降13.35%。

【城镇居民消费价格总水平情况】全区居民消费价格总水平（CPI）上涨2.2%，其中：工业品价格增长0.4%，消费品价格增长2.7%，生活费用价格增长3.7%，非食品价格增长0.3%，服务项目价格增长0.1%。全区城镇居民消费价格总指数102.2%。其中：食品类价格指数106.2%，烟酒及用品类价格指数100.3%，衣着类价格指数99.7%，家庭设备用品及维修服务类价格指数99.5%，医疗保健和个人用品类价格指数103.4%，交通和通讯类价格指数98.9%，娱乐教育文化用品及服务类价格指数99.1%，居住类价格指数101.2%。全区商品零售价格指数102.6%，农业生产资料价格指数101.9%。

【城镇居民消费价格】食品类价格上涨6.2%，拉动价格总指数上涨1.95%，影响程度达90.28%；粮食价格上涨10.8%，其中：大米上涨12.1%，面粉上涨10.0%，粮食制品上涨6.9%；鲜菜、鲜果价格分别上涨19.1%、28.0%，拉动食品类价格上涨15.84%、21.17%，影响总指数上涨0.57%、0.41%。医疗保健类价格上涨3.4%，拉动价格总指数上涨0.31%，其中：医疗保健上涨4.5%，个人用品及服务上涨1.2%。

【城镇居民储蓄及住房情况】全区城乡居民人均储蓄存款年末余额14282元，比上年增加2319元，增长19.4%。城镇居民恩格尔系数39.76%；城镇居民人均住房使用面积30.2平方米。

【社会保障支出情况】全区有6.2万人参加基本养老保险，6.6万人参加基本医疗保险，3.1万人参加失业保险。落实城市低保8440人。11200人参加农村养老保险。

（齐振海　田永清　陈名峰　陈立群）

开发区、乡镇（街道、新区）

责任编辑：徐敬河

湖北夷陵经济开发区

【概况】 湖北夷陵经济开发区系省级开发区，规划面积350公顷：其中，小溪塔工业园250公顷，鸦鹊岭工业园30公顷，黄花工业园20公顷，龙泉酒类饮品工业50公顷。2010年，实现规模工业总产值180亿元，规模工业增加值55亿元，财政收入3.5亿元，完成固定资产投资48亿元。三峡移民生态工作园区规划通过国家评审。

年内，德凌铜产品深加工项目1号厂房及办公楼主体工程建设完工，连铸连轧生产线投产，2号厂房钢构立柱基本完成。江重机械制造二期办公楼进入内外装修阶段，冷轧辊生产线厂房钢构立柱基本完工。萧氏茶产业高新科技工业园一期主体工程完工。华润红旗三期项目开工建设。湖北新天成变压器及互感器项目完成排污管网铺设及场平工作。康师傅饮用水项目进入浇筑厂房基础阶段。中科恒达石墨场平结束。娃哈哈二期主体工程内外粉刷、厂区绿化完工，奶线安装完毕并投产。时创科技、伟志光电、华天电子等四家电子企业全面投入生产。

完成华润红旗地铁电缆、天成电器、康师傅饮用水、车管所检测线、中科恒达石墨、小鸦路改扩建开发区段、宜昌市人武干部训练中心等11个项目1148亩的征地拆迁工作，拆除房屋23栋、搬迁小企业6家，迁移杆线2750米、坟墓121座，兑付资金3300万元。基础设施建设项目新开工7个，续建4个，完成投资9400万元。小鸦路延伸段道路路基、市政管网、道路路面沥青刷黑基本完工；发展大道延伸段道路路基全线贯通；宜秭路修复完工；鄢家河二桥全面贯通，桥面工程施工结束；三峡移民产业园居民安置住宅小区完成临街9栋房屋基础工程；黄金卡居民点完成79户基础、62户房屋主体的施工及55户被拆迁居民的房屋分配工作。

12月9日，宜昌华润红旗三期地铁电缆项目在经济开发区奠基。项目规划占地面积200亩，兴建厂房8万平方米，新上电缆生产线36条，主要生产高速铁路专用电缆和海洋石油电缆。项目建成投产后将实现年销售收入50亿元，实现税收2亿元，就地安置就业2000人。

在黄家湾村建设标准果园1000亩，辐射4000亩；柑橘总产量1.86万吨，比2009年增长28%。生猪出栏2.93万头，增长10%。筹资150多万元，争取国家补助资金130多万元，解决蔡家河村4个组3012人的饮水困难和鄢家河中学950人的饮水安全。为166户419人发放农村低保金28.7万元，为42户75人发放城市低保金11.7万元。救助城乡困难群众大病患者32人，落实医疗救助资金11.1万元；解决临时救助168户，落实救助资金4.6万元；救助精神病患者11人，完成7个户的危房恢复重建任务。

接访58起270人次，解决55起，调处成功率95%以上。上级转办信访件23件，回复率100%。村级接访113起，化解103起，成功率92%。张家场派出所接处警442起，受理治安案件65起，查处49起，查处率75.3%，打击处理违法人员40人，抓获网上逃犯4人。

【综合实力全省十强】 2010年，开发区"一区四园"规模工业总产值180亿元，实现规模工业增加值55亿元，实现财政收入3.5亿元，完成固定资产投资48亿元。省人民政府鄂政办函[2010]121号关于全省省级开发区综合考评情况的通报中，夷陵经济开发区综合得分537.82分，综合实力在全省126个县（市、区）级开发区中排名第8位。

【BT融资模式】 开发区与企业合作，由企业出资代建总投资1.2亿元的三峡移民产业园居民安置小区房建主体工程。开发区挂牌出让检察院对面近80亩土地，出让总价1.6亿元，每亩均价250万元以上。

【夷陵农产品加工园区】 是省级农产品加工园区及全国农产品加工示范基地。规划上总体概括为“一个主体，三大片区”，即：夷陵经济开发区主体，小溪塔片区、龙泉片区、鸦鹊岭片区。总规划面积12平方公里，其中，小溪塔片区5平方公里，龙泉片区4平方公里，鸦鹊岭片区3平方公里。小溪塔片区主要发展茶叶系列深加工、果汁饮料、奶制品、中药材加工、木材加工、粮油制品、棉纺织品为主的农产品加工业；龙泉片区主要发展白酒、食品饮料、饲料加工和农产品包装加工业；鸦鹊岭片区主要发展畜禽、柑橘、罐头、蔬菜、粮油为主的加工业。至年底，入驻园区规模企业40家，实现产值116亿元，比上年的97亿元增长19.5%。“稻花香”、“萧氏茶”、“娃哈哈”获中国驰名品牌；“邓村绿茶”获中国著名品牌；“娃哈哈纯净水”、“娃哈哈果汁饮料”获中国名牌产品；“龙峡茶叶”、“邓村绿茶”“农夫乡情”、“绿秀大米”、“申昌服饰”获湖北省著名商标；“萧氏绿茶”、“晓曦红柑橘”、“邓村绿茶”、“龙峡茶叶”、“稻花香白酒”、“关公坊白酒”、“绿秀大米”、“申昌服饰”、“百里荒脱水蔬菜”获湖北省名牌产品；“好智多”系列产品获2010年上海世博会金奖。“秀水天香”获2010第十九届国际食品博览会金奖。

（刘昀）

太平溪镇

【概况】 太平溪镇位于夷陵区西部，长江三峡工程左岸。东连乐天溪镇，南临长江，西抵秭归县茅坪镇，北抵邓村乡，距小溪塔城区40公里。面积152.3平方公里，耕地面积840公顷。辖12个行政村1个社区，88个村民小组，10106户，26594人。镇区面积527公顷，2146户，7112人。

2010年，工农业总产值6.04亿元，同比增长34.22%。财政收入863万元，增长24.35%。农民人均纯收入6749元，增加1005元，增长17.50%。

全镇登记注册企业330家，从业人数3000人，其中工业企业291家，从业员人数2415人，规模工业企业6家。工业总产值4.0亿元，规模工业产值2.36亿元，增长87.92%；固定资产投资2.25亿元，增加6485万元，同比增长40.88%；引进项目4个，协议投资金额1.4亿元，其中萧氏企业木本油加工项目5000万元、萧氏企业穴盘育苗项目3000万元、龙峡茶叶有限公司二期工程项目3000万元、金矿选场项目3000万元。湖北宏祥玻璃制品有限公司和宜昌杰达远洋机械设备制造有限公司分别于3月1日、4月1日投产，产值分别达到3308万元、775万元。

农林牧渔业总产值1.84亿元，增长18.5%。农民外出务工4420人，实现收入5099万元。粮食产量9017吨，下降1.86%；油料产量789吨，增长5.2%；水果产量3688吨，增长14.56%；柑橘面积529.5公顷，产量3363吨，增长12.66%；蔬菜产量6137吨，下降1.83%；生猪出栏32430头，增长5.1%；山羊出栏1756只，增长32.03%；家禽出笼8.4897万只，增长8.25；茶叶面积1735公顷，产量2601吨，增长24.09%。

完成无重大动物疫情乡镇创建。全年防疫生猪39119头、山羊5890只、家禽104984只，建立免疫档案120本，发放防疫宣传资料8200份，签订防疫双轨责任状13份，猪、羊、禽7种疫病的防疫密度、耳标佩戴率、免疫卡片发放入户率100%；新建母猪繁殖场1个（国家项目），完成“150”标准化发展配套母猪项目3个，新建“150”标准化养猪场1个，完成标准化生猪供精站1个，新建山羊示范养殖户1个；创建标准化村级兽医卫生室6个；完成长岭村、黄家冲村200户猪栏改造建设项目;发展年出笼“山地鸡、土鸡”1万只以上项目2户，办理能繁母猪保险612头，参保率100%。

完成天然林资源保护面积121042亩，兑现生态公益林补偿基金32200亩14.49万元，完成森林资源二类清查229770亩，成立14支3325人的森林义务扑火队，处理林业行政处罚案件28起，处罚28人，刑拘1人，没收木材35立方米，调处林权纠纷25起。

投资421万元安装管道162000米，解决8个村2389户8218人的饮水安全，完成富城坪村水毁河堤恢复和“七一”大堰整治项目，完成第一次水利普查工作任务，摸清全镇水利资源及小型水利工程的基本情况。

兑现应给农民补贴713.96万元。其中，粮食、良种、农资综合直补等149.6万元，退耕还林补助430.46万元，家电下乡补助2946台次133.9万元，计划生育奖扶及计生家庭特别扶助资金14.74万元；归集2011年新型农村合作医疗基金69.5万元。居民存款总额9673万元，比上年8040万元增加1633万元，上升20.3%。

全镇通车公路104条、285公里，其中水泥路155公里，70%村民小组通水泥路，公路入户率80%。

新建村级公路10公里，硬化镇、村公路25公里，投资2000多万元的小溪口至庙河口21.138公里改造及硬化两期工程于4月和10月验收。投资380多万元的小溪口至梅纸厂4.39公里改造及硬化工程启动建设；完成三峡输变电工程56座塔基架塔和高空架线（涉及甘肃、湖北、江西三个项目部，6个村）协调工作，拆迁房屋125户（578人）29346.86平方米，补偿1170.63万元。

出生人口238人，其中政策内生育233人，符合政策生育率97.9%。落实长效节育措施316人，落实率72.1%。已婚育龄妇女累计长效避孕措施落实率76.5%，“三查”服务5023人，服务到位率95.2%。

福利院1个，农村五保户171人，入院99人；城市低保户686户1588人，月发放低保金23.035万元；农村低保户481户，969人，季发放低保金18.7665万元；城乡大病救助123人，救助金26.3012万元，免费治疗重度精神病人20人，4万元；因病因灾等原因临时救济户74户，解决金额3.65万元。慈善“一日捐”和慈善助学活动中，20个单位310人捐款2.2948万元；给2名孤儿大学生助学救助1.3万元、17名贫困大学生新生助学3.4万元、18名高中新生助学1.8万元、12名中专生助学1.2万元。抓好“7.23”特大暴风雨灾害抢险救灾工作，落实灾后重建504户。

城镇新增就业人员383人，安置下岗失业人员71人，帮助90名困难人员实现再就业，其中“4050”人员74人。新增农村劳动力跨地区就业549人，累计达到4159人，其中移民1572人；开展农村劳动力技能培训二期226人，帮助企业订单培训3期92人，其中移民162人；实现就业302人，其中移民166人；完成职业鉴证182人，办理就业失业登记证262人次，就业失业登记累计1500人；申报社保补贴258人44万余元，办理优惠证年检362人；社会保险扩面达到2786人，协助收缴保险费1460万元；办理低保人员医保1622人，居民医保1人，做到应保尽保；办理退休243人，发放退休费840万元；落实村级劳动保障协理员13名，9月正式上岗，申报岗位补贴2.1万元。居民存款余额7292万元，比上年8040万元减少748万元，下降9.3%。

搬迁安置移民134户417人。其中，后靠搬迁安置62户208人，搬迁安置进集镇、伍相庙及小溪塔146户511人，出区4户16人。发放城镇搬迁居民生活补助680人，发放10个村2092人淹地不淹房过渡期生活费116万元；完成坝区完善安置二类参保人员359人保费审核和报销；移民就业培训技术人员105人，安排推荐移民就业100余人。

有初中1所、小学3所，在编在岗教职工151人，在校学生1866人。调整校点布局，将受灾最严重的小溪口初小撤并到中心小学；投资160万元的九四初中塑胶跑道投入使用；长岭小学配备电子白板，长岭村出资八千元为学校购买玻璃钢篮球架，结束该校没有篮球架的历史；九四初中、太平溪小学用上装备站统一配备的新课桌；各学校加强校园安全管理，聘请专职保安，加强门卫值班制度，成立校园安全巡逻队，建立学校治安室，添置安保器材，统一安全工作日志，落实“五清”制度，与派出所、海事、工商、卫生院、文化、食药办等加大联系，共同整治校园周边环境，实现两个“三见”目标；九四初中、太平溪中心小学实行来访实名登记、持证来访制度，花栗包、长岭小学所在村成立校园安保联防队，加强学校重点时段的安保工作。适龄儿童入学率、小升初比例、小学和初中在校生巩固率100%，初中升高中比例98%，九四初中中考成绩位于同级同类学校前列，被区委区政府表彰为“教育质量先进单位”、“区级文明单位”。

卫生院占地面积6.62亩，建筑面积8140平方米，编制床位55张，在职职工55人，设内、外、妇、儿、五官、放射、B超、防疫、保健等16个科室，拥有美国LOGIQC3型高档黑白B超仪、动态心电图、DR机、英诺华D280型全自动生化分析仪、妇产科微波治疗仪、高频电刀、心电监护仪、多功能手术床、牙科综合治疗仪、血球计数仪等设备。能诊治内科、外科、儿科、妇产科及五官科等常见病、多发病，可开展普外、骨外及妇产科等大中型手术。医院建立居民健康档案1861户5756人，建档率21.7%，其中0~36个月儿童570人，建档95人；孕产妇124人，建档25人；65岁以上老年人1187人，建档457人；高血压病1546人，建档451人；Ⅱ型糖尿病137人，建档72人；重性精神疾病45人，建档20人。适龄儿童免费接种率98%以上，668名8个月至4岁儿童麻疹疫苗后续强化免疫接种637人，接种率95.4%。村卫生室16个。孕产妇住院分娩率100%；参加农村新型合作医疗23183人，参合率98.2%，报销门诊和住院费用303万元。

有天天乐、夕阳红、九四初中、中心小学、许家冲村、富城坪村、长岭村、太平溪村等8个业余艺术团。下设腰鼓、莲湘、健身、书法绘画、民间吹打乐、舞狮、舞龙、彩船等15个表演队，队员500多人；培训文艺骨干93人；举办“庆三八国际劳动妇女节100周年文艺演出”，在许家冲村举办趣味运动会，进行篮球、乒乓球、拔河、背媳妇、踢毽子五个项目比赛。组织全镇公民文明素质教育活动；在宜昌市文化局主办的“我的书屋我的家”演讲比赛中，镇选手李舟《唱给农家书屋的赞歌》获一等奖，并被市文化局推荐参加全省“我的书屋我的家”演讲比赛；反映太平溪镇抗灾救灾事迹的诗朗诵《那一天，我来了》,反映太平溪镇许家冲村新型农民教育成果的楠管《乡村新事》,获全区文艺调演演出和创作一等奖；送戏下乡14场次，送电影下乡62场次。在许家冲村开展的夷陵区新型农民教育试点活动，得到省、市、区领导的肯定和群众好评。

办理人大代表建议23件,满意率、基本满意率100%。组建镇矛盾纠纷“大调解”工作中心，设立专业调解小组10个;受理矛盾纠纷调解84件，调解成功82件，矛盾纠纷发生数同比减少19件，下降18.4%；开展“法律服务百村行”、“五五”普法、思想防范村村行、组组行等系列法制宣传教育活动和法制专题培训，法制教育面100%,受教育群众3.5万人次。民主法治村创建面100%。刑事案件立案40起，破案24起；行政案件立案62起，查处54起，行政拘留25人；办理涉毒案件10起，强制戒毒7人，治安处罚3人，铲除毒品原植物208株;完成“两实”(实有人口、实有房屋)信息采集录入工作，录入实有房屋8381栋（套)，录入实有人口27302人,占应录人口102.2%；录入流动人口363人，占应录总数的174.52%；开展“百警百校（园）创平安”活动，专项检查学校周边4个重点区域22家商店、书店、超市网吧；完成太平溪、龙潭坪、古村坪、长岭4个村食品药品安全村创建。

获市“生态乡镇”、“三峡工程四期移民先进单位”、“茶叶十佳乡镇”和“文明单位”复查，获区“防汛救灾及灾后重建先进单位”;龙峡茶业有限公司进入“中国茶叶行业百强企业”，位居全国第70位。

以“争创满意机关活动”为契机,中心组先后邀请区纪委张正明，区委宣传部郭宏,区委党校温正平、王平等领导和老师，就港口物流建设与地方经济发展、党的十七大精神、新农村建设、保密法、预防职务犯罪等10多个方面的内容进行辅导和学习。

发展党员28名,立案查处党员干部违规违纪案件1件。以“五个基本、七个体系”为切入点，加强基层组织建设。新建龙潭坪、古村坪2个村委会办公楼,建立14个党员群众服务中心，10个村实现集体经济年收入5万元目标,抗洪救灾与创先争优活动紧密结合经验在全市推广,许家冲村党支部被推荐到人民网参加全国五好基层党组织评选。

新闻外宣上国家级报纸、网站等新闻媒体10件次；省、市、区报纸、杂志、网站等新闻媒体出稿量500余件次。

经济和社会发展中存在的困难和问题：灾后重建的工作任务依然繁重；经济实力不强，规模工业企业较少；财政收支矛盾依然突出，对经济发展和社会事业的投入有限；解决由社会转型、体制变革、征地拆迁、利益调整等带来的许多新情况、新问题和新矛盾的工作有待进一步加强。

【7·23特大暴雨灾害】 7月23日18时~23时30分，小溪口、韩家湾、太平溪、美人沱、古村坪、林家溪、长岭7个村遭受百年不遇特大暴风雨袭击，降雨量突破200毫米，灾情最严重的小溪口、古村坪村降雨量达到218.4毫米，人民群众生命财产遭受重大损失。至7月29日下午5时，因灾死亡8人、失踪5人、受伤28人，转移安置群众7715人，其中需长期安置人员2711人。房屋倒塌和严重受损854户1856间，房屋进水5592间。宜大公路、韩垭公路、库周公路等25条公路塌方550多处、近30万立方米，被毁143.7公里。7个村供电、供水全部中断，倒、断电杆100根。损毁饮水安全工程管道9300米、水表138个、建筑物94处，影响供水3474人;损坏河堤35处4000多米、灌溉设施87处；农作物受灾350公顷,其中成灾310公顷,绝收150公顷，冲毁耕地43公顷，山林受损500多公顷，成片树木被大风拦腰折断或连根拔起。牲畜死亡380头。韩家湾村约4000平方米的网箱被卷入江中。蝉潭岩等三座电站拦河堤坝被冲毁，厂房内进水淤沙，管道受损，不能发电；金矿、橄榄石企业、宏祥玻璃公司、杰达船务公司等企业均遭受不同程度损失。灾害直接经济损失12000万元，其中农业经济损失2000万元,工矿企业损失1700万元,家庭财产损失4000万元，交通、饮水、渠道等基础设施损失4300万元。

灾害发生后，镇委、镇政府启动自然灾害二级响应，成立由镇委书记、镇长为指挥长的指挥部；机关干部分成七个小组，连夜徒步赶往受灾村。陆路受阻，便连夜调动客渡船将28名伤员送往医院,组织搜救失踪人员。安置转移群众778户2257人，其中搭建帐篷286户846人、寄宿邻居201户610人、投亲靠友188户549人，其他103户252人。

民政部门向受灾村划拨救灾资金80多万元，发放帐篷191顶、棉被828床、衣服12箱、大米24吨、食用油859提、矿泉水1308件、快餐面884件、饼干580箱、手电筒320只、应急灯120只、家用包37个、蜡烛32件、发电机6台、水泥30吨，保证灾民有饭吃、有水喝、有衣穿、有住处、有病能医治。卫生部门在受灾村建起医疗救护站救治伤员，消毒防疫。交通部门调集大型机械30多台次,打通交通主干道，抢修村组公路。供电部门组织200多人抢修线路，水利部门组织30多人抢修供水设施。

灾害造成全镇504户房屋需要重建，区政府拨专款1131.6万元，镇内外110个单位和个人捐款349.07万元；其中741.17万元直达受灾户“一折通”，用于房屋重建补助和过渡期生活费。

【新型农民教育活动试点许家冲村】试点工作于3月至10月进行，主题为开展"一技三德"培训，培养新型农民。即：围绕劳动技能、社会公德、家庭美德和职业道德教育，开展讲政策、讲法规、讲道德、讲文明、讲技术等活动，评选勤劳致富好能手、科技养殖好状元、勤俭持家好婆婆、尊老爱幼好媳妇、遵纪守法好公民、扶贫帮困好党员、教育子女好家长、热心公益好青年、诚实守信好商人、主张正义好村民等十个方面的标兵。通过教育活动，实现"十无三有五全六大"的目标。即：无邪教组织、无封建迷信、无聚众闹事、无打架斗殴、无小偷小摸、无环境污染、无计划外生育、无群体上访、无欺老凌弱、无种毒吸毒，每户有一名科技能手、有一块增收田、有一名务工人员，村组道路全面硬化、安全饮水全面到户、沟渠排水全面疏通、生活污水全面处理、农户房屋全面改造，支持聚焱汽化炉厂、龙峡茶业公司、谢东免烧砖厂、萧氏穴盘育苗基地、萧氏油茶籽加工厂和三峡风情园大发展。

活动中举办生猪、家禽养殖、茶叶种植与管理、健康知识、法律法规、文明礼仪、厨艺、特色文艺以及民间传统节目的创作、编排和表演等培训2064人次，50多人拿到电焊技术培训初级证，20多人持证上岗。村民法制意识、大局意识和集体意识明显增强。

教育活动中村制定生态旅游观光村长远发展规划，确定"复垦一片土地，发展一批产业，安置一批移民，改善一片环境，筑牢一个阵地，建好一个新村"的发展思路，整治复垦搬迁后的闲置土地，改造低产茶园，建设高效茶园、精品果园和标准化养殖园；引进生态观光茶园、龙峡茶业公司、聚焱汽化炉厂、永安砖厂和萧氏集团投资6000万元的产业项目两个。

【暴雨山洪中挽救22名村民生命的韩庆琰当选十大民选新闻人物】7月23日，太平溪镇遭受百年未遇特大暴风雨袭击，降雨量220毫米。韩家湾村二组56岁的组长韩庆琰担心山洼下12户村民的生命安全，不顾老伴劝阻，披起蓑衣，打起手电筒，在大雨中摸索着边走边喊村民快走，先后将向红、70多岁的周祖安、万成周、韩庆军等村民从屋里转移到高处公路。当夜，又把22名村民安排到自家和另两户水淹不到的村民家休息。第二天早晨，当转移的12户22名村民们看着垮塌的房屋时，纷纷感谢韩庆琰救了他们一命。

中共宜昌市委书记郭有明称赞韩庆琰是抗洪救灾一线基层典型，号召大家向他学习。12月30日举行的2010"中国移动杯"宜昌十大民选新闻人物颁奖盛典上，韩庆琰当选为本届宜昌十大民选新闻人物。2011年2月，韩庆琰作为抗洪救灾先进典型参加夷陵区三级干部会议，被评为夷陵区第二届道德模范。

【镇政府机关档案工作达到省一级标准】12月16日，市档案局代表省档案局考评验收太平溪镇政府机关档案晋升省一级工作，认为镇机关档案管理自1999年晋升省二级以来，管理机构更加健全、管理制度更加完善、设备设施更加齐全、收集归类更加科学，在档案案卷质量、开发利用和现代化管理方面都取得较好成绩，考评验收合格，综合评分94.5分，达到省一级档案标准。

（郑家林）

雅鹊岭镇

【概况】鸦鹊岭镇东与当阳市王店镇交界，南与枝江市安福寺镇接壤，西与虢亭和伍家岗区相连，北与龙泉镇毗邻，是夷陵区的东大门。面积243平方公里，耕地面积5068公顷，2010年末，辖20个村（居）委会、96个村民小组，18627户，56627人，其中劳动力35315人。全年出生人口406人，政策内计划生育率99.51%，出生率6.9‰；死亡人口279人，死亡率4.74‰；人口自然增长率2.15‰。获"湖北省生育文明先进乡镇"、"湖北省丝竹乐之乡"、"宜昌市文明乡镇"称号，被评为"全区落实党风廉政建设责任制先进集体"、"全区社会治安综合治理优胜单位"、"全区落实安全生产目标责任制红旗单位"、"全区计划生育目标考核等级优秀等次"、"全区农村合作医疗先进单位"、《夷陵年鉴》工作先进单位"、"全区动物疫病防控先进单位"。

镇委、镇政府坚持"工业主导发展，项目带动发展"的思路，实施"工业强镇"战略，推进新型工业化。全镇以精细化工、食品生产、包装创造为主的产业集群逐步建立，实现产值16.26亿元，占全镇规模工业经济总量的87.2%。企业总数518家，其中工业企业456家，规模工业企业15家，产值过亿元企业6家。建立健全项目洽谈包保制、服务跟踪制、定期回访制等一条龙项目引进服务制度，营造招商引资良好氛围，实现了年内建成一批、开工一批、储备一批的目标。投资5000万元的永固制罐二期马口铁涂黄生产线、中孚化工二期10万吨脲基复合肥和万吨工业级硫酸项目、宏裕塑业新型环保高阻隔包装袋开发与应用项目、超亿建材磷石膏纸面石膏板项目、书林纸业10万吨高强度瓦楞纸项目相继建成投产；一期投资1.2亿元的柳树沟精细化工项目完成厂房基础设施建设，进入设备安装阶段，已基本具备试生产条件；签订投资3亿元的湖北双元包装镭射防伪烟标项目、投资8000万元的宜昌隆大冰温科技项目、投资1亿元的宜昌弘洋新材料项目、投资5000万元的宜昌俞嘉食品项目；与上海佑利泵业有限公司、宜昌国钜农业机械科技有限公司、湖北海阑菲菲生物有机肥公司、湖北东方超市有限公司等企业签订投资合作意向。推动万发畜牧、绿秀集团开展资源整合与重组措施。按照一区一园布局，完成化工生产区的控制性详规以及园区环评，完善青岛工业园整体产业发展定位与规划，为园区预留发展空间。协调促进110KV变电站和宜昌北500KV变电站建设，启动精细化工集中生产区35KV供电专线建设。镇自来水厂扩容，日供水能力达到2万吨，架设青岛工业园一期供水管网，缓解园区企业用电压力。

粮食播种面积7738公顷，总产79677吨，比上年增加49.5%，其中稻谷31598吨，蚕豌豆722吨，杂粮25吨，马铃薯2736吨，小麦94吨，玉米15239吨，大豆506吨，杂豆147吨，薯类6301吨；油料播种面积3897公顷，总产9287吨，比上年增加2.18%，其中菜籽7110吨，芝麻625吨，花生1552吨。柑橘种植面积7641公顷，新增150公顷，投资300万元，新建精品示范果园400公顷，柑橘总产150133吨，比上年增加18077吨，增长13.69%；茶叶面积279公顷，总产250吨，比上年增加27.6%，且全部通过有机茶认证；蔬菜类播种面积2947公顷，总产86251吨，比上年增加19.9%；发展精品西瓜90公顷。生猪“150”、“500”标准养殖园11户通过区政府验收，达到54栋，其中“150”、“500”分别达到42栋和12栋，新增育肥猪过万头村2个，达到15个，占村总数的80%；探索“六位一体”农技110服务模式，落实季防月补畜禽防疫机制，全年生猪防疫582万针，家禽防疫700万针，畜禽防疫密度100%，能繁母猪31425头，全部保险，全年牲猪出栏280482头，比上年增长1.95%；家禽出笼1415291只，比上年增加132%；禽蛋产量2278吨，比上年增长39.2%。水产养殖面积727公顷，水产品产量5263吨，比上年增长56.78%。编制4条河流、29座水库防汛预案，及时处置7月份暴雨灾情；完成黄冲水库整改加固和东西泉水库灌区维修工程；完成涉及梅林、白河等12个村、14319人的饮水安全工程；完成末级渠系建设26条2.6万米，清淤维修渠道2万米、堰塘150口，修建柑橘抗旱蓄水池500口。云台、五龙8700亩低丘岗地改造项目通过区政府验收；云台、新场、梅店、黄金堂以及柑橘示范场533公顷柑橘密改稀工程全面完成；梅店400公顷农业综合开发项目即将完工。新硬化农村道路40公里，落实149公里村级公路管护责任。通过“一折通”为全镇14287农户兑现粮食直补、油菜补贴、良种补贴、农资综合直补以及家电和汽车、摩托车下乡补贴等资金1231.59万元。万发畜牧专业合作社整合资源成立湖北万发牧业有限公司，“农村合作组织”工作得到国家农业部以及国家、省、市领导和多家媒体的关注和肯定。开展梅店村新型农民教育试点活动，农村劳动力转移培训210人。

全地域工农业总产值36.12亿元，其中工业产值24.96亿元，农业产值11.16亿元；实现规模工业产值18.64亿元，规模工业增加值5.59亿元，企业产值26.6亿元，农民人均纯收入8517元，分别比上年增长20.73%、21.76%、18.1%、9.01%、63.9%、18.22%和19.6%。出口创汇1269美元。完成工业固定资产投资3.17亿元。地域财政收入2809万元，为2010年初财政预算的112.4%，比上年增收728.92万元，增长35%；税收占全域财政收入的100%，其中国税1009.4万元，地税1800.08万元；一般预算收入1211.20万元，为2010年初预算的128.8%，比上年增收398.29万元，增长49%；一般预算支出2004.82万元（含区拨专款318.08万元），为年初预算的135%，比上年增加461.72万元，增长37.7%；化解村级债务59.51万元。

支持重点工程建设，成立支援铁路建设办公室、宜巴高速征地拆迁协调指挥部，确保汉宜高速铁路、宜巴高速公路、宜昌北500KV变电站和三峡机场封网等国家重点工程建设的进行。同时，抢抓工程建设机遇，在牧童村新建拆迁居民集中安置点，按照新农村建设要求配套基础设施；在三合、金和、梅林、童畈、新场等铁路沿线村协调解决路涵40处，既方便村民出行，又消除道路交通隐患。

商贸流通形成以集镇为中心点，小鸦路、汉宜路、鸦来路为三线的“一点三线”格局。镇域有2家大型生猪交易市场和30家柑橘批发市场，集镇有4家大型综合超市、2家农贸市场、12家商贸批发企业，村级有20家日用消费品农家店和22家生资配送农家店。全镇个体工商户3000家，从业人员1万人，营销能人400人。

新增城镇就业人员520人，农村劳动力转移就业1015人；城镇53户98人和农村465户1183人纳入低保对象，发放保障金149.0115万元；农村五保老人168人，供养率100%，其中集中供养五保老人130人，供养率77.4%，分散供养38人，集中供养和分解供养五保老人人平生活费分别达到1945元、1445元；11名农村孤儿得到27500元救助；52名义务兵优抚11.8万元；154名重点优抚对象优抚69.936万元。募集社会捐款41万元，设立鸦鹊岭镇困难群众关爱基金；争取产业扶贫项目资金13.9万元。

开展送文化、送科技、送卫生进村活动81场，群众参与2300人次。下村演出300场，观众24300人次；传承和发展宜昌丝竹，举办鸦鹊岭镇首届丝竹乐演奏大赛；“保护为主，抢救第一，合理利用，传承发展”，建立较为完善的丝竹乐传承、保护机制，活动经常而有活力，被命名为“湖北丝竹乐之乡”。新建10个村图书室，20个村（居）建起图书室和调频编码广播室。全镇2所初中撤并为1所，6所小学撤并为3所；幼儿入园963名，小学在校学生1953人，初中在校学生1261人，学前教育率、正常适龄儿童少年入学率、在校学生年巩固率、小学升初中比例均为100%，初中毕业生升入高中（含中专）613人，升学率99.2%；多渠道筹措改善办学条件和教师福利资金6.35万元，筹措学生资助资金4.5万元；鸦鹊岭初中“1215”（学生自主学习不少于10分钟、老师点拨不超过20分钟、学生练习不少于10分钟、反思与评价不超5分钟）课堂模式被市认定、全区推广；教学质量综合率位居全区前列，鸦鹊岭中心小学、长湖小学、新场小学教学质量受到区委、区政府表彰，海云小学教学质量受到区教育局表彰；完成鸦鹊岭初中教学楼、学生宿舍楼、食堂餐厅和校门维修改造项目和鸦鹊岭初中、鸦鹊岭中心小学、梅林小学“放心食堂”、“放心超市”创建工作；梅林小学被省级考核认定为“湖北省家长示范学校”。镇中心卫生院住院部扩建工程4月份竣工；农村新型合作医疗参合率达到101%；免费检查320名有视力问题群众，免费治疗82名白内障病人，0~6岁脑瘫和先天性心脏病儿童予以康复治疗；镇卫生院在全省考核评估中获第二名，被授予省级示范乡镇卫生院称号。人口与计划生育工作各项指标居全区前列，育龄妇女环情监测及生殖健康普查100%；组织婚育新风活动20场次，13000人参加；423人享受农村计划生育家庭奖励，为254人兑现独生子女保健费13.84万元，调查、核实、上报农村独生子女高考加分对象102名。

成立“鸦鹊岭镇区域性工会联合会”。办理人大代表议案、建议和政协委员提案32件，办结率、满意率100%；4、5月份组织为玉树地震、“7.25”洪涝灾害捐款43143元。组织镇内公路硬化、资产处置、土地整治、水利建设等各招投标20标次，标的金额1012.97万元。争取移民后扶项目资金85万元，处理移民信访案件2件。信访接待来信53件，其中上级转办件28件，办结52件，办结率99%；接待来访27起89人次，办结27起，办结率100%。化解矛盾纠纷146期；调处治安案件110起，裁决案件92起，78起刑事案件破案55起，破案率71%；抓获网上逃犯11名；完成禁毒、铁路护路、反邪教、道路交通安全社会化管理等工作，承办全区道路交通安全社会化管理现场会。

全镇基层党组织60个，其中党委1个、党总支5个、党支部54个；新建非公党支部1个，审批、接收新党员38名，预备党员转正23名，全镇党员2026名，调整总支、支部委员32名；新建童畈、云台村办公活动场所，完成梅林村阵地选址和场平工作，新建21个党员群众服务中心，19个村安装远程电化教育接收装置，党员远程教育网络实现“村村通”；基层党组织活动经费和工作经费落实，20个村（居）组织活动、工作经费672743.2万元，其中2.4万元以上7个，3.3万元以上5个，4万元以上6个；村干部待发放工资待遇104.8133万元，全部纳入养老保险，参保率100%；94名党员纳入困难帮扶，110名党员与困难党员结对子；1380名无职党员参与设岗定责，实现“无职有岗”；选拔聘任20名村干部助理，培训党员干部5000人次，培训村支部书记和乡土拔尖人才1000人次；帮扶退职干部、困难党员382人次；全镇基层党组织对关爱民生的117项重大事务实行审议、公开。创新党建工作，《打造党员关爱立体平台》创新项目在区获一等奖，《关于乡镇民营党建工作的探索和思考》刊登于市委《发展导刊》2010年第一期。

存在的困难和问题：土地、环保、资金、规划掣肘工业经济发展的“四大瓶颈”依然存在，园区建设步伐缓慢，招商引资和项目工作困难增大；农业基础设施抗御自然灾害的能力不强，柑橘、生猪两大支柱产业抵御风险的能力偏弱，农业产业化水平、市场组织化程度有待提高，农民持续增收的难度增大；收入阶层分化和利益分配格局发生变化，发展和改革中的各类矛盾更加凸现，维护社会稳定的压力增大；民生工程建设任务较重，镇级财政投入有限，社会事业发展的难度增大。

【腐败风险防控体系建设】 镇党委率先在全区推进腐败风险预警防控工作。清权查险，梳理出行政权力92项，编制出85个重要权力流程图并予公示，接受群众监督，建立起“权责明晰、程序严密、运行公开、制约有效”的权力运行机制。采用“自身找，相互帮，领导提，集中评，组织审”的五步法查找“思想道德，岗位职责，制度机制”腐败风险点987个，其中重点人员风险点235个，增强广大干部廉洁自律的自觉性。预警防范，配备20名村（居）预警信息员，重新修订和完善各项制度，慎用权、用好权成为干部的共识，形成“保权力运行安全，保项目建设安全，保资金使用安全，保干部成长安全”的良好局面，达到“知风险，不冒险，防风险，不走险，化风险，求保险”的目的。

【获“湖北丝竹乐之乡”称号】 丝竹乐是鸦鹊岭镇民俗文化生活有机组成部分，1988年起进行抢救保护，收录丝竹曲谱321首，定名为宜昌丝竹。2006年5月，列入国家级非物质文化遗产保护名录。镇成立民间文化保护中心，为176名丝竹乐人建立档案，组织起丝竹乐演奏班子14个，年演出300场，并作客中央电视台《与您相约》节目。2009年，宜昌市政府命名鸦鹊岭镇为市级非物质文化遗产保护之乡。11月，省民间艺术学会专家组考察评议，认为“鸦鹊岭镇丝竹乐历史悠久，普查工作扎实而富有成效，保护措施得力，丝竹乐演奏活动经常而且有活力”。12月18日，被命名为“湖北省丝竹乐之乡”称号。

【梅店村开展新型农民教育试点工作】 3月，梅店村启动新型农民教育试点活动。培训村民2300人次；开展“电影放映周”、“千人读书，家家受益”、“争当新农民，乐在新农村”趣味体育竞赛活动和身边典型推介活动；开展“比发展看产业，比环境看庭院，比道德看孝心，比守法看言行，比和谐看团结，比思想看奉献”“六比六看”活动，树立6名学习榜样。硬化村级公路3.6公里，整治水库溢洪道1000米，改造低产田533公顷，建设精品橘园33公顷和特色果园67公顷，新建“150”模式猪舍2栋，发展早熟玉米67公顷、海南南瓜67公顷、柑橘合作社网络会员200户；新建垃圾屋4个、移民安置房4栋，开通有线电视110户；健全完善5个村民自治规章，组建3个卫生小组、5个护路小组，1800人次参加公益活动。2010年，梅店村被评为全区“红旗单位”、“五好基层党组织”、“生态文明村”、“安全平安村”。

【镇区域性工会联合会成立】 8月11日，鸦鹊岭镇召开鸦鹊岭镇区域性工会联合会成立大会，宜昌市第一家乡镇级区域性工会联合会诞生。区委常委、区总工会主席刘新平出席会议，各乡镇分管工会的党委委员、工会主席列席观摩，全镇57个基层工会组织代表参加会议。会议选举产生鸦鹊岭镇区域性工会联合会委员会、民主管理委员会以及职代会工作组、平等协商集体合同工作组、劳动法律监督检查工作组、厂务公开监督督促检查工作组，张祥武当选为工会主席，胡廷华当选为工会副主席，陈永军、张红、胡传义、杨本成、陈新当选为工会委员。会议审查通过鸦鹊岭镇区域性工会联合会集体合同、工资集体协商协议、职工代表大会实施办法、劳动安全卫生专项集体合同书、女职工特殊权益专项集体合同等工会规范化管理文件。

【新上工业项目9个】 2010年，鸦鹊岭镇实施“工业强镇”战略，新上工业项目9个，建成5个，其中投资过亿元的项目1个，投资过5000万的项目7个。一期投资1.2亿元的湖北柳树沟化工科技有限公司磷精细化工项目，完成厂区基础设施建设，进入设备安装阶段，预计2011年6月投产，具有年加工磷酸乙胺3.4万吨的能力，实现年销售收入2.6亿元，创利税51 00万元；投资7600万元的湖北超亿建材有限公司磷石膏综合利用项目投产，年回收利用中孚化工有限公司磷复肥分公司磷渣30万吨以上，生产水泥缓凝剂12万吨，建筑石膏板60万平方米，石膏面板2000万平方米，粉刷石膏1.2万吨，年创产值1.2亿元，实现税收1200万元，解决就业人员400人。投资5100万元的中孚化工有限公司磷复肥分公司10万吨尿基复合肥项目和1万吨工业级硫酸二期项目投产。分别投资过5000万元的宜昌永固制罐有限公司马口铁涂黄项目、宜昌书林纸业有限公司10万吨高强度瓦楞纸项目、宜昌宏裕塑业有限公司新型环保阻隔包装袋开发与应用项目、宜昌九畴生物科技有限公司生物复合肥项目完成设备安装，除开宜昌书林纸业有限公司项目，其他项目年内均建成投产。投资5000万元的宜昌俞嘉食品有限公司熟冻食品加工项目完成场地平整进入厂房基础施工阶段，计划2011年7月建成投产。

【工业园区建设初具规模】 2010年，推进“一区一园”建设。占地133公顷的精细化工集中生产区通过整体环评和控制性详规，完成园区征地拆迁和沿白河通道建设，园区配套供水管网以及35千伏电力专线等配套工程在建，中孚化工有限公司磷复肥分公司、湖北超亿建材有限公司、湖北柳树沟化工科技有限公司3家企业进驻园区，计划在5年内通过扩大现有企业规模和引进新的精细化工企业，实现产值50亿元。占地334公顷的青岛工业园4月设立，年内完成园区整体规划和产业发展定位，基础配套工程陆续启动；青岛嘉源食品公司、宜昌永固制罐有限公司、宜昌荣盛食品有限公司、宜昌宏裕塑业有限公司、宜昌九畴生物科技有限公司五家规模企业建成投产，宜昌俞嘉食品有限公司、湖北双元镭射防卫标识印刷有限公司、宜昌御龙科技电子有限公司三家企业加速建设；青岛水务环保设备制造有限公司、青岛康大食品有限公司、宜昌隆大冰温科技有限公司等项目达成进驻园区的投资意向；五年内，计划引进10~20家企业落户，力争实现产值80亿元、利税3亿元、安置就业4000人以上。

（王忠武）

分乡镇

【概况】 分乡镇位于夷陵区东北部，东北与远安县交界，南与黄花乡为邻，西与雾渡河镇相连，保（康）宜（昌）公路由北至南纵贯全境。面积320平方公里，林地面积25867公顷，耕地面积2815公顷，其中水田 1639 公顷，旱地 1446 公顷。2010 年，辖 16 个行政村、1 个居委会，118 个村民小组；总人口 37879 人，其中农业人口 36200 人，非农业人口 1679 人。公路总长 450 公里，已硬化 172.4 公里。境内煤炭、青石、页岩等资源丰富。财政收入 1523.14 万元，同比增长 16.27%。其中一般预算收入 479.84 万元，增长 17.03%；农业总产值 25603 万元，增长 16.38%；企业总产值 5.12 亿元，增长 1.39%；工业总产值 2.52 亿元，增长 4.13%；规模工业总产值 8922 万元，增长 98.16%；规模工业增加值 2355 万元，增长 92.09%；固定资产总投资 11253 万元；农民人均纯收入 6340 元，比 2009 年增加 865 元，增长 15.79%。获全市生育文明建设先进乡（镇、街道）、全市流动人口计划生育服务管理工作先进单位、全区平安乡镇（街道）、全区纪检工作先进单位、全区维护稳定工作先进单位、全区卫生工作先进单位等称号。

全年发展水稻板块生产基地 2.2 万亩，其中优质水稻面积 2 万亩；在南垭、普溪河、大中坝、金竹、联合、高家堰等村进行万亩油菜高产示范建设，发展基地 10310 亩，其中普溪河村 200 亩核心示范区，单产 200 公斤；以天坑、天鹅池村为重点，巩固发展优质桑蚕 10000 亩；发展高山蔬菜和城郊蔬菜 2225 亩。培植蔬菜专业村 6 个，农民蔬菜合作组织 4 个。专业蔬菜销售收入 1360 万元，菜农人均收入 5000 元。

投资 67.7 万元，建成三峡库区水利专项工程；投资 6 万元，建成 100 立方米清水池 2 口、安装管道 3000 米；投资 388.4 万元，建成南垭、金竹、联合、棠垭、插旗、高场、天鹅池、中洲山等八个村的农村安全饮水工程，解决 10500 人饮水难问题。建成界岭抽水站，建成分散式供水工程天河水窖 225 口。

通过宣传资料、宣传车、广播及科技讲座等形式举办培训 40 余次，培训优质稻、油菜、蔬菜、桑蚕、畜牧等主导产业技术人员 3000 人次，技术人员入村咨询培训 1500 人次，发放宣传资料 4000 余份。

投入 280 余万元，硬化村级道路 12.4 公里，维修水毁公路 45 处；落实养护路线 43 条 177 公里，签订养护合同 50 份。村通客运线路进一步延伸，投资 6 万元新设置警示牌 38 块、警示桩 300 个，汇车平台 27 处，整改危险弯道两处，延伸天标线通客运线路 9.6 公里，全镇通村客运线路达到 82.6 公里。治理高场石材厂污染。集镇购置垃圾桶 50 个。6 月，普溪河村被评为区级生态环保模范村。

发挥“三级中心五级网络”作用，成立“大调解”中心、“综治流动警务室”，投资 2 万元建设信访文明接待室，整合综治、信访、610、司法所和派出所等力量，开展矛盾纠纷和不稳定因素风险评估。排查出重大不稳定因素及矛盾纠纷 235 起，镇村两级调解组织受理矛盾纠纷 235 起，调解成功 228 起；接待和受理来信来访 102 批次 253 人次，受理 42 起，办结 42 起，未发生重大集体访、越级访案件。获“维护稳定工作先进单位”及“平安乡镇”称号。

计划生育工作获市级“流动人口计划生育服务管理工作先进单位”和市级“生育文明先进乡镇”称号。分乡小学被区政府表彰为“绿色学校”，分乡初中和分乡小学代表夷陵区接受省义务教育均衡发展评估团评估获得好评；村卫生室提档升级率 100%，新型农村合作医疗参合率 95%。新申报农村低保 121 户 290 人，城乡低保居民应保尽保；为困难群众、因灾缺粮户发放大米 8000 斤、棉衣 40 件、棉被 40 床，为 146 名孤寡老人送去慰问金 14600 元。组织农村劳动力转移就业 783 人，城镇新增就业 71 人，社会保险扩面 320 人。分别投资 40 余万元和 80 余万元兴建插旗村办公楼和镇水利畜牧中心办公大楼。13 个村完成网络远程教育终端站点建设，为 8 个村配备电脑、4 个村配备电视、6 个村配备投影仪。完成 16 个村的调频广播建设任务，实现广播“村村通”。共青团、工会、妇联、民兵预备役、劳动保障、史志等工作进一步加强。

存在问题主要表现在：发展压力大，农业抵御自然灾害的能力依然很弱；受水源保护区的限制，招商引资工作难度大；缺少龙头企业的支撑和带动，财源建设发展步伐缓慢，“两库一区”地区人民“饮水难、行路难、灌溉难、增收难”问题仍然突出；维稳任务重。

【发展特色蔬菜】 2010 年全镇专业蔬菜面积 2225 亩，产量 4450 吨，产值 1360 万元，菜农亩平增收 5000 元。其中百里荒反季节延秋露地蔬菜 1065 亩；金竹、联合、普溪河架子冬瓜 850 亩；高家堰深加工蔬菜 160 亩；普溪河特色蔬菜 150 亩。主要品种有番茄、辣椒、茄子、冬瓜、黎蒿、南瓜、豇豆、土豆、芫荽、黄豆、芹菜、大白菜等 13 个。种植模式有大户租赁土地模式、规模连片经营模式，传统基地自主发展模式，产品订单生产模式，协会合作发展模式及超市基地直销模式。主要工作方法：加强领导、健全组织体系；订单生产，采用“企业+基地+农户”的模式；引进大户，发展蔬菜生产；加强培训、提供科技服务；实施品牌、扶持龙头企业；标准生产、提升产品质量。

【西北口库区规划编制工作】 为解决西北口库区移民行路难、饮水难、灌溉难、增收难、阵地建设难，镇政府组建工作专班到库区界岭、棠垭、插旗三个村调查，用半个月的时间完成资料收集、整理归档，编制规划初稿。镇党委、镇政府组织讨论、反复征求库区村群众意见，五易其稿，并交区政府审核，针对审核意见进行修改，初步完成《分乡镇西北口库区（2011~2015）五年发展规划》编制工作。

【灾后重建】6月至8月，全镇连续遭遇多次暴雨袭击，房屋、农作物、农田水利设施等受到严重损坏，直接经济损失1000余万元。灾情发生后，镇党委、政府及时部署灾后自救、恢复生产工作。镇领导、驻村干部深入灾区第一线，分片包干，责任到人，进村入户统计核实受灾情况，安置受灾群众；检查全镇地质灾害隐患点，组织人员消除安全隐患，防止次生灾害和地质灾害发生；以村为单位，组织力量开沟排水、修复水利，抢修受损严重的交通水利等基础设施；购进恢复生产所需种子、农药、化肥等，组织群众补种其他作物。

【棠垭村社会治安重点整治工作】8月20日，召开棠垭村社会治安重点整治工作动员会，棠垭村组干部、党员、村民代表、中心户共68人参会，打击处理近几年发生的围堵国家机关工作人员和车辆等违法行为，刑事拘留参与8月2日围堵处警公安民警和执行公务车辆、阻碍执行公务的人员；对其他涉嫌违法犯罪的人员予以传唤，督促其到公安机关投案自首。

（徐双林）

龙泉镇

【概况】龙泉镇位于夷陵区东南部，东与鸦鹊岭镇和当阳市王店镇一山之隔，南与伍家岗区伍家乡毗邻，西与小溪塔街道接壤，北与黄花乡和远安县花林寺镇相连。面积257平方公里，其中耕地面积2882公顷。辖19个村、1个社区，111个村（居）民小组，18116户，50659人，其中乡村户口14716户48843人。系湖北省新农村建设示范镇，宜昌市打造省域副中心城市的九大规划组团之一。2010年被区委、区政府表彰为“新农村建设先进单位”。

2010年，龙泉镇继续弘扬“自我加压、争先创优、创造机遇、科学发展”的“龙泉精神”，围绕“橘乡酒城”的定位，经济实力明显增强：实现工农业总产值90.6亿元，比2009年的67.51亿元净增23.09亿元，增长34.2%；其中工业总产值83.6亿元，比2009年的61.5亿元净增22.1亿元，增长35.93%；财政收入2.71亿元，比2009年度的2.1亿元净增6100万元，增长29%；农民人均纯收入8553元，比2009年的7139元净增1414元，增长19.8%；全口径固定资产投资9亿元，比2009年的5.97亿元净增3.03亿元，增长51.7%。

以白酒为龙头的食品、包装、纸品、建材、机电、金属构造、玻璃制品、新能源等规模工业发展加快。稻花香、关公坊系列白酒销售收入70.8亿、利税7.1亿元，6月，第7次入选“中国500最具价值品牌”，品牌价值83.65亿元，净增27.76亿元，排名在2009年第67位的基础上上升到第26位，在入选的23家全国食品加工与食品、饮料制造业中，排名第12位；11月，获“全省农业产业化十强龙头企业”称号，投资3.65亿元的三峡科技包装工业园投产，投资1.97亿元的宏达酒业清香型白酒项目和投资5100万元的储酒洞等项目先后启动和投产。翔陵纸制品有限公司新上10万吨瓦楞纸项目；元龙塑膜产能扩张，农业机械生产线技术改造项目；昌耀水泥制品有限公司钢管电杆项目等启动和投产。“三峡明珠”太阳能在全国3个省获“家电下乡”资质权。新增投资2000万元的法官泉饮品二号车间、投资200万元的亚迪门窗扩建和宜昌金属结构厂、杨家沟采石厂等4家规模工业企业，全镇规模工业企业达到14家，年内完成规模工业企业产值79.5亿元，比2009年的54.69亿元净增24.81亿元，增长45.4%。计划园区基础设施建设总投资22.48亿元的宜昌生物产业园以及职教园项目年内启动。

粮食总产22399吨，比2009年的21081吨增长6.3%；油料总产3007吨，比2009年的3206吨下降0.6%；生猪出栏10.56万头，比2009年的9.22万头增长14.5%；家禽出笼61.02万只，比2009年的38.22万只增长59.68%；建万头生猪养殖小区3个，其中省级标准化养殖小区2个；建奶牛养殖小区4个，奶牛存栏3000多头，年产鲜奶16638吨，比2009年的8833吨增长88.36%，奶牛存量、鲜奶产量成为全市最大的乡镇；新增柑橘面积293.2公顷（4398亩），柑橘总面积达到6106公顷，比2009年的5812.8公顷增长5%，柑橘产量12.6万吨，比2009年的11.35万吨增长11%；晓曦红柑橘交易中心实现当年建设、当年投产达效，扶持企业财政周转金200万元，从西班牙引进柑橘光电分级打蜡生产线，当年网络柑农1105户，发展核心基地1.5万亩，销售柑橘5.08万吨，被授予“全国农民专业合作经济组织示范单位”，晓曦红蜜橘被评为全省“三大名果”之一，“晓曦红”商标被认定为湖北省著名商标。新增柑橘规模经营户38户，推行“畜—沼—柑”循环生产模式，建成以王家岗为核心的万亩精品橘园。人工造林250公顷，封山育林200公顷，柏家坪村集体林权制度改革通过区级验收。投资58万元完成230亩的低丘岗改造和1万亩的土地整治项目规划、招投标任务。完成柏家坪、龙泉、跑马岗、土门等村末级渠系建设，修复水毁工程8处，东渡河流域水土保持项目通过国家项目办验收；完善重大动物疫病防疫行政管理和业务管理“双轨”责任制，生猪、家禽、耕牛、山羊“两瘟四病”防疫常年免疫密度 100%，被评为全区动物防疫先进单位；柑橘大实蝇联防效果明显；林业病虫害减少，全年无一起重大森林火灾；落实 14 座小（二）型以上水库防汛责任制，汛前排查整改隐患 2 处； 11 月，被区防火指挥部表彰为“森林防火先进单位”。

稻花香集团以建设省级农村党员干部培训基地为契机，兴建四星级稻花香宾馆投入营运；完成宏信商贸、稻花香粮油、东方超市、华松商贸等 4 家企业的“小进限”工作，发展惠尔佳、万富超市等商贸企业和小型购物超市，农资店分布全镇，销售化肥、农药、农膜 8629 吨；农村信用合作银行、农行、邮政储蓄等金融机构年末存款余额 6.93 亿元，贷款余额 2.01 亿元。从事第三产业的劳力 8093 人，占农村从业总人数的 32.3%。第三产业总收入 3 亿元。

完成龙泉集镇住宅小区、土宋公路整治、柏临河流域综合治理、土地利用、龙泉新居规划。协助完成宜昌生物产业园、职教园规划。通过水府庙村新农村示范居民点规划及 20 个村（社区）的社会主义新农村建设规划，投入规划设计费用 366 万元。硬化村组公路 16 条 66.34 公里；征地 30 亩启动集镇日供水 5 万吨大自来水厂、宋家嘴片榨坊河自来水厂和万家畈等 10 个村 7500 多人的安全饮水建设项目；完成龙泉村首个数字电视专业村建设；开通雷家畈村 3G 网络远程演示平台；协调开通 20 个村（社区）的互联网；电力部门完成“宜巴线”、“土宋线”、“土伍线”输电线路改建，农村电网整改通过验收；开展土宋公路沿线 8 个村的环境整治，投资 350 万元整治改造土门大桥节点，完成路面改造 1539 米，铺设下水管道 3078 米、电力电讯管线 2039 米，安装路灯 78 盏；投资 350 多万元完成水府庙村 118 户的“三改五建”任务，即改造住房外观、改造室内功能、改善周围环境，建排污设施、建垃圾房（池）、建绿化花坛、建供水设施、建照明路灯。投资 3000 万元的“龙泉新居”一期工程竣工，66 户入住；投资 3000 多万元的稻花香礼堂、酒文化博物馆、省农村党员干部培训基地竣工投入使用。550 个农户完成“一建三改”生态家园建设任务。投资 7.4 万元在各村庄新建垃圾房 44 个；投资 500 多万元完成中心集镇街道改造 2362 米。雷家畈、香烟寺村分别被评为省级和市级生态村，龙泉镇和法官泉村被表彰为全区“新农村建设先进单位”。

镇内建有省级农村党员干部教育培训基地和农民素质教育培训中心，各村建有农民教育学校，造就农村实用人才 6810 人和经营管理人才 139 人，占总劳力的 25.8%；培训外出务工农民 2883 人，其中 1434 人持有职业资格证。黄朝美被区委、区政府表彰为第二届“道德模范”，香烟寺村村民谢玉孝被国家老龄委表彰为“全国孝亲敬老之星”，钟维梅、罗泽文、刘运平、李明宝、黄朝美等 5 人被市文明委、市妇联表彰为市级“文明家庭”，汪宏、许良荣、刘绍和、胡辉林等 4 人被区委、区政府授予“文明家庭”称号。龙镇社区居民王自新不顾个人安危，两次下水救出被洪水冲走的关公坊女职工，其事迹在“三峡晚报”上刊发。通过典型引导方法，发挥其辐射带动作用，为发展注入了根本动力。

落实农村低保户 362 户 1011 人、城镇低保 46 户 361 人，解决临时救助 333 户 7.2 万元，大病医疗救助 142 人 46.3 万元；危房改造 10 户，争取资金 6.6 万元；因灾倒房重建 9 户，落实资金 6.3 万元；投资 5.5 万元，维修镇福利院，改善福利院五保老人居住和生活环境。开展“残疾人乡村行”活动，为 56 名白内障患者做复明手术。兑现 128 户 420 人移民后扶对象补助资金 6 万元。新增城镇就业 492 人，转移农村劳动力 755 人，农村劳动力转移培训 523 人，社会保障扩面增收 1565 人，新增公益性岗位 47 个。确认农村计划生育奖励扶助对象 349 人，兑现奖金 25.13 万元，特别奖励扶助对象 61 人，兑现奖金 6.91 万元，计划生育率 98.57%，区委、区政府表彰为人口与计划生育考核优秀乡镇，镇计生办雷均元被表彰为“宜昌市计划生育管理先进个人”，雷运忠被授予“夷陵区优秀计划生育干部”称号。继续开创“三全教育模式”，实现适龄儿童入学率、小升初比例、小学在校生巩固率、初中在校生巩固率、初升高比例五个百分之百。升级改造车站、柏家坪、梅花等村级卫生室，加强对甲型 H1N1、艾滋病、血吸虫病、结核病和手足口病等重大疾病防治工作，新型农村合作医疗参合率 100%。建立镇、村食品药品安全监管网络体系，加强食品药品安全监督管理。龙镇中心小学、龙泉中心幼儿园被表彰为市级卫生先进单位，龙镇社区被表彰为市级卫生社区，龙泉卫生院被表彰为省级卫生先进单位，法官泉村被表彰为省级卫生先进村。依托镇村文化活动中心，培育发展 4 个文化团体和一批村级文艺骨干及文化中心户，开展文化体育活动 6 场。12 月 28 日，镇委、政府组织开展龙泉镇首届“新农村新风尚”全民健身活动展示演出，全镇 200 多人参加演出，观众 1000 余人。完成 10 个村农家书屋送书下村，申报柏家坪、水府庙、青龙、万家畈、白庙等 5 个村农家书屋和龙镇社区、万家畈、柏家坪 3 个村级体育活动室的体育器材支持项目。参与夷陵区第四届农村文艺调演暨民间艺术大赛活动。申报一名非物质文化遗产传承人。新增有线电视用户 355 户。

国税入库 2.38 亿元，地税收入 3300 万元，财政收入 2.71 亿元，同比增长 29%，地方一般预算收入 4311 万元。制定《龙泉镇服务重大工程项目建设财务管理（试行）办法》、《龙泉镇非行政事业单位财务管理（试行）办法》、《龙泉镇工程建设招投标及政府采购管理资料汇编》。完成工程招投标项目 36 个，招标金额 1275.93 万元，节约资金 110 万余元。开展政府采购 13 项，采购金额 395 万元，节约资金 35.5 万元。组织罗家畈、雷家畈、宋家嘴、青龙、法官泉、万家畈、土门等 7 个村公益事业建设“一事一议”财政奖补申报，争取财政奖补资金 89.79 万元。发放补贴资金 1060.77 万元，其中退耕还林补贴 134.51 万元，同比增长 30.5%；能繁母猪补贴 47.92 万元，同比持平；粮食补贴 42.56 万元，同比增长 2%；水稻、玉米、小麦良种补贴 46.97 万元，同比增长 2%；综合直补 242.82 万元，同比增长 2.6%；油菜良种补贴 14.06 万元，同比下降 32.5%。组织开展“家电下乡”、“汽车下乡”活动，发放家电下乡补贴 381.48 万元，同比增长 4 倍；汽车下乡补贴 198.37 万元，同比增长 7.3%。

调处纠纷 235 件，调处成功 229 件，占 97.4%；年刑事破获率 67.9%，治安案件查处率 75.98%，收缴赌博游戏机 271 台。开展“领导班子大接访”、“包案制度”、“民情沟通”、“网上信访”和“诉调对接”工作，接待群众来访 130 件，办结 126 件，办结率 96.9%；来信 12 封，办结 12 封，办结率 100%；网上信访来件 81 件，回复率 100%。镇、村两级便民服务中心接待群众 10915 人，受理办理事项 7854 件。香烟寺、跑马岗、龙泉、水府庙等 4 个村被区委、区政府表彰为“平安村”。按时完成“两实”（实有人口、实有房屋）和第六次全国人口普查工作任务。3 月和 4 月全市法院系统“诉调对接”和全市检察机关推进“三项重点工作”现场会分别在龙泉镇召开。投资 80 万元整改通村公路隐患，购置 18 台割草机分发各村，培训列养人员，落实村级主干道养护管理责任制。开通客运班车线路 6 条和中小学、幼儿园接送专车。新建、改建乡村候车亭 12 个；开展摩托车专场整治活动。

实施“党员素质工程”、“人才促进工程”、“党建信息工程”、“强基固本工程”和“党员挂牌亮相工程”。以争创满意机关活动为契机，开展“千名干部万户行”、“调研问计行动”、“读书活动”、“领导包课题调研”等活动。镇委、政府班子成员人平撰写调研文章 3 篇，学习读书笔记和心得体会均在 5 万字以上，在各级报刊上发表调研文章 10 多篇，市委和区委表彰为“先进党委中心组”。召开党建专题办公会 12 次，党建工作调研座谈会 8 次，探索党代会常任制试点工作新方法，在第八次党代会第四次会议上形成“发挥党员作用，建设全国一流的新农村示范镇”的决议。制定“2010~2012 年组织建设规划”、“党建带群团组织建设规划”、“党建工作考评办法”、“村级集体经济发展规划”等措施。落实党建经费 70.87 万元，支持 6 个村新建和扩建党员群众服务中心建设，落实农民教育和后备村干部培养经费 20 余万元。共青团获第二届全省乡镇（街道）共青团工作竞赛金奖，市妇联表彰龙泉镇为全市基层组织建设示范乡镇（街道）、雷家畈村为全市基层组织建设示范村（社区）。《龙泉镇志》按时出版发行，《夷陵年鉴》编纂工作被区人民政府表彰为先进单位。利用党政门户网站，筹建网上党员群众服务中心，开通网上流动党员 QQ 支部。新发展党员 72 人，纳入入党积极分子培养对象 100 多人；慰问困难党员 150 人次，发放救助资金 3 万余元；推行党龄补贴办法，对有 50 年以上党龄的 134 名老党员发放补贴 16080 元。完善党员群众服务中心的配套建设，为 5 个村配备电视机，为 9 个村配备电脑，为 3 个村配备投影仪，80%的村（社区）村级集体经济收入达到 5 万元以上。在农村党员中设定“村务工作议政岗”、“政策法规宣传岗”、“村情民意报告岗”、“应急排险战斗岗”、“科技致富示范岗”、“致富信息服务岗”、“民事纠纷调解岗”、“帮贫解困扶助岗”、“后备力量培养岗”、“精神文明督察岗”等 10 个岗位，在机关事业单位和“两新”组织中设立“党员示范岗”、“党员先锋岗”、“党员服务岗”、“党员帮带岗”、“党员责任区”等岗位。党员按照岗位定职责、公开服务承诺，按照承诺民主评议和“学习意识、宗旨意识、模范意识、纪律意识、服务意识”等五种意识为“五个星级”，评选党员星级。镇委先后被省、市、区委表彰为“五好”基层党组织，蔡宏柱、汪宏、付孝科、戴圣元等 4 人分别被区委表彰为“优秀共产党员”、“优秀党务工作者”和“优秀党组织书记”。

源头治腐，层层签订“党风廉政建设责任书”。规范招投标制度，重点审查监督投资 50 万元以上项目，加强政府采购和集体资产处置管理。做好党务、政务、村务、厂务、事务“五公开”，安排专班办好龙泉网站，设立编制与财务公开网上查询点 14 个，19 个村通过验收被评为全区村务公开和民主管理示范村。2010 年度，全镇有受到区委、区政府表彰的红旗单位 1 个（湖北稻花香集团），文明单位 5 个（镇财政所、镇农技服务中心、龙泉工商分局、龙泉林业站、龙泉派出所），文明村 3 个（雷家畈、龙泉、水府庙），文明个人 4 人（周振华、雷宏珍、谢大洪、雷开均）。12 月，龙泉镇获得宜昌市首届“魅力乡镇”称号。

【21 个党员群众服务中心在龙泉镇建成】 年内，全镇建成镇、村两级党员群众服务中心 21 个。镇党员群众服务中心接待群众 4531 人次，

受理办结各类服务事项4326件；村党员群众服务中心年接待群众6384人次，受理办结各类服务事项3528件。加强村级党员群众服务中心建设，为5个村配备电视机，为9个村配备电脑，为3个村配备投影仪，法官泉、龙泉村阵地建设与党员群众服务中心管理运行的经验在全镇推广。

【土宋公路环境整治】 土宋公路属204县道，沿线8个村，南接汉宜公路，北通当阳市和远安县。其环境整治包括：土门大桥节点工程，投资350多万元，改造路面1539米，铺设下水管道3078米，埋设电力电讯管线2039米，安装路灯78盏；户型改造工程，南从水府庙大桥至北黄金嘴，全长约2公里，投资300多万元对沿线118个农户住房实行“三改五建”，即改造住房户型、改变室内功能、改善周围环境，建排污设施、建垃圾房（池）、建绿化花坛、建供水设施、建照明路灯；铺设下水管道500多米，安装路灯20多盏；新建法官泉村居民点入住20余户，安装路灯10余盏，环境绿化近千平方米。整治后，雷家畈、香烟寺村分别获省、市级生态村称号，法官泉等7个村专项验收为省级村庄整治合格村。

【全省新农村示范镇建设】 2009年8月，龙泉镇被确定为全省新农村建设整镇推进试点乡镇，镇委、政府把握机遇，按照“生产发展、生活宽裕、乡风文明、村容整洁、管理民主”的新农村建设总要求，编制《龙泉镇2009~2015年规划纲要》，确立“自我加压、争先创优、创造机遇、科学发展”的龙泉精神。在加大新型农民思想政治素质、科技文化素质、文明素质和民主法治素质培训教育提高力度的基础上，围绕“橘乡酒城”目标，突出服务稻花香打造百亿强企、推进新农村建设两大重点，加快“新型工业化、农业现代化、城镇化”三项进程，实施“一城两园”战略，把龙泉建成“中国白酒名镇、全省经济首强镇、全省新农村建设示范镇”。“中国酒城”：支持服务稻花香围绕白酒主业发展配套产业，打造“百亿”强企，2010年稻花香销售收入70.8亿元，利税7.09亿元，居中国白酒十强位置，以83.65亿元再次入选中国500最具价值品牌，排名由2009年的第67位，前进为第26位，获“全省农业产业化十强龙头企业”，产品销往全国26个省、市、区400多个大中城市。以稻花香为龙头的14家规模工业企业，实现企业产值79.5亿元，同比增长45.4%。“两园”：即精品橘园和现代庄园。龙泉镇1999年为柑橘注册“金银岗”牌商标，获国家绿色食品标识认证和国家农业标准化生产示范乡镇验收。以土宋路、小鸦路、柏临河、杨树河“两路两河”为轴线建设万亩精品果园示范区，打造小鸦路精品果园百里长廊，种植柑橘6106公顷，同比增长5%，培育以晓曦红柑橘交易中心为主的柑橘产业经济服务组织，发展千亩精品橘园示范片10多个，推广柑橘栽培和标准化管理现代农业技术措施，柑橘产量12.6万吨，同比增长10.1%，精品果率达到60%以上，产品销往全国10多个省、市、区200多个大中城市。“现代庄园”：投资366万元修编镇、村两级规划，建设“龙泉新居”入住66户，硬化村组公路66.34公里，100%村、组通水泥路，90%以上的农户通公路；整治龙泉集镇和土宋公路沿线8个村环境，启动了龙泉大水厂和10个村的安全饮水项目；完成3个村级阵地建设和550个农户“一建三改”任务，各村庄建设垃圾房44个，安装路灯60余盏；7个村获省级村庄整治验收，稻花香礼堂、酒文化博物馆、省农村党员干部培训中心竣工投入使用，启动宜昌生物产业园暨职教园、钟家畈创业就业园、小鸦一级公路改造和万亩土地整治项目。全镇90%以上农户住上楼房和安装有程控电话，60%以上农户达到“一建三改”标准，40%以上的户用上自来水和有线电视。全镇实现工农业总产值90.6亿元，同比增长34.2%，财政收入2.71亿元，同比增长29%，农民人均纯收入8553元，同比增长19.8%。获2010年度宜昌市“魅力乡镇”称号。

【宜昌生物产业园暨职教园项目启动】 宜昌生物产业园是武汉国家生物产业基地的拓展区，位于宜昌城区东部——伍家岗组团与龙泉组团结合部，2010年9月经省政府批准设立。规划占地面积14平方公里，重点发展创新化学制药产业、医药包装材料产业、生物医药工程产业、现代中药产业、生物制造产业，规划人口规模7万人。预计建成后工业产值将达到1000亿元。职教园融高职、中职和技工教育为一体，进入职教园的学校为1所高职学校（三峡旅游职业技术学院），2所中职学校（湖北三峡中专、宜昌市机电工程学校），1所技工学校（湖北三峡高级技工学校），总体办学规模为3.18万人。

生物产业园暨职教园涉及车站村，土门村3个村民小组，梅花村2个村民小组及镇土门农场。征地面积1.5万亩，拆迁农户2000多户。9月，项目启动。12月6日，区政府主持召开征地拆迁动员会，组建宜昌生物产业园征地拆迁指挥部，区、镇两级抽调100余人组成工作专班，对红线内实行管控，刹住“六抢”即抢搭、抢建、抢砌、抢栽、抢挖、抢装，年内完成100余户的实物清点丈量登记工作。

【《龙泉镇志》出版发行】 12月15日，《龙泉镇志（1840~2005）》出版发行。全书设21章120节，60余万字，记载“上至天文，下至地理，纵述百年，横及百科”，为各界人士了解龙泉、认识龙泉提供资料，也为进行热爱龙泉、建设龙泉、美化龙泉教育提供了教材。

【稻花香联合省内 69 家县、市电视台开展“活力天使”电视选拔大赛】 10月22日至12月23日，稻花香“活力天使”电视选拔赛在全省 68 个县、市电视台进行，4000多人报名参赛。通过初赛、复赛，12 月 23 日在三峡广电中心一号演播大厅进行总决赛，208 名选手同台展示其自信、魅力和智慧，评出“活力天使”72 人、第二名 66 人、第三名 70 人。

【谢玉孝获全国“孝亲敬老之星”称号】 香烟寺村村民谢玉孝，2004年丈夫因意外身亡后，下抚尚未独立的儿女，上养年逾八旬且患有白内障、老年痴呆等多种疾病的公公，种水田 6 亩多，开垦一亩多荒地种植柑橘 200 多株，把两间土坯房内改建成楼房。她的孝亲敬老精神受到区、镇多次表彰。12月下旬，被全国老龄委表彰为第四届“全国孝亲敬老之星”。

（刘志斌）

黄花乡

【概况】 2010 年，黄花乡突出结构调整、招商引资、项目建设、环境整治等工作重点，实现农业总产值 2.62 亿元，全口径工业总产值 9.9 亿元，规模工业产值 7.9 亿元，规模工业增加值 2.53 亿元；全口径固定资产投资 4.74 亿元，财政收入 1660 万元，农民人均纯收入 6183 元。建设精品果园 1000 亩、高效茶园 2000 亩、标准化规模养猪场 2 个，年出栏生猪 70000 头。发展核桃 5000 亩、朝天椒 300 亩、中药材基地 1000 亩、桑蚕基地 1000 亩、花卉苗木 600 亩，在神宜公路沿线发展柚子、樱桃、枇杷等小水果 1500 亩。扶持组建宜昌老高荒生态农业有限公司、宜昌绿色农业科技开发公司、背马山茶厂、香龙山茶厂等农业产业化龙头企业，并以此为依托，培育出成祥养羊专业合作社、白洋坪园林苗木专业合作社、宜昌良山蔬菜专业合作社和宜昌养蚕专业合作社等农村经济合作组织。实施品牌认证工程，被省农业厅认定为无公害畜禽产品产地，黄花生猪被国家农业部认定为无公害产品。工业项目引进并建成投产 13 个，新引进正在开工建设工业项目 3 个。新增规模企业 5 家。投资 530 余万元，完成园区 35KV 和 10KV 材分线、10KV 上洋支线等 6 条高压线路、45 基杆塔搬迁。完成 2200 米游客步道和快捷酒店主体工程建设，接待游客 56.6 万人次，实现旅游综合收入 8600 万元。投资 2000 万元综合整治神宜公路旅游环境，白果树瀑布景区成为鄂西生态文化旅游圈的重要节点。

硬化村级公路 43 公里。兴建 100 立方米蓄水池 2 座、25 立方米蓄水池 40 座、安装引水管道 4520 米，农田抗旱保丰收能力进一步增强。实施安全饮水工程，解决 5 个村 551 户 1752 人的安全饮水问题。完成黄花场村石坎坡改梯 23.71 公顷，军田坝村土坎坡改梯 109.20 公顷、石坎坡改梯 4.23 公顷。启动黄花场村杨家湾等四处 53.65 公顷石坎坡改梯工程。完成东垭、新坪 2 个村市级低丘岗地改造及军田坝村市级占补平衡土地开发项目。投资 150 万元建设黄花乡综合服务大楼。完成村庄规划工作，实施“清洁工程”，军田坝村被评为全区生态村。

新增城镇就业人员 92 人，安置下岗失业人员 16 人，农村劳动力转移就业 731 人、转移培训 225 人。城镇超龄职工养老保险参保 44 人，工业园区和宜巴高速被征地农民养老保险参保 336 人。完成 38 户“7.15”洪灾水毁房屋灾后重建工作，发放救灾资金 60.6 万元。发放粮食直补、综合直补、良种补贴、油菜补贴、农机补贴、能繁母猪补贴、退耕还林补助、计划生育奖励扶助、家电下乡补贴、汽车摩托车下乡补贴等 1142 万元。大病救助 161 人、临时救助 91 人，送治精神病患者 37 人，完成扶贫搬迁 12 户。投资 178 万元的乡中心福利院老人公寓项目完成招投标。农村低保 635 户 1646 人。

连续 5 年实现“零辍学”目标。完成杨家畈、姜家畈、白洋坪、南边、聂家河、杨家河 6 个村的无线编码广播建设。送戏下乡 50 场次，完成 10 个标准化农家书屋建设。安置南边村抗日将士遗骨。符合政策生育率 98.5%。全员人口信息系统信息准确率达 98%以上。90%村级卫生室达到甲级标准。完成第六次全国人口普查工作，人口普查登记 12258 户、43897 人。聘用近百人历时 4 个月，完成实有人口实有房屋普查工作。完成第一次水利普查工作。《黄花乡志》完成评审工作。

选聘 24 名党建信息员、20 名党员电教员和 19 名村干部助理，建立乡村党员群众服务中心。争取资金 2.2 万元，慰问 32 个受灾党员家庭，为 54 名离退休干部体检。将弘洋集团党总支升格为企业党委，结合建党 89 周年纪念活动，评选表彰“五好”基层党组织 7 个、优秀共产党员 58 名。逐村开展惠农资金检查。重大项目实行效能监察，实行业主负责制、招投标制、合同管理制、责任追究制。将“十个全覆盖”工作作为重要工作来抓，按照“谁主管、谁负责”的原则，结合岗位职责，明确每个“全覆盖”的责任领导和单位。组织专班审计 5 个村和 4 个乡直单位财务。选举村务监督委员会，确定 15 个基层党风廉政建设示范点。

【大调解维稳】 完善村级矛盾纠纷调解中心建设，组建 6 个专业调解小组，建立全乡 9 个重点企业、17 个行政事业单位调解组织，实现调解组织横到边、纵到底、全覆盖。乡大调解工作中心全年受理矛盾纠纷 161 起，调解成功 159 起，化解疑难纠纷 35 起；受理来信来访 101 件，办结回复 101 件，群众满意率 100%。黄花乡被评为全区 2010 年度社会治安综合治理优胜单位。全区大调解工作现场会在乡召开，全市大调解工作现场会到乡参观学习。

【村企共建】 宜昌弘洋集团与白洋坪村结成新农村建设帮扶对子，弘洋集团承诺三年筹资 430 万元支持村产业发展、户型改造和基础设施建设。2010 年，集团投入资金 230 万元，扶持村建成优质核桃基地 1100 亩，硬化组级公路 3.5 公里，建成可供 120 人的安全饮水设施一处，完成土坯房改造 75 户。弘洋集团在全区三级干部会上作《反哺新农村建设、树立责任大企形象》的典型发言。

【服务国家建设】 服务宜巴高速公路建设，完成征地 1773 亩，拆迁红线内房屋 143 户、红线外房屋 35 户，恢复重建沿线毁损基础设施 19 处。支持三峡输变电“三荆线”建设，完成输变电建设塔基浇筑及组塔 81 座，架设线路 38 公里，拆迁房屋 40 户。

【整治旅游环境】 投资 2000 万元改造神宜公路沿线居民房屋 1172 栋，完成景观带绿化 2500 平方米，安装绿化带栅栏 3000 余米，绿化造林和改造林地 1610 亩，新修公路沟渠 1200 米，整修院墙 8500 平方米，建设垃圾屋 18 个，配置垃圾桶 837 个，综合整治沿线建材加工企业 54 家。晓峰景区沿线建成日接待 300 人以上的农家餐馆 16 家、日接待 100 人以上的农家餐馆 30 家。白果树瀑布景区成为鄂西生态文化旅游圈的重要节点，全省生态景观工程建设办公会与会代表到现场参观。

【抗洪救灾工作】 “7.15”特大洪灾造成乡内 15 个村 71 个小组 16954 人受灾，农作物大面积被淹，道路严重毁损。灾情发生后，乡党委、政府组织机关干部和乡直单位负责人到受灾现场抢救遇险人员，组建 70 人的工作专班开展抗灾自救。协助宜巴高速各标段妥善处理遇难人员善后事宜。乡农技中心工作人员到受灾严重的村指导农户进行农作物补种工作，在受灾较严重的南边、刘家坪、二户坪等村办改种补种样板三个。完成塌方清除 33 处，修复浆砌堡坎 57 处，重建被水毁的杨家河拦河坝；发放救灾及灾后重建资金 60.6 万元，完成水毁房屋重建 38 户。

（张海珍）

邓村乡

【概况】 邓村乡位于区西北山区，地处长江西陵峡北岸，背靠国家森林公园大老岭，面临国家 5A 级风景区三峡大坝。居北纬 30° 57′ ~ 31° 06′ 、东经 110° 51′ ~111° 07′ ，南北长 14.35 公里，东西宽 26.25 公里。东、南分别与下堡坪乡、乐天溪镇和太平溪镇相邻，西与秭归县接壤，北和兴山县交界。乡政府距区政府 79 公里，距宜昌市城区中心 89 公里。面积 320 平方公里（含大老岭林场），乡域面积 260 平方公里。辖 16 个行政村，79 个村民小组。年末实有耕地总资源 1264 公顷，常用耕地面积 807 公顷。年末全乡总户数 9724 户，户籍总人口 28442 人，乡村户 8433 户，乡村人口 26456 人。出生人口 208 人，出生率 7.12‰；死亡人口 224 人，死亡率 7.66‰；人口自然增长率 –0.54‰。劳动力 16542 人，乡村从业人数 16449 人。

农业总产值 2.4519 亿元，同比增长 13.03%。粮食总产量 7880 吨，同比增 9.25%；油料总产量 476 吨，同比减 0.83%；水果总产量 538 吨，同比减 1.1%；蔬菜总产量 7429 吨，同比减 12.85%；生猪出栏 38075 头，同比增 10.55%；山羊出栏 11710 只，同比增 4.7%；家禽出笼 78296 只，同比增 17.6%；茶叶产量 4242 吨，同比增 6.05%。在邓村坪建设 66.67 公顷的现代高效茶叶样板园，亩产干茶 150 公斤，亩平收入 5000 元以上。在江坪、中包山、袁家坪等村实施以改种、改园、改管为重点的“三改”工作，改造低产茶园 333.33 公顷。实施测土配方、病虫害统防统治及联防联治，全乡测土配方和统防统治面积 1333.33 公顷。推广茶叶机采机剪技术及设备，全乡机采机剪设备 750 台（套）。500 万元以上的茶业规模企业 22 家，鲜叶价格最高达到 160 元/公斤。

工业总产值 13.8 亿元；比上年增长 52.29%；其中规模工业总产值 12 亿元，增长 43.07%；工业增加值 3.5 亿元，增长 26.94%；固定资产投资 3.7 亿元，增长 58.93%。全乡新增规模企业 6 家，规模企业总数达 33 家。荣麟矿业公司完成建筑石料生产线技改，邓村金矿完成环保技改，宜昌鼎嘉胜矿业公司投资 600 多万元完成镁橄榄石矿生产线的场平工作，黄金河水电公司二级站建设完成投资 3480 万元，投资 3500 万元、装机 3000 千瓦的崔家河梯级电站开发项目进入动工筹备阶段。

全地域财政总收入 641 万元，比上年增长 41.5%；农民外出务工 4723 人，减 1.66%；外出务工收入 3890 万元，增 45.7%；农村经济总收入 6.19 亿元，增长 7.37%；农民人均纯收入 6766 元，同比增 18.81%；农民存款余额 1.38 亿元，比去年增加 3659 万元，同比增 36.08%。

投资 60 多万元建设书刊图书（电子）阅览室、文化科技培训室、多功能厅及篮球场等文体服务设施。大型舞蹈《吆姐儿啲.女人的歌》在全区农村文艺调演暨民间艺术大赛中获创作一等奖和表演一等奖。投资30多万元完成邓村旅游集镇规划、设计，完成全乡16个村的村镇规划和江坪、竹林湾集镇的改造和亮化，投资668万元启动集镇垃圾填埋场建设项目。适龄儿童入学率、巩固率达100%。

发放对农补贴资金522万元，落实家电、汽车（摩托车）下乡补贴资金89万元；发放民政救助资金12.7万元、大米21000斤、棉衣52件。发放因灾倒房恢复重建及危房改造补贴资金139万元，办理大病救助95人次，白内障复明手术32人次，办理残疾证53个，培训残疾人178人，落实新增五保对象8人。

召开八届四次、八届五次人代会，落实各级人大交办的意见及建议。乡、村两级便民服务中心接待村民5424人，受理诉求4119件，办结4119件，办结率100%。评出文明户700多个，先进个人、先进集体120多个。“五五”普法、“两实”调查、人口普查一次验收合格；制定《邓村乡重大事项社会稳定风险评估实施方案》，受理矛盾纠纷103起，调处103起，调处成功101起，调处成功率98%。抓获外逃嫌犯1人、破获刑事案件5起，受理治安案件15起。

完善“三资”代理、政府采购、招投标工作，落实党风廉政建设责任制，开展行风评议工作，加强机关廉政文化建设，推进和落实“十个全覆盖”工作。围绕产业发展、民生改善、机关自身建设、抗灾救灾四个重点，开展“转变服务方式、打造机关服务品牌”为主题的满意机关建设。开办《茶乡之声》广播节目34期，播出稿件197篇；200多篇稿件被市以上新闻单位采用，区电视台拍摄原创《茶业链上党旗红》专题片。

存在的问题：思想解放不够，发展现代茶业、驾驭市场经济的能力有待提高；抢抓机遇、穷追不舍、一抓到底的机遇意识有待加强；乡穷民富的基本乡情没有改变，保民生保运转促发展的实力不足，抓发展促和谐、抓发展脱困境的力度有待加大。

【乡现代农业高效标准茶园项目启动】 12月10日，现代农业高效标准茶园建设项目公开招投标，9家资质单位参与竞标。工程由三个独立的标段组成，即田间作业道13200米、排灌沟渠14000米、田头池140口，经过验标、开标、评标等一系列程序后，最终由安徽省安庆市天纵建设有限责任公司和中外建华诚城市建设有限公司湖北分公司分别获得。项目总建设面积546.66公顷（8200亩），其中低产茶园改造533.33公顷（邓村坪村333.33公顷，红桂香村200公顷）、改植换种13.33公顷。建设内容包括：改土增肥、统防统治、机修机采533.33公顷；新修田间作业道13200米，排灌沟渠14000米，田头池140口；安装太阳能杀虫灯160盏，安插黄色粘虫板16万张。总投资1034万元，其中中央现代农业项目补助资金413.6万元、地方配套资金620.4万元。

【萧氏中国茶产业高新科技工业园一期主体工程竣工】 萧氏中国茶产业高新科技工业园项目位于夷陵开发区，分三期建设，占地300亩，总投资15亿元人民币。一期用地150亩，与日本企业合资合作，开发茶食品、茶饮料、茶粉体、茶叶机械等产品。2009年5月开工建设，至12月底止，小罗河延伸段治理工程基本竣工，完成工业园北区售展中心、品管中心、茶食品公司、茶饮料公司、茶粉体公司、茶精制公司、茶包装印刷公司等土建工程7万平方米，道路硬化，水、电、气综合管网及室内装饰等全面煞尾。茶饮料、茶粉体、茶精制、茶包装的设备安装就绪，茶食品两条生产线安装完毕，预留一条生产线和日本合资，年底投产运行。

【第二届萧氏春茶节】 3月20日上午，由宜昌市农业局、夷陵区政府和宜昌萧氏集团共同举办的第二届萧氏春茶节在宜昌城区夷陵广场开幕。省、市、区领导李亚隆、李泉、李传友、马学军、张为民、王国斌、李全新、谭业明、熊伟、刘洪福、向洪星、王光才、张洪等参加开幕仪式。开幕式由夷陵区委副书记、区长刘洪福主持。宜昌市委副书记李亚隆宣布第二届萧氏春茶节活动正式开始。区委书记、区人大常委会主任熊伟致辞，日本合作单位山益株式会社社长益田隆久宣读贺电。萧氏集团现场展示自主创新的洁净化绿茶生产工艺，数万市民免费品尝萧氏集团特选早春新茶。活动期间，萧氏集团最顶级新茶“萧氏茶境界”一盒（128克）现场拍卖1.8万元，拍卖所得全部捐赠给邓村乡江坪小学。

【灾后重建实现三个百分百】 7月23日，邓村乡遭受百年一遇特大暴雨袭击，道路交通、通讯电力全线瘫痪，303户580间房屋受损，90户271人无家可归，560户2000人饮水困难；公路塌方266处，挡土墙倒塌54处，冲毁涵洞325处、大型拱桥9座，公路直接损失530万元。农作物受灾27000亩，绝收4500亩，农田损毁1200亩，全乡经济损失5600万元。灾情发生后，邓村乡启动应急预案，连夜组织乡村干部转移76户253人，救治伤员8个；成立灾后重建工作领导小组和工作专班，制定《邓村乡因灾倒房重建及危房改造实施方案》，四个重点受灾村小渔村、庙垭、红桂香、邓村坪都由主要领导任灾后指导组组长，村组干部进村入户，核实灾情，将符合“因灾倒房、无房居住、确需重建”的对象一个不少的纳入重建范围，并按照“班子成员联系到村，党员干部联系到户”的要求，落实分片包干、包村包户责任，90个因灾倒房重建户采取“上门认亲”的方式，落实包保责任人。机械、人员则不分昼夜抢修便道，架设桥梁7座、恢复涵洞及挡土墙120多处，帮助农户平整场地、调运红砖等建筑材料。同时，发放因灾倒房恢复重建及危房改造补贴资金139万元。10月底，90个因灾倒房户主体工程建设结束，竣工率百分百；11月8日，因灾倒房户重建任务完成，区、乡两级验收合格率百分百；11月15日，重建对象全部迁入新居，入住率百分百。

【捐款捐物支援救灾】 邓村乡“7·23”特大暴雨灾害发生后，邓村企业、个人捐款捐物支援救灾和灾后重建，区直机关重点帮扶“三无户”，全乡累计筹措救灾资金81.779万元，收到大米1.05万公斤、食用油140桶、快餐面100件、饼干230盒、单衣220件。其中宜昌市民建企业家协会捐款22万元、区房产局捐款10万元、萧氏茶叶集团捐款7.5万元、泰鑫矿业捐款5万元、邓村金矿4万元、荣磷铁矿3万元、区计生局3万元、农村合作银行3万元、小溪塔财政所3万元、黄金河水电公司2.5万元、区委组织部2万元、区水利局2万元、区人武部2万元、乐天溪镇政府1万元、区劳动局1万元。捐款全部进入财政专户，用于支持灾后重建。湖北邓村绿茶集团、宜昌三峡国际旅游茶城共同捐款3万元、大米3000公斤、食用油40壶，并组织车辆送到灾民手中。

【集镇垃圾填埋场建设项目启动】 邓村乡和大老岭林场合作建设的集镇垃圾填埋场项目11月启动。项目占地12.5亩（0.83公顷），计划日处理能力10吨，设计使用年限10年，计划投资668万元，资金来自长江中上游水环境污染治理第四批国债项目。12月底，项目完成工程招标，开始施工。

【黄金河水电公司二级站建设项目开工】 12月底，位于小渔村的黄金河水电公司二级站完成征地，开始隧道开挖。电站由宜昌人陈敏、田勇、聂家忠等股东投资建设，于红桂香村8组一级站外取水，经3860米隧道，汇合庙垭河水后在小渔村4组龙嘴子建站，电站落差120米，设计装机2×1250千瓦，总投资5000万元。

【农民周克勤获国家专利】 3月17日，小渔村村民周克勤发明的生物质汽化炉过滤器实用新型专利获得国家知识产权局授权。这种生物质汽化炉过滤器是周克勤经过多年潜心研究、反复试验和不断改进后发明的，可以有效地解决生物质汽化炉可燃性混合气产气不匀和管道堵塞问题。安装新型过滤器的生物质汽化炉不产生烟雾，不堵塞管道和灶头，产气均匀，燃烧时间长。

【“安全饮水”工程】 乡“安全饮水”工程总投资93.8万元，其中中央补助资金71.85万元、群众自筹14.5万元；6月启动，至11月10日，完工11处，完成土石方1.8万立方米，安装管道2万余米，实现日供水规模140立方米。供水范围包括邓村绿茶集团及常家垭、杨家湾、红桂香、竹林湾、白水头等5个村，686户2395人、牲畜1000头。

【乡卫生院综合楼投入使用】 乡卫生院新建住院综合楼计划生育服务站2009年5月开始施工，四川省十三建建筑公司承建，投资193.7万元，其中中央国债投资50万元、地方配套70万元、其他投资70万元。高四层，全框架结构，建筑面积1895.5平方米。2010年1月投入使用，有床位48个。

【湖北水镜茶叶产业园一期工程建成投产】 2009年11月6日，投资1.1亿元的湖北水镜茶叶产业园由三峡国际旅游茶城签约落户南漳。2010年4月23日，投资3000万元的一期工程水镜茶业科技园建成投产。科技园拥有两条国内领先、全省首条全自动名优茶叶生产线、一条全自动茶叶包装流水线，日加工干茶5000公斤，年生产能力1000吨。

【宜昌农腾实业有限公司在黄金河村成立】 12月9日，乡内第一家以养殖业为主业的宜昌农腾实业有限公司在黄金河村成立，乡党委书记覃春茂、区畜牧兽医局副局长韩永佩为公司挂牌，区劳动就业局、共青团区委等部门的领导到会祝贺。公司由青年农民向国荣创立，占地3000平方米，投资150万元，饲养生猪584头，其中良种母猪20头，良种公猪1头，年前出栏肥猪350头。

【农家“豆腐乳”产业】 邓村农家“豆腐乳”历史悠久，以口感细腻，辣滑爽口，陈香醇和，回味绵长等特点闻名宜昌、武汉、襄阳、荆州等地，不少城里人千方百计托人到邓村购买。制作时选用本地豆腐，在低温下自然发酵15至20天，将生姜、大蒜、橘子皮等作料切碎加入辣椒粉、食盐、白酒等，让腐乳在作料中滚匀，然后用白菜叶包裹，装坛密封。近几年，邓村集镇一条街有农家“豆腐乳”制作户20多家，品牌有“李氏”、“郑氏”、“罗嫂”，“张姐”以及“刘山妹”等，每家一季生产500至1000坛。其中李国志夫妇生产“豆腐乳”的时间最长、数量最多，刘山妹的“豆腐乳”块头最大。

（向明炎）

乐天溪镇

【概况】 乐天溪镇东邻宜昌市峡口风景区，南与三斗坪镇隔江相望，西与太平溪镇接壤，北与邓村、下堡坪乡为邻，面积254平方公里，耕地面积728公顷。2010年，辖14村、1个居委会，81个村民小组，32700人。乐天溪镇是一个典型的移民大镇，有葛洲坝库区、三峡工程前期、坝区红线、对外交通、料石厂以及企事业单位征地等多类移民和失地农民，涉及陈家冲、瓦窑坪、朱家湾、八户店等9村2071户，8036人，征地面积1045.05公顷。

农业总产值1.3亿元，比上年增长12.07%；全口径工业总产值22.5亿元，增长20.32%；固定资产投资2.5亿元，增长56.25%；规模工业总产值20.11亿元，增长44.68%；规模工业增加值7.54亿元，增长53.88%；外贸出口156万美元，增长15.56%；财政收入1110万元，增长24.58%；农民人均纯收入6217元，增长16.05%。

三峡移民生态工业园投资1551.3万元的主干道江峡三路路面硬化一期工程完成右半幅2630米砼路面和浇筑，二期工程进入施工阶段，投资140万元的道路绿化工程开始实施。园区新入驻源源农产品、中乐管业和华尔克电子等企业3家，总投资1.5亿元，可提供就业岗位350个。船舶修造园区年加工产值13亿元，提供就业岗位800多个；均瑶乳业、邓村绿茶、科博镁业、泰安石材等企业进一步扩大生产能力，园区规模工业企业达到9家。

粮食总产10861吨，干茶1119吨，板栗640吨，生猪出栏2.48万头，山羊出栏2541只，家禽出笼8.37万羽。标准茶园建成500亩，低产茶园改造1500亩，板栗园改造1800亩，新建茶园和前胡各200亩，发展核桃300亩。实施2个“150”模式、良种繁育、标准化鸡舍以及8个村级卫生室等项目。“7.8”暴雨灾害后投入140多万元恢复受损的农田设施。

三峡专用公路、宜巴路沿线房屋立面改造400户。奇石馆、奇石园、奇石摆放场、奇石交易市场进一步升级，代表夷陵区成功申报“中国观赏石之乡”荣誉称号。仙湖路完成道路绿化、边沟清理，三峡专用公路节点建设启动。培育星级农家乐20家。全年接待游客10万人次。

举办第五届乐天溪文化科技体育节。培育太极拳骨干200多人、健身舞骨干400多人、腰鼓骨干200多人。制作《夷陵石韵》宣传片1部、奇石歌曲1首。新建群众活动场所4处，有线电视、广播、宽带、农村书屋、文化活动中心等以村为单位全部覆盖。

完成7.6公里孙曹公路和2.4公里晒金坪至毛草坪公路硬化任务，农村水毁公路全部恢复；新修公路桥梁5座，新建沙坪水库尾水处人行铁索桥1处，总投资300多万元。完成兆吉坪村安全饮水工程，解决273户，618人的饮水安全问题，鲍家庄安全饮水项目完成勘察设计，新建天河水窖30口。江峡二路综合改造工程启动，预计总投资480万元。在路溪坪、乐天溪和瓦窑坪3个村建设7条总长2180米的排洪沟，完成莲沱村3000米末级渠系、兆吉坪400米沟渠建设。

【三峡坝区移民生态工业园】 园区规划总面积3.2平方公里，三峡工程专用公路、江峡三路、宜大路与园区连接贯通，可供开发土地4000亩。重点基础设施建设于2008年10月破土动工，2009年3月完成对外通道江峡三路32米宽毛坯路面建设；2010年1月，道路硬化、绿化、亮化工程及供水供电、通信通讯等基础设施进入施工阶段。已入驻企业12家，其中邓村绿茶深加工产业园、宏远速冻食品、宏祥玻璃包装、杰达机械制造和星宇服装加工等8家投产，年创产值12亿元，提供就业岗位2200个；3家企业达到年产20万吨、产值10亿元、就业800余人的规模。新航宇伺服科技、华尔克电子、源源农产品、中乐管业、宏祥玻璃包装二期、杰达机械二期等项目正在建设中。

【三峡奇石文化长廊】 西起西陵峡口南津关，东至三峡大坝、三峡人家旅游景区，长达30公里，集观光、运动、休闲、餐饮、购物和体验为一体；有农家乐餐馆16家、观景平台2处、大型奇石馆1座、农贸市场1处、奇石休闲长廊1处、奇石经营户120家。沿线民居白墙、黛瓦、飞檐，独具峡江风格。2011年奇石交易额2000万元。3月，乐天溪镇代表夷陵区向中国观赏石协会申报“观赏石之乡”；8月，获“中国观赏石之乡——三峡·夷陵”称号。

（黄蒂）

三斗坪镇

【概况】 三斗坪镇位于区境西南部、长江西陵峡中段南岸、三峡大坝所在地。面积177.9平方公里，耕地面积1080.5公顷。辖19个行政村，1个居委会，99个村民小组，34464人。

全年实现工农业总产值5.03亿元。财政收入1430万元，比2009年增长8.7%。农民人均纯收入6190元，增长14.44%。全社会固定资产投资3亿元，比2009年增长85.3%。新增规模工业企业2家。粮食、油料、柑橘、茶叶、鲜茧分别达到10000吨、1000吨、15000吨、150

吨、200吨，生猪出栏4.25万头，家禽出笼19万只，山羊出栏5133只。组建中堡岛旅游产品开发有限公司，开发出“中堡岛”牌系列产品。在花鸡坡村建设400亩柑橘精品果园，在石牌、黄牛岩、棋盘山建设1000亩高效茶园基地，在柏果埫、天桥完成300亩核桃基地建设任务。新增野兔、梅花鹿、七彩山鸡、龙虾等特种养殖专业户8户，养殖户总数107户。争取农业项目11个，项目总投资598万元。开展动植物疫情防控，防疫密度达到100%，完成天保工程封山育林5000亩。投资30万元支持核桃、茶叶、柑橘产业发展，投资86万元补植补造5878亩。投入228万元，在棋盘山、花鸡坡、柘木坪、黄牛岩、南沱、园艺等7个村修建安全饮水工程8处，解决4570名群众安全饮水问题。更换变压控制箱10个，更换100千伏安变压器一台。投资10万多元在黛狮渡口修建候船室。兑现对农补贴资金617.99万元，化解村级债务28.5万元，8个村级公益事业建设获得一事一议财政奖补72.2万元。

兴建宜昌银罡蚕丝制品有限公司、宜昌华天电子科技有限公司。其中宜昌银罡蚕丝制品有限公司年创产值2000万元，安置移民就业40余人；宜昌华天电子科技有限公司安置移民50人。

投资72万元完成葛洲坝库区新增人口项目涉及的5个移民村的道路硬化和水网基础设施建设。投资93万元完成移民安置区经济发展项目涉及的10个村沟渠防洪治理及水网建设。为3197人办理二类参保，兑付参保人员资金7000多万元。发放6个村2117人的葛洲坝水库粮食补贴。培训移民220人，安置移民170名。为660人发放春荒救灾资金3.5万元。医疗救助115人次22万元，临时救助45户130人4.5万元。农村低保727户1428人，城镇低保449户786人，年发放低保救助金233万元。争取资金16万元支持73个因灾倒房户和危房改造户恢复重建。争取黑龙江省哈尔滨市对口支援资金120万元扩建镇中心福利院。新增城镇就业442人，安置下岗失业人员90人，帮助55名困难就业对象实现再就业。转移农村劳动力850人，农村劳动力培训600人。创业培训20人，开发公益性岗位安置就业52人，新增劳务输出300人。

开展安全检查220余次，查出整治安全隐患120多起。侦破刑事案件21起，移送起诉11人，抓获逃犯7人，查处治安案件40起，调解169起。办结来信来访69批次，办结率97%。村便民服务中心和村级便民服务室接待群众16445人次，办结手续12306件。

全镇符合政策生育率97.8%。完成第六次全国人口普查工作。《三斗坪镇志（1840~2005）》完成编辑工作，通过专家评审。

【获“湖北旅游名镇”称号】 6月18日，在全省旅游发展大会上，三斗坪镇被省人民政府命名为“湖北旅游名镇”。2008年6月16日，在省政府常务会上，三斗坪镇被纳入首批旅游名镇创建示范试点镇之一。经过两年建设，完成集镇街道2400米道路改造及沿江花岗岩护栏、道路侧石、人行道板及沿线绿化、路灯安装，电力、电信、有线电视、宽带等线路全部地埋，完成集镇房屋峡江风格改造220栋。

【三峡翻坝高速公路建成通车】 三峡翻坝高速公路位于长江南岸，起于秭归县334省道的曲溪桥，经过秭归县、夷陵区、点军区，止于宜昌长江公路大桥南，接沪渝高速公路湖北省宜昌至恩施段，主线长58.17公里；其中在镇境内长12.482公里，永久性征地139.49亩。镇党委、政府将其作为全镇重点工作，克服多重困难完成农户房屋炮损资金兑付、饮水设施修复、道路还建、征地拆迁等工作。12月31日，三峡翻坝高速公路全线通车。

【农村公路实现“村村通”】 至年底，镇内有公路总长291.13公里，其中30.64公里的土三路、25.18公里的陡纸路、25.19公里的邹石路为三大骨干线，组级道路有179.78公里。其中硬化181.6公里。黄牛岩、头顶石、棋盘山、南沱、秋千坪、石牌等边远村组开通客车，全镇实现村村通公路、村村通客车。

【三峡人家成为“长江三峡最美丽景区”】 7月22日~9月29日，由中国旅游协会景区分会主办、新华网协办、华旅大智传媒机构承办的“长江三峡美丽景区”大型网络评选活动在互联网上举行。三峡人家风景区在网评中排名第一，成为长江三峡最美丽景区。

（高琦）

雾渡河镇

【概况】 雾渡河镇位于夷陵区西北部，东与黄花、分乡相连，南与下堡坪接界，西与兴山县相邻，北与樟村坪镇毗邻，宜兴公路穿境而过。面积389平方公里，其中耕地面积5924.3公顷。辖8个行政村1个居委会，年末总户数11875户，总人口32029人，其中农业人口30529人。2010年度被表彰为全区社会治安综合治理优胜单位、全区落实党风廉政建设责任制先进集体、残疾人工作先进单位、地质灾害防治工作先进单位、基本农田保护工作先进单位、全区防汛救灾及灾后重建工作先进单位。

2010年，企业总产值13亿元。企业增加值5.4亿元，比2009年增长17.6%；全口径固定资产投资35178万元，增长75%；农业总产值24150万元，增长15%；农民人均纯收入6081元，增长17.8%；财政收入3211万元，增长9.8%。

新增高效茶园2000亩，茶叶种植总面积1.6万亩，干茶产量280吨，产值1064万元；猕猴桃3000亩，产值600余万元；蔬菜1000亩，产值500多万元；柑橘3428亩，产值600万元；生猪出栏6.6万头，家禽12万只，产值8220万元。完成农业项目6个：萧氏茶产业高新技术科技园及雾渡河萧氏茶叶科技园一期项目建设完工；启动猕猴桃品种改良，完成野生猕猴桃生态观光园建设方案；实施测土配方施肥项目，建立茶叶、猕猴桃、蔬菜核心示范区2500亩；低产林改造2000亩、低丘岗地改造1000亩；完成小庙村大堰清淤扩容，修复水毁河堤1500米，新修灌溉沟渠2500米；召开农机推广现场会15场次，推广农机108台，机械化生产普及率60%。

新增规模企业4家，规模工业总产值7.8亿元，占工业总产值的78.8%。引进中石化雾渡河加油站、马卧泥汇森石材加工厂、扬发航运有限公司、雾渡河110KV输变电站、宜昌宏亿矿业有限公司、宜昌开泰矿业有限公司、宜昌达圣矿业有限公司、湖南万子湖投资有限公司、宜昌神烽矿产品有限公司9个企业入驻。鑫源、华生两个石料加工项目和都利钼矿采选项目于年内投产。

编制完成《雾渡河镇集镇控制性详规》。发放对农资金736万元；新增农家乐餐饮店5家，农家乐特色餐饮店共45家；查处交通违法行为300余起，集中清查娱乐服务场所6次，检查整顿集镇卫生15次。

新建西北口库区码头6处，维修义渡船只；完成高小路改造7公里，实施小西路、白杨路安保工程14.5公里，恢复全镇“7.15”水毁公路约100公里。完成中心小学校点撤并、小学“班班通”工程及标准化学生宿舍建设，建立规范化校园警务室。完成集中饮水工程10处、天河水窖建设190口，解决726户2764人安全饮水问题。完成宜巴高速3个安置区建设，完成38户扶贫搬迁和87户灾后房屋重建；完成200户生猪改栏，新建300口沼气池，补助配置太阳能300台，节柴灶168座。新增就业岗位72人，新增农村跨地区就业370人，完成创业培训10人，农村劳动力培训143人。28635人参加农村新型合作医疗，参合率95%，医疗救助88人次约20万元，整建各村卫生室；办理超龄职工参保31人，落实宜巴高速红线内被征地农民参加养老保险228人，完成社会保险扩面346人。完成10个台区低电压改造，解决低电压用户2045户；完成镇综合文化站维修改造；全镇政策生育率98.76%。

确立“雾绕峰峦、情渡农家”服务品牌；开展“廉政文化进机关”，建立廉政文化走廊；完善便民服务登记销案管理，设置片区便民协理员，构建镇、村、片三级便民服务网络，受理7238件，办结6268件，其中上报代理209件，本地办结4670件。

【神宜生态景观工程】 神宜路贯穿雾渡河镇清江坪村。按照全区神宜公路生态景观工程总体要求，通过改房屋房型、改厕所、改厨房以改房屋，通过污水如厕、垃圾入桶、柴草入室以改环境，通过倡导健康文明的生活方式以改习惯。完成神宜公路沿线936户房屋立面包装改造，建成七里峡民居改造示范点、清江坪民居改造特色餐饮小区和萧氏茗茶品游接待中心三个示范点；在清江坪沿线建成垃圾集并屋24座，统一采购安装固定垃圾桶100个，发放移动式垃圾桶960个，确定12名保洁员收集沿线垃圾并转运至垃圾屋，再由垃圾车运至垃圾填埋场；公路两侧、房前屋后栽植绿化树木535株，其中桂花树71株、柚子树464株；沿线安装栅栏5600米、路灯27盏，铺设人行道板11450平方米，规范标示标牌50块，浆砌挡土墙3836立方米，硬化道路116.5立方米，安装下水道1500米，向农户发放太阳能300具、节柴灶168户。

【7·15抢险救灾】 7月15日，全镇遭受50年一遇暴雨洪灾袭击，平均降雨量75毫米，其中龚家河村降雨量204毫米，引发山洪、泥石流，造成直接经济损失5000万元。灾情发生后，镇统筹相关区直单位及镇内抢险救灾力量，转移安置117户345人，落实紧急救灾资金9.5万元，及时消除安全隐患，抢修饮水、道路、灌溉等基础设施，协调区保险公司核灾理赔，开展灾后防疫，募得物资及捐款118.4万元。完成115户房屋安全鉴定，确定87户房屋需重建户。出台《雾渡河镇灾后房屋恢复重建工作实施方案》，明确房屋重建方针、原则和对象，确定房屋重建一般户5000~12000元、特殊户（低保户、五保户、残疾户和重点优抚对象）7000~16000元的扶持标准，确立“户申报、村评议、镇审核、区审批”的补助程序，实施资金到村、工作到户。11月16日，区纪委等8部门到镇实地验收灾后房屋重建工作，竣工率100%，其中购买住房36户、新建51户。

【萧氏茗茶品游中心一期工程建成运营】 11月，雾渡河镇萧氏茗茶品游中心一期工程建成运营。雾渡河镇萧氏茗茶品游中心位于清江坪村神宜公路沿线、宜巴高速公路雾渡河出口，是一个以茶为主，集游茶、制茶、品茶、售茶为一体的游客接待中心，由萧氏集团投资建设，包括雾渡河茶叶科技园、清江坪千亩现代示范茶园两部分。项目总投资8000万元，建设用地40亩，一期工程包括建设现代化茶叶加工车间、鲜叶收购大厅、包装仓储楼、科技楼、办公楼、售展厅及附属建筑物15600平方米，引进日本生产线2条、精制茶生产线1条，安装萧氏集团自主研发的 “三位一体”杀青机一台、茶鲜叶清洗生产线2条。园内设有贵宾接待中心、茶艺表演展示中心、茶农员工培训中心、农产品展销大厅、特色餐饮接待中心、包装仓储车间。

【新型农民教育活动】 5月，镇新型农民教育试点活动在观音堂村启动。镇制定《新型农民教育试点活动方案》，以“美丽家园”行动为主题，在试点村开展 “五送五创”活动，即送文明新风，创农村文明人；送环保新理念，创环卫标兵；送农业新科技，创科技示范户；送职业新技能，育专业务工带头人；送创业新政策，创农村致富能手。组织3场科技培训班，举办一次农家厨艺大比拼，以实用的技能培训增强农民技能；举办3场文艺演出，完成农家书屋及远程教育网络建设，以丰富的文娱活动陶冶农民情操；树立环卫标兵、敬老孝亲、协会会员、优秀信息员和文艺骨干共15名。

【集镇房地产业启动】 1月，启动集镇“雾都花园”房地产工程建设。“雾都花园”位于主干道夷兴大道，占地4500平方米，建筑面积约15000平方米，三房两厅双阳台设计；由湖北立方建设有限公司宜昌分公司承建，是雾渡河镇首个还建小区。工程的动工标志着雾渡河集镇房地产业启动。

【综合文化站改造完成】 4月，镇综合文化站维修改造工程竣工并投入使用。工程于2009年10月开工建设，占地1116平方米，建筑面积1260平方米，总造价23.201万元，是湖北省第四批国债资金项目之一。维修改造按“三室一厅”标准进行，即办公室、科技培训室、书刊阅览室、多功能服务厅。

【小学撤校并点】 8月，镇内小学撤校并点完成。交战垭分校、坦荡河分校被撤销，雾渡河镇中心小学成为雾渡河镇唯一一所小学，镇内适龄儿童统一在雾渡河中心小学报名入学。

【110千伏变电站主体工程完工】 雾渡河110千伏变电站坐落于清江坪村原雾渡河高中学校，由宜昌市供电公司承建，总投资7500万元，包括36公里的高压线路、4万兆伏安的变压器等变电设备、厂房。2009年10月破土动工，2010年12月完成主体工程建设。

【龚家河茶叶加工厂建成】 龚家河茶叶加工厂由宜昌萧氏茶叶集团有限公司投资500万元兴建，8月竣工，占地面积10亩，有标准化厂房2500平方米、机械30多台套，持证茶叶加工技术人员15人，年加工规模150吨。

（马乔华）

小溪塔街道

【概况】 小溪塔街道位于长江之滨、西陵峡口、黄柏河畔，南接宜昌市主城区，西连三峡坝区，是夷陵区政治、经济、文化中心。面积269.05平方公里，耕地面积1638公顷，辖10个行政村、8个社区、8个柑橘场，51个村民小组，人口121833人。

全年工业总产值23.2118亿元，农业总产值5.3546亿元，规模工业产值16.8亿元，规模工业增加值5.1亿元，固定资产投资4.9亿元，财政收入1.26亿元，农民人均纯收入7771元。重点工业建设项目21个，其中续建项目4个，新建项目11个，改扩建项目6个；规模企业26家，其中产值2000万元以上的11家。柑橘总产量12万吨，精品果园建设1.4万亩，老橘园改造6600亩；优质畜牧业不断发展壮大，以昌伟农贸公司为龙头，在仓屋塝村建立孵化场、集群养鸡场，年家禽出笼132万羽，生猪出栏10.8万头、奶牛存栏1100头，山羊出栏2000只，畜牧业总产值1.19亿元。新型农民教育培训50余次，参训2万余人。

基本完成小溪塔城区小街小巷道路硬化工程，新修通组公路12条14.6公里，实现街办农村450公里公路全线养护；争取国家补助资金68.9万元，累计解决4215户14753人的安全饮水问题，完成800口沼气池建设任务，并建立11个后续服务点；完成农电改造工程，新增输变电器6台，解决6个村3000余户的用电问题；架通村级调频广播，基本实现全覆盖，并建立广播维护长效机制；“7.15”灾害发生后，拨付资金近50万元用于灾后危房改造、水毁公路重建和生产自救。

牵头制定《夷陵区社区建设规范》，明确提出小溪塔街办工作重心从农村工作向城市社区工作转移。排查矛盾纠纷356件，成功调处350件，成功化解一批积案、难案。开展近500人的“法制引路人、维稳中坚人、基层代言人”系统工程，构建大调解工作格局。举办文艺演出、知识问答、体育竞赛45场次，培训32期，受到群众欢迎。查出安全生产问题和隐患235条，整改233条，通报、督办重大隐患2处4级。

【筹建创业园区】 为促进小鸦公路工业经济带发展战略，为新一轮经济大发展培植新的稳定的财政收入来源，为广大移民、下岗职工和失地农民提供创业平台，3月初，正式筹划小溪塔创业经济园。街道党工委、办事处成立规划、征地、招商、融资、协调五个工作专班，聘请宜昌市城市规划设计研究院编制小溪塔街办创业经济园详细规划，完成园区范围的地籍及人员状况调查。8月19日，召集政协小溪塔委员活动组的12名政协委员集体讨论，听取政协委员对创业经济园的建议和意见。园区规划总面积627.73公顷，其中城市建设用地面积419.08公顷（约6300亩）。规划结构为“一心二轴三组团”。“一心”即园区服务管理中心，“二轴”即小鸦路、创业大道两条发展主轴，“三组团”即农产品加工工业组团、电子机械工业组团、柑橘物流组团。

（彭志华）

樟村坪镇

【概况】2010年，工业总产值28.92亿元，增长26.83%，占全年目标任务的123.05%；规模工业产值25.36亿元，增长40.87%，占全年目标任务的112.2%；农业总产值1.3亿元，增长6.72%；固定资产投资9.6亿元，增长55.47%，占全年目标任务的111.05%；财政收入2.802亿元，增长3.8%；农民人均纯收入8008元，增长15.1%。选矿148.8万吨，出磷精矿69.3万吨，生产销售磷矿石560万吨，销量增加130万吨，产、销量均创历史之最。

柳树沟磷酸盐项目完成投资近亿元。投资2亿元的中科恒达石墨高新科技工业园取得137亩土地使用权并完成征地拆迁、园区安评、环评工作。投资500多万元建设乌龙茶基地及加工厂，建成桃坪河村、秦家坪村乌龙茶基地3500多亩，周边茶农户平一季增收2000元。殷家坪片高山蔬菜项目、桑蚕示范基地项目、三堡垭生态农业项目和新建的2000亩核桃基地项目初见成效。

矿区搬迁工作协调有力，投资2300万元的柳树沟西冲搬迁宏源小区工程如期完工，全面完成46个搬迁户房屋分配。投资600万元的明珠公司董家河搬迁小区基本建成。组织专班协调处理昌达羊角山选矿厂、新民矿业砦沟莫家垭选矿项目等征地搬迁工作。协调果望线二期工程董家河变电站建设项目、中海油公司与宝石山公司合建董家河村杨树湾变电站建设项目，保障重点矿区后续电力供应。副省长田承忠和市委副书记、市长李乐成等领导到镇调研，对镇矿业秩序规范管理、磷矿资源开发利用成效给予高度评价。

集镇水厂、殷家坪出入口路面改造等主体工程基本完工，昌磷公司办公楼建成投入使用；中学学生公寓楼、教学楼改造后投入使用。出台土坯房改造奖励补助政策，建立土坯房改造基金，募集资金218万元，完成473户土坯房改造。集镇水厂一期项目建设完工并投入使用，完成23处安全饮水工程，解决1526户及6个磷矿5335人的安全饮水困难。

城镇新增就业岗位74人，下岗失业人员实现再就业19人，农村劳动力转移就业501人。董家河、砦沟和社区居委会农民养老保险整体推进。社保扩面新增465人，部分村（居）委会给60岁以上500多位老人发养老金。投资800万元的九年一贯制学校建设和投资506万元的卫生院住院部建设即将动工。为140名贫困家庭学生发放助学金11.71万元，为52个贫困户发放大病救助资金32万元，承担群众个人应缴费的新农合资金62万元。为雾殷矿山公路改扩建工程筹措资金6000万元，向上级部门争取生态农业、水利、畜牧产业扶持、新农村文体、卫生项目补助资金等共计566.6万元。

以争创全省五好乡镇党委为目标，努力打造“村级服务平台规范、村级集体经济发展壮大、非公企业党建有序、青年干部队伍优秀”的“四大品牌”，在全区率先实现集体经济收入村村过10万元。以争创最佳满意机关为目标，围绕“高山明珠”服务品牌集中开展“十项行动”。完善镇村便民服务中心建设，印发民情日记、便民服务手册、惠民政策汇编，镇村便民服务网络基本形成。樟村坪镇获全省安全生产红旗单位、全市生态乡镇、全市农村基层党风廉政建设示范单位、全市生育文明建设先进单位、全区五好基层党组织、全区落实党风廉政建设先进单位等多项荣誉。

【雾殷矿山专用公路改扩建工程完工并试通车】 10月10日试通车。雾殷矿山专用公路改扩建工程于2009年10月28日开工建设，经过一年，完成全长33.422公里的改扩建主体工程。工程累计完成土石方55.3万立方米，挡墙10.01万立方米，下基层88099平方米，上基层265500平方米，砼面层265840平方米，边沟、护肩带（包括通讯管线）30.71千米，工程总产值10670万元，占合同造价（9542万元）的111.8%。沿线涉及两个乡镇六个村组和一个国有林场，征地736.18亩，征地拆迁411户，拆迁面积12235.65平方米。

【桃坪河村高山生态有机乌龙茶示范基地建成】 投资300万元的桃坪河村乌龙茶加工厂5月23日建成投产，辐射周边茶园基地2000亩，鲜叶单价每公斤40元，周边茶农户平一季增收2000元。6月25日，高山明珠乌龙茶鉴评发布会在武汉召开，镇乌龙茶示范茶园被省农业厅认定为示范基地。9月19日，全省乌龙茶现场会到镇参观茶叶基地及加工厂。

【借位发展“飞地经济”园区建设】 2010年，夷陵经济开发区樟村坪工业园签订土地征用协定、预付土地征用费，基本建设投资计划、场平设计方案通过审批，场平工程开始征地搬迁。柳树沟磷酸盐精细化工项目2009年12月23日开工后，完成投资8600多元，2010年3月进入设备安装及厂房建设，10月试生产，年利税4000万元以上。宜昌石墨高新技术科技园10月完成场平工作，11月开始厂房钢结构建设，至年底投资8126.5万元。

【“生态文明家园”建设】 2010年，镇下发《土坯房改造实施方案》（夷樟政发〔2010〕14号），建设“生态文明家园”，按照居民点统一规划，道路硬化、庭院绿化、垃圾净化的标准，成立土坯房改造工程指挥部，形成上下联动、全面启动的建设格局。做好宣传引导工作，培训土坯房改造技术员，建立土坯房改造奖补机制，对新建砖混结构和砖木结构的农户，按1万~1.3万元一栋的标准给予奖励补助。号召社会各界援助土坯房改造工程，68个单位共捐赠土坯房改造基金217.75万元。有10个村（居）委会根据经济实力制订相应奖励补助政策。殷家坪村实行百分考评奖励补助办法，至年底，建成砖混、砖木结构住房300多户，基本消灭土坯房。

【533通风排水工程巷道贯通】 533通风排水工程系宜昌华西矿业有限公司安全生产的控制性工程之一，位于三堡村，距樟村坪集镇30公里。公司采矿四周地形复杂，矿体埋藏深，难以形成对角通风，随着井下掘进越来越深，原来的侧翼通风无法满足安全生产需要。实施533通风排水工程，则可实现采矿对角通风和自然排水，改善井下安全生产条件。工程于2007年6月13日开工，2010年底贯通巷道。巷道全长6931米，其中553至554长5297米，554至652长1634米；中途措施斜井180米，总开挖方量10万余立方米。计划总投资人民币1.5亿元，已投资7281万多元。

（刘天宝）

下堡坪乡

【概况】 下堡坪乡位于夷陵区西北部，东临雾渡河镇，南接黄花乡、乐天溪镇，西临邓村乡，北与兴山县接壤，距宜昌市区70公里，三峡坝区35公里。面积257平方公里，耕地面积4071.9公顷，有8个行政村，7343户22063人。平均海拔850米，年平均气温15.7℃，年平均降水1400毫米，森林覆盖率65%，每立方厘米空气中负氧离子含量约4000个，达到国家六级标准。

农林牧渔业总产值23115万元，同比增长16.17%。其中农业产值9242万元，林业产值1312万元，畜牧业产值4814万元，渔业产值2万元。农作物种植面积6474公顷，粮食总产量18945.5吨，同比增长8.5%。茶叶种植2360公顷，同比增长2.65%；茶叶总产量1205吨，产值3838万元；其中春茶650吨，同比增加64吨，增长11%；名优茶360吨，比去年240吨增加120吨，增长50%。天麻3000亩，年产鲜天麻1300吨，产值1.3亿。生猪出栏55425头，同比增长9.37%；存栏38700头，比上年同期增长9%。农村经济总收入2.32亿元，同比增长9.43%。农民人均纯收入6669元，同比增加1046元，增长14.8%。年底，全乡常驻居民人均储蓄存款1.8万元。

乡镇企业总产值7.0亿元，比上年增长5%；其中工业总产值5.0亿元，增长30%；规模工业总产值3.62亿元，增长91%；农业总产值2.2亿元，增长15.6%；社会固定资产投资6500万元，增长20.59%；财政收入516万元，增长2.38%。规模工业企业新增2家，总数达到10家。投资580万元的宜昌市高山云雾茶叶专业合作社建成投产。改制后的宜昌市下堡坪金矿有限公司投产，并投资1050万元新建金矿选厂一个。好智多生物科技有限公司生产的“好智多”系列产品在上海世博会上获联合国发展目标“千年金奖”，注册的“山楂树之恋”饮品于12月29日在人民大会堂湖北厅举办新产品上市新闻发布会。引进宜昌永通电器有限公司、宜昌东方龙茶业有限公司、宜昌金永安金属制品有限公司等入驻夷陵开发区“下堡坪工业园”。

全乡茶园总面积35400亩，茶叶总产量1350吨，产值4300万元，完成九山村、下堡坪村1000亩高效示范茶园建设。以秀水村为重点，推进千亩优质水稻基地建设；以马宗岭村为重点，推进万亩马铃薯示范基地建设，单产和单位面积效益明显提升。天麻交易量1300吨，鲜天麻最高价22元/斤。

推进农村安全饮水工程建设，解决1258户4711人的饮水困难。推进下堡坪中小学改扩建项目，1500平方米的综合楼主体工程竣工。完成乡卫生院搬迁，投资51.7万元配置医疗设施。新型农村合作医疗参合率97%。沿雾莲线改造农村土坯房200户，投资40多万元维修改造福利院。

组织科技培训会和现场会7次，参训人员6000余人。《下堡坪民间故事》纳入荆楚文化大系，长江出版社于6月份出版发行。5月底，举办下堡坪乡“清风杯”第四届全民健身运动会，乒乓球、羽毛球等8个运动项目吸纳干部群众215名。9月中旬，承办夷陵区“茶山杯”乒乓球邀请赛，10个代表队、50多名运动员参加。在夷陵区“天翼杯”第四届农村文艺调演暨民间艺术大赛上获组织奖，节目《皮匠驸马》获表演一等奖、创作二等奖。投入4万多元建设机关干部健康加油站，给全乡8个村12个单位的111名党员干部赠送健康加油站年卡。11月4日，召开下堡坪乡青年读书组成立大会，以定期的读书交流活动促进阅读习惯的养成。

【党员代办服务制度】针对山大人稀、群众困难难解决、群众诉求难落实的实际，按照“流程最优、环节最少、实现最短、服务最佳”的要求，为全乡44名党员代办员和44名村干部代办员开辟“绿色通道”，提供便捷高效的各项工作服务。年内，为群众代办证照300多个，提供办事咨询460多次，查险救灾800多次。工作经验被市委组织部2010年第19期简报、8月17日《三峡日报》、区委办第136期简报等刊发。2010年9月9日，《湖北日报》发表区委书记熊伟的署名文章《把创先争优活动落到实处》，重点推介下堡坪乡党员代办制度；区委组织部在全区采集的服务型基层党组织宣教片《服务是天》中，重点采用下堡坪乡党员代办员张正斌的典型。

【《下堡坪乡民间故事》出版发行】由乡党委书记、乡长田雪峰主编，乡文体服务中心主任余贵福采录整理的湖北省文艺创作重点项目《下堡坪民间故事》一书，纳入荆楚文化大系，并于2010年6月份由长江出版社出版发行。全书撰写耗时三年，采录700多位民间故事传承人，选辑民间故事300多则，298页，29万余字。

【乡集镇改造】2010年，在原有改造规划基础上，乡政府成立集镇改造领导小组，乡党委书记、乡长田雪峰任组长，下设清障、质量巡视两个工作专班，每周召开一次协调会议，对集镇进行全面改造。9月9日开工，铺设地下排水管网400米，完成强弱电下地管网1160米，新建消防栓5个、道路标识牌3个、高压杆灯两盏（12米），铺设人行道板约4500平方米，完成路边路缘石安装，新建1700米停车场、活动广场并完成火烧板铺设，完成街道两边绿化工作以及健身器材、文化广场音乐柱、垃圾箱、垃圾桶等设施的安装，新增街巷路标识牌、房屋号码牌、自来水表箱，排水管网等设施，在集镇南端安装500米钢波护栏。

（易飞）

发展大道新区

【概况】成立于2009年12月。位于夷陵老城区东部，南接西陵区石板村，北到罗河路，西抵罗家小河，东至郭家湾村，辖梅子垭、郭家湾两个村和东城社区、小溪塔柑橘场，是连接东山开发区、夷陵经济开发区和夷陵老城区“三角洲”的中心枢纽，是宜昌省域副中心城市扩容提质的核心区域。面积14.8平方公里，人口1.8万人。

定位为夷陵城市建设精品区、城市经济发展先行区、城乡统筹发展试验区、宜昌新主城区重点区，以发展城市经济为主线。实行“党委+指挥部+城投公司”管理模式，按“党委领导、村（居）自治、市场化运作”的工作机制运作。2010年被区委、区政府授予全区红旗单位、社会治安综合治理优胜单位、人口和计划生育管理目标优胜奖、落实安全生产责任制红旗单位、平安乡镇。

全口径工业产值1.28亿元，占全年目标的128%；规模工业总产值0.76亿元，占全年目标的152%；规模工业增加值0.29亿元，占全年目标的193%。农业总产值1930万元，农产品销售收入1140万元，农民人均纯收入7100元。在郭家湾村建精品果园2100亩，组建农民专业合作组织，探索发展城郊体验式旅游；引进100万元以上生态农业投资项目2个，带动村域经济发展。固定资产投资123204万元，占全年目标的103%，其中政府投资项目57102万元，外来投资66102万元。利用外资5000万美元，占全年目标的500%。全年筹资融资2.67亿元。

征收锦江大道丁家坝段、东湖大道、和谐路东段、东方大道、会展路、消防大队营房、清江润城等项目用地200多亩，拆迁房屋29户。完成土石方挖运74.4万立方米，铺设管网（沟）12000米，完成房屋建筑面积2.98万平方米，工程总投资14626万元；会展路、东方广场（西部）、区干休所还建、夷陵国际大厦主体、梅岭新村室外配套、区商务接待中心装饰、东城社区道路改造、恒信致诚4S店场平、梅子垭二期安置居民点场平等工程完工；完成梅子垭路东段路基路面、罗河路二期路基路面、锦江大道丁家坝段路基及部分路面铺设，完成小溪塔综合产业园区、东方大道、马兰路东城段、丁家坝安置居民点和梅子垭三期安置居民点等项目规划方案，6.6平方公里新区地形图测绘通过省测绘局检查验收，完成土地利用修编工作；启动区公安消防大队和区应急救援中心、区纪委廉政教育基地、老干部局办公大楼建设，完成神宜公路沿线生态景观改造、市法院接待中心项目场平、夷陵楼水电气安装及裙楼装饰配套工程、双虹大桥和小溪塔大桥维修加固工程；完成罗河路二期道路建设、桔莲线丁家坝段线路改造工程；为华润红旗三期地铁电缆项目、恒信致诚汽车4S店和芳满庭生态酒店完成场平施工；完成东方大道施工设计和20.44平方公里的小溪塔综合产业园区规划。

引进全国十大房地产企业恒大集团在新区投资建设恒大绿洲商住楼及五星级酒店项目，引进香港阳光融科、弗洛伊德商务中心、杨氏果业、比亚迪汽车4S店等项目，计划总投资达39亿元。

完成梅子垭村、郭家湾村农民安全饮水工程和小溪柑橘场饮水管道整治工程，完成郭家湾村级道路改造工程、东城社区老东湖路道路硬化亮化工程和小街小巷硬化亮化及下水道改造工程。通过实行劳动力转移培训和创业培训、举办失地农民专场招聘会、开发公益性岗位安置失地农民就业、组织农村劳动力转移就业、下岗失业人员再就业、城乡劳动者创业，全年新增城镇就业338人，下岗失业人员再就业184人，组织农村劳动力转移就业347人，农村劳动力转移培训97人，组织创业培训64人，安置失地农民再就业150人。落实城镇居民最低生活保障对象105户243人，月发保障金38055元。

自编内刊《发展之窗》、《发展之友》两份，《发展之窗》侧重对外宣传，《发展之友》面向基层"三农"服务"三农"。选送的《梅子垭我的家》和《郭家湾村的婆娘们》，在全区第四届农村文艺调演暨民间艺术大赛上获三等奖，梅子垭村成立"家家乐"艺术团；在"发展大道新区杯"区直机关第三届运动会上夺得拔河比赛冠军；辖区内东湖小学，占地面积40000平方米，总建筑面积11000平方米，可容纳1200名学生；有14个教学班、教职工47人、学生539人，其中住宿生240人。2月，新区辖区内的8家企业为其捐款16万元。

【东方广场】 东方广场企业总部经济园是发展大道新区规划的以吸引中外大中型企业集团设立总部办公、营销中心、软件研发的园区，规划占地面积327亩，建筑面积100万平方米。园区内规划19幢总部大厦，临发展大道两侧形成总部建筑群，中间为长490米、宽88米、占地面积4.3万平方米的东方广场。广场内设计有"城市森林"、时光雕塑、心境园、鸣泉谷等配套设施。年内其西部绿化景观工程基本完成。夷陵国际大厦和工商联大厦为双子座，为发展大道新区地标性建筑。夷陵国际大厦6月底封顶，高27层（含地下室）97.5米。建成后，夷陵区行政服务中心、部分区直部门和夷陵城投公司将入驻办公。工商联大厦3月开工，由夷陵区工商业联合会牵头本地企业联合建设，高26层（含地下室）97.5米。

【干休所还建小区】 为修建东湖大道而还建的工程。新建三层楼房11栋每栋2户，用地面积10000平方米，建筑面积5905平方米。2009年9月开工，2010年5月通过验收交付使用。

【恒大绿洲一期及希尔顿大酒店】 宜昌恒大集团投资的大型房地产项目，总投资18亿元，3至5年全部建成。5月1日一期工程动工，10月30日一期商住楼开盘、酒店奠基。一期占地面积231亩，属于商业居住混合用地，其中143968平方米建设商住房，9995平方米建设五星级酒店希尔顿大酒店，总建筑面积461555平方米。

【现代汽车4S店】 湖北恒信德龙实业（集团）有限公司投资建设，占地61亩，建筑面积6000平方米，总投资2亿元。主要销售"广本"、"一汽奔驰"、"马自达"、"一汽大众"、"荣威"等5大品牌汽车。1月8日，广汽本田恒信致诚店开业，上海通用雪佛兰宜昌4S店正建设中，长安马自达宜昌4S店、广汽自主品牌宜昌4S店、奔驰汽车宜昌4S店和两栋办公楼正筹建。

【芳满庭生态酒店】 芳满庭饮食有限公司投资建设的集餐饮、住宿、娱乐休闲、生态庄园于一体的大型项目。占地80亩，计划投资2亿元，首期投资3344万元，建筑面积21850平方米。年内完成场平并开工建设。

【家家乐艺术团】 梅子垭村村民组织的"草根"艺术团，有文体骨干30多人，年龄最大60岁、最小20岁。年初成立，编排有《梅子垭我的家》、《再莫上牌场》、《梅岭新村》、《谁说女子不如男》、《我们生活在花里面》等小品小戏曲，为村民义务演出20多场。《梅子垭我的家》在区第四届农村文艺调演暨民间艺术大赛中获三等奖。

（饶日菊 邹应庚 胡智）

荣耀夷陵

责任编辑：王正玲

中国共产党夷陵区委员会

区委及其办公室

2010年1月，夷陵区获省委、省政府"湖北省农产品加工业四个一批工程先进县（市、区）"称号。

2010年3月，夷陵区获省委、省政府"2009年度全省县域经济发展先进县（市、区）"称号。

2010年4月，夷陵区获市委、市政府"2009年度全市目标管理综合考评优胜单位"称号。

2010年5月，夷陵区获市委、市政府"2009年度宜昌市社会治安综合治理优胜县（市、区）"、全市"争创'全国社会治安综合治理优秀地市'工作先进集体"称号。

2010年7月，夷陵区委中心学习组获省委"2008~2009年度先进党委（党组）中心学习组"称号。

2011年1月，夷陵区获市委、市政府2010年度党政领导线人口和计划生育目标管理优胜奖、计生线一等奖。

区委组织部

5月，获省委组织部"全省组工信息工作先进单位"称号。

12月，获省委组织部"全省第十届党员教育电视片暨远程教育教材课件观摩评比"二等奖3个、优秀奖3个。

区委宣传部

10月，获《湖北日报》传媒集团"《湖北日报》发行先进单位"称号。

12月，获省委宣传部"湖北省宣传思想文化工作先进集体"称号及省委宣传部、省军区司令部"全省国防动员法律法规知识竞赛组织奖"。

区委政法委

7月，获省综治委"2009年度全省社会治安综合治理先进单位"称号。

区委统战部

2010年11月，民进夷陵支部获民进中央"全国先进基层支部"称号。

2011年1月，区委统战部获省委统战部"湖北省温暖工程二等奖"。

区委机构编制委员会办公室

机构编制政务公开工作被省"两公开"办评为优秀等次。

区信访办公室

2011年2月，获湖北省处理信访突出问题及群体性事件领导小组办公室、湖北省信访局"和谐办信先进单位"称号。

区委史志办公室

9月，《夷陵年鉴（2009）》获湖北省第二届年鉴评比县区级地方综合年鉴特等奖及框架设计奖、条目编写奖、装帧设计奖。

11月，《夷陵年鉴（2009）》获中国地方志指导小组办公室、中国地方志协会主办的全国地方志系统第二届年鉴评比县区级地方综合年鉴一等奖。

12月，夷陵区地方志办公室获湖北省地方志编纂委员会"全省年鉴工作先进单位"、"《湖北年鉴》撰稿工作先进单位"称号。

区委老干部局

2011年2月，获湖北省委组织部、湖北省人力资源和社会保障厅、湖北省委老干部局"全省老干部工作先进集体"称号。

区档案局（馆）

12月，区档案局获湖北省档案局"2010年度湖北省档案网站优秀奖"；区档案馆获湖北省档案局"全省档案利用工作示范岗"称号。

夷陵区人民政府

区政府及其办公室

2010年2月，夷陵区获省政府“全省旅游发展先进县（市、区）”称号。

2010年3月，夷陵区获市政府“全市利用外资先进单位”称号。

2010年4月，夷陵区获省经委、省财政厅“全省中小企业成长工程以奖代补奖励单位”称号。

2010年6月，夷陵区获省政府“湖北旅游强县（区）”称号。

2010年9月，夷陵区获省政府“湖北省争创金融信用市州县、力促地方经济大发展竞赛活动优胜县市区”称号。

2010年8月，夷陵区获国土资源部、中国观赏石协会“中国观赏石之乡”称号。

2010年9月，夷陵区获湖北省体育局“实施农民体育健身工程先进县”称号。

2010年11月，夷陵区获全国普及法律常识办公室“首批‘全国法治县（市 区）创建活动先进单位’”称号。

2010年12月，夷陵区政府获省委、省政府、省军区“2010年全省防汛抗旱先进集体”称号。

2011年1月，夷陵区获省卫生厅、省编办、省财政厅、省人社厅“湖北省农村居民健康工程先进县”称号。

2011年2月，夷陵区人民政府获市人民政府“2010年度全市柑橘销售先进单位”称号。

2011年3月，区政府获市政府“安全生产责任制目标考核优秀单位”称号。

2010年10月，夷陵区政府应急办获省政府“全省应急管理工作先进集体”称号。

区公安分局

2月，刑侦大队获省公安厅“2009年度全省公安机关命案侦破工作先进单位”称号；

3月，分局获省公安厅记集体三等功；

9月，分局获省公安厅“全省公安机关上海世博会安全保卫先进集体”称号；

12月，刑侦大队一中队获省公安厅“全省执法示范单位”称号。

区民政局

3月，宜昌市福彩管理站夷陵分站获湖北省福彩中心“2009年度全省福彩系统先进单位”称号。

12月，区民政局获湖北省民政厅“全省民政信访工作先进单位”称号。

区司法局

3月，获全国妇联、全国维护妇女儿童权益暨平安家庭创建协调小组“全国维护妇女儿童权益先进单位”称号。

4月，获省司法厅“社区矫正帮教安置工作先进单位”称号。

9月，获司法部基层工作指导司“人民调解宣传工作先进单位”称号。

区财政局

3月，获省财政厅2009年度“全省财政教科文工作先进单位”、“政府采购先进单位”、“全省财政行政政法工作先进单位”称号；获湖北省综改办“2009年度全省农村综合改革信息报送、采用先进单位”称号。

4月，获省财政厅“全省财政企业先进工作单位”、“全省财政综合工作先进单位”、“全省中小企业信用担保财政管理工作先进单位”称号。

11月，获省财政与编制政务公开工作领导小组办公室“2010年度全省财政与编制政务公开网站和技术保障评比二等奖”。

12月，获省财政厅2009年度“财政总决算工作二等奖”、“地方部门决算工作二等奖”、“地方财政预算执行管理工作三等奖”；获湖北省农村财政管理局“2010年度农村财政管理工作优秀单位”称号。

区人力资源和社会保障局

2月，夷陵区劳动保障监察大队获湖北省人力资源和社会保障厅“2008~2009年度全省劳动保障监察工作先进单位”称号。

3月，夷陵区社会保险事业管理局获湖北省人力资源和社会保障厅“2009年度全省社会保险基金结算工作先进单位”称号。

4月，夷陵区医疗保险事业管理局获湖北省人力资源和社会保障厅“2009年度全省医疗工伤生育保险工作先进单位”称号。

区住房和城乡建设局

2011月1月，获省住房和城乡建设厅“2010年度全省住房和建设系统先进集体”称号。

2011年2月，获省建筑工程管理局“2010年度清欠工作先进单位”称号。

2011年2月，获省建筑工程管理局“2010年度创建农民工学校先进组织”称号。

区文化体育局

3月，夷陵区男声独唱《峡江的姐儿最好客》获“湖北省第十三届楚天群星奖铜奖”。

5月，夷陵区选送的《唱给农家书屋的赞歌》（演讲人：李舟）获省新闻出版局主办的“湖北省农家书屋阅读演讲比赛三等奖”。宜昌市综艺包装有限公司、宜昌奥美包装有限责任公司、宜昌宏裕塑业有限责任公司、宜昌康得利包装有限责任公司获省新闻出版局“第二届湖北印刷企业50强”称号。

区科学技术局

11月，获湖北省科技活动周领导小组“优秀活动奖”。

区卫生局

2010年2月，夷陵区疾控中心获省卫X项目办“世行贷款和英国赠款卫X项目先进单位”称号；3月，获卫生部“三峡库区公共卫生保障先进单位”称号；6月，获省疾控中心“疟原虫镜检技能二等奖”；12月，获省精神文明办、省卫生厅“2009~2010年文明疾控中心”称号。

2010年8月，夷陵医院财务科获湖北省卫生厅“全省规划财务工作先进集体”称号；12月，夷陵医院获湖北省卫生厅“疫情信息报告先进单位。”

2011年2月，夷陵区继续医学教育培训中心获省爱卫会“湖北省卫生先进单位”称号。

2011年3月，区卫生局卫生监督局获省卫生厅“湖北省卫生监督执法工作先进集体”称号；获省卫生厅卫生监督局“2010年度餐饮业量化分级卫生监督先进单位”称号。

区人口和计划生育局

9月，区人口和计划生育局获省人力资源和社会保障厅、省人口和计划生育委员会“全省人口和计划生育系统先进集体”称号。

区审计局

12月，获湖北省人力资源和社会保障厅、湖北省审计厅“全省审计系统先进集体”称号。

区统计局

2010年1月，获国务院第二次经济普查领导小组“全国第二次经济普查先进集体”称号。

2010年2月，获湖北省统计局“全省乡镇统计基础工作先进单位”称号。

2011年1月，获湖北省统计局“全省统计从业资格上岗培训先进单位”称号。

区移民局

3月，获省人力资源和社会保障厅、省移民局“移民工作先进单位”称号。

区物价局

2月，区物价局获湖北省物价局“全省价格信息先进单位”称号；区物价局成本调查队获“全省成本调查工作优秀集体”称号。

区农业局

2011年1月，区农业局、区农村能源办公室获省农业厅“2010年度农业工作先进单位”称号。

2011年1月，区农业综合执法大队获省农业行政执法总队“全省农业行政综合执法先进单位”称号。

2011年2月，宜昌市晓曦红柑橘合作社获市人民政府“全市柑橘销售先进龙头企业”称号。

2011年3月，区农业技术推广中心获省农业厅“全省农业技术推广先进单位”称号。

区水利局

1月，获湖北省人力资源和社会保障厅、湖北省水利厅“全省水利系统先进集体”称号。

区粮食局

2011年3月，获省粮食局“2010年度全省粮食系统先进单位”称号。

区林业局

2010年12月，区森林病虫害防治检疫站获国家林业局森林病虫害防治总站“村级森防员培训工作先进集体”称号。

2011年1月，区林业局获湖北省林业厅党组“2010年度全省优秀林业局”、“2010年度全省林业宣传工作先进单位”、“2010年度全省林业重点工程造林先进单位”称号。

区畜牧兽医局

1月，区畜牧兽医局获湖北省农业厅“2010年全省农业工作先进单位”称号；区畜牧兽医局主持的“生猪生态循环养殖与废弃物资源化利用模式研究与示范”项目获湖北省政府“科技进步三等奖”。

区农村经济经营管理局

1月，获国家农业部“全国农村土地承包纠纷仲裁试点先进集体”称号。

区旅游局

2月，区旅游局获省旅游局“全省旅游行业‘树形象，从我做起’活动先进单位”称号。

6月，环坝集团、晓峰集团分获省旅游局“全省突出贡献旅游投资商”称号。

区房管局

12月，获省房管局“湖北省房屋安全鉴定先进单位”、“白蚁防治先进单位”称号。

区供销社

2011年1月，获省人力资源和社会保障厅、省供销合作总社“全省供销合作社系统先进单位”称号。

区政府机关事务管理局

12月，获省机关事务管理局、省机关事务工作协会“全省2010年度机关后勤工作先进单位”称号。

区电子政务办公室

9月，获市委市政府“全市电子政务建设先进单位”称号。

区药监局

2011年1月，获省食品药品监督管理局“湖北省食品药品监督管理系统民主评议政风行风工作先进单位”称号。

区工商局

9月，获湖北省委、省政府“文明单位”称号。

12月，获省人力资源和社会保障厅、省工商局“全省工商系统先进集体”称号。

区公共资源交易管理办公室

2011年1月，获湖北省招投标管理局“2010年度全省招投标综合监管工作先进单位”称号。

区国土资源局

1月，获省三峡地灾防治领导小组“三峡地灾防治先进单位”称号；获省国土资源厅、省交通厅“宜巴高速公路项目征地工作先进单位”称号。

2月，获省爱卫会“省级卫生先进单位”称号。

3月，获国土资源部信息化工作办公室“2009年县级国土资源政务信息网上公开示范单位”称号；获省国土资源厅“全省国土资源信访工作先进单位”称号。

区地方税务局

5月，获中央文明委“全国文明单位”称号。

国家统计局夷陵调查队

2月，获国家统计局湖北调查总队“湖北调查系统先进单位”称号。

区气象局

2011年1月，获省气象局“2010年湖北省重大气象服务先进集体”称号。

中国共产党夷陵区纪律检查委员会

1月，夷陵区纪委监察局获湖北省纪委、监察厅“2010年度全省纪检监察系统‘改革创新年’活动组织奖”。

夷陵区人民武装部

2010年8月，区人武部机关党支部获湖北省军区政治部“抗洪救灾先进基层党组织”称号。

2010年9月，区人武部获广州军区政治部“订刊用刊先进单位”称号。

2011年1月，区人武部获宜昌军分区“军事训练工作先进单位”、“后勤规范化建设先进单位”称号；后勤科获宜昌军分区“先进科”称号。

人民团体

区总工会

3月，获省总工会“全省安全生产知识电视教育培训先进单位”称号。

9月，《关于乡镇（街道）工会财务情况的调查报告》获省总工会“全省工会财务优秀论文三等奖”。

区妇联

4月，获全国妇联儿童工作部、伊利集团奶粉事业部、中国妇女杂志社“健康宝贝课堂热线”项目工作先进奖。

区文联

1月，获省文联“湖北省基层文联一县一品文艺品牌创建先进单位”称号。

部分事（企）业单位

中国农业银行股份有限公司三峡宜昌支行

8月，获中国农业银行“精神文明建设工作先进单位”称号。

12月，获中国农业银行“案件防控先进单位”称号。

12月，获农行三峡分行“区域进位先进单位”称号。

中国银行股份有限公司宜昌夷陵支行

2011年1月，被中国银行湖北省分行评为五星级经营机构。

2011年2月，获省政府“第八届湖北省职工职业道德标兵单位”称号；获湖北省总工会“五一劳动奖状”。

2011年3月，获中国银行湖北省分行“2010年度先进单位”称号。

中国农业发展银行宜昌市夷陵区支行

2月，获省分行“不良贷款清收十强”和“中间业务十强”称号。

宜昌夷陵农村合作银行

2010年6月，党委获中共湖北省委省直机关工作委员会“先进基层党组织”称号。

2010年8月，获中国银行业协会“全国农村合作金融机构服务‘三农’和支持中小企业优秀奖”。

2011年1月，获湖北省农村信用社联合社“2010年度先进县级行社”称号。

中国人民财产保险股份有限公司宜昌市夷陵支公司

12月，支公司营销一部获省公司“全省专业化销售先进”称号。

中国移动通信集团湖北有限公司夷陵分公司

2011年1月，获省消费者协会“2009~2010年度湖北省消费者满意单位”称号。

中国联通夷陵区分公司

2011年1月，获省消协“2009~2010年度湖北省消费者满意单位”称号。

开发区·乡镇（街道、新区）

湖北夷陵经济开发区

3月，黄金卡社区获湖北省人力资源和社会保障厅“2009年度全省创建充分就业社区先进单位”称号。

太平溪镇

2010年10月，龙峡茶叶公司获中国茶叶流通协会“2010年中国茶叶行业百强”称号。

2011年1月，伍相庙村获省卫生厅“湖北省示范村卫生室”称号。

鸦鹊岭镇

2010年5月，东西泉村获省妇联“湖北省妇联基层组织建设示范乡村（社区）”称号。

2010年6月，鸦鹊岭镇获省人口和计划生育委员会等11个单位“湖北省生育文明先进乡镇”称号。

2010年7月，东西泉村获“全国妇联基层组织建设示范村”称号。

2010年12月，鸦鹊岭镇获湖北省民间文艺家协会“湖北丝竹乐之乡”命名。

2011年1月，鸦鹊岭镇中心卫生院获湖北省卫生厅“全省示范乡镇卫生院”称号。

2011年3月，鸦鹊岭镇获市政府“宜昌市文明乡镇”称号。

分乡镇

2011年1月，百里荒村获省卫生厅“湖北省示范村卫生室”称号。

龙泉镇

2010年2月，中共龙泉镇委获

市委“先进党委中心组”称号。镇政府获省政府“第二次经济普查先进集体”称号。龙泉卫生院、法官泉村分获省爱卫会“湖北省卫生先进单位”称号。

2010年5月，雷家畈村获“湖北省妇联基层组织建设示范乡村（社区）”称号。

2010年9月，镇政府获团省委“第二届乡镇共青团竞赛金奖”。

2010年10月，车站村民兵连获市委、市政府、宜昌军分区“先进民兵连”称号。

2010年11月，稻花香集团获省政府“全省农业产业化十强龙头企业”称号。

2011年1月，车站村获省卫生厅“湖北省示范村卫生室”称号。

2011年2月，龙泉镇卫生院获省爱卫会“湖北省爱国卫生先进单位”称号。

黄花乡

2010年1月，刘家坪村获省爱卫会 “湖北省卫生村”称号。

2010年5月，军田坝村获省妇联“湖北省妇联基层组织建设示范乡村（社区）”称号。

2010年10月，军田坝村民兵连获市委、市政府、宜昌军分区“先进民兵连”称号。

2011年1月，军田坝村获省卫生厅“湖北省示范村卫生室”称号。

邓村乡

2010年1月，“邓村绿茶”获省实施质量兴省战略工作领导小组办公室、省质量协会“湖北名牌产品”称号。

2010年3月，宜昌三峡茶城有限责任公司获省工商业联合会、省总商会“2009年度湖北具有带动力民营龙头企业”称号。

2010年10月，邓村乡获省体育局“湖北省群众体育建设先进乡镇”称号。宜昌萧氏茶叶集团有限公司、湖北邓村绿茶集团有限公司获中国茶叶流通协会“2010年中国茶叶行业百强”称号；萧氏集团展厅获第八届中国国际农产品交易会设计金奖。

2011年1月，邓村乡红桂乡村获省卫生厅“湖北省示范村卫生室”称号。

乐天溪镇

12月，瓦窑坪广场获省妇联“湖北省妇女健身示范站点”称号。

三斗坪镇

2月，三峡人家风景区获省旅游局“全省旅游行业先进单位”称号。

3月，三斗坪镇获住房和城乡建设部、国家旅游局“全国特色景观旅游名镇”称号；获市委、市政府“先进基层人民武装部”称号；获市政府“全市信用乡镇”称号。

5月，三斗坪镇获 “湖北省妇联基层组织建设示范乡镇（镇、街道）”称号；石板村获“湖北省妇联基层组织建设示范乡村（社区）”称号。

6月，三斗坪镇获省政府 “湖北旅游名镇”称号；三峡人家风景区获省政府“湖北省优秀旅游景区”称号。

10月，镇人民武装部获市委、市政府、宜昌军分区“民兵预备役建设先进单位”称号。

12月，三斗坪镇人民政府获全国妇联“全国三八红旗集体”称号。

雾渡河镇

2010年5月，清江坪村获“湖北省妇联基层组织建设示范乡村（社区）”称号。

2010年12月，雾渡河派出所获湖北省宜巴高速公路建设指挥部、宜昌市公安局“宜巴高速宜昌境内2010年度创建‘平安工区’先进单位”称号。

2011年1月，观音堂村获省卫生厅“湖北省示范村卫生室”称号。

小溪塔街道办事处

2010年3月，望江社区获湖北省人力资源和社会保障厅“2009年度全省创建充分就业社区先进单位”称号。

2010年5月，仓屋塝村获省妇联“湖北省妇联基层组织建设示范乡村（社区）”称号。

2010年10月，小溪塔街道人民武装部获市委、市政府、宜昌军分区“民兵预备役建设先进单位”称号。

2010年10月，东湖社区获省妇联、省教育厅、省精神文明建设委员会办公室“湖北省家庭教育工作示范社区”称号；鄢家河小学获“湖北省示范家长学校（家庭教育指导中心）”称号。

2011年1月，官庄村、仓屋塝村获省卫生厅“湖北省示范村卫生室”称号。

樟村坪镇

2010年1月，樟村坪镇获宜昌市委、市政府，湖北日报传媒集团“新中国成立60周年 宜昌荣耀榜名镇奖”。

2010年7月，殷家坪村获 “全国妇联基层组织建设示范村”称号。

2010年12月，镇政府获省委、省政府“安全生产红旗单位”称号。镇委获市委“党风廉政建设示范单位”称号。

2011年1月，栗林河村、砦沟村获省卫生厅“湖北省示范村卫生室”称号。镇林业站获湖北省林业厅“全省林业系统文明窗口单位”称号。

下堡坪乡

8月，湖北好智多生物科技开发有限公司获上海世博会联合发展目标“千年金奖”。

人物

责任编辑：王正玲

先进人物

【省部级先进获得者5人】

莫锦志 区人武部部长。6月，进入主汛期后，修订完善防汛抢险应急预案，组建100人的常备应急救援力量，购置防汛抢险器材，组织防汛科目演练。到雾渡河、黄花、鸦鹊岭等乡镇险情地段巡查、排查。7月16日凌晨2时许黄花乡遭遇强对流暴雨袭击后，和40名民兵应急救援分队队员转移100多名受困人员，打捞起2具遇难者尸体。7月23日晚太平溪镇遭受暴风雨袭击后，和46名官兵职工、应急救援分队队员抢通水毁公路4公里，搭建帐篷20余顶，抢运救灾物资10余吨，即使腰椎间盘旧病复发，仍奋战在一线。倡导人武部机关、官兵职工为邓村乡庙垭村、倒房户李军分别捐款1.5万元、0.5万元。12月，中共湖北省委、省政府、省军区表彰其为“防汛抗洪先进个人”。

屈克义 区人大常委会副主任，夷陵医院心内科主任，九三学社社员。1997年领衔创建心内科，带领同事们创造出科室年出院人次、病床使用率、服务性业务收入等多个医院非手术科室之最。主持完成《冷饭团抗肝纤维实验研究》、《湖北海棠保健作用研究》、《复方隔三消颗粒对大鼠胃肠作用实验研究》等多项国内领先或国内先进水平科研课题；作为湖北唯一一家二级医院的医生参与完成《中国ACS架桥工程研究》和国家十一五科技支撑项目《糖尿病前期中医综合治疗方案研究》；在国家级杂志上发表论文10余篇，出版医学书籍一部。申报、完成省、市继续教育项目各2项；作为高校兼职教授和硕士生第二导师，协助培养数名硕士研究生。多方筹资义务为二万多名多种慢病调查和糖尿病前期患者提供免费治疗。9月，获九三学社中央“全国优秀社员”称号。

宋光华 区林业局森林资源管理股副股长、局机关第三党支部书记。组织参加“林改知识竞赛”活动。制定《夷陵区森林资源流转管理办法（试行）》、《资产评估管理办法（试行）》、《资产抵押贷款管理暂行办法》。对干部群众的政策咨询给予深入浅出的解答。对2009年3月黄花乡姜家畈村52个农户与程家河采石场因林权纠纷发生群众性斗殴的督办案件，配合区维稳办等历时3个月，召开18次群众会做协调工作，于6月促成采石场与农户签订补偿协议，案件得到解决。以此案为题材撰写的《夷陵区创新机制抓林权争议处理》一文在国家林业部网站刊发。12月，湖北省人民政府表彰其为“全省集体林权制度改革工作先进个人”。

刘品国 区农经局党组成员、副局长。分管农村财务、三资、农民负担、农村承包合同、信访、农经执法等工作。先后在《农村经营管理》、《农村财务会计》、《农业产业化》等刊物上发表论文60多篇。探索的土地承包仲裁于2007年向全省推广，作为老师给全省首届农村土地承包仲裁员培训。作为首席仲裁员主持的案例在全省、全国推广。1月，国家农业部表彰其为“全国农村土地承包纠纷仲裁试点工作先进个人”。

陈启银 区农业综合执法大队农业环保站站长。2002年2月开始从事农业环境保护工作。在参加夷陵区第一次污染源普查工作期间，任区农业污染源普查领导小组办公室主任。制订《夷陵区农业污染源普查工作实施方案》；争取落实普查工作经费；组织制定质量控制管理、现场调查、数据处理和资料档案管理等制度。选拔、培训普查员。与普查各相关部门协调联动，落实普查工作“五级审核”制度，组织开展质量监督检查。3月，国务院第一次污染源普查领导小组办公室、环境保护部、农业部、国家统计局等授予其“第一次全国污染源普查先进个人”称号。

【市委、市政府及以上先进获得者】

区委及其办公室

3月，区委副书记向洪星获省委办公厅“2009年度领导干部‘四访促和谐’活动先进个人”称号。

区委史志办公室

12月，副主任简玉琼获省地方志编纂委员会办公室“《湖北年鉴》优秀撰稿人”称号。

区政府办公室

4月，长江市场总经理王恩军获省总工会“五一劳动奖章”。

区公安局

3月，局长陈勇获省公安厅“三等功”嘉奖。

9月，治安大队内保中队指导员单俊获“全省公安机关上海世博会安全保卫先进个人”称号。

区经济商务和信息化局

4月，区经济商务和信息化局国防科公办主任刘兴海获省经济和信息化委员会“全省实施中小企业成长工程先进工作者”称号；宜昌中孚化工有限公司董事长、总经理、党委书记陈志孚获市政府“宜昌市劳动模范”称号。

区民政局

3月，覃圣茂获省福彩中心“2009年度全省福彩系统先进个人”称号。

区司法局

4月，太平溪司法所司法助理杨明贵获省司法厅“社区矫正先进工作者”称号。

区财政局

1月，邓大海获省财政厅“湖北省治理小金库工作先进个人”称号；邓代华 、苏玲莉获“全省财政监督检查系统2010年度先进个人”称号。

3月，何平获省财政厅“2010年湖北省财政与编制政务公开先进个人”称号；李萍获“湖北省2010年度行政事业资产管理（绩效评价）工作先进个人”称号。

4月，赵祥斌获省财政厅“全省商贸财务管理先进个人”称号。

区人力资源和社会保障局

2月，区劳动保障监察大队监察员梁雪峰获省人力资源和社会保障厅“2008—2009年度全省劳动保障监察工作先进个人”称号。

3月，区机关事业保险局离退休管理股股长李桂菊获省人力资源和社会保障厅“2008-2009年度全省养老保险经办机构先进个人”称号。区农村社会保险管理局工会主席、计划财务统计股股长邓亚莉获湖北省养老保险局“2010年度全省养老保险经办机构先进个人”称号。

4月，区医疗保险事业管理局副局长高思秀获省人力资源和社会保障厅“2009年全省医疗工伤生育保险工作先进个人”称号。

区文体局

3月，副局长杨万军获省文化厅“全省文化市场行政执法工作先进个人”称号。

区教育局

4月，宜昌市三峡高中团委副书记郭丰齐获共青团湖北省委“全省优秀共青团员”称号。

区卫生局

3月，疾控科长覃胜获卫生部办公厅“三峡库区公共卫生保障先进个人”称号。

区人口和计划生育局

4月，区计划生育服务站站长刘长艳获市政府“宜昌市劳动模范”称号。

5月，宣教科科长陈新满获省人口计生委 “全省农村独生女高考加分工作先进个人”称号。

区农业局

2010年12月，区农业综合执法大队副大队长胡云获省植保总站“全省植保先进工作者”称号。

2011年2月，区农业综合执法大队廖若鹏获省种子管理局“全省种子管理先进个人”称号。

2011年3月，区农业技术推广中心主任席承龙获省农业厅“全省农业技术推广先进个人”称号。

区移民局

3月，王军获省人力资源和社会保障厅、省移民局“移民工作先进个人”称号。

10月，成启柱获市人民政府“移民工作先进个人”称号。

区粮食局

2011年3月，湖北绿秀粮油集团有限公司董事长、总经理潘家铭获省人力资源和社会保障厅和省粮食局“全省粮食系统劳动模范”称号。

区林业局

2010年12月， 区林业科技推广站站长张启东获省林业厅“全省林业科技工作先进个人”称号。

2011 年 1 月，局工会主席、办公室主任杨开富获省林业厅“2010 年度全省林业系统办公室工作先进个人”称号；局办公室副主任肖祖元获省林业厅“2010 年度全省林业宣传工作先进个人”称号。

区安监局

2011 年 3 月，局长李正源获省安委会“全省安全生产先进工作者”称号。

区电子政务办公室

9 月，主任卢正泽获市委、市政府“全市电子政务建设先进个人”称号。

区国土资源局

1 月，局党组书记、局长杨泽洪，副局长罗新辉获省三峡地灾防治领导小组“三峡地质灾害防治先进个人”称号。

1 月，副局长龙爱民、耕保科薛宏获省国土资源厅、省交通厅“宜巴高速公路项目征地工作先进个人”称号。

区地方税务局

5 月，区地方税务局稽查局局长席祖军获省地方税务局“打击发票违法犯罪活动先进个人”称号。

12 月，区地方税务局办公室主任周成俊获省地方税务局“OA 建设先进工作者”称号。

区供电公司

8 月，何连兵获省电力公司“2010 年劳动模范”称号；徐宏程获“基建安全主题活动先进个人”称号。

12 月，何连波获省电力公司“安全生产先进个人”称号；潘锋获“安全生产优秀班组长”称号；吴刚获“安全生产优秀工作负责人”称号；陈婕获“协同办公系统实用化工作优秀个人”称号；傅先军获“营销工作优秀工作者”；胡涛获“线损工作先进个人”称号。

区人民武装部

2011 年 1 月，军事科参谋秦道勇、政工科科长祁承荣、后勤科科长张庭军分别获宜昌军分区“优秀共产党员”、“新闻宣传工作先进个人”称号及嘉奖一次。

区人民法院

8 月，胡艳获省委政法委、省高院“全省集中清理执行积案活动先进个人”称号。

区妇联

4 月，副主席高艳平获全国妇联儿童工作部、伊利集团奶粉事业部、中国妇女杂志社“2009 年度‘健康宝贝课堂热线’项目先进个人”称号。

宜昌夷陵农村合作银行

2011 年 1 月，龙泉支行行长艾永东、公司部主任彭定国、资金营运中心副主任谭旭营、西陵支行综合柜员黎海英分获省农村信用社联合社“先进信用社主任（支行行长）”、“贷款营销先进个人”、“资金交易先进个人”、“先进柜员”称号；营业部客户经理王琼与西陵支行客户经理王海燕获“优质服务明星”称号。

中国人寿保险夷陵区支公司

7 月，章永岚、黄正武、严玉珍获中国人寿保险湖北省分公司“高品质精英奖”；万成波、陶华庭获“高品质主管奖”。

12 月，李琴获中国人寿保险总公司 2010 年度“团险销售精英”。

中国人民财产保险股份有限公司宜昌市夷陵支公司

12 月，周玉兰、谢军分获省公司“抗灾理赔先进个人”和“全省系统营销精英”称号。

太平溪镇

5 月，财政所李建娥获省妇联、省精神文明建设委员会办公室“湖北省‘关爱留守儿童工作先进个人’”称号。

分乡镇

4 月，宜昌市夷陵区珍宏粮油经营部经理阮仕珍获市政府“宜昌市劳动模范”称号。

10 月，镇人民武装部部长望兴赟获市委、市政府和宜昌军分区“优秀专武干部”称号。

龙泉镇

4 月，湖北稻花香集团总工程师谢永文、宜昌市晓曦红柑橘专业合作社理事长舒德华分获市政府“宜昌市劳动模范”称号。

9 月，稻花香集团总经理蔡开云获湖北日报与省青年企业家协会“湖北省十大优秀青年企业家”称号。

10 月，镇委书记、民兵营教导员罗泽旌获市委、市政府和宜昌军分区“优秀民兵教导员”称号。

12 月，香烟寺村村民谢玉孝获国家老龄委“全国孝亲敬老之星”称号。

邓村乡

9 月，小渔村村妇代会主任、妇女计生委员孟家训获湖北省妇女联合会“全省妇女抗洪救灾先进个人”称号。

10 月，乡人民武装部部长赵梅松获市委、市政府和宜昌军分区“优秀专武干部”称号。

乐天溪镇

7 月，镇委书记、镇长田红获省综治委“2009 年度全省综合治理先进工作者”称号。

雾渡河镇

12 月，派出所所长王涛、派出所指导员高长军获湖北省宜巴高速公路建设指挥部、宜昌市公安局“宜巴高速宜昌境内2010年度创建‘平安工区’先进个人”称号。

小溪塔街道办事处

2010年10月，姜家庙村民兵连连长李源源获市委、市政府和宜昌军分区“优秀民兵连长”称号。

2011年3月，党工委书记、办事处主任刘玉林获省综治委“综合治理先进个人”称号。

樟村坪镇

4月，宜昌三峡矿业有限公司董事长兼总经理王凤军获中共湖北省委组织部、湖北省人力资源和社会保障厅、共青团湖北省委、湖北省青年联合会“湖北青年五四奖章”。

【享受国务院特殊津贴、省政府专项津贴11人】

单位	姓名	性别	称号	授予时间	是否在职
宜昌县特产局	林作炎	男	湖北省突出贡献	1989	退休
宜昌县特产局	林作炎	男	享受国务院特贴	1991	退休
宜昌县特产局	应荣枢	男	享受国务院特贴	1992	退休
宜昌县工业局	冉隆林	男	享受国务院特贴	1992	退休
宜昌县农业局	袁昌忠	男	享受国务院特贴	1993	退休
稻花香酒厂	蔡宏柱	男	享受国务院特贴	1998	在职
宜昌县农业局	习永久	男	湖北省专项津贴	1998	退休
恒达石墨工业公司	温　华	男	湖北省突出贡献	2003	在职
夷陵区农业局	汤先锡	男	湖北省政府特殊津贴	2004	在职
夷陵区农业局	胡世全	男	湖北省政府专项津贴	2007	在职
湖北稻花香集团	谢永文	男	湖北省政府专项津贴	2009	在职

【夷陵区劳动模范10人】

蔡开云　湖北稻花香集团总经理　灵活应对市场，及时调整营销对策。2009年全集团完成产值50.69亿元，实现销售收入50.68亿元，实现利税5.06亿元，实现了集团“505”目标。

傅高忠　鸦鹊岭镇农技服务中心主任　在基层从事柑橘专业技术推广工作22年，累计培训超过1000场次，培训农民近20万人次，培养农民技术员800多名，创建“农技110”六位一体技术推广新模式。2009年，全镇柑橘面积达11万亩，产量12.8万吨，位居省、市、区前茅。

李守华　夷陵医院内四科副主任、副主任医师　从医二十余年来，潜心诊疗事业，率先开展的“脑出血的微创治疗”等新业务填补夷陵医院技术空白。

牛焕菊　三斗坪镇工会、妇联主席　近几年，联系、牵头各级培训机构在三斗坪镇开展各类技能培训11期1898人，向省内省外输出238人，就地转移安置333人，为2500多名农民工节约体检费、车费25万余元。

王泽艳　宜昌粤海棉纺织有限公司轮班班长　连续4年被宜昌粤海棉纺织有限公司评为先进工作者，被全厂职工称为“不知疲倦的铁班长”。

王震　三峡高中老师　从教30年，凭借坚忍不拔的意志和吃苦耐劳精神，一直坚守班主任工作岗位。任教物理，高考成绩8次获得宜昌市教学质量二、三等奖，5次获得夷陵区高考突出贡献奖。

张朝文　柳树沟矿业股份有限公司董事长　辞去稳定的工作，组建了樟村坪镇第一家民营企业。2010年，企业生产规模100万吨，创税近亿元。个人出资成立贫困救助基金和员工发展基金，帮助60多人。加强企业文化建设，创作自己的“企业之歌”、“安全之歌”，办有自己的网站、报纸。

张学良　夷陵区环卫处垃圾清运队机修工　负责全处26辆清运车、100多辆清扫板车、200多座垃圾房门、300多个垃圾桶等环卫设施的修理工作。数年如一日的出色完成各项维修任务，保证车辆设备正常运转和设备完好率。几年来，为单位节省材料、修理费数万元。

邹正明　高级技师、夷陵水电公司工人　33年来，架设数千公里线路无事故，施工的线路有70%是优良工程，多次被评为市、区供电公司“先进个人”，是夷陵水电公司“特殊贡献奖”获得者。

黄玉平　宜昌十八湾土特产品有限公司总经理　2003年创办宜昌十八湾土特产品有限公司，现已发展成为宜昌市农业产业龙头企业。2009年，公司全年实现销售收入8750万元，利税120万元。公司所属“农夫乡情”商标被湖北省工商局、湖北省商标局认定为湖北省著名商标。

【夷陵区第二届道德模范10人】

“助人为乐”模范

陈家翠　三峡会计师事务所有限公司董事长

2006年以来，与下堡坪小学的贫困学生建立帮扶关系，为孩子们捐款捐物2万元。为汶川、玉树灾区募善款47.5万元。为分乡天坑村捐魔芋种款2万元。2010年全区遭受特大洪涝灾害后个人捐款3万元，为太平溪镇、邓村乡募善款40万元。

曾德烤　上海中学教师　从教35年。1980年以来，拿出部分工资资助黄昌银、刘华勇等贫困学生完成学业，并化名资助数名特困生上完小学。为家乡修路捐资2000元，并动员两个妹妹捐资4000元。为汶川地震捐款1000元，并让在校读书的女儿用奖学金捐款500元。

“见义勇为”模范

韩庆琰　太平溪镇韩家湾村中心户　7月23日晚暴雨发生后，不顾个人和自家房屋安危，将周围12个危房户的30多人转移到安全的地方。

高清林　三斗坪镇新生村居民　6月27日上午11时，在得到所在村新穗一巷18号出租房内的一外地打工女被一中年男子刺死的消息后，迅速赶到现场，确认了犯罪嫌疑人的基本特征和逃跑方向，马上组织村民围追堵截，当场将男子移交警方。

“诚实守信”模范

聂邦鸿　弘诚律师事务所主任　带领弘诚的律师五次参加助残日活动，累计捐款捐物3万多元，在所内成立青少年维权部，与妇联联合设立“夷陵区打工妹维权法律服务站”。义务担任小溪塔二小法律顾问9年，宣讲法制课并资助贫困学生。坚持为农民工、下岗职工和残疾人提供义务法律咨询。

“敬业奉献”模范

张道鲲　樟村坪镇初中教师　多次放弃调回城区工作的机会，扎根山区15年。牺牲休息时间编写教案、辅导学生、做好家访，甚至在岳父60岁、父亲70岁生日都没有请假回家。善于总结教学经验，教学论文多次获市区一等奖，所带班级学生成绩一直名列学校前列，多次被评为区“优秀教师”。

周正义　区劳动就业管理局失业保险股股长　从事失业保险工作十余年里，全区的失业保险事业连续十年在全省县市区排名第一。在2009年9月被检查出身患重病、只剩下四个月的生命、在住院治疗一个月后，不顾医生、家人的反对，坚持回到工作岗位。体重从170多斤瘦到120斤，但却说“我不要紧，工作重要。在职一日，就该尽职一日”。

“孝老爱亲”模范

杜支春　邓村乡竹林湾村村民　15年来，丈夫常年在外打工，独自一人悉心照顾双眼失明的婆婆，每天帮婆婆穿衣、洗脸、梳头，搀扶着散步，把饭菜、茶水送到婆婆手中，晚上安顿婆婆睡觉。

黄正秀　乐天溪镇兆吉坪村村民　2000年丈夫意外身亡以来，独自照顾三个孩子的饮食及公婆的起居。三个孩子要读书，公公年老体弱，婆婆患有哮喘病，但从来没有被生活的困难吓倒，始终坚守着信念一路前行。

黄朝美　龙泉镇龙镇社区居民　丈夫在1980年因为心脏病丧失劳动能力，于1991年离世；婆婆1994年瘫痪卧床，完全失去自理能力。自己也因长期劳累导致腰椎损伤，下肢瘫痪，但仍然无微不至的照顾两位90多岁的公公婆婆。

【夷陵区文明标兵10人】

张朝文　柳树沟矿业股份有限公司董事长　先进事迹见之前其获夷陵区劳动模范所附材料。

安宗泰　湖北江重机械制造有限公司董事长　花甲之年来夷投资，实现“当年投资、当年建设、当年投产、当年见效”的“江重速度”。解决农民就业800人。2010年，实现销售收入21亿元。

屈克华　区公路段王家坪养护站站长　从事公路养护工作20年，40多次参加抗灾抢险。7·23太平溪特大暴雨发生后，第一时间组织机械设备和民工赶到现场，连续工作近50个小时，指挥打通道路。

谭家龙　邓村乡卫生院副院长　在基层工作8年，坚持“对患者不遗余力，做事不图回报，工作不带私心”的服务理念，扎根在平凡的工作岗位上，用爱心、细心、耐心、责任心呵护每一个患者，受到农民患者的普遍称赞。

李　超　小溪塔高级中学副校长　业务扎实，关爱学生，深得学生和家长的好评，所带学科质量每年居全区前列。2004年至今，一直任教高三化学，六年高考成绩优异。

杜政兵　区公安分局交警大队小溪塔交警中队队长　在交警岗位工作20年。打破“早八晚五”、双休常规，实行错时、延时弹性勤务制度，采取高峰定点、平峰巡查、巡逻喊话、“电子警察”抓拍等措施开展集中整治行动，形成点线面呼应，动静结合；在全国公共文明指数测评中，小溪塔城区交通管理群众满意度达98%。

宋发远　东城社区党总支书记、主任　社区市民学校开课12次，培训1400人次；社保工作应保尽保，发放葛洲坝移民征地补偿69人65000元；扶贫帮困15人30000元；争取项目资金125万元，改造罗河路桥、社区文化室等，背街小巷硬化亮化率达100%。高质量地迎接全国公共文明指数测评——入户调查。

周　勇　区城管监察大队副大队长　办理的116起案件没有发生一例违法行政，也没有接到一起不文明执法的投诉。

肖永才　小溪塔街道官庄村党总支书记　把群众的冷暖挂在心上，把新农村建设的重任揽在肩上，

2010 年架通自来水 149 户，向村民做深入细致的工作，支持宜巴高速建设，征房 33 户，征地 220 亩。

张　华　区委办公室副主任、610 办公室主任　深入乡镇、村认真排查，加大邪教活动打击处理力度，确保全区未发生一起"法轮功"人员进京或到沪滋事事件。在"7.23"特大洪涝灾害发生后，带领办公室 5 名同志在太平溪镇古村坪村工作 25 天。和村民一道顶着烈日扛 80 多斤重的帐篷过河，和专班人员一起冒雨为村民搭建帐篷。

【夷陵区文明个人】

雾渡河镇

王春江　黄　义　吴远坤

樟村坪镇

孙新星　董晓英　王凤军

下堡坪乡

张安新　罗铜飞　汪家新

邓村乡

屈定清　刘长桥　刘汉武

太平溪镇

李圣珍　杜恒山　周昆鹏

三斗坪镇

张青发　唐金香　李德钰

乐天溪镇

聂贞龙　卢建华　韩　军

小溪塔街道

高建华　史智敏　陈代强　秦　琼
何　琴

分乡镇

黄正权　孙秀龙　郭贵龙

黄花乡

刘　军　龚　铭　周言武

龙泉镇

周振华　雷宏珍　谢大洪　雷开均

鸦鹊岭镇

胡兆艳　王光芬　陈贤彬　赵　勇

夷陵经济开发区

王代红

发展大道新区

郑全成　王清玉

区直单位

魏学军　袁　斌　袁德常　杨　诚
韩永佩　黄代清　杜晓峰　李致学
吴　奎　李清平　王莉娜　胡兆明
王忠华　刘正强　吴　霞　田光金
郑华东　胡家国　周正义　苏明媚
张建科　易凤兰　杨永荃　徐　陈
张国旗　张开兵　陈孝定　汪小平
向元喜　张远清　席承龙　秦长鸣
李守华　孔丽华　朱德军　赵　祥
高德全　熊　惠　张　燕　瞿　平
陈　萍　刘昌学　王海英　刘　刚
卢修鑫　易文君　张宗淮　何　群
郭道孟　易仁忠

人大代表

【全国人大代表 1 人】

蔡宏柱

【省人大代表 2 人】

刘洪福　郭冬芝

【夷陵区出席市四届五次人代会代表 43 人】

丁建祥　万犁昌　尤永石　王　军
王　宏　王世钰　王国斌　王宗慧
王恩军　邓新礼　田　红　伍万平
刘洪福　向洪星　孙光俊　邢　昊
宋志武　张　洪　张苏兰　张德林
李全新　李泽刚　汪　宏　汪宏斌
肖　勇　陈素萍　周莲香　尚　葵
易万华　罗志勇　罗泽旌　赵　毅
赵举海　饶玉梅　袁世明　郭先友
高先华　曹宏伟　望　华　望运锡
梁　华　熊　伟　蔡宏柱

政协委员

【驻夷市政协委员 18 人】

王光才　曹宏伟　王敬东　陈立静
刘德亮　曹　磊　白云静　濮建新
贾全安　陈家翠　韩永佩　冯　斌
田琼波　谢永文　邢　昊　林　文
马孔华　黄宗虎

夷陵区直属机关、团体和部分事业（企业）单位机构和负责人名单

【中国共产党夷陵区委员会】

书　记　熊　伟

副书记　刘洪福　向洪星

郁　霆（挂职至1月止）

王　尧（挂职，从1月始）

刘洪福

向洪星

王　尧

常　委　陈　勇　彭定新　李世民

杨　燕（女）　刘新平

曹宏伟　董诗国　刘广胜

荣笑风（挂职至1月止）

张林翼（挂职至6月止）

区委办公室

主任　董诗国

副主任、610办主任　张　华

副主任、接待办主任　余良庆

副主任、信访办主任　金　江

副主任、农办主任　赵　华

副主任、政研室主任　王　覃

副主任　李西学（至12月止）

刘艳华（女）

程泽锋（从4月始）

纪检员　龙行波

区委组织部

部长　曹宏伟

常务副部长　栾桂梅（女）

副　部　长　赵长城　谭宏清

王汉洲（从2月始）

区委宣传部

部　　长　杨　燕（女）

常务副部长　周爱民

副　部　长　屈万金　余从荣

纪　检　员　李　钰（女）

区委统战部

部长 曹宏伟

常务副部长 周启成

副部长兼工商联党组书记 宋俊雄
副部长兼民宗局长 周功绪
副部长 付宇红（女）
纪检员 谭 琼（女，从4月始）

区委政法委

书记 陈 勇

常务副书记 杨志伟

副书记、维稳办主任 黄传教
副书记、综治办主任 龚兵华（至元月止） 李文超（从元月始）
政法委员、纪检组长 薛玉兰（女）

区委区直机关工委

书 记 董诗国

常务副书记 万育新（至元月止）
陈立静（从元月始）

万育新

陈立静

副书记 姚明芳（女） 周 明
纪检员 袁昌菊（女）
工会主席 陈 勇

区委党校

校 长 向洪星（兼）

常务副校长 王汉洲（至元月止）
刘远忠（从元月始）

王汉洲

刘远忠

党总支书记 温正平
副校长 苏承喜 段世清
张春伟（从2月始）

区委机构编制委员会办公室

主 任 张光成

副主任 杨学梅（女）

区信访办公室

主　任　金　江

副主任　梁绪友（至 2 月止）

　　　　杨勇　向绍林（从元月始）

区委老干部局

局　长　杨鹤鸣（至元月止）

　　　　王汉洲（从 2 月始）

杨鹤鸣

王汉洲

副局长　罗　琼（女）　郭大海

纪检员　韩建华（女，从 6 月始）

区委史志办公室

主　任　唐　皓

副主任　简玉琼（女）

　　　　王正玲（女）

区档案局（馆）

局　长　陶礼忠（至元月止）

　　　　龚兵华（从元月始）

陶礼忠

龚兵华

副局长　赵崇民

　　　　陈慈芬（女）

纪检员　刁　军（女，从 6 月始）

区接待办公室

主　任　余良庆

副主任　王　春（女）

　　　　周　静（女）

【夷陵区人大常务委员会】

主　任　熊伟

常务副主任　张洪

副主任　杨文金　尚志芬（女）

　　　　王广明　屈克义　秦玉龙

杨文金

尚志芬

王广明

屈克义

秦玉龙

办公室

主　任　万育新

农村工作委员会

主　任　梁华厚

财政经济工作委员会

主　任　邓贵清

教科文卫工作委员会

主　任　韩庆秀（女）

城乡建设环境资源保护工作委员会

主　任　鲁明芹（女）

代表工作委员会

主　任　李天武

内务司法工作委员会

主　任　靳海清

研究室

主　任　张宗平（从8月始）

【夷陵区人民政府】

区　长　刘洪福

常务副区长　彭定新

副区长　李世民　易仁和　李羡军

　　　　李泽刚（从3月始）

　　　　饶玉梅（女）

　　　　付　诚（2～8月）

　　　　薛　明（至4月止）

　　　　王兆峰（至6月止）

　　　　郑凌辉（从4月始）

　　　　谢光华（从4月始）

　　　　王　胜（从6月始）

　　　　王　鹏（从6月始）

李世民

易仁和

李羡军

李泽刚

饶玉梅

区政府办公室

党组书记、主任

　　邓世宏（至4月止）

　　望运锡（从4月始）

邓世宏

望运锡

党组副书记、副主任
赵　华
覃万桥（至5月止）
党组副书记　王恩军
党组成员、副主任
王顺喜　陈　勇（至4月止）
陈　立　李　勇　艾自勤
张　敏　朱大青（女）
张宝华　肖　宁
易卿善（从4月始）
刘　红（从8月始）
党组成员、纪检组长
卢　杰（从8月始）
区公安局
党委书记、局长　　陈勇

党委副书记、政委　刘刚

党委委员、副局长　袁圣权
党委委员、副局长
肖启成　席再清　王恩平
党委委员、政工室主任　韩玉忠
党委委员、指挥中心主任　陈　伟
党委委员、纪委书记　　刘邦义
党委委员、局长助理　　张学兵
党委委员、小溪塔派出所所长
朱从远
区发展和改革局
党组书记、局　长　王世钰

党组成员、副局长
陈传琴　王　荣
党组成员、副局长　、总经济师
向运峰
区重大项目稽查特派员办公室主任
王　荣(兼)
党组成员、区重大项目稽查特派员
办公室副主任　杨晓华（女）
工会主席　温大兰（女）

区经济商务和信息化局（3月29日前为区经济商务局）
局　　长　杨大弘

党组书记　杨小培

副 局 长　岳新华
梁　行
韩　敏
王海军（从6月始）
吕学迢　（从7月始）
工会主席　吴　霞（女）
党委委员　胡传凯　桓晓云
区民政局
党组书记、局长
柏　松（至9月止）
赵学军（从11月始）

柏　松

赵学军

党组成员、副局长
郭正龙 周立刚 杨兴明
党组成员 颜复伟
局长助理 谭家萍（女，挂职一年，至10月止）
副局长 谭家萍（女，从12月始）

区司法局

局长 陈维坤

副局长 何克洲 刘培清
胡人方（女，至3月止）
纪检组长 韩庆方（女）
工会主席 吴大军

区财政局

党组书记、局长、国有资产监督管理局局长 袁世明

党组副书记、副局长 王武
党组成员、副局长 黄正礼 陈杰
党组成员、国有资产监督管理局副局长 马宁
党组成员 黄仕明
党组成员、工会主席 张昌贵
党组成员、国有资产监督管理局副局长 陈义林（从3月始）

区招商局

党组书记、局长 周玉春（女）

副局长、驻深圳联络处主任
伍万平
党组成员、副局长
刘毅（至10月止） 苏俊
裴开元（女，从12月始）

区支援三峡工程建设领导小组办公室

主任 李志红（女）

副主任 尚锦华 詹贤珍（女）
沈俊华（至元月止）
丁巍（从元月开始）
李科望

区人事局（于3月29日与区劳动和社会保障局合并成区人力资源和社会保障局）

局长 易卿善

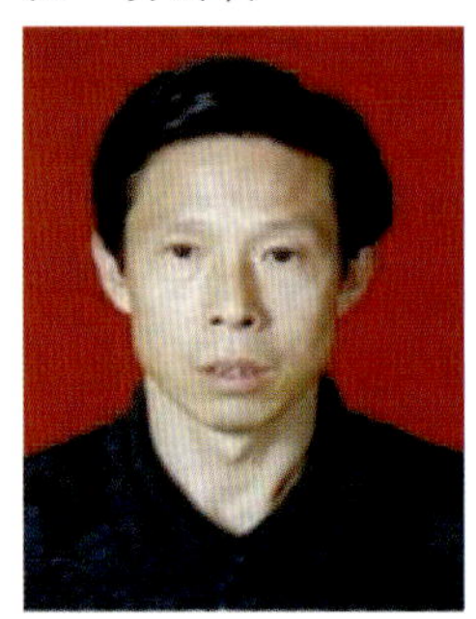

副局长 曾庆荣 周永红
纪检组长 舒丽清（女）
工会主席 田光荣

区劳动和社会保障局（于3月29日与区人事局合并成区人力资源和社会保障局）

局长 戴明道

副局长 高德成 汪涛
黄文松 张靓（女）
工会主席 胡勇

区人力资源和社会保障局（于3月29日由区人事局与区劳动和社会保障局合并而成）

党组书记、局长 戴明道

党组成员、副局长
曾庆荣 汪涛
周永红 黄文松
党组成员 田光荣
舒丽清（女）
副局长 高德成（至8月止）
纪检组长 张靓（女，至8月止）
工会主席 胡勇

区住房和城乡建设局（于3月29日前为区建设局）

党组书记、局长
望运锡（至4月止）
覃万桥（从4月始）

望运锡

覃万桥

党组副书记，副局长　何光林
党组副书记、城管局局长
　　杨代平
党组成员、副局长
　　杨明礼（至 7 月止）
党组成员、副局长
　　王同林　万　平
党组成员　李腾芳
党组成员、规划分局副局长
　　陈孝定
党组成员、工会主席　望开生

区交通运输局（于 3 月 29 日前为区交通局）

党组书记、局长　王家忠

党组成员、副书记　房长麟
党组成员、副局长
　　刘　平　孙朝刚　柳　忠
党组成员、工会主席　周　卫
党组成员　覃发波
总工程师　覃发波（从 7 月始）

区文化体育局

党组书记、局长
　　曾庆泉（至 12 月止）
　　李西学（从 12 月始）

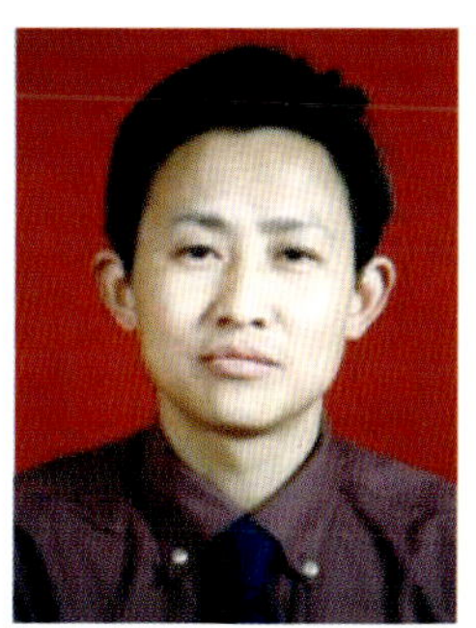
曾庆泉

李西学

党组成员、副局长
　　杨万军　徐　军（女）
　　何行斌　盛　艳（女）
工会主席　郭卫红

区教育局

党组书记、局长
　　陈立静（至元月止）
　　陈　勇（从元月始）

陈立静

陈　勇

党组副书记　郭道林（至 8 月止）
党组副书记、副局长
　　林文彬（从 9 月始）
副局长　王敬东
党组成员、副局长
　　彭克秀（女）　任贤志
党组成员、工会主席　李泽品
党组成员　郭道林

区科学技术局

党组书记、局长　杨一民

党组成员、副局长
　　谭世荣（从 8 月始）
党组成员　祁爱华
副 局 长　祁爱华（至 8 月止）
　　　　　张苏兰（女）
党组成员、工会主席　张兰惠（女）

区卫生局

党组书记、局长　李绪春

党组副书记　朱传会（女）
党组成员、副局长
何明彬
翟前军（至6月止）
党组成员、区红十字会常务副会长
刘德毅
党组成员、副局长　陈俐妮（女）
党组成员、办公室主任　王进
党组成员　李祖铭（从9月始）

区广播电影电视局

党组书记、局长　张　鹏

党组成员、副局长　彭开忠
副　局　长　陈北极
党组成员、副局长　王丽华（女）
党组成员、总工程师　习　容
工会主席　刘家玉（女）
总 编 辑　贾黛钢（女）

区人口和计划生育局（3月29日前为区人口与计划生育局）

局　长　习　琼（女）

副局长　柳发旺
孙良金
陈鸾凤（女，从12月始）

区审计局

党组书记、局长　周　勇

党组成员、副局长
刘精华　张大军
工会主席　陈玉琼（女）

区统计局

局　长　颜尔新

副局长　舒学军　陈俊玲（女）

区移民局

局　长　易万华

副 局 长　刘长福　屈定忠
杨金标（从9月始）
工会主席　张定慧（女）

区物价局

党组书记　傅瑞桂（女）

局　长　王　宏

副 局 长　姜家银（至6月止）
崔建华（从7月始）
党组成员、工会主席
艾玉华（女，从7月始）

区人民政府扶贫开发办公室

主　任　余丙奎

副主任　徐　敏（女）　黄明璋

区农业局

党组书记、局长　刘德亮

党组成员、副局长
高桂华（至2月止）
党组副书记 副局长
谢俊孝（从2月始）
党组成员、副局长
刘年三　刘　进
党组成员　罗金林
副 局 长　彭伏林
总农艺师　汤先锡

区水利局

党组书记、局长　邓新礼

党组成员、副局长
张殿龙　向万红
黄光敏（女）
党组成员、区水土保持局局长
王军华
党组成员、工会主席
张学兵
区防办常务副主任
罗　奇

区粮食局

局　长　聂君安

副局长　易正东
姜　林（至8月止）
杨志忠（从3月始）

区林业局

党组书记、局长
赵学军（至10月止）

党组书记　曾庆泉（从12月起）

党组成员、副局长 刘长龙 王　毅
党组成员　易仁勇
黄登雄（从7月起）
副局长　黄登雄（从3月始）
工会主席　杨开富（从9月始）

区畜牧兽医局

党组书记、局长　鲁秉格

党组副书记、副局长 孙光林
党组成员、副局长　张可文
党组成员　翦演秋（至6月止）
副局长　韩永佩

区农村经济经营管理局

党组书记、局长　桓大平

党组成员、副局长
王玉洁（女）　刘品国

区旅游局

局　长　李冯燕（女）

副局长　汤　磊　高海燕（女）
工会主席　杜承林

区环境保护局

党组书记、局长　胡顺遇

党组副书记、副局长 邹兴忠
党组成员、副局长　李安宁
党组成员　何方成
总工程师　胡玉波
副局长　张冲（挂职，至12月止）

区房产管理局

党组书记、局长　黄荣久

党组成员、副局长
徐卫东　韩玉蓉（女）
党组成员 张　军
党组成员、工会主席　刘绪成

区供销社

党组书记、理事会主任　杨家国

党组成员、理事会副主任
何世华 杨培胜
党组成员、工会主席 刘 平

区安全生产监督管理局

党组书记、局长 李正源

党组成员、副局长
韩永红 高 平 陈焕群

区行政服务中心

主 任 彭定新（兼）

常务副主任 张金光

副主任 孙丽华（女，至4月）
黄成格
高桂华（女，从4月始）
李国萍（女）

区经济发展环境投诉中心

主 任 刘新平（兼）

常务副主任 石绍传（兼）

副主任 黄成格

区公共资源交易管理办公室

主 任 陈虹彬

副 主 任 陈忠生
鲁红英（女）
工会主席 卢凤玲（女）

区人民防空办公室

主 任 尹凌云

区人民政府法制办公室

主 任 王顺喜（至10月）
袁永军（从11月始）

王顺喜

袁永军

副主任 闫志强

区政府机关事务管理局

局 长 马长富

副 局 长 黄世斌 周清华
杨德华
工会主席 胡辉权

区电子政务办公室

主任　卢正泽

东湖国资公司

总 经 理　胡金桥

副总经理　覃建忠

李光明（从 4 月始）

张世平（从 6 月始）

剪演秋（从 6 月始）

总会计师　胡传才

区国土资源局

党组书记、局长　杨泽洪

党组副书记、副局长　龙爱民

党组成员、副局长

张尚莲（女）

罗新辉　慕金坤

党组成员、总工程师　向家民

党组成员、纪检组长　余菊香（女）

区药监局

党组书记、局长　　李顺凤

党组成员、副局长　田圣羽

党组成员、纪检组长　黄代元

区质量技术监督局

党组书记、局长　　付俊第

党组副书记、副局长　张少金

副局长、纪检组长　　陈太平

党组成员、副局长　　杨绪瑞

党组成员、副局长、稽查分局局长

程一新

区工商局

局　长　王方武

副局长　谭复宪　王　兵

秦在政　赵　耀

区地方税务局

局　长　熊作顺（至元月止）

赵凤霞（女，从元月始）

熊作顺

赵凤霞

副局长　雷红兵（至元月止）

张　敏

卢春林（从元月始）

李志军（从元月始）

总会计师　卢春林（至元月止）

区国家税务局

党组书记、局 长　赵芝明

党组成员、副局长

龙学寿　田太明　刘金明

宋秀康（从元月始）

易洪波（从 3 月始）

纪检组长　宋秀康（至元月止）

国家统计局夷陵调查队

队　长　易正华

副队长　李　静
纪检员　齐振海

区邮政局

党委书记　吴友松（至10月止）
　　　　　罗庆来（从10月起）
局　　长　罗庆来

副局长兼工会主席
　　刘德洪（至2月止）
　　张　森（从6月始）

区气象局

局　长　刘云鹏

副局长　熊　莉（女）
纪检员　刘宗芳

区烟草专卖局

局　　长　张进军

副局长　杨　波　罗　京
纪检书记　黄正林

【中国人民政治协商会议夷陵区委员会】

主　席　王光才

副主席　郑德娟（女）　姚维树
　　　　谭永奎　简晓玲（女）
　　　　王敬东

郑德娟

姚维树

谭永奎

简晓玲

王敬东

秘书长、办公室主任　卢　涛

提案委员会

主　任　陈兴平

经济委员会

主　任　余君华

人口资源环境与社会法制委员会

主　任　张绪文

科教文卫体委员会

主　任　韩承芳（女，从元月始）

文史资料委员会

主　任　张沛龙（从元月始）

港澳台侨和民族宗教委员会

主　任　梁绪友（元－9月）
　　　　王德彬（从12月始）

【中国共产党夷陵区纪律检查委员会】

书　记　刘新平

副书记　石绍传　张正明　易仁寿
常　委　赵长城　李贤慧（女）
　　　　闵远吉　周学海　黄朝军

区监察局

局　长　石绍传

副局长　周学海　田琼波（女）

【军事】

夷陵区人民武装部

部　　长　莫锦志

政治委员　刘广胜

副 部 长　何永斌（至3月止）
　　　　　胡文雄（从3月始）
军事科长　何永斌（至3月止）
　　　　　胡文雄（从3月始）
政工科长　祁承荣
后勤科长　张庭军

武警夷陵区消防大队

大队长　胡安源（至元月止）
　　　　柯羊兵（从元月始）

胡安源

柯羊兵

参　谋　魏绍茂　潘家普　胡凯峰

武警夷陵区中队

中队长　李明波（至4月止）
　　　　周　锐（从4月始）

李明波

周　锐

指导员　刘海峰

【夷陵区人民法院】

党组书记、院长　宋建平

党组副书记、副院长
　　刘建农　孙　兴
党组成员、副院长
　　阮吉平　张慧馨（女）
党组成员、政治处主任
　　韩庆东
党组成员、执行局局长
　　顾　红（女）
党组成员、纪检组长　谭家清
党组成员、工会主席　张静波

【夷陵区人民检察院】

党组书记、检察长　田安友

党组副书记、副检察长　郑　斌
党组成员、副检察长　黄信维
党组成员　王小红　黄　革
　　　　　简邦玖
副检察长　王小红（从2月始）
纪检组长　黄　革（从2月始）
党组成员、政治处主任
　　翟丽丽（女）
反贪局局长　简邦玖（从2月始）
党组成员、公诉科科长　向　明
党组成员、工会主席、办公室主任
　　易李奇（从2月开始）

【人民团体】

区总工会

主　席　刘新平

党组书记、常务副主席
　　陈国凤（女，从3月始）

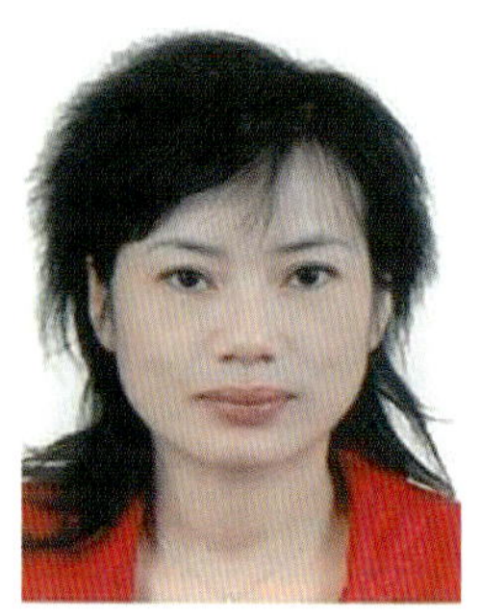

副主席　付登弟
　　　　陈国凤（女，至3月止）
党组成员、纪检组长　丁洪章
党组成员、经审主任　曹　华

中国共产主义青年团宜昌市夷陵区委

书　记　张妮娜（女）

副书记　戴凡石　冯　丁（女）

区妇女联合会

主　席　王　峥

副主席　高艳平　邓轶敏

区科学技术协会

主　席　韩庆春

副主席　王忠华　张苏兰（女）
　　　　韩永佩　周永红　王海军

区文学艺术界联合会

主　席　刘远忠（至元月止）
　　　　曾庆泉（9～12月）
　　　　李西学（从12月始）

刘远忠

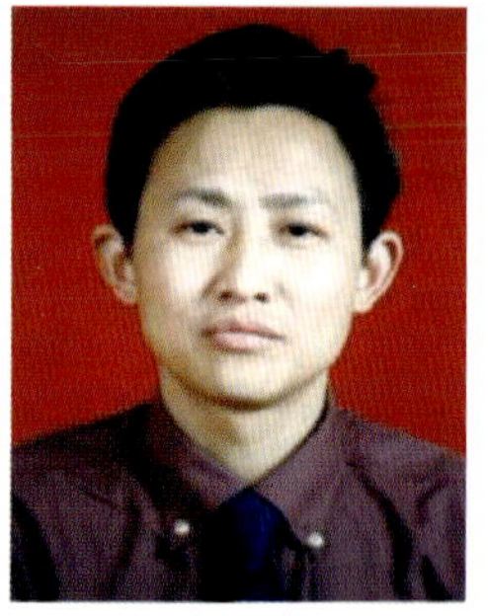

曾庆泉

李西学

副主席　林文楷　（至9月止）
　　　　徐　军（女）
　　　　傅高文（至9月止）
　　　　黄昌福（至9月止）
　　　　周士华（从9月始）
　　　　王丽华（女，从9月始）
　　　　何　强（从9月始）
秘书长　林文楷（至9月止）
　　　　周士华（从9月始）

区残疾人联合会

主　席　易仁和

副主席　赵　华　袁旺清
盲人协会主席　刘建新
聋人协会主席　李　平
肢残人协会主席　彭　炼
智力残疾人、精神残疾人及亲友协会主席　孔庆芳
第二届执行理事会理事长　袁旺清

副理事长　张沛龙（至元月止）
张巧儿（女）
李艳玲（女，从9月始）

区工商联（总商会）

主　席　蔡宏柱

党组书记、常务副主席　宋俊雄

党组副书记　梁开满
党组成员、副主席　万正坤　颜圣林
党组成员　张明星　杨建平
副 主 席　黄大清　易仁忠　张宗淮
黄宗虎　罗德华　王恩珍
邓尚清　陈志孚　王基坤
郑玉顺
副 会 长　易万富　张有生　宋秀明
王安旺　林炳标　程　涛
秘 书 长　宋俊雄（兼）

【部分事（企）业单位】

中国人民银行宜昌县支行

行　长　石真勇

副 行 长　庹庆胜　李文彬
纪检组长　石永全

中国银行业监督管理委员会宜昌监管分局夷陵监管办事处

主　任　徐雄

副主任　李云

中国工商银行股份有限公司三峡夷陵支行

党委书记、行长
周世忠（至7月止）
张祖明（从8月始）

周世忠

张祖明

党委委员、副行长
周　锰（至7月止）
李治平
党委委员、纪委书记
张昌旭（至7月止）

中国农业银行股份有限公司三峡宜昌支行

行　长　孔德忠（至7月止）
蒋思念（从7月始）

孔德忠

蒋思念

副 行 长　王　斌　邓士兵
姜宏周
行长助理　涂思宇（从9月始）

中国银行股份有限公司宜昌夷陵支行

行　长　程宏军

副行长　李小春（女）

　　　　陈应龙（从8月始）

中国建设银行股份有限公司宜昌夷陵支行

行　长　李宏辉

副行长　谢申涛　屈　杨

中国农业发展银行宜昌市夷陵区支行

行　长　喻　晓

副行长　黄仕奉　王洪涛

宜昌夷陵农村合作银行

董事长　刘传华

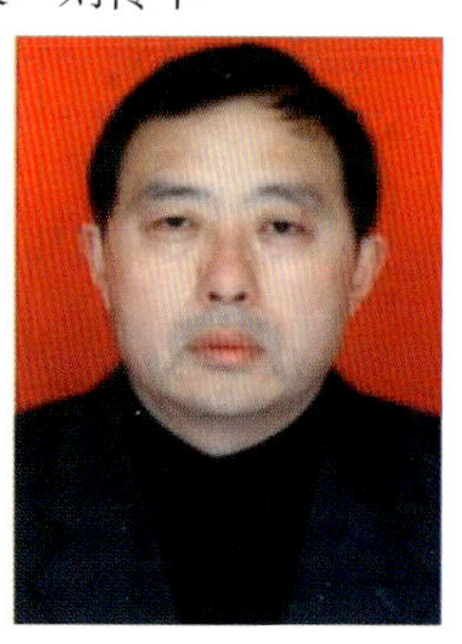

行　长　苏祖弘

副行长　张福成（至12月止）

　　　　雷运华（从11月始）

监事长　陈家钰

工会主席　王宏全（从6月始）

宜昌市商业银行股份有限公司晓溪塔支行

行　长　王　文

行长助理　田　填

营业室主任　刘晓亚

小企业部经理　周　超

中国人寿保险股份有限公司宜昌市夷陵区支公司

经　理　罗绍容

副 经 理　胡兴波　范家银

经理助理　任利华

中国人民财产保险股份有限公司宜昌市夷陵支公司

经　理　汪　华

副经理　李平林（从2月始）

　　　　周玉兰（女）

　　　　余五一　章青菊（女）

中国移动通信集团湖北有限公司夷陵分公司

总 经 理　陈昌木

副总经理　别军红（女）

综合部经理　潘显庆

中国电信股份有限公司宜昌夷陵区分公司

总经理兼党委书记　黄新华

副总经理　杨德忠　洪　英

工会主席　殷　虎

中国联通夷陵区分公司

总 经 理　谢红星

副总经理　石　远
　　　　　姚　辉（至12月止）

区供电公司

总经理、党委副书记　刘昌学

党委书记、副总经理
　王炎发（至7月止）
　周志强（7～12月）
　王运彪（从12月始）

王炎发

周志强

王运彪

副总经理　朱险峰　徐宏程
　　　　　陈宏松　蒋克明

夷陵水电公司总经理　刘运扬

宜昌夷陵石油分公司

总经理　曹雪峰（至10月止）
　　　　谢　勇（从10月始）

曹雪峰

谢　勇

党委书记　许　洁（从10月始）

副经理　谢　勇（至10月止）
　　　　周闵怀

吴　燕（女，从10月始）

【开发区、乡镇（街办、新区）】

湖北夷陵经济开发区

党工委书记、管委会主任　高先华

党工委副书记、管委会副主任
　李国柏（至10月止）
　覃功华

党工委副书记　罗　刚

党工委委员、管委会副主任
　王　俊

党工委委员、纪工委书记　李家新

党工委委员、工会主席
　朱海燕（女）

党工委委员、党政办主任
　林文彬（至9月止）

党工委委员、夷陵经济开发公司
　董事长　孙丽华（女，从3月始）

管委会副主任　伍万平（从9月始）

党工委委员、主任助理
　盛艳（女，挂职，从6月始）

太平溪镇

党委书记、镇长　彭　华

党委副书记、常务副镇长　帅永洲

镇委副书记、人大主席
　杨金标（至9月止）

镇委副书记、纪委书记　望开明

镇委委员、镇政府副镇长　陈　锋

镇委委员、镇人武部长　李　鸿
镇委委员、镇政府副镇长　王　亮
镇委组织委员、统战委员　陈先冬
镇委宣传委员
　袁　平（女，至7月止）
　韩艳琼（女，从9月始）
镇委委员、政府负责人
　向富勇（从11月始）
　李生智（从12月始）
镇长助理、派出所所长　黄大锐
镇长助理　孙　佳（从11月始）

鸦鹊岭镇

党委书记、镇长　汪宏斌

党委副书记、常务副镇长
　程泽锋（至3月止）
党委副书记、政府负责人
　陈晓阳（从6月始）
党委副书记、人大主席团主席
　赵宝良
党委副书记、副镇长
　田帮柱（从8月始）
党员委员、副镇长
　田帮柱（至8月止）
党委委员、纪委书记　闫礼洪
党委委员、副镇长　刘　勇
党委组织委员　刘　军
党委宣传委员　姚莉华（女）
党委委员、人武部部长　王书明
副镇长　龚晓嵩
政府负责人　张长东（从12月始）
镇长助理、派出所所长　杨　军
党委副书记
　闫富东（挂职，从4月始）
镇长助理
　谢红波（挂职，从4月始）
　卢光涛（从11月始）

党委委员
　屈三三（挂职，从4月始）
　吉　伶（女，从11月始）

分乡镇

党委书记、镇长　赵　毅

党委副书记、常务副镇长　曾凡茂
党委副书记、人大主席团主席
　崔建华（至6月止）
　袁国兵（从8月始）
党委副书记、纪委书记
　袁国兵（至8月止）
党委副书记、副镇长
　张丽（女，从11月始）
党委委员、纪委书记
　望兴赟（从12月始）
党委委员、副镇长　张健伟
　付　进（从2月始）
　邹高炎（从12月始）
党委组织委员　张明翠（女）
党委宣传委员　罗国双
党委委员、人武部长　望兴赟
镇长助理、派出所所长　易仁仲
镇长助理　李福琴(女，从11月始)

龙泉镇

党委书记、镇长　罗泽旌

党委副书记、常务副镇长　高秉政
党委副书记、人大主席团主席
　秦玉龙
党委副书记、副镇长　谭宏忠
党委副书记
　严开元（挂职，从6月始）
党委委员、纪委书记　汪道鸿
党委委员、人武部长　蒋开银
党委委员、副镇长　秦建平
党委宣传委员　张　淘　（女）
党委组织委员　张建华
党委委员、政府负责人
　杨晓峰（从10月始）
　胡传辉（从12月始）
政府负责人
　王巧玲（女，从11月始）
镇长助理
　付清弟（挂职，从6月始）
　黄成玉
　陈世林（挂职，从6月始）
　李森林（从11月始）

黄花乡

党委书记、乡长　郭先友

党委副书记、常务副乡长
　崔成忠
党委副书记、人大主席团主席
　王泽高
党委副书记、副乡长
　袁小虎
党委副书记
　张丽娟（女，从11月始）
党委委员、纪委书记　朱莉莉（女）
党委委员、人武部长　高贵祥
党委委员、副乡长　何生膑
党委组织委员　向少兵
党委宣传委员　罗　蓉　（女）
党委委员、副乡长
　徐向馥（女，从12月始）

邓村乡

党委书记、乡长　覃春茂

党委副书记、常务副乡长
胡人方（女，从3月始）
党委副书记、人大主席团主席
刘永文（从3月始）
党委副书记、纪委书记
韩　亮
党委委员、副乡长
简志安
党委宣传委员　李亚男（女）
党委组织委员
张　杰（从2月始）
党委委员、副乡长　杨万龙
党委委员、人武部部长
赵梅松
党委委员
宋成梓（从12月始）
席庆一（女，从12月始）
乡长助理、派出所所长
屈定清
乡长助理　王协书（从12月始）
工会主席　向文清

乐天溪镇

党委书记、镇长　田　红

党委副书记、常务副镇长
刘　红（至6月止）
翟前军（从6月始）
党委副书记、人大主席团主席
黄治国
党委副书记、纪委书记
杨善平
党委委员、副镇长　高　翔
党委委员、人武部长　罗爱民
党委委员、副镇长　聂贞龙
党委组织委员
黎书文（女，至12月）
党委宣传委员　刘　娟（女）
镇长助理、派出所所长　卢文虎
镇长助理　方红英（女，挂职）
党委委员、副镇长
王建华（从12月始）
蔡磊华（挂职，从12月始）

三斗坪镇

党委书记、镇长　望　华（女）

党委副书记、常务副镇长
黄光学
党委副书记、人大主席团主席
王合军
党委副书记、纪委书记
张绪清（女）
党委委员、副镇长
秦在卫　熊代兵
党委组织委员　陈　林
党委宣传委员　王　波
党委委员、人武部长
冯国银
镇长助理、派出所所长
宋建国
副镇长　谢庆平（从12月始）
陈正华（从12月始）
镇长助理　杜启胜（从12月始）

雾渡河镇

党委书记、镇长　万犁昌（女）

党委副书记、常务副镇长　刘　宁
党委副书记、人大主席
陈世菊（女，从元月始）
党委副书记、人武部长
秦德龙
党委委员、纪委书记
陈世菊（女，至元月止）
车友才（从元月始）
党委宣传委员
车友才（至元月止）
岳乃丁（从元月始）
党委组织统战委员
陈德忠
党委委员、副镇长
韩艳琼（女，至10月止）
侯玉平（至10月止）
王玉芳（女，从10月始）
王家青（从12月始）
副镇长　张冲（从12月始）
党委委员、人武部长
秦德龙（至8月止）

小溪塔街道办事处

党工委书记、办事处主任　刘玉林

党工委副书记、办事处常务副主任
李祚彦

党工委副书记、人大联络处主任
卢　苇（女）
党工委副书记　许祖钢
工委委员、纪工委书记　陈传新
党工委委员、办事处副主任　吴和永
党工委组织委员　黄望球（女）
党工委宣传委员　熊仁学
党工委委员、人武部长　赵　璐
党工委委员
杨学梅（女，挂职，从6月始）
党工委委员、办事处副主任
陈小龙（从12月始）
党工委委员
武双霞（女，从11月始）
办事处主任助理
程　琼（女，至10月止）
办事处副主任
程　琼（女，从10月始）
办事处主任助理
石更更（女，从11月始）

樟村坪镇

党委书记、镇长
李泽刚　（至9月止）
柏　松（从9月始）

李泽刚

柏　松

党委副书记、常务副镇长
陈晓阳（至7月止）
李发兵（从7月始）
党委副书记、人大主席 蒋卫华
党委副书记、纪委书记 周忠海
党委副书记、副镇长
韩占冰（从11月始）
党委委员、武装部长　王　林
党委委员、副镇长　高学明
党委组织委员　戴　慧（女）
党委委员、副镇长　杜松柏
党委宣传委员　李　铭
镇长助理、派出所所长 杜永超
党委委员、副镇长
肖　莉（女，从12月始）
镇长助理　王莉莉(女,从11月始)

下堡坪乡

党委书记、乡长　田雪峰

党委副书记、常务副乡长
杨后荣（从2月始）
党委副书记　江文成
人大主席　江文成（从2月始）
纪委书记　江文成（至2月止）
党委副书记、纪委书记
张云智（从2月始）
党委副书记　罗　凌（从11月始）
党委委员、副乡长　秦发平 闫礼虎
党委委员、乡政府负责人
李　莹（女，从11月始）
党委宣传委员　秦爱民
党委委员、人武部部长　王金武
党委组织委员　刘华丽（女）
乡长助理、派出所所长　李　华

发展大道新区

党工委书记、指挥长、城投公司总经理　王恩军

党工委副书记、常务副指挥长、城投公司副总经理　杨新江
党工委副书记、纪委书记
高桂华（女，至4月止）
副指挥长、城投公司常务副总经理
陈义林
党工委副书记　陈义林(从6月始)
党工委委员、副指挥长、城投公司副总经理　谭宏彬　闫精敏
党工委委员　李莉(女，从6月始)
党工委委员、纪委书记
代圣梅（女，从7月始）
副指挥长、城投公司副总经理
李明清　韩庆红
樊宏冰（从4月始）

逝世人物

龙典三　湖北宜昌市人，财政局离休干部，1927年2月出生，1947年7月参加革命工作，1950年9月加入中国共产党，2010年1月去世（享受副处）。

易行三　湖北宜昌市人，经信局离休干部，1932年10月出生，1949年9月参加革命工作，1956年4月加入中国共产党，2010年3月去世（享受副处）。

刘大双　湖北宜昌市人，区政府退休干部，1932年12月出生，1951年5月参加革命工作，1956年1月加入中国共产党，2010年5月去世（享受副处）。

岳开文　山东苍山人，经信局离休干部，1924年1月出生，1944年7月参加革命工作，同年7月加入中国共产党，2010年5月去世（享受副处）。

代宏树　湖南醴县人，畜兽局离休干部，1920年11月出生，1949年2月参加革命工作，同年9月加入中国共产党，2010年5月去世（享受副处）。

张儒学　湖北宜昌市人，区政协退休干部，1933年9月出生，1951年2月参加革命工作，1953年5月加入中国共产党，2010年6月去世（实职正处）。

简友云　湖北宜昌市人，农业局退休干部，1932年7月出生，1951年7月参加革命工作，1952年8月加入中国共产党，2010年8月去世（享受副处）。

王忠福　山东栖霞人，区直机关休干所离休干部，1921年7月出生，1942年2月参加革命工作，1944年2月加入中国共产党，2010年9月去世（实职副处）。

张振发　云南大理人，住建局离休干部，1921年7月出生，1948年10月参加革命工作，2010年10月去世（享受副处）。

杨树葆　山西蒲县人，区直机关休干所离休干部，1931年7月出生，1949年8月参加革命工作，1948年8月加入中国共产党，2010年12月去世（实职正处）。

（喻祖恒）

艺 文

责任编辑：徐敬河

散 文

北园晨钟

林文楷

它没有名字，是我叫它北园。

东方欲晓，钩式残月悬在西空，倦怠乏力的星色还没彻底褪去，我便起床，牵住拂晓的衣角顶着清晨的毡帽跨上丁家坝大桥，欲去北山森林公园爬山。

夏日桥上的晨风是撩人而缠绵的，牵扯得遭受一夜闷热煎熬的我不忍快步，我愈行愈看，愈行愈止，来到桥头天色已明。

桥头是新辟的丁家坝公园，这是一条街河之间狭长的绿化带。大桥公路直通山上，将绿化带隔离开来，变成了南北二园。说是一分为二，其实北园在整个绿化带中小得微不足道，北面无有街道人群民居，很少投入人们的视线，来往行人多走大桥南侧，总是不瞥而过，我曾来过多次，可一次也没留意。

今天我起得大早，又走北侧，眼帘中自然收入北园，这才发现了它的妙处，园之精巧，圃之有趣。

伫立桥头，园圃中侧柏和红椐木环环相套组成的两个‘O’字似在友好的向我招手，我如被磁石所吸，终不能抗拒它的诱惑自觉走入园中。

这是一座精巧的园圃，形状椭圆，方圆不过五七十米，原是桥头一块废地改建而成。它东傍河水南临大桥，西倚新街北涉小溪，设计者依山就势，不做大的平整，只做河岸修砌和园内装点，保持着原有的凹凸风貌。园内也没植大树高木，多是些萋花和翠草，几株苏铁居高凌下遮挡着新街，背倚的山水云间或隐或现。园内几方花岗石置于道旁，既挡住了南面的园圃又烘托出了东南桥涵的古旧与沧桑。虽居闹市，犹如世外桃源。

经过一夜的降温，道旁的花岗石凉爽可倚，我如一只飞鸟栖在上面。整理衣角放眼对岸，对岸城区隔着一条百余米宽窄的黄柏河。河水清清，一展如镜，正处东方的对岸城区高楼林立，日暮天高粉光四射，两相映衬黛托辉煌，映到水里欲如海底龙宫。

我正看这天幕金碧，可能是水中的一只龙虾或是小鱼擅离了职守，或是出来觅食反被所觅，忽然桥涵中一只野鸭扑棱展翅，利箭样冲进河里，只见水中几个浪花翻卷，野鸭又腾空而起旋即飞回了桥涵。

浪展开来，倒影在清晨的河水中荡漾不止，这一切发生的突然而迅捷，令人咤不及思。我正惊异水鸟的眼力和速度，突然有钟声入耳。

钟声来自北面。我回首北望，北面是弹丸菜地，一溪相隔，一涵所及，菜地边一株合抱不交的大柳树坐落河岸，一株五爪法国梧桐立在菜地高处。菜地与北园近在咫尺，过去就是北山森林公园。

钟声再一次响起，它悠扬清远，这是北山森林公园掩映下古慈寺里的晨钟。

2007 年 11 月 28 日

（2009 年选入《中国散文.精致读本》）

赋

赋三篇

黄世堂

盘古神赋

创建于三峡北岸香炉山的湖北省盘古文化研究基地，系全国目前唯一的盘古文化研究基地。应其干事长易德礼先生之邀，特咏此赋

邃古幽幽，混沌瞢瞢，究宇宙何以初形？日月昭昭，山海莽莽，极万物孰为化生？仰吾先祖，囿蒙昧忽发奇想，崇盘古大神聊解玄迷；叹汝列宗，守愚忠高筑圣坛，拜元始天尊乞降祥祯。

传太虚阴阳二气，交汇涌流似卵；道卵内凝结一核，变动孕育若灵。盘古圣胎，由斯骤长，竟见无极巨身；卵状气团，缘此爆裂，始呈天地雏形。清轻者升浮为天，悬布千里之高；浊重者沉落为地，垒积万丈之深。天地既成，鸿洞空蒙，壮哉盘古，化物献身。眼睛化为日月，骨骼化为山岭；血脉化为江河，肤毛化为森林。谓予女娲造人，犹留阳器灵根，竖作擎天巨柱，育佑世代众生。

群星灿烂以拱朗月，诸峰巍峨而簇极顶。遥怀人类启蒙，有何等玄思妙想；深悟文史发端，创几多开辟神灵。泱泱九州，神名林林总总；茫茫东土，玄功赫赫凛凛。然则，奇想终显伟业，虚谈竟著人文，综览天上地下，惟推盘古大神。考其缘：开天辟地，乃华夏无上之功勋；克己献身，系炎黄至美之精神。盘古伟貌，崇仰中高耸华夏形象；盘古神话，升华间亮映东方文明。

嗟乎！中华辉煌，誉称盘古梓里；炎黄荣幸，脉承盘古嗣民。敬神仰祖，寻根归心，祭颂盘古，万籁同音：沧桑变化，长为仙界神祖；世事沉浮，永享人间至尊。

三峡黄牛赋

黄牛神助大禹推开长江三峡的神话故事，千古传讲。黄牛神之后裔若何？里人罗来清绘百牛图述之，获湖北农民画金奖。本人赏后，感慨咏之

巍巍武陵，茫茫巴巫，南北雄峙，东西逶伏。夹长江以形三峡，壮巴楚而成门户。吾等黄牛，降于兹，居于兹，计年无数。传说先祖，本黄道星宿。不享仙酒玉食，思凡间青草一束。时孽龙横礁，峡江壅阻，川蜀亿民，或为鳖鱼。遂擅下高位，助大禹治水，开峡江浩浩通道，显蜀地泱泱天府。神功告成，山欢水呼。千里感戴，万方颂祝。金庙宝殿供而祭，晨钟暮鼓拜且舞。忽惊高崖炫目，先祖功成身退，依稀留下影图。疑先祖高功神位，莫非子虚乌有？叹吾等经年累代，实在苦乐难诉。或有嬉戏悠游，品清泉绿草；也曾雄欢雌爱，享金风玉露。甚而凭力大气粗，勇斗虎狼，雪耻御侮。然而好景不长，旋即被强力征服。穿鼻架轭，阉割灭性，久充苦奴。忍饥号寒，荆鞭逼命，驱使无度。耕寒犁暑，忍看谷粟盈仓；载繁驮重，那堪金银满库。枉哉吾牛，役形劳心，毁摧阳数。正叹时，更遭刀屠，肉下锅，骨煎油，添人口福。只剩得厚皮一张，又进匠铺。好在绷成大鼓，供人打丧守灵，得以长歌当哭！抚今追昔，心如汤煮。星位不可上，神坛不可复，惟余遭屠忍苦。也是否极泰来，今遇高人妙手，创三峡百牛画幅，颂吾等为人间衣食之父母，且为开拓奉献之楷模。身世能成故事，驱使能变精神，生存能镌画图，天下几许？荣耀而至若此，亦当大足。呜呼！

夷陵楼赋

耸立于长江三峡东大门的夷陵楼，享誉中华文化名楼的后起之秀。此楼竣工之际，承主建人王恩军先生之约，本人有幸先登，环望放歌

江涛转夷，金岷青龙缓行；峡山化陵，巴武白虎低昂。天下人险，转瞬平旷。夷陵古邑，由此名状。源于物理，推及世象：古夷陵地称，今夷陵楼名，皆寓太平渴求，总绕盛世梦想。

惜乎！千百年间，此为兵家必争之地，何有生民安宁之乡？江关险峻，引无数英雄喋血；要塞森严，系几多皇廷兴亡。最难忘，倭寇侵占五年，壮士守关抵抗。群山奋勇，风雷激昂。石牌大捷，威震东方。然则，铁蹄屠刀之下，文明流血；战难饥寒之中，民众殒丧。

乾坤斡旋，国运始昌。大中华天地更新，古夷陵日月重光。六十年奋发图强，三十载改革开放。废墟上广厦连城，荒野间大道成网。翼飞轮旋，水陆空辟成通衢；星流霞涌，人财物汇成汪洋。环抱宜昌新城，欢歌在闹市萦回；烘托三峡大坝，风光于平湖荡漾。磷矿石墨，享誉国宝；蜜柑绿茶，著称天香。小峰绝壁，悬千尺银瀑；西陵峡岸，展百里画廊。神州电都，旅游名乡。般般殊荣，蒸蒸日上。

史传盛世修楼，盛世安在？今有楼彰盛世，楼宇辉煌。斯楼者，踞高台以出嚣尘，凌虚空而布祥光。登临环顾，天宽地广，壮思飞升，豪兴倍涨：阅千古风流，揽万方景象；颂天道有情，奔锦程无疆！

（以上三赋 2010 年被中国文化管理学会选录于《中国传统文化大典》）

石牌赋

林文楷

惟石牌之险要啊！举世间莫可属。山崴嵬之峻峭啊！林苍茫猛虎伏。

浪滔迭势汹涌啊！潜蛟虬而龙

吟。冲兜率观流来啊！入鬼门竹节稠。

石令牌苍穹峙啊！昊帝赦而临降。灯影石高置搁啊！唐三藏众师徒。

峡隘隘扭急转啊！折大江于横流。云飘飘瞬变化啊！生万象演太极。

普贤驾霄云下啊！饮白象启鸿朦。霭朦胧空迟滞啊！钓大隐以太公。

三漩叠聚抖船啊！输峨眉之良木。百峰耸啼青猿啊！送日月之西东。

纳川藏逝百水啊！落新滩与泄滩。晒经卷失初信啊！鼋兴风而愤然。

湾毓秀明月朗啊！广寒之有玉兔。瞭南津扼咽喉啊！锁渝鄂之雄关。

昔楚王云梦游兮！有仙桥以为佐。遗宋玉高唐赋兮！荐巫山女侍奉。

旧城廓迹不见兮！北周治县太久。山高远涌流断兮！凤飞旋而蟠龙。

有澈水蛤蟆碚兮！谓天下之名泉。夜乘舟香茗沏兮！娱茶圣之陆翁。

犹有橘残雪压兮！吟哦六一居士。炊烟起几家聚兮！稷一刀之瘦田。

溪扁窄黄龙进兮！赵尚书己落泊。延宋孤之遗宗兮！归耕织得繁衍。

龙嘴翘新城虚兮！觅碎瓦之散残！西南王终不帝兮！统康熙之坤乾。

东洋寇气器甚兮！其野心如豺虎。吞辽阳越庐沟兮！掠燕豫之沃土。

淞沪失金陵陷兮！迫国府之西迁。情势危江防设兮！求西南之稳固。

拒倭敌于阵前兮！枕戈戟以待旦。观深壑之俯视兮！厉重兵于隘口。

筑炮台修工事兮！厚壁垒深沟壑。陈辞修慎谋略兮！挽狂澜于既倒。

浴血池将士遗兮！持凝重于绝笔。鄂西役保卫战兮！灰飞灭逐强虏。

剑迹残茵郁生兮！更历史之尘封。西江壁宏图起兮！降桀骜之狂龙。

帅云霓屈子情兮！洗明妃之裙裾。截云雨断巫山兮！浮大城之于东。

古县治呈新貌兮！楼错落而次鳞。南腔汇北调集兮！听商贾之杂音。

踞武陵拥秦巴兮！宴五洲之宾客。渔舟唱平湖轮兮！朝天阙之帆影。

呜呼！石牌之雄之胜之奇犹有甚焉！莫能尽绝。

2009 年 7 月 8 日于石牌。

（2009 年发表于《东方诗词》）

新　诗

诗四首

覃毓华

被冬掐疼了的清醒

被冬掐疼了的清醒
清醒聆听脚步的音频
阳光温补昨日留下的萧索
风在摩那些趴在内心的秘密
破芽的痛点
枝条上有花吐艳
小草暗涌新潮
借这长镜
看到我的游走多么艰辛
一只标本听到墙外的召唤
未眠的小夜灯　与我
同嚼生存托盘里的一粒酸梅
萦怀的痛点
有绿在眼前延伸

我把痛点生长的欢乐
磨成一只陀螺
在我前后左右旋转

旋转的心语
赐我一片原野　一面蓝天
是那雨后的痛点
拔出生命的笋尖

山　顶

仰望它的神姿　设想它的视境
刺向苍穹　越高　峰尖越小
拥有空间越大
因为尖顶戴着太阳的光环
没有遮挡地　放射无限的光芒
我不敢久望的目标

云海漫漫　它把头伸进碧霄
最先迎接曙光　最后看夕阳躺下
有清风拂面　大鹏往来
它的庄严和崇高
属于大地　天空和脚下的每一峰小山

它是太阳和月亮居住的地方
红尘之中远离尘嚣
攀援者一拨一拨　朝圣一般
仿佛听懂了神谕的召唤
络绎不绝的队伍走了几千年
却怎么也看不到它那张笑脸
啊！永远的风韵和秘密
千古风云也望山兴叹

山　麓

山麓　一条弯曲的底线
古屋筑在这里
别墅式新宇站在这里
两棵高大苍劲的冬青树
门庭的楹联

一灶灶炊烟　依山傍水
飘向城镇　飘向都市
依然有山的脊梁　水的柔情
就像山麓是山的根

重叠的山麓
山的皱纹　一道一道
向上的阶梯
祝福和灯火一起亮丽
就像除夕连着新春的阳光

山麓　人间最温馨的基地
谦恭的烟火向你诉说
她的依恋　敬重和忧喜
山　径
石板　泥沙　野草　枝条
编成一根根带子

捆扎或连接一座座山
我的父老乡亲由此可以信赖地亲近

束拢麦穗　高粱
我的母亲借此把田野收进粮仓

带我穿过薄雾　隐于白云深处
一位默契的向导
瘦溪　玲珑的山径
涌一袭幽情
蜿蜒山的记忆　量着土地的体温

它是山的脐带
系着它的子孙

一条条山径
铺上黄叶　鸟鸣　目光　落霞
时时为岁月文身

山　洞

我的盔甲　我的居所
生命的火种照亮你的内心
风雨拓下关于归宿的第一张图纸

白昼的瞳孔　黑夜的灵魂
我是你勇敢的航行家
从一万八千年前的渡口出发
抵达今天的花园
初春的阳光温暖生命的溪水
沿着石板路寻找
一座山的思想　和那
远祖没有烧尽的柴火

卵石晾在荒滩
一扇打开的山门
一只看过茹毛饮血的眼睛
盯注往来的样品和思随的流影

你隐匿深邃的情感　吞噬耀眼的浮华
任彩云从头顶飞过
初放的花在寂静的火光中惊艳

芬芳漫向山域　一条蛇蜿蜒而去
人性与野性的呼唤
渐渐淡入山的体内
从远古吹来洞箫的音符

（2010年《中国诗歌》第5期发表，人民文学出版社出版）

诗四首

徐春芳

冬天的献礼

冬天的献礼是风的呼啸
冬天的物产是雪
是冷，是下降的温度
是冰的硬度掉进了每一亩水塘
是水上的波浪诞生为溜冰场

冬天的献礼是从冷急中走出的
一个消毒的季节，在冷的面前
在冬天的面前
世界重新变得变得冷静

冬天的献礼是在下降的
过程中孕育着春天的
复活与花朵的开放
冬天的献礼是大地的冬眠
是大地在积蓄能量
整装待发

攥紧拳头的冬天
裁剪布匹的冬天
通过冷来还原的冬天
出现在冬天的腹中
冬天的献礼就成为
圣诞与春天的节日或者一个更为
久远的传说

（发表于《长江文艺》2003年第十期、《版纳》2004年第一期）

流浪的女人

寒风中的女人
角落里的女人，是什么
让你不再有家
不再有门、不再有亲人与钥匙

你拒绝所有的食品、询问
威胁与好奇
只有孩子的哭声回响
只有男人的出现与声响
让你的冷漠更加漫不经心

你的手心伸向火炉
你还没有遗忘火焰，你需要的是
更多更高的温度，在平面上
将你照透

像枝叶上的红苹果
被照耀，被关注，被仰望
为一种鲜艳与美丽
你的眼睛像刀片一样锋利与迷离

羡慕还是愤恨
都在猜测中加深了阴暗与恐惧
不曾弥合的伤口还在滴血
比我们见到的任何血液更流利

冬眠的女人，流浪的女人
在虚无与黑暗中延缓的步履
比这个冬季更冷更刺骨，她走过了
地平线，却始终走不过我的视线

她终将收回时间给她的所有馈赠
为她的流浪保养所有的虔诚
在这个坚韧的世纪中睁圆眼睛

（2005年《新作家》第3期发表）

最后的梵高

普罗旺斯的太阳又大又圆
金黄的天空
《向日葵》茁壮成长
像一枚大地的太阳
照亮也照透了世间的一切
但又给《阿尔的女人》、《繁花盛开的果园》
折射着柔和的光芒

风吹向三个阴森的方向——
惊 飞的群鸦 金黄麦浪下的幽暗
"未来画室"里
试图喝下调色的松节油

风穿越了三十七年的岁月
和至死
都无法改变的
对自己的怀疑

最后的梵高
金黄勃起并无限扩大的梵高
一只耳朵的梵高
向着太阳飞去落在哪里

夜 色

夜色降临，地平线消逝
仿佛一种神秘的力量
驱使大地向远处奔驰

夜色中的方向都很迷茫
远方都努力藏在远方

完整的夜色让火焰更加明亮
夜色与火焰总是达成某种共识

我可以这样说
夜色对大地的涵盖
超出我们对夜色的理解
一朵花选择了在黑暗中开放

（《延安文学》2003 年第 2 期发表）

银子的黑

程世农

一个基本常识，一定在内心的雾中忍着，连同我们的银子们，在黑夜里的样子

已经被夜色染成了黑，这种黑也并不是完全的黑，是银子收起了它们的光线

此时的银子，一定被很多人称赞为低调的银子，在夜的体积里黑着，也在此时睡眠

此时的安静是银子的安静，在夜里的银子远离了尘世，它们也在灯光下白花花的亮过

那白的程度，也是现实中的一种，也会到达夜色的中的河流，并在夜色中睡眠

尽管黑将身体的曲线包紧，我们看不到这些的银子，我们却想着银子的亮度

这种在时间上的亮度，在回忆里是另一种光线，是我们看不见的另一种生活

就是睡眠中的银子，器具一样的摆在生活中的桌子上，弄出的响动，这声音的影子

它们从边缘地带出发，帮我们找着生活态度中的黑，并不是专心的寻找

在银子身体上的阴郁时间。如果可能，在灯光边堆砌一些白银

尽管这时的银子身上没有图案，但灯光的亮度让银子放出光明

这些光里，有些是碎裂的响动，并不是纯粹的碎银在交易中的稀里哗啦的声音

真正银子的声音是明亮的，即是在黑暗中试图沉睡一会，或者打一个金属的呵欠

再到银库里沉睡，在黑暗中停泊，银子的白被肢解，银子的重量还是没有像雪那样消融

银子的白和雪一样，以雪白色的外形沉浸于黑暗中，这时的黑暗里没有雨季

也没春天的消息，只有远方到来的南风，抽空挤进了银子们的身边

响在小路边的那些牛铃，叮当的铜音让在黑暗中的银子们想到外面的时间

嗅着春天每一种花香，即或是贫困花朵，它们也能自由的在民间流通

从银库到金库，哪里住着铜库和铁库呢？我问，银子们也会问，

银子们想走出去，就像我想走出去看远方的山色，看水边的木屋

看春天伸入我们的房间时，银子们已经得到更多人的解放

（2010 年发表于《中国国家电力文学》第六期，入选 2010 年度《北大诗选》；在 2010 年 12 月在湖北省文联举办的行业诗歌大赛中获三等奖。）

（林文楷）

统计资料

责任编辑：王正玲

2010 年夷陵区国民经济和社会发展统计公报

（2011 年 3 月 16 日）

2010 年，全区人民在区委、区政府的正确领导下，深入贯彻落实科学发展观，抢抓国家扩内需政策和全省“两圈一带”战略实施机遇，努力克服特大暴雨山洪灾害的严重影响，坚持调结构促转型、抓项目促发展、重民生促和谐，进一步解放思想，开拓创新，砥砺奋进，全区经济社会保持了平稳快速发展。实现了年初确定的国民经济和社会发展的预期目标。

一、综合

初步核算，2010 年，全区生产总值（GDP）达到 182.2 亿元，按可比价格计算，比上年增长 16.9%。其中：第一产业增加值 27.02 亿元，增长 6.8%；第二产业增加值 111.83 亿元，增长 29.3%；第三产业增加值 43.35 亿元，增长 2.1%。三次产业增加值结构由 2009 年的 15.4∶52.3∶32.3 调整为 14.8∶61.4∶23.8，与上年相比，第一产业下降 0.6 个百分点，第二产业上升 9.1 个百分点，第三产业下降 8.5 个百分点。

全区居民消费价格总指数为 102.2，增幅较上年上涨 1.8 个百分点。商品零售价格总指数为 102.6；农业生产资料价格指数为 101.9；原材料、燃料、动力购进价格指数为 127.4；工业品出厂价格指数为 103.2。

二、农业

全年实现农林牧渔业增加值 27.02 亿元，增长 6.8%。全年粮食作物播种面积 40407 公顷，增长 1.4%；油料播种面积 12646 公顷，增长 2.0%；蔬菜播种面积 16692 公顷，增长 0.7%；柑橘种植面积 22216 公顷，增长 2.3%；茶叶种植面积 12367 公顷，增长 6.6%。全年粮食总产量 22.3 万吨，比上年增长 3.7%；油料总产量 2.5 万吨，增长 1.8%；蔬菜总产量 41.7 万吨，增长 9.5%；水果总产量 45.1 万吨，增长 13.9%，其中柑橘产量 44.6 万吨，增长 13.9%；茶叶总产量 10095 吨，增长 10.3%。

表 1　2010 年全区主要农产品产量

单位：吨

产品名称	产　量	比上年增长%
粮食	222798	3.7
夏粮	26386	6.6
小麦	1393	2.3
秋粮	196403	3.3
稻谷	72309	–0.4
玉米	92152	2.8
薯类	28902	3.3
油料	24588	1.8
油菜籽	19244	–
茶叶	10095	10.3
水果	451048	13.9
蔬菜	416820	9.5

全年完成造林面积 2256 公顷。主要林产品产量分

别是：核桃 71 吨，板栗 1333 吨，棕片 50 吨，实际采伐林木 4766 立方米。

全年肉类总产量 9.0 万吨，比上年增长 12.5%。生猪出栏 95.7 万头，增长 6.1%；家禽出笼 408.7 万只，增长 36.4%，禽蛋产量 3296 吨，增长 22.0%；山羊出栏 6.0 万只，下降 6.6%；奶牛存栏 2882 头，增长 34.0%，鲜奶产量 19408 吨，增长 72.9%。

全区农田有效灌溉面积 10619 公顷，占常用耕地面积的 39.9%；旱涝保收面积 8942 公顷，占常用耕地面积的 33.6%。农药使用量 1984 吨，增长 4.3%，化肥施用量（折纯）58602 吨，下降 1.9%。农村用电量 11904 万千瓦小时，下降 6.5%。全区自来水受益村、通汽车村、通电村和通电话村分别达到 95 个、182 个、182 个和 182 个，分别占村总数的 52.2%、100%、100%和 100%。乡村从业人员中非农行业从业人员 11.93 万人，占乡村从业人员的比重为 50.9%。

三、工业和建筑业

全区规模以上工业（即全部国有及年产品销售收入 500 万元以上的非国有企业）完成工业总产值 302.75 亿元，增长 47.7%。其中，国有企业工业产值 12.72 亿元，增长 4.5%；集体企业工业产值 2.9 亿元，增长 55.5%；股份制企业工业产值 274 亿元，增长 52.5%。规模工业企业实现增加值 103.9 亿元（含三峡卷烟厂），增长 38.1%。全区规模以上工业企业实现产品销售收入 284.7 亿元，增长 51.7%，实现利润 23.8 亿元，增长 53.3%，实现利税总额 36.0 亿元，增长 45.7%。

表 2　2010 年主要工业产品产量

产品名称	单位	产　量	比上年增长%
纸浆	吨	41792	9.2
机制纸及纸板	吨	65940	36.5
磷矿石	万吨	750	11.7
原煤	吨	70638	32.3
精制食用植物油	吨	34224	27.5
合成氨	吨	110534	−10.2
水泥	吨	960735	23.5
罐头	吨	49172	−2.6
发电量	万千瓦小时	52171	91.7
变压器	千伏安	683023	77.7
石墨	吨	27644	54825
软饮料	吨	301241	30.5
纱	吨	3665	−44.9
布	万米	0	–
家具	件	25852	390.7
精制茶	吨	26682	39.6
白酒	千升	127383	12.9

全区建筑业完成增加值 7.76 亿元，比上年增长 3.9%。在全部建筑业企业中，有资质等级的建筑业企业完成总产值 46.7 亿元。房屋建筑施工面积 304 万平方米，竣工面积 129 万平方米，商品房销售面积 51.74 万平方米。

四、固定资产投资

全社会完成固定资产投资 132.1 亿元，比上年增长 48.7%。投资中，国有经济单位投资增长 39.9%，其他经济单位成为投资主体，达到 110.3 亿元，增长 50.5%，比重达 83.5%。房地产开发投资 21.5 亿元，增长 72.6%。全年投资 500 万元以上项目 275 个，当年完成投资 102.3 亿元。娃哈哈启力饮料、江重机械二期、稻花香三峡科技包装工业园、萧氏产业高科技工业园等一批续建项目顺利推进。

五、交通、邮电和旅游

全年完成交通建设投资 5.1 亿元，增长 40.2%。公路通车总里程达 3666 公里，等级公路达到 2024 公里。全区 100%的行政村通了水泥路，100%的行政村开通了客运班车。全年公路旅客周转量 62047 万人公里，公路货物周转量 90751 万吨公里。

全年邮政、电讯完成业务总量 26744 万元，增长 24.1%。年末局用交换机总容量 10 万门。全区固定电话用户 6.1 万户，其中，农村电话 2.4 万户，占总用户的 39.3%。移动电话用户 33.7 万户。邮政储蓄年末余额 10.9 亿元，增长 13.5%。

全区全年接待中外游客 256 万人次，增长 20.8%；旅游门票收入 11916 万元，增长 2.0%；旅游综合收入 13.3 亿元，增长 25%。

六、内外贸易

全区社会消费品零售总额达到 57.5 亿元，比上年增长 22.9%。按销售地区分，城镇市场消费品零售额为 56.9 亿元，增长 22.0%；乡村市场消费品零售额为 0.6 亿元，增长 242.8%。分行业看，批发零售贸易业达到 45.0 亿元，增长 25.6%；住宿餐饮业 12.5 亿元，增长 13.8%。

全区共完成外贸出口总额 3303 万美元，增长 83.5%。外商直接投资 1960 万美元，增长 10.1%。

七、财政、金融和保险

全区全地域财政总收入完成 267808 万元，比上年增长 23.3%，其中地方一般预算收入完成 86668 万元，增长 31.2%。全区一般预算支出 214626 万元，增长 13.2%。其中，科学技术支出 3258 万元，增长 67.1%；教育支出 32160 万元，增长 11.4%；社会保障和就业支出 11349 万元，增长 13.6%；医疗卫生支出 9937 万元，下降 0.2%。

年末全区金融机构各项存款余额 128.5 亿元，比年初增加 23.5 亿元，增长 22.4%。其中，城乡居民储蓄存款 73.8 亿元，比年初增加 11.6 亿元，增长 18.6%。全区金融机构各项贷款余额 85.8 亿元，比年初增加 30.6 亿元，增长 55.3%。其中，短期贷款 30.6 亿元；中长期贷款 43.5 亿元。

全区实现保费收入 19050 万元;支付各类赔款 3633 万元。

八、科技、教育、文化、卫生和体育

全年共组织实施各级各类科技发展计划项目 53 个，争取区以上无偿科技资金 510 万元。区内投入科技经费 3729 万元，用于实施 36 个科技项目。获市级以上科技成果 3 项，区级科技成果 32 项。全年共申报专利 131 项，授权 89 项，同比增加 78%。全区高新技术企业 14 家，高新技术产品产值达到 36.32 亿元，增长 77.7%，高新技术产品增加值达到 11.54 亿元，增长 71.6%。

全区共有各类学校 58 所，其中，普通高中 3 所，特殊教育学校 1 所，普通初中 15 所，完全小学 37 所，九年一贯制学校 2 所，幼儿园 53 所。各类学校在校学生 43916 人，其中，普通高中 9076 人，普通初中 13196 人，小学 21574 人，特殊教育学校 70 人。全区小学入学率 100%，适龄少年初中阶段入学率 100%。小学巩固率 100%，初中三年巩固率 100 %。全区教职员工 3901 人。各类学校校园占地面积 138.6 万平方米，校舍建筑面积 58.1 万平方米。全区高考文理科上本科线 1715 人，上线率 52.3%。

公共图书馆藏书 13.8 万册，全年共借阅图书 12 万册次。文物保护管理机构 2 个。

全区共有医疗卫生机构 401 个（含村卫生室），卫生技术人员 1777 人（含乡村医生人员 558 人），年末实际开放床位 1200 张。全区医疗卫生基础设施建设和卫生队伍建设得到进一步加强，医疗卫生服务能力和水平得到进一步提升，行业作风和医德医风建设得到进一步强化，医药卫生体制改革工作得到全面落实。

九、居民生活与社会保障

全区城镇居民人均可支配收入达到 14325 元，增长 12.9%；全区农民人均纯收入比上年增加 1137 元，达到 7185 元。城镇居民人均住房建筑面积 40.3 平方米；农村居民人均住房建筑面积 49.4 平方米。

全区参加基本养老保险的人数 6.2 万人；参加基本医疗保险人数 6.6 万人，参加失业保险 3.1 万人。城乡社会救助体系不断完善，落实城镇居民低保 8440 人，农村居民低保 15472 人；参加农村养老保险的人数达到 11200 人。

十、环境保护

全区工业废水排放达标率 100%；工业固体废物综合利用率 87.7%；城镇污水处理率 87.4%。全区城市人均公共绿地面积达到 10 平方米，建成区绿化覆盖率 39.0%。

十一、人口

全区年末户籍总人口 517038 人。其中，城镇非农业人口 127659 人，农业人口 389379 人。全年出生人口 3706 人，死亡人口 8833 人；人口自然增长率为 –9.87‰。

注:

1、本公报为初步统计数。

2、人口数以公安部门年报为准。

附　录

责任编辑：王正玲

关于促进残疾人事业发展的实施意见

宜夷发〔2010〕11号

（2010年11月1日）

为认真贯彻落实中央、省、市《关于促进残疾人事业发展的意见》精神，促进我区残疾人事业发展，确保到2015年，全区基本建立起残疾人社会保障体系和社会服务体系，基本实现残疾人人人享有基本生活、人人享有安全住房、人人享有康复服务、残疾儿童少年人人享有义务教育的目标，现结合我区实际，特制定本实施意见。

一、充分认识发展残疾人事业的重大意义，进一步增强促进残疾人事业发展的责任感和使命感

（一）认识发展残疾人事业的重大意义。残疾人是一个数量众多、特性突出、特别需要帮助的社会群体。我区共有3.5万残疾人，涉及10多万家庭人口。近年来，在各级党委政府的正确领导和相关部门的共同努力下，我区残疾人事业取得了长足发展，残疾人参与社会生活的环境和条件明显改善，生活水平和质量持续提高，残疾人越来越受到全社会的关注和关爱。但是，我区残疾人事业发展的基础还比较薄弱，残疾人总体生活状况与社会平均水平还存在较大差距，尤其是在基本生活、康复医疗、劳动就业、社会参与、文体活动等方面仍面临很多困难和障碍，残疾人实现全面小康的任务还十分艰巨。加快残疾人事业发展，改善残疾人生产生活状况，是全面建设小康社会、构建社会主义和谐社会的内在要求，是弘扬人道主义精神、尊重和保障人权的客观需要，也是建设富强文明安全和谐新夷陵的重要任务。各级党委政府要从立党为公、执政为民和以人为本的高度，充分认识发展残疾人事业的重要意义，切实增强责任感、使命感和紧迫感，采取有力措施，促进我区残疾人事业又好又快发展。

（二）明确发展残疾人事业的总体要求。加快残疾人事业发展，必须高举中国特色社会主义伟大旗帜，坚持以邓小平理论和“三个代表”重要思想为指导，深入贯彻落实科学发展观，坚持政府主导、社会参与、国家扶持、市场推动、统筹兼顾、分类指导、立足基层、面向群众的原则，完善促进残疾人事业发展的法规政策措施，积极创建“全国残疾人工作示范城市”，建立健全残疾人社会保障体系和社会服务体系，营造残疾人平等参与的社会环境，缩小残疾人生活状况与社会平均水平的差距，努力使残疾人同全区人民一道向更高水平的小康社会迈进。

二、加强残疾人医疗康复和残疾预防工作，切实保障残疾人的生命健康

（三）保障残疾人享有基本医疗卫生服务。对重度残疾人参加城镇居民基本医疗保险或农村残疾人参加农村合作医疗个人缴费部分由政府全额负担。做好残疾人参加社会医疗保险和医疗救助的衔接工作。取消享受低保待遇的残疾人住院报销的起付线和医疗救助起付线，对无就业能力、无收入来源、无法定赡（抚）养人的"三无"残疾人住院个人负担部分由政府给予全额救助。残疾人凭《残疾人证》到公立医院就医，免收挂号费，减免20%的床位费、大型仪器设备检查费和手术费。

（四）完善残疾人康复服务保障措施。将残疾人康复纳入全区基本医疗卫生制度和基本医疗卫生服务内容，鼓励和支持城乡各级医疗机构开展残疾人医疗康复服务项目。大力开展社区康复，推进康复进社区、服务到家庭的活动。加强区残疾人康复中心、城区社区康复站和农村康复室建设。不断完善残疾人康复服务体系。继续实施白内障复明、假肢装配、聋儿语训、辅助器具适配、精神病防治等重点康复工程。制定完善残疾人康复救助办法，将残疾人康复项目逐步纳入城乡基本医疗保障范围，完善对贫困残疾人康复补贴办法。深入实施0~6岁残疾儿童抢救性康复项目。

（五）积极做好残疾预防工作。建立健全以社区为基础、一级预防为重点的三级预防机制。建立筛查预防报告制度，全面实施出生缺陷干预工程，落实好婚育咨询和免费婚检，提高出生人口素质。开展心理健康教育，突出做好精神残疾预防。强化安全生产、劳动保护和交通安全，有效控制残疾的发生和发展。普及残疾预防知识，提高公众残疾预防意识和预防能力。

三、健全和完善社会保障制度，切实保障残疾人基本生活

（六）切实保障困难残疾人家庭的基本生活。对符合城乡低保条件的残疾人实行应保尽保。靠父母或兄弟姐妹供养的成年重度残疾人单独立户的按规定纳入低保范围；对享受最低生活保障待遇后生活仍有困难的残疾人家庭，应当采取其他措施保障其基本生活；对一户多残、老残一体等特殊困难家庭和低收入残疾人家庭优先给予临时生活救助。认真落实"三线"致残人员补助政策。

（七）实施残疾人家庭住房保障工程。"扶贫搬迁工程"、"福利安居工程"和农村危房改造项目优先安排残疾人家庭；城市廉租房优先照顾贫困残疾人家庭，城市残疾人低收入家庭购买经济适用房应予优先照顾。残疾人户主在办理建房手续、房屋产权时，符合减免条件的，有关部门应按规定减免相关费用。

（八）加大残疾人社会保险政策的落实力度。确保城镇残疾职工按照规定参加基本养老、医疗、失业、工伤和生育保险。对城镇残疾人个人参加城镇灵活就业人员基本养老保险和基本医疗保险的，可按规定享受灵活就业人员社会保险补贴。按规定做好农村残疾人参加社会养老保险补贴政策的相关工作。

（九）发展残疾人社会福利和慈善事业。重点做好残疾儿童和老人的福利服务。福利彩票、体育彩票的本级留存部分，每年要安排一定比例用于发展残疾人事业。鼓励社会捐赠、支持发展残疾人社会福利和慈善事业。企业用于残疾人福利事业的公益性捐赠支出，在年度利润总额12%以内的部分，准予在计算应纳税所得额时扣除。个人捐赠额未超过申报的应纳税所得额30%的部分，可从其应纳税所得额中扣除。

四、拓宽残疾人就业渠道，切实保障残疾人平等就业的机会和权利

（十）依法推进分散按比例安排残疾人就业。各级党政机关、事业单位要带头按比例安置残疾人，全区每年统一招录工作人员和开发公益性岗位时，原则上招录残疾人要达到招录总人数的1.5%以上。各用人单位（包括机关、团体、企事业单位和民办非企业单位，简称用人单位）依法履行安置残疾人就业的责任和义务，未安排或安排比例未达到1.5%的，应依法按期申报缴纳残疾人就业保障金。加强残疾人就业保障金的征收、使用和监管。

（十一）鼓励扶持残疾人自主创业。对残疾人初次自主创业、正常经营半年以上的给予2000元的一次性资金扶持；鼓励农村残疾人发展种养殖业，每年评选一批残疾人种养能手，并给予2000元的一次性奖励。残疾人从事个体经营的，依法享受有关税费优惠政策。有就业能力的残疾人优先列入就业困难人员范围，按有关政策规定享受小额担保贷款的贴息政策。

（十二）加大对残疾人就业服务和援助力度。区人力资源服务机构要设置残疾人就业服务窗口，开展残疾人职业培训、就业招聘、就业指导、创业咨询等活动；相关部门要将农村残疾人职业和实用技术培训优先纳入"阳光工程"、"雨露计划"等农村劳动力转移培训工程；区残疾人就业服务机构要免费为残疾人就业提供就业培训、求职登记、就业信息、就业推介等服务，为残疾人就业搭建好的平台。开展科技助残活动，每年扶持一批残疾人就业、扶贫、自强创业示范基地。发展福利企业，落实福利企业各项优惠政策，加强福利企业管理，保障残疾人合法权益。

五、发展残疾人教育、文化、体育事业，促进残疾人事业全面发展

（十三）注重发展残疾人特殊教育。加强师资队伍建设，改善特殊教育学校的办学条件，加强特殊教育学校的规范化、标准化建设，建立完善以特殊教育学校为骨干，以残疾儿童少年随班就读为主体，学前教育、义务教育、职业教育并举，教育与康复、劳动技能培训相结合，学校与家庭、社会相配合的特殊教育体系，确保特殊教育与普通教育同步发展。

（十四）发展残疾儿童学前康复教育。公办幼儿教育机构应接收具备基本生活学习能力的残疾幼儿，让其享受学前教育。

（十五）完善扶残助学政策和措施。对普通高中残疾学生和纳入最低生活保障的残疾人家庭子女，比照中等职业学校贫困生资助政策给予助学补助，所需经费区级配套部分纳入本级财政预算。对高中升大中专的，给予一次性资助2000元，所需经费纳入财政预算。特殊教育学校寄宿的贫困残疾学生，全部纳入城镇居民最低生活保障范围，逐步提高享受“两免一补”特教班和随班就读残疾学生的生活补贴标准。

（十六）发展残疾人文化体育事业。组织形式多样、健康有益的群众性文化、艺术、娱乐活动。落实全民健身计划，积极组织残疾人广泛参与群众性体育健身活动。依托区特殊教育学校建立残疾人特艺人才培训基地。进一步加强区盲文阅览室建设。残疾人凭《残疾人证》进入体育馆（场）、文化馆、图书馆、博物馆、公园、动物园、风景区等公共场所免收门票。对盲人、双下肢残疾和重度智力残疾、精神残疾人，允许一名陪护人员免费进入上述公共场所陪护，上述场所举办商业性文体活动除外。

六、加强残疾人服务设施建设，努力提高为残疾人服务的能力

（十七）健全和完善残疾人服务体系。建立健全以专业机构为骨干，社区为基础，家庭邻里为依托，以生活照料、医疗卫生、康复、社会保障、教育、就业、文化体育、维权为主要内容的残疾人服务体系，建设集残疾人康复服务业务指导、就业服务、职业培训、辅助器具供应、盲人按摩培训、法律服务、文体活动等七项服务功能为一体的残疾人综合服务设施。

（十八）加快无障碍设施建设和改造。严格执行有关无障碍建设的法律、法规、规章、设计规范和行业标准。新建改建城市道路、建筑物等必须建设规范的无障碍设施，已经建成的要加快无障碍改造。与残疾人日常生活密切相关的机关、学校、医院、社区和窗口单位必须建立无障碍设施，各公共服务窗口、进出口和营业办事地点应在醒目位置标识“残疾人优先”、“残疾人凭证免费”等字牌标志，有条件的应设残疾人专门窗口、过道等。城市重要交通路口逐步设立盲人语音提示设备。公共汽车逐步配置无障碍设备，公共场所设置残疾人专用停车泊位。推进信息和交流无障碍工作。区电视台逐步开办手语节目，公共服务机构逐步提供语音、盲文、手语和文字提示服务，影视作品要加配字幕，网络、电子信息和通信产品要方便残疾人使用。

（十九）大力发展残疾人服务业。各类服务机构要为残疾人提供便捷、优惠的服务。盲人读物邮件，邮政部门免费寄递。残疾人自用车在公共停车场免费停放，残疾人凭《残疾人证》安装电话、有线电视、入网等，凡申请安装地点与户口所在地一致的，安装单位应给予优惠，聋哑人个人计算机上网免收初装费。落实好盲人和下肢残疾的残疾人免费乘坐市内公交车的相关政策。积极开展残疾人托养服务工作。逐步建立健全以区级托养服务机构为骨干，乡镇、社区日间照料服务为主体，居家安养服务为基础的托养服务体系。对困难家庭的托养对象给予救助。采取民办公助、政府补贴、购买服务等方式，依托街道社区，鼓励企事业单位、社会组织及个人投资兴办福利机构、托养机构，加强区残疾人康复托养中心建设，对智力、精神和重度肢体残疾人实施托养服务。

七、加强对残疾人工作的领导，建立促进残疾人事业发展的长效机制

（二十）增强全社会扶残助残意识。要认真贯彻《中华人民共和国残疾人保障法》和相关法律法规，加强法制宣传和执法监督检查，组织好“全国助残日”、“国际残疾人日”等活动，倡导“平等、参与、共享”的社会文明观，增强全社会维护残疾人权益的法制观念，提高残疾人的维权意识和能力。做好残疾人法律服务、法律援助、司法救助等工作，加大对侵害残疾人合法权益案件的查处力度。对残疾人请求给付赡养费、抚养费、劳动报酬、工伤赔偿及抚恤金等法律援助案件，法律援助机构应予优先受理。经济困难的残疾人申请公证，公证处应减半收取公证费。

（二十一）进一步健全和完善残疾人工作领导体制。各级党委政府要高度重视发展残疾人事业，把残疾人保障体系和服务体系建设纳入重要议事日程，纳入经济社会发展总体规划和年度计划。建立稳定的残疾人工作经费保障机制。充分发挥区人民政府残疾人工作委员会作用，每年至少召开一次全体会议，及时研究解决重大问题，统筹协调政策措施，监督检查落实情况。各单位要按照职责分工，支持残疾人事业发展。

（二十二）充分发挥残疾人组织的作用。要支持残疾人联合会和各类残疾人专门协会依照法律法规和章程开展工作，参与残疾人事业社会管理和公共服务，维护残疾人合法权益。建立稳定的残疾人工作经费保障机制，残疾人事业经费要列入各级财政预算，并随着国民经济和财政收入的增长逐年增加。解决好残联工作人员待遇问题，落实盲文翻译和经过手语培训并取得合格证书的残疾人工作者特殊岗位津贴政策。加强乡镇、村级残疾人组织建设，建立健全乡镇（街道、开发区、发展新区）及村（社区）残疾人协会组织，切实加强残疾人专职委员选配工作，乡镇（街道、开发区、发展新区）残联要选配一名残疾人专职委员协助理事长开展工作，村（社区）残协要选配一名残疾人专职委员协助村（社区）残协主席开展工作。按照费随事转的原则，妥善解决好残疾人专职委员的待遇问题，将专职委员工作补贴或误工补贴经费、教育培训经费按规定纳入本地财政预算。

（二十三）动员社会各界促进残疾人事业发展。工会、共青团、妇联等人民团体和科协、老龄协会等社会组织要发挥各自优势，广泛开展助残活动。慈善协会、红十字会要积极为残疾人事业筹集善款。宣传、文化、新闻、出版等部门和单位要积极宣传残疾人事业和残疾人自强模范、扶残助残先进事迹。教育部门要组织开展人道主义与扶残助残教育。各级法律服务机构要积极做好残疾人法律服务、法律援助、司法救助工作。企事业单位要增强社会责任感，为残疾人事业发展贡献力量。激励全区广大残疾人自尊、自信、自强、自立，融入社会，投身我区经济社会发展的大潮之中，共享社会发展和进步的成果。

关于发展壮大村级集体经济的意见

宜夷办发〔2010〕26号

2010年5月24日

为切实加强农村基层组织建设和社会主义新农村建设，推进农村经济社会持续稳定发展，根据《省委办公厅、省政府办公厅关于进一步发展壮大村级集体经济的意见》（鄂办发〔2008〕34号）精神，结合我区实际，现就发展壮大村级集体经济提出如下意见。

一、统一思想，深化发展壮大村级集体经济的认识

1、发展壮大村级集体经济的重要意义。近几年来，全区村级集体经济得到较快发展，呈现出村级集体积累逐步增长、资产总量不断增加、贡献日益明显的良好态势。但村级集体经济与周边发达地区相比仍显薄弱，在乡镇之间、村与村之间发展不平衡的问题仍很突出，集体经济年收入低于5万元的村仍占一定比例。进一步发展壮大村级集体经济，有利于巩固和完善农村基本经营制度、推进农村改革发展，有利于统筹城乡发展、推进社会主义新农村建设，有利于加强农村基层组织建设、巩固党在农村的执政地位和执政基础，有利于化解村级债务、促进农村和谐稳定。要站在贯彻落实党的十七届三中、四中全会精神，认真践行科学发展观的高度，充分认识发展壮大村级集体经济的重要意义，切实增强责任感、紧迫感，抢抓机遇、坚定信心、强化措施、深化改革，把发展壮大村级集体经济作为一项基础性、长期性工作抓紧抓实。

2、发展壮大村级集体经济的总体目标。村级集体经济收入是指村集体经营性、服务性等经常性收入（含中长期经济合同的年均收益），不含转移支付资金以及项目、援助资金。全区发展壮大村级集体经济的基本目标：力争通过三年努力，使全区村级集体经济实力明显壮大，整体水平明显提高，发展后劲明显增强，体制机制逐步完善，不断满足农村基层建设、服务与管理的支出需要。全区村级集体经济收入的具体目标：2010年，村级集体经济年收入过5万元的村达到50%以上，收入1万元以下的村压缩到20%以内；2011年，村级集体经济年收入过5万元的村级达到90%以上；2012年，力争所有的村集体经济年收入均达到5万元以上，培植出一批集体经济实力雄厚的示范村。

3、发展壮大村级集体经济的基本原则。一是坚持科学发展。要正确把握村级集体经济的发展方向，着力转变村级集体经济发展方式，增强村级集体经济的可持续发展能力。二是坚持因地制宜。要从实际出发，扬长避短，发挥比较优势，探索各具特色的村级集体经济发展道路。三是坚持改革创新。要不断解放思想，创新发展办法，增强村级集体经济发展的活力和后劲。四是坚持依靠群众。要凝聚广大群众的智慧和力量，促使人人关心、支持、参与村级集体经济发展，激活村级集体经济发展的内在动力。

二、积极探索，拓展发展壮大村级集体经济的有效途径

4、盘活要素，培植发展后劲。

（1）盘活存量资产。要突破传统的实物形态管理模式，积极实行以价值形态为主的集体资产管理办法，构筑资产增值机制。整合闲置的办公楼、厂房、设备等集体资产，鼓励以投资入股、租赁等形式参与企业经营，提高闲置存量资产的利用率和收益率。

（2）增加存款收益。对于村集体闲置货币资金数额较大的村，在政策许可范围内，经村民会议或村民代表大会通过，可采取适度购买有价证券、与资信度高的企业定投周转金、与商业银行协议上浮存款利率等方式，获取资金收益。

（3）开发“四荒”资源。对

于村集体统管或农户承包的荒山、荒水、荒地、荒滩等“四荒”资源，可鼓励经营管理能手、种养大户进行适度规模经营,或采取反租承包、合股经营等形式进行开发。也可由村集体统一牵头，招商引资或联合农户参股开发，创办农业基地，增加集体经济收入。

（4）提高经营性资产效益。坚持“分权不分产、分红不分利、运营不经营”的原则，不断完善资产有偿使用制度，确保村集体资产合理流动和优化组合。对于村集体统一经营或临时发包的集贸市场、沙石场、经济林、水面等经营性资产，进一步明晰产权，理顺经营、分配关系，采取完善承包合同、公开招投标、入股等多种方式经营，增加集体经济收入。

5、拓宽思路，挖掘增收潜力。

（1）抢抓项目机遇。鼓励村集体结合扶贫搬迁与开发、库区后期扶持等相关政策，争取土地整理、水土保持、低丘岗地改造、低产田改造、巩固退耕还林成果、低产林改造、生态公益林补偿等综合开发项目，发展优势突出、特色鲜明的集体所有或者集体占股的主导产业。以项目建设管理代替传统的资金扶持和项目管理办法，变“输血”帮扶为“造血”帮扶，集中力量促使村级集体经济健康持续发展。

（2）利用特色资源。鼓励村集体依托农业资源优势,采取入股、租赁等形式，带动农户或联动企业建设特色产业基地,发展现代农业。鼓励村集体依托山水、名胜古迹等旅游资源优势，发展休闲旅游业和生态观光农业，实现旅游与农业、文化有效对接。鼓励村集体依托矿山资源，进行合理开发，延伸产业链，拓宽村级集体经济收入来源。

（3）发挥区位优势。鼓励城中村、城郊村、园中村发挥区位优势，用足用好留用地政策，发挥征地补偿费资金优势，依托城镇及园区兴办标准厂房、仓储、市场、民工公寓等二、三产业载体，吸引外来投资，开展物业租赁经营，发展现代服务业。鼓励公路沿线村借助交通优势，利用已形成的特色产业带，开发专业市场，增加集体收入。鼓励集镇所在地和商贸发达的村，采取有效措施，利用村级组织活动阵地，完善服务功能，增加集体积累。

（4）推动服务创收。鼓励村集体领办农民专业合作社，在提供生资供应、技术指导、产品销售、商标使用、信息提供等服务中获取收益。鼓励村集体以土地经营权、资产、资金、知识产权参股到由能人组建的农民专业合作社，从合作社的分配中获取收益。鼓励村集体组建劳务输出、保洁服务等中介服务机构，获取服务性收入。鼓励村集体依托农产品加工龙头企业，创建“公司+合作社+农户”的运行模式，在为企业、农户提供服务中获取收益。

（5）发展“乡脉”经济。鼓励村集体加强与本土知名人士、务工经商能人的密切联系，共同谋划村级集体经济发展蓝图、破解发展难题。鼓励外出务工、经商人员回村创业，领办、创办集体经济实体，增加集体经济收入。

（6）引导异地开发。在稳妥、安全、保值增值前提下，鼓励资源贫乏、区位优势不明显的村，采取资金入股、异地投资等形式，与其他企业、村、单位合股合作，发展集体经济项目，按股分红，增加集体收入。

6、改革创新，增强发展活力。

（1）推进村级集体经济组织创新。按照村民组织公共管理和社会服务职能与集体经济组织经营职能相分离、村企分开的原则，以推进资产经营、股份合作、农民专业合作为重点，创新集体经济组织。努力把发展农村专业技术协会、农民专业合作社、专业服务公司与发展壮大村级集体经济结合起来，实现集体收益。

（2）推进农村集体产权制度创新。建立“归属清晰、权责明确、利益共享、保护严格、流转规范、监管有力”的农村集体经济组织产权制度，将城中村、城郊村、园中村及条件成熟的村实行共同共有产权制度的传统集体经济组织，改造成为实行按份共有产权制度的新型集体经济组织,使其成为自主经营、独立核算、自负盈亏的市场竞争主体，实现“资产变股权、农民变股东”，促进集体经济发展。

（3）推进农村集体“三资”管理创新。加强对村级集体资产、资源、资金的清理、登记和管理，逐村建立“三资”台账。依托乡镇（街道、开发区、发展大道新区）农村集体“三资”代理服务中心，健全村级集体“三资”管理制度，加强对村级集体“三资”的服务和动态监管。按照“五议五公开”的原则，建立健全民主决策管理机制。规范村级财务管理，完善村级财务“双代管”制度，加大收欠还债、核销减债、拍卖还债、划转冲债、减息止债工作力度，积极稳妥化解村级债务。

三、落实政策，加大发展壮大村级集体经济的扶持力度

7、强化项目支持。发改、财政、农业、国土、林业、水利、民政、畜牧、科技、扶贫等区直部门要将涉农资金和项目向村级集体经济发展项目倾斜，用项目整合资源，用资源整合资金,并向上级部门争取对村级集体经济发展的扶持奖励资金。

8、落实政策支撑。认真落实省委关于村集体新办企业三年内的所得税区、乡留成部分的全部及村集体企业新增税金区、乡留成部分的50%，奖励给村集体等一系列税收减免返还政策。对在发展壮大村级集体经济工作中，企业通过公益性社会团体或区级以上人民政府及其部门对结对村社会事业的捐赠，可按税法规定在税前扣除。发展集体经济年收入达到5万元以上的村，可从当年新增的集体经济经常性收入中，拿出一定比例（10%以内）资金用于落实村干部奖励补助，具体由乡镇（街道、开发区、发展大道新区）酌情制定考核兑现办法。

9、鼓励结对帮扶。加大部门帮扶力度。区直部门要结合“千名干部万户行”、“创先争优”活动，从班子建设、发展规划、人才培养、资金支持等方面，对联系村发展壮大村级集体经济进行结对帮扶，指导、扶持其盘活集体资产。深入推进村企共建。积极鼓励强企反哺农村、村企自愿结对、合作开发、兴建农业产业化基地、农产品深加工基地和其他配套设施，支持村级集体经济发展。

10、支持土地营运。对因招商引资、国家重点工程建设征用土地、山林等，村集体留用部分的补偿费优先用于发展壮大村级集体经济。对村集体建设用地，依法办理集体建设用地土地使用权证，允许其依法按规划使用土地开展生产和经营，促使集体土地资产获取更大收益。村集体通过土地整理、复垦、开发新增的耕地，归村集体管理使用。征用城镇规划范围内集体土地，按一定比例将批准的建设用地留村集体按城镇规划依法发展非农生产和经营。

11、落实资金保障。三年内，区财政每年落实100万元设立村级集体经济发展扶持基金，对当年新发展达到5万元以上稳定集体经济收入的村，区级给予相应扶持奖励。具体由乡镇（街道、开发区、发展大道新区）年初制定规划申报，年底乡镇（街道、开发区、发展大道新区）自查，区农村集体经济发展办公室、区财政局、区农经局等部门按照统计法规和会计规章进行考核确认，一次性兑现到村、到集体经济发展项目。各地要量力而行，落实相应专项资金，扶持村级集体经济发展。

四、加强领导，确保发展壮大村级集体经济工作取得实效

12、加强组织领导。区委、区政府成立全区发展壮大村级集体经济工作领导小组，下设办公室，负责强化领导及工作协调、督办落实、信息综合，推进整项工作扎实开展。各乡镇（街道、开发区、发展大道新区）、村要相应成立发展壮大村级集体经济工作领导小组和工作专班，科学制定发展壮大村级集体经济工作责任制和发展目标，要实行“一村一策”，突出重点，实现重点攻坚村有“一名联系领导、一个责任部门、一条发展路子、一个工作目标”的“四个一”工作模式，形成一级抓一级、层层抓落实的工作局面，力争提前一年实现目标任务。

13、加强部门配合。区委组织部、区委农办、区财政局、区农经局要切实履行管理、督导职责，建立联席会议制度，整合有关部门支农资金，捆绑村级集体经济项目建设。财政部门要加强财政专项扶持资金的管理，落实专项资金，采取贴息、补助或奖励等办法，重点支持集体经济薄弱的村发展集体经济项目，增加“造血”功能。国土、林业、水利等部门要支持开发和经营村集体所有的土地、山林、水面、矿产等资源，把资源优势转化为经济优势和产业优势。工商、税务等部门要在政策许可范围内对村级集体经济项目落实优惠政策。农业银行、农村合作银行等金融机构要延伸农村服务链条，创新金融产品和服务方式，加大对村级集体经济组织信贷支持力度。宣传部门和新闻媒体要大力宣传先进典型，营造发展壮大村级集体经济工作的浓厚氛围。

14、强化激励考核。把发展壮大村级集体经济工作纳入乡镇年度目标责任考核体系，纳入对“一把手”的实绩考核评价内容。发展壮大村级集体经济工作实行定期通报制和年度以乡镇为单位的排序制度。全区适时开展集体经济“双十强”村（经济总量“十强”和发展增量“十强”）和支持发展壮大村级集体经济先进单位、个人评选活动，并予以通报表彰。对行动不力、效果不佳的村及相关责任单位、责任人予以通报批评。

夷陵区小型水库管理实施办法

夷政规〔2010〕2号

第一章 总则

第一条 为加强小型水库管理，明确责任主体，落实安全责任，确保工程安全运行，保障人民群众生命财产安全，发挥工程效益，根据《中华人民共和国水法》、《中华人民共和国防洪法》、《中华人民共和国水污染防治法》、《中华人民共和国水库大坝安全管理条例》、《湖北省水库管理办法》（省政府令第234号）等有关法律法规的规定，结合我区实际，制定本办法。

第二条 本办法所称小型水库，是指已经依法完成登记注册的小（一）型、小（二）型水库工程。

本辖区内的小型水库工程的运行、调度、管理、保护适用本办法。

对重点堰塘的管理，各乡镇（街办、开发区管委会、发展大道新区指挥部）应参照本办法制定管理细则。

第三条 小型水库按照 “谁所有、谁负责；谁主管、谁负责”的原则，管理权属工程所在地乡镇政府（街办、开发区管委会、发展大道新区指挥部）。其主要职责为：建立健全管理机构，落实管理人员，筹措管养经费，落实各项安全管理制度，组织开展安全检查，制定和完善防汛预案，落实抢险劳力、督促备足各类防汛物资，组织应急抢险救灾等。乡镇长（主任、指挥长）是本区域小型水库安全管理的第一责任人，对辖区内小型水库安全管理负总责。

各乡镇政府（街办、开发区管委会、发展大道新区指挥部）负责本行政区域内小型水库的防洪调度、安全检查、运行管理等监管工作。

各乡镇（街道、开发区、发展大道）水利服务中心为小型水库的主管单位，具体负责本行政区域内小型水库管理的技术业务指导和日常管理工作。

第四条 区防汛抗旱指挥部负责全区小型水库防汛抗旱调度工作。区水利局负责全区小型水库的监督管理工作，履行行业主管部门的职责。

区交通运输、财政、国土资源、农业、林业、环保、旅游等行政主管部门依照各自职责，做好水库的有关监督管理工作。

第二章 安全管理

第五条 水库安全实行行政首长负责制。当水库出现险情时，地方人民政府必须全力组织抢险。各乡镇政府（街办、开发区管委会、发展大道新区指挥部）对每座水库必须确定一名领导为水库安全行政责任人，对水库安全负责。

第六条 防汛物资储备本着“分级负责，满足急需”的原则，根据国家防总《防汛物资储备定额编制规程》的有关规定执行。

小（一）型水库应以水库为单位设立专用防汛物资仓库；小（二）型水库以水库或村为单位设立水库防汛物资专用仓库。落实专人、规范管理。

第七条 各乡镇（街道、开发区、发展大道新区）防汛抗旱指挥部，应当根据工程现状和流域防洪方案，按照“兴利服从防洪、下游河道行洪服从水库安全”的原则，组织编制水库防洪预案。小（一）型水库防洪预案须上报区防汛抗旱指挥部审核批准后执行；小（二）型水库防洪预案须由乡镇（街道、开发区、发展大道新区）防汛抗旱指挥部审核批准并上报区防汛指挥部备案。

第八条 水库按照经批准的防洪预案和调度方案下泄洪水时，下游各级组织机构应当做好相关安全工作。

水库执行紧急预案调度下泄洪水时，下游各级组织机构应当配合做好预警、转移撤退等工作，把灾害损失减少到最低程度。

水库工程在紧急抢险时，经区、乡镇（街道、开发区、发展大道新区）防汛抗旱指挥部批准，可在工程保护范围内取土（砂、石），任何单位和个人不得阻拦。

第九条 乡镇政府（街办、开发区管委会、发展大道新区指挥部）及水库管理单位必须依据批准的水库防洪预案，全面落实水库防汛责任制，落实（监督、行政、指挥长、主管部门、技术、管理等）责任人，科学制定水库运行调度计划。

区水利局每年应根据乡镇（街道、开发区、发展大道新区）上报的水库运行调度计划，结合水库的具体运行状况，批准水库运行调度方案。各乡镇政府（街办、开发区管委会、发展大道新区指挥部）及水库管理部门必须严格执行。

水库主管单位和管理人员应认真开展水库安全巡查，加强观测，并做好记录，发现安全隐患，及时报告乡镇政府（街办、开发区管委会、发展大道新区指挥部）和区水利局。

第三章 工程管理

第十条 乡镇政府（街办、开发区管委会、发展大道新区指挥部）应对其管辖的小型水库工程管理和工程保护范围进行确权划界，具体管理和保护范围按下列标准划定（水库工程在城市规划区范围内的，遵照国家和地方人民政府的相关规定执行）。

工程管理范围：库区设计洪水位以下的土地和库内岛屿；主坝、副坝及其禁脚地和溢洪道（主坝为坝高的7~10倍，副坝为坝高的5~7倍，溢洪道两边为开口面的3~5倍）；渠道及其禁脚地（填方自外堤脚线，挖方自开口线算起，干渠为线外10米，支渠为线外5米）。

工程保护范围：主坝两端各200米，禁脚地以外100米；副坝两端各100米，禁脚地以外50米，溢洪道管理范围以外50米；渠道从禁脚地外沿算起，干渠20米，支渠10米；涵闸、涵洞、隧道、电站从建筑物外沿算起，周围距离100米，渡槽槽身投影面两侧距离10米，渡槽两端距离为50米。

第十一条 水库工程及其设施受国家法律保护，禁止任何单位和个人从事下列危害小型水库工程安全的活动：

（一）侵占和损毁主坝、副坝、溢洪道、输水洞（管）涵洞等工程设施。

（二）移运或破坏测量标志和水文、交通、通信等设施。

（三）在坝体、溢洪道、输水设施上兴建房屋、修筑码头、开挖水渠、堆放物体等。

（四）在工程管理和保护范围内爆破、钻探、采石、开矿、打井、取土、挖砂、挖坑道、埋坟等。

（五）损毁渠道、渡槽、隧洞及其建筑物、附属设施设备。

（六）在渠堤上垦殖、铲草、移动护砌体。

（七）在水库内分割水面或填占水库，缩小库容。

（八）其他危害水库工程安全的活动。

第十二条 乡镇政府（街办、开发区管委会、发展大道新区指挥部）应落实水库工程管理检查制度。每年按规定组织有关专业技术人员对所管辖的小型水库逐库进行安全检查，对查出有安全隐患的小型水库要限期整改，并将整改方案和处理结果报送区水利局备案。区水利局应对检查情况进行抽查，对重大安全隐患必须督促落实整改到位。

第十三条 水库管理单位和人员负责水库日常管理，按调度规程或调度方案实施水库调度操作，开展大坝安全巡视检查和安全监测，进行工程养护，报告水库大坝安全状况等。

第十四条 小型水库应根据水库功能规范经营行为。

具有饮用水源功能的水库严禁发包经营；

以防洪、灌溉为主要功能的水库，不得发包和租赁经营；

对于已承包经营的水库，在经营过程中必须服从防洪、饮水、灌溉调度，保障水库安全运行，并要逐步终止承包经营合同。

第十五条 小型水库专（兼）职管理人员采用聘用制，要求身体健康，高中（中专）以上学历，具备一定的业务知识和管理能力。

小（一）型水库由所在地乡镇人民政府（街办、开发区管委会、发展大道新区指挥部）聘用专职管理人员，水库管理人员纳入乡镇水利服务中心统一管理，区水利局负责业务指导、技术培训和核发上岗证。

小（二）型水库专（兼）职管理人员的聘用由各乡镇政府（街办、开发区管委会、发展大道新区指挥部）具体负责落实。

第十六条 小（一）型水库的主管单位（乡镇水利服务中心）负责水库日常安全管理工作，应履行下列管理职责：

（一）贯彻执行有关水库建设和管理的法律法规及政策。制定并实施所管辖小型水库的各项规章制度，协助乡镇政府（街办、开发区管委会、发展大道新区指挥部）严格执行以行政首长负责制为核心的各类防汛责任制。

（二）定期组织开展水库检查，上报工程维修计划，开展工程维护、白蚁防治、水毁修复等工作。

（三）维护水库管理单位的合法权益，调处水事纠纷，协助政府完成其确权划界工作。

（四）科学优化调度水源。主汛期，应密切关注水情、雨情态势，合理控制水位，做好抗御大洪水的充分准备；汛后，要做好水库抗旱服务准备，做到科学蓄水保水，计划用水，合理用水。

（五）在乡镇政府（街办、开发区管委会、发展大道新区指挥部）的领导下，负责制定并落实所管辖小型水库的控制运行方案，严格执行区防汛抗旱指挥部的防汛指令，做好防汛物资筹集储存，督促水库管理单位或责任人做好水库的日常管护工作。

（六）做好水库的水、雨、工情统计报表、检查观测记录和有关工程技术档案。督促管理单位强化工程管理。

第十七条 水库管理单位和人员负责水库日常管理。切实做好工程巡查、监测、维修养护工作。水库管理人员应履行以下主要职责：

（一）开展水库工程的运行情况检查，重点检查大坝、启闭机、放水涵洞、溢洪道等工程设施的安全状况，并做好观测记录，确保水库安全运行。

（二）掌握水库运行中的水情、雨情、工情，并严格按照《夷陵区小（一）型水库工程管理考核办法》的有关规定，准确及时上报水情、雨情、工情、灾情信息。

（三）贯彻执行上级的防汛调度命令，水库工程汛期控制运行计划。落实汛期值班及报告制度。

（四）加强对通讯、水文、气象等设施及防汛应急物资管理和保护，认真履行岗位职责，接受上级相关部门的检查和监督。

第四章 供水管理

第十八条 水库供水应当优先满足饮用水和农业灌溉用水，统筹兼顾其他用水。依靠水库供水的单位、集体组织或个人，应当与水库管理单位签订供水合同，足额缴纳供水水费。

第十九条 水库已有的灌排水系统不得随意变更，任何单位和个人不得擅自在渠道上增设和改建分水、提水、控水建筑物；确需改建、扩建的，必须符合农村水利综合规划，经区水利主管部门批准。

第五章 水质保护

第二十条 在水库、渠道水域内，禁止下列活动：

（一）直接或间接排放污水、油污和高残留的农药污垢物体，浸泡植物等。

（二）施用对人体有害的鱼药。

（三）倾倒砂、石、土、垃圾和其他废弃物。

（四）禁止人工投肥养鱼、养猪、养禽等，减少农业养殖业污染，破坏水库水体。

（五）国家法律法规禁止的其他活动。

第二十一条 禁止在水库周边兴建向水库排放污染物的企业。原已建成投产的，应当限期治理，实现达标排放；不能达标排放的，限期搬迁或关闭。区水利部门负责水资源配置及水土保持的监督管理；区环保部门负责对饮用水源水质实施监督管理；区林业部门负责饮用水源涵养区内已种经济林的监督管理；区农业部门负责农业种植业、畜禽养殖业的监督管理；乡镇政府（街办、开发区管委会、发展大道新区指挥部）负责饮用水源水质保护的具体协调和管理工作，发现安全隐患及时向相关部门报告。

第二十二条 禁止水库周边的楼堂馆所及旅游设施直接向水库排放污水、污物。确需向水库排放的必须采取污水处理措施，经环保部门验收达到排放标准后方可排放。水库管理单位应当配合环保部门定期检查，未达到排污标准的，限期采取整改措施；逾期拒不采取处理措施的，由区环保局会同区水利局依法处理。

利用水库资源开发旅游项目的，应当由区人民政府组织水利、环保等部门进行论证。旅游项目不得污染水体，破坏生态环境。

第六章 经费保障

第二十三条 小型水库管理经费应以乡镇政府（街办、开发区管委会、发展大道新区指挥部）和水库管理单位自筹为主。

小（一）型水库（不含大米山水库）由区政府核定公益性岗位，按“以钱养事”的方式，区财政实行定额补贴，纳入财政预算。

小（二）型水库由各乡镇政府（街办、开发区管委会、发展大道新区指挥部）出台相应政策，给予适当的管理经费补助。每座水库至少要落实一名专（兼）职管理员，全面负责水库日常管理，承担水库的运行调度管理职责，确保水库安全运行和充分发挥综合效益。

区、乡镇（街道、开发区、发展大道新区）财政对水库管理的补助资金应专款专用，任何单位和个人都不得截留或挪用。

第七章 违规处理

第二十四条 违反本办法第十一条的，由区水行政主管部门责令停止违法行为，限期采取补救措施，根据《中华人民共和国水法》第六十六条、七十二条、七十三条，并可视情节轻重，处以1万元以上5万元以下罚款。

违反本办法第二十条规定的，根据《湖北省水库管理办法》第三十一条，由区水行政主管部门责令停止违法行为，限期采取补救措施，可并处1000元以下罚款，对直接责任人依照有关规定给予行政处分。

第二十五条 水库管理人员玩忽职守、滥用职权、徇私舞弊造成较大损失和影响恶劣的，由用人主管单位给予行政处分或终止聘用；构成犯罪的，移交司法机关依法追究刑事责任。

第八章 附则

第二十六条 本办法自2010年7月1日施行，有效期至2015年6月30日止。施行过程中，上级国家机关有新规定的，按其新规定执行。

第二十七条 本办法由区水利局负责解释。

夷陵区征地拆迁补偿办法

夷政规〔2010〕5号

第一章 总 则

第一条 根据《中华人民共和国土地管理法》、《中华人民共和国土地管理法实施条例》、《湖北省土地管理实施办法》、《省人民政府关于公布湖北省征地统一年产值标准和区片综合地价的通知》（鄂政发〔2009〕46号）等有关法律、法规规定，结合我区实际，制定本办法。

第二条 依法征收、征用本区范围内集体土地或国有农用地（以下统称征地）的，其征地、青苗、林木补偿及城市规划区以外的建（构）筑物拆迁补偿适用本办法。

第二章 征地补偿及安置

第三条 全区征地统一年产值标准经市人民政府审核并报省人民政府批准，土地分等定级和具体标准如下：

单位：元/亩

地类	Ⅰ级							Ⅱ级							Ⅲ级						
	年产值标准	补偿倍数	征地补偿标准	土地补偿费标准		安置补助费标准		年产值标准	补偿倍数	征地补偿标准	土地补偿费标准		安置补助费标准		年产值标准	补偿倍数	征地补偿标准	土地补偿费标准		安置补助费标准	
				倍数	标准	倍数	标准				倍数	标准	倍数	标准				倍数	标准	倍数	标准
菜地、园地、精养鱼池（修正系数1.1）	2200	20	44000	9	19800	11	24200	1980	18	35640	9	17820	9	17820	1870	17	31790	8	14960	9	16830
水田、旱地（修正系数1.0）	2000	20	40000	9	18000	11	22000	1800	18	32400	9	16200	9	16200	1700	17	28900	8	13600	9	15300
林地（修正系数0.7）	1400	20	28000	9	12600	11	15400	1260	18	22680	9	11340	9	11340	1190	17	20230	8	9520	9	10710
未利用地（修正系数0.3）	600	20	12000	9	5400	11	6600	540	18	9720	9	4860	9	4860	510	17	8670	8	4080	9	4590
Ⅰ级	小溪塔城区各居委会；南村坪村、蔡家河村、下坪村、鄢家河村、姜家湾村、陈埫坪村、凤凰山柑橘场；梅子垭村、郭家湾村、小溪塔柑橘场；新桥边村、仓屋塝村、官庄村、岩花村、付家冲村、大山坡村、姜家庙村、文仙洞村、狮子山柑橘场、枣树岭柑橘场、游路岗柑橘场、桂花园柑橘场、习家岗柑橘场、峰宝山柑橘场、茶店子柑橘场、长岭岗柑橘场，区柑橘示范场。																				
Ⅱ级	樟村坪居委会、丁家河村；清江坪村（原岔路口村）、小庙村（原小庙村）、茅坪河居委会；下堡坪村；黄花场村，军田坝村；邓村坪村、邓村茶场；伍相庙居委会、龙潭坪村、落佛村、富城坪村、许家冲村、太平溪村；中堡村、新生村、石板村、高家冲村、东岳庙村、园艺村、黄陵庙村、南沱村、石牌村（原石牌村、当阳头村）；乐天溪村、朱家湾村、瓦窑坪村、八户店村、下岸溪村、莲沱村、陈家冲村、路溪坪村、沙坪村；分乡场村、普溪河村；龙镇居委会、龙泉村、钟家畈村、车站村、土门柑橘场、土门村、梅花村；田畈村、白河村、黄金堂村、梅林村。																				
Ⅲ级	除Ⅰ、Ⅱ级区域以外的村（场）。																				

备注：

1、园地包括果园、茶园及其他园地。

2、未利用地包括河流水面、滩涂、沙地、裸地等。

3、农村道路、坑塘水面等其他土地参照相邻土地的标准补偿，相关基础设施用地参照上述标准补偿或由用地单位还建。

4、干砌、浆砌田坎为耕地、园地应有的基础设施，其补偿已包含在上述土地补偿费之中，征地时不再另行补偿。

5、征地补偿费由土地补偿费和安置补助费两部分构成，不包含青苗补偿费和地上附着物补偿费。

第四条　在征地依法报批前，区国土资源部门发布《土地征前告知书》，将拟征地的用途、位置、补偿标准、安置途径等内容以书面形式告知被征地农村集体经济组织和被征地户。对拟征土地的权属、地类、面积以及地上建（构）筑物的种类、数量等现状进行调查，调查结果应与被征地农村集体经济组织、被征地户和地上建（构）筑物产权人共同确认。在告知后，凡被征地农村集体经济组织和被征地户在拟征土地上抢栽、抢种的青苗、林木和抢搭、抢建的地上建（构）筑物及抢装的装饰，征地时不予补偿。

在征地依法批准前，区国土资源管理部门应告知被征地农村集体经济组织和被征地户，对拟征土地的补偿标准、安置途径有申请听证的权利，当事人申请听证的，区国土资源部门应当依照有关规定和要求组织听证。

征收土地经批准后，由区人民政府按照规定发布《土地征收公告》，公告土地征收方案。

第五条　征地补偿的地类按照《土地征前告知书》发布前的现状地类确认。未征得土地使用权单位同意，耕种和占用已办理建设用地审批手续的土地不予补偿，在已征地范围内耕种的青苗、林木和搭建的建（构）筑物一律不予补偿。

第六条　征地补偿面积由征地主体和被征地农村集体经济组织共同委托有测绘资质的单位实地勘测确定，被征地户的土地权属和地类由乡镇人民政府（街办、开发区管委会、发展大道新区指挥部）及相关村（居）委会组织被征地户现场指界确认，不再进行实地丈量。征地补偿面积和地类应在被征地农村集体经济组织内张榜公示。

第七条　在征地过程中，被征地户拒绝对被征收的土地权属和地类进行现场指界确认的，负责调查核实的工作人员应采取摄影、摄像等方式进行证据保全，由两名以上村、组代表进行现场指界证明，并在调查表上签字确认，作为支付征地补偿费的依据。

第八条　土地补偿费

土地补偿费支付给享有被征地所有权的农村集体经济组织，农村集体经济组织如不能调整质量和数量相当的土地给被征地户继续以家庭承包方式进行承包经营的，必须将70%的土地补偿费分配给本集体经济组织的被征地户用于生产生活安置。

土地补偿费中扣除直接支付给被征地户的部分后，其余部分支付给被征地的农村集体经济组织，优先用于其应承担的被征地户参加社会养老保险的费用，其次用于发展二、三产业，解决被征地户的生产和生活出路，兴办公益事业及居民点的公用设施建设。

第九条　安置补助费

安置补助费根据不同安置途径确定支付对象。有条件的农村集体经济组织或用地单位统一安置被征地户的，依照法律法规规定，安置补助费支付给农村集体经济组织或安置单位；经被征地户申请，并与被征地农村集体经济组织签订了征地补偿安置协议不需要统一安置的，安置补助费可以按征地面积计算后，再按村民代表会议讨论通过的安置方案全额发放给被安置户，由其自谋职业。

安置方案和安置标准由被征地的农村集体经济组织拟定，经该集体经济组织的村民会议三分之二以上成员或者三分之二以上村民代表集体表决确定，并报乡镇人民政府（街办、开发区管委会、发展大道新区指挥部）审查，报区国土资源、监察和农村经济经营管理部门备案。

安置方式主要采取货币安置、农业安置、养老保险安置、留地安置和入股经营安置，鼓励外迁安置和投亲靠友。

第十条　被征地户持《农村土地承包经营权证》或农村土地承包合同书）、《林权证》和其他合法土地权属证明到农村集体经济组织进行征地补偿登记。

对登记的被征地户的自留地应支付70%土地补偿费和安置补助费。

被征地户自垦无承包经营权的集体土地，对被征地户只支付青苗补偿费和6000元/亩的开垦补助费。

单位或个人在家庭承包以外以其他方式承包集体土地的，其征地补偿根据发包者与承包者的合同约定解决；合同无约定的，由双方协商或通过诉讼解决。其土地补偿费原则上支付给享有被征地所有权的农村集体经济组织。

第十一条　任何单位和个人不得截留、克扣、侵占和挪用征地补偿费。征地补偿费必须实行专账管理。

经济组织的债务、银行贷款、上交税款、发放工资等。

第十二条　征地补偿费用必须在农村集体经济组织的征地补偿安置方案经批准之日起3个月内全额支付。

农村集体经济组织与被征地户签订征地补偿安置协议时，应同时将被征地户的《土地承包经营权证》、《林权证》等证书收回，逐级上报区农村经济经营管理部门和林业部门办理注销或变更手续，核减已征收、征用的土地承包经营权或林权面积。

第十三条　乡镇人民政府（街办、开发区管委会、发展大道新区指挥部）和农村经济经营管理部门要监督农村集体经济组织按批准的征地补偿安置方案分配补偿，督促农村集体经济组织按照方案在规定时间内将征地补偿费中应该补偿给被征地户的部分落实到位。

支付给农村集体经济组织的征地补偿费用，其使用管理办法应当由该集体经济组织成员的村民会议三分之二以上成员或者三分之二以上村民代表集体表决确定。征地补偿费的收支情况至少每6个月张榜公布一次，接受群众监督。

第三章　青苗及林木补偿

第十四条　水田、旱地、菜地和养殖水面的青（鱼）苗补偿标准为：

征地补偿费不得用于偿还集体

类别	级别	单价
水田、旱地、一般菜地、养殖水面	Ⅰ级	2000元/亩
	Ⅱ级	1800元/亩
	Ⅲ级	1700元/亩
大棚蔬菜、精养鱼池	Ⅰ级	3000元/亩
	Ⅱ级	2700元/亩
	Ⅲ级	2550元/亩

注：1、大棚蔬菜、精养鱼池的地上建（构）筑物按第四章的规定另行补偿。

2、精养鱼池是指鱼塘四周内侧有浆砌护坡，并配置有增氧机、投饵机等精养设施的鱼池。

3、大棚蔬菜是指具有一定规模，专业从事蔬菜生产，具有钢制、塑制、预制、竹制骨架大棚及喷灌、滴灌等排灌设施的菜地。

第十五条　成片的林木一律按　面积补偿，补偿标准为：

单价 规格 \ 类别	柑橘/橙类/柚子/梨/桃/苹果/杏/枇杷 李子/柿子/樱桃/核桃/板栗/杜仲/花椒/木梓/油茶/苗圃/绿化树木等
大树	11500 元/亩
中树	9000 元/亩
小树	4800 元/亩
幼树	3000 元/亩

类别	规格	单价
茶园	≥7 年生	6000 元/亩
	5—7 年生	4800 元/亩
	3—5 年生	3300 元/亩
	＜3 年生	2800 元/亩
葡萄、猕猴桃	盛果期	5500 元/亩
	结果初期	4000 元/亩
	结果前	2800 元/亩
黄姜、柴胡等草本药材		2600 元/亩

注：1、上述补偿标准已包含地面青苗补偿费用。

2、经区林业部门审批颁发了《苗木生产许可证》和《苗木经营许可证》的苗圃、绿化树木，按评估价的30%补偿；无《苗木生产许可证》和《苗木经营许可证》的苗圃和绿化树木，按成片柑橘园的标准补偿。

3、各类林木的残值仍属原所有者。

4、成片的林木是指面积在 0.1 亩以上（包括房前屋后宅基地内土地），且种植密度每亩不低于正常种植株数的 60%；种植密度低于 60%的，按正常种植株数标准折成亩数计算补偿。柑橘的正常种植株数为 55 株/亩。

5、柑橘规格：大树是指树高 2.5 米以上，树冠 2.0 米以上；中树是指树高 2.0~2.5 米，树冠 1.5~2.0 米；小树是指树高 1.0~2.0 米，树冠 0.6~1.5 米；幼树是指树高 1.0 米以下。

6、绿化树木规格：大树：胸径≥20 厘米；中树：胸径 10~20 厘米；小树：胸径 5~10 厘米；幼树：胸径＜5 厘米。

第十六条　房前屋后宅基地内（面积在 0.1 亩以内）及田坎上的零星果木和林木按实际株数补偿，补偿标准为：

类　　别	规格	单价（元/株）
1、柑橘类、橙类、柚子、梨、苹果、桃、李、杏、石榴、枇杷、柿、樱桃、枣、核桃、板栗、杜仲、黄柏、椿天、花椒、胡椒、枣皮、厚朴、桐子、木梓、棕树、油茶等经济林木	大树	200
	中树	160
	小树	80
	幼树	40
	幼苗	5
2、杨树、榆树、栎树类、松、柏、杉、泡桐、法国梧桐、柳树等用材林木	胸径 20 厘米以上	100
	胸径 15~20 厘米	80
	胸径 6~15 厘米	50
	胸径 3~6 厘米	10
	胸径 3 厘米以下	不予补偿

类别		规格	单价（元/株）
3、绒柏、杜鹃、月季、栀子花、玫瑰、红继木、夹竹桃、黄杨、无花果、茶花等花卉		大（冠幅 80 厘米以上）	15
		中（冠幅 50–80 厘米）	8
		小（冠幅 50 厘米以下）	3
4、竹子	金竹、桂竹、毛竹等散生竹类	成片	1500 元/亩
	窝竹、慈竹等丛生竹类	大（直径 2 米以上）	3 元/平方米
		中（直径 1~2 米）	2 元/平方米
		小（直径 1 米以下）	1 元/平方米
5、草莓		母本	12 元/平方米
		一般	6 元/平方米
6、枸杞树		未嫁接	6 元/平方米
		已嫁接	12 元/平方米
7、黄姜、柴胡等草本药材			4 元/平方米
8、天麻、茯苓等菌类药材			18 元/平方米
9、葡萄、猕猴桃等棚架水果		盛果期	8 元/平方米
		结果初期	6 元/平方米
		结果前	4 元/平方米
10、香樟、女贞、栾树、雪松、刺冬青、广玉兰、玉兰、木瓜、山楂等常规绿化乔木		胸径 30 厘米以上	900
		胸径 25~30 厘米	500
		胸径 20~25 厘米	250
		胸径 15~20 厘米	120
		胸径 8~15 厘米	70
		胸径 5~8 厘米	20
		胸径 5 厘米以下	5
11、银杏、桂花、紫薇、柞木、罗汉松、五针松		胸径 30 厘米以上	2500
		胸径 25~30 厘米	2200
		胸径 20~25 厘米	2000
		胸径 15~20 厘米	1000
		胸径 8~15 厘米	600
		胸径 5~8 厘米	100
		胸径 5 厘米以下	20
12、麦冬、葱兰、鸢尾、红花草等绿化地被植物			4 元/平方米

注：

1、胸径是指树主干离地表面 1.3 米处的直径。

2、各类果木、林木、花卉仍属原所有者。

3、此表所列补偿费包括移栽费、砍伐费、运输费等。

4、此表未列的果木、林木等补偿参照同类果木、林木标准执行，无参照标准的按评估价的 30%补偿。

第十七条 成片灌木林地、疏林地、宜林地(林木郁闭度在20%以下的)的林木按面积补偿，补偿标准为1000元/亩；其他林地的林木按面积补偿，补偿标准为2000元/亩。

第十八条 对已盆装和摆放的盆景、花卉只据实补偿搬迁运输费，以上补偿的花卉及盆景仍属原所有者。

第十九条 单位或个人在家庭承包以外采取其他方式承包集体多年生经济林和用材林的，其青苗补偿费支付给发包者，分配办法由发包者和承包者根据承包合同的约定解决。

第四章 建（构）筑物拆迁补偿及安置

第二十条 房屋拆迁，按照《房屋结构分类》确定房屋的结构后，根据《房屋补偿标准表》确定的补偿标准进行补偿。

房屋结构分类

结构	房屋建筑主要条件
砖混结构	24厘米以上实砌砖墙，小部分钢筋混凝土梁柱承重，现浇或预制楼板，有圈梁，有隔热层，瓦屋面或平屋面，水泥地面，部分磨石子地面、正规木门窗、细致粉刷，有水、电、卫生设备（包括切案、水池、大便器及相应瓷砖），外墙水刷石以下的墙面。
砖木结构	24厘米以上实砌外墙体，木屋架、梁柱或少量混凝土梁承重，有屋面板的瓦屋面或混凝土小墙台，水泥地面和部分磨石子地面，正规木门窗，细致粉刷，有水、电、卫生设施（包括切案、水池、大便器及相应瓷砖），水泥砂浆墙面。
土木结构	土墙承重、瓦屋面，土墙或砖墙间隔，普通门窗，有水电设施。

房屋补偿标准表

单位：元/平方米

房屋结构	房屋分类	建成5年以上内(含5年)	建成5—10年（不含5年）	建成10年以上
砖混结构	正房	580	540	500
	附房	400	360	320
砖木结构	正房	380	340	300
	附房	250	230	210
土木结构	正房	320	300	280
	附房	220	210	200

注：

1、集体单位房屋拆迁按上述标准补偿；全框架结构和钢混结构房屋，按砖混结构相应标准上浮30%补偿。

2、不具有合法证件的建（构）筑物一律不予补偿。

3、建（构）筑物的建成年限依据《建设用地批准书》等合法证件上的批准时间确定。

第二十一条 构筑物拆迁，按 《构筑物补偿标准表》进行补偿。

构筑物补偿标准表

项目名称		单位	补偿价	说明
水泥（木、竹）架棚		平方米	40元	盖有玻纤瓦、石棉瓦、铝瓦等，高度3至4米，跨度6至8米，有落地支撑柱
电线杆	6米	根	200元	根据电杆的长度和直径分别确定
	9米	根	260元	
	12米	根	330元	
浆砌水池	贴瓷砖	立方米	80元	按外形尺寸、砖砌或石砌筑、水泥砂浆抹面等情况确定
	未贴瓷砖	立方米	60元	
水泥砂浆砖砌明、暗沟		立方米	60元	按实砌体积、明沟、暗沟分别确定
鱼塘护坡（预制块）、浆砌护坡		平方米	15元	水泥砂浆勾缝
防盗网	不锈钢防盗网	平方米	120元	穿ф12钢筋
		平方米	80元	不穿钢筋，厚度0.7~1.0毫米
	钢筋防盗网	平方米	60元	根据钢筋直径ф10—ф14和工艺确定
晒场、室外地坪		平方米	40元	卵石垫层，厚度5厘米以上
		平方米	30元	卵石垫层，厚度5厘米以下
		平方米	20元	三合土结构
挡土墙		立方米	120元	片石浆砌
		立方米	100元	卵石浆砌
		立方米	80元	毛石干砌
		立方米	50元	其他材料

项目名称		单位	补偿价	说明
给水管	PVC管、塑料管 小直径钢管	米	4元	ф50以内塑料管
		米	6元	ф32内PP-R管
		米	8元	ф25内镀锌钢管
	钢管、镀锌钢管	米	10元	ф60—ф100塑料管
		米	12元	ф32—ф40镀锌管
		米	15元	ф40—ф60PP-R管
	PE、PPR管	米	16元	大于100的塑料管
		米	20元	ф50以上镀锌管
		米	22元	ф70及以上PP-R管
混凝土排水管		米	30元	500毫米以下（含500毫米）
		米	60元	500毫米以上（特大直径参照市场价）
水窖		立方米	50元	砖、石水泥浆砌

项目名称		单位	补偿价	说明
围墙、砌筑花坛		平方米	60 元	砖石结构（含浆砌），24 厘米墙体
		平方米	40 元	砖石结构（含浆砌），12 厘米墙体
		平方米	20 元	土结构
假山		立方米	100 元	根据材质确定
钢架棚		平方米	120 元	有铝瓦、彩钢瓦、遮光板，高度 3 至 4 米，跨度 6 至 8 米，有落地支撑柱。
			70 元	有铝瓦、彩钢瓦、遮光板，挂墙固定
混凝土构筑物		立方米	230 元	含预制厂台座、水泥道路等
散　圈		平方米	25 元	
护墙散水		平方米	10 元	
沼气池及其配件		处	2000 元	容积 13 立方米以上
			1600 元	容积不足 13 立方米
蔬菜大棚		平方米	15 元	金属或预制构件
粪池		立方米	55 元	砖、片石、水泥抹面
		立方米	45 元	砖、片石、水泥勾缝
		立方米	35 元	其他
艺术围栏		平方米	160 元	钢筋砼预制（不含基础和灯饰）
花瓶柱围栏		米	140 元	钢筋砼预制，高 0.7 – 0.8 米
水井		口	800 元	砖、片石、水泥抹面，深度超过 8 米的按 200 元/ 米增加补偿。
			200 元	土井
固定猪槽		个	30 元	
坟墓		座	1500 元	2 年以内，预制浆砌
			1200 元	2~5 年
			800 元	5 年以上
空调移机安装补偿标准	挂机	台	160 元	
	柜机	台	200 元	
电话移机费		户	116 元	
宽带网、有线电视移装费		户	180 元	
室外水、电设施补偿		平方米	10 元	按正房建筑面积计算补偿
电表移装费		户	340 元	
自来水移装费		户	600 元	
太阳能热水器移装费		台	300 元	
其他热水器移装费		台	150 元	
卫星接收器移装费		台	150 元	

第二十二条　建（构）筑物的拆迁补偿面积由征地主体和被征地农村集体经济组织共同组织丈量，丈量结果和补偿费用应张榜公示。

第二十三条　房屋建筑面积的计算，按照国家制定的《建筑工程建筑面积计算规范》，结合我区实际规定如下：

（一）房屋建筑面积按其外墙结构外围水平面积计算。

（二）未封闭的阳台、挑廊，按其围护结构外围水平投影面积的50%计算建筑面积；全封闭的阳台按其外围水平投影面积的100%计算建筑面积。

（三）层高以3米为标准，每增加或减少0.1米，可增加或减少原补偿价格的1.1%；层高在2.2米及以上者，全额计算建筑面积；层高达到1.2米但不足2.2米的，减半计算建筑面积；层高不足1.2米的，不计算建筑面积，按每平方米50元包干补偿。

楼房层高是指上下两层楼面（或地面至楼面）之间的垂直距离，其中最上一层的层高是其楼面至屋面（最低处）之间的垂直距离。

第二十四条　房屋室内、外装饰补偿

室内、外装饰实行包干补偿，包干补偿范围包括室内吊顶，室内、外墙面，墙裙，室内地面，室内水电设施，室内、外门窗，室内厕所、厨房及室内、外其他装饰补偿。

房屋室内、外装饰等级分类

等级	房屋室内、外装饰主要条件
甲级	地面600×600毫米及以上地面砖（或500×500毫米及以上大理石，或实木地板），室内吊顶，室内部分木制墙裙，室内乳胶漆墙面，烤漆门（或木制、钢制整门），塑钢门窗，不锈钢防盗网，不锈钢板门（或推拉门），厨房、厕所及水电设施齐全，外墙高级釉面砖（或外墙漆）。
乙级	地面500×500毫米以下地面砖（或500×500毫米以下大理石，或地毯或复合木地板），室内仿瓷墙面，木包门，铝合金门窗，铁制板门（或推拉门或卷闸门），厨房、厕所及水电设施较齐全，外墙普通釉面砖（或涂料）。
丙级	普通水泥地面（或水磨石地面），室内墙面普通粉刷，木门窗，厨房、厕所及水电设施简单，外墙普通粉刷（或马赛克墙面）。

注：以上为砖混、砖木房屋室内装饰等级分类，土木结构房屋参照执行。

房屋室内、外装饰补偿标准表

单位：元/平方米

级别 类型	甲级	乙级	丙级
砖混	300	260	210
砖木	250	220	190
土木	200	180	160

注：

1、以上补偿统一按砖混、砖木、土木合法正房面积包干补偿。

2、附属房屋的装修一律不予补偿。

第二十五条　房屋、构筑物、房屋室内、外装饰工程拆除后，其残质、残物产权仍归原产权人。

第二十六条　房屋拆迁运输费、误工费和搬迁损失费按照拆迁房屋正房建筑面积计算补偿。拆迁房屋属砖混结构的，每平方米补助20元；属砖木、土木结构的，每平方米补助15元。

第二十七条　被拆迁户自行落实宅基地的，由用地单位给予20000元/户的包干补偿（其中只拆除附房的按10000元/户包干补偿），该补偿包括新建宅基地涉及的青苗补偿、土地补偿、场地平整、基础设施建设及办理建房手续等各项税费。被拆迁户新宅基地依据拆迁前的土地使用证按一证一宅落实。新宅基地面积不得超过法律、法规规定的建房占地面积。

被拆迁户确实无法自行落实宅

基地的，用地单位应集中提供居民点供其自建房屋，或由用地单位集中还建房屋，不再给予新宅基地补偿。

第二十八条 迁建期临时安置生活补助费，按照 1000 元/人的标准对实际动迁时户口簿在册的人口给予一次性补助。迁建期临时租房费标准为每户 800 元/月，属拆迁自建房屋的按 5 个月迁建期给予一次性补助；属集中还建房屋的，从房屋拆除之日起至将还建房屋钥匙交付被拆迁户之日（或明确还建房主之日）加 3 个月装修期计算迁建期的租房费。

第二十九条 企业单位拆迁损失按照评估办法进行补偿。个体工商户拆迁损失依据《土地征前告知书》发布前已办理的《个体工商营业执照》、《税务登记证》和开展经营依法缴纳税费的凭证，按 4000 元/户的标准进行补偿。

第三十条 用地范围涉及广播电视、通信、公路、水利、林业、电力设施的，参照行业主管部门的有关规定给予适当补偿。

第五章 临时用地补偿

第三十一条 临时用地的范围，包括以下四个方面：

（一）工程建设施工临时用地，包括工程建设施工设置的临时搅拌站、预制场、材料堆放场、施工道路和其他临时工棚用地、工程建设过程中取土场、弃渣（土）场、架设地上线路、铺设地下管线和其他地下工程所需临时使用的土地；

（二）工程地质勘察过程中需要对工程地质、水文地质情况进行勘测所需使用的土地；

（三）抢险、救灾等需要紧急使用的土地；

（四）法律、法规规定的其他临时用地。

第三十二条 临时用地的管理严格用途管理，经批准使用的临时用地，用地单位和个人不得改变临时用地的批准用途；不得擅自将临时用地出卖、抵押或转让给他人。

不得在临时用地上修建永久性建筑物。征收、征用在临时用地批准使用期限内的临时建（构）筑物按照第四章的有关标准补偿，超过临时用地使用期限的临时建（构）筑物由用地单位和个人自行拆除，不予补偿。

抢险救灾等急需使用土地的，可以先行使用土地，适时按规定补办临时用地审批手续。临时用地使用期限一般不超过 2 年。国家和省重点建设项目工期较长确需延长期限的，须按有关规定程序办理延期用地手续。

第三十三条 临时用地的补偿

（一）临时用地占用青苗及林木的按照第三章有关标准进行补偿。

（二）临时用地的土地补偿费，按照“年产值标准×临时用地面积×使用年限”进行确定。使用年限界定为临时用地实际使用之日至土地恢复原貌之日，年产值标准按第三条的规定执行。

（三）土地复垦费（含地力恢复费）由用地单位根据破坏程度按耕地、园地 2500 元/亩，其他土地 2000 元/亩的标准缴纳，或由用地单位恢复原状。

（四）临时用地占用建（构）筑物的按照第四章有关规定进行补偿。

（五）临时用地造成永久性破坏无法复垦的，参照永久性征地补偿标准对被占地户进行补偿。临时用地到期后，土地仍属原村集体经济组织所有，由村集体经济组织集中使用。

第三十四条 临时用地复垦。按照“谁破坏、谁复垦”的原则，用地单位为土地复垦责任单位。临时用地期满时，用地单位应及时履行土地复垦义务。土地复垦竣工后，由区国土资源管理部门及时组织相关部门验收，经验收合格的退还土地复垦费。用地单位不能组织土地复垦的，由区国土资源管理部门组织其他单位或用地所在的村集体经济组织实施复垦，土地复垦费支付给承担复垦任务的单位。

第三十五条 严禁在基本农田范围内取土。预制场、搅拌站、弃（土）渣场等容易造成永久性破坏的临时用地一般不得占用耕地。临时用地占用耕地后，确实无法复垦面积和质量相当的耕地的，按照规定缴纳耕地开垦费，由区国土资源部门负责落实耕地占补平衡任务。

第六章 附 则

第三十六条 城市规划区内采取集中还建安置方式的，建（构）筑物拆迁补偿可参照本办法有关标准执行。

第三十七条 在规定的时间内清除青苗、林木，拆除建（构）筑物，并及时交付土地的，可以对被征地户和单位给予一定的奖励。

第三十八条 本办法由区国土资源局负责解释。

第三十九条 本办法自 2011 年 1 月 1 日起施行，有效期至 2015 年 12 月 31 日止。在有效期内，若国家、省、市出台新的法律法规和政策，区人民政府将结合本区经济社会发展情况，适时对征地拆迁补偿标准进行修订。

原区人民政府《关于发布夷陵区征地拆迁补偿暂行办法的通知》（夷政发〔2006〕1 号）同时废止。

本办法实施前已批准并实施征地拆迁的用地项目仍按各级原征地拆迁补偿标准执行。

夷陵区城市房屋拆迁管理办法

夷政规〔2010〕6号

第一章 总 则

第一条 为加强城市房屋拆迁管理，维护拆迁当事人合法权益，保障建设项目顺利进行，根据《城市房屋拆迁管理条例》（国务院令第305号）、《湖北省城市房屋拆迁管理实施办法》（省政府令第267号）及有关规定，结合本区实际，制定本办法。

第二条 在本区城市规划区内国有土地上实施房屋拆迁，需要对被拆迁人补偿、安置的，适用本办法。

第三条 本办法所称城市房屋，是指本区城市规划区内国有土地上的房屋；

本办法所称拆迁人，是指取得房屋拆迁许可证的单位；

本办法所称被拆迁人，是指被拆迁房屋的所有人；

本办法所称房屋承租人是指与被拆迁人具有合法租赁关系的单位和个人。

第四条 区房产行政主管部门负责本区城市房屋拆迁的监督管理工作。

区直各相关部门和乡镇人民政府（街办、开发区管委会、发展大道新区指挥部），应当按照各自职责，互相配合，共同做好本区城市房屋拆迁管理工作。

第五条 本区城市房屋拆迁必须符合全区经济社会发展的实际，符合城市总体规划、控制性详细规划和建设规划。

第二章 拆迁管理

第六条 拆迁人取得房屋拆迁许可证后，方可实施拆迁行为。申请领取房屋拆迁许可证的，应当向区房产行政主管部门提交下列资料：

（一）建设项目批准文件；

（二）建设用地规划许可证；

（三）国有土地使用权批准文件；

（四）拆迁计划和拆迁方案。

拆迁计划包括建设工程项目名称、性质、工程量、占地面积、拆迁范围、拆迁方式、拆迁期限、拆迁费用概算、工程开工时间、工程竣工时间等；

拆迁方案包括被拆迁房屋的性质、用途、面积、权属和拆迁地段、还建方式、安置房地点、临时过渡方式、拆迁资金落实情况、拆迁的实施步骤和安全防护、环保措施等。

（五）办理存款业务的金融机构出具的拆迁补偿安置资金证明；

（六）拆迁补偿安置方式为产权调换的，须提交安置用房权属证明资料。

区房产行政主管部门自收到申请之日起10日内，对申请事项进行审查；符合条件的，颁发房屋拆迁许可证，并附详细的拆迁范围图。

第七条 拆迁人取得房屋拆迁许可证后，拆迁范围内的单位和个人不得进行下列活动：

（一)房屋及其附属物的新建、扩建、改建（含装饰、装修）；

（二）改变房屋和土地用途；

（三）租赁房屋；

（四）以被拆迁房屋为注册住址办理工商营业注册登记手续。

区房产行政主管部门应当将前款所列事项，书面通知有关部门在拆迁期限内暂停办理相关手续。

第八条 区房产行政主管部门在核发房屋拆迁许可证的同时，应及时组织拆迁当事人召开动迁会，宣传、告知拆迁当事人国家拆迁政策及权利与义务，并将拆迁人、拆迁范围、拆迁期限等事项以房屋拆迁公告的形式予以公布。

第九条 拆迁补偿安置资金应当专户存储，并由拆迁人、区房产行政主管部门和接受存款业务的金融机构三方签订监管协议，明确资金的监管数额、使用程序和违约责任。在拆迁安置实施过程中，区房产行政主管部门可根据情况变化追加资金监控数额。

监管的拆迁资金应当保证专款用于房屋拆迁的补偿安置，不得挪作他用。拆迁人依法完成补偿安置任务后，经区房产行政主管部门确认可解除剩余资金的监控。

拆迁补偿安置资金监管的数额应相当于全部被拆迁房屋采取货币补偿所需的资金数额。拆迁人提供用于产权调换现房的，可适当计减监管资金。

第十条 拆迁人必须按照房屋拆迁许可证规定的拆迁范围和拆迁期限实施拆迁。

拆迁范围由区房产行政主管部门根据规划主管部门的规划用地红线范围确定。为保证房屋安全确需跨规划用地红线进行拆迁的，拆迁范围由区房产行政主管部门协商规划主管部门确定。

需要延长拆迁期限的，拆迁人应当在拆迁期限届满15日前，向区房产行政主管部门提出申请；区房产行政主管部门收到申请之日起10日内，给予书面答复。

拆迁期限届满拆迁人未按规定申请延期的，房屋拆迁许可证自动失效。

第十一条 拆迁人可以委托具有房屋拆迁资格证书的单位（以下

简称拆迁单位）实施拆迁，也可以自行拆迁。

区房产行政主管部门不得作为拆迁人，不得接受拆迁委托。

拆迁人委托拆迁的，应当向被委托的拆迁单位出具拆迁委托书，并订立拆迁委托合同。拆迁人应当自拆迁委托合同订立之日起15日内，将拆迁委托合同报区房产行政主管部门备案。

被委托的拆迁单位不得转让拆迁业务。

第十二条 在拆迁公告规定的搬迁截至日前，拆迁人与被拆迁人应当依照本办法的规定订立拆迁补偿安置协议，拆迁补偿安置协议约定的搬迁期限应当在拆迁公告规定的搬迁截至日前。

拆迁租赁房屋，被拆迁人与房屋承租人就解除租赁关系达成协议或者被拆迁人对房屋出租人进行安置的，拆迁人与被拆迁人订立拆迁补偿安置协议；被拆迁人与房屋承租人对解除租赁关系达不成协议的，拆迁人应当与被拆迁人订立拆迁补偿协议，并与房屋承租人订立拆迁安置协议。

第十三条 被拆迁人、被拆迁房屋承租人以及其它占用被拆迁房屋的单位和个人，应当在搬迁期限内完成搬迁。

拆迁补偿安置协议订立后，被拆迁人或者房屋承租人在协议约定的搬迁期限内拒绝搬迁的，拆迁人可以依法向仲裁委员会申请仲裁，也可以依法向人民法院起诉。诉讼期间，拆迁人可以依法申请人民法院先予执行。

第十四条 拆迁人将拆迁范围内房屋（根据规划需要保留的除外）全部拆迁完毕后，报区房产行政主管部门确认，并到房产、国土资源管理部门办理被拆除房屋所有权证、土地使用权证注销登记手续。

第三章 拆迁补偿与安置

第十五条 拆迁人应当依法对被拆迁人给予补偿安置，补偿标准实行市场评估价。除国家法律、法规另有规定外，房屋拆迁不得因建设项目性质的不同，对被拆迁人采取不同的补偿安置标准。

第十六条 拆迁补偿的方式可以是货币补偿，也可以实行房屋产权调换，除下列两种情况外，被拆迁人可以自主选择拆迁补偿方式：

（一）拆迁非公益事业房屋的附属物，不作产权调换，由拆迁人给予货币补偿。

（二）被拆迁人与房屋承租人对解除租赁关系达不成协议的，拆迁人应当对被拆迁人实行房屋产权调换。产权调换的房屋由原房屋承租人承租，被拆迁人与原房屋承租人重新订立房屋租赁合同。

实行房屋产权调换的，拆迁人与被拆迁人应当以房地产市场评估价格为基础，计算被拆迁房屋的补偿金额和所调换房屋的价格，结清产权调换的差价。

第十七条 拆迁公益事业用房的，拆迁人应当依照有关法律、法规的规定和规划的要求予以重建，或者给予货币补偿。

第十八条 被拆迁房屋和产权调换房屋的价格评估，由具有房地产价格评估资格的机构承担，估价报告必须由专业房地产估价师签字。

拆迁估价机构的确定应当公开、透明，由具有房地产评估资格的评估机构，采取被拆迁人投票或拆迁当事人抽签等方式进行。拆迁估价机构确定后，一般由拆迁人委托。委托人应当与估价机构签订书面拆迁估价委托合同。

拆迁房屋的价格评估技术规范、争议处理程序和有关管理规范按照国家和省有关规定执行。

第十九条 被拆迁房屋的性质分为住宅和非住宅房屋。

私房和单位自管房用途以房屋所有权证登记用途为准，房屋所有权证登记不明确或已取得建筑审批手续尚未办理房屋所有权证的，以规划主管部门批准的建筑用地性质为准。

房地产管理部门的直管公房用途根据租赁凭证确定。

第二十条 政府作为土地储备、建设公用设施的项目以及拆迁后新建房屋性质不适合原地还房的，被拆迁人应服从异地还房或者选择货币补偿。拆迁后原地建有与被拆迁房屋性质相同的商品房的，同等条件下，被拆迁人可优先购买。

第二十一条 拆除违法建筑和超过批准期限的临时建筑，不予补偿；拆除未超过批准期限的临时建筑，以批准期限减去已使用年限的剩余期限按重置成本法评估其残值给予补偿。

第二十二条 拆迁有下述情况之一的房屋，由拆迁人提出补偿安置方案，报区房产行政主管部门审核同意后实施拆迁。拆迁前，拆迁人应当就被拆迁房屋的有关事项，向公证机关办理补偿款提存和证据保全手续。

（一）无产权关系证明的；

（二）产权人下落不明的。

第二十三条 拆迁设有抵押权的房屋，依照国家有关担保的法律执行。

第二十四条 拆迁人提供的安置房屋应当产权明晰，并符合规划确定的配套要求和建筑质量、安全、技术标准。

第二十五条 拆迁人应当支付住宅房屋的被拆迁人或者房屋承租人搬迁补助费、临时安置补助费。

拆迁非住宅房屋造成停产、停业引起的经济损失和搬迁、安装、过渡费用，拆迁人给予一次性补助。

上述费用标准由区房产行政主管部门联合区物价局根据市人民政府确定的标准每年公布一次。

第四章 行政裁决

第二十六条 拆迁人与被拆迁人在拆迁公告规定的搬迁截止日

前，未能依照本办法规定达成拆迁补偿安置协议的，当事人任何一方可以向区房产行政主管部门提出书面裁决申请并提供裁决所需的相关资料。

拆迁人申请行政裁决，应当提交下列资料：

（一）裁决申请书；

（二）法定代表人的身份证明；

（三）被拆迁房屋权属证明材料；

（四）被拆迁房屋的估价报告；

（五）对被申请人的补偿安置方案；

（六）申请人与被申请人的协商记录；

（七）未达成协议的被拆迁人比例及原因；

（八）其他与裁决有关的资料。

被拆迁人申请行政裁决，应当提交下列资料：

（一）裁决申请书；

（二）申请人的身份证明；

（三）被拆迁房屋的权属证明；

（四）申请裁决的理由及相关证明材料；

（五）房屋拆迁管理部门认为应当提供的与行政裁决有关的其他材料。

第二十七条 未达成拆迁补偿安置协议房数较多或比例高的，房屋拆迁管理部门在受理裁决申请前，应当进行听证。

第二十八条 区房产行政主管部门自收到裁决申请书后3日内将裁决申请书副本送达被申请人。被申请人应当自收到裁决申请书副本之日起10日内向裁决机关提交答辩书。被申请人不提交答辩书的，不影响裁决的进行。

第二十九条 区房产行政主管部门自收到裁决申请书之日起30日内作出裁决，并将裁决书送达当事人。

当事人对裁决不服的，可以自裁决书送达之日起60日内向市房产行政主管部门或夷陵区人民政府申请行政复议，也可以在3个月内向人民法院起诉。拆迁人依照本办法规定已对被拆迁人、房屋承租人给予补偿、安置或者提供符合国家质量安全标准的周转用房的，复议期间和诉讼期间不停止拆迁的执行。

第五章 行政强制拆迁

第三十条 被拆迁人或者房屋承租人在裁决规定的搬迁期限内未搬迁的，由区人民政府责成有关部门强制拆迁，或者由区房产行政主管部门依法申请人民法院强制拆迁。

第三十一条 行政强制拆迁必须符合以下条件：

（一）区房产行政主管部门依法作出了房屋拆迁行政裁决书并送达当事人。

（二）拆迁人依裁决提供了足额到位的拆迁补偿安置资金，或符合国家质量标准的安置房、周转房。

（三）被拆迁人在裁决规定的期限内未搬迁。

（四）拆迁人就被拆迁房屋的有关事项，向公证机关办理了证据保全。

第三十二条 行政强制拆迁必须做好以下准备工作：

（一）区房产行政主管部门举行听证会，就行政强制拆迁的依据、程序、补偿安置标准的测算依据等进行听证，出具听证意见书。

（二）区房产行政主管部门领导班子集体讨论决定，向区人民政府提出行政强制拆迁申请并提交下列资料：

1、行政强制拆迁申请书；

2、裁决调解记录和裁决书；

3、被拆迁人不同意拆迁的理由；

4、被拆迁房屋的证据保全公证书；

5、拆迁人提供安置房、周转房的权属证明或拆迁补偿安置资金足额到位的证明；

6、被拆迁人拒绝接收拆迁补偿安置资金的，提交该项补偿安置资金的提存证明。

（三）经区人民政府审查决定实施行政强制拆迁的，作出强制拆迁决定书，并责成区房产行政主管部门及相关部门实施。

（四）区房产行政主管部门在强制拆迁的15日前，向被拆迁人送达行政强制拆迁通知书。被拆迁人拒绝签收的，采用留置方式送达，拍下现场照片或录像后，即视为送达。行政强制拆迁通知书同时发送相关部门、被拆迁人所在单位、社区居民委员会。

（五）区房产行政主管部门依照区人民政府作出的强制拆迁决定书，组织相关部门派出的执行人员进行明确分工，并做好实施强制拆迁的物质准备。

（六）区房产行政主管部门和公安部门共同拟定防止意外情形的应急措施，并指令有关单位和个人做好准备。

第三十三条 行政强制拆迁执行按以下步骤进行：

（一）区人民政府责成实施强制拆迁的部门派出的执行人员、防止意外情形的应急处置人员及强制拆迁所在地的乡镇人民政府（街办、开发区管委会、发展大道新区指挥部），社区居委会、被拆迁人及所在单位人员准时到场。被拆迁人拒不到场的，不影响执行。

（二）区房产行政主管部门的强制执行人员宣布强制拆迁开始。

（三）强制执行人员向被拆迁人出示执行公务的证件，进行现场勘验、拍照，对搬迁物品登记造册、制作强制拆迁笔录。

（四）公安部门派出的人员维护现场秩序，依法处置阻碍强制拆迁的行为。

（五）区房产行政主管部门现场执法人员组织将被拆迁人的财物搬运至指定处，交给被拆迁人。因拒绝接收而造成的损失，由被拆迁人承担。

（六）强制拆除房屋。

（七）强制拆迁执行部门派出的负责人及到场见证人员在强制拆迁笔录上签字。

（八）强制拆迁执行结束，终结案卷归档。

第六章 罚 则

第三十四条 拒绝、阻碍拆迁工作人员依法执行职务的或者公然侮辱、殴打拆迁工作人员，违反《中华人民共和国治安管理处罚法》相关规定的，由公安机关依法给予治安处罚；构成犯罪的，由司法机关依法追究刑事责任。

第三十五条 区房产行政主管部门违反本办法规定核发房屋拆迁许可证以及其他批准文件的，核发房屋拆迁许可证以及其他批准文件后不履行监督管理职责的，或对违法行为不予查处的，对直接负责的主管人员和其他直接责任人员依法给予行政处分；情节严重，致使公共财产、国家和人民利益遭受重大损失，构成犯罪的，依法追究刑事责任。

第七章 附 则

第三十六条 本办法由区房产管理局负责解释。

第三十七条 本办法自2011年1月1日起施行，有效期至2015年12月31日止。原区人民政府《关于发布夷陵区城市房屋拆迁管理办法的通知》（夷政发〔2005〕24号）同时废止。若国家、省、市出台新的法律法规和政策，区人民政府将适时修订本办法。

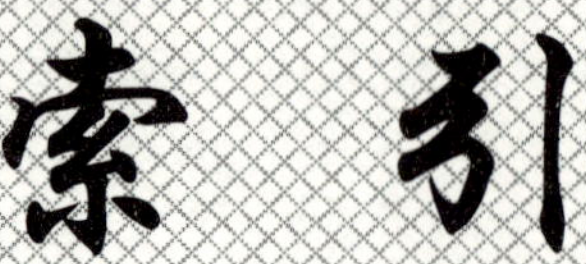

说 明

一、本索引采用主题分析索引法，按主题词首字汉语拼音（同音字按声调）顺序排列；首字相同的按第二字音序排列，依次类推。

二、本索引设条目索引、表格索引两个分目。

三、部类、分目标题用黑体字标明。主题词后的阿拉伯数字表示内容所在页码。

四、大事记、特载等部类只索部类标题。

五、为便于读者检索，宜昌市的企事业单位和在宜昌市发生的事件名称，除易产生歧义的外，省略“宜昌市或宜昌”。

条目索引

数字首

A

E

F

G

K

Q

R

S

T

W

X

Y

Z

表格索引

数字首

B

F

G

Y

Z

图书在版编目（CIP）数据

夷陵年鉴.2011/宜昌市夷陵区地方志编纂委员会办公室主编.—武汉：长江出版社，2011.11

ISBN 978-7-5492-0681-0

Ⅰ.①夷…　Ⅱ.①宜…　Ⅲ.区（城市）－宜昌市－2011－年鉴　Ⅳ.①Z526.33

中国版本图书馆CIP数据核字（2011）第242439号

夷陵年鉴.2011　　宜昌市夷陵区地方志编纂委员会办公室　主编

责任编辑：江水

出版发行：长江出版社

地　　址：武汉市汉口解放大道1863号　　**邮　　编**：430010

E-mail：cjpub@vip.sina.com

电　　话：（027）82927763（总编室）

（027）82926806（市场营销部）

经　　销：各地新华书店

印　　刷：宜昌市广鹏印业有限公司

规　　格：880mm×1230mm　1/16　21.5印张　120页彩页　710千字

版　　次：2011年11月第1版　2011年11月第1次印刷

ISBN 978-7-5492-0681-0/K · 213

定　　价：198.00元